中国教育统计年鉴

EDUCATIONAL STATISTICS YEARBOOK OF CHINA

2023

中华人民共和国
教育部发展规划司 编

Department of Development Planning
Ministry of Education of the People's Republic of China

图书在版编目（CIP）数据

中国教育统计年鉴. 2023 = Educational Statistics Yearbook of China 2023 ：汉英对照 / 中华人民共和国教育部发展规划司编. --北京 ：中国统计出版社，2024. 10. -- ISBN 978-7-5230-0538-5

Ⅰ. G526. 6-54

中国国家版本馆 CIP 数据核字第 2024NJ7245 号

中国教育统计年鉴 2023

作　　者/ 中华人民共和国教育部发展规划司
责任编辑/ 罗浩
封面设计/ 黄晨
出版发行/ 中国统计出版社有限公司
地　　址/ 北京市丰台区西三环南路甲 6 号　邮政编码/100073
电　　话/ 邮购（010）63376909　书店（010）68783171
网　　址/ http：//www.zgtjcbs.com
印　　刷/ 河北鑫兆源印刷有限公司
经　　销/ 新华书店
开　　本/ 787mm×1092mm　1/16
字　　数/ 1150 千字
印　　张/ 33
版　　别/ 2024 年 10 月第 1 版
版　　次/ 2024 年 10 月第 1 次印刷
定　　价/ 268.00 元

如有印装错误，本社发行部负责调换。

《中国教育统计年鉴 2023》
编辑委员会名单

说　明

《中国教育统计年鉴》（2023）是一本反映我国教育事业发展情况的统计资料，是由教育部发展规划司根据全国各省、自治区、直辖市教育厅（教委）上报的学校基层统计调查数据整理汇编而成。教育部教育管理信息中心承担了数据的计算机处理汇总工作。

本年鉴包括以下部分：综合部分、高等教育、中等教育、初等教育、特殊教育、学前教育、各级各类学校的分布情况、办学条件、科学研究等，是各有关部门研究教育改革发展、制定教育规划等方面的资料性年刊。

本资料所涉及的全国性统计数据，均未包括香港特别行政区、澳门特别行政区和台湾地区数据；所有数据均不包含人力资源和社会保障部管理的技工学校数据；具有法人资格的中外合作办学，指具有法人资格的中外及内地（大陆）与港澳台地区合作办学机构；凡未注明年份的均为2023年数据。

符号使用说明：年鉴各表中的“—”表示该项统计指标数据不详或无该项数据；“＊”或“①”表示本表下有注解。

Notes

The Educational Statistics Yearbook of China (2023) is an informational yearbook comprehensively reflecting the development of the educational undertaking of the People' s Republic of China, and it was compiled by the Department of Development and Planning of Chinese Ministry of Education, based on the synthetic statistical returns relating to schools of various types and levels completed by the Provincial Education Department (or the Educational Commissions) of the provincial governments and the governments of various autonomous regions and municipalities directly under the State Council. All data were processed and calculated using Computers by the Educational Management Information Center of Ministry of Education.

This yearbook is composed of following parts: summary tables, higher education, secondary education, primary education, special education, preprimary education, geographical distribution of schools by type and level, Physical Facilities, Scientific Research Activities, etc. The yearbook is a requisite reference for all departments concerned with the study of educational reform and development.

The national statistics covered in this yearbook do not include data from the Hong Kong Special Administrative Region, the Macao Special Administrative Region, and Taiwan Region. Data from the Skilled Workers School administered by the Ministry of Human Resources and Social Security of the People' s Republic of China are not included in this yearbook. The Chinese-Foreign Cooperation in Running Schools with Legal Personality refers to Chinese-Foreign Cooperation in Running Schools and Cooperation in Running Schools between mainland educational institutions and educational institutions from the HKSAR, the MSAR or Taiwan with Legal Personality. All data, without specific notes, were collected in 2023.

Symbol instructions: "—" indicates that the data of this statistical indicator are unknown or unavailable; " * " or "①" indicates that there is an annotation below the table.

备　注

2011 年，我部对教育事业统计报表进行了全面改革，贯彻实施了国家统计局首次颁布的《统计用城乡划分代码》。新的城乡划分标准，将原来的城市、县镇、农村的三个分类调整为三大类七小类，即城区（含主城区、城乡结合部）、镇区（含镇中心区、镇乡结合区、特殊区域）、乡村（含乡中心区、村庄）。

2023年全国教育事业发展统计公报[1]

2023年是全面贯彻党的二十大精神开局之年，是实施“十四五”规划承上启下的关键一年。在党中央、国务院坚强领导下，教育系统坚持以习近平新时代中国特色社会主义思想为指导，深入学习贯彻习近平总书记关于教育的重要论述，贯彻落实党的二十大和二十届二中全会精神，牢牢把握教育的政治属性、人民属性、战略属性，锚定教育强国建设目标，扎实推动教育事业高质量发展取得新突破。

一、综　　合

全国共有各级各类学校[2] 49.83万所，各级各类学历教育在校生2.91亿人，专任教师1891.78万人。

二、学 前 教 育

全国共有幼儿园27.44万所，比上年减少14808所，下降5.12%。其中，普惠性幼儿园[3] 23.64万所，比上年减少9301所，下降3.79%，占全国幼儿园的比例86.16%，比上年提高1.2个百分点。

学前教育在园幼儿[4] 4092.98万人，比上年减少534.57万人，下降11.55%。其中，普惠性幼儿园在园幼儿3717.01万人，比上年减少427.03万人，下降10.30%，占全国在园幼儿的比例90.81%，比上年提高1.26个百分点。

学前教育毛入园率[5] 91.1%，比上年提高1.4个百分点。

学前教育专任教师[6] 307.37万人，专任教师中专科以上学历比例92.74%。

三、义 务 教 育

全国共有义务教育阶段学校[7] 19.58万所。义务教育阶段[8] 招生3632.51万人，在校生1.61亿人，专任教师1073.93万人，九年义务教育巩固率[9] 95.7%。

1. 小学阶段教育[10]

全国共有普通小学14.35万所，比上年减少5645所，下降3.79%。另有不计校数小学教学点6.60万个，比上年减少10924个。

小学阶段招生1877.88万人，比上年增加176.5万人，增长10.37%；在校生1.08亿人，比上年增加103.97万人，增长0.97%；毕业生1763.49万人，比上年增加22.88万人，增长1.31%。

小学阶段教育专任教师[11] 665.63万人；生师比16.28：1；专任教师学历合格率[12] 99.99%；专任教师中本科以上学历比例78.03%。

小学共有校舍建筑面积90451.24万平方米，比上年增加1489.44万平方米。设施设备配备达标的学校[13] 比例情况分别为：体育运动场（馆）面积94.26%，体育器械97.44%，音乐器材97.22%，美术器材97.20%，数学自然实验仪器96.93%。各项比例比上年均有提高。

小学阶段共有班级283.55万个，比上年减少1.20万个。56人以上大班和超大班1.41万个，比上年增加296个，占总班数的比例0.50%，比上年增长0.02个百分点。其中，66人以上的超大班370个，比上年减少3个，占总班数的比例0.01%。

2. 初中阶段教育[14]

全国共有初中5.23万所（含职业初中4所），比上年减少132所，下降0.25%。

初中阶段招生1754.63万人，比上年增加23.25万人，增长1.34%；在校生5243.69万人，比上年增加123.10万人，增长2.40%；毕业生1623.58万人，比上年减少3392人，下降0.02%。

初中阶段教育专任教师[15] 408.31万人；生师比12.84：1；专任教师学历合格率99.96%；专任教师中本科以上学历比例93.09%。

初中共有校舍建筑面积81525.84万平方米，比上年增加2877.49万平方米。设施设备配备达标的学校比例情况分别为：体育运动场（馆）面积95.94%，体育器械98.16%，音乐器材97.93%，美术器材97.95%，理科实验仪器97.68%。除理科实验仪器外，其余各项比例比上年均有提高。

初中阶段共有班级113.98万个，比上年增加2.13万个。56人以上大班和超大班6184个，比上年增加1662个，占总班数的比例0.54%，比上年增长0.14个百分点。其中，66人以上的超大班190个，比上年增加16个，占总班数的比例0.02%。

3. 进城务工人员随迁子女[16]

义务教育阶段在校生中进城务工人员随迁子女1353.99万人。其中，在小学就读952.65万人，在初中就读401.34万人。

四、特殊教育

全国共有特殊教育学校2345所，比上年增加31所，增长1.34%。

招收各种形式[17] 的特殊教育学生15.50万人，比上年增加8720人；在校生91.20万人，比上年减少6521人，下降0.71%。其中，在特殊教育学校就读在校生34.12万人，占特殊教育在校生的比例37.42%。

特殊教育专任教师[18] 7.70万人。

五、高中阶段教育

高中阶段毛入学率[19] 91.8%，比上年提高0.2个百分点。

1. 普通高中教育[20]

全国共有普通高中1.54万所，比上年增加355所，增长2.36%。

普通高中招生967.80万人，比上年增加20.26万人，增长2.14%；在校生2803.63万人，比上年增加89.75万人，增长3.31%；毕业生860.41万人，比上年增加36.31万人，增长4.41%。

普通高中教育专任教师[21] 221.48万人；生师比12.66∶1；专任教师学历合格率99.20%。

普通高中共有校舍建筑面积70948.45万平方米，比上年增加2913.55万平方米。普通高中设施设备配备达标的学校比例情况分别为：体育运动场（馆）面积95.01%，体育器械97.11%，音乐器材96.57%，美术器材96.67%，理科实验仪器96.85%。各项比例比上年均有提高。

2. 中等职业教育[22]

全国共有中等职业学校7085所，比上年减少116所。

中等职业教育[23] 招生454.04万人，比上年减少30.75万人，下降6.34%；在校生1298.46万人，比上年减少40.83万人，下降3.05%；毕业生415.45万人，比上年增加16.18万人，增长4.05%。

中等职业教育专任教师[24] 73.48万人；生师比17.67∶1；专任教师中本科以上学历比例95.69%；“双师型”专任教师占专业（技能）课程专任教师比例56.71%。

六、高 等 教 育

全国共有高等学校3074所。其中，普通本科学校1242所（含独立学院164所），比上年增加3所；本科层次职业学校33所，比上年增加1所；高职（专科）学校1547所，比上年增加58所；成人高等学校252所，比上年减少1所。另有培养研究生的科研机构233所。

各种形式的高等教育在学总规模[25] 4763.19万人，比上年增加108.11万人。高等教育毛入学率60.2%，比上年提高0.6个百分点。普通本科学校校均规模[26] 17194人，本科层次职业学校校均规模20127人，高职（专科）学校校均规模10152人。

研究生招生130.17万人，比上年增加5.92万人，增长4.76%；其中，博士生15.33万人，硕士生114.84万人。在学研究生388.29万人，比上年增加22.93万人，增长6.28%；其中，在学博士生61.25万人，在学硕士生327.05万人。毕业研究生101.48万人，其中，毕业博士生8.71万人，毕业硕士生92.76万人。

普通本科招生478.16万人，比上年增加10.23万人，增长2.19%，另有专科起点本科招生91.25万人；在校生2034.69万人，比上年增加69.05万人，增长3.51%；毕业生489.74万人，比上年增加18.18万人，增长3.85%。

职业本科招生8.99万人，比上年增加1.36万人，增长17.82%，另有专科起点本科招生4.67万人。在校生32.47万人，比上年增加9.60万人，增长41.95%。

高职（专科）招生 555.07 万人（不含五年制高职转入专科招生 60.70 万人），比上年增加 16.09 万人，增长 2.99%；在校生 1707.85 万人，比上年增加 36.95 万人，增长 2.21%；毕业生 553.29 万人，比上年增加 58.52 万人，增长 11.83%。

成人本专科招生 445.49 万人，比上年增加 5.47 万人，增长 1.24%；在校生 1008.23 万人，比上年增加 74.58 万人，增长 7.99%；毕业生 363.13 万人，比上年增加 33.06 万人，增长 10.02%。

网络本专科招生 163.42 万人，比上年减少 117.47 万人，下降 41.82%；在校生 739.97 万人，比上年减少 104.68 万人，下降 12.39%；毕业生 263.35 万人，比上年增加 1.47 万人，增长 0.56%。

全国高等教育自学考试学历教育报考 582.14 万人次，取得毕业证书 42.00 万人。

高等教育专任教师[27] 207.49 万人，其中，普通本科学校 134.55 万人；本科层次职业学校 3.08 万人；高职（专科）学校 68.46 万人；成人高等学校 1.41 万人。普通本科学校生师比[28] 17.51 : 1，本科层次职业学校生师比 17.57 : 1，高职（专科）学校生师比 18.92 : 1。

普通、职业高等学校共有校舍建筑面积[29] 118895.19 万平方米，比上年增加 5814.64 万平方米，增长 5.14%。生均占地面积 56.82 平方米，生均校舍建筑面积 28.26 平方米，生均教学科研实习仪器设备值为 18607.85 元。

七、民 办 教 育

全国共有各级各类民办学校 16.72 万所，比上年减少 11092 所，占全国各级各类学校总数的比例 33.54%。在校生 4939.53 万人，比上年减少 343.19 万人，占全国各级各类在校生总数的比例 16.96%。其中：

民办幼儿园 14.95 万所，比上年减少 11013 所，占全国幼儿园总数的比例 54.47%；在园幼儿 1791.62 万人，比上年减少 335.15 万人，占全国学前教育在园幼儿的比例 43.77%。

民办义务教育阶段学校 1.01 万所，比上年减少 425 所，占全国义务教育阶段学校总数的比例 5.16%；在校生 1221.99 万人（含政府购买学位 609.46 万人），比上年减少 134.86 万人，占全国义务教育阶段在校生的比例 3.81%（不含政府购买学位）。

民办普通高中 4567 所，比上年增加 267 所，占全国普通高中总数的比例 29.69%；在校生 547.76 万人，比上年增加 49.97 万人，占全国普通高中在校生的比例 19.54%。

民办中等职业学校 2128 所，比上年增加 55 所，占全国中等职业学校总数的比例 30.04%；在校生 266.44 万人，比上年减少 9.80 万人，占全国中等职业教育在校生的比例 20.52%。

民办高校 789 所，占全国高校总数的比例 25.67%。其中，普通本科学校 391 所；本科层次职业学校 22 所；高职（专科）学校 374 所；成人高等学校 2 所。民办普通、职业本专科在校生 994.38 万人，比上年增加 69.49 万人，占全国普通、职业本专科在校生的比例 26.34%。

注释：

[1] 各项统计数据均未包括香港特别行政区、澳门特别行政区和台湾地区。部分数据因四舍五入的原因，存在着与分项合计不等的情况。

［2］各级各类学校是指经县级以上人民政府及其教育行政部门按照国家规定批准设立，以及县级以上人民政府其他有关行政部门审批设立并报教育行政部门备案的各级各类学校。不包括军事院校、人力资源和社会保障部门管理的技工学校。下同。

［3］普惠性幼儿园包括公办幼儿园和普惠性民办幼儿园。

［4］学前教育在园幼儿含独立设置的幼儿园和其他学校附设幼儿班幼儿。

［5］学前教育毛入园率，是指学前教育在园（班）幼儿数（不考虑年龄）占3~5岁年龄组人口数的百分比。

［6］学前教育专任教师，是指在独立设置的幼儿园和其他学校附设幼儿班中承担学前教育的专任教师。

［7］义务教育阶段学校数包括普通小学、初级中学、职业初中、九年一贯制学校。

［8］义务教育阶段招生数、在校生数包括普通小学、小学教学点、初级中学、职业初中、九年一贯制学校以及十二年一贯制学校小学段和初中段、完全中学初中段、其他学校附设小学班和附设初中班的招生数和在校生数。

［9］九年义务教育巩固率，是指初中毕业班学生数占该年级入小学一年级时学生数的百分比。

［10］小学学校数仅包含普通小学；学生数包含普通小学、小学教学点、九年一贯制学校小学段、十二年一贯制学校小学段和其他学校附设小学班学生；校舍等相关数据包含普通小学和小学教学点。

［11］小学阶段教育专任教师是指在普通小学、小学教学点、九年一贯制学校小学段、十二年一贯制学校小学段和其他学校附设小学班中承担小学教育的专任教师。不包括上述学校附设其他层级教育教学班的专任教师。

［12］专任教师学历合格率，是指某一级教育具有国家规定的最低学历要求的专任教师数占该级教育专任教师总数的百分比。各级教育教师的最低学历要求，参照《中华人民共和国教师法》中的相关规定：取得小学教师资格，应当具备中等师范学校毕业及其以上学历；取得初级中学教师、初级职业学校文化、专业课教师资格，应当具备高等师范专科学校或者其他大学专科毕业及其以上学历；取得高级中学教师资格和中等专业学校、技工学校、职业高中文化课、专业课教师资格，应当具备高等师范院校本科或者其他大学本科毕业及其以上学历。

［13］设施设备配备达标的学校，是指体育运动场（馆）面积、体育器械配备达到《教育部卫生部财政部关于印发国家学校体育卫生条件试行基本标准的通知》（教体艺〔2008〕5号）的相关标准；音乐器材配备、美术器材配备、数学自然实验仪器配备、理科实验仪器配备等达到各省、自治区、直辖市规定的仪器配备相关标准。含小学、初中和普通高中。

［14］初中学校数、校舍等相关数据包含普通初中、九年一贯制学校和职业初中；学生数包含初级中学、职业初中、九年一贯制学校初中段、十二年一贯制学校初中段、完全中学初中段和其他学校附设初中班学生。

［15］初中阶段教育专任教师，是指在初级中学、职业初中、九年一贯制学校初中段、十二年一贯制学校初中段、完全中学初中段和其他学校附设初中班中承担初中教育的专任教师。不包括上述学校附设其他层级教育教学班的专任教师。

［16］进城务工人员随迁子女，是指户籍登记在外省（区、市）、本省外县（区）的乡村，随务工父母到输入地的城区、镇区（同住）并在校接受义务教育的适龄儿童少年。

［17］各种形式特殊教育包括特殊教育学校、其他学校附设特教班、普通学校随班就读和送教上门。

［18］特殊教育专任教师含特殊教育学校和其他学校附设特教班中承担特殊教育的专任教师。不包括特殊教育学校附设其他普通教育教学班的专任教师。

［19］高中阶段毛入学率，是指高中阶段在校生（不考虑年龄）占15~17岁年龄组人口数的百分比。

［20］普通高中学校数、校舍等相关数据包含高级中学、完全中学和十二年一贯制学校。

［21］普通高中教育专任教师，是指在高级中学、完全中学高中段、十二年一贯制学校高中段和其他学校附设高中班中承担普通高中教育的专任教师。不包括上述学校附设其他层级教育教学班的专任教师。

［22］中等职业教育学校数、校舍等相关数据包含普通中等专业学校、职业高中和成人中等专业学校。不包

括人力资源和社会保障部门管理的技工学校。

［23］中等职业教育招生、在校生、毕业生等相关数据包含普通中等专业学校、职业高中、成人中等专业学校和其他学校附设中职班学生数。不包括人力资源和社会保障部门管理的技工学校学生。

［24］中等职业教育专任教师是指在普通中等专业学校、职业高中、成人中等专业学校和其他学校附设中职班中承担中职教育的专任教师。不包括上述学校附设其他层级教育教学班的专任教师。

［25］高等教育在学总规模包括研究生、普通本科、职业本科和高职（专科）、成人本专科、网络本专科、高等教育自学考试本专科等各种形式的高等教育在学人数。

［26］高等学校校均规模，仅包含普通本科、职业本科和高职（专科）在校生，不包含成人本专科、网络本专科和研究生在校生。

［27］高等教育专任教师是指普通本科学校、本科层次职业学校、高职（专科）学校和成人高等学校中承担高等教育的专任教师。不包含上述学校附设其他层级教育教学班的专任教师。

［28］高等教育学校生师比，是指折合在校生与专任教师之比。不包括高等教育学校附设其他层级教育教学班的学生和专任教师。

［29］校舍建筑面积、占地、教学科研实习仪器设备值包含学校产权和非学校产权独立使用。

资料来源：

所有数据均来自教育部。

目　录

第一部分　教育事业发展

一、综 合 部 分

二、高 等 教 育

三、中 等 教 育

四、初 等 教 育

五、特 殊 教 育

六、学 前 教 育

七、专 门 学 校

八、成人中小学

九、各级各类学校分布情况

第二部分　办 学 条 件

一、教 育 经 费

二、教育基本建设投资

第三部分　科学研究活动及其他

一、自然科学与技术

二、社 会 科 学

附　表

CONTENTS

Part Ⅰ

THE DEVELOPMENT OF THE EDUCATIONAL UNDERTAKING

Summary Tables

Higher Education

Secondary Education

Primary Education

Special Education

Pre-primary Education

Specialized Schools

Adult Primary and Secondary Schools

Geographical Distribution of Schools by Type and Level

Part Ⅱ

PHYSICAL FACILITIES

Public Expenditure on Education

Capital Construction Investment in the Educational Sector

Part Ⅲ

SCIENTIFIC RESEARCH ACTIVITIES AND OTHER

Natural Science and Technology

Social Science

Appendixes

第一部分
Part I

教育事业发展
THE DEVELOPMENT OF THE EDUCATIONAL UNDERTAKING

一、综合部分
Summary Tables

各级各类学校校数、教职工、专任教师情况

Number of Schools, Educational Personnel and Full-time Teachers by Type and Level

类别 Item	学校数(所) Schools	教职工数(人) Educational Personnel	专任教师数(人) Full-time Teachers
总　计 Total	**498324**	**23819959**	**18917768**
一、高等教育学校 Higher Education Schools	**3074**	**2946431**	**2099350**
1. 普通高等学校 Academic HEIs	1242	1996956	1347414
#独立学院 of Which: Independent Institutions	164	83136	60686
2. 本科层次职业学校 Professional HEIs	33	38470	30949
3. 高职(专科)学校 Vocational HEIs	1547	884563	706710
4. 成人高等学校 Adult HEIs	252	26442	14277
二、高中阶段学校 Senior Secondary Schools	**22466**	**4184538**	**3610780**
1. 普通高中 Regular Senior Secondary Schools	15381	3319638	2896925
完全中学 Combined Secondary Schools	5277	1199867	1080289
高级中学 Regular High Schools	8308	1634154	1448683
十二年一贯制学校 12-Year Schools	1796	485617	367953
2. 中等职业教育 Secondary Vocational Education	7085	864900	713855
中等职业学校 Secondary Vocational Schools	7085	854455	705979
其他中职机构(不计校数) Other Secondary Vocational Education Institutions	(234)	10445	7876
三、义务教育阶段学校 Compulsory Education Schools	**195820**	**11079310**	**10163519**
1. 初中学校 Junior Secondary Schools	52348	4819200	4345360
初级中学 Regular Junior Secondary Schools	34014	2968264	2730314
九年一贯制学校 9-Year Schools	18330	1850868	1614994
职业初中 Vocational Junior Secondary Schools	4	68	52
2. 普通小学 Regular Primary Schools	143472	6260110	5818159
小学 Primary Schools	143472	5958062	5538289
小学教学点(不计校数) ExternalTeaching Sites	(66009)	302048	279870
四、特殊教育学校 Special Education Schools	**2345**	**90370**	**78034**
五、幼儿园 Kindergarten	**274414**	**5514369**	**2962905**
六、专门学校 Specialized Schools	**150**	**4532**	**2873**
七、成人中小学 Adult Primary and Secondary Schools	**55**	**409**	**307**

注:1. 专任教师按照学校类型划分。其中,完全中学的教职工数和专任教师数计入高中阶段教育;九年一贯制学校的教职工数和专任教师数计入初中阶段教育;十二年一贯制学校的教职工数和专任教师数计入高中阶段教育;
2. "()"内数据为不计校数;
3. 高中阶段数据均不包含人力资源和社会保障部管理的技工学校数据。下同。

Note: 1. Full-time teachers are classified by school types. of which, educational personnel and full-time teachers of combined secondary schools are calculated into senior secondary education; educational personnel and full-time teachers of 9-year schools are calculated into junior secondary education; Educational personnel and full-time teachers of 12-year schools are calculated into senior secondary education;
2. The data within "( )" are not calculated as the number of schools;
3. Data from the skilled workers school administered by Ministry of Human Resources and Social Security of the People's Republic of China are not included in the data of senior secondary education level. Similarly hereinafter.

各级各类学历教育学生情况

Number of Students of Formal Education by Type and Level

单位：人
unit: person

类别 Item	毕业生数 Graduates	招生数 Entrants	在校生数 Enrolment
一、高等教育 Higher Education	**17749833**	**17812983**	**59115064**
1. 研究生 Postgraduates	1014755	1301679	3882940
博　士 Doctor's Degree	87126	153275	612489
硕　士 Master's Degree	927629	1148404	3270451
2. 普通本科 Academic Bachelor Education	4897422	4781609	20346933
3. 职业本专科 Higher Vocational Education	5572836	5640597	17403213
本　科 Vocational Bachelor Education	39924	89899	324692
专　科 Short-cycle Tertiary Vocational Education	5532912	5550698	17078521
4. 成人本专科 Undergraduate in Adult HEIs	3631278	4454878	10082275
本　科 Normal Courses	1947475	2702145	6000262
专　科 Short-cycle Courses	1683803	1752733	4082013
5. 网络本专科生 Web-based Undergraduates	2633542	1634220	7399703
本　科 Normal Courses	1100611	607030	2890562
专　科 Short-cycle Courses	1532931	1027190	4509141
二、高中阶段教育 High school level education	**12758618**	**14218362**	**41020889**
1. 普通高中 Regular Senior Secondary Schools	8604097	9678010	28036268
完全中学 Combined Secondary Schools	2584182	2840146	8297472
高级中学 Regular High Schools	5535595	6176251	17943270
十二年一贯制学校 12-Year Schools	460101	628523	1711473
附设普通高中班 Subsidiary Regular Senior Secondary School Class	24219	33090	84053
2. 中等职业教育 Secondary Vocational Education	4154521	4540352	12984621
中等职业学校 Secondary Vocational Schools	3810165	4305502	12161274
附设中职班 Subsidiary Secondary vocational Class	344356	234850	823347
三、义务教育阶段教育 Compulsory Education	**33870737**	**36325096**	**160797169**
1. 初中阶段 Junior Secondary Education	16235844	17546266	52436916
初级中学 Regular Junior Secondary Schools	10845995	11715815	35108702
九年一贯制学校 9-Year Schools	2863914	3248910	9549400
十二年一贯制学校 12-Year Schools	542827	499262	1555185
完全中学 Combined Secondary Schools	1949666	2050720	6129698
职业初中 Vocational Junior Secondary Schools	116	89	305
附设普通初中班 Junior Sec. Classes Attached	33309	31470	93590
附设职业初中班 Vocational Junior Sec. Classes Attached	17	0	36
2. 小学阶段 Primary Schools	17634893	18778830	108360253
小学 Primary Schools	14768984	15742385	91044804
九年一贯制学校 9-Year Schools	2229796	2351382	13391091
十二年一贯制学校 12-Year Schools	283640	251204	1600192
小学教学点（不计校数） ExternalTeaching Sites	277229	416231	2150227
附设小学班 Subsidiary Primary School Class	75244	17628	173939
四、特殊教育 Special Education	**173140**	**154977**	**911981**
#特殊教育学校 Special Education Schools	55188	52132	341248
五、学前教育 Pre-school Education	**18044024**	**11812117**	**40929784**
幼儿园 Kindergartens	16926231	11189350	39126337
附设幼儿班 Subsidiary Toddler Class	1117793	622767	1803447
六、专门学校 Specialized Schools	**5753**	**8420**	**9891**
七、成人中小学 Adult Primary and Secondary Schools	**9034**	**6678**	**11639**

注：1. 完全中学、九年一贯制学校、十二年一贯制学校和附设教学班的学生数按教育层次分别计入对应教育阶段的学生数中；
2. 特殊教育学生数中包括特殊教育学校、附设特教班、随班就读和送教上门等各类形式学生。

Note: 1. Numbers of students in combined secondary schools, 9-year schools, 12-year schools are classified by educational levels;
2. Special education covers various forms including special education schools, attached special education classes, regular classes and 'home delivery' teaching.

各级各类民办学校校数、教职工、专任教师情况

Number of Non-government Schools, Educational Personnel and Full-time Teachers by Type and Level

类别 Item	学校数(所) Schools	教职工数(人) Educational Personnel	专任教师数(人) Full-time Teachers
总　计 Total	**167158**	**5175291**	**3198700**
一、高等教育学校 Higher Education Schools	**789**	**571795**	**435169**
1. 普通本科学校 Academic HEIs	391	345455	254947
#独立学院 of Which:Independent Institutions	164	83136	60686
2. 本科层次职业学校 Professional HEIs	22	23736	19283
3. 高职(专科)学校 Vocational HEIs	374	202572	160929
4. 成人高等学校 Adult HEIs	2	32	10
二、高中阶段学校 Senior Secondary Schools	**6695**	**1016097**	**761975**
1. 普通高中 Regular Senior Secondary Schools	4567	838630	629707
完全中学 Combined Secondary Schools	819	173031	133943
高级中学 Regular High Schools	2397	287022	223197
十二年一贯制学校 12-Year Schools	1351	378577	272567
2. 中等职业教育 Secondary Vocational Education	2128	177467	132268
三、义务教育阶段学校 Compulsory Education Schools	**10110**	**853150**	**634035**
1. 初中学校 Junior Secondary Schools	5342	616423	459425
初级中学 Regular Junior Secondary Schools	955	90913	70710
九年一贯制学校 9-Year Schools	4386	525510	388715
职业初中 Vocational Junior Secondary Schools	1	0	0
2. 普通小学 Regular Primary Schools	4768	236727	174610
四、特殊教育学校 Special Education Schools	**78**	**2641**	**1758**
五、幼儿园 Kindergarten	**149476**	**2731279**	**1365601**
六、专门学校 Specialized Schools	**10**	**329**	**162**

注:1. 专任教师按照学校类型划分。其中,完全中学的教职工数和专任教师数计入高中阶段教育;九年一贯制学校的教职工数和专任教师数计入初中阶段教育;十二年一贯制学校的教职工数和专任教师数计入高中阶段教育;

2. "( )"内数据为不计校数。

Note:1. Full-time teachers are classified by school types. of which, educational personnel and full-time teachers of combined secondary schools are calculated into senior secondary education; educational personnel and full-time teachers of 9-year schools are calculated into junior secondary education; Educational personnel and full-time teachers of 12-year schools are calculated into senior secondary education;

2. The data within "( )" are not calculated as the number of schools.

各级各类民办教育学生情况
Number of Students of Non-government Education by Type and Level

单位：人
unit：person

类别 Item	毕业生数 Graduates	招生数 Entrants	在校生数 Enrolment
一、高等教育 Higher Education	**3035467**	**3337836**	**11106269**
1. 研究生 Postgraduates	1261	1834	4430
2. 普通本科 Academic Bachelor Education	1354335	1180192	5475270
3. 职业本专科 Higher Vocational Education	1289208	1587610	4468538
本　科 Vocational Bachelor Education	38597	59785	233072
专　科 Short-cycle Tertiary Vocational Education	1250611	1527825	4235466
4. 成人本专科 Undergraduate in Adult HEIs	390663	568200	1158031
本　科 Normal Courses	69993	142946	264962
专　科 Short-cycle Courses	320670	425254	893069
二、高中阶段教育 High school level education	**2296216**	**2945802**	**8141981**
1. 普通高中 Regular Senior Secondary Schools	1448166	2019599	5477609
完全中学 Combined Secondary Schools	332168	386305	1103503
高级中学 Regular High Schools	757604	1141216	3032142
十二年一贯制学校 12-Year Schools	358394	492078	1341964
2. 中等职业教育 Secondary Vocational Education	848050	926203	2664372
三、义务教育阶段教育 Compulsory Education	**3516437**	**2515038**	**12219867**
1. 初中阶段 Junior Secondary Education	2027383	1632387	5304172
初级中学 Regular Junior Secondary Schools	404614	296517	969008
九年一贯制学校 9-Year Schools	882385	791923	2489314
十二年一贯制学校 12-Year Schools	425461	343817	1125157
完全中学 Combined Secondary Schools	314906	200130	720657
职业初中 Vocational Junior Secondary Schools	17	0	36
2. 小学阶段 Primary Schools	1489054	882651	6915695
小学 Primary Schools	584281	340013	2731385
九年一贯制学校 9-Year Schools	679627	401067	3098989
十二年一贯制学校 12-Year Schools	225146	141571	1085321
四、特殊教育 Special Education	**1598**	**1783**	**9801**
五、学前教育 Pre-school Education	**8222918**	**4800043**	**17916228**
六、专门学校 Specialized Schools	**504**	**743**	**1185**

注：1．完全中学、九年一贯制学校、十二年一贯制学校和附设教学班的学生数按教育层次分别计入对应教育阶段的学生数中；
2. 特殊教育学生数中包括特殊教育学校、附设特教班、随班就读和送教上门等各类形式学生。

Note：1. Numbers of students in combined secondary schools, 9-year schools, 12-year schools are classified by educational levels;
2. Special education covers various forms including special education schools, attached special education classes, regular classes and 'home delivery' teaching.

各级各类教育在校生情况

Number of Students of Formal Education by Type and Level

单位：人
unit：person

类别 Item	合计 Total	#女 of Which：Female	占比（%） Percentage	#少数民族 of Which：Minority	占比（%） Percentage
一、高等教育 Higher Education					
1. 研究生 Postgraduates	3882940	1963385	50.56	235946	6.08
博　士 Doctor's Degree	612489	254041	41.48	36606	5.98
硕　士 Master's Degree	3270451	1709344	52.27	199340	6.10
2. 普通本科 Academic Bachelor Education	20346933	10625155	52.22	2023213	9.94
3. 职业本专科 Higher Vocational Education	17403213	8246764	47.39	1927372	11.07
本　科 Vocational Bachelor Education	324692	156531	48.21	27399	8.44
专　科 Short-cycle Tertiary Vocational Education	17078521	8090233	47.37	1899973	11.12
4. 成人本专科 Undergraduate in Adult HEIs	10082275	5643045	55.97	733421	7.27
本　科 Normal Courses	6000262	3431046	57.18	462144	7.70
专　科 Short-cycle Courses	4082013	2211999	54.19	271277	6.65
5. 网络本专科生 Web-based Undergraduates	7399703	3011013	40.69	556210	7.52
本　科 Normal Courses	2890562	1255659	43.44	213895	7.40
专　科 Short-cycle Courses	4509141	1755354	38.93	342315	7.59
二、高中阶段教育 High school level education	**41020889**	**19742602**	**48.13**	**4590165**	**11.19**
1. 普通高中 Regular Senior Secondary Schools	28036268	13881808	49.51	3125277	11.15
完全中学 Combined Secondary Schools	8297472	4160535	50.14	854109	10.29
高级中学 Regular High Schools	17943270	8917034	49.70	2148716	11.98
十二年一贯制学校 12-Year Schools	1711473	763489	44.61	113628	6.64
附设普通高中班 Subsidiary Regular Senior Secondary School Classes	84053	40750	48.48	8824	10.50
2. 中等职业教育 Secondary Vocational Education	12984621	5860794	45.14	1464888	11.28
中等职业学校 Secondary Vocational Schools	12161274	5464539	44.93	1340646	11.02
附设中职班 Subsidiary Secondary Vocational Class	823347	396255	48.13	124242	15.09

续表

类别 Item	合计 Total	#女 of Which: Female	占比(%) Percentage	#少数民族 of Which: Minority	占比(%) Percentage
三、义务教育阶段教育 Compulsory Education	**160797169**	**75376783**	**46.88**	**20245800**	**12.59**
1. 初中阶段 Junior Secondary Education	52436916	24425203	46.58	6386403	12.18
初级中学 Regular Junior Secondary Schools	35108702	16505049	47.01	4761122	13.56
九年一贯制学校 9-Year Schools	9549400	4324064	45.28	867621	9.09
十二年一贯制学校 12-Year Schools	1555185	659404	42.40	105169	6.76
完全中学 Combined Secondary Schools	6129698	2893717	47.21	637408	10.40
职业初中 Vocational Junior Secondary Schools	305	82	26.89	21	6.89
附设普通初中班 Junior Sec. Classes Attached	93590	42881	45.82	15062	16.09
附设职业初中班 Vocational Junior Sec. Classes Attached	36	6	16.67	0	0.00
2. 小学阶段 Primary Schools	108360253	50951580	47.02	13859397	12.79
小学 Primary Schools	91044804	42967636	47.19	12124875	13.32
九年一贯制学校 9-Year Schools	13391091	6167000	46.05	1239780	9.26
十二年一贯制学校 12-Year Schools	1600192	698599	43.66	108414	6.78
小学教学点(不计校数) ExternalTeaching Sites	2150227	1037945	48.27	371748	17.29
附设小学班 Subsidiary Primary School Class	173939	80400	46.22	14580	8.38
四、特殊教育 Special Education	**911981**	**331793**	**36.38**	**131562**	**14.43**
#特殊教育学校 Special Education Schools	341248	119815	35.11	36674	10.75
五、学前教育 Pre-school Education	**40929784**	**19357163**	**47.29**	**4516266**	**11.03**
幼儿园 Kindergartens	39126337	18495112	47.27	4322143	11.05
附设幼儿班 Subsidiary Toddler Class	1803447	862051	47.80	194123	10.76
六、专门学校 Specialized Schools	**9891**	**1640**	**16.58**	**1611**	**16.29**
七、成人中小学 Adult Primary and Secondary Schools	**11639**	**6106**	**52.46**	**1376**	**11.82**

注:1. 完全中学、九年一贯制学校、十二年一贯制学校和附设教学班的学生数按教育层次分别计入对应教育阶段的学生数中;

2. 特殊教育学生数中包括特殊教育学校、附设特教班、随班就读和送教上门等各类形式学生。

Note:1. Numbers of students in combined secondary schools, 9-year schools, 12-year schools are classified by educational levels;

2. Special education covers various forms including special education schools, attached special education classes, regular classes and 'home delivery' teaching.

各级各类学校教职工情况
Number of Educational Personnel of Schools by Type and Level

单位：人
unit：person

类别 Item	教职工数 Educational Personnel	#女 of Which：Female	占比(%) Percentage	#少数民族 of Which：Minority	占比(%) Percentage
一、高等教育学校 Higher Education Schools	**2946431**	**1556595**	**52.83**	**188684**	**6.40**
1. 普通本科学校 Academic HEIs	1996956	1020194	51.09	126588	6.34
#独立学院 of Which：Independent Institutions	83136	49408	59.43	4321	5.20
2. 本科层次职业学校 Professional HEIs	38470	20832	54.15	2555	6.64
3. 高职(专科)学校 Vocational HEIs	884563	500643	56.60	58173	6.58
4. 成人高等学校 Adult HEIs	26442	14926	56.45	1368	5.17
二、高中阶段学校 Senior Secondary Schools	**4184538**	**2487129**	**59.44**	**340828**	**8.14**
1. 普通高中 Regular Senior Secondary Schools	3319638	1998415	60.20	278211	8.38
完全中学 Combined Secondary Schools	1199867	720939	60.08	96652	8.06
高级中学 Regular High Schools	1634154	941359	57.61	157502	9.64
十二年一贯制学校 12-Year Schools	485617	336117	69.21	24057	4.95
2. 中等职业教育(不含技工学校) Secondary Vocational Education	864900	488714	56.51	62617	7.24
中等职业学校 Secondary Vocational Schools	854455	482893	56.51	62182	7.28
其他中职机构(不计校数) Other Secondary Vocational Education Institutions	10445	5821	55.73	435	4.16
三、义务教育阶段学校 Compulsory Education Schools	**11079310**	**7590335**	**68.51**	**1147812**	**10.36**
1. 初中学校 Junior Secondary Schools	4819200	3036266	63.00	449199	9.32
初级中学 Regular Junior Secondary Schools	2968264	1764813	59.46	321098	10.82
九年一贯制学校 9-Year Schools	1850868	1271412	68.69	128096	6.92
职业初中 Vocational Junior Secondary Schools	68	41	60.29	5	7.35
2. 普通小学 Regular Primary Schools	6260110	4554069	72.75	698613	11.16
小学 Primary Schools	5958062	4380270	73.52	660867	11.09
小学教学点(不计校数) ExternalTeaching Sites	302048	173799	57.54	37746	12.50
四、特殊教育学校 Special Education Schools	**90370**	**66181**	**73.23**	**8869**	**9.81**
五、幼儿园 Kindergarten	**5514369**	**5105819**	**92.59**	**451118**	**8.18**
六、专门学校 Specialized Schools	**4532**	**1841**	**40.62**	**630**	**13.90**
七、成人中小学 Adult Primary and Secondary Schools	**409**	**146**	**35.70**	**62**	**15.16**

各级各类教育专任教师情况
Number of Full-time Teachers of Schools by Type and Level

单位：人
unit: person

类别 Item	专任教师数 Full-time Teachers	#女 of Which: Female	占比(%) Percentage	#少数民族 of Which: Minority	占比(%) Percentage
一、高等教育学校 Higher Education Schools	**2074943**	**1113453**	**53.66**	**133147**	**6.42**
1. 普通本科学校 Academic HEIs	1345486	685003	50.91	85165	6.33
#独立学院 of Which: Independent Institutions	60686	36962	60.91	3194	5.26
2. 本科层次职业学校 Professional HEIs	30823	17247	55.95	2070	6.72
3. 高职(专科)学校 Vocational HEIs	684584	402588	58.81	45100	6.59
4. 成人高等学校 Adult HEIs	14050	8615	61.32	812	5.78
二、高中阶段教育 High school level education	**2949646**	**1736571**	**58.87**	**246308**	**8.35**
1. 普通高中 Regular Senior Secondary Schools	2214804	1301163	58.75	194373	8.78
完全中学 Combined Secondary Schools	630448	367134	58.23	49408	7.84
高级中学 Regular High Schools	1442126	847709	58.78	136779	9.48
十二年一贯制学校 12-Year Schools	135758	82151	60.51	7549	5.56
附设普通高中班 Subsidiary Regular Senior Secondary School Class	6472	4169	64.42	637	9.84
2. 中等职业教育 Secondary Vocational Education	734842	435408	59.25	51935	7.07
中等职业学校 Secondary Vocational Schools	704741	416934	59.16	49858	7.07
附设中职班 Subsidiary Secondary Vocational Class	30101	18474	61.37	2077	6.90
三、义务教育阶段教育 Compulsory Education	**10739319**	**7487194**	**69.72**	**1051280**	**9.79**
1. 初中阶段 Junior Secondary Education	4083058	2529569	61.95	378695	9.27
初级中学 Regular Junior Secondary Schools	2721710	1652804	60.73	283029	10.40
九年一贯制学校 9-Year Schools	784536	497484	63.41	52903	6.74
十二年一贯制学校 12-Year Schools	122488	85073	69.45	6646	5.43
完全中学 Combined Secondary Schools	446969	289551	64.78	35309	7.90
职业初中 Vocational Junior Secondary Schools	52	37	71.15	4	7.69
附设初中班 Junior Sec. Classes Attached	7303	4620	63.26	804	11.01
2. 小学阶段 Primary Schools	6656261	4957625	74.48	672585	10.10
小学 Primary Schools	5458669	4084085	74.82	577093	10.57
九年一贯制学校 9-Year Schools	821055	629952	76.72	58014	7.07
十二年一贯制学校 12-Year Schools	106937	88664	82.91	5585	5.22
小学教学点(不计校数) ExternalTeaching Sites	259394	147307	56.79	31241	12.04
附设小学班 Subsidiary Primary School Class	10206	7617	74.63	652	6.39
四、特殊教育 Special Education	**77047**	**58354**	**75.74**	**7337**	**9.52**
#特殊教育学校 Special Education Schools	76135	57580	75.63	7283	9.57
五、学前教育 Pre-school Education	**3073704**	**2999510**	**97.59**	**262874**	**8.55**
幼儿园 Kindergartens	2962814	2896793	97.77	254242	8.58
附设幼儿班 Subsidiary Toddler Class	110890	102717	92.63	8632	7.78
六、专门学校 Specialized Schools	**2790**	**1312**	**47.03**	**375**	**13.44**
七、成人中小学 Adult Primary and Secondary Schools	**307**	**116**	**37.79**	**51**	**16.61**

注：专任教师按照教育层次划分。完全中学、九年一贯制学校、十二年一贯制学校和附设教学班的专任教师数按教育层次分别计入对应教育阶段的专任教师数中。

Note: Numbers of full-time teachers in combined secondary schools, 9-year schools, 12-year schools are classified by educational levels.

各级各类

Number of Schools by

类别 Item	2014	2015	2016
一、高等教育 Higher Education			
(一)研究生培养机构(不计校数) Institutions Providing Postgraduate Programs	788	792	793
1. 普通高校 Regular HEIs	571	575	576
2. 科研机构 Research Institutes	217	217	217
(二)普通、职业高等学校 Regular and Vocational HEIs	2529	2560	2596
1. 普通本科学校 Academic HEIs	1202	1219	1237
2. 本科层次职业学校 Professional HEIs	—	—	—
3. 高职(专科)学校 Vocational HEIs	1327	1341	1359
4. 其他普通高教机构(不计校数) Other Institutions	31	28	25
(三)成人高等学校 Adult HEIs	295	292	284
二、高中阶段学校 Senior Secondary Schools	**22313**	**21897**	**21750**
1. 普通高中 Regular Senior Secondary Schools	13253	13240	13383
2. 中等职业教育 Secondary Vocational Education	9060	8657	8367
中等职业学校 Secondary Vocational Schools	9060	8657	8367
其他中职机构(不计校数) Other Secondary Vocational Education Institutions	402	486	342
三、义务教育阶段学校 Compulsory Education Schools	**254000**	**242930**	**229751**
1. 初中学校 Junior Secondary Schools	52623	52405	52118
普通初中 Regular Junior Secondary Schools	52597	52383	52102
职业初中 Vocational Junior Secondary Schools	26	22	16
2. 普通小学 Regular Primary Schools	201377	190525	177633
小学 Primary Schools	201377	190525	177633
小学教学点(不计校数) ExternalTeaching Sites	88967	93035	98437
四、特殊教育学校 Special Education Schools	**2000**	**2053**	**2080**
五、幼儿园 Kindergarten	**209881**	**223683**	**239812**
六、专门学校 Specialized Schools	**79**	**86**	**89**
七、成人中小学 Adult Primary and Secondary Schools	**20171**	**16332**	**12806**

学校校数
Type and Level

单位：所
unit：institution

2017	2018	2019	2020	2021	2022	2023
815	815	828	827	827	830	852
578	580	593	594	594	596	619
237	235	235	233	233	234	233
2631	2663	2688	2738	2756	2760	2822
1243	1245	1265	1270	1238	1239	1242
—	—	—	—	32	32	33
1388	1418	1423	1468	1486	1489	1547
24	22	21	21	21	—	—
282	277	268	265	256	253	252
21736	**21587**	**21650**	**21708**	**21879**	**22227**	**22466**
13555	13737	13964	14235	14585	15026	15381
8181	7850	7686	7473	7294	7201	7085
8181	7850	7686	7473	7294	7201	7085
312	285	286	348	297	269	234
218903	**213793**	**212563**	**210784**	**207150**	**201597**	**195820**
51894	51982	52415	52805	52871	52480	52348
51879	51971	52404	52795	52862	52472	52344
15	11	11	10	9	8	4
167009	161811	160148	157979	154279	149117	143472
167009	161811	160148	157979	154279	149117	143472
102998	101398	96456	90295	83623	76933	66009
2107	**2152**	**2192**	**2244**	**2288**	**2314**	**2345**
254950	**266677**	**281174**	**291715**	**294832**	**289222**	**274414**
93	**92**	**94**	**95**	**104**	**119**	**150**
10607	**9196**	**7054**	**5141**	**59**	**57**	**55**

各级各类学历
Number of Students of Formal

类别 Item	2014	2015	2016
一、高等教育 Higher Education			
(一)研究生 Postgraduates	184.77	191.14	198.11
(二)普通本科 Undergraduates	1541.07	1576.68	1612.95
(三)职业本专科 Vocational Undergraduate	1006.63	1048.61	1082.89
本　科 Normal Courses	—	—	—
专　科 Short-cycle Courses	1006.63	1048.61	1082.89
(四)成人本专科 Undergraduate in Adult HEIs	653.12	635.94	584.39
(五)网络本专科生 Web-based Undergraduates	631.45	628.47	644.93
二、高中阶段教育 High school level Education	**3816.78**	**3709.64**	**3642.51**
1. 普通高中教育 Regular Senior Secondary Education	2400.47	2374.40	2366.65
2. 中等职业教育 Secondary Vocational Education	1416.31	1335.24	1275.86
三、义务教育阶段教育 Compulsory Education	**13835.70**	**14004.13**	**14242.38**
1. 初中阶段 Junior Secondary Education	4384.63	4311.95	4329.37
普通初中 Regular Junior Secondary Schools	4383.86	4311.44	4329.00
职业初中 Vocational Junior Secondary Schools	0.77	0.51	0.37
2. 小学阶段 Primary Education	9451.07	9692.18	9913.01
四、特殊教育 Special Education	**39.49**	**44.22**	**49.17**
五、学前教育 Pre-school Education	**4050.71**	**4264.83**	**4413.86**
六、专门学校 Specialized Schools	**0.85**	**0.79**	**0.72**
七、成人中小学 Adult Primary and Secondary Schools	**177.59**	**135.11**	**115.68**

各级各类学历
Number of Entrants of Formal

类别 Item	2014	2015	2016
一、高等教育 Higher Education			
(一)研究生 Postgraduates	62.13	64.51	66.71
(二)普通本科 Undergraduates	383.42	389.42	405.40
(三)职业本专科 Vocational Undergraduate	337.98	348.43	343.21
本　科 Normal Courses	—	—	—
专　科 Short-cycle Courses	337.98	348.43	343.21
(四)成人本专科 Undergraduate in Adult HEIs	265.60	236.75	211.23
(五)网络本专科生 Web-based Undergraduates	206.19	203.40	229.61
二、高中阶段教育 High school level Education	**1291.96**	**1276.43**	**1269.06**
1. 普通高中教育 Regular Senior Secondary Education	796.60	796.61	802.92
2. 中等职业教育 Secondary Vocational Education	495.36	479.82	466.14
三、义务教育阶段教育 Compulsory Education	**3106.24**	**3140.06**	**3239.64**
1. 初中阶段 Junior Secondary Education	1447.82	1411.02	1487.17
普通初中 Regular Junior Secondary Schools	1447.58	1410.85	1487.03
职业初中 Vocational Junior Secondary Schools	0.24	0.18	0.14
2. 小学阶段 Primary Education	1658.42	1729.04	1752.47
四、特殊教育 Special Education	**7.07**	**8.33**	**9.15**
五、学前教育 Pre-school Education	**1987.78**	**2008.85**	**1922.09**
六、专门学校 Specialized Schools	**0.35**	**0.38**	**0.33**

注:2017 年起,硕士研究生在校生数含有在职人员攻读硕士学位学生。

Note: From 2017,The number of On-the-job Personnel of Master's degree Programs are included in the Number of enrolment of Master's degree.

教育学生数
Education by Type and Level

单位：万人
unit：10 thousand persons

2017	2018	2019	2020	2021	2022	2023
263.96	273.13	286.37	313.96	333.24	365.36	388.29
1648.63	1697.33	1748.24	1818.41	1893.10	1965.64	2034.69
1104.95	1133.7	1283.29	1466.89	1603.03	1693.77	1740.32
—	—	2.58	7.34	12.93	22.87	32.47
1104.95	1133.7	1280.71	1459.55	1590.10	1670.90	1707.85
544.14	590.99	668.56	777.29	832.65	933.65	1008.23
735.93	825.66	857.83	846.45	873.90	844.65	739.97
3628.84	**3589.00**	**3630.48**	**3762.29**	**3916.84**	**4053.17**	**4102.09**
2374.55	2375.37	2414.31	2494.45	2605.03	2713.87	2803.63
1254.29	1213.63	1216.17	1267.84	1311.81	1339.29	1298.46
14535.76	**14991.84**	**15388.37**	**15639.44**	**15798.37**	**15852.66**	**16079.72**
4442.06	4652.59	4827.13	4914.09	5018.44	5120.60	5243.69
4441.79	4652.38	4826.69	4913.87	5018.36	5120.52	5243.66
0.27	0.21	0.44	0.22	0.07	0.08	0.03
10093.70	10339.25	10561.24	10725.35	10779.93	10732.06	10836.03
57.88	**66.59**	**79.46**	**88.08**	**91.98**	**91.85**	**91.20**
4600.14	**4656.42**	**4713.88**	**4818.26**	**4805.21**	**4627.55**	**4092.98**
0.60	**0.68**	**0.65**	**0.60**	**0.72**	**0.81**	**0.99**
92.06	**92.74**	**56.65**	**35.62**	**1.16**	**1.48**	**1.16**

教育招生数
Education by Type and Level

单位：万人
unit：10 thousand persons

2017	2018	2019	2020	2021	2022	2023
80.61	85.80	91.65	110.66	117.65	124.25	130.17
410.75	422.16	431.29	443.12	444.60	467.94	478.16
350.74	368.83	483.61	524.34	556.72	546.61	564.06
—	—	—	—	4.14	7.63	8.99
350.74	368.83	483.61	524.34	552.58	538.98	555.07
217.53	273.31	302.21	363.76	378.53	440.02	445.49
286.11	320.91	288.55	277.91	283.92	280.89	163.42
1251.57	**1221.21**	**1296.90**	**1361.05**	**1393.94**	**1432.33**	**1421.84**
800.05	792.71	839.49	876.44	904.95	947.54	967.80
451.52	428.50	457.41	484.61	488.99	484.78	454.04
3313.77	**3469.89**	**3507.89**	**3440.19**	**3488.02**	**3432.77**	**3632.51**
1547.22	1602.59	1638.85	1632.10	1705.44	1731.38	1754.63
1547.13	1602.53	1638.76	1632.04	1705.41	1731.36	1754.62
0.10	0.06	0.08	0.06	0.02	0.02	0.01
1766.55	1867.30	1869.04	1808.09	1782.58	1701.39	1877.88
11.08	**12.35**	**14.42**	**14.90**	**14.91**	**14.63**	**15.50**
1937.95	**1863.91**	**1688.23**	**1791.40**	**1526.24**	**1360.43**	**1181.21**
0.32	**0.32**	**0.38**	**0.30**	**0.57**	**0.53**	**0.84**

各级各类
Number of Educational Personnel

类别 Item	2014	2015	2016
一、高等教育学校 Higher Education Schools	**233.57**	**236.93**	**240.48**
1. 普通本科学校 Academic HEIs	170.31	172.76	175.06
2. 本科层次职业学校 Professional HEIs	—	—	—
3. 高职(专科)学校 Vocational HEIs	62.50	63.93	65.26
4. 成人高等学校 Adult HEIs	5.29	5.13	4.31
5. 其他普通高教机构(不计校数) Other Institutions	0.76	0.25	0.16
二、高中阶段学校 Senior Secondary Schools	**337.63**	**338.47**	**341.29**
1. 普通高中 Regular Senior Secondary Schools	250.94	254.32	259.19
2. 中等职业教育 Secondary Vocational Education	86.69	84.15	82.10
三、义务教育阶段学校 Compulsory Education Schools	**944.46**	**946.57**	**953.48**
1. 初中学校 Junior Secondary Schools	395.57	397.63	399.75
普通初中 Regular Junior Secondary Schools	395.49	397.57	399.70
职业初中 Vocational Junior Secondary Schools	0.08	0.06	0.05
2. 普通小学 Regular Primary Schools	548.89	548.94	553.73
四、特殊教育学校 Special Education Schools	**5.74**	**5.95**	**6.25**
五、幼儿园 Kindergarten	**314.22**	**349.58**	**381.78**
六、专门学校 Specialized Schools	**0.28**	**0.30**	**0.29**
七、成人中小学 Adult Primary and Secondary Schools	**5.88**	**3.86**	**2.93**

各级各类
Number of Full-time Teachers

类别 Item	2014	2015	2016
一、高等教育学校 Higher Education Schools	**153.45**	**157.26**	**160.20**
1. 普通本科学校 Academic HEIs	109.17	111.64	113.40
2. 本科层次职业学校 Professional HEIs	—	—	—
3. 高职(专科)学校 Vocational HEIs	43.83	45.46	46.69
4. 成人高等学校 Adult HEIs	3.15	3.02	2.52
5. 其他普通高教机构(不计校数) Other Institutions	0.46	0.16	0.10
二、高中阶段教育 High school level Education	**232.65**	**234.78**	**237.66**
1. 普通高中教育 Regular Senior Secondary Education	166.27	169.54	173.35
2. 中等职业教育 Secondary Vocational Education	66.38	65.24	64.31
三、义务教育阶段教育 Compulsory Education	**912.99**	**916.44**	**927.91**
1. 初中阶段 Junior Secondary Education	349.60	347.93	349.00
普通初中 Regular Junior Secondary Schools	348.77	347.51	348.73
职业初中 Vocational Junior Secondary Schools	0.08	0.06	0.05
2. 小学阶段 Primary Education	563.39	568.51	578.91
四、特殊教育 Special Education	**4.81**	**5.03**	**5.32**
五、学前教育 Pre-school Education	**184.41**	**205.10**	**223.21**
六、专门学校 Specialized Schools	**0.19**	**0.21**	**0.21**
七、成人中小学 Adult Primary and Secondary Schools	**3.73**	**2.28**	**1.71**

学校教职工数

of School by Type and Level

单位：万人

unit：10 thousand persons

2017	2018	2019	2020	2021	2022	2023
244.30	**248.75**	**256.67**	**266.87**	**278.56**	**287.09**	**294.64**
177.23	180.10	186.66	192.35	193.15	197.68	199.70
—	—	—	—	3.22	3.42	3.85
66.95	68.53	69.94	74.45	78.74	83.20	88.46
4.14	3.80	3.61	3.25	3.44	2.79	2.64
0.11	0.13	0.07	0.07	0.02	—	—
347.62	**354.21**	**363.52**	**375.25**	**394.76**	**407.29**	**418.45**
266.51	274.25	283.37	294.87	311.99	322.45	331.96
81.11	79.96	80.15	80.38	82.77	84.85	86.49
972.34	**992.62**	**1020.30**	**1046.94**	**1090.77**	**1099.82**	**1107.93**
407.81	419.37	435.04	450.31	468.57	475.12	481.92
407.76	419.34	435.00	450.27	468.54	475.10	481.91
0.05	0.03	0.04	0.04	0.02	0.02	0.01
564.53	573.25	585.26	596.63	622.20	624.70	626.01
6.51	**6.81**	**7.21**	**7.64**	**8.25**	**8.60**	**9.04**
419.29	**453.15**	**491.57**	**519.82**	**564.64**	**575.68**	**551.44**
0.29	**0.29**	**0.28**	**0.29**	**0.31**	**0.36**	**0.45**
2.43	**2.43**	**2.08**	**1.71**	**0.04**	**0.05**	**0.04**

教育专任教师数

of Formal Education by Type and Level

单位：万人

unit：10 thousand persons

2017	2018	2019	2020	2021	2022	2023
163.32	**167.28**	**174.01**	**183.30**	**188.52**	**197.78**	**207.49**
115.05	117.43	122.53	127.61	126.97	131.58	134.55
—	—	—	—	2.56	2.78	3.08
48.21	49.77	51.44	55.64	57.02	61.95	68.46
2.40	2.19	2.06	1.90	1.97	1.47	1.41
0.07	0.07	0.04	0.05	0.01	—	—
241.44	**244.81**	**250.14**	**258.19**	**272.38**	**285.15**	**294.96**
177.40	181.26	185.92	193.32	202.83	213.32	221.48
64.04	63.55	64.22	64.87	69.54	71.83	73.48
949.50	973.31	1001.83	1029.63	1057.19	1065.46	1073.93
355.01	364.12	374.92	386.21	397.11	402.52	408.31
354.82	363.87	374.71	386.04	397.09	402.51	408.30
0.04	0.03	0.04	0.03	0.02	0.01	0.01
594.49	609.19	626.91	643.42	660.08	662.94	665.63
5.60	**5.87**	**6.24**	**6.62**	**6.94**	**7.27**	**7.70**
243.21	**258.14**	**276.31**	**291.34**	**319.10**	**324.42**	**307.37**
0.22	**0.21**	**0.22**	**0.21**	**0.22**	**0.24**	**0.28**
1.46	**1.47**	**1.32**	**1.05**	**0.03**	**0.04**	**0.03**

教育规模
Size of Education

单位：万人
unit：10 thousand person

年份 Year	学校数(万所) Schools (10 Thousand)	在校生数 Enrolment	教职工数 Educational Personnel	教育人口 Educational Population	教育人口比重(%) Propotion of Education Population
2014	51.42	31734.68	1874.02	33608.70	24.70
2015	51.24	31907.15	1915.29	33822.43	25.22
2016	51.17	32294.45	1959.57	34254.02	25.55
2017	51.38	32986.70	2025.87	35012.57	26.11
2018	51.88	30116.98	2090.71	32207.69	24.02
2019	53.01	30940.28	2174.31	33114.59	24.70
2020	53.71	31628.29	2251.47	33879.77	25.27
2021	52.93	30209.78	2337.34	32547.11	23.05
2022	51.85	30430.59	2378.89	32809.48	23.23
2023	49.83	30279.64	2382.00	32661.64	23.14

小学学龄儿童净入学率
Net Enrolment Ratio of School-age Children in Primary Schools

单位：%
unit：%

年份 Year	学龄儿童入学率 Net Enrollment Ratio of School-age Children		
	全国学龄儿童数(万人) No. of School-age Children (10,000 persons)	已入学学龄儿童数(万人) No. of School-age Children Enrolled (10,000 persons)	净入学率 Net Enrolment Ratio
2014	9107.1	9090.1	99.81
2015	9368.2	9356.7	99.88
2016	9583.6	9575.9	99.92
2017	9779.2	9770.2	99.91
2018	10021.8	10016.8	99.95
2019	10255.4	10248.8	99.94
2020	10426.9	10422.9	99.96
2021	10489.4	10479.3	99.90
2022	10459.1	10447.8	99.89
2023	10563.8	10552.2	99.89

各级教育毛入学率
Gross Enrolment Ratio of Education by Level

单位：%
unit：%

年份 Year	学前教育 Pre-school Education	小学 Primary Education	初中阶段 Junior Secondary Education	高中阶段 Senior Secondary Education	高等教育 Higher Education
2014	70.5	103.8	103.5	86.5	37.5
2015	75.0	103.5	104.0	87.0	40.0
2016	77.4	104.4	104.0	87.5	42.7
2017	79.6	104.8	103.5	88.3	45.7
2018	81.7	103.2	100.9	88.8	48.1
2019	83.4	103.0	102.6	89.5	51.6
2020	85.2	102.9	102.5	91.2	54.4
2021	88.1	102.9	102.5	91.4	57.8
2022	89.7	102.9	102.5	91.6	59.6
2023	91.1	—	—	91.8	60.2

每十万人口各级学校平均在校生数
Number of Enrolment of Per 100,000 Inhabitants by Level

单位：人
unit：person

年份 Year	普通高校 Higher Education	高中阶段 Senior Secondary Education	初中阶段 Junior Secondary Education	小学 Primary Education	学前教育 Pre-primary Education
2014	2488	3100	3222	6946	2977
2015	2524	2965	3152	7086	3118
2016	2530	2887	3150	7211	3211
2017	2576	2872	3213	7300	3327
2018	2658	2828	3347	7438	3350
2019	2857	2850	3459	7569	3378
2020	3126	2948	3510	7661	3441
2021	3301	2774	3554	7634	3403
2022	3510	2870	3625	7597	3276
2023	3663	2906	3714	7676	2899

各级普通学校生师比
Pupil-Teacher Ratio of Regular Schools by Level

年份 Year	普通小学 Regular Primary Schools	初中 Junior Secondary Schools	普通高中 Regular Senior Secondary Schools	中等职业学校 Secondary Vacational Schools	普通高校 Regular HEIs			
					全国 Total	本科院校 Academic HEIs	本科层次职业学校 Professional HEIs	高职(专科)学校 Vocational HEIs
2014	16.78	12.57	14.44	21.34	17.68	17.73	—	17.57
2015	17.05	12.41	14.01	20.47	17.73	17.69	—	17.77
2016	17.12	12.41	13.65	19.68	17.07	16.78	—	17.73
2017	16.98	12.52	13.39	19.59	17.52	17.42	—	17.74
2018	16.97	12.79	13.10	19.10	17.56	17.42	—	17.89
2019	16.85	12.88	12.99	18.94	17.95	17.39	—	19.24
2020	16.67	12.73	12.90	19.54	18.37	17.51	—	20.28
2021	16.33	12.64	12.84	18.86	18.54	17.90	19.38	19.85
2022	16.19	12.72	12.72	18.65	18.32	17.65	18.31	19.69
2023	16.28	12.84	12.66	17.67	17.98	17.51	17.57	18.92

普通、职业高等学校本专科学生校均规模
Average Number of Undergraduates in HEIs

单位：人
unit：person

类别 Item	2013	2014	2015	2016	2017	2018	2019	2020	2021	2022	2023
全　国 Total	**9814**	**9995**	**10197**	**10342**	**10430**	**10605**	**11260**	**11982**	**12671**	**13250**	**13368**
普通本科学校 Academic HEIs	14261	14342	14444	14532	14639	14896	15179	15749	16366	16793	17194
本科层次职业学校 Professional HEIs	—	—	—	—	—	—	—	—	18403	19487	20127
高职(专科)学校 Vocational HEIs	5876	6057	6336	6528	6662	6837	7776	8723	9470	10168	10152

注:校均规模为在校生数除以对应校数。
Note: Average size is the ratio of total number of enrolment to the total number of schools.

各级自学考试基本情况

Basic Statistics of State-administered Examination for Self-learners by Level

单位：人、科次

unit: person, course

类别 Item	2018		2019		2020		2021		2022		2023	
	上半年 First Half Year	下半年 Second Half Year	上半年 First Half Year	下半年 Second Half Year	上半年 First Half Year	下半年 Second Half Year	上半年 First Half Year	下半年 Second Half Year	上半年 First Half Year	下半年 Second Half Year	上半年 First Half Year	下半年 Second Half Year
毕业生人数 Graduates	237208	250022	238303	251509	105236	318571	272420	216970	174262	187480	202875	217106
本科 Normal Courses	185994	190569	183143	185955	88157	231679	201031	169812	138381	140892	156279	166047
专科 Short-cycle Courses	51214	59453	55160	65554	17079	86892	71389	47158	35881	46588	46596	51059
单科合格科次数 Passed Main-Courses	2942559	2673901	3378552	3127968	2949289	2859475	3358810	2698351	1093214	2545410	3060549	2608159
本科 Normal Courses	2325451	2085794	2570222	2204138	2056033	2006692	2341294	1963063	798491	1872512	2326188	2004743
专科 Short-cycle Courses	617108	588107	808330	923830	893256	852783	1017516	735288	294723	672898	734361	603416
报考人数 Applicants	2828854	2618068	3136597	2827120	2821222	2695270	3358840	2898998	1134676	2849421	3038444	2782940
本科 Normal Courses	2216480	1994549	2389190	2018302	2024522	1909221	2366015	2114603	767955	2079548	2243737	2103091
专科 Short-cycle Courses	612374	623519	747407	808818	796700	786049	992825	784395	366721	769873	794707	679849
首次报考人数 First Time	711340	521915	732818	538544	642620	395483	655058	485224	192938	376586	499404	519737
本科 Normal Courses	549708	369288	505585	330539	454347	263501	463689	343964	125666	276065	375069	382204
专科 Short-cycle Courses	161632	152627	227233	208005	188273	131982	191369	141260	67272	100521	124335	137533
报考科次 Main-Courses be Examined	7092517	6927957	7948634	7392526	7186579	6759263	8398189	7420946	2725073	7712835	7699171	7082203
本科 Normal Courses	5526888	5212612	6007860	5186586	5125554	4768994	5998023	5378814	1918961	5727017	5776861	5345624
专科 Short-cycle Courses	1565629	1715345	1940774	2205940	2061025	1990269	2400166	2042132	806112	1985818	1922310	1736579
实考人数 Actual Examined	2283251	2048059	2599638	2296669	2175821	2183416	2768900	2269165	826294	2021012	2411528	2178258
本科 Normal Courses	1806075	1581334	1992093	1634902	1552515	1536954	1933743	1651720	561962	1458622	1773797	1641979
专科 Short-cycle Courses	477176	466725	607545	661767	623306	646462	835157	617445	264332	562390	637731	536279
实考科次 Actual Main-Courses Examined	5335682	4984108	6165532	5609084	5201476	5142102	6492385	5427760	1869804	5134691	5750614	5205175
本科 Normal Courses	4206232	3816564	4693912	3914919	3692705	3605172	4592914	3930391	1323881	3787845	4307125	3927922
专科 Short-cycle Courses	1129450	1167544	1471620	1694165	1508771	1536930	1899471	1497369	545923	1346846	1443489	1277253
在档考生人数 Exmainees with Study Record	36590296	36862189	37356704	37643739	37461843	37538755	37921393	38189647	38208323	38397429	38693958	38996589
本科 Normal Courses	15469025	15647744	15970186	16114770	16169382	16201204	16463862	16638014	16625299	16760472	16979262	17195419
专科 Short-cycle Courses	20983142	21076316	21248389	21390840	21154332	21199422	21319402	21413504	21444895	21498828	21576567	21663041
中专 Regular Specialized Secondary Schools	—	—	—	—	—	—	—	—	—	—	138129	138129
其中:新生数 of Which:Current Session	711340	521915	732818	538544	642620	395483	655058	485224	192938	376586	499404	519737
本科 Normal Courses	549708	369288	505585	330539	454347	263501	463689	343964	125666	276065	375069	382204
专科 Short-cycle Courses	161632	152627	227233	208005	188273	131982	191369	141260	67272	100521	124335	137533

二、高等教育
Higher Education

高等教育学校(机构)数
Number of Higher Education Institutions

单位：所
unit：institution

类别 Item	合计 Total	中央 HEIs under Central Ministries and Agencies	教育部 Under MOE	其他部门 Under Other Central Agencies	地方 HEIs under Local Auth.	教育部门 Run by Edu. Dept.	其他部门 Run by Non-ed. Dept.	地方企业 Run by Local Enterprises	民办 Non-government	具有法人资格的中外合作办学
一、研究生培养机构(不计校数) **Institutions Providing Postgraduate Programs**	**852**	**302**	**76**	**226**	**550**	**472**	**70**	**0**	**7**	**1**
1. 普通本科学校 Academic HEIs	619	111	76	35	508	472	29	0	7	0
2. 科研机构 Research Institutes	233	191	0	191	42	0	41	0	0	1
二、高等教育学校 **Higher Education Institutions**	**3074**	**131**	**77**	**54**	**2943**	**1381**	**680**	**79**	**789**	**14**
1. 普通本科学校 Academic HEIs	1242	114	76	38	1128	651	75	0	391	11
#独立学院 of Which：Independent Institutions	164	0	0	0	164	0	0	0	164	0
2. 本科层次职业学校 Professional HEIs	33	0	0	0	33	10	1	0	22	0
3. 高职(专科)学校 Vocational HEIs	1547	4	0	4	1543	635	487	44	374	3
4. 成人高等学校 Adult HEIs	252	13	1	12	239	85	117	35	2	0

注：具有法人资格的中外合作办学指具有法人资格的中外及内地(大陆)与港澳台地区合作办学机构。下同。

Note：The Chinese-Foreign Cooperation in Running Schools with Legal Personality refers to Chinese-Foreign Cooperation in Running Schools and Cooperation in Running Schools between mainland educational institutions and educational institutions from the HKSAR, the MSAR or Taiwan with Legal Personality. Similarly hereinafter.

普通、职业高等学校校数
Number of Regular Higher Educational Institutions

单位：所
unit：institution

类别 Item	合计 Total	普通本科学校 Academic HEIs	本科层次职业学校 Professional HEIs	高职（专科）学校 Vocational HEIs	
				小计 Subtotal	#高等职业学校 of Which：Tertiary Vocational-technical Colleges
总　计 Total	**2822**	**1242**	**33**	**1547**	**1388**
综合大学 Comprehensive University	677	296	7	374	370
理工院校 Polytechnic	1014	367	19	628	618
农业院校 Agriculture	84	41	1	42	42
林业院校 Forestry	19	6	0	13	13
医药院校 Medicine and Pharmacy	226	107	2	117	76
师范院校 Normal School	253	153	0	100	6
语文院校 Language and Literature	53	32	1	20	19
财经院校 Finance and Economics	273	128	2	143	137
政法院校 Political Science and Law	70	36	0	34	32
体育院校 Physical Culture	37	15	0	22	21
艺术院校 Art	98	47	1	50	50
民族院校 Ethnic Nationality	18	14	0	4	4

普通、职业高等学校在校生规模
Number of Students in HEIS

单位：所
unit：institution

类别 Item	学校数 Institutions	300人及以下 300 and under	301-500人 301 to 500	501-1000人 501 to 1000	1001-1500人 1001 to 1500	1501-2000人 1501 to 2000	2001-3000人 2001 to 3000	3001-4000人 3001 to 4000	4001-5000人 4001 to 5000	5001-10000人 5001 to 10000	10001-20000人 10001 to 20000	20001-30000人 20001 to 30000	30001人及以上 30001 and Over
总　计 Total	**2822**	**58**	**17**	**29**	**32**	**30**	**63**	**72**	**93**	**635**	**1278**	**400**	**115**
综合大学 Comprehensive University	677	14	1	9	7	5	11	13	20	120	324	108	45
理工院校 Polytechnic	1014	21	11	6	11	6	20	22	24	205	498	151	39
农业院校 Agriculture	84	1	0	0	0	1	0	3	2	12	43	14	8
林业院校 Forestry	19	0	0	0	0	0	0	1	0	6	9	3	0
医药院校 Medicine and Pharmacy	226	1	1	3	1	2	6	4	5	69	115	18	1
师范院校 Normal School	253	2	0	1	2	3	4	5	7	76	100	42	11
语文院校 Language and Literature	53	3	0	0	0	3	3	1	3	13	19	7	1
财经院校 Finance and Economics	273	10	1	1	4	1	2	6	5	52	136	46	9
政法院校 Political Science and Law	70	4	1	2	1	2	4	7	11	29	9	0	0
体育院校 Physical Culture	37	1	2	3	3	0	3	4	3	16	2	0	0
艺术院校 Art	98	1	0	4	3	7	10	6	13	35	13	6	0
民族院校 Ethnic Nationality	18	0	0	0	0	0	0	0	0	2	10	5	1

高等教育学生数
Number of Students in Higher Education Institutions

单位：人
unit：person

类别 Item	毕(结)业生数 Graduates	授予学位数 Degrees Awarded	招生数 Entrants	在校生数 Enrolment	预计毕业生数 Estimated Graduates for Next Year
研究生 Postgraduates	1014755	1009805	1301679	3882940	1361954
博　士 Doctor's Diploma	87126	86501	153275	612489	221945
硕　士 Master's Diploma	927629	923304	1148404	3270451	1140009
普通本科 Academic Bachelor Education	4897422	4880205	4781609	20346933	5288254
职业本专科 Higher Vocational Education	5572836	39495	5640597	17403213	5714137
本　科 Vocational Bachelor Education	39924	39495	89899	324692	71120
专　科 Short-cycle Tertiary Vocational Education	5532912	—	5550698	17078521	5643017
成人本专科 Undergraduates in Adult HEIs	3631278	274902	4454878	10082275	4459786
本　科 Normal Courses	1947475	274902	2702145	6000262	2420855
专　科 Short-cycle Courses	1683803	—	1752733	4082013	2038931
网络本专科生 Web-based Undergraduates	2633542	129459	1634220	7399703	—
本　科 Normal Courses	1100611	129459	607030	2890562	—
专　科 Short-cycle Courses	1532931	—	1027190	4509141	—
普通预科生 College-preparatory Classes	—	—	—	45303	—
国际学生 International Student	127109	31827	131432	254019	—

高等教育分举办者

Number of Enrolment for Master's Degree

类别 Item	学校 (机构) 数(所) (Institutes)	毕业生数 Graduates	博士 Doctor's Diploma	硕士 Master's Diploma	招生数 Entrants	博士 Doctor's Diploma	硕士 Master's Diploma
总　计 Total	**852**	**1014755**	**87126**	**927629**	**1301679**	**153275**	**1148404**
全日制 Full-time Students	—	910579	86574	824005	1167357	148517	1018840
非全日制 Part-time Students	—	104176	552	103624	134322	4758	129564
一、中央 HEIs under Central Ministries and Agencies	302	424640	64567	360073	545490	109553	435937
1. 教育部 Under MOE	76	337642	47881	289761	426426	83061	343365
2. 其他部门 Under Other Central Agencies	226	86998	16686	70312	119064	26492	92572
二、地方 HEIs under Local Auth.	550	590115	22559	567556	756189	43722	712467
1. 教育部门 Run by Edu. Dept.	472	576647	22333	554314	737130	43015	694115
2. 其他部门 Run by Non-ed. Dept.	70	12083	226	11857	17086	466	16620
3. 地方企业 Run by Local Enterprises	0	0	0	0	0	0	0
4. 民办 Non-government	7	1261	0	1261	1834	241	1593
5. 具有法人资格的中外合作办学	1	124	0	124	139	0	139

高等教育分举办者

Number of Enrolment for Master's Degree

类别 Item	学校 (机构) 数(所) (Institutes)	毕业生数 Graduates	博士 Doctor's Diploma	硕士 Master's Diploma	招生数 Entrants	博士 Doctor's Diploma	硕士 Master's Diploma
总　计 Total	**619**	**1004852**	**85513**	**919339**	**1288996**	**150772**	**1138224**
全日制 Full-time Students	—	901348	84986	816362	1155412	146046	1009366
非全日制 Part-time Students	—	103504	527	102977	133584	4726	128858
一、中央 HEIs under Central Ministries and Agencies	111	416814	63007	353807	535330	107119	428211
1. 教育部 Under MOE	76	337642	47881	289761	426426	83061	343365
2. 其他部门 Under Other Central Agencies	35	79172	15126	64046	108904	24058	84846
二、地方 HEIs under Local Auth.	508	588038	22506	565532	753666	43653	710013
1. 教育部门 Run by Edu. Dept.	472	576647	22333	554314	737130	43015	694115
2. 其他部门 Run by Non-ed. Dept.	29	10130	173	9957	14702	397	14305
3. 地方企业 Run by Local Enterprises	0	0	0	0	0	0	0
4. 民办 Non-government	7	1261	0	1261	1834	241	1593
5. 具有法人资格的中外合作办学	0	0	0	0	0	0	0

研究生数(总计)
Programs by Providers (Total)

单位：人
unit：person

在校生数 Enrolment	博士 Doctor's Diploma	硕士 Master's Diploma	预计毕业生数 Estimated Graduates for Next Year	博士 Doctor's Diploma	硕士 Master's Diploma
3882940	**612489**	**3270451**	**1361954**	**221945**	**1140009**
3416035	594433	2821602	1140386	215616	924770
466905	18056	448849	221568	6329	215239
1718560	452677	1265883	629562	157725	471837
1360766	346428	1014338	508970	118421	390549
357794	106249	251545	120592	39304	81288
2164380	159812	2004568	732392	64220	668172
2113284	157593	1955691	715560	63565	651995
46257	1777	44480	15073	655	14418
0	0	0	0	0	0
4430	442	3988	1492	0	1492
409	0	409	267	0	267

研究生数(普通本科学校)
Programs by Providers (Academic HEIs)

单位：人
unit：person

在校生数 Enrolment	博士 Doctor's Diploma	硕士 Master's Diploma	预计毕业生数 Estimated Graduates for Next Year	博士 Doctor's Diploma	硕士 Master's Diploma
3845027	**603000**	**3242027**	**1348396**	**217608**	**1130788**
3380347	585125	2795222	1127819	211382	916437
464680	17875	446805	220577	6226	214351
1688092	443479	1244613	618541	153544	464997
1360766	346428	1014338	508970	118421	390549
327326	97051	230275	109571	35123	74448
2156935	159521	1997414	729855	64064	665791
2113284	157593	1955691	715560	63565	651995
39221	1486	37735	12803	499	12304
0	0	0	0	0	0
4430	442	3988	1492	0	1492
0	0	0	0	0	0

高等教育分举办者研究生数
Number of Enrolment for Master's Degree

类别 Item	学校（机构）数（所） (Institutes)	毕业生数 Graduates	博士 Doctor's Diploma	硕士 Master's Diploma	招生数 Entrants	博士 Doctor's Diploma	硕士 Master's Diploma
总　计 Total	**233**	**9903**	**1613**	**8290**	**12683**	**2503**	**10180**
全日制 Full-time Students	—	9231	1588	7643	11945	2471	9474
非全日制 Part-time Students	—	672	25	647	738	32	706
一、中央 HEIs under Central Ministries and Agencies	191	7826	1560	6266	10160	2434	7726
1. 教育部 Under MOE	0	0	0	0	0	0	0
2. 其他部门 Under Other Central Agencies	191	7826	1560	6266	10160	2434	7726
二、地方 HEIs under Local Auth.	42	2077	53	2024	2523	69	2454
1. 教育部门 Run by Edu. Dept.	0	0	0	0	0	0	0
2. 其他部门 Run by Non-ed. Dept.	41	1953	53	1900	2384	69	2315
3. 地方企业 Run by Local Enterprises	0	0	0	0	0	0	0
4. 民办 Non-government	0	0	0	0	0	0	0
5. 具有法人资格的中外合作办学	1	124	0	124	139	0	139

高等教育分学科
Number of Postgraduate Students

类别 Item	毕业生数 Graduates	博士 Doctor's Diploma	硕士 Master's Diploma	招生数 Entrants	博士 Doctor's Diploma	硕士 Master's Diploma
总　计 Total	**1014755**	**87126**	**927629**	**1301679**	**153275**	**1148404**
#女 of Which: Female	543513	38517	504996	659749	62712	597037
学术学位 Academic Degree	437855	79502	358353	540284	121912	418372
专业学位 Professional Degree	576900	7624	569276	761395	31363	730032
哲　学 Philosophy	4076	679	3397	4666	1053	3613
经济学 Economics	45285	2634	42651	52422	3621	48801
法　学 Law	63604	4153	59451	73856	6475	67381
教育学 Education	71419	1738	69681	85496	4241	81255
文　学 Literature	44585	2361	42224	49628	3563	46065
历史学 History	6693	873	5820	8360	1502	6858
理　学 Science	75478	17353	58125	103703	26152	77551
工　学 Engineering	357177	32690	324487	487118	67914	419204
农　学 Agriculture	47399	4209	43190	63516	6490	57026
医　学 Medicine	123004	15500	107504	157207	24088	133119
军事学 Military Science	35	8	27	35	8	27
管理学 Management	140536	4028	136508	170628	5843	164785
艺术学 Art	31736	736	31000	38992	1193	37799
交叉学科 Interdisciplinary Subject	3728	164	3564	6052	1132	4920

(培养研究生的科研机构)
Programs by Providers (Research Institutes)

单位：人
unit: person

在校生数 Enrolment	博士 Doctor's Diploma	硕士 Master's Diploma	预计毕业生数 Estimated Graduates for Next Year	博士 Doctor's Diploma	硕士 Master's Diploma
37913	**9489**	**28424**	**13558**	**4337**	**9221**
35688	9308	26380	12567	4234	8333
2225	181	2044	991	103	888
30468	9198	21270	11021	4181	6840
0	0	0	0	0	0
30468	9198	21270	11021	4181	6840
7445	291	7154	2537	156	2381
0	0	0	0	0	0
7036	291	6745	2270	156	2114
0	0	0	0	0	0
0	0	0	0	0	0
409	0	409	267	0	267

门类研究生数(总计)
by Academic Field (Total)

单位：人
unit: person

在校生数 Enrolment	博士 Doctor's Diploma	硕士 Master's Diploma	预计毕业生数 Estimated Graduates for Next Year	博士 Doctor's Diploma	硕士 Master's Diploma
3882940	**612489**	**3270451**	**1361954**	**221945**	**1140009**
1963385	254041	1709344	693253	94015	599238
1742952	521129	1221823	594015	197665	396350
2139988	91360	2048628	767939	24280	743659
16363	5320	11043	6175	2359	3816
138031	17553	120478	53635	7741	45894
218992	29485	189507	79527	12777	66750
254316	16740	237576	102695	6175	96520
141616	16831	124785	52714	7775	44939
26596	7135	19461	9435	3148	6287
325792	105424	220368	105042	36444	68598
1450631	271190	1179441	462684	92921	369763
183700	25426	158274	66135	9424	56711
466217	80740	385477	152251	27657	124594
182	41	141	95	16	79
531624	29321	502303	229379	12950	216429
113410	4476	108934	37526	1867	35659
15470	2807	12663	4661	691	3970

高等教育分学科门类
Number of Postgraduate Students by

类别 Item	毕业生数 Graduates	博士 Doctor's Diploma	硕士 Master's Diploma	招生数 Entrants	博士 Doctor's Diploma	硕士 Master's Diploma
总　计 Total	**1004852**	**85513**	**919339**	**1288996**	**150772**	**1138224**
#女 of Which：Female	538796	37847	500949	653791	61562	592229
学术学位 Academic Degree	430726	77959	352767	531216	119623	411593
专业学位 Professional Degree	574126	7554	566572	757780	31149	726631
哲　学 Philosophy	3984	662	3322	4556	1035	3521
经济学 Economics	44674	2563	42111	51855	3535	48320
法　学 Law	62825	4070	58755	72802	6366	66436
教育学 Education	71419	1738	69681	85496	4241	81255
文　学 Literature	44510	2361	42149	49558	3563	45995
历史学 History	6633	873	5760	8286	1502	6784
理　学 Science	74614	17135	57479	102552	25853	76699
工　学 Engineering	353762	32120	321642	482434	66977	415457
农　学 Agriculture	46157	3941	42216	61839	6086	55753
医　学 Medicine	121721	15251	106470	155610	23640	131970
军事学 Military Science	31	8	23	34	8	26
管理学 Management	139387	3978	135409	169330	5756	163574
艺术学 Art	31413	649	30764	38621	1078	37543
交叉学科 Iinterdisciplinary Subject	3722	164	3558	6023	1132	4891

研究生数(普通本科学校)
Academic Field (Academic HEIs)

单位：人
unit: person

在校生数 Enrolment	博士 Doctor's Diploma	硕士 Master's Diploma	预计毕业生数 Estimated Graduates for Next Year	博士 Doctor's Diploma	硕士 Master's Diploma
3845027	**603000**	**3242027**	**1348396**	**217608**	**1130788**
1945782	250107	1695675	687222	92398	594824
1714479	512148	1202331	583715	193458	390257
2130548	90852	2039696	764681	24150	740531
16029	5246	10783	6053	2321	3732
136121	16959	119162	52686	7346	45340
216005	29053	186952	78558	12564	65994
254316	16740	237576	102695	6175	96520
141392	16831	124561	52644	7775	44869
26410	7135	19275	9381	3148	6233
322165	104221	217944	103673	35851	67822
1436699	267528	1169171	457999	91305	366694
178672	24008	154664	64451	8832	55619
461399	79471	381928	150659	27213	123446
172	41	131	91	16	75
527969	28847	499122	227724	12653	215071
112256	4113	108143	37124	1718	35406
15422	2807	12615	4658	691	3967

高等教育分学科门类研究生数
Number of Postgraduate Students by

类别 Item	毕业生数 Graduates	博士 Doctor's Diploma	硕士 Master's Diploma	招生数 Entrants	博士 Doctor's Diploma	硕士 Master's Diploma
总　计 Total	**9903**	**1613**	**8290**	**12683**	**2503**	**10180**
#女 of Which：Female	4717	670	4047	5958	1150	4808
学术学位 Academic Degree	7129	1543	5586	9068	2289	6779
专业学位 Professional Degree	2774	70	2704	3615	214	3401
哲　学 Philosophy	92	17	75	110	18	92
经济学 Economics	611	71	540	567	86	481
法　学 Law	779	83	696	1054	109	945
教育学 Education	0	0	0	0	0	0
文　学 Literature	75	0	75	70	0	70
历史学 History	60	0	60	74	0	74
理　学 Science	864	218	646	1151	299	852
工　学 Engineering	3415	570	2845	4684	937	3747
农　学 Agriculture	1242	268	974	1677	404	1273
医　学 Medicine	1283	249	1034	1597	448	1149
军事学 Military Science	4	0	4	1	0	1
管理学 Management	1149	50	1099	1298	87	1211
艺术学 Art	323	87	236	371	115	256
交叉学科 Interdisciplinary Subject	6	0	6	29	0	29

(培养研究生的科研机构)
Academic Field (Research Institutes)

单位：人
unit: person

在校生数 Enrolment	博士 Doctor's Diploma	硕士 Master's Diploma	预计毕业生数 Estimated Graduates for Next Year	博士 Doctor's Diploma	硕士 Master's Diploma
37913	**9489**	**28424**	**13558**	**4337**	**9221**
17603	3934	13669	6031	1617	4414
28473	8981	19492	10300	4207	6093
9440	508	8932	3258	130	3128
334	74	260	122	38	84
1910	594	1316	949	395	554
2987	432	2555	969	213	756
0	0	0	0	0	0
224	0	224	70	0	70
186	0	186	54	0	54
3627	1203	2424	1369	593	776
13932	3662	10270	4685	1616	3069
5028	1418	3610	1684	592	1092
4818	1269	3549	1592	444	1148
10	0	10	4	0	4
3655	474	3181	1655	297	1358
1154	363	791	402	149	253
48	0	48	3	0	3

普通高等教育工科分大类本科学生数
Number of Engineering Students for Normal Courses of Regular HEIs by Subfield

单位：人
unit：person

类别 Item	毕业生数(人) Graduates	招生数(人) Entrants	在校生数(人) Enrolment
总　计 Total	**1632369**	**1732534**	**7088116**
力学类 Mechanics	4392	5831	21052
机械类 Mechanical Engineering	223244	228097	929548
仪器类 Instrument	15877	14407	63526
材料类 Materials Science	71898	87723	319884
能源动力类 Thermal andNuclear Energy	27082	34819	125468
电气类 Electric	101907	97996	425251
电子信息类 Electronic Information	192736	233028	910047
自动化类 Automation	68629	76821	311557
计算机类 Computer	440745	429116	1889866
土木类 Civil Engineering	132831	119743	513219
水利类 Hydraulics	13637	15609	61427
测绘类 Sruvey and Measure	13402	15879	60835
化工与制药类 Chemical Engineering and Pharmaceutics	53018	61867	232479
地质类 Geology	9883	11199	42746
矿业类 Mining Industry	11548	14452	53180
纺织类 Textile	9163	9016	35630
轻工类 Light Industry	6578	7477	27342
交通运输类 Transportation	32481	31363	139166
海洋工程类 Ocean Engineering	3506	4598	16663
航空航天类 Aeronautics and Astronautics	9743	15818	50586
农业工程类 Agriculture Engineering	6312	7020	27595
林业工程类 Forestry Engineering	2340	2948	10474
环境科学与工程类 Environmental Science and Engineering	40483	46954	174838
生物医学工程类 Biomedical Engineering	6881	8125	32196
食品科学与工程类 Food Science and Engineering	46494	53579	203844
建筑类 Architectural	39198	39454	184670
安全科学与工程类 Safety Science and Engineering	11315	14916	53680
生物工程类 Biological Engineering	20826	26210	97713
公安技术类 Public Security Technology	10508	12803	49376
其他 Other	5712	5666	24258

高等教育本专科分举办者学生数

Number of Students for Regular and Adult Programs by Providers in HEIs

单位：人
unit: person

类别 Item	毕业生数 Graduates	本科 Bachelor's Diploma	专科 Short-cycle Courses	招生数 Entrants	本科 Bachelor's Diploma	专科 Short-cycle Courses	在校生数 Enrolment	本科 Bachelor's Diploma	专科 Short-cycle Courses	预计毕业生数 Estimated Graduates for Next Year	本科 Bachelor's Diploma	专科 Short-cycle Courses
一、普通本科 Academic Bachelor Education	**4897422**	**4897422**	**—**	**4781609**	**4781609**	**—**	**20346933**	**20346933**	**—**	**5288254**	**5288254**	**—**
1. 中央院校 HEIs Under Central Ministriesand Agencies	441857	441857	—	484928	484928	—	1944190	1944190	—	482822	482822	—
#教育部院校 of Which: Under MOE	329760	329760	—	358281	358281	—	1441035	1441035	—	354121	354121	—
2. 地方学校 HEIs Under Local Auth.	4455565	4455565	—	4296681	4296681	—	18402743	18402743	—	4805432	4805432	—
#民办 of Which: Non-government	1354335	1354335	—	1180192	1180192	—	5475270	5475270	—	1530941	1530941	—
二、职业本专科 Higher Vocational Education	**5572836**	**39924**	**5532912**	**5640597**	**89899**	**5550698**	**17403213**	**324692**	**17078521**	**5714137**	**71120**	**5643017**
1. 中央院校 HEIs Under Central Ministriesand Agencies	15556	0	15556	11984	0	11984	39519	0	39519	14329	0	14329
#教育部院校 of Which: Under MOE	1050	0	1050	0	0	0	1376	0	1376	946	0	946
2. 地方学校 HEIs Under Local Auth.	5557280	39924	5517356	5628613	89899	5538714	17363694	324692	17039002	5699808	71120	5628688
#民办 of Which: Non-government	1289208	38597	1250611	1587610	59785	1527825	4468538	233072	4235466	1332671	63422	1269249
三、成人本专科 Undergraduate in Adult HEIs	**3631278**	**1947475**	**1683803**	**4454878**	**2702145**	**1752733**	**10082275**	**6000262**	**4082013**	**4459786**	**2420855**	**2038931**
1. 中央院校 HEIs Under Central Ministriesand Agencies	174533	153764	20769	150317	142463	7854	420985	379694	41291	187913	163707	24206
#教育部院校 of Which: Under MOE	148930	134112	14818	105968	104878	1090	308913	286362	22551	152646	134676	17970
2. 地方学校 HEIs Under Local Auth.	3456745	1793711	1663034	4304561	2559682	1744879	9661290	5620568	4040722	4271873	2257148	2014725
#民办 of Which: Non-government	390663	69993	320670	568200	142946	425254	1158031	264962	893069	526815	105356	421459
四、网络本专科 Web-based Undergraduates	**2633542**	**1100611**	**1532931**	**1634220**	**607030**	**1027190**	**7399703**	**2890562**	**4509141**	**—**	**—**	**—**
1. 中央院校 HEIs Under Central Ministriesand Agencies	2165927	889692	1276235	1281454	480243	801211	5998707	2314451	3684256	—	—	—
#教育部院校 of Which: Under MOE	2140757	870885	1269872	1281454	480243	801211	5956323	2283253	3673070	—	—	—
2. 地方学校 HEIs Under Local Auth.	467615	210919	256696	352766	126787	225979	1400996	576111	824885	—	—	—
#民办 of Which: Non-government	0	0	0	0	0	0	0	0	0	—	—	—

普通本科、职业本专科
Number of Undergraduate Students by

类别 Item	毕业生数 Graduates	普通本科 Academic Bachelor Education	职业本科 Vocational Bachelor Education	高职(专科) Short-cycle Tertiary Vocational Education	招生数 Entrants	普通本科 Academic Bachelor Education	职业本科 Vocational Bachelor Education	高职(专科) Short-cycle Tertiary Vocational Education
总　计 Total	**10470258**	**4897422**	**39924**	**5532912**	**10422206**	**4781609**	**89899**	**5550698**
一、普通、职业高等学校 Regular HEIs	**10462831**	**4897422**	**39924**	**5525485**	**10413489**	**4781609**	**89899**	**5541981**
(一)按类型分 by Type								
1. 普通本科学校 Academic HEIs	5362911	4878672	0	484239	5096002	4778961	832	316209
#独立学院 of Which: Independent Institutions	428049	399963	0	28086	352363	323166	0	29197
2. 本科层次职业学校 Professional HEIs	216854	18750	39924	158180	170804	2648	89067	79089
3. 高职(专科)学校 Vocational HEIs	4883066	—	—	4883066	5146683	—	—	5146683
(二)按性质类型分 by Type of School								
综合大学 Comprehensive Universities	2798708	1326523	11875	1460310	2772331	1278315	18984	1475032
理工院校 Polytechnic	3904294	1537801	19847	2346646	3942353	1499281	50815	2392257
农业院校 Agriculture	388868	206873	0	181995	370643	209361	2996	158286
林业院校 Forestry	80671	31042	0	49629	83167	33684	0	49483
医药院校 Medicine and Pharmacy	687124	283257	0	403867	703091	297662	4843	400586
师范院校 Normal School	958704	675975	0	282729	914014	655520	0	258494
语文院校 Language and Literature	157892	87307	2331	68254	142107	82691	3077	56339
财经院校 Finance and Economics	1070130	518902	3685	547543	1035971	482994	6504	546473
政法院校 Political Science and Law	117715	57955	0	59760	110763	58377	0	52386
体育院校 Physical Culture	46973	26083	0	20890	54169	25703	0	28466
艺术院校 Art	174371	81165	2186	91020	200936	88145	2680	110111
民族院校 Ethnic Nationality	77381	64539	0	12842	83944	69876	0	14068
二、成人高等学校 Adult HEIs	**7427**	**0**	**0**	**7427**	**8717**	**0**	**0**	**8717**

分性质类别学生数
Type of Courses in Regular HEIs

单位：人
unit：person

在校生数 Enrolment	普通本科 Academic Bachelor Education	职业本科 Vocational Bachelor Education	高职(专科) Short-cycle Tertiary Vocational Education	预计毕业生数 Estimated Graduates for Next Year	普通本科 Academic Bachelor Education	职业本科 Vocational Bachelor Education	高职(专科) Short-cycle Tertiary Vocational Education
37750146	**20346933**	**324692**	**17078521**	**11002391**	**5288254**	**71120**	**5643017**
37724773	**20346933**	**324692**	**17053148**	**10994195**	**5288254**	**71120**	**5634821**
21355652	20321299	1407	1032946	5653379	5269876	0	383503
1604013	1524032	0	79981	458645	435648	0	22997
664192	25634	323285	315273	219348	18378	71120	129850
15704929	—	—	15704929	5121468	—	—	5121468
10009823	5469406	72455	4467962	2898795	1427803	18785	1452207
13965846	6387888	177843	7400115	4168847	1682650	37253	2448944
1397421	859158	14247	524016	400949	221985	1177	177787
288026	134292	0	153734	84410	33023	0	51387
2590713	1345548	14548	1230617	713070	301442	1000	410628
3544452	2718730	0	825722	988169	707414	0	280755
569859	362649	13339	193871	177628	96384	3859	77385
3775337	2093335	21923	1660079	1123726	570949	6187	546590
396323	237042	0	159281	114975	60860	0	54115
182321	102511	0	79810	51969	26372	0	25597
682481	355595	10337	316549	186882	87654	2859	96369
322171	280779	0	41392	84775	71718	0	13057
25373	**0**	**0**	**25373**	**8196**	**0**	**0**	**8196**

成人本专科分

Number of Students for Adult

类别 Item	毕业生数 Graduates	本科 Bachelor's Diploma	专科 Short-cycle Courses	招生数 Entrants	本科 Bachelor's Diploma	专科 Short-cycle Courses
总　计 Total	**3631278**	**1947475**	**1683803**	**4454878**	**2702145**	**1752733**
#女 of Which:Female	2103086	1149131	953955	2459158	1530517	928641
一、成人高等学校 Adult HEIs	**188978**	**14443**	**174535**	**198583**	**23443**	**175140**
职工高等学校 Workers' Colleges	71483	2309	69174	52646	3583	49063
农民高等学校 Peasants' Colleges	1863	0	1863	573	0	573
管理干部学院 Institutes for Administration	4786	316	4470	4960	346	4614
教育学院 Educational Colleges	36851	8851	28000	45149	11120	34029
独立函授学院 Independent Correspondence Colleges	0	0	0	0	0	0
开放大学 The Open University	73995	2967	71028	95255	8394	86861
其他成人高教机构 Other Adult HEIs	0	0	0	0	0	0
二、普通、职业高等学校 Regular HEIs	**3442300**	**1933032**	**1509268**	**4256295**	**2678702**	**1577593**
函授 Correspondence	2548060	1430373	1117687	3345255	2172815	1172440
业余 Spare time Schools	893301	502550	390751	911040	505887	405153
脱产 Full-time Courses for Adults	939	109	830	0	0	0

性质类别学生数
Programs by Type of Schools in HEIs

单位：人
unit: person

在校生数 Enrolment	本科 Bachelor's Diploma	专科 Short-cycle Courses	预计毕业生数 Estimated Graduates for Next Year	本科 Bachelor's Diploma	专科 Short-cycle Courses
10082275	**6000262**	**4082013**	**4459786**	**2420855**	**2038931**
5643045	3431046	2211999	2485011	1378620	1106391
455623	**43344**	**412279**	**220681**	**16762**	**203919**
122888	6141	116747	63617	2558	61059
1435	0	1435	862	0	862
9967	734	9233	4998	379	4619
94720	21429	73291	37648	8176	29472
0	0	0	0	0	0
226613	15040	211573	113556	5649	107907
0	0	0	0	0	0
9626652	**5956918**	**3669734**	**4239105**	**2404093**	**1835012**
7339802	4635553	2704249	3271051	1886877	1384174
2285919	1321364	964555	967123	517215	449908
931	1	930	931	1	930

普通本科分学科门类学生数

Number of Regular Students for Normal Courses in HEIs by Discipline

单位：人
unit：person

类别 Item	毕业生数 Graduates	招生数 Entrants	在校生数 Enrolment	预计毕业生数 Estimated Graduates for Next Year
总　计 Total	**4897422**	**4781609**	**20346933**	**5288254**
#师范生 of Which：Normal University Students	542131	592257	2223065	—
哲　学 Philosophy	2387	3946	13489	2953
经济学 Economics	252708	230701	968365	257734
法　学 Law	176947	177268	741569	188825
教育学 Education	243520	225107	997649	272605
文　学 Literature	494946	445243	1954804	519997
历史学 History	23830	29299	115128	26511
理　学 Science	308109	352318	1365438	331471
工　学 Engineering	1632369	1732534	7088116	1803799
农　学 Agriculture	78456	90710	349079	84005
医　学 Medicine	350582	360828	1691555	381986
管理学 Management	850831	653048	3049064	891114
艺术学 Art	482737	480607	2012677	527254

职业本科分专业大类学生数

Number of Regular Students for Vocational Bachelor Education in HEIs by Discipline

单位：人
unit: person

类别 Item	毕业生数 Graduates	#职业类证书 of Which: Occupational Certificates	#职业技能等级证书 of Which: Vocational Skill Level Certificate	招生数 Entrants	在校生数 Enrolment	#现代学徒制 of Which: Modern Apprenticeships	预计毕业生数 Estimated Graduates for Next Year
总　计 Total	**39924**	**28069**	**15150**	**89899**	**324692**	**136**	**71120**
农林牧渔大类 Agriculture, Forestry, Husbandry and Fishery	0	0	0	779	2637	84	541
资源环境与安全大类 Resources Environment and Security	135	128	0	1768	6444	0	1008
能源动力与材料大类 Energy Power and Material	0	0	0	623	1855	0	176
土木建筑大类 Civil Engineering and Architecture	4131	2894	1106	6522	26490	20	6446
水利大类 Water Resources	0	0	0	228	451	0	0
装备制造大类 Equipment Manufacturing	5033	3825	1935	14395	43209	0	7632
生物与化工大类 Biology and Chemical Engineering	104	87	64	1422	4356	0	460
轻工纺织大类 Light Industry and Textile	43	0	0	459	1397	0	92
食品药品与粮食大类 Food, Medicine and Grain	237	157	103	1909	5423	0	824
交通运输大类 Transport and Communication	934	812	690	3203	9423	0	1504
电子信息大类 Electronic Information	9544	6572	3976	18731	69924	32	15966
医药卫生大类 Medicine and Health Care	1634	1187	816	7265	22722	0	3919
财经商贸大类 Finance, Economics, Commerce and Trade	9022	6797	3788	14006	59540	0	15610
旅游大类 Tourism	554	306	241	794	2896	0	810
文化艺术大类 Culture and Arts	2619	1470	772	9025	29837	0	5938
新闻传播大类 Journalism and Communication	279	177	66	1692	6315	0	1559
教育与体育大类 Education and Sports	5655	3657	1593	5879	28857	0	8635
公安与司法大类 Public Security and Justice	0	0	0	580	1181	0	0
公共管理与服务大类 Public Administration and Service	0	0	0	619	1735	0	0

高职(专科)分专业大类学生数

Number of Regular Students for Short-cycle Courses in HEIs by Discipline

单位：人
unit: person

类别 Item	毕业生数 Graduates	#职业类证书 of Which: Occupational Certificates	#职业技能等级证书 of Which: Vocational Skill Level Certificate	招生数 Entrants	在校生数 Enrolment	#现代学徒制 of Which: Modern Apprenticeships	预计毕业生数 Estimated Graduates for Next Year
总　计 Total	**5532912**	**2049462**	**1055037**	**6157649**	**17078521**	**433598**	**5643017**
农林牧渔大类 Agriculture, Forestry, Husbandry and Fishery	108971	28338	18623	141906	381287	20486	120696
资源环境与安全大类 Resources Environment and Security	76065	24959	12556	96541	261889	13625	81386
能源动力与材料大类 Energy Power and Material	49991	19500	9051	71017	186620	6326	55687
土木建筑大类 Civil Engineering and Architecture	421571	142123	70176	392690	1218028	24976	445386
水利大类 Water Resources	19519	5930	3190	21176	61538	1416	21234
装备制造大类 Equipment Manufacturing	540596	229682	116428	793376	2001534	73348	597397
生物与化工大类 Biology and Chemical Engineering	43220	15034	6960	58876	157347	8390	49457
轻工纺织大类 Light Industry and Textile	24068	8244	4743	26796	70803	2755	23019
食品药品与粮食大类 Food, Medicine and Grain	85592	30270	19070	117315	302870	7680	90836
交通运输大类 Transport and Communication	375214	144683	60481	433628	1194894	39156	393291
电子信息大类 Electronic Information	800263	290855	156441	912830	2571375	67087	836578
医药卫生大类 Medicine and Health Care	778039	316521	136098	910699	2476650	26394	804441
财经商贸大类 Finance, Economics, Commerce and Trade	956705	329631	210715	850457	2501118	78044	880186
旅游大类 Tourism	149583	56772	35280	192884	499239	22189	159994
文化艺术大类 Culture and Arts	265012	84939	45653	327425	869882	17458	270311
新闻传播大类 Journalism and Communication	46230	14439	8167	68017	178173	1761	50523
教育与体育大类 Education and Sports	658833	275993	121219	617258	1781327	15609	640633
公安与司法大类 Public Security and Justice	54975	8934	4302	47881	142549	3034	49079
公共管理与服务大类 Public Administration and Service	78465	22615	15884	76877	221398	3864	72883

注：招生数中包含五年制高职转入学生数。

Note: The number of entrants from the 5-year Secondary Vocational Education are included.

成人本科分学科门类学生数

Number of Adult Students for Normal Courses in HEIs by Discipline

单位：人
unit：person

类别 Item	毕业生数 Graduates	招生数 Entrants	在校生数 Enrolment	预计毕业生数 Estimated Graduates for Next Year
总　计 Total	**1947475**	**2702145**	**6000262**	**2420855**
#女 of Which：Female	1149131	1530517	3431046	1378620
哲　学 Philosophy	54	0	279	116
经济学 Economics	30609	31149	78928	35811
法　学 Law	79025	145721	280717	109939
教育学 Education	218185	342313	689074	277438
文　学 Literature	116381	227629	433084	166214
历史学 History	1362	2710	5242	2240
理　学 Science	23655	40129	76528	31573
工　学 Engineering	480741	705332	1529413	636960
农　学 Agriculture	25854	42299	87069	35091
医　学 Medicine	417603	477085	1193740	457292
管理学 Management	534763	663283	1564184	642076
艺术学 Art	19243	24495	62004	26105

成人专科分专业大类学生数

Number of Adult Students for Short-cycle Courses in HEIs by Discipline

单位：人
unit：person

类别 Item	毕业生数 Graduates	招生数 Entrants	在校生数 Enrolment	预计毕业生数 Estimated Graduates for Next Year
总　计 Total	**1683803**	**1752733**	**4082013**	**2038931**
#女 of Which：Female	953955	928641	2211999	1106391
农林牧渔大类 Agriculture, Forestry, Husbandry and Fishery	18719	24110	54830	26098
资源环境与安全大类 Resources Environment and Security	9550	19278	32870	12309
能源动力与材料大类 Energy Power and Material	4372	5001	11191	5429
土木建筑大类 Civil Engineering and Architecture	178013	182367	462865	256245
水利大类 Water Resources	4945	4656	10869	5363
装备制造大类 Equipment Manufacturing	136837	194103	393009	179351
生物与化工大类 Biology and Chemical Engineering	23478	40058	85945	42832
轻工纺织大类 Light Industry and Textile	703	557	1757	1014
食品药品与粮食大类 Food, Medicine and Grain	4815	6388	14761	7293
交通运输大类 Transportation and Communication	48279	27026	79565	48210
电子信息大类 Electronic Information	136877	169869	357969	170895
医药卫生大类 Medicine and Health Care	139363	127627	354586	153966
财经商贸大类 Finance, Economics, Commerce and Trade	584247	581137	1327119	667839
旅游大类 Tourism	20826	16871	43390	24918
文化艺术大类 Culture and Arts	19817	16444	42408	22197
新闻传播大类 Journalism and Communication	1427	1509	3793	2255
教育与体育大类 Education and Sports	229621	192308	477706	254618
公安与司法大类 Public Security and Justice	20136	19297	46403	23625
公共管理与服务大类 Public Administration and Service	101778	124127	280977	134474

网络本科分学科学生数

Number of Web-based Students for Normal Courses in HEIs by Discipline

单位：人
unit：person

类别 Item	毕业生数 Graduates	招生数 Entrants	在校生数 Enrolment
总　计 Total	**1100611**	**607030**	**2890562**
#女 of Which：Female	502391	253465	1255659
#开放大学 of Which：Open University	385525	607030	1646298
哲　学 Philosophy	0	0	0
经济学 Economics	26102	8203	58943
法　学 Law	92521	67790	266189
教育学 Education	66946	52982	203979
文　学 Literature	53099	41414	164529
历史学 History	536	0	911
理　学 Science	12678	778	25608
工　学 Engineering	322505	144044	781185
农　学 Agriculture	12205	2674	24375
医　学 Medicine	75913	31189	187495
管理学 Management	432875	256638	1161086
艺术学 Art	5231	1318	16262

网络专科分专业大类学生数
Number of Web-based Students for Short-cycle Courses in HEIs by Discipline

单位：人
unit：person

类别 Item	毕业生数 Graduates	招生数 Entrants	在校生数 Enrolment
总　计 Total	**1532931**	**1027190**	**4509141**
#女 of Which：Female	652141	396755	1755354
#开放大学 Open University	1274829	1027190	4059328
农林牧渔大类 Agriculture，Forestry，Husbandry and Fishery	19827	16811	67591
资源环境与安全大类 Resources Environment and Security	14782	3333	24659
能源动力与材料大类 Energy Power and Material	4504	48	4355
土木建筑大类 Civil Engineering and Architecture	171582	100912	495603
水利大类 Water Resources	6471	3553	16845
装备制造大类 Equipment Manufacturing	89673	84186	303684
生物与化工大类 Biology and Chemical Engineering	14452	10565	43712
轻工纺织大类 Light Industry and Textile	65	0	68
食品药品与粮食大类 Food，Medicine and Grain	6114	799	11393
交通运输大类 Transport and Communication	30916	20881	119331
电子信息大类 Electronic Information	149796	79309	391127
医药卫生大类 Medicine and Health Care	80290	47157	190286
财经商贸大类 Finance，Economics，Commerce and Trade	362351	261252	1095193
旅游大类 Tourism	11429	12428	50165
文化艺术大类 Culture and Arts	7112	16325	43229
新闻传播大类 Journalism and Communication	2120	840	4659
教育与体育大类 Education and Sports	119690	54713	339875
公安与司法大类 Public Security and Justice	59807	35030	175800
公共管理与服务大类 Public Administration and Service	381950	279048	1131566

高等教育学生

Changes in Enrolment of

类别 Item	上学年初报表在校学生数 Enrolment at Beginning of Orevious Academic Year	增加学生数 Factors of Increase					
		合计 Total	招生 No. of Students Admitted	复学 Students Resuming Studies	转入 Transfers from Other Inst.	退役复学 Return to School from Army	其他 Others
博士研究生 Doctor's Degree	556065	156681	153275	1933	61	0	1412
硕士研究生 Master's Degree	3097548	1155502	1148404	5190	111	142	1655
普通本科生 Normal Courses	19656436	5786090	5694138	49213	1353	39030	2356
职业本科生 Vocational Undergraduate	228740	137441	136557	363	3	280	238
高职专科生 Short-cycle Courses	16708999	6293088	6157649	45257	7206	67940	15036
成人本科生 Normal Courses Provided by Adult HEIs	5277598	2743473	2702145	21587	1363	125	18253
成人专科生 Short-cycle Courses Provided by Adult HEIs	4058883	1789768	1752733	17327	2601	183	16924
网络本科生 Normal Courses Provided by Web-based Programs	3419642	623697	607030	1184	0	0	15483
网络专科生 Short-cycle Courses Provided by Web-based Programs	5026858	1097616	1027190	878	0	0	69548

高等教育学生

Other Circumstances of Students

类别 Item	共产党员 Member of C. P. C	共青团员 Member of C. Y. L. C
总　计 Total	**2530224**	**22889389**
研究生 Postgraduates	1120638	2434785
博　士 Doctor's Diploma	258631	223218
硕　士 Master's Diploma	862007	2211567
普通本科 Undergraduates	1047473	13761886
职业本专科 Vocational Undergraduate	172341	6145004
本　科 Normal Courses	7133	163830
专　科 Short-cycle Courses	165208	5981174
成人本专科 Undergraduates in Adult HEIs	134147	428298
本　科 Normal Courses	97860	306819
专　科 Short-cycle Courses	36287	121479
网络本专科生 Web-based Undergraduates	55625	119416
本　科 Normal Courses	32634	72647
专　科 Short-cycle Courses	22991	46769

数变动情况
Higher Educations

单位：人
unit：person

减少学生数 Factors of Decrease									本学年初报表在校学生数 Enrolment at Beginning of Current Academic Year
合计 Total	毕业 Graduates	结业 Completers of Courses without Formal awards	休学 Suspended	退学 Quitting	死亡 Death	转出 Transfers to Other Inst.	应征入伍 Enlist into the Army	其他 Others	
100257	87126	4669	1678	4745	70	99	1	1869	612489
982599	927629	7673	6398	10904	251	3082	172	26490	3270451
5095593	4897422	71130	60598	40031	1973	1293	19443	3703	20346933
41489	39924	193	595	390	16	2	360	9	324692
5923566	5532912	130112	75054	129509	1671	499	48680	5129	17078521
2020809	1947475	9556	15373	37841	53	87	212	10212	6000262
1766638	1683803	12221	14325	43472	28	478	403	11908	4082013
1152777	1100611	815	5031	40996	3	0	1	5320	2890562
1615333	1532931	281	8629	66629	2	0	0	6861	4509141

中其他情况
in Higher Education

单位：人
unit：person

民主党派 Member of Non-Communist Party	香港 From H. K	澳门 From Macao	台湾 From Taiwan	华侨 Overseas Chinese	少数民族 Minorities	残疾人 Disabled
10946	**26207**	**12472**	**12176**	**2619**	**5476162**	**66648**
4979	4120	1908	3811	694	235946	1607
3060	1028	247	1090	114	36606	182
1919	3092	1661	2721	580	199340	1425
40	20195	7296	7914	1601	2023213	27975
123	913	59	197	89	1927372	35905
0	18	2	2	1	27399	479
123	895	57	195	88	1899973	35426
2922	597	1569	103	235	733421	525
1895	219	1140	26	224	462144	187
1027	378	429	77	11	271277	338
2882	382	1640	151	0	556210	636
1537	121	358	54	0	213895	262
1345	261	1282	97	0	342315	374

高等教育国际
Information on International

类别 Item	毕(结)业生数 Graduates
总　计 Total	**127109**
#女 of Which:Female	16484
按学历分 by Level of Training	
博士研究生 Doctor's Diploma	2613
硕士研究生 Master's Diploma	8367
本科生 Bachelor's Diploma	25441
专科生 Short-cycle Courese	2366
按大洲分 By Continent	
亚洲 Asia	25114
非洲 Africa	9229
欧洲 Europe	2566
北美洲 North America	1138
南美洲 South America	451
大洋洲 Australia	289
培训 In-service Training	**88322**

高等教育学校(机构)
Number of Educational

类别 Item	教职工数 Educational Personnel	专任教师 Full-time Teachers	行政人员 Adm. Personnel	教辅人员 Supporting Staff	工勤人员 Workers
总　计 Total	**2946431**	**2099350**	**406894**	**244031**	**110961**
#女 of Which: Female	1556595	1128539	212267	144620	31668
#在编人员 Permanent Staff	1939365	1436059	252649	149107	51288
1. 普通本科学校 Academic HEIs	1996956	1347414	305709	186372	77116
#独立学院 of Which:Independent Institutions	83136	60686	13391	5106	3840
2. 本科层次职业学校 Professional HEIs	38470	30949	3695	2196	1545
3. 高职(专科)学校 Vocational HEIs	884563	706710	91151	51426	30957
4. 成人高等学校 Adult HEIs	26442	14277	6339	4037	1343

学生情况
Students in HEIs

单位：人
unit：person

授予学位数 Degrees Awarded	招生数 Entrants	在校生数 Enrolment
31827	**131432**	**254019**
13802	20114	82358
1960	4308	26791
6962	14524	47310
22905	22387	111025
—	4763	9201
20088	29755	132417
7994	11058	40962
2066	3221	12122
1022	1049	4950
408	610	2554
249	289	1322
—	**85450**	**59692**

教职工情况(总计)
Personnel in HEIs(Total)

单位：人
unit：person

专职科研人员 Full-time Researchers	其他附设机构人员 Personnel in Others Subsidiary Units	校外教师 Part-time Teachers	行业导师 Industry Mentor	外籍教师 Foreign Teachers	离退休人员 Retirees	附属中小学幼儿园教职工 Number of Educational Personnel in Affiliated Kindergartens, Primary and Secondary Schools
51802	**33393**	**446861**	**460558**	**19175**	**996931**	**29481**
20811	18690	203002	171755	5071	486824	21547
27679	22583	—	—	—	—	—
50388	29957	309385	245233	17838	764048	25618
53	60	38514	6350	315	549	31
78	7	6392	8279	105	2932	3
1212	3107	113753	206390	1232	211142	3860
124	322	17331	656	0	18809	0

高等教育研究生
Number of Supervisors of

类别 Item	合计 Total	29 岁及以下 29 and Under	30-34 岁 30 to 34
总　计 Total	**682078**	**3193**	**56233**
#女 of Which: Female	232477	1433	20837
#培养研究生的科研机构 Institutions Providing Postgraduate Programs	23017	21	534
按专业技术职务分:正高级 by Rank:Senior	306524	89	3627
副高级 Sub-senior	291509	817	22498
中　级 Middle	84045	2287	30108
按指导关系分:博士导师 by Level of Programs Supervised:Supervisors of Doctoral Programs	9888	7	201
#女 of Which: Female	1538	1	38
硕士导师 Supervisors of Master's Degree Programs	508698	2974	49514
#女 of Which: Female	194649	1373	19316
博士、硕士导师 Supervisors of Doc. and Mas. Degree Programs	163492	212	6518
#女 of Which: Female	36290	59	1483

研究生指导
Number of Supervisors of

类别 Item	合计 Total	29 岁及以下 29 and Under	30-34 岁 30 to 34
总　计 Total	**659061**	**3172**	**55699**
#女 of Which: Female	226877	1419	20653
按专业技术职务分:正高级 by Rank:Senior	290971	89	3589
副高级 Sub-senior	284411	815	22114
中　级 Middle	83679	2268	29996
分指导关系:博士导师 by Level of Programs Supervised:Supervisors of Doctoral Programs	8897	7	200
#女 of Which: Female	1425	1	38
硕士导师 Supervisors of Master's Degree Programs	490322	2953	48997
#女 of Which: Female	189855	1359	19138
博士、硕士导师 Supervisors of Doc. and Mas. Degree Programs	159842	212	6502
#女 of Which: Female	35597	59	1477

指导教师情况(总计)

Postgraduate Programs (Total)

单位：人
unit: person

35-39 岁 35 to 39	40-44 岁 40 to 44	45-49 岁 45 to 49	50v54 岁 50 to 54	55-59 岁 55 to 59	60-64 岁 60 to 64	65 岁及以上 65 and Over
109854	**154896**	**124940**	**103686**	**85587**	**32230**	**11459**
37582	57771	46800	37070	23326	6257	1401
3075	5800	4465	3918	3647	1233	324
17439	50599	60994	66627	67772	28572	10805
64850	90022	58065	34607	16839	3349	462
27565	14275	5881	2452	976	309	192
618	1119	1374	1609	2192	1507	1261
107	225	269	362	318	117	101
88915	122815	95222	76286	54696	15006	3270
33387	50565	39057	29606	17029	3779	537
20321	30962	28344	25791	28699	15717	6928
4088	6981	7474	7102	5979	2361	763

教师情况(普通本科学校)

Postgraduate Programs (Academic HEIs)

单位：人
unit: person

35-39 岁 35 to 39	40-44 岁 40 to 44	45-49 岁 45 to 49	50-54 岁 50 to 54	55-59 岁 55 to 59	60-64 岁 60 to 64	65 岁及以上 65 and Over
106779	**149096**	**120475**	**99768**	**81940**	**30997**	**11135**
36714	56273	45553	36051	22746	6101	1367
16639	47274	57685	63346	64416	27440	10493
62645	87591	56936	34003	16588	3263	456
27495	14231	5854	2419	936	294	186
604	1016	1243	1424	1908	1329	1166
105	213	252	327	290	106	93
86060	117783	91535	73259	52223	14360	3152
32557	49200	37996	28793	16607	3687	518
20115	30297	27697	25085	27809	15308	6817
4052	6860	7305	6931	5849	2308	756

研究生指导教师情况(科研机构)
Number of Supervisors of Postgraduate Programs (Research Institutes)

单位：人
unit：person

类别 Item	合计 Total	29岁及以下 29 and Under	30-34岁 30 to 34	35-39岁 35 to 39	40-44岁 40 to 44	45-49岁 45 to 49	50-54岁 50 to 54	50-54岁 50 to 54	60-64岁 60 to 64	65岁及以上 65 and Over
总　计 Total	**23017**	**21**	**534**	**3075**	**5800**	**4465**	**3918**	**3647**	**1233**	**324**
#女 of Which：Female	5600	14	184	868	1498	1247	1019	580	156	34
按专业技术职务分：正高级 by Rank：Senior	15553	0	38	800	3325	3309	3281	3356	1132	312
副高级 Sub-senior	7098	2	384	2205	2431	1129	604	251	86	6
中　级 Middle	366	19	112	70	44	27	33	40	15	6
分指导关系：博士导师 by Level of Programs Supervised：Supervisors of Doctoral Programs	991	0	1	14	103	131	185	284	178	95
#女 of Which：Female	113	0	0	2	12	17	35	28	11	8
硕士导师 Supervisors of Master's Degree Programs	18376	21	517	2855	5032	3687	3027	2473	646	118
#女 of Which：Female	4794	14	178	830	1365	1061	813	422	92	19
博士、硕士导师 Supervisors of Doc. and Mas. Degree Programs	3650	0	16	206	665	647	706	890	409	111
#女 of Which：Female	693	0	6	36	121	169	171	130	53	7

高等教育分学科专任教师数(普通本科学校)
Number of Full-time Teachers by Field of Study in HEIs (Academic HEIs)

单位：人
unit：person

类别 Item	合计 Total	正高级 Senior	副高级 Sub-Senior	中　级 Middle	初　级 Junior	未定职级 No-Ranking
总　计 Total	**1345486**	**222324**	**424077**	**502522**	**104897**	**91666**
#女 of Which：Female	685003	70280	205916	285866	68552	54389
哲　学 Philosophy	42062	5503	10971	16395	5259	3934
#马克思主义哲学 of Which：Marxist Philosophy	26564	3032	6773	10433	3711	2615
经济学 Economics	56231	9198	17594	21158	4424	3857
法　学 Law	77514	10580	20902	30434	8821	6777
教育学 Education	107731	10214	30775	42285	14398	10059
文　学 Literature	157335	15653	45994	72148	13760	9780
历史学 History	14990	3393	4913	5115	827	742
理　学 Science	164263	38178	56130	54612	6714	8629
工　学 Engineering	368289	72143	129074	128716	17676	20680
农　学 Agriculture	33096	8247	10859	10551	1256	2183
医　学 Medicine	99905	24843	34055	31531	5376	4100
管理学 Management	116754	15678	35338	45025	11450	9263
艺术学 Art	107316	8694	27472	44552	14936	11662

专任教师教学领域所属大类情况(本科层次职业学校)

Number of Full-time Teachers by Field of Study in HEIs (Professional HEIs)

单位：人
unit：person

类别 Item	合计 Total	正高级 Senior	副高级 Sub-Senior	中 级 Middle	初 级 Junior	未定职级 No-Ranking
总 计 Total	**30823**	**2007**	**7921**	**10502**	**5007**	**5386**
#女 of Which：Female	17247	757	3947	6167	3282	3094
#实习指导课 of Which：Practice Guidance Lessons	5845	406	1777	2358	718	586
农林牧渔大类 Agriculture, Forestry, Husbandry and Fishery	338	38	109	146	10	35
资源环境与安全大类 Resources Environment and Security	647	55	189	243	83	77
能源动力与材料大类 Energy Power and Material	461	38	137	153	74	59
土木建筑大类 Civil Engineering and Architecture	2062	130	596	766	271	299
水利大类 Water Resources	74	5	19	28	13	9
装备制造大类 Equipment Manufacturing	2472	200	849	859	286	278
生物与化工大类 Biology and Chemical Engineering	518	61	192	173	54	38
轻工纺织大类 Light Industry and Textile	155	19	50	37	30	19
食品药品与粮食大类 Food, Medicine and Grain	267	38	56	82	66	25
交通运输大类 Transport and Communication	864	57	278	317	127	85
电子信息大类 Electronic Information	4341	313	1269	1459	547	753
医药卫生大类 Medicine and Health Care	1660	124	400	632	288	216
财经商贸大类 Finance, Economics, Commerce and Trade	3687	219	938	1308	583	639
旅游大类 Tourism	398	29	92	130	61	86
文化艺术大类 Culture and Arts	2995	156	713	820	537	769
新闻传播大类 Journalism and Communication	435	11	108	128	86	102
教育与体育大类 Education and Sports	2087	99	370	676	443	499
公安与司法大类 Public Security and Justice	159	5	32	59	21	42
公共管理与服务大类 Public Administration and Service	544	33	110	176	101	124

专任教师教学领域所属大类情况〔高职(专科)学校〕

Number of Full-time Teachers by Field of Study in HEIs (Vocational HEIs)

单位：人
unit：person

类别 Item	合计 Total	正高级 Senior	副高级 Sub-Senior	中 级 Middle	初 级 Junior	未定职级 No-Ranking
总 计 Total	**684584**	**31287**	**159429**	**244940**	**131070**	**117858**
#女 of Which：Female	402588	14375	84842	147565	82811	72995
#实习指导课 of Which：Practice Guidance Lessons	160637	7378	41290	66239	27659	18071
农林牧渔大类 Agriculture，Forestry，Husbandry and Fishery	12876	1282	3820	4255	1883	1636
资源环境与安全大类 Resources Environment and Security	8074	388	2255	3063	1218	1150
能源动力与材料大类 Energy Power and Material	9360	556	2808	3215	1438	1343
土木建筑大类 Civil Engineering and Architecture	33572	1486	8852	13157	5445	4632
水利大类 Water Resources	2155	178	702	774	310	191
装备制造大类 Equipment Manufacturing	52409	3108	14764	19084	8347	7106
生物与化工大类 Biology and Chemical Engineering	8383	667	2492	2998	1244	982
轻工纺织大类 Light Industry and Textile	3084	268	807	1143	519	347
食品药品与粮食大类 Food，Medicine and Grain	8426	556	2092	2942	1605	1231
交通运输大类 Transport and Communication	27181	1254	6416	10093	5149	4269
电子信息大类 Electronic Information	71768	3151	18448	24934	12245	12990
医药卫生大类 Medicine and Health Care	63340	4160	15193	22402	12960	8625
财经商贸大类 Finance，Economics，Commerce and Trade	71845	3237	16551	26378	13499	12180
旅游大类 Tourism	15158	657	3313	5575	3015	2598
文化艺术大类 Culture and Arts	46627	1449	8767	16597	10227	9587
新闻传播大类 Journalism and Communication	5660	171	970	1845	1121	1553
教育与体育大类 Education and Sports	57692	2278	12576	20535	11399	10904
公安与司法大类 Public Security and Justice	5169	283	1193	1792	1003	898
公共管理与服务大类 Public Administration and Service	15144	573	2905	5368	3029	3269

高等教育分学科专任教师数(成人高等学校)
Number of Full-time Teachers by Field of Study in HEIs(Adult HEIs)

单位：人
unit：person

类别 Item	合计 Total	正高级 Senior	副高级 Sub-Senior	中 级 Middle	初 级 Junior	未定职级 No-Ranking
总 计 Total	**14050**	**910**	**4545**	**5698**	**2008**	**889**
#:女 of Which：Female	8615	509	2676	3578	1316	536
哲 学 Philosophy	571	47	189	196	86	53
#马克思主义哲学 of Which:Marxist Philosophy	298	31	99	99	47	22
经济学 Economics	1030	93	359	372	149	57
法 学 Law	969	92	282	395	125	75
教育学 Education	1655	137	537	638	247	96
文 学 Literature	1857	123	610	788	247	89
历史学 History	147	17	60	51	11	8
理 学 Science	1312	75	465	564	155	53
工 学 Engineering	3458	149	1137	1472	491	209
农 学 Agriculture	205	22	54	76	33	20
医 学 Medicine	345	11	120	146	42	26
管理学 Management	1741	126	539	688	267	121
艺术学 Art	760	18	193	312	155	82

高等教育专任教师分学历(位)、
Full-time Teachers by Educational Background and by

类别 Item	合计 Total	#获博士学位 of Which: Doctor's Degree	#获硕士学位 of Which: Master's Degree	博士 Doctor's Diploma	#获博士学位 of Which: Doctor's Degree	#获硕士学位 of Which: Master's Degree
1. 专任教师 Full-time Teachers	**2074943**	**625820**	**1012929**	**621699**	**619826**	**1660**
#女 of Which: Female	1113453	248992	640545	247365	246468	840
正高级 Senior	256528	172244	56611	170127	169853	199
副高级 Sub-senior	595972	227282	254126	225620	224910	637
中　级 Middle	763662	196660	423352	196268	195572	653
初　级 Junior	242982	2672	159583	2695	2612	77
未定职级 No-ranking	215799	26962	119257	26989	26879	94
2. 聘请校外教师 Part-time Teachers	**446861**	**103268**	**173745**	**96646**	**95527**	**716**
#女 of Which: Female	203002	33387	90133	29830	29496	228
正高级 Senior	89185	44125	21886	42791	42519	194
副高级 Sub-senior	146087	35420	57253	33169	32802	248
中　级 Middle	133365	19101	63313	16827	16554	170
初　级 Junior	28824	1422	12500	617	580	24
未定职级 No-ranking	49400	3200	18793	3242	3072	80
3. 行业导师 Industry Mentor	**460558**	**58500**	**131841**	**55269**	**54171**	**462**
4. 外籍教师 Foreign Teachers	**19175**	**12457**	**4375**	**12337**	**12239**	**43**

分专业技术职务情况(总计)
Professional and Technical Position in HEIs(Total)

单位：人
unit：person

硕士 Master's Diploma	#获博士学位 of Which：Doctor's Degree	#获硕士学位 of Which：Master's Degree	本科 Bachelor's Diploma	#获博士学位 of Which：Doctor's Degree	#获硕士学位 of Which：Master's Degree	专科 Short-cycle Courses	#获博士学位 of Which：Doctor's Degree	#获硕士学位 of Which：Master's Degree	高中阶段以下 Below High School Graduate
827788	**4667**	**814953**	**617426**	**1324**	**196007**	**7759**	**3**	**309**	**271**
534224	1931	528155	329336	593	111448	2480	0	102	48
33698	1640	31098	52393	749	25267	294	2	47	16
167921	1935	163238	201002	436	90120	1407	1	131	22
353661	965	349650	211213	123	72958	2441	0	91	79
154482	53	153616	84305	7	5863	1460	0	27	40
118026	74	117351	68513	9	1799	2157	0	13	114
156818	**6983**	**146032**	**187044**	**754**	**26922**	**6170**	**4**	**75**	**183**
81660	3551	76415	89234	338	13462	2228	2	28	50
18936	1331	16935	26977	272	4743	449	3	14	32
47799	2300	44149	63876	318	12831	1205	0	25	38
59075	2402	55616	55762	145	7514	1676	0	13	25
12690	836	11613	14814	6	863	697	0	0	6
18318	114	17719	25615	13	971	2143	1	23	82
123162	**3598**	**115851**	**241910**	**715**	**15310**	**38401**	**16**	**218**	**1816**
4488	**197**	**4247**	**2317**	**21**	**85**	**20**	**0**	**0**	**13**

高等教育专任教师分学历(位)、
Full-time Teachers by Educational Background and by

类别 Item	合计 Total	#获博士学位 of Which: Doctor's Degree	#获硕士学位 of Which: Master's Degree	博士 Doctor's Diploma	#获博士学位 of Which: Doctor's Degree	#获硕士学位 of Which: Master's Degree
1. 专任教师 Full-time Teachers	**1345486**	**603515**	**620590**	**599649**	**598068**	**1393**
#女 of Which: Female	685003	239102	390080	237549	236800	702
正高级 Senior	222324	167728	39261	165751	165513	169
副高级 Sub-senior	424077	219432	161757	217886	217311	511
中　级 Middle	502522	189178	271039	188790	188171	582
初　级 Junior	104897	2278	89541	2302	2237	60
未定职级 No-ranking	91666	24899	58992	24920	24836	71
2. 聘请校外教师 Part-time Teachers	**309385**	**97406**	**122234**	**90927**	**90123**	**547**
#女 of Which: Female	134337	31505	62330	27987	27746	185
正高级 Senior	78776	42399	18464	41119	40896	165
副高级 Sub-senior	110834	33202	43727	31050	30768	204
中　级 Middle	86840	17725	44040	15416	15268	114
初　级 Junior	12600	1338	6685	525	507	15
未定职级 No-ranking	20335	2742	9318	2817	2684	49
3. 行业导师 Industry Mentor	**245233**	**54952**	**89506**	**51998**	**51119**	**334**
4. 外籍教师 Foreign Teachers	**17838**	**12172**	**3835**	**12082**	**11987**	**41**

分专业技术职务情况(普通高校)
Professional and Technical Position in HEIs(Regular HEIs)

单位：人
unit：person

硕士 Master's Diploma	#获博士学位 of Which：Doctor's Degree	#获硕士学位 of Which：Master's Degree	本科 Bachelor's Diploma	#获博士学位 of Which：Doctor's Degree	#获硕士学位 of Which：Master's Degree	专科 Short-cycle Courses	#获博士学位 of Which：Doctor's Degree	#获硕士学位 of Which：Master's Degree	高中阶段以下 Below High School Graduate
522209	**4264**	**514829**	**222024**	**1180**	**104206**	**1559**	**3**	**162**	**45**
334115	1761	330922	112802	541	58402	525	0	54	12
25977	1538	23857	30403	675	15202	179	2	33	14
115175	1740	112271	90535	380	48902	477	1	73	4
234797	892	232794	78394	115	37615	530	0	48	11
87656	37	87484	14780	4	1991	154	0	6	5
58604	57	58423	7912	6	496	219	0	2	11
111337	**6570**	**102973**	**104957**	**711**	**18658**	**2085**	**2**	**56**	**79**
56942	3426	52721	48606	331	9402	777	2	22	25
16117	1247	14401	21169	255	3885	345	1	13	26
36834	2128	34005	42245	306	9497	688	0	21	17
42085	2315	39357	28839	142	4560	487	0	9	13
7206	828	6320	4761	3	350	104	0	0	4
9095	52	8890	7943	5	366	461	1	13	19
84814	**3136**	**79937**	**102254**	**688**	**9138**	**5858**	**9**	**97**	**309**
3932	**172**	**3727**	**1798**	**13**	**67**	**13**	**0**	**0**	**13**

高等教育专任教师分学历(位)、
Full-time Teachers by Educational Background and by

类别 Item	合计 Total	#获博士学位 of Which: Doctor's Degree	#获硕士学位 of Which: Master's Degree	博士 Doctor's Diploma	#获博士学位 of Which: Doctor's Degree	#获硕士学位 of Which: Master's Degree
1. 专任教师 Full-time Teachers	**30823**	**3003**	**18103**	**2995**	**2979**	**15**
#女 of Which: Female	17247	1140	11253	1144	1135	8
正高级 Senior	2007	582	838	580	575	4
副高级 Sub-senior	7921	937	4345	933	928	5
中　级 Middle	10502	1189	6292	1190	1186	4
初　级 Junior	5007	71	3289	71	71	0
未定职级 No-ranking	5386	224	3339	221	219	2
2. 聘请校外教师 Part-time Teachers	**6392**	**1198**	**2693**	**1162**	**1151**	**6**
#女 of Which: Female	2866	353	1376	341	337	3
正高级 Senior	1383	434	388	424	420	0
副高级 Sub-senior	2513	454	977	433	432	1
中　级 Middle	1724	279	961	273	269	3
初　级 Junior	290	4	133	4	4	0
未定职级 No-ranking	482	27	234	28	26	2
3. 行业导师 Industry Mentor	**8279**	**495**	**2198**	**484**	**481**	**3**
4. 外籍教师 Foreign Teachers	**105**	**44**	**23**	**31**	**31**	**0**

分专业技术职务情况(本科层次职业高校)
Professional and Technical Position in HEIs(Professional HEIs)

单位：人
unit: person

硕士 Master's Diploma	#获博士学位 of Which: Doctor's Degree	#获硕士学位 of Which: Master's Degree	本科 Bachelor's Diploma	#获博士学位 of Which: Doctor's Degree	#获硕士学位 of Which: Master's Degree	专科 Short-cycle Courses	#获博士学位 of Which: Doctor's Degree	#获硕士学位 of Which: Master's Degree	高中阶段以下 Below High School Graduate
15890	**18**	**15401**	**11670**	**6**	**2685**	**256**	**0**	**2**	**12**
10164	5	9894	5861	0	1349	77	0	2	1
509	4	476	903	3	356	15	0	2	0
3158	8	3002	3759	1	1338	70	0	0	1
5634	3	5444	3628	0	844	46	0	0	4
3271	0	3225	1626	0	64	38	0	0	1
3318	3	3254	1754	2	83	87	0	0	6
2254	**40**	**2118**	**2904**	**7**	**567**	**69**	**0**	**2**	**3**
1187	15	1120	1317	1	252	20	0	1	1
277	9	254	675	5	133	7	0	1	0
779	20	726	1278	2	249	23	0	1	0
827	10	786	615	0	172	9	0	0	0
141	0	128	138	0	5	7	0	0	0
230	1	224	198	0	8	23	0	0	3
1972	**13**	**1914**	**4824**	**1**	**279**	**879**	**0**	**2**	**120**
35	**13**	**22**	**39**	**0**	**1**	**0**	**0**	**0**	**0**

高等教育专任教师分学历(位)、
Full-time Teachers by Educational Background and by

类别 Item	合计 Total	#获博士学位 of Which: Doctor's Degree	#获硕士学位 of Which: Master's Degree	博士 Doctor's Diploma	#获博士学位 of Which: Doctor's Degree	#获硕士学位 of Which: Master's Degree
1. 专任教师 Full-time Teachers	**684584**	**18171**	**367582**	**17927**	**17663**	**241**
#女 of Which: Female	402588	8067	234608	7990	7856	125
正高级 Senior	31287	3735	16101	3600	3572	23
副高级 Sub-senior	159429	6533	85951	6421	6299	113
中　级 Middle	244940	5879	143211	5874	5802	67
初　级 Junior	131070	318	65771	317	299	17
未定职级 No-ranking	117858	1706	56548	1715	1691	21
2. 聘请校外教师 Part-time Teachers	**113753**	**4281**	**43525**	**4134**	**3936**	**160**
#女 of Which: Female	56167	1399	23142	1340	1294	37
正高级 Senior	8432	1210	2818	1166	1127	29
副高级 Sub-senior	28075	1597	11223	1528	1476	42
中　级 Middle	36886	986	15805	980	924	51
初　级 Junior	13714	76	5030	83	66	9
未定职级 No-ranking	26646	412	8649	377	343	29
3. 行业导师 Industry Mentor	**206390**	**3033**	**40018**	**2769**	**2555**	**125**
4. 外籍教师 Foreign Teachers	**1232**	**241**	**517**	**224**	**221**	**2**

分专业技术职务情况〔高职(专科)学校〕
Professional and Technical Position in HEIs(Vocational HEIs)

单位：人
unit：person

硕士 Master's Diploma	#获博士学位 of Which：Doctor's Degree	#获硕士学位 of Which：Master's Degree	本科 Bachelor's Diploma	#获博士学位 of Which：Doctor's Degree	#获硕士学位 of Which：Master's Degree	专科 Short-cycle Courses	#获博士学位 of Which：Doctor's Degree	#获硕士学位 of Which：Master's Degree	高中阶段以下 Below High School Graduate
284485	**372**	**279699**	**376263**	**136**	**87501**	**5729**	**0**	**141**	**180**
186302	160	183790	206466	51	50647	1803	0	46	27
6950	94	6523	20635	69	9543	100	0	12	2
48219	179	46662	103929	55	39118	844	0	58	16
110992	69	109247	126261	8	33858	1757	0	39	56
62595	16	61962	66915	3	3771	1211	0	21	32
55729	14	55305	58523	1	1211	1817	0	11	74
39022	**308**	**37041**	**66874**	**35**	**6315**	**3628**	**2**	**9**	**95**
20933	100	20062	32583	5	3040	1293	0	3	18
2372	69	2147	4791	12	642	97	2	0	6
9230	112	8609	16828	9	2569	468	0	3	21
14231	59	13631	20651	3	2119	1012	0	4	12
4767	7	4610	8427	3	411	435	0	0	2
8422	61	8044	16177	8	574	1616	0	2	54
36254	**445**	**33901**	**134404**	**26**	**5873**	**31578**	**7**	**119**	**1385**
521	**12**	**498**	**480**	**8**	**17**	**7**	**0**	**0**	**0**

高等教育专任教师分学历(位)、
Full-time Teachers by Educational Background and by

类别 Item	合计 Total	#获博士学位 of Which: Doctor's Degree	#获硕士学位 of Which: Master's Degree	博士 Doctor's Diploma	#获博士学位 of Which: Doctor's Degree	#获硕士学位 of Which: Master's Degree
1. 专任教师 Full-time Teachers	**14050**	**1131**	**6654**	**1128**	**1116**	**11**
#女 of Which: Female	8615	683	4604	682	677	5
正高级 Senior	910	199	411	196	193	3
副高级 Sub-senior	4545	380	2073	380	372	8
中　级 Middle	5698	414	2810	414	413	0
初　级 Junior	2008	5	982	5	5	0
未定职级 No-ranking	889	133	378	133	133	0
2. 聘请校外教师 Part-time Teachers	**17331**	**383**	**5293**	**423**	**317**	**3**
#女 of Which: Female	9632	130	3285	162	119	3
正高级 Senior	594	82	216	82	76	0
副高级 Sub-senior	4665	167	1326	158	126	1
中　级 Middle	7915	111	2507	158	93	2
初　级 Junior	2220	4	652	5	3	0
未定职级 No-ranking	1937	19	592	20	19	0
3. 行业导师 Industry Mentor	**656**	**20**	**119**	**18**	**16**	**0**
4. 外籍教师 Foreign Teachers	**0**	**0**	**0**	**0**	**0**	**0**

分专业技术职务情况(成人高等学校)
Professional and Technical Position in HEIs(Adult HEIs)

单位：人
unit：person

硕士 Master's Diploma	#获博士学位 of Which：Doctor's Degree	#获硕士学位 of Which：Master's Degree	本科 Bachelor's Diploma	#获博士学位 of Which：Doctor's Degree	#获硕士学位 of Which：Master's Degree	专科 Short-cycle Courses	#获博士学位 of Which：Doctor's Degree	#获硕士学位 of Which：Master's Degree	高中阶段以下 Below High School Graduate
5204	**13**	**5024**	**7469**	**2**	**1615**	**215**	**0**	**4**	**34**
3643	5	3549	4207	1	1050	75	0	0	8
262	4	242	452	2	166	0	0	0	0
1369	8	1303	2779	0	762	16	0	0	1
2238	1	2165	2930	0	641	108	0	4	8
960	0	945	984	0	37	57	0	0	2
375	0	369	324	0	9	34	0	0	23
4205	**65**	**3900**	**12309**	**1**	**1382**	**388**	**0**	**8**	**6**
2598	10	2512	6728	1	768	138	0	2	6
170	6	133	342	0	83	0	0	0	0
956	40	809	3525	1	516	26	0	0	0
1932	18	1842	5657	0	663	168	0	0	0
576	1	555	1488	0	97	151	0	0	0
571	0	561	1297	0	23	43	0	8	6
122	**4**	**99**	**428**	**0**	**20**	**86**	**0**	**0**	**2**
0	**0**	**0**	**0**	**0**	**0**	**0**	**0**	**0**	**0**

高等教育专任教师
Number of Full-time Teachers

类别 Item	合计 Total	29 岁及以下 29 and Under	30-34 岁 30 to 34
总 计 Total	**2074943**	**262870**	**369028**
#女 of Which：Female	1113453	177271	218043
正高级 Senior	256528	89	2545
副高级 Sub-senior	595972	1093	29045
中 级 Middle	763662	33215	198010
初 级 Junior	242982	105587	82551
未定职级 No-ranking	215799	122886	56877
一、普通本科学校 Academic HEIs	**1345486**	**123332**	**228389**
正高级 Senior	222324	89	2530
副高级 Sub-senior	424077	1008	26310
中 级 Middle	502522	22418	137776
初 级 Junior	104897	51203	34133
未定职级 No-ranking	91666	48614	27640
二、本科层次职业学校 Professional HEIs	**30823**	**6361**	**6307**
正高级 Senior	2007	0	3
副高级 Sub-senior	7921	15	225
中 级 Middle	10502	671	3239
初 级 Junior	5007	2480	1647
未定职级 No-ranking	5386	3195	1193
三、高职(专科)学校 Vocational HEIs	**684584**	**131903**	**132395**
正高级 Senior	31287	0	11
副高级 Sub-senior	159429	70	2452
中 级 Middle	244940	10001	56019
初 级 Junior	131070	51215	46106
未定职级 No-ranking	117858	70617	27807
四、成人高等学校 Adult HEIs	**14050**	**1274**	**1937**
正高级 Senior	910	0	1
副高级 Sub-senior	4545	0	58
中 级 Middle	5698	125	976
初 级 Junior	2008	689	665
未定职级 No-ranking	889	460	237

分年龄结构情况
by Age in HEIs

单位：人
unit：person

35-39 岁 35 to 39	40-44 岁 40 to 44	45-49 岁 45 to 49	50-54 岁 50 to 54	55-59 岁 55 to 59	60-64 岁 60 to 64	65 岁及以上 65 and Over
374739	**420276**	**258432**	**200879**	**165784**	**18341**	**4594**
207664	231416	127958	91412	55010	3841	838
13050	43068	50716	58316	70405	14886	3453
99073	173795	118483	95132	75419	2952	980
207441	181086	81047	44220	18180	359	104
33568	13704	4725	1908	911	24	4
21607	8623	3461	1303	869	120	53
240835	**287382**	**189789**	**141247**	**114562**	**16370**	**3580**
12600	39164	44685	48585	57542	14151	2978
76825	122488	85107	63234	46642	1951	512
129843	117110	56951	28341	9821	201	61
11952	5050	1676	596	277	9	1
9615	3570	1370	491	280	58	28
5871	**5180**	**2580**	**1882**	**2132**	**333**	**177**
35	255	304	411	729	163	107
1476	2491	1339	1020	1137	150	68
3236	1990	759	380	210	15	2
554	219	70	22	13	2	0
570	225	108	49	43	3	0
125782	**124814**	**63925**	**55804**	**47506**	**1618**	**837**
401	3554	5567	9062	11761	563	368
20335	47720	31017	29833	26760	842	400
72962	60496	22483	14931	7866	141	41
20745	8261	2902	1233	592	13	3
11339	4783	1956	745	527	59	25
2251	**2900**	**2138**	**1946**	**1584**	**20**	**0**
14	95	160	258	373	9	0
437	1096	1020	1045	880	9	0
1400	1490	854	568	283	2	0
317	174	77	57	29	0	0
83	45	27	18	19	0	0

高等教育专任教师授课

Teaching Situation of Full-time

类别 Item	本学年授课专任教师 Full-time Teacher by Teaching Content	公共课基础课 Common Required Course	#思政课 of Which: Ideological and Political Courses	专业课 Specialized Course	本学年授课校外教师 Part-time Teacher by Teaching Content	公共课基础课 Common Required Course	#思政课 of Which: Ideological and Political Courses	专业课 Specialized Course
总　计 Total	**1249846**	**289802**	**70290**	**960044**	**262912**	**41100**	**5786**	**221812**
#女 of Which: Female	640684	162710	40641	477974	116730	18587	2553	98143
正高级 Senior	210408	32000	8120	178408	63185	8085	1523	55100
#为本科生上课 of Which: Teaching Undergraduate Students	196987	29032	7744	167955	52202	6880	1382	45322
副高级 Sub-senior	403614	83093	18419	320521	96750	14377	2052	82373
#为本科生上课 of Which: Teaching Undergraduate Students	386430	79210	17710	307220	83666	12583	1884	71083
中　级 Middle	463781	120730	27809	343051	75722	12673	1495	63049
初　级 Junior	95736	33024	9884	62712	10148	2069	230	8079
未定职级 No-ranking	76307	20955	6058	55352	17107	3896	486	13211

分类情况(普通高校)
Teachers in HEIs(Regular HEIs)

单位：人
unit：person

本学年授课行业导师 Industry Mentor by Teaching Content	公共课基础课 Common Required Course	专业课 Specialized Course	本学年授课外籍教师 Foreign Teachers by Teaching Content	公共课基础课 Common Required Course	专业课 Specialized Course	本学年不授课专任教师 Full-time Teachers by Non-teaching	进修 In-service	科研 Research	病休 Sick Leave	其他 Others
154972	**10355**	**144617**	**14185**	**2038**	**12147**	**95640**	**12904**	**27665**	**2011**	**53060**
59108	3621	55487	3853	589	3264	44319	7113	10225	1265	25716
33609	1755	31854	4316	279	4037	11916	694	5570	217	5435
21318	1036	20282	2587	181	2406	1844	158	651	43	992
52558	3413	49145	2245	231	2014	20463	2791	7710	503	9459
39555	2515	37040	1930	181	1749	3839	933	769	102	2035
40173	2484	37689	2799	573	2226	38741	6495	10144	968	21134
6995	390	6605	387	70	317	9161	1787	1015	236	6123
21637	2313	19324	4438	885	3553	15359	1137	3226	87	10909

高等教育专任教师授课
Teaching Situation of Full-time

类别 Item	本学年授课专任教师 Full-time Teacher by Teaching Content	公共课基础课 Common Required Course	#思政课 of Which: Ideological and Political Courses	专业(技能)课程 Professional (Skills) Courses	#双师型 of Which: Double-teacher Type	本学年授课校外教师 Part-time Teacher by Teaching Content	公共课基础课 Common Required Course	#思政课 of Which: Ideological and Political Courses
总　计 Total	**696177**	**166267**	**48025**	**529910**	**312100**	**114952**	**22918**	**3925**
#女 of Which: Female	409219	105986	32320	303233	179281	56857	12056	2142
正高级 Senior	32508	5947	2282	26561	20741	9294	1582	435
副高级 Sub-senior	163690	34765	9571	128925	100070	29514	5729	1061
中　级 Middle	249722	58301	16220	191421	137334	37229	6903	1212
初　级 Junior	132579	35646	10955	96933	40084	13314	2880	426
未定职级 No-ranking	117678	31608	8997	86070	13871	25601	5824	791
本科层次职业学校 Professional HEIs	29697	6321	1927	23376	15544	5812	1103	302
正高级 Senior	1945	392	119	1553	1184	1283	223	87
副高级 Sub-senior	7766	1395	355	6371	5328	2248	366	92
中　级 Middle	10150	2127	647	8023	6332	1568	341	74
初　级 Junior	4821	1257	430	3564	2013	272	47	14
未定职级 No-ranking	5015	1150	376	3865	687	441	126	35
高职(专科)学校 Vocational HEIs	666480	159946	46098	506534	296556	109140	21815	3623
正高级 Senior	30563	5555	2163	25008	19557	8011	1359	348
副高级 Sub-senior	155924	33370	9216	122554	94742	27266	5363	969
中　级 Middle	239572	56174	15573	183398	131002	35661	6562	1138
初级 Junior	127758	34389	10525	93369	38071	13042	2833	412
未定职级 No-ranking	112663	30458	8621	82205	13184	25160	5698	756

分类情况(职业高校)

Teachers in HEIs(Vocational College)

单位：人
unit：person

专业(技能)课程 Professional (Skills) Courses	#双师型 of Which: Double-teacher Type	本学年授课行业导师 Industry Mentor by Teaching Content	#专业(技能)课程 of Which: Professional (Skills) Courses	本学年授课外籍教师 Foreign Teachers by Teaching Content	公共课基础课 Common Required Course	专业(技能)课程 Professional (Skills) Courses	本学年不授课专任教师 Full-time Teacher by Non-teaching	进修 In-service	病休 Sick Leave	其他 Others
92034	**39171**	**203490**	**188951**	**1255**	**345**	**910**	**19230**	**2552**	**791**	**15887**
44801	18665	83059	76220	496	135	361	10616	1499	512	8605
7712	4304	10616	10088	113	40	73	786	61	52	673
23785	12862	36058	34121	127	43	84	3660	483	149	3028
30326	14841	55361	51619	128	39	89	5720	984	304	4432
10434	3398	18575	16773	53	23	30	3498	612	189	2697
19777	3766	82880	76350	834	200	634	5566	412	97	5057
4709	2363	7267	6815	104	25	79	1126	121	29	976
1060	610	325	310	12	0	12	62	9	2	51
1882	1081	1693	1602	10	0	10	155	21	4	130
1227	552	1927	1808	10	0	10	352	54	12	286
225	100	615	589	10	1	9	186	16	10	160
315	20	2707	2506	62	24	38	371	21	1	349
87325	36808	196223	182136	1151	320	831	18104	2431	762	14911
6652	3694	10291	9778	101	40	61	724	52	50	622
21903	11781	34365	32519	117	43	74	3505	462	145	2898
29099	14289	53434	49811	118	39	79	5368	930	292	4146
10209	3298	17960	16184	43	22	21	3312	596	179	2537
19462	3746	80173	73844	772	176	596	5195	391	96	4708

高等教育专任
Changes of Full-time

类别 Item	上学年初报表专任教师数 Number of Full-time Teachers at Beginning of Previous Academic Year	增加教师数 Factors of Increase	招聘 Recruit	#应届毕业生 of Which: Graduates of Current Year	#师范生 of the Total: Normal University Students	调入 Teachers Recruited from Other Units	#外校 of Which: Graduated from other Institutions	校内变动 Change of Status in Their Own Institutions	#学段调整 of Which: Adjusting Teaching Stage	其他 Others
总　计 Total	**1977839**	**236100**	**171565**	**79890**	**7013**	**13282**	**7488**	**42631**	**3812**	**8622**
#女 of Which: Female	1045364	132618	97678	47956	4690	6913	3974	23802	2362	4225
普通本科学校 Academic HEIs	1315839	122860	93932	51939	3021	5810	3815	19399	376	3719
#女 of Which: Female	660674	66079	51336	30079	2002	2585	1793	10588	245	1570
职业学校 Vocational College	647282	112140	76959	27639	3969	7389	3631	22926	3426	4866
#女 of Which: Female	375838	65806	45872	17663	2669	4280	2159	13023	2109	2631
成人高等学校 Adult HEIs	14718	1100	674	312	23	83	42	306	10	37
#女 of Which: Female	8852	733	470	214	19	48	22	191	8	24

教师变动情况
Teachers in HEIs

单位：人
unit：person

减少教师数 Factors of Decrease	退休 Retirees	死亡 Death	调出 Transferred from teaching to Non-Teaching Posts	辞职 Resignation	校内变动 Change of Status in Their Own Institutions	#学段调整 of Which: Adjusting Teaching Stage	其他 Others	本学年初报表专任教师数 Number of Full-time Teachers at Beginning of Current Academic Year
138996	**40254**	**1086**	**9236**	**51483**	**26005**	**1387**	**10932**	**2074943**
64529	16087	351	4085	26606	12664	810	4736	1113453
93213	28715	822	6688	33047	16738	236	7203	1345486
41750	11071	255	2804	16614	7893	143	3113	685003
44015	10975	259	2313	18289	8746	1144	3433	715407
21809	4737	94	1133	9911	4478	662	1456	419835
1768	564	5	235	147	521	7	296	14050
970	279	2	148	81	293	5	167	8615

高等教育学校校舍情况(普通高校)
Condition of School Buildings in Higher Education (Regular HEIs)

单位：平方米
unit：m^2

类别 Item	本学年学校产权校舍建筑面积 Floor Area of School Building Owned by HEIs	正在施工校舍建筑面积 Floor Area Under Construction	独立使用非学校产权校舍建筑面积 Floor Area of School Building Not Owned by HEIs
总　计 Total	**657654454.42**	**47518770.13**	**136661308.03**
一、教学及辅助用房 Buildings for Instruction and Ancillary Uses	269490606.92	23859780.64	60064644.24
教室 Classroom	79668304.01	4576448.57	18871247.99
#艺术院校专业课教室 Art School Professional Classroom	2947155.29	176153.03	695187.40
实验实习用房 Experimental Practice Room	97868991.74	9232354.35	21215563.44
专职科研机构办公及研究用房 office and Research Space for Full-time Scientific Research Institutions	26358483.83	5813489.19	5734737.91
图书馆 Library	32242489.39	1552884.30	6615768.05
室内体育用房 Gymnasium	18465000.30	1533118.56	4013010.31
师生活动用房 Multi-functional Activity Room	7386731.35	651185.64	1956254.31
会堂 Hall	5650048.53	434663.86	1235731.73
继续教育用房 Continuing Education Room	1850557.77	65636.17	422330.50
二、行政办公用房 Administrative	40299666.77	1333887.48	8143889.23
校行政办公用房 School Administrative	17228039.53	628748.19	3575144.78
院系及教师办公用房 Faculty and Faculty offices	23071627.24	705139.29	4568744.45
三、生活用房 Residential Buildings	248632966.53	14615719.77	62117214.86
学生宿舍(公寓)Students'Dormitories	186274681.77	10067044.94	46830626.61
食堂 Dining Halls	24102530.32	1114174.77	5395817.05
单身教师宿舍(公寓) Single Teacher Dormitory	19185071.85	1866812.40	5451946.59
后勤及辅助用房 Logistics and Auxiliary Rooms	19070682.59	1567687.66	4438824.61
四、教工住宅 Residential Quarters for Teachers and Workers	64936060.27	1967172.54	—
五、其他用房 Rooms for Other Purposes	34295153.93	5742209.70	6335559.70

高等教育学校校舍情况(本科层次职业高校)
Condition of School Buildings in Higher Education (Professional HEIs)

单位：平方米
unit：m^2

类别 Item	本学年学校产权校舍建筑面积 Floor Area of School Building Owned by HEIs	正在施工校舍建筑面积 Floor Area Under Construction	独立使用非学校产权校舍建筑面积 Floor Area of School Building Not Owned by HEIs
总　计 Total	**13927315. 77**	**2583769. 62**	**3945501. 14**
一、教学及辅助用房 Buildings forInstruction and Ancillary Uses	7577960. 29	1639448. 51	2458732. 41
教室 Classroom	2314368. 06	523251. 31	605725. 86
专业教学实训用房及场所 Professional Teaching Practice Room	3757360. 39	838054. 20	1494410. 09
图书馆 Library	753119. 52	104932. 82	64057. 32
培训工作用房 Practice Room	158028. 15	95431. 32	78652. 26
室内体育用房 Gymnasium	348666. 96	42593. 81	129646. 25
大学生活动用房 Multi-functional Activity Room	246417. 21	35185. 05	86240. 63
二、行政办公用房 Administrative	709155. 68	143431. 26	109362. 47
系及教师教研办公用房 Faculty and Faculty offices	390416. 64	120450. 07	51965. 09
校级办公用房 School Administrative	318739. 04	22981. 19	57397. 38
三、生活用房 Residential Buildings	5365007. 88	641309. 69	1374381. 03
学生宿舍(公寓)Students'Dormitories	4409763. 92	561110. 49	1155750. 90
食堂 Dining Halls	558419. 63	71204. 59	52825. 00
单身教师宿舍(公寓) Single Teacher Dormitory	303883. 39	2051. 74	122045. 02
后勤及辅助用房 Logistics and Auxiliary Rooms	92940. 94	6942. 87	43760. 11
四、教工住宅 Residential Quarters for Teachers and Workers	105212. 10	0. 00	—
五、其他用房 Rooms for Other Purposes	169979. 82	159580. 16	3025. 23

高等教育学校校舍情况〔高职(专科)学校〕
Condition of School Buildings in Higher Education (Vocational HEIs)

单位：平方米
unit：m^2

类别 Item	本学年学校产权校舍建筑面积 Floor Area of School Building Owned by HEIs	正在施工校舍建筑面积 Floor Area Under Construction	独立使用非学校产权校舍建筑面积 Floor Area of School Building Not Owned by HEIs
总　计 Total	**272224111.58**	**21707724.13**	**104539214.26**
一、教学及辅助用房 Buildings for Instruction and Ancillary Uses	137746661.48	12329123.90	56595429.28
教室 Classroom	42583864.58	2970635.39	17038455.42
专业教学实训用房及场所 Professional Teaching Practice Room	65331418.65	5970800.23	29475135.10
图书馆 Library	14148477.92	1528754.84	4532242.49
培训工作用房 Practice Room	3270873.03	505387.93	1367258.57
室内体育用房 Gymnasium	7572569.94	799881.32	2525189.22
大学生活动用房 Multi-functional Activity Room	4839457.36	553664.19	1657148.48
二、行政办公用房 Administrative	15175203.48	941747.90	5567584.56
系及教师教研办公用房 Faculty and Faculty offices	7386747.44	410524.33	3100834.51
校级办公用房 School Administrative	7788456.04	531223.57	2466750.05
三、生活用房 Residential Buildings	103707937.40	7109024.45	40466468.89
学生宿舍(公寓) Students'Dormitories	81805886.41	5389643.26	32676797.83
食堂 Dining Halls	12477171.94	865966.57	4322228.42
单身教师宿舍(公寓) Single Teacher Dormitory	4250766.61	333286.83	1754506.74
后勤及辅助用房 Logistics and Auxiliary Rooms	5174112.44	520127.79	1712935.90
四、教工住宅 Residential Quarters for Teachers and Workers	10265471.29	315108.74	—
五、其他用房 Rooms for Other Purposes	5328837.93	1012719.14	1909731.53

高等教育学校校舍情况(成人高等学校)
Condition of School Buildings in Higher Education (Adult HEIs)

单位:平方米
unit: m^2

类别 Item	本学年学校产权校舍建筑面积 Floor Area of School Building Owned by HEIs	正在施工校舍建筑面积 Floor Area Under Construction	独立使用非学校产权校舍建筑面积 Floor Area of School Building Not Owned by HEIs
总　计 Total	**5546390.01**	**192614.98**	**3863713.04**
一、教学及辅助用房 Buildings for Instruction and Ancillary Uses	2211679.95	46226.96	1947516.47
教室 Classroom	1153880.87	18692.96	1094448.65
专业教学实训用房及场所 Professional Teaching Practice Room	579161.55	6800.00	485250.38
图书馆 Library	183286.18	4200.00	135082.91
培训工作用房 Practice Room	92457.23	11384.00	133133.64
室内体育用房 Gymnasium	132432.88	2400.00	63584.64
大学生活动用房 Multi-functional Activity Room	70461.24	2750.00	36016.25
二、行政办公用房 Administrative	773696.15	5600.00	425994.90
系及教师教研办公用房 Faculty and Faculty offices	454708.41	4700.00	209698.10
校级办公用房 School Administrative	318987.74	900.00	216296.80
三、生活用房 Residential Buildings	1712089.87	53082.16	1221975.86
学生宿舍(公寓) Students'Dormitories	1065819.35	28689.00	810712.69
食堂 Dining Halls	226858.66	5499.00	200026.74
单身教师宿舍(公寓) Single Teacher Dormitory	95876.55	2000.00	75436.53
后勤及辅助用房 Logistics and Auxiliary Rooms	323535.31	16894.16	135799.90
四、教工住宅 Residential Quarters for Teachers and Workers	416316.93	0.00	—
五、其他用房 Rooms for Other Purposes	432607.11	87705.86	268225.81

类别 Item	占地面积（平方米）Areas Occupied (m^2)	#绿化用地面积 of Which: Green Areas	#运动场地面积 of Which: Sports Areas	校园足球场（个）Cammpus Football Field	11人制足球场 11-a-side Football Field	7人制足球场 7-a-side Football Field	5人制足球场 5-a-side Football Field	图书（册）Books and Magazines in Libraries (Volume)	#当年新增 of Which: New Added	数字资源量 Digital Resources 电子图书（册）E-Books (Book)	电子期刊（册）E-Journals (Book)	学位论文（册）Degree Thesis (Book)	音视频（小时）Audio and Video (Hour)
普通高校 Regular HEIs													
学校产权 Owned by HEIs	1354154806.58	461608126.41	90859541.82	3793	2428	444	921	2215381184	86166053	1993534391	1126643222	6906872599	122725904.40
非学校产权中独立使用 Not Owned by HEIs	196937651.18	90461207.58	7981737.15	310	218	41	51	27986346	2267285	191049795	281322272	737601720	13866899.84
本科层次职业高校 Professional HEIs													
学校产权 Owned by HEIs	34688278.33	9723439.21	1887530.43	108	55	22	31	45875365	3390203	29053018	6752462	81510110	1415502.53
非学校产权中独立使用 Not Owned by HEIs	5182846.72	1529464.69	389692.61	9	5	0	4	3610849	50672	4689476	1809603	18692220	323439.99
高职(专科)学校 Vocational HEIs													
学校产权 Owned by HEIs	642717674.76	198467862.10	52050879.49	2329	1585	360	384	926853594	78523648	674287006	179960607	2535882810	30383632.33
非学校产权中独立使用 Not Owned by HEIs	156701587.92	40235310.36	9434543.65	339	234	56	49	15332750	1943973	62677205	17251235	302036415	4979322.35
成人高等学校 Adult HEIs													
学校产权 Owned by HEIs	9796121.77	2282751.90	898035.34	58	25	18	15	17234824	1240766	21449121	43465276	64190966	1107689.31
非学校产权中独立使用 Not Owned by HEIs	5548140.18	1649275.49	834426.75	41	26	8	7	8157397	180150	3539016	578152	5957859	138908.47

学校资产情况
Resources in Higher Education

职业教育仿真实训资源量（套）Vocational Education Virtual imulation Training Resources(Set)	仿真实验软件 Simulation Experiment software	仿真实训软件 Simulation Training software	仿真实习软件 Simulation Practice software	数字终端数（台）Digital Terminals (Set)	#教师终端数 of Which: Number of Teachers' Terminals	#学生终端数 of Which: Number of Student Terminals	教室(间) Classroom (Room)	#网络多媒体教室 of Which: Network Multimedia Classroom	固定资产总值（万元）Total Value of Fixed Asset (10,000 yuan)	#教学、科研仪器设备资产 of Which: Teaching Equipment and Instruments	#当年新增 of Which: New Added in Current Year
0	0	0	0	10789966	3183286	6460245	429837	269192	263679427. 86	67137152. 38	6974043. 08
0	0	0	0	128520	34226	88502	93817	49836	9866972. 14	604267. 92	107788. 76
15592	2489	11679	1424	210745	32861	168121	13299	9127	5480584. 99	913396. 73	156400. 49
86	0	85	1	2927	756	1965	2955	1378	272946. 95	28294. 39	2795. 01
159991	29358	118360	12273	4755400	820386	3670233	288756	206545	87633766. 63	16747226. 64	2145372. 56
12567	3822	7756	989	65805	12590	51542	102082	59536	6443213. 74	402187. 87	89925. 23
0	0	0	0	131245	35509	81733	8742	4445	1846758. 33	359430. 90	37632. 89
0	0	0	0	62830	15003	47131	10397	5157	917311. 75	204844. 14	72243. 33

学校资产情况
Resources in Higher Education

三、中等教育
Secondary Education

普通高中校数、班数
Number of Regular Senior Secondary Schools and Classes

类别 Item	学校数 (所) Schools	完全中学 Combined Secondary Schools	高级中学 Regular High Schools	十二年一贯制学校 12-Year Schools	班数 (个) Classes
总　计 Total	**15381**	**5277**	**8308**	**1796**	**577741**
教育部门 Run by Edu. Dept.	10691	4416	5866	409	456276
其他部门 Run by Non-ed. Dept.	103	40	29	34	2000
地方企业 Run by Local Enterprises	5	1	2	2	87
民办 Non-government	4567	819	2397	1351	119093
具有法人资格的中外合作办学	15	1	14	0	285
城区 Urban Area	8185	2867	4159	1159	296277
教育部门 Run by Edu. Dept.	5520	2336	2895	289	232461
其他部门 Run by Non-ed. Dept.	84	33	23	28	1731
地方企业 Run by Local Enterprises	4	1	1	2	41
民办 Non-government	2565	496	1229	840	61782
具有法人资格的中外合作办学	12	1	11	0	262
镇区 Counties and Towns Area	6315	2139	3684	492	256448
教育部门 Run by Edu. Dept.	4716	1869	2756	91	209154
其他部门 Run by Non-ed. Dept.	14	5	4	5	215
地方企业 Run by Local Enterprises	1	0	1	0	46
民办 Non-government	1581	265	920	396	47010
具有法人资格的中外合作办学	3	0	3	0	23
乡村 Rural Area	881	271	465	145	25016
教育部门 Run by Edu. Dept.	455	211	215	29	14661
其他部门 Run by Non-ed. Dept.	5	2	2	1	54
地方企业 Run by Local Enterprises	0	0	0	0	0
民办 Non-government	421	58	248	115	10301
具有法人资格的中外合作办学	0	0	0	0	0
总计中：附设普通高中班 of the Total: Subsidiary Regular Senior Secondary School Class	—	—	—	—	2008

普通高中教育班额情况
Size of Class in Regular Senior Secondary Education

单位：个
unit：class

类别 Item	合计 Total	一年级 Grade 1	二年级 Grade 2	三年级 Grade 3
总　计 Total	**577741**	**198177**	**193816**	**185748**
25 人及以下 Under 25 Persons	8514	2502	2789	3223
26-30 人 Between 26-30	8428	2538	2784	3106
31-35 人 Between 31-35	14839	4132	5074	5633
36-40 人 Between 36-40	33820	9992	11560	12268
41-45 人 Between 41-45	66425	20946	22906	22573
46-50 人 Between 46-50	182742	67123	60592	55027
51-55 人 Between 51-55	254231	88459	85092	80680
56-60 人 Between 56-60	6202	1892	2057	2253
61-65 人 Between 61-65	2115	509	825	781
66 人及以上 Over 66 Persons	425	84	137	204
城区 Urban Area	296277	101501	99545	95231
25 人及以下 Under 25 Persons	5866	1731	1894	2241
26-30 人 Between 26-30	5580	1653	1810	2117
31-35 人 Between 31-35	9637	2598	3295	3744
36-40 人 Between 36-40	21080	6216	7192	7672
41-45 人 Between 41-45	38179	12098	13144	12937
46-50 人 Between 46-50	95214	35195	31712	28307
51-55 人 Between 51-55	116251	40726	38947	36578
56-60 人 Between 56-60	3180	993	1069	1118
61-65 人 Between 61-65	1015	249	401	365
66 人及以上 Over 66 Persons	275	42	81	152
镇区 Counties and Towns Area	256448	87617	85912	82919
25 人及以下 Under 25 Persons	2093	603	707	783
26-30 人 Between 26-30	2278	664	793	821
31-35 人 Between 31-35	4450	1332	1524	1594
36-40 人 Between 36-40	11071	3225	3775	4071
41-45 人 Between 41-45	25182	7667	8735	8780
46-50 人 Between 46-50	79742	28983	26330	24429
51-55 人 Between 51-55	127643	44027	42691	40925
56-60 人 Between 56-60	2799	816	919	1064
61-65 人 Between 61-65	1062	258	401	403
66 人及以上 Over 66 Persons	128	42	37	49
乡村 Rural Area	25016	9059	8359	7598
25 人及以下 Under 25 Persons	555	168	188	199
26-30 人 Between 26-30	570	221	181	168
31-35 人 Between 31-35	752	202	255	295
36-40 人 Between 36-40	1669	551	593	525
41-45 人 Between 41-45	3064	1181	1027	856
46-50 人 Between 46-50	7786	2945	2550	2291
51-55 人 Between 51-55	10337	3706	3454	3177
56-60 人 Between 56-60	223	83	69	71
61-65 人 Between 61-65	38	2	23	13
66 人及以上 Over 66 Persons	22	0	19	3

普通高中教育学生分举办者情况

Number of Students in Rugular Senior Secondary Education by Providers

单位：人
unit：person

类别 Item	毕业生数 Graduates	招生数 Entrants	在校生数 Enrolment	#女 of Which: Female	一年级 Grade 1	二年级 Grade 2	三年级 Grade 3
总　计 Total	**8604097**	**9678010**	**28036268**	**13881808**	**9687204**	**9401847**	**8947217**
教育部门 Run by Edu. Dept.	7122149	7621252	22451762	11393130	7627952	7529658	7294152
其他部门 Run by Non-ed. Dept.	29265	32107	93007	46091	32174	31047	29786
地方企业 Run by Local Enterprises	1653	1588	4209	1938	1590	1267	1352
民办 Non-government	1448166	2019599	5477609	2436190	2022017	1836595	1618997
具有法人资格的中外合作办学	2864	3464	9681	4459	3471	3280	2930
城区 Urban Area	4357058	4881207	14133412	6939548	4886223	4750149	4497040
教育部门 Run by Edu. Dept.	3566404	3839726	11271233	5665173	3843243	3793257	3634733
其他部门 Run by Non-ed. Dept.	25676	27318	80942	40237	27384	27163	26395
地方企业 Run by Local Enterprises	751	640	1821	826	642	574	605
民办 Non-government	761442	1010174	2770047	1228965	1011598	925965	832484
具有法人资格的中外合作办学	2785	3349	9369	4347	3356	3190	2823
镇区 Counties and Towns Area	3931097	4362762	12708354	6366710	4366651	4252676	4089027
教育部门 Run by Edu. Dept.	3345743	3526475	10455942	5356274	3529439	3495451	3431052
其他部门 Run by Non-ed. Dept.	2889	3972	9763	4865	3973	3061	2729
地方企业 Run by Local Enterprises	902	948	2388	1112	948	693	747
民办 Non-government	581484	831252	2239949	1004347	832176	753381	654392
具有法人资格的中外合作办学	79	115	312	112	115	90	107
乡村 Rural Area	315942	434041	1194502	575550	434330	399022	361150
教育部门 Run by Edu. Dept.	210002	255051	724587	371683	255270	240950	228367
其他部门 Run by Non-ed. Dept.	700	817	2302	989	817	823	662
地方企业 Run by Local Enterprises	0	0	0	0	0	0	0
民办 Non-government	105240	178173	467613	202878	178243	157249	132121
具有法人资格的中外合作办学	0	0	0	0	0	0	0

普通高中教育学生分类型情况

Number of Students in Rugular Senior Secondary Education by Types

单位：人
unit：person

类别 Item	毕业生数 Graduates	招生数 Entrants	在校生数 Enrolment	#女 of Which：Female	一年级 Grade 1	二年级 Grade 2	三年级 Grade 3
总　计 Total	**8604097**	**9678010**	**28036268**	**13881808**	**9687204**	**9401847**	**8947217**
#女 of Which：Female	4323409	4752590	13881808	—	4756580	4658818	4466410
#少数民族 of Which：Minority Students	944672	1102410	3125277	1674230	1103569	1034288	987420
#残疾人 of Which：Schools for Handicapped	21358	7998	25431	11186	8050	8669	8712
#寄宿生 of Which：Boarders	—	7056697	19591038	9753662	7060431	6557616	5972991
#随迁子女 of Which：Migrant Children	611952	711996	2081142	980288	713102	698997	669043
#外省迁入 of Which：from Other Province	215339	274893	788946	369074	275114	263817	250015
#本省外县迁入 of Which：From Other County	396613	437103	1292196	611214	437988	435180	419028
完全中学 Complete Schools	2584182	2840146	8297472	4160535	2842793	2784897	2669782
高级中学 Regular High Schools	5535595	6176251	17943270	8917034	6182335	6013795	5747140
十二年一贯制学校 12-year Schools	460101	628523	1711473	763489	628967	576422	506084
附设普通高中班 Regular Senior School Classes Attached	24219	33090	84053	40750	33109	26733	24211

中学学校教职工数(初级中学、九年一贯制学校、
Number of Educational Personnel in

类别 Item	教职工数 Educational Personnel	专任教师 Full-time Teachers	行政人员 Adm. Personnel
总　计 Total	**8138838**	**7242285**	**181433**
#女 of Which: Female	5034681	4564194	61674
#少数民族 of Which: Minority	727410	637506	12985
#在编人员 of Which: Permanent Staff	6135663	5772249	111731
教育部门 Run by Edu. Dept.	6636756	6114089	117493
其他部门 Run by Non-ed. Dept.	44156	36844	1633
地方企业 Run by Local Enterprises	1438	1283	58
民办 Non-government	1455053	1089132	61979
具有法人资格的中外合作办学	1435	937	270
城区 Urban Area	3771231	3319212	96219
教育部门 Run by Edu. Dept.	2921778	2687303	58726
其他部门 Run by Non-ed. Dept.	22943	19317	1122
地方企业 Run by Local Enterprises	1197	1060	57
民办 Non-government	824187	610731	36111
具有法人资格的中外合作办学	1126	801	203
镇区 Counties and Towns Area	3555203	3204562	64703
教育部门 Run by Edu. Dept.	3035332	2806608	44640
其他部门 Run by Non-ed. Dept.	17603	14446	432
地方企业 Run by Local Enterprises	241	223	1
民办 Non-government	501718	383149	19563
具有法人资格的中外合作办学	309	136	67
乡村 Rural Area	812404	718511	20511
教育部门 Run by Edu. Dept.	679646	620178	14127
其他部门 Run by Non-ed. Dept.	3610	3081	79
地方企业 Run by Local Enterprises	0	0	0
民办 Non-government	129148	95252	6305
具有法人资格的中外合作办学	0	0	0

职业初中、完全中学、高级中学、十二年一贯制学校)
General Secondary Schools

单位：人
unit：person

教辅人员 Supporting Staffs	工勤人员 Workers	其他 Others	校外教师 Part-time Teachers	外籍教师 Foreign Teachers
291347	**401323**	**22450**	**29785**	**8140**
170469	226108	12236	18567	2838
32311	42452	2156	2221	—
179124	67254	5305	—	—
213506	175346	16322	23430	811
2075	3332	272	210	0
51	46	0	0	0
75568	222518	5856	6129	7247
147	81	0	16	82
152106	194553	9141	17066	7014
101035	69017	5697	12996	790
1295	1071	138	77	0
45	35	0	0	0
49676	124363	3306	3977	6173
55	67	0	16	51
110903	164332	10703	10291	800
89915	85630	8539	8523	19
673	1934	118	124	0
6	11	0	0	0
20217	76743	2046	1644	750
92	14	0	0	31
28338	42438	2606	2428	326
22556	20699	2086	1911	2
107	327	16	9	0
0	0	0	0	0
5675	21412	504	508	324
0	0	0	0	0

普通高中教育专任教师

Number of Full-time Teachers in Regular Senior Secondary

类别 Item	合计 Total	#女 of Which: Female	思想政治 Ideological and Political Courses	语文 Language and Literature	数学 Mathe-matics	外语 Foreign Languages	#英语 of Which: English	#日语 of Which: Japanese	#俄语 of Which: Russian	历史 History	物理 Physics
总 计 Total	**2214804**	**1301163**	**140497**	**331329**	**328707**	**327123**	**318947**	**6158**	**1571**	**132699**	**189203**
#女 of Which: Female	1301163	—	89978	228644	161588	263486	256834	5151	1250	75684	68272
#少数民族 of Which: Minorities	194373	119225	13898	29685	25935	26036	25285	633	92	12046	15755
博士研究生 Doctor's Diploma	2941	1782	81	233	336	104	89	7	7	115	535
硕士研究生 Master's Diploma	307309	224999	21867	42761	38927	53775	51613	1484	532	20895	23172
本科毕业 Bachelor's Diploma	1886881	1068165	117514	285820	287341	271411	265453	4635	1024	110745	164161
专科毕业 Associate Bachelor	17451	6145	1030	2478	2079	1817	1779	29	8	937	1332
高中阶段毕业 High School Graduate	192	56	4	34	22	9	7	2	0	6	3
高中阶段以下毕业 Below High School Graduate	30	16	1	3	2	7	6	1	0	1	0
城区 Urban Area	1149271	701419	71243	169546	169785	170050	165980	3112	629	67639	100197
博士研究生 Doctor's Diploma	2631	1633	72	201	301	70	61	5	3	100	484
硕士研究生 Master's Diploma	210372	156566	14450	29436	26870	36382	35000	967	280	14198	16403
本科毕业 Bachelor's Diploma	930071	541028	56399	139117	141937	132949	130291	2123	342	53032	82844
专科毕业 Associate Bachelor	6096	2153	321	779	665	635	617	14	4	304	464
高中阶段毕业 High School Graduate	81	25	0	10	10	8	6	2	0	4	2
高中阶段以下毕业 Below High School Graduate	20	14	1	3	2	6	5	1	0	1	0
镇区 Counties and Towns Area	974229	545878	63265	148187	145584	143598	140021	2616	855	59304	81628
博士研究生 Doctor's Diploma	241	118	6	24	27	30	24	2	4	10	38
硕士研究生 Master's Diploma	86946	61207	6689	12015	10859	15441	14758	439	235	6040	6074
本科毕业 Bachelor's Diploma	876274	480792	55896	134530	133333	127001	124131	2162	612	52655	74708
专科毕业 Associate Bachelor	10652	3729	670	1594	1354	1124	1106	13	4	597	807
高中阶段毕业 High School Graduate	108	30	4	24	11	1	1	0	0	2	1
高中阶段以下毕业 Below High School Graduate	8	2	0	0	0	1	1	0	0	0	0
乡村 Rural Area	91304	53866	5989	13596	13338	13475	12946	430	87	5756	7378
博士研究生 Doctor's Diploma	69	31	3	8	8	4	4	0	0	5	13
硕士研究生 Master's Diploma	9991	7226	728	1310	1198	1952	1855	78	17	657	695
本科毕业 Bachelor's Diploma	80536	46345	5219	12173	12071	11461	11031	350	70	5058	6609
专科毕业 Associate Bachelor	703	263	39	105	60	58	56	2	0	36	61
高中阶段毕业 High School Graduate	3	1	0	0	1	0	0	0	0	0	0
高中阶段以下毕业 Below High School Graduate	2	0	0	0	0	0	0	0	0	0	0

分课程、分学历情况

Education by Subject Taught and Academic Qualifications

单位：人
unit: person

化学 Chemistry	生物 Biology	地理 Geography	技术 Techn-ology	#信息技术 of Which: Infor Technology	#通用技术 of Which: General Technology	体育与健康 Physical Training and Healthy	艺术 Art	#音乐 of Which: Music	#美术 of Which: Fine Arts	综合实践活动 Composite Practice	劳动 Skills	其他 Others	本学年不授课专任教师 No Teaching Load in Current Year
178755	**157654**	**135349**	**63603**	**48153**	**15236**	**106241**	**86294**	**41514**	**44094**	**4289**	**2557**	**16416**	**14088**
102303	104150	78368	30771	24707	6033	22714	53876	29404	24010	2091	1032	11521	6685
15032	14087	12227	5597	4347	1247	9872	7711	4132	3518	347	210	3301	2634
612	570	202	42	24	18	14	28	20	8	13	1	45	10
28470	29726	19066	5968	4732	1232	8857	8649	3789	4779	324	91	3914	847
148628	126546	115104	56714	42783	13723	95754	76527	37183	38742	3775	2312	12034	12495
1038	808	972	867	604	261	1587	1073	513	558	174	149	400	710
6	4	5	10	8	2	27	17	9	7	2	4	17	22
1	0	0	2	2	0	2	0	0	0	1	0	6	4
93660	81695	70334	33875	25306	8497	56027	44165	21150	22701	2182	1158	9473	8242
566	519	185	38	23	15	10	23	16	7	13	1	38	10
18822	20037	13516	4286	3318	967	6098	5928	2657	3204	245	63	2976	662
73930	60892	56324	29177	21707	7399	49267	37776	18275	19255	1853	1038	6274	7262
338	243	309	369	254	115	637	432	199	233	68	55	176	301
4	4	0	3	2	1	13	6	3	2	2	1	7	7
0	0	0	2	2	0	2	0	0	0	1	0	2	0
78136	69473	59216	27282	21071	6081	45930	38431	18559	19527	1839	1231	5921	5204
35	41	14	2	1	1	4	4	3	1	0	0	6	0
8733	8747	4984	1516	1282	231	2457	2370	975	1382	68	27	767	159
68702	60151	53586	25302	19460	5717	42561	35453	17286	17837	1677	1114	4928	4677
663	534	627	455	322	131	894	593	289	302	94	87	207	352
2	0	5	7	6	1	14	11	6	5	0	3	10	13
1	0	0	0	0	0	0	0	0	0	0	0	3	3
6959	6486	5799	2446	1776	658	4284	3698	1805	1866	268	168	1022	642
11	10	3	2	0	2	0	1	1	0	0	0	1	0
915	942	566	166	132	34	302	351	157	193	11	1	171	26
5996	5503	5194	2235	1616	607	3926	3298	1622	1650	245	160	832	556
37	31	36	43	28	15	56	48	25	23	12	7	17	57
0	0	0	0	0	0	0	0	0	0	0	0	0	2
0	0	0	0	0	0	0	0	0	0	0	0	1	1

普通高中教育专任教师分专业

Number of Full-time Teachers in Regular Senior

类别 Item	合计 Total	#女 of Which: Female	24 岁及以下 24 and Under	25-29 岁 25 to 29	30-34 岁 30 to 34
总　计 Total	**2214804**	**1301163**	**160706**	**354797**	**321627**
#女 of Which:Female	1301163	—	121288	262036	222626
#少数民族 of Which:Minorities	194373	119225	15371	37684	35534
正高级 Senior	10623	3312	0	0	0
副高级 Sub-senior	555023	226389	3	34	1009
中　级 Middle	743136	441743	840	19667	105873
助理级 Associate	503155	357555	28990	176400	154388
员　级 Junior	35020	23795	8879	14973	6866
未定职级 No-ranking	367847	248369	121994	143723	53491
城区 Urban Area	1149271	701419	70656	174394	161533
正高级 Senior	7250	2486	0	0	0
副高级 Sub-senior	310824	141248	0	11	543
中　级 Middle	400823	252910	267	10537	58155
助理级 Associate	240563	174740	13326	86243	73053
员　级 Junior	14115	9597	3447	5917	2817
未定职级 No-ranking	175696	120438	53616	71686	26965
镇区 Counties and Towns Area	974229	545878	78214	159078	144801
正高级 Senior	3065	733	0	0	0
副高级 Sub-senior	229115	79616	3	23	411
中　级 Middle	319495	176020	488	8077	43855
助理级 Associate	242744	169277	14451	82778	75090
员　级 Junior	18689	12709	4858	8036	3657
未定职级 No-ranking	161121	107523	58414	60164	21788
乡村 Rural Area	91304	53866	11836	21325	15293
正高级 Senior	308	93	0	0	0
副高级 Sub-senior	15084	5525	0	0	55
中　级 Middle	22818	12813	85	1053	3863
助理级 Associate	19848	13538	1213	7379	6245
员　级 Junior	2216	1489	574	1020	392
未定职级 No-ranking	31030	20408	9964	11873	4738

技术职务、分年龄结构情况

Secondary Education by Professional Rank and Age

单位：人
unit：person

35-39 岁 35 to 39	40-44 岁 40 to 44	45-49 岁 45 to 49	50-54 岁 50 to 54	55-59 岁 55 to 59	60 岁及以上 60 and Over
312622	**386645**	**273229**	**235386**	**160853**	**8939**
201687	220941	137037	103164	31405	979
29269	27398	20428	17655	10619	415
19	357	1519	3616	4544	568
18874	90661	135819	170546	132283	5794
184003	240993	119348	52989	18550	873
84215	42010	10964	4395	1739	54
2450	1040	403	195	156	58
23061	11584	5176	3645	3581	1592
161134	213679	146555	128605	87932	4783
9	241	1071	2499	3050	380
10181	52872	75500	95203	73288	3226
98422	133969	62395	27392	9277	409
39505	20537	5190	1950	734	25
1044	551	172	85	67	15
11973	5509	2227	1476	1516	728
139476	161713	118867	100452	68319	3309
9	98	418	1039	1366	135
8000	35226	56730	71152	55612	1958
79481	100746	53698	24152	8603	395
41673	20147	5376	2262	941	26
1299	419	194	101	82	43
9014	5077	2451	1746	1715	752
12012	11253	7807	6329	4602	847
1	18	30	78	128	53
693	2563	3589	4191	3383	610
6100	6278	3255	1445	670	69
3037	1326	398	183	64	3
107	70	37	9	7	0
2074	998	498	423	350	112

普通高中教育专任
Changes of Full-time Teachers in

类别 Item	上学年初报表专任教师数 Number of Full-time Teachers at Beginning of Previous Academic Year	增加教师 Factors of Increase	招聘 Recruit	#应届毕业生 of Which: Graduates of Current Year	#师范生 of Which: Normal University Students	调入 Teachers Recruited from Other Units	#外校 of Which: Graduated from other Institutions	校内变动 With Change of Status in Their Own Institutions	#学段调整 of Which: Adjusting Teaching Stage
总　计 Total	**2133159**	**261975**	**188310**	**91755**	**63352**	**46096**	**34524**	**23208**	**11882**
#女 of Which: Female	1227203	168241	126077	67187	46723	26652	19779	13004	7154
城区 Urban Area	1114420	130687	95406	45519	29734	20646	15141	12010	6313
#女 of Which: Female	667677	85200	64444	33610	22104	12109	8803	7067	4018
镇区 Counties and Towns Area	936995	112419	77881	39852	29156	22688	17362	10220	5025
#女 of Which: Female	512480	71281	52127	29010	21404	12872	9788	5404	2839
乡村 Rural Area	81744	18869	15023	6384	4462	2762	2021	978	544
#女 of Which: Female	47046	11760	9506	4567	3215	1671	1188	533	297

普通高中学生、专任
Supplementary Information on Students and Full-time

类别 Item	在校学生中 of Total Students					
	共产党员 Member of C. P. C.	共青团员 Member of C. Y. L. C	华侨 Overseas Chinese	香港 From H. K	澳门 From Macao	台湾 From Taiwan
总　计 Total	**119**	**6335125**	**1264**	**25054**	**1045**	**4015**
#女 of Which: Female	68	3435355	653	11757	475	1952
城区 Urban Area	52	3352173	713	20889	897	3520
#女 of Which: Female	24	1818042	351	9887	411	1732
镇区 Counties and Towns Area	50	2779537	501	2314	46	386
#女 of Which: Female	32	1506281	276	1042	19	180
乡村 Rural Area	17	203415	50	1851	102	109
#女 of Which: Female	12	111032	26	828	45	40

教师变动情况
Regular Senior Secondary Education

单位：人
unit：person

其他 Others	减少教师 Factors of Decrease	退休 Retire	死亡 Dead	调出 Transferred from teaching to Non-Teaching Posts	辞职 Resignation	校内变动 With Change of Status in Their Own Institutions	#学段调整 of Which：Adjusting Teaching Stage	其他 Others	本学年初报表专任教师数 Number of Full-time Teachers at Beginning of Current Academic Year
4361	**180330**	**40502**	**1118**	**51795**	**58814**	**23874**	**11072**	**4227**	**2214804**
2508	94281	16300	324	28241	34705	12572	6147	2139	1301163
2625	95836	24613	611	21462	32685	13928	6545	2537	1149271
1580	51458	10829	213	11967	19462	7787	3874	1200	701419
1630	75185	15038	476	27420	21365	9299	4165	1587	974229
878	37883	5151	101	14682	12589	4478	2080	882	545878
106	9309	851	31	2913	4764	647	362	103	91304
50	4940	320	10	1592	2654	307	193	57	53866

教师政治面貌及其他
Teachers of Regular Senior Secondary Education

单位：人
unit：person

专任教师中 of Total Full-time Teachers			
共产党员 Member of C. P. C	共青团员 Member of C. Y. L. C	民主党派 Member of Non-Communist Party	华侨 Overseas Chinese
692458	**164595**	**31782**	**20**
366709	123225	14900	11
412100	85915	26562	17
234901	64884	12879	8
258053	67390	4496	1
120223	50124	1660	1
22305	11290	724	2
11585	8217	361	2

普通高中学校
Condition of School Buildings in

类别 Item	合计 Total
总　计 Total	**709484510. 90**
完全中学 Complete Schools	231100761. 72
高级中学 Regular High Schools	376927422. 45
十二年一贯制学校 12-year Schools	101456326. 73
一、教学及辅助用房 Buildings for Instruction and Ancillary Uses	268987312. 64
教室 Classroom	132666667. 78
专用教室 Professional Classroom	58663416. 53
理化生实验室 Physical and Chemical Biology Laboratory	34613498. 07
其他 Others	24049918. 46
公共教学用房 Public Teaching Space	77657228. 33
图书阅览室 Library	20759712. 99
室内体育用房 Gymnasium	27723171. 39
心理辅导室 Psychological Counseling Room	2150399. 49
其他 Others	27023944. 46
二、行政办公用房 Administrative	52739900. 99
教师办公室 for Teachers	31532012. 13
其他 Others	21207888. 86
三、生活用房 Residential and Welfare	341859089. 11
教工值班宿舍 Dormitories for Faculty	21218025. 05
教师周转宿舍 Accommodation for Circulation of Teachers	25045643. 89
学生宿舍 Students'Dormitories	182801706. 64
学生餐厅 Students'Canteen	58078296. 48
厕所 Toilets	21414263. 66
其他 Others	33301153. 39
四、其他用房 Rooms for Other Purposes	45898208. 16

校舍情况
Regular Senior Secondary Schools

单位：平方米
unit：m^2

城区 Urban Area	镇区 Counties and Towns Area	乡村 Rural Area
393500427.69	**277657956.70**	**38326126.51**
131789474.62	87372883.51	11938403.59
193582532.73	165565790.51	17779099.21
68128420.34	24719282.68	8608623.71
153989016.69	102433161.14	12565134.81
71192205.10	55132690.00	6341772.68
34129780.88	21958817.42	2574818.23
19319304.50	13868407.84	1425785.73
14810476.38	8090409.58	1149032.50
48667030.71	25341653.72	3648543.90
11941779.68	7913249.23	904684.08
18434022.18	7999031.73	1290117.48
1310465.83	753305.60	86628.06
16980763.02	8676067.16	1367114.28
30843582.75	19541759.44	2354558.80
17773008.01	12301093.15	1457910.97
13070574.74	7240666.29	896647.83
180456548.01	140290825.15	21111715.95
10391248.74	9209840.88	1616935.43
10815353.78	12262800.93	1967489.18
94449108.53	77154369.04	11198229.07
30709348.35	24031499.85	3337448.28
12536447.24	7703690.27	1174126.15
21555041.37	9928624.18	1817487.84
28211280.24	15392210.97	2294716.95

普通高中学校
Condition of Fixed Assets and Teaching Resources

类别 Item	占地面积（平方米） Areas Occupied (m^2)	#绿化用地面积 of Which: Green Areas	#运动场地面积 of Which: Sports Areas	校园足球场（个） Campus Football	11人制足球场 11-a-side Football Field	7人制足球场 7-a-side Football Field	5人制足球场 5-a-side Football Field
总　计 Total	**1240585243.05**	**331287426.06**	**307685204.91**	**16964**	**9997**	**4250**	**2717**
完全中学 Complete Schools	400033439.14	101909544.48	118442972.25	5849	3222	1613	1014
高级中学 Regular High Schools	690180526.77	192293274.91	151493080.25	8575	5593	1849	1133
十二年一贯制学校 12-year Schools	150371277.14	37084606.67	37749152.41	2540	1182	788	570
城区 Urban Area	631374407.52	174450793.66	161693801.61	9366	5258	2492	1616
镇区 Counties and Towns Area	533350958.53	136142961.75	130530057.89	6653	4199	1520	934
乡村 Rural Area	75859877.00	20693670.65	15461345.41	945	540	238	167

普通高中学校
Other school running conditions in

类别 Item	体育运动场（馆）面积达标校数 Schools No: Sports Areas Reached Standard	体育器械配备达标校数 Schools No: Sports Equip. Reached Standard	音乐器材配备达标校数 Schools No: Musical Instru. Reached Standard	美术器材配备达标校数 Schools No: Fine Arts Instru. Reached Standard
总　计 Total	**14613**	**14937**	**14854**	**14869**
完全中学 Complete Schools	4969	5187	5180	5178
高级中学 Regular High Schools	7899	7983	7917	7936
十二年一贯制学校 12-year Schools	1745	1767	1757	1755
城区 Urban Area	7710	7955	7925	7934
镇区 Counties and Towns Area	6055	6131	6088	6091
乡村 Rural Area	848	851	841	844

资产情况
in Regular Senior Secondary Schools

图书(册) Books and Magazines in Libraries (Volume)	数字终端数(台) Number of Digital Terminals (Set)	#教师终端数 of Which: Number of Teachers' Terminals	#学生终端数 of Which: Number of Student Terminals	教室(间) Classroom (Room)	#网络多媒体教室 of Which: Network Multimedia Classroom	固定资产总值(万元) Total Value of Fixed Asset (10,000 yuan)	#教学仪器设备资产值 of Which: Total Value of Equip and Instru.
1166686525	**7784275**	**3016100**	**4426497**	**1389049**	**1057144**	**148551027. 35**	**14692039. 37**
479502778	2944099	1085811	1735012	499258	396506	47133290. 38	5476136. 91
568983485	3859522	1542619	2147015	681293	493241	79642281. 10	7177767. 50
118200262	980654	387670	544470	208498	167397	21775455. 87	2038134. 96
641523942	4602312	1801978	2569288	762774	594956	87584705. 13	9309570. 53
477689468	2865493	1094154	1674324	557219	412518	53105637. 80	4786800. 67
47473115	316470	119968	182885	69056	49670	7860684. 42	595668. 17

其它办学条件
Regular Senior Secondary Schools

单位：所
unit：school

理科实验仪器达标校数 Schools No: Equip. of Natural Sci. Reached Standard	有学校首席信息官校数 Chief Information Officer	无线网全覆盖 Full Wi-Fi Coverage	有校医院(卫生室)校数 Campus Hospital	有专职校医校数 Number of full-Time Medical Schools	有专职保健人员校数 Number of Schools With Allied Health Staff
14897	**8823**	**12144**	**13838**	**10308**	**6474**
5195	3106	3987	4734	3389	2043
7954	4615	6632	7437	5627	3479
1748	1102	1525	1667	1292	952
7942	4955	6664	7579	5899	3756
6106	3343	4825	5494	3884	2351
849	525	655	765	525	367

中等职业学校
Number of Secondary

类别 Item	合计 Total	中央 Under Central Ministries and Agencies
中等职业学校 Secondary Vocational Schools	7085	18
普通中专学校 Reg. Specialized Sec. Schools	3257	16
成人中专学校 Adults Specialized Sec. Schools	666	1
职业高中学校 Vocational High Schools	3156	1
残疾人中等职业学校 Secondary Vocational Schools for Persons with Disabilities	6	0
其他中等职业教育机构(不计校数) Other Secondary Vocational Education Institutions	234	1

中等职业教育分办学类型及举办者的
Number of Students and Educational Personnel of

类别 Item	合计 Total			中职全日制学生 Full-time Students of SVSs		
	毕业生数 Graduates	招生数 Entrants	在校学生数 Enrolment	毕业生数 Graduates	招生数 Entrants	在校学生数 Enrolment
总　计 Total	**4154521**	**4540352**	**12984621**	**3779004**	**4117209**	**12077793**
#女 of Which: Female	1862019	2030804	5860794	1690700	1822846	5420353
分办学类型:普通中专学校 by Type:Reg. Specialized Sec. Schools	2040378	2231558	6416866	1874984	2104690	6098416
成人中专学校 Adults Specialized Sec. Schools	148273	142741	309761	71275	74421	196112
职业高中学校 Vocational High Schools	1584241	1901668	5338728	1469537	1688860	4889252
其他中职机构(不计校数) Other Secondary Vocational Education Institutions	36898	29147	94856	34900	27683	91085
残疾人中等职业学校 Secondary Vocational Schools for Persons with Disabilities	375	388	1063	375	388	1063
附设中职班 Secondary Vocational Classes Attached	344356	234850	823347	327933	221167	801865
分举办者:1. 中央 by Providers:Central Ministries and Agencies	2015	1506	5476	2013	1506	5476
2. 地方 Local Authorities	4152506	4538846	12979145	3776991	4115703	12072317
教育部门 Under Ed. Dept	2817777	3148807	8927571	2538978	2799366	8184751
其他部门 Run by Non-ed. Dept	471741	445630	1338580	420097	402980	1239625
地方企业 Run by Local Enterprises	14651	17779	47593	14308	14881	42135
民办 Non-government	848050	926203	2664372	803321	898049	2604777
具有法人资格的中外合作办学	287	427	1029	287	427	1029

(机构)数
Vocational Schools(Institution)

单位：所
unit：institution

地方 Under Local Authorities					
小计 Subtotal	教育部门 Run by Ed. Dept.	其他部门 Run by other Dept.	地方企业 Run by Local Enterprises	民办 Non-government	具有法人资格的中外合作办学
7067	4047	834	57	2128	1
3241	1609	651	30	951	0
665	474	88	16	87	0
3155	1960	93	11	1090	1
6	4	2	0	0	0
233	134	67	5	27	0

中职学生及教职工情况
Secondary Vocational Education by Types and Providers

单位：人
unit：person

中职非全日制学生 Part-time Students of SVSs			教职工数 Educational Personnel	#专任教师 of Which：Full-time Teachers						校外教师 Part-time Teachers	行业导师 Industry Mentor	外籍教师 Foreign Teachers
毕业生数 Graduates	招生数 Entrants	在校学生数 Enrolment			正高级 Senior	副高级 Sub-Senior	中级 Middle	初级 Junior	未定职级 No Rank			
375517	**423143**	**906828**	**864900**	**734842**	**6055**	**167534**	**244415**	**161193**	**155645**	**58998**	**20126**	**95**
171319	207958	440441	488714	435408	2915	85121	142430	103758	101184	32072	8796	37
165394	126868	318450	440102	351117	3430	79351	115634	77741	74961	31603	13536	62
76998	68320	113649	35492	27953	468	8256	10351	3864	5014	8517	867	0
114704	212808	449476	378557	317779	1649	72633	105884	70920	66693	17950	5636	33
1998	1464	3771	10445	7674	113	1963	2886	1369	1343	894	83	0
0	0	0	304	218	0	54	64	61	39	34	4	0
16423	13683	21482	—	30101	395	5277	9596	7238	7595	—	—	—
2	0	0	737	469	24	172	156	63	54	22	16	4
375515	423143	906828	864163	734373	6031	167362	244259	161130	155591	58976	20110	91
278799	349441	742820	588032	516423	3702	140376	193539	117022	61784	35403	11484	56
51644	42650	98955	94236	72716	1171	17096	26272	16958	11219	14313	5093	19
343	2898	5458	4357	2917	40	774	1008	637	458	249	186	0
44729	28154	59595	177467	142251	1118	9116	23421	26485	82111	9004	3344	16
0	0	0	71	66	0	0	19	28	19	7	3	0

中等职业教育

Number of Students in Secondary

类别 Item	毕业生数 Graduates	#职业类证书 of Which: Vocational Certificate	#职业技能等级证书 of Which: Vocational Skill Level Certificate	招生数 Entrants	在校学生数 Enrolment
中职学生计 Students of SVSs Total	4154521	2104494	1129756	4540352	12984621
#女 of Which: Female	1862019	938465	515284	2030804	5860794
#五年制高职中职段 of Which: 5-year Secondary Vocational Education	553203	218798	120112	527621	1633343
#附设中职班 of Which: Secondary Vocational Classes Attached	344356	73752	30382	234850	823347
全日制 Full-time	3779004	1975036	1075634	4117209	12077793
非全日制 Part-time	375517	129458	54122	423143	906828

各类学生数
Vocational Schools(Institution)

单位：人
unit：person

#现代学徒制 of Which：Modern Apprenticeships	一年级 Grade 1	二年级 Grade 2	三年级 Grade 3	四年级及以上 Over Grade 4	预计毕业生数 Estimated Graduates for Next Year
234564	4544496	4348312	4051604	40209	4212849
95392	2032015	1974003	1830551	24225	1870236
33162	527868	544220	560363	892	555296
1273	235404	269837	311319	6787	326080
216669	4121304	4045813	3877980	32696	3927084
17895	423192	302499	173624	7513	285765

中等职业教育学生分科类情况
Number of Students by Field of Education in Secondary Vocational Education

单位：人
unit：person

类别 Item	毕业生数 Graduates	#职业类证书 of Which：Vocational certificate	#职业技能等级证书 of Which：Vocational Skill Level Certificate	招生数 Entrants	在校学生数 Enrolment	预计毕业生数 Estimated Graduates for Next Year
总　计 Total	**4154521**	**2104494**	**1129756**	**4540352**	**12984621**	**4212849**
#女 of Which：Female	1862019	938465	515284	2030804	5860794	1870236
农林牧渔大类 Agriculture，Forestry，Husbandry and Fishery	206112	83290	43468	273890	716359	198316
资源环境与安全大类 Resources Environment and Security	23156	12866	6186	30667	81377	26066
能源动力与材料大类 Energy Power and Materials	10586	3204	1782	12380	37236	11214
土木建筑大类 Civil and Construction	139218	73060	35054	108883	348909	131502
水利大类 Equipment Manufacturing	2795	1135	563	2496	8225	3153
装备制造大类 Equipment Manufacturing	414633	228790	135472	531611	1459007	444742
生物与化工大类 Biological and Chemical	18168	7356	3940	24855	63908	17054
轻工纺织大类 Light Industry Textile	41619	21545	11503	47767	136538	40646
食品药品与粮食大类 Food and Drugs and Grain	17600	7574	3624	34028	82457	21200
交通运输大类 Communication and Transport	425048	224734	125972	427906	1235256	411608
电子与信息大类 Electronics and Information	854173	446139	240232	946960	2712028	883447
医药卫生大类 Medicine，Pharmaceuticals and Health Care	392066	152713	70283	427901	1248708	403876
财经商贸大类 Finance，Economics，Commerce and Trade	479056	261730	147626	490199	1425792	468709
旅游大类 Tourism	240146	129140	73281	285368	758574	232798
文化艺术大类 Culture and Arts	290930	148596	74177	327917	951277	302516
新闻传播大类 News Communication	33304	16743	9512	32978	106178	36982
教育与体育大类 Education and Sports	467322	243719	128612	412137	1322049	478299
公安与司法大类 Public Security and Judicial	15610	6889	1898	14333	49879	18722
公共管理与服务大类 Public Administration and Services	82979	35271	16571	108076	240864	81999

中等职业教育学生分科类情况(全日制学生)

Number of Students by Field of Education in Secondary Vocational Education (Full-time Students)

单位：人
unit：person

类别 Item	毕业生数 Graduates	#职业类证书 of Which： Vocational certificate	#职业技能等级证书 of Which： Vocational Skill Level Certificate	招生数 Entrants	在校学生数 Enrolment	预计毕业生数 Estimated Graduates for Next Year
总　计 Total	**3779004**	**1975036**	**1075634**	**4117209**	**12077793**	**3927084**
#女 of Which：Female	—	—	—	—	—	—
农林牧渔大类 Agriculture, Forestry, Husbandry and Fishery	125763	64125	35623	129223	380584	126102
资源环境与安全大类 Resources Environment and Security	17513	8855	3498	26506	69425	20246
能源动力与材料大类 Energy Power and Materials	9302	2929	1772	11909	35145	10277
土木建筑大类 Civil and Construction	118379	60794	33108	96613	327994	121549
水利大类 Equipment Manufacturing	2622	1124	563	2483	7889	2826
装备制造大类 Equipment Manufacturing	387097	214743	125275	511368	1410667	423182
生物与化工大类 Biological and Chemical	14694	6223	2883	23291	60300	16072
轻工纺织大类 Light Industry Textile	38088	19753	11025	41193	119490	38292
食品药品与粮食大类 Food and Drugs and Grain	17041	7354	3624	30673	76508	21168
交通运输大类 Communication and Transport	399308	219965	123851	415857	1203219	395020
电子与信息大类 Electronics and Information	778602	422238	231729	892062	2586220	838168
医药卫生大类 Medicine, Pharmaceuticals and Health Care	389877	152264	70019	426169	1244660	402159
财经商贸大类 Finance, Economics, Commerce and Trade	447241	250760	144364	463511	1360332	444924
旅游大类 Tourism	223305	123122	71257	250414	686011	219956
文化艺术大类 Culture and Arts	274231	145700	73065	304587	907292	290840
新闻传播大类 News Communication	32514	16579	9398	32977	101075	32911
教育与体育大类 Education and Sports	442961	227511	120379	383994	1287585	453534
公安与司法大类 Public Security and Judicial	15220	6700	1768	14138	49477	18494
公共管理与服务大类 Public Administration and Services	45246	24297	12433	60241	163920	51364

中等职业教育
Number of Students by Age in Secondary

类别 Item	合计 Total	14 岁及以下 14 Years and Under	15 岁 15 Years	16 岁 16 Years
总　计 Total	**12984621**	**136588**	**2808375**	**3883199**
中职全日制学生 Full-time Students of SVSs	12077793	136158	2793118	3863341
中职非全日制学生 Part-time Students of SVSs	906828	430	15257	19858

中等职业教育
Number of Female Students by Age in Secondary

类别 Item	合计 Total	14 岁及以下 14 Years and Under	15 岁 15 Years	16 岁 16 Years
总　计 Total	**5860794**	**72826**	**1284192**	**1755529**
中职全日制学生 Full-time Students of SVSs	5420353	72619	1278127	1747138
中职非全日制学生 Part-time Students of SVSs	440441	207	6065	8391

中等职业教育
Changes in Enrolment of Secondary

类别 Item	上学年初报表在校学生数 Enrolment at Beginning of Previous Academic Year	增加学生数 Factors of Increase				
			招生 No. of Students Admitted	复学 Students Resuming Studies	转入 Transfers from Other Inst.	其他 Others
总　计 Total	**13392903**	**4703180**	**4540352**	**13175**	**134288**	**15365**
中职全日制学生 Full-time Students of SVSs	12377341	4261430	4117209	12461	120831	10929
中职非全日制学生 Part-time Students of SVSs	1015562	441750	423143	714	13457	4436

中等职业教育
Changes in Female Enrolment of Secondary

类别 Item	上学年初报表在校学生数 Enrolment at Beginning of Previous Academic Year	增加学生数 Factors of Increase				
			招生 No. of Students Admitted	复学 Students Resuming Studies	转入 Transfers from Other Inst.	其他 Others
总　计 Total	**6003885**	**2104587**	**2030804**	**6054**	**59845**	**7884**
中职全日制学生 Full-time Students of SVSs	5537990	1888302	1822846	5862	53823	5771
中职非全日制学生 Part-time Students of SVSs	465895	216285	207958	192	6022	2113

分年龄学生数
Vocational Education

单位：人
unit：person

17 岁 17 Years	18 岁 18 Years	19 岁 19 Years	20 岁 20 Years	21 岁 21 Years	22 岁及以上 22 Years and Over
3571915	**1382502**	**289753**	**80824**	**36807**	**794658**
3546097	1350245	268649	56708	18806	44671
25818	32257	21104	24116	18001	749987

分年龄女学生数
Vocational Education

单位：人
unit：person

17 岁 17 Years	18 岁 18 Years	19 岁 19 Years	20 岁 20 Years	21 岁 21 Years	22 岁及以上 22 Years and Over
1595988	**586147**	**119076**	**32665**	**16038**	**398333**
1585710	571893	110844	24809	7945	21268
10278	14254	8232	7856	8093	377065

学生变动情况
Vocational Education

单位：人
unit：person

减少学生数 Factors of Decrease	毕业 Graduates	结业 Completers of Courses Without Formal Awards	休学 Suspended	退学 Quitting	死亡 Dead	转出 Transfers to Other Inst.	其他 Others	本学年初报表在校学生数 Total Enrolment at Beginning of Current Academic Year
5111462	**4154521**	**100152**	**18462**	**610266**	**697**	**201473**	**25891**	**12984621**
4560978	3779004	58356	18058	512939	686	176485	15450	12077793
550484	375517	41796	404	97327	11	24988	10441	906828

女学生变动情况
Vocational Education

单位：人
unit：person

减少学生数 Factors of Decrease	毕业 Graduates	结业 Completers of Courses Without Formal Awards	休学 Suspended	退学 Quitting	死亡 Dead	转出 Transfers to Other Inst.	其他 Others	本学年初报表在校学生数 Total Enrolment at Beginning of Current Academic Year
2247678	**1862019**	**38369**	**9103**	**243227**	**226**	**83369**	**11365**	**5860794**
2005939	1690700	22536	8988	202312	219	73522	7662	5420353
241739	171319	15833	115	40915	7	9847	3703	440441

中等职业教育
Supplementary Information on Students in

类别 Item	共产党员 Member of C. P. A	共青团员 Member of C. Y. L
总　计 Total	**13487**	**1301004**
中职全日制学生 Full-time Students of SVSs	1649	1242019
#女 of Which：Female	566	664483
中职非全日制学生 Part-time Students of SVSs	11838	58985
#女 of Which：Female	3545	29117

中等职业教育
Information on International Students in

类别 Item	毕(结)业生数 Graduates
总　计 Total	**295**
#女 of Which：Female	155
按大洲分：by Continent	
亚洲 Asia	276
非洲 Africa	2
欧洲 Europe	7
北美洲 North America	2
南美洲 South America	6
大洋洲 Oceania	2

中等职业学校
Number of Educational Personnel in

类别 Item	教职工数 Educational Personnel	专任教师 Full-time Teachers	行政人员 Adm. Personnel	教辅人员 Supporting Staff
总　计 Total	**864900**	**713855**	**55979**	**48945**
#女 of Which：Female	488714	422973	22726	25973
#在编人员 of Which：Permanent Staff	596138	518320	33232	27810

其他学生情况
Secondary Vocational Education

单位：人
unit：person

香港 From HK	澳门 Macao	台湾 From Taiwan	华侨 Overseas Chinese	少数民族 Minorities	残疾人 Disabled
4493	**575**	**494**	**85**	**1464888**	**29488**
4476	154	493	85	1253263	28918
1945	79	230	46	551279	11176
17	421	1	0	211625	570
8	241	0	0	105753	224

国际学生基本情况
Secondary Vocational Education

单位：人、人次
unit：person、person-time

招生数 Entrants	在校生数(注册) Enrolment
1412	**1789**
638	768
1302	1558
1	4
74	119
13	39
19	61
3	8

(机构)教职工数
Secondary Vocational Schools(Institution)

单位：人
unit：person

工勤人员 Workers	其他附设机构人员 Personnel in Others Subsidiary Units	校外教师 Part-time Teachers	行业导师 Industry Mentor	外籍教师 Foreign Teachers
45713	**408**	**58998**	**20126**	**95**
16811	231	32072	8796	37
16507	269	—	—	—

中等职业教育专任教师教学

Number of Full-time Teachers by Field of

类别 Item		合计 Tctal	#女 of Which：Female
总　计 Total		**734842**	**435408**
#女 of Which：Female		435408	—
#实习指导课 of Which：Practice Guidance Lessons		43462	20247
专业课 Specialized Subjects	农林牧渔大类 Agriculture，Forestry，Animal Husbandry and Fisheries	17531	8900
	资源环境与安全大类 Resources Environment and Security	2197	1024
	能源动力与材料大类 Energy Power and Materials	2851	1188
	土木建筑大类 Civil and Construction	12215	6054
	水利大类 Water Conservancy	785	356
	装备制造大类 Equipment Manufacturing	49066	17830
	生物与化工大类 Biological and Chemical	4335	2369
	轻工纺织大类 Light Industry Textile	4314	3166
	食品药品与粮食大类 Food and Drugs and Grain	3497	1938
	交通运输大类 Communication and Transport	30401	11313
	电子与信息大类 Electronics and Information	84528	44079
	医药卫生大类 Medicine，Pharmacy and Health Care	33805	24659
	财经商贸大类 Finance，Economics，Commerce and Trade	45319	32173
	旅游大类 Tourism	21999	15004
	文化艺术大类 Culture and Arts	59378	40245
	新闻传播大类 News Communication	2277	1452
	教育与体育大类 Education and Sports	94787	54562
	公安与司法大类 Public Security and Judicial	1711	858
	公共管理与服务大类 Public Administration and Services	8777	5406
公共基础课 Core Curriculum		255069	162832

领域所属大类情况
Study in Secondary Vocational Education

单位：人
unit：person

正高级 Senior	副高级 Sub-Senior	中 级 Middle	初 级 Junior	未定职级 No-Ranking
6055	**167534**	**244415**	**161193**	**155645**
2915	85121	142430	103758	101184
314	8677	15275	9946	9250
306	5267	6293	3526	2139
37	459	643	491	567
30	621	880	627	693
117	2707	4256	3076	2059
15	195	259	192	124
569	11433	18064	11135	7865
67	1294	1568	801	605
38	908	1540	1125	703
25	569	993	888	1022
210	4382	9182	8225	8402
603	18557	28873	18185	18310
590	6660	11244	8393	6918
375	9901	15069	11022	8952
132	4270	7144	5571	4882
483	9893	19298	14572	15132
14	284	627	550	802
657	23188	33620	20392	16930
10	354	414	278	655
50	1457	2323	2018	2929
1727	65135	82125	50126	55956

中等职业教育教师
Full-time Teachers by Educational Background

类别 Item	合计 Total	博士研究生 Doctor's Diploma	#获博士学位 of Which: Doctor's Degree	#获硕士学位 of Which: Master's Degree	硕士研究生 Master's Diploma	#获博士学位 of Which: Doctor's Degree	#获硕士学位 of Which: Master's Degree
1. 专任教师 Full-time Teacher	**734842**	**715**	**602**	**22**	**68406**	**22**	**60502**
#女 of Which: Female	435408	375	312	13	49253	10	44330
正高级 Senior	6055	108	96	2	823	3	628
副高级 Sub-senior	167534	276	235	6	11250	10	9129
中　级 Middle	244415	239	192	9	26297	8	23416
初　级 Junior	161193	20	17	3	15758	0	14389
未定职级 No-ranking	155645	72	62	2	14278	1	12940
2. 校外教师 Part-time Teacher	**58998**	**440**	**342**	**7**	**5811**	**100**	**4373**
#女 of Which: Female	32072	171	133	2	3473	34	2657
#两年以上 of Which: Two Years and Over	17317	149	92	5	1791	5	1526
正高级 Senior	1227	159	135	1	289	5	198
副高级 Sub-senior	9590	162	129	2	1407	82	953
中　级 Middle	14539	92	70	3	1821	10	1457
初　级 Junior	7960	7	4	0	744	0	615
未定职级 No-ranking	25682	20	4	1	1550	3	1150
3. 行业导师 Industry Mentor	**20126**	**76**	**68**	**6**	**1722**	**0**	**1446**
4. 外籍教师 Foreign Teachers	**95**	**5**	**5**	**0**	**44**	**0**	**44**

分学历(位)情况
in Secondary Vocational Education

单位：人
unit：person

本科 Bachelor's Diploma	#获博士学位 of Which：Doctor's Degree	#获硕士学位 of Which：Master's Degree	专科 Short-cycle Courses	#获博士学位 of Which：Doctor's Degree	#获硕士学位 of Which：Master's Degree	高中阶段以下 Below High School Graduate
634071	**22**	**24225**	**30486**	**0**	**52**	**1164**
374844	10	15893	10685	0	17	251
5047	2	760	59	0	2	18
153494	5	10682	2457	0	23	57
210673	13	9645	7053	0	15	153
138464	2	1911	6765	0	5	186
126393	0	1227	14152	0	7	750
46792	**2**	**537**	**5322**	**0**	**2**	**633**
26382	1	316	1892	0	1	154
13962	0	210	1174	0	0	241
720	1	27	49	0	0	10
7718	0	162	269	0	0	34
10872	1	240	1699	0	1	55
6643	0	59	502	0	0	64
20839	0	49	2803	0	1	470
13530	**16**	**231**	**3833**	**0**	**9**	**965**
44	**0**	**1**	**2**	**0**	**0**	**0**

类别 Item		合计 Total	29岁以下 29 and Under	30-34岁 30 to 34
总　计 Total		**734842**	**154620**	**110500**
#女 of Which：Female		435408	108783	73493
按专业技术职务分 by Ranks	正高级 Senior	6055	0	5
	副高级 Sub-senior	167534	15	580
	中　级 Middle	244415	5446	30718
	初　级 Junior	161193	53370	48170
	未定职级 No-ranking	155645	95789	31027
按学历(学位)分 by Academic Qualification	博士 Doctor's Diploma	715	19	91
	#获博士学位 of Which：Doctor's Degree	602	10	69
	#获硕士学位 of Which：Master's Degree	22	2	4
	硕士 Master's Diploma	68406	16244	17587
	#获博士学位 of Which：Doctor's Degree	22	0	1
	#获硕士学位 of Which：Master's Degree	60502	14870	16204
	本科 Bachelor's Diploma	634071	129843	88941
	#获博士学位 of Which：Doctor's Degree	22	0	1
	#获硕士学位 of Which：Master's Degree	24225	1512	1456
	专科 Short-cycle Courses	30486	8333	3773
	#获博士学位 of Which：Doctor's Degree	0	0	0
	#获硕士学位 of Which：Master's Degree	52	2	2
	高中阶段以下 Below High School Graduate	1164	181	108

教师分年龄情况
Secondary Vocational Education

单位：人
unit: person

35-39 岁 35 to 39	40-44 岁 40 to 44	45-49 岁 45 to 49	50-54 岁 50 to 54	55-59 岁 55 to 59	60-64 岁 60 to 64	65 岁以上 65 and Over
108783	**112258**	**94852**	**90822**	**60152**	**2299**	**556**
68913	68197	52935	45693	16803	473	118
75	298	860	1988	2483	230	116
7465	25161	38386	52372	41867	1458	230
55845	63504	44057	31256	13132	337	120
30159	16112	7944	3670	1718	43	7
15239	7183	3605	1536	952	231	83
137	187	121	92	55	7	6
110	158	104	89	50	6	6
5	5	2	2	2	0	0
14819	10418	4841	3032	1340	99	26
4	8	3	3	2	1	0
13224	9003	3901	2326	893	61	20
90385	98611	86433	83411	54193	1856	398
8	5	1	5	2	0	0
4028	7865	4808	3409	1121	25	1
3354	2937	3311	4076	4288	305	109
0	0	0	0	0	0	0
3	6	16	12	11	0	0
88	105	146	211	276	32	17

中等职业教育

Teaching Situation of Full-time Teachers in

类别 Item	本学年授课专任教师 Full-time Teacher by Teaching Content	公共基础课 Common Required Course	#思政课 of Which: Ideological and Political Courses	专业(技能)课程 Specialized Course	#双师型 of Which: Double-teacher Type	本学年授课校外教师 Part-time Teacher by Teaching Content	公共基础课 Common Required Course	#思政课 of Which: Ideological and Political Courses
总　计 Total	**724258**	**320112**	**47944**	**404146**	**229179**	**56067**	**18938**	**2094**
#女 of Which: Female	429857	202826	29480	227031	128401	30548	11878	1354
正高级 Senior	5854	2033	474	3821	2970	1176	262	26
副高级 Sub-senior	163983	80388	13054	83595	60040	9280	2580	355
中　级 Middle	240765	104624	15281	136141	92790	13850	3718	500
初　级 Junior	159344	63591	8905	95753	49778	7574	2574	280
未定职级 No-ranking	154312	69476	10230	84836	23601	24187	9804	933

中等职业教育

Changes of Full-time Teachers in Secondary

类别 Item	上学年初报表专任教师数 Number of Full-time Teachers at Beginning of Previous Academic Year	增加专任教师数 Factors of Increase	招聘 Recruit	#应届毕业生 of Which: Graduates of Current Year	#师范生 of Which: Normal University Students	调入 Teachers Recruited from Other Units	其中:外校 of Which: from Other SVSs	校内变动 With Change of Status in Their Own Institutions	#学段调整 of Which: Adjusting Teaching Stage	其他 Others
总　计 Total	**717621**	**92406**	**64646**	**20682**	**8947**	**14494**	**9042**	**12171**	**2253**	**1095**
#女 of Which: Female	416347	58986	43199	14594	6505	8347	5177	6758	1295	682

教师授课分类情况
Secondary Vocational Education

单位：人
unit：person

专业（技能）课程 Specialized Course	#双师型 of Which: Double-teacher Type	本学年授课行业导师 Industry Mentor by Teaching Content	#专业（技能）课程 of Which: Specialized Course	本学年授课外籍教师 Foreign Teachers by Teaching Content	公共基础课 Common Required Course	专业（技能）课程 Specialized Course	本学年不授课专任教师 Full-time Teacher by Non-teaching	进修 In-service	病休 Sick-Leave	其他 Others
37129	**14109**	**18187**	**15547**	**87**	**33**	**54**	**10584**	**428**	**1001**	**9155**
18670	7357	8232	6888	36	16	20	5551	273	573	4705
914	437	488	463	7	0	7	201	0	3	198
6700	3113	2972	2662	6	0	6	3551	143	206	3202
10132	4646	3859	3382	2	0	2	3650	166	413	3071
5000	2168	1980	1762	5	2	3	1849	68	284	1497
14383	3745	8888	7278	67	31	36	1333	51	95	1187

专任教师变动情况
Vocational Education

单位：人
unit：person

减少专任教师数 Factors of Decrease	退休 Retirees	死亡 Death	调出 Transferred from teaching to Non-Teaching Posts	辞职 Resignation	校内变动 With Change of Status in Their Own Institutions	#学段调整 of Which: Adjusting Teaching Stage	其他 Others	本学年初报表专任教师数 Number of Full-time Teachers at Beginning of Current Academic Year
75185	**16303**	**357**	**17702**	**23792**	**15465**	**4748**	**1566**	**734842**
39925	7129	101	9593	13527	8707	2912	868	435408

中等职业学校(机构)

Supplementary Information on Educational Personnel in

类别 Item	共产党员 Member of C. P. A	共青团员 Member of C. Y. L	民主党派 Member of Non-Communist Party
教职工 Educational Personnel	277374	53798	11469
#女 of Which：Female	136655	37055	6384
专任教师 Full-time Teachers	238315	48456	10463
#女 of Which：Female	125116	34026	5938

中等职业学校

Condition of Fixed Assets and Teaching Resources

类别 Item	占地面积 (平方米) Areas Occupied (m^2)			校园足球场 (个) Campus Football				图书 (册) Books and Magazines in Libraries (Volume)		数字资源量 Digital Resources			
		#绿化用地面积 of Which：Green Areas	#运动场地面积 of Which：Sports Areas		11人制足球场 11-a-side Football Field	7人制足球场 7-a-side Football Field	5人制足球场 5-a-side Football Field		#当年新增 of Which：New Added in Current Year	电子图书 (册) Ebooks (Book)	电子期刊 (册) Electronic Journals (Book)	学位论文 (册) Degree Thesis (Book)	音视频 (小时) Audio and Video (Hour)
学校产权 Owned by SVSs	455514341.69	112902226.86	71524951.82	4878	3092	1074	712	364905554	54463298	246896913	11875743	96137117	5071532.46
非学校产权中独立使用 Not Owned by SVSs	112148998.81	22020342.06	16116310.60	923	414	274	235	14603348	2146570	7498346	1346681	3601756	1169690.70

中等职业学校

Conditions of School Buildings in Secondary

类别 Item	学校产权校舍建筑面积 Floor Area of School Building Owned by SVSs
总　计 Total	**240758910.20**
一、教学及辅助用房 Buildings for Instruction and Ancillary Uses	**119048228.57**
普通教室 Classroom	45276028.19
合班教室 Co-class Classroom	2367132.35
基础课实验室 Basic Course Lab	5038171.83
实训用房 Training Room	50219155.50
图书阅览室 Reading Room	6084876.70
心理咨询室 Psychological Consultation Room	524616.49
风雨操场 Outdoor playground	9538247.51
二、行政办公用房 Administrative	**15139538.29**
行政办公室 Office	12612656.47
教研室 Teaching and Research Office	2526881.82
三、生活用房 Residential Buildings	**90511548.13**
学生宿舍 Students' Dormitories	61989502.29
食堂 Dining Halls	16045807.94
单身教工宿舍 Apartments for Single	5167464.17
其他附属用房 Other Auxiliary Buildings	7308773.73
四、教工住宅 Residential Quarters for Teachers andWorkers	**6385553.41**
五、其他用房 Rooms for Other Purposes	**9674041.80**

教职工其他情况

Secondary Vocational Schools (Institutions)

单位：人
unit: person

香港 From HK	澳门 From Macao	台湾 From Taiwan	华侨 Overseas Chinese	少数民族 Minorities
20	3	26	48	62617
17	3	14	31	35214
19	3	25	36	51935
13	3	14	26	30431

(机构)资产情况

in Secondary Vocational Schools(Institutions)

职业教育仿真实训资源量(套) Vocational Education Virtual imulation Training Resources(Set)	仿真实验软件 Simulation Experiment software	仿真实训软件 Simulation Training software	仿真实习软件 Simulation Practice software	数字终端数(台) Number of Digital Terminals (Set)	#教师终端数 of Which: Number of Teachers' Terminals	#学生终端数 of Which: Number of Student Terminals	教室(间) General Classroom (Room)	#网络多媒体教室 of Which: Network Multimedia Classroom	固定资产总值(万元) Total Value of Fixed Asset (10,000 yuan)	#教学、科研仪器设备资产 of Which: Teaching Equipment & Instruments	#当年新增 of Which: New Added in Current Year
196070	46323	134951	14796	3820957	831350	2850042	383762	262076	52835667.31	11870386.72	1385059.80
4333	1176	2775	382	124507	25230	93094	118201	60295	5704769.41	428534.15	61256.31

(机构)校舍情况

Vocational Schools(Institution)

单位：平方米
unit: m^2

正在施工校舍建筑面积 Floor Area Under Construction	非学校产权中独立使用校舍建筑面积 Floor Area of School Building Not Owned by SVSs
11130711.16	**61520277.14**
5856267.86	**30250488.20**
1666474.08	12059983.05
116061.69	950497.75
150465.49	1158728.38
3144590.01	10652685.03
375795.28	1255701.83
13815.63	126913.47
389065.68	4045978.69
627127.77	**3357981.74**
552079.26	2639746.81
75048.51	718234.93
3642534.86	**25257256.60**
2580496.87	18740446.78
599916.50	3558466.41
159014.22	1393403.01
303107.27	1564940.40
120307.39	—
884473.28	**2654550.60**

初中阶段

Number of Schools, Classes in

类别 Item	学校数(所) Schools	初级中学 Regular Junior Secondary Schools
总　计 Total	**52348**	**34014**
教育部门 Run by Edu. Dept.	46657	32993
其他部门 Run by Non-ed. Dept.	344	65
地方企业 Run by Local Enterprises	5	1
民办 Non-government	5342	955
具有法人资格的中外合作办学	0	0
城区 Urban Area	15568	9329
教育部门 Run by Edu. Dept.	12773	8816
其他部门 Run by Non-ed. Dept.	134	46
地方企业 Run by Local Enterprises	4	1
民办 Non-government	2657	466
具有法人资格的中外合作办学	0	0
镇区 Counties and Towns Area	24386	17328
教育部门 Run by Edu. Dept.	22271	16950
其他部门 Run by Non-ed. Dept.	176	16
地方企业 Run by Local Enterprises	1	0
民办 Non-government	1938	362
具有法人资格的中外合作办学	0	0
乡村 Rural Area	12394	7357
教育部门 Run by Edu. Dept.	11613	7227
其他部门 Run by Non-ed. Dept.	34	3
地方企业 Run by Local Enterprises	0	0
民办 Non-government	747	127
具有法人资格的中外合作办学	0	0
总计中:附设初中班 of the Total:Classes Attached to Others Schools	—	—

校数、班数
Junior Secondary Education

九年一贯制学校 9-Year Schools	职业初中 Vocational Junior Secondary Schools	班数(个) Classes	一年级 Grade 1	二年级 Grade 2	三年级 Grade 3	四年级 Grade 4
18330	**4**	**1139790**	**380856**	**376240**	**371357**	**11337**
13662	2	1011731	341092	337529	322921	10189
278	1	4683	1589	1535	1490	69
4	0	151	54	52	45	0
4386	1	123221	38121	37124	46897	1079
0	0	4	0	0	4	0
6237	2	480583	163759	156927	152289	7608
3956	1	409181	141284	134937	126291	6669
87	1	2499	824	840	800	35
3	0	145	52	50	43	0
2191	0	68754	21599	21100	25151	904
0	0	4	0	0	4	0
7057	1	525568	173882	174727	173903	3056
5321	0	480333	160067	161428	155954	2884
160	0	1794	614	571	575	34
1	0	6	2	2	2	0
1575	1	43435	13199	12726	17372	138
0	0	0	0	0	0	0
5036	1	133639	43215	44586	45165	673
4385	1	122217	39741	41164	40676	636
31	0	390	151	124	115	0
0	0	0	0	0	0	0
620	0	11032	3323	3298	4374	37
0	0	0	0	0	0	0
—	—	2284	771	705	782	26

初中班
Size of Classes in Junior

类别 Item	合计 Total	一年级 Grade 1
总　计 Total	**1139790**	**380856**
25 人及以下 Under 25 Persons	25509	8523
26-30 人 Between 26-30	27783	8849
31-35 人 Between 31-35	49786	15712
36-40 人 Between 36-40	95683	31057
41-45 人 Between 41-45	202655	67589
46-50 人 Between 46-50	457693	155702
51-55 人 Between 51-55	274497	91332
56-60 人 Between 56-60	3755	1313
61-65 人 Between 61-65	2239	732
66 人及以上 Over 66 Persons	190	47
城区 Urban Area	480583	163759
25 人及以下 Under 25 Persons	8811	2603
26-30 人 Between 26-30	9836	2803
31-35 人 Between 31-35	19383	5677
36-40 人 Between 36-40	39476	12362
41-45 人 Between 41-45	84414	28607
46-50 人 Between 46-50	196955	69334
51-55 人 Between 51-55	119111	41423
56-60 人 Between 56-60	1492	556
61-65 人 Between 61-65	997	371
66 人及以上 Over 66 Persons	108	23
镇区 CountiesandTowns Area	525568	173882
25 人及以下 Under 25 Persons	9592	3382
26-30 人 Between 26-30	11232	3808
31-35 人 Between 31-35	20251	6665
36-40 人 Between 36-40	39664	13429
41-45 人 Between 41-45	90357	29909
46-50 人 Between 46-50	218314	72713
51-55 人 Between 51-55	133454	43167
56-60 人 Between 56-60	1628	513
61-65 人 Between 61-65	995	272
66 人及以上 Over 66 Persons	81	24
乡村 Rural Area	133639	43215
25 人及以下 Under 25 Persons	7106	2538
26-30 人 Between 26-30	6715	2238
31-35 人 Between 31-35	10152	3370
36-40 人 Between 36-40	16543	5266
41-45 人 Between 41-45	27884	9073
46-50 人 Between 46-50	42424	13655
51-55 人 Between 51-55	21932	6742
56-60 人 Between 56-60	635	244
61-65 人 Between 61-65	247	89
66 人及以上 Over 66 Persons	1	0

教育额情况
Secondary Schools

单位：个
unit：class

二年级 Grade 2	三年级 Grade 3	四年级 Grade 4
376240	**371357**	**11337**
7964	8108	914
8782	9317	835
15631	17024	1419
30448	32315	1863
65948	66691	2427
151480	147419	3092
93812	88566	787
1264	1178	0
837	670	0
74	69	0
156927	152289	7608
2680	2955	573
3053	3458	522
5864	6885	957
12403	13470	1241
26667	27500	1640
64582	60979	2060
40713	36360	615
536	400	0
393	233	0
36	49	0
174727	173903	3056
3067	2918	225
3577	3619	228
6420	6817	349
12463	13249	523
30004	29774	670
72637	72057	907
45625	44508	154
543	572	0
353	370	0
38	19	0
44586	45165	673
2217	2235	116
2152	2240	85
3347	3322	113
5582	5596	99
9277	9417	117
14261	14383	125
7474	7698	18
185	206	0
91	67	0
0	1	0

初中教育学生

Number of Students in Junior

类别 Item	毕业生数 Graduates	招生数 Entrants
总　计 Total	**16235844**	**17546266**
教育部门 Run by Edu. Dept.	14149458	15846971
其他部门 Run by Non-ed. Dept.	57358	64739
地方企业 Run by Local Enterprises	1392	2169
民办 Non-government	2027383	1632387
具有法人资格的中外合作办学	253	0
城区 Urban Area	6607321	7644416
教育部门 Run by Edu. Dept.	5524186	6694050
其他部门 Run by Non-ed. Dept.	31447	34469
地方企业 Run by Local Enterprises	1318	2093
民办 Non-government	1050117	913804
具有法人资格的中外合作办学	253	0
镇区 Counties and Towns Area	7735111	8055679
教育部门 Run by Edu. Dept.	6924130	7453648
其他部门 Run by Non-ed. Dept.	20903	23415
地方企业 Run by Local Enterprises	74	76
民办 Non-government	790004	578540
具有法人资格的中外合作办学	0	0
乡村 Rural Area	1893412	1846171
教育部门 Run by Edu. Dept.	1701142	1699273
其他部门 Run by Non-ed. Dept.	5008	6855
地方企业 Run by Local Enterprises	0	0
民办 Non-government	187262	140043
具有法人资格的中外合作办学	0	0

分举办者情况
Secondary Education by Providers

单位：人
unit：person

在校生数 Enrolment	#女 of Which：Female	一年级 Grade 1	二年级 Grade 2	三年级 Grade 3	四年级 Grade 4	预计毕业生数 Estimated Graduates for Next Year
52436916	**24425203**	**17556551**	**17380264**	**17045879**	**454222**	**17028647**
46937563	22156632	15856077	15737136	14931328	413022	14916400
188933	87833	64897	61467	60234	2335	60285
6061	2940	2171	2132	1758	0	1758
5304172	2177700	1633406	1579529	2052372	38865	2050017
187	98	0	0	187	0	187
22273999	10341416	7649404	7311347	7006350	306898	6987682
19249772	9081216	6698371	6386632	5891454	273315	5874324
104228	48047	34527	34850	33657	1194	33727
5822	2825	2095	2048	1679	0	1679
2913990	1209230	914411	887817	1079373	32389	1077765
187	98	0	0	187	0	187
24412633	11403480	8059647	8144160	8085687	123139	8085219
22425518	10589395	7457137	7569207	7282388	116786	7282802
67880	31683	23506	21353	21880	1141	21861
239	115	76	84	79	0	79
1918996	782287	578928	553516	781340	5212	780477
0	0	0	0	0	0	0
5750284	2680307	1847500	1924757	1953842	24185	1955746
5262273	2486021	1700569	1781297	1757486	22921	1759274
16825	8103	6864	5264	4697	0	4697
0	0	0	0	0	0	0
471186	186183	140067	138196	191659	1264	191775
0	0	0	0	0	0	0

初中教育学生

Number of Students in Junior

类别 Item	毕业生数 Graduates	招生数 Entrants
总　计 Total	**16235844**	**17546266**
#女 of Which：Female	7526945	8187896
#少数民族 of Which：Minority Students	1938034	2188094
#寄宿生 of Which：Boarders	—	7332954
#随迁子女 of Which：Migrant Children	1696714	2012887
#外省迁入 of Which：from Other Province	667389	838104
#本省外县迁入 of Which：From Other County	1029325	1174783
#进城务工人员随迁子女 of Which：Children of Migrant Workers	1162268	1355916
#外省迁入 of Which：from Other Province	456411	553542
#本省外县迁入 of Which：From Other County	705857	802374
#农村留守儿童 of Which：Children Left Behind	1216860	1191945
初级中学 Regular Junior Secondary Schools	10845995	11715815
九年一贯制学校 9-Year Schools	2863914	3248910
职业初中 Vocational Junior Secondary Schools	116	89
完全中学 Complete Secondary Schools	1949666	2050720
十二年一贯制学校 12-Year Schools	542827	499262
附设普通初中班 Junior Sec. Classes Attached	33309	31470
附设职业初中班 Vocational Junior Sec. Classes Attached	17	0

分类型情况
Secondary Education by Types

单位：人
unit：person

在校生数 Enrolment	#女 of Which：Female	一年级 Grade 1	二年级 Grade 2	三年级 Grade 3	四年级 Grade 4	预计毕业生数 Estimated Graduates for Next Year
52436916	**24425203**	**17556551**	**17380264**	**17045879**	**454222**	**17028647**
24425203	—	8192165	8085486	7931916	215636	7922630
6386403	3058255	2189050	2140586	2044033	12734	2043015
22770273	10543549	7336302	7490544	7883977	59450	7889117
5934818	2664000	2013756	1971686	1880314	69062	1872952
2433285	1081762	838487	807954	747629	39215	741886
3501533	1582238	1175269	1163732	1132685	29847	1131066
4013377	1807730	1356373	1339591	1274179	43234	1271030
1613364	716481	553698	537351	501455	20860	499153
2400013	1091249	802675	802240	772724	22374	771877
3742758	1731130	1192523	1263577	1281508	5150	1281364
35108702	16505049	11721290	11730669	11345990	310753	11337362
9549400	4324064	3252559	3112804	3080548	103489	3074392
305	82	89	87	129	0	129
6129698	2893717	2051518	2018754	2029469	29857	2027074
1555185	659404	499502	488965	557581	9137	557542
93590	42881	31493	28985	32144	968	32130
36	6	0	0	18	18	18

初中阶段教育学龄

Number of School-age Population and

类别 Item	在校学龄人口数 School-age Population	#女 of Which: Female
总　计 Total	**48624983**	**22722077**
10 岁及以下 Under 10 Years	—	—
11 岁 11 Years	453435	220001
12 岁 12 Years	13772091	6515213
13 岁 13 Years	17152863	7996213
14 岁 14 Years	16629772	7702300
15 岁 15 Years	616822	288350
16 岁 16 Years	0	0
17 岁 17 Years	—	—
18 岁及以上 Over 18 Years	—	—
城区 Urban Area	20905592	9738466
10 岁及以下 Under 10 Years	—	—
11 岁 11 Years	335681	162248
12 岁 12 Years	6337896	2991066
13 岁 13 Years	7281022	3381822
14 岁 14 Years	6838673	3151349
15 岁 15 Years	112320	51981
16 岁 16 Years	0	0
17 岁 17 Years	—	—
18 岁及以上 Over 18 Years	—	—
镇区 Counties and Towns Area	22476781	10531449
10 岁及以下 Under 10 Years	—	—
11 岁 11 Years	101924	50323
12 岁 12 Years	6123690	2903180
13 岁 13 Years	7995145	3738431
14 岁 14 Years	7893260	3670421
15 岁 15 Years	362762	169094
16 岁 16 Years	0	0
17 岁 17 Years	—	—
18 岁及以上 Over 18 Years	—	—
乡村 Rural Area	5242610	2452162
10 岁及以下 Under 10 Years	—	—
11 岁 11 Years	15830	7430
12 岁 12 Years	1310505	620967
13 岁 13 Years	1876696	875960
14 岁 14 Years	1897839	880530
15 岁 15 Years	141740	67275
16 岁 16 Years	0	0
17 岁 17 Years	—	—
18 岁及以上 Over 18 Years	—	—

人口及在校学生情况

Enrolment of Junior Secondary Education

单位：人
unit：person

在校生数 Enrolment	#女 of Which：Female	一年级 Grade 1	二年级 Grade 2	三年级 Grade 3	四年级 Grade 4
52436916	**24425203**	**17556551**	**17380264**	**17045879**	**454222**
3099	1683	2899	140	60	0
699605	348123	689724	9532	344	5
14214048	6736887	13407548	789784	16684	32
17152874	7996215	3241792	13044212	862925	3945
16634388	7704515	182855	3300722	12780200	370611
3438280	1509142	22717	202878	3138812	73873
242270	104199	5348	23374	208242	5306
36996	16982	2021	5975	28633	367
15356	7457	1647	3647	9979	83
22273999	10341416	7649404	7311347	7006350	306898
2360	1273	2305	43	12	0
442260	218931	436739	5386	133	2
6470747	3057575	6016086	447464	7173	24
7281033	3381824	1147960	5668854	461107	3112
6841881	3152885	41615	1138308	5405613	256345
1173710	503204	3569	45953	1079229	44959
53609	22100	746	3979	46634	2250
6368	2733	224	958	5013	173
2031	891	160	402	1436	33
24412633	11403480	8059647	8144160	8085687	123139
589	322	479	68	42	0
211988	106935	208575	3250	160	3
6366353	3025442	6076181	282572	7592	8
7995145	3738431	1648805	6016774	328851	715
7894139	3670864	106430	1702600	5988479	96630
1773436	786344	13453	118499	1618182	23302
140151	60638	3354	14235	120266	2296
21367	9823	1310	3624	16286	147
9465	4681	1060	2538	5829	38
5750284	2680307	1847500	1924757	1953842	24185
150	88	115	29	6	0
45357	22257	44410	896	51	0
1376948	653870	1315281	59748	1919	0
1876696	875960	445027	1358584	72967	118
1898368	880766	34810	459814	1386108	17636
491134	219594	5695	38426	441401	5612
48510	21461	1248	5160	41342	760
9261	4426	487	1393	7334	47
3860	1885	427	707	2714	12

初中阶段教育专任教师

Number of Full-time Teachers in Junior Secondary

类别 Item	合计 Total	#女 of Which: Female	道德与法治 Morality and Legal System	语文 Language and Literature	数学 Mathe-matics	外语 Foreign Languages	#英语 of Which: English	#日语 of Which: Japanese	#俄语 of Which: Russian	科学 Science	物理 Physics
总　计 Total	**4083058**	**2529569**	**269608**	**695412**	**678360**	**636956**	**635552**	**317**	**188**	**31781**	**269500**
#女 of Which: Female	2529569	—	171897	508182	389540	537072	536253	262	166	16424	112970
#少数民族 of Which: Minorities	378695	226907	28259	64377	59297	51317	51239	50	11	439	25774
博士研究生 Doctor's Diploma	1115	774	49	119	146	42	42	0	0	29	145
硕士研究生 Master's Diploma	230249	188328	17443	37441	31529	45124	44761	108	63	2548	12818
本科毕业 Bachelor's Diploma	3569375	2234995	231533	618794	601639	564364	563434	204	121	27950	236710
专科毕业 Associate Bachelor	280665	105100	20502	38908	44883	27378	27268	5	4	1247	19762
高中阶段毕业 High School Graduate	1628	370	81	149	163	47	46	0	0	7	65
高中阶段以下毕业 Below High School Graduate	26	2	0	1	0	1	1	0	0	0	0
城区 Urban Area	1689924	1159320	109048	285654	280451	273269	272452	244	147	17149	111749
博士研究生 Doctor's Diploma	914	661	27	90	122	25	25	0	0	22	127
硕士研究生 Master's Diploma	180675	150109	13779	29888	24996	34983	34674	92	62	2016	10216
本科毕业 Bachelor's Diploma	1443950	981005	91077	246951	244820	231213	230735	148	83	14809	96772
专科毕业 Associate Bachelor	63896	27451	4154	8690	10487	7042	7012	4	2	301	4617
高中阶段毕业 High School Graduate	482	93	11	35	26	5	5	0	0	1	17
高中阶段以下毕业 Below High School Graduate	7	1	0	0	0	1	1	0	0	0	0
镇区 Counties and Towns Area	1897107	1098256	126592	325629	316391	291737	291257	68	27	11895	124595
博士研究生 Doctor's Diploma	145	92	18	24	14	13	13	0	0	6	12
硕士研究生 Master's Diploma	40755	31462	3034	6256	5401	8297	8255	14	1	428	2166
本科毕业 Bachelor's Diploma	1691255	1006864	111265	296311	284587	267698	267322	53	26	10820	110780
专科毕业 Associate Bachelor	164180	59670	12230	22960	26302	15701	15640	1	0	638	11605
高中阶段毕业 High School Graduate	762	168	45	78	87	28	27	0	0	3	32
高中阶段以下毕业 Below High School Graduate	10	0	0	0	0	0	0	0	0	0	0
乡村 Rural Area	496027	271993	33968	84129	81518	71950	71843	5	14	2737	33156
博士研究生 Doctor's Diploma	56	21	4	5	10	4	4	0	0	1	6
硕士研究生 Master's Diploma	8819	6757	630	1297	1132	1844	1832	2	0	104	436
本科毕业 Bachelor's Diploma	434170	247126	29191	75532	72232	65453	65377	3	12	2321	29158
专科毕业 Associate Bachelor	52589	17979	4118	7258	8094	4635	4616	0	2	308	3540
高中阶段毕业 High School Graduate	384	109	25	36	50	14	14	0	0	3	16
高中阶段以下毕业 Below High School Graduate	9	1	0	1	0	0	0	0	0	0	0

分课程、分学历情况

Education by Subject Taught and Educational Attainment

单位：人
unit：person

化学 Chemistry	生物 Biology	地理 Geography	历史 History	体育与健康 Physical Training and Healthy	艺术 Art	#音乐 Music	#美术 Fine Arts	综合实践活动 Comprehensive Practice	信息科技 Information Technology	劳动 Skills	其他 Others	本学年不授课专任教师 No Teaching Load in Current Year
168843	**173407**	**169214**	**247902**	**262996**	**236335**	**118440**	**116637**	**40212**	**98959**	**38085**	**35932**	**29556**
99262	113824	102096	148467	58105	161360	87627	73183	15986	45346	14019	21071	13948
15967	16644	16394	23785	24901	21101	11209	9830	3726	9369	3357	7134	6854
141	201	85	43	14	31	19	11	4	8	9	37	12
11137	12496	9068	15604	12560	11591	5312	6206	787	4566	646	3935	956
147369	147542	145471	212943	226670	207363	104933	101337	32711	86818	30617	27706	23175
10167	13111	14513	19231	23327	17256	8137	9028	6641	7538	6721	4165	5315
29	55	76	78	421	91	38	53	67	27	88	88	96
0	2	1	3	4	3	1	2	2	2	4	1	2
68766	69454	66509	101355	116013	95107	47710	46881	12568	41522	12197	15598	13515
130	172	78	36	12	22	15	6	3	7	9	23	9
8351	9552	7138	12371	9922	8873	4154	4652	557	3594	510	3157	772
57958	57093	56442	85016	99601	81985	41547	40009	10773	36141	10471	11489	11339
2323	2629	2843	3920	6215	4209	1984	2206	1225	1776	1195	901	1369
4	6	7	12	263	17	10	7	10	4	11	27	26
0	2	1	0	0	1	0	1	0	0	1	1	0
78709	82278	81053	116075	116740	111530	55777	55152	21165	44780	19816	16100	12022
7	19	6	6	2	8	3	5	1	1	0	7	1
2294	2460	1558	2678	2144	2175	919	1254	173	797	105	643	146
70436	71826	70637	101822	101445	99435	50192	48709	17010	39705	15616	12851	9011
5957	7937	8809	11525	13041	9858	4642	5151	3941	4261	4047	2559	2809
15	36	43	43	107	53	21	32	38	14	46	40	54
0	0	0	1	1	1	0	1	2	2	2	0	1
21368	21675	21652	30472	30243	29698	14953	14604	6479	12657	6072	4234	4019
4	10	1	1	0	1	1	0	0	0	0	7	2
492	484	372	555	494	543	239	300	57	175	31	135	38
18975	18623	18392	26105	25624	25943	13194	12619	4928	10972	4530	3366	2825
1887	2545	2861	3786	4071	3189	1511	1671	1475	1501	1479	705	1137
10	13	26	23	51	21	7	14	19	9	31	21	16
0	0	0	2	3	1	1	0	0	0	1	0	1

初中阶段教育专任教师分专业技术
Number of Full-time Teachers in Junior Secondary

类别 Item	合计 Total	#女 of Which: Female	24 岁及以下 24 and Under	25-29 岁 25 to 29	30-34 岁 30 to 34
总　计 Total	**4083058**	**2529569**	**242240**	**630992**	**570867**
#女 of Which: Female	2529569	—	189777	489125	423071
#少数民族 of Which: Minorities	378695	226907	21501	62572	57126
正高级 Senior	6600	2862	0	0	4
副高级 Sub-senior	880204	412230	3	35	1011
中　级 Middle	1493728	876190	1168	32130	157994
助理级 Associate	1061342	769966	49312	339888	310222
员　级 Junior	67589	48566	15854	29101	12592
未定职级 No-ranking	573595	419755	175903	229838	89044
城区 Urban Area	1689924	1159320	99493	271079	243383
正高级 Senior	3382	1798	0	0	1
副高级 Sub-senior	340768	199299	0	23	416
中　级 Middle	622846	414947	376	12261	68192
助理级 Associate	435004	329478	19368	140984	125976
员　级 Junior	21999	16072	4545	9428	4187
未定职级 No-ranking	265925	197726	75204	108383	44611
镇区 Counties and Towns Area	1897107	1098256	110732	272666	254653
正高级 Senior	2634	893	0	0	3
副高级 Sub-senior	425234	173309	1	9	435
中　级 Middle	706098	379944	577	14874	69099
助理级 Associate	493797	349139	23493	151763	145071
员　级 Junior	35348	25136	8985	15018	6513
未定职级 No-ranking	233996	169835	77676	91002	33532
乡村 Rural Area	496027	271993	32015	87247	72831
正高级 Senior	584	171	0	0	0
副高级 Sub-senior	114202	39622	2	3	160
中　级 Middle	164784	81299	215	4995	20703
助理级 Associate	132541	91349	6451	47141	39175
员　级 Junior	10242	7358	2324	4655	1892
未定职级 No-ranking	73674	52194	23023	30453	10901

职务、分年龄结构情况

Education by Professional Rank and Age

单位：人
unit: person

35-39 岁 35 to 39	40-44 岁 40 to 44	45-49 岁 45 to 49	50-54 岁 50 to 54	55-59 岁 55 to 59	60 岁及以上 60 and Over
521378	**623113**	**656888**	**547045**	**286520**	**4015**
363800	382460	355835	266876	57920	705
52737	58401	58559	45071	22489	239
19	221	1189	2791	2252	124
21685	105414	239403	311376	199196	2081
274794	388260	358334	206429	73690	929
179386	106836	48197	19957	7446	98
5202	2549	1204	719	341	27
40292	19833	8561	5773	3595	756
226449	260625	253965	226005	106951	1974
10	100	613	1477	1094	87
8362	41364	87870	126653	75026	1054
119752	164744	142790	87516	26771	444
75786	44016	18570	7729	2522	53
1975	958	461	301	133	11
20564	9443	3661	2329	1405	325
236640	291958	324574	259869	144359	1656
7	103	468	1069	951	33
9919	49462	118506	147145	98914	843
124403	182467	176954	98607	38718	399
84614	50655	24201	10017	3950	33
2468	1245	586	350	170	13
15229	8026	3859	2681	1656	335
58289	70530	78349	61171	35210	385
2	18	108	245	207	4
3404	14588	33027	37578	25256	184
30639	41049	38590	20306	8201	86
18986	12165	5426	2211	974	12
759	346	157	68	38	3
4499	2364	1041	763	534	96

初中阶段教育

Changes of Full-time Teachers in

类别 Item	上学年初报表专任教师数 Number of Full-time Teachers at Beginning of Previous Academic Year	增加教师 Factors of Increase	招聘 Recruit	#应届毕业生 of Which: Graduates of Current Year	#师范生 of Which: Normal University Students	调入 Teachers Recruited from Other Units	#外校 of Which: Graduated from other Institutions	校内变动 With Change of Status in Their Own Institutions	#学段调整 of Which: Adjusting Teaching Stage
总　计 Total	**4025188**	**505746**	**246436**	**111938**	**74314**	**203691**	**151125**	**43928**	**19733**
#女 of Which: Female	2447246	337126	182118	85465	56633	123205	91273	24347	11787
城区 Urban Area	1636290	231016	128053	54794	34782	75658	57410	20648	10136
#女 of Which: Female	1108894	163020	96372	42867	27329	49539	37627	12550	6371
镇区 Counties and Towns Area	1883833	216206	90934	43589	30138	103543	77456	17650	7361
#女 of Which: Female	1068237	137863	66062	32560	22464	60462	45020	8966	4142
乡村 Rural Area	505065	58524	27449	13555	9394	24490	16259	5630	2236
#女 of Which: Female	270115	36243	19684	10038	6840	13204	8626	2831	1274

初中阶段教育学生、

Supplementary Information on Students and Full-time

类别 Item	在校学生中 of Total Students				
	共青团员 Member of C. Y. L.	华侨 Overseas Chinese	香港 From H. K	澳门 From Macao	台湾 From Taiwan
总　计 Total	**1396658**	**2656**	**69664**	**1607**	**5758**
#女 of Which: Female	738763	1218	30585	717	2727
城区 Urban Area	459430	1808	59919	1339	5125
#女 of Which: Female	242691	815	26313	601	2420
镇区 Counties and Towns Area	731386	629	7335	176	529
#女 of Which: Female	385433	298	3204	78	260
乡村 Rural Area	205842	219	2410	92	104
#女 of Which: Female	110639	105	1068	38	47

专任教师变动情况
Junior Secondary Education

单位：人
unit：person

其他 Others	减少教师 Factors of Decrease	退休 Retire	死亡 Dead	调出 Transferred from teaching to Non-Teaching Posts	辞职 Resignation	校内变动 With Change of Status in Their Own Institutions	#学段调整 of Which：Adjusting Teaching Stage	其他 Others	本学年初报表专任教师数 Number of Full-time Teachers at Beginning of Current Academic Year
11691	**447876**	**84227**	**2294**	**210040**	**91945**	**48253**	**20840**	**11117**	**4083058**
7456	254803	39691	666	120350	61626	25886	12225	6584	2529569
6657	177382	36862	780	63323	50415	19889	9503	6113	1689924
4559	112594	21836	311	39658	34697	12062	6074	4030	1159320
4079	202932	38358	1189	106356	32402	20843	8302	3784	1897107
2373	107844	15086	275	58871	21112	10479	4653	2021	1098256
955	67562	9007	325	40361	9128	7521	3035	1220	496027
524	34365	2769	80	21821	5817	3345	1498	533	271993

专任教师政治面貌及其他
Teachers of Junior Secondary Education

单位：人
unit：person

专任教师中 of Total Full-time Teachers			
共产党员 Member of C. P. C	共青团员 Member of C. Y. L.	民主党派 Member of Non-Communist Party	华侨 Overseas Chinese
1164485	**275600**	**25941**	**19**
590550	216296	15887	12
542893	137994	21630	18
339131	109805	13742	11
488244	104424	3603	1
201623	81245	1811	1
133348	33182	708	0
49796	25246	334	0

初中学校
Condition of School Buildings in

类别 Item	合计 Total
总　计 Total	**815258433.96**
初级中学 Regular Junior Secondary Schools	502943614.04
九年一贯制学校 9-Year Schools	312297822.91
职业初中 Vocational Junior Secondary Schools	16997.00
一、教学及辅助用房 Buildings for Instruction and Ancillary Uses	354885089.76
教室 Classroom	191084036.13
专用教室 Professional Classroom	78588344.53
理化生实验室 Physical and Chemical Biology Laboratory	39669879.39
其他 Others	38918465.14
公共教学用房 Public Teaching Space	85212709.10
图书阅览室 Library	20028990.65
室内体育用房 Gymnasium	23868088.77
心理辅导室 Psychological Counseling Room	3428252.65
其他 Others	37887377.03
二、行政办公用房 Administrative	64558246.69
教师办公室 for Teachers	39615628.22
其他 Others	24942618.47
三、生活用房 Residential and Welfare	331285379.84
教工值班宿舍 Dormitories for Faculty	23989253.97
教师周转宿舍 Accommodation for Circulation of Teachers	33357198.55
学生宿舍 Students'Dormitories	139200177.68
学生餐厅 Students'Canteen	62090155.76
厕所 Toilets	27819133.35
其他 Others	44829460.53
四、其他用房 Rooms for Other Purposes	64529717.67

校舍情况
Junior Secondary Schools

单位：平方米
unit：m^2

城区 Urban Area	镇区 Counties and Towns Area	乡村 Rural Area
322140615.52	375599316.98	117518501.46
177278700.15	256445579.08	69219334.81
144847353.36	119153737.90	48296731.65
14562.00	0.00	2435.00
155182792.50	155268914.68	44433382.58
76671317.48	88424609.67	25988108.98
33634828.43	34577294.06	10376222.04
15171962.79	18624878.07	5873038.53
18462865.64	15952415.99	4503183.51
44876646.59	32267010.95	8069051.56
8799410.34	8662692.93	2566887.38
15456669.47	7120341.97	1291077.33
1445819.33	1467105.45	515327.87
19174747.45	15016870.60	3695758.98
29051960.49	27137903.68	8368382.52
16899035.36	17341958.65	5374634.21
12152925.13	9795945.03	2993748.31
104559500.82	169897395.46	56828483.56
5330843.15	13703278.44	4955132.38
6202377.49	19110090.80	8044730.26
36527845.38	77831084.08	24841248.22
21217614.92	31028330.73	9844210.11
12257239.76	11915723.47	3646170.12
23023580.12	16308887.94	5496992.47
33346361.71	23295103.16	7888252.80

初中学校

Condition of Fixed Assets and Teaching

类别 Item	占地面积（平方米） Areas Occupied （m^2）	#绿化用地面积 of Which： Green Areas	#运动场地面积 of Which： Sports Areas	校园足球场（个） Campus Football	11人制足球场 11-a-side Football Field	7人制足球场 7-a-side Football Field	5人制足球场 5-a-side Football Field
总　计 Total	**1791345587.16**	**386952775.90**	**555877564.16**	**41937**	**13357**	**16580**	**12000**
初级中学 Regular Junior Secondary Schools	1155029325.51	250787731.22	356015897.50	26465	8776	10730	6959
九年一贯制学校 9-Year Schools	636246148.65	136144752.68	199835954.66	15468	4580	5850	5038
职业初中 Vocational Junior Secondary Schools	70113.00	20292.00	25712.00	4	1	0	3
城区 Urban Area	564854307.12	131356792.82	205270660.33	14651	5012	5947	3692
镇区 Counties and Towns Area	898180333.99	189119704.28	266034181.77	19637	6649	7634	5354
乡村 Rural Area	328310946.05	66476278.80	84572722.06	7649	1696	2999	2954

初中学校

Other school running conditions in

类别 Item	体育运动场（馆）面积达标校数 Schools No： Sports Areas Reached Standard	体育器械配备达标校数 Schools No： Sports Equip. Reached Standard	音乐器材配备达标校数 Schools No： Musical Instru. Reached Standard	美术器材配备达标校数 Schools No： Fine Arts Instru. Reached Standard
总　计 Total	**50223**	**51387**	**51267**	**51276**
初级中学 Regular Junior Secondary Schools	32538	33419	33357	33365
九年一贯制学校 9-Year Schools	17684	17966	17909	17910
职业初中 Vocational Junior Secondary Schools	1	2	1	1
城区 Urban Area	14567	15106	15052	15060
镇区 Counties and Towns Area	23685	24081	24044	24054
乡村 Rural Area	11971	12200	12171	12162

资产情况
Resources in Junior Secondary Schools

图书（册）Books and Magazines in Libraries (Volume)	数字终端数（台）Number of Digital Terminals (Set)	#教师终端数 of Which: Number of Teachers' Terminals	#学生终端数 of Which: Number of Student Terminals	教室（间）Classroom (Room)	#网络多媒体教室 of Which: Network Multimedia Classroom	固定资产总值（万元）Total Value of Fixed Asset (10,000 yuan)	#教学仪器设备资产值 of Which: Total Value of Equip & Instru.
2010030437	**11591164**	**4180056**	**6963706**	**2165268**	**1676597**	**146997396.84**	**17238722.73**
1318675097	7236066	2619195	4350307	1267374	969913	84626823.75	10392755.53
691318928	4354894	1560752	2613315	897863	706659	62369418.56	6845923.57
36412	204	109	84	31	25	1154.53	43.64
814626833	5149535	1925625	3000554	877893	724099	67172472.05	8327561.57
931916190	4967862	1762835	3038946	973232	733769	62096672.87	6971640.90
263487414	1473767	491596	924206	314143	218729	17728251.92	1939520.26

其它办学条件
Junior Secondary Schools

单位：所
unit: school

理科实验仪器达标校数 Schools No: Equip. of Natural Sci. Reached Standard	有学校首席信息官校数 Chief Information Officer	无线网全覆盖 Full Wi-Fi Coverage	有校医院（卫生室）校数 Campus Hospital	有专职校医校数 Number of full-Time Medical Schools	有专职保健人员校数 Number of Schools With Allied Health Staff
51133	**27502**	**41506**	**40246**	**16169**	**13307**
33394	17181	26419	25934	9950	8044
17737	10321	15085	14309	6218	5261
2	0	2	3	1	2
14975	9518	12914	13553	7639	5877
24022	12254	19092	18379	6550	5419
12136	5730	9500	8314	1980	2011

四、初等教育
Primary Education

小学校数、教学点数及班数

Number of Schools, External Teaching Sites and Classes in Primary Schools

类别 Item	学校数(所) Schools	班数(个) Classes	一年级 Grade 1	二年级 Grade 2	三年级 Grade 3	四年级 Grade 4	五年级 Grade 5	六年级 Grade 6	复式班 Multiple-grade Classes
总 计 Total	**143472**	**2835474**	**500764**	**465299**	**472611**	**469827**	**474190**	**450260**	**2523**
教育部门 Run by Edu. Dept.	138554	2639208	474317	439511	439744	435269	436248	411601	2518
其他部门 Run by Non-ed. Dept.	136	8138	1425	1373	1353	1344	1352	1290	1
地方企业 Run by Local Enterprises	14	577	145	127	102	91	60	52	0
民办 Non-government	4768	187551	24877	24288	31412	33123	36530	37317	4
具有法人资格的中外合作办学	0	0	0	0	0	0	0	0	0
城区 Urban Area	30940	1127944	213429	188143	188430	184742	183908	169267	25
教育部门 Run by Edu. Dept.	29105	1013380	196685	171962	168888	164873	162515	148436	21
其他部门 Run by Non-ed. Dept.	79	3656	720	648	599	564	567	557	1
地方企业 Run by Local Enterprises	12	541	139	121	96	85	54	46	0
民办 Non-government	1744	110367	15885	15412	18847	19220	20772	20228	3
具有法人资格的中外合作办学	0	0	0	0	0	0	0	0	0
镇区 Counties and Towns Area	41891	992889	165740	154936	162737	155569	172781	170888	238
教育部门 Run by Edu. Dept.	40165	933175	158690	147985	152964	154874	160676	157748	238
其他部门 Run by Non-ed. Dept.	38	3687	579	592	623	636	649	608	0
地方企业 Run by Local Enterprises	0	12	2	2	2	2	2	2	0
民办 Non-government	1688	56015	6469	6357	9148	10057	11454	12530	0
具有法人资格的中外合作办学	0	0	0	0	0	0	0	0	0
乡村 Rural Area	70641	714641	121595	122220	121444	119516	117501	110105	2260
教育部门 Run by Edu. Dept.	69284	692653	118942	119564	117892	115522	113057	105417	2259
其他部门 Run by Non-ed. Dept.	19	795	126	133	131	144	136	125	0
地方企业 Run by Local Enterprises	2	24	4	4	4	4	4	4	0
民办 Non-government	1336	21169	2523	2519	3417	3846	4304	4559	1
具有法人资格的中外合作办学	0	0	0	0	0	0	0	0	0
总计中:小学教学点(不计校数) External Teaching Sites	66009	162724	37418	36854	29225	23833	19147	14263	1984
附设小学班 Other Primary Schools Attached	—	4505	459	392	481	529	654	1989	1

小学教育班额情况
Size Classes in Primary Education

单位：个
unit：class

类别 Item	合计 Total	一年级 Grade 1	二年级 Grade 2	三年级 Grade 3	四年级 Grade 4	五年级 Grade 5	六年级 Grade 6	复式班 Multiple-grade Classes
总　计 Total	**2835474**	**500764**	**465299**	**472611**	**469827**	**474190**	**450260**	**2523**
25 人及以下 Under 25 Persons	471937	97046	97116	84443	74447	64009	52403	2473
26-30 人 Between 26-30	164121	24877	26428	28021	28743	29067	26957	28
31-35 人 Between 31-35	219724	32602	34639	37381	38984	39330	36779	9
36-40 人 Between 36-40	376192	59196	60046	63002	65018	66238	62688	4
41-45 人 Between 41-45	805298	148086	129719	132373	132023	135302	127791	4
46-50 人 Between 46-50	380556	63574	58414	61303	62776	66008	68476	5
51-55 人 Between 51-55	403566	72775	57413	64018	65776	71600	71984	0
56-60 人 Between 56-60	9048	1535	1062	1359	1352	1713	2027	0
61-65 人 Between 61-65	4662	1007	425	633	661	849	1087	0
66 人及以上 Over 66 Persons	370	66	37	78	47	74	68	0
城区 Urban Area	1127944	213429	188143	188430	184742	183908	169267	25
25 人及以下 Under 25 Persons	36117	6417	6891	6669	6092	5552	4474	22
26-30 人 Between 26-30	29859	4591	5325	5288	5134	5144	4377	0
31-35 人 Between 31-35	57018	8644	10073	10320	10050	9688	8243	0
36-40 人 Between 36-40	144922	25147	25551	24918	24847	23702	20757	0
41-45 人 Between 41-45	409899	83397	70628	68470	65978	64361	57065	0
46-50 人 Between 46-50	206354	37446	33869	34149	33634	33594	33659	3
51-55 人 Between 51-55	234929	46063	34771	37251	37793	40311	38740	0
56-60 人 Between 56-60	5609	1032	745	903	780	935	1214	0
61-65 人 Between 61-65	3031	657	282	426	407	565	694	0
66 人及以上 Over 66 Persons	206	35	8	36	27	56	44	0
镇区 CountiesandTowns Area	992889	165740	154936	162737	165569	172781	170888	238
25 人及以下 Under 25 Persons	94132	18577	18896	16833	15116	13340	11143	227
26-30 人 Between 26-30	52157	8331	8727	8854	9121	8920	8195	9
31-35 人 Between 31-35	80369	12651	12953	13333	14111	14088	13233	0
36-40 人 Between 36-40	151005	23621	23437	25108	25733	26879	26225	2
41-45 人 Between 41-45	318549	54800	49138	51685	52568	55705	54653	0
46-50 人 Between 46-50	141523	22414	20661	22256	23380	25585	27227	0
51-55 人 Between 51-55	150494	24563	20698	24032	24782	27324	29095	0
56-60 人 Between 56-60	2967	420	263	399	500	655	730	0
61-65 人 Between 61-65	1530	332	135	195	238	267	363	0
66 人及以上 Over 66 Persons	163	31	28	42	20	18	24	0
乡村 Rural Area	714641	121595	122220	121444	119516	117501	110105	2260
25 人及以下 Under 25 Persons	341688	72052	71329	60941	53239	45117	36786	2224
26-30 人 Between 26-30	82105	11955	12376	13879	14488	15003	14385	19
31-35 人 Between 31-35	82337	11307	11613	13728	14823	15554	15303	9
36-40 人 Between 36-40	80265	10428	11058	12976	14438	15657	15706	2
41-45 人 Between 41-45	76850	9889	9953	12218	13477	15236	16073	4
46-50 人 Between 46-50	32679	3714	3884	4898	5762	6829	7590	2
51-55 人 Between 51-55	18143	2149	1944	2735	3201	3965	4149	0
56-60 人 Between 56-60	472	83	54	57	72	123	83	0
61-65 人 Between 61-65	101	18	8	12	16	17	30	0
66 人及以上 Over 66 Persons	1	0	1	0	0	0	0	0

小学教育分

Number of Students in

类别 Item	毕业生数 Graduates	招生数 Entrants	招生中接受学前教育 of Which：Those Received the Pre-school Education			
			未接受过 Not trained	一年 One Year	两年 Two Years	三年 Three Years
总　计 Total	**17634893**	**18778830**	**76265**	**607292**	**483802**	**17611471**
教育部门 Run by Edu. Dept.	16096769	17833884	72519	573634	467741	16719990
其他部门 Run by Non-ed. Dept.	47711	56335	168	1463	1184	53520
地方企业 Run by Local Enterprises	1359	5960	1	0	0	5959
民办 Non-government	1489054	882651	3577	32195	14877	832002
具有法人资格的中外合作办学	0	0	0	0	0	0
城区 Urban Area	7187335	9473624	37120	234891	145253	9056360
教育部门 Run by Edu. Dept.	6381241	8844917	34920	215600	134502	8459895
其他部门 Run by Non-ed. Dept.	20172	30503	56	314	969	29164
地方企业 Run by Local Enterprises	1189	5794	1	0	0	5793
民办 Non-government	784733	592410	2143	18977	9782	561508
具有法人资格的中外合作办学	0	0	0	0	0	0
镇区 Counties and Towns Area	6986320	6640596	22163	186370	173555	6258508
教育部门 Run by Edu. Dept.	6435377	6403129	20966	174760	169708	6037695
其他部门 Run by Non-ed. Dept.	22767	21388	112	1135	201	19940
地方企业 Run by Local Enterprises	86	93	0	0	0	93
民办 Non-government	528090	215986	1085	10475	3646	200780
具有法人资格的中外合作办学	0	0	0	0	0	0
乡村 Rural Area	3461238	2664610	16982	186031	164994	2296603
教育部门 Run by Edu. Dept.	3280151	2585838	16633	183274	163531	2222400
其他部门 Run by Non-ed. Dept.	4772	4444	0	14	14	4416
地方企业 Run by Local Enterprises	84	73	0	0	0	73
民办 Non-government	176231	74255	349	2743	1449	69714
具有法人资格的中外合作办学	0	0	0	0	0	0

举办者学生数
Primary Education by Providers

单位：人
unit：person

在校生数 Enrolment	#女 of Which：Female	一年级 Grade 1	二年级 Grade 2	三年级 Grade 3	四年级 Grade 4	五年级 Grade 5	六年级 Grade 6	预计毕业生数 Estimated Graduates for Next Year
108360253	**50951580**	**18784027**	**17021043**	**17830650**	**18036929**	**18639779**	**18047825**	**18588987**
101099866	47843816	17838936	16115870	16643302	16766854	17196875	16538029	17046476
321977	154027	56350	53174	53273	53598	54034	51548	52730
22715	10908	5963	5064	3926	3524	2318	1920	1920
6915695	2942829	882778	846935	1130149	1212953	1386552	1456328	1487861
0	0	0	0	0	0	0	0	0
49685145	23251534	9474748	8182493	8244296	8103795	8129061	7550752	7941577
45341129	21364842	8845985	7589258	7516927	7358610	7302265	6728084	7091343
151202	71866	30506	26632	24532	23104	23485	22943	23185
21667	10386	5797	4892	3755	3354	2115	1754	1754
4171147	1804440	592460	561711	699082	718727	801196	797971	825295
0	0	0	0	0	0	0	0	0
40288637	18906330	6643203	6103537	6544192	6719400	7123951	7154354	7274298
38107406	17996988	6405692	5871153	6198696	6329224	6664467	6638174	6753706
139741	67240	21399	21670	23652	24625	24852	23543	24483
555	261	93	91	94	92	92	93	93
2040935	841841	216019	210623	321750	365459	434540	492544	496016
0	0	0	0	0	0	0	0	0
18386471	8793716	2666076	2735013	3042162	3213734	3386767	3342719	3373112
17651331	8481986	2587259	2655459	2927679	3079020	3230143	3171771	3201427
31034	14921	4445	4872	5089	5869	5697	5062	5062
493	261	73	81	77	78	111	73	73
703613	296548	74299	74601	109317	128767	150816	165813	166550
0	0	0	0	0	0	0	0	0

小学教育分

Number of Students in

类别 Item	毕业生数 Graduates	招生数 Entrants	在校生数 Enrolment	#女 of Which：Female
总　计 Total	**17634893**	**18778830**	**108360253**	**50951580**
#女 of Which：Female	8226157	8932557	50951580	—
#少数民族 of Which：Minority Students	2160140	2248403	13859397	6669106
#寄宿生 of Which：Boarders	—	641577	8791427	3959575
#随迁子女 of Which：Migrant Children	2221051	2297824	14095672	6423544
#外省迁入 of Which：from Other Province	988343	988602	6145047	2785742
#本省外县迁入 of Which：From Other County	1232708	1309222	7950625	3637802
#进城务工人员随迁子女 of Which：Children of Migrant Workers	1522476	1529258	9526484	4364155
#外省迁入 of Which：from Other Province	653241	628344	4009995	1821255
#本省外县迁入 of Which：From Other County	869235	900914	5516489	2542900
#农村留守儿童 of Which：Children Left Behind	1118451	795246	6078723	2808250
小学 Primary Schools	14768984	15742385	91044804	42967636
九年一贯制学校 9-Year Schools	2229796	2351382	13391091	6167000
十二年一贯制学校 12-Year Schools	283640	251204	1600192	698599
小学教学点 External Teaching Sites	277229	416231	2150227	1037945
附设小学班 Primary School Classes	75244	17628	173939	80400

类型学生数

Primary Education by Types

单位：人
unit：person

一年级 Grade 1	二年级 Grade 2	三年级 Grade 3	四年级 Grade 4	五年级 Grade 5	六年级 Grade 6	预计毕业生数 Estimated Graduates for Next Year
18784027	**17021043**	**17830650**	**18036929**	**18639779**	**18047825**	**18588987**
8934402	8060048	8353370	8464748	8701654	8437358	8694521
2249364	2191533	2336242	2368941	2421246	2292071	2308447
641798	694905	1098152	1584202	2113110	2659260	2666845
2298591	2211218	2357264	2381749	2495837	2351013	2458208
989180	968608	1032112	1048931	1099028	1007188	1081588
1309411	1242610	1325152	1332818	1396809	1343825	1376620
1529810	1474920	1585699	1611654	1699437	1624964	1680845
628669	621352	668964	684049	724310	682651	715363
901141	853568	916735	927605	975127	942313	965482
796028	871376	981594	1060922	1160788	1208015	1212082
15746459	14285425	14952320	15196531	15715980	15148089	15579105
2351751	2056685	2195400	2199186	2300527	2287542	2386815
251270	229406	266835	269905	290302	292474	301758
416972	435362	398520	352124	308910	238339	239601
17575	14165	17575	19183	24060	81381	81708

小学教育学龄人口

Number of School-age Population and

类别 Item	在校学龄人口数 School-age Population	#女 of Which: Female	在校生数 Enrolment	#女 of Which: Female
总 计 Total	**105521650**	**49702522**	**108360253**	**50951580**
5 岁及以下 Under 5 Years	—	—	69533	37843
6 岁 6 Years	16043339	7721196	16503746	7952116
7 岁 7 Years	17064670	8068976	17064670	8068976
8 岁 8 Years	17282892	8128311	17282892	8128311
9 岁 9 Years	18101054	8496616	18101054	8496616
10 岁 10 Years	18342557	8585847	18342557	8585847
11 岁 11 Years	18017575	8387868	18072945	8410897
12 岁 12 Years	669563	313708	2746881	1195352
13 岁 13 Years	—	—	139752	59007
14 岁 14 Years	—	—	24035	10881
15 岁及以上 Over 15 Years	—	—	12188	5734
城区 Urban Area	48697058	22827198	49685145	23251534
5 岁及以下 Under 5 Years	—	—	22729	13151
6 岁 6 Years	8388475	4021490	8529018	4092329
7 岁 7 Years	8331675	3921264	8331675	3921264
8 岁 8 Years	8037611	3759086	8037611	3759086
9 岁 9 Years	8203570	3830695	8203570	3830695
10 岁 10 Years	8040188	3739538	8040188	3739538
11 岁 11 Years	7600452	3512881	7631112	3524975
12 岁 12 Years	95087	42244	861177	359644
13 岁 13 Years	—	—	24494	9362
14 岁 14 Years	—	—	2462	1012
15 岁及以上 Over 15 Years	—	—	1109	478
镇区 Counties and Towns Area	39106814	18386163	40288637	18906330
5 岁及以下 Under 5 Years	—	—	32527	17206
6 岁 6 Years	5607566	2701370	5804897	2800175
7 岁 7 Years	6103800	2883730	6103800	2883730
8 岁 8 Years	6337083	2975667	6337083	2975667
9 岁 9 Years	6718663	3146453	6718663	3146453
10 岁 10 Years	6978887	3259060	6978887	3259060
11 岁 11 Years	7091434	3294921	7112050	3304136
12 岁 12 Years	269381	124962	1128113	489092
13 岁 13 Years	—	—	57368	23914
14 岁 14 Years	—	—	9934	4414
15 岁及以上 Over 15 Years	—	—	5315	2483
乡村 Rural Area	17717778	8489161	18386471	8793716
5 岁及以下 Under 5 Years	—	—	14277	7486
6 岁 6 Years	2047298	998336	2169831	1059612
7 岁 7 Years	2629195	1263982	2629195	1263982
8 岁 8 Years	2908198	1393558	2908198	1393558
9 岁 9 Years	3178821	1519468	3178821	1519468
10 岁 10 Years	3323482	1587249	3323482	1587249
11 岁 11 Years	3325689	1580066	3329783	1581786
12 岁 12 Years	305095	146502	757591	346616
13 岁 13 Years	—	—	57890	25731
14 岁 14 Years	—	—	11639	5455
15 岁及以上 Over 15 Years	—	—	5764	2773

及在校学生情况

Enrolment of Primary Education

单位：人
unit：person

一年级 Grade 1	二年级 Grade 2	三年级 Grade 3	四年级 Grade 4	五年级 Grade 5	六年级 Grade 6
18784027	**17021043**	**17830650**	**18036929**	**18639779**	**18047825**
69247	286	0	—	—	—
16365328	137595	816	7	—	—
2299923	14633949	129734	1055	9	—
44085	2186992	14895547	154790	1457	21
3892	56091	2725340	15135240	178520	1971
1024	4521	70931	2651791	15380073	234217
323	1040	6283	83346	2942909	15039044
94	341	1322	7502	113889	2623733
45	134	401	2017	15761	121394
35	38	154	689	4323	18796
31	56	122	492	2838	8649
9474748	8182493	8244296	8103795	8129061	7550752
22681	48	0	—	—	—
8480285	48523	207	3	—	—
956182	7331022	44239	230	2	—
14184	785701	7182815	54633	266	12
1083	15816	994078	7127774	64428	391
229	1045	21386	897557	7033175	86796
55	242	1285	21894	1003897	6603739
25	49	195	1300	24772	834836
11	31	50	258	1902	22242
4	1	21	72	406	1958
9	15	20	74	213	778
6643203	6103537	6544192	6719400	7123951	7154354
32442	85	0	—	—	—
5741369	63269	258	1	—	—
850057	5193740	59513	486	4	—
17362	821362	5428127	69504	724	4
1375	22722	1024347	5589598	79699	922
393	1753	28257	1020886	5824928	102670
126	380	2824	34352	1162394	5911974
38	156	608	3215	46092	1078004
12	33	147	918	6414	49844
15	12	61	286	2159	7401
14	25	50	154	1537	3535
2666076	2735013	3042162	3213734	3386767	3342719
14124	153	0	—	—	—
2143674	25803	351	3	—	—
493684	2109187	25982	339	3	—
12539	579929	2284605	30653	467	5
1434	17553	706915	2417868	34393	658
402	1723	21288	733348	2521970	44751
142	418	2174	27100	776618	2523331
31	136	519	2987	43025	710893
22	70	204	841	7445	49308
16	25	72	331	1758	9437
8	16	52	264	1088	4336

类别 Item	教职工数 Educational Personnel	专任教师 Full-time Teachers
总　计 Total	**6260110**	**5818159**
#女 of Which：Female	4554059	4323427
#少数民族 of Which：Minority	698613	616386
#在编人员 of Which：Permanent Staff	5264093	5045940
教育部门 Run by Edu. Dept.	6013323	5634612
其他部门 Run by Non-ed. Dept.	9045	8001
地方企业 Run by Local Enterprises	1015	936
民办 Non-government	236727	174610
具有法人资格的中外合作办学	0	0
城区 Urban Area	2441280	2287955
教育部门 Run by Edu. Dept.	2311384	2191431
其他部门 Run by Non-ed. Dept.	4737	4343
地方企业 Run by Local Enterprises	946	874
民办 Non-government	124213	91307
具有法人资格的中外合作办学	0	0
镇区 Counties and Towns Area	2301069	2144108
教育部门 Run by Edu. Dept.	2220600	2084281
其他部门 Run by Non-ed. Dept.	3329	2886
地方企业 Run by Local Enterprises	0	0
民办 Non-government	77140	56941
具有法人资格的中外合作办学	0	0
乡村 Rural Area	1517761	1386096
教育部门 Run by Edu. Dept.	1481339	1358900
其他部门 Run by Non-ed. Dept.	979	772
地方企业 Run by Local Enterprises	69	62
民办 Non-government	35374	26362
具有法人资格的中外合作办学	0	0

教职工数
in Primary Schools

单位：人
unit：person

行政人员 Adm. Personnel	教辅人员 Supporting Staffs	工勤人员 Workers	其他 Others	校外教师 Part-time Teachers	外籍教师 Foreign Teachers
111164	**125439**	**189210**	**16138**	**36322**	**480**
38802	74059	108489	9292	28393	184
10210	24278	45239	2500	3486	—
96679	86357	31656	3461	—	—
101127	115538	146956	15090	35659	104
242	242	501	59	99	0
19	34	25	1	3	0
9776	9625	41728	988	561	376
0	0	0	0	0	0
41770	40829	66085	4641	16551	453
36702	34931	44199	4121	16084	91
132	135	70	57	94	0
19	34	18	1	3	0
4917	5729	21798	462	370	362
0	0	0	0	0	0
37717	47446	66808	4990	10672	13
34413	44586	52645	4675	10518	5
83	61	298	1	5	0
0	0	0	0	0	0
3221	2799	13865	314	149	8
0	0	0	0	0	0
31677	37164	56317	6507	9099	14
30012	36021	50112	6294	9057	8
27	46	133	1	0	0
0	0	7	0	0	0
1638	1097	6065	212	42	6
0	0	0	0	0	0

小学教育专任教师

Number of Full-time Teachers in Primary Education by

类别 Item	总计 Total	#女 of Which: Female	道德与法治 Morality and Rule of Law	语文 Language and Literature	数学 Mathematics	外语 Foreign Languages	#英语 of Which: English	#日语 of Which: Japanese
总　计 Total	**6656261**	**4957625**	**273711**	**2261623**	**1761785**	**575180**	**574307**	**117**
#女 of Which:Female	4957625	—	163753	1957953	1296610	525785	525370	107
#少数民族 of Which: Minorities	672585	450819	31424	220775	186393	41747	41687	3
博士研究生 Doctor's Diploma	278	205	25	42	48	29	29	0
硕士研究生 Master's Diploma	163288	143594	4101	55178	29217	23390	23333	7
本科毕业 Bachelor's Diploma	5030437	3934068	184030	1751812	1311682	484704	484088	88
专科毕业 Associate Bachelor	1412665	863409	81909	442977	407436	66329	66133	22
高中阶段毕业 High School Graduate	48902	16106	3598	11443	13235	715	711	0
高中阶段以下毕业 Below High School Graduate	691	243	48	171	167	13	13	0
城区 Urban Area	2752411	2250892	93414	962273	667869	252478	252184	39
博士研究生 Doctor's Diploma	231	179	17	37	42	18	18	0
硕士研究生 Master's Diploma	134793	119945	3230	46617	23706	18752	18706	5
本科毕业 Bachelor's Diploma	2244499	1864650	71852	796231	544861	215581	215385	33
专科毕业 Associate Bachelor	365693	262728	17938	117957	97739	18003	17951	1
高中阶段毕业 High School Graduate	7127	3355	372	1414	1513	121	121	0
高中阶段以下毕业 Below High School Graduate	68	35	5	17	8	3	3	0
镇区 Counties and Towns Area	2446562	1803486	106503	814876	678900	202796	202457	45
博士研究生 Doctor's Diploma	32	19	8	3	1	9	9	0
硕士研究生 Master's Diploma	21170	17837	598	6491	4054	3316	3307	1
本科毕业 Bachelor's Diploma	1818261	1406789	68773	626387	499529	172201	171948	27
专科毕业 Associate Bachelor	589439	372632	35659	178436	170783	27034	26958	17
高中阶段毕业 High School Graduate	17455	6136	1452	3529	4496	233	232	0
高中阶段以下毕业 Below High School Graduate	205	73	13	30	37	3	3	0
乡村 Rural Area	1457288	903247	73794	484474	415016	119906	119666	33
博士研究生 Doctor's Diploma	15	7	0	2	5	2	2	0
硕士研究生 Master's Diploma	7325	5812	273	2070	1457	1322	1320	1
本科毕业 Bachelor's Diploma	967677	662629	43405	329194	267292	96922	96755	28
专科毕业 Associate Bachelor	457533	228049	28312	146584	138914	21292	21224	4
高中阶段毕业 High School Graduate	24320	6615	1774	6500	7226	361	358	0
高中阶段以下毕业 Below High School Graduate	418	135	30	124	122	7	7	0

分课程、分学历情况

Subject Taught and Academic Qualifications

单位：人
unit：person

#俄语 of Which：Russian	体育与健康 Physical	科学 Science	艺术 Arts	#音乐 Music	#美术 Fine Arts	综合实践活动 Comp-rehensive Practice	信息科技 Information Technology	劳动 Skills	其他 Others	本学年不授课专任教师 Full-time Teacher by Non-teaching
22	**474748**	**242290**	**622758**	**316848**	**302007**	**91583**	**154012**	**88820**	**70162**	**39589**
16	143637	137986	490032	260733	227253	51644	73498	47447	46290	22990
3	45374	25177	56326	29864	25616	9952	16049	9013	18352	12003
0	19	52	20	11	9	10	7	3	14	9
5	14457	7311	19659	9047	10481	992	4010	803	3340	830
13	346979	166257	488374	251173	234529	57873	114547	54619	45446	24114
4	107730	65902	110935	55020	54869	30765	34380	31069	20056	13177
0	5498	2736	3715	1575	2086	1913	1049	2292	1270	1438
0	65	32	55	22	33	30	19	34	36	21
15	219361	99793	283430	143489	138109	33273	60835	31525	30377	17783
0	16	50	16	9	7	9	6	0	13	7
3	11807	6194	16102	7448	8549	811	3399	638	2840	697
9	173819	76209	234869	120573	112933	24549	48785	23138	21685	12920
3	32501	16926	31785	15207	16228	7616	8454	7431	5569	3774
0	1210	412	654	252	388	286	189	315	262	379
0	8	2	4	0	4	2	2	3	8	6
5	165446	90247	223561	113342	108744	37080	54671	35480	24916	12086
0	2	1	4	2	2	1	0	1	1	1
2	2078	862	2678	1186	1474	106	446	106	356	79
3	117060	58928	171750	87962	82872	21821	39548	20212	15225	6827
0	44252	29273	47728	23610	23604	14305	14296	14124	8771	4778
0	2026	1169	1376	568	781	830	378	1021	554	391
0	28	14	25	14	11	17	3	16	9	10
2	89941	52250	115767	60017	55154	21230	38506	21815	14869	9720
0	1	1	0	0	0	0	1	2	0	1
0	572	255	879	413	458	75	165	59	144	54
1	56100	31120	81755	42638	38724	11503	26214	11269	8536	4367
1	30977	19703	31422	16203	15037	8844	11630	9514	5716	4625
0	2262	1155	1685	755	917	797	482	956	454	668
0	29	16	26	8	18	11	14	15	19	5

小学教育专任教师分专业技术

Number of Full-time Teachers in Primary

类别 Item	合计 Total	#女 of Which Female	24岁及以下 24 and Under	25-29岁 25 to 29
总　计 Total	**6656261**	**4957625**	**396495**	**1139832**
#女 of Which:Female	4957625	—	330379	968391
#少数民族 of Which: Minorities	672585	450819	37957	108887
正高级 Senior	4847	2720	0	0
副高级 Sub-senior	798115	455188	12	57
中　级 Middle	2634945	1850626	1488	45968
助理级 Associate	2033810	1662641	80087	631452
员　级 Junior	170388	136621	34394	73057
未定职级 No-ranking	1014156	849829	280514	389298
城区 Urban Area	2752411	2250892	174026	519273
正高级 Senior	2576	1789	0	0
副高级 Sub-senior	237288	172052	6	21
中　级 Middle	1080034	858935	384	16114
助理级 Associate	875170	744425	34082	281560
员　级 Junior	52456	43974	8732	22045
未定职级 No-ranking	504887	429717	130822	199533
镇区 Counties and Towns Area	2446562	1803486	136858	375216
正高级 Senior	1663	796	0	0
副高级 Sub-senior	333022	190495	3	20
中　级 Middle	1003452	696855	681	18566
助理级 Associate	731704	600041	29065	215735
员　级 Junior	64969	52757	14880	28041
未定职级 No-ranking	311752	262542	92229	112854
乡村 Rural Area	1457288	903247	85611	245343
正高级 Senior	608	135	0	0
副高级 Sub-senior	227805	92641	3	16
中　级 Middle	551459	294836	423	11288
助理级 Associate	426936	318175	16940	134157
员　级 Junior	52963	39890	10782	22971
未定职级 No-ranking	197517	157570	57463	76911

职务、分年龄结构情况
Education by Professional Rank and Age

单位：人
unit：person

30-34 岁 30 to 34	35-39 岁 35 to 39	40-44 岁 40 to 44	45-49 岁 45 to 49	50-54 岁 50 to 54	55-59 岁 55 to 59	60 岁及以上 60 and Over
1145863	**932036**	**1069402**	**909672**	**738283**	**321088**	**3590**
968895	752762	790090	620461	465475	60371	801
106236	100273	111873	95236	75377	36227	519
1	23	338	1111	1989	1348	37
1424	23221	126373	220219	265899	159835	1075
270129	453930	706547	591727	422161	141373	1622
655613	352953	190496	74893	34913	13244	159
36781	14948	6006	2652	1747	784	19
181915	86961	39642	19070	11574	4504	678
496910	400081	427343	364002	294814	74902	1060
1	11	166	639	1107	629	23
361	6361	38310	70326	86364	34771	268
109397	186611	287183	255000	190007	34898	440
279527	155567	80034	29221	12335	2802	42
12069	5642	2218	1008	575	161	6
95555	45889	18932	7808	4426	1641	281
412492	353867	419134	344717	274627	128433	1218
0	8	144	359	679	464	9
670	10164	53819	91343	109573	67047	383
103806	179475	278794	219034	147885	54654	557
240826	132097	71072	26496	11889	4480	44
13405	5091	2000	779	526	239	8
53785	27032	13305	6706	4075	1549	217
236461	178088	222925	200953	168842	117753	1312
0	4	28	113	203	255	5
393	6696	33744	58550	69962	58017	424
56926	87844	140570	117693	84269	51821	625
135260	65289	39390	19176	10689	5962	73
11307	4215	1788	865	646	384	5
32575	14040	7405	4556	3073	1314	180

小学教育专任
Changes of Full-time

类别 Item	上学年初报表专任教师数 Number of Full-time Teachers at Beginning of Previous Academic Year	增加教师 Factors of Increase	招聘 Recruit	#应届毕业生 of Which: Graduates of Current Year	#师范生 of Which: Normal University Students	调入 Teachers Recruited from Other Units	#外校 of Which: Graduated from other Institutions	校内变动 With Change of Status in Their Own Institutions
总　计 Total	**6629450**	**919142**	**348806**	**136160**	**90772**	**482378**	**338571**	**65076**
#女 of Which: Female	4859797	665925	284732	109639	72793	325832	229789	38165
城区 Urban Area	2638661	385154	197625	71084	44916	156848	116780	17172
#女 of Which: Female	2146312	308664	164626	58829	37281	121031	90308	12162
镇区 Counties and Towns Area	2428183	318116	94530	40303	28019	194119	138696	23594
#女 of Which: Female	1768907	226236	75923	31957	22140	132706	94775	13435
乡村 Rural Area	1562606	215872	56651	24773	17837	131411	83095	24310
#女 of Which: Female	944578	131025	44183	18853	13372	72095	44706	12568

小学学生、教职工
Supplementary Information on Students and

类别 Item	在校学生中 of Total Students				
	共青团员 Member of C. Y. L.	华侨 Overseas Chinese	香港 From H. K	澳门 From Macao	台湾 From Taiwan
总　计 Total	**800**	**10745**	**46194**	**4164**	**12980**
#女 of Which: Female	358	5011	20251	1892	6131
城区 Urban Area	753	6779	40675	3444	11295
#女 of Which: Female	329	3161	17928	1562	5302
镇区 Counties and Towns Area	7	2583	3936	562	1363
#女 of Which: Female	4	1194	1690	260	669
乡村 Rural Area	40	1383	1583	158	322
#女 of Which: Female	25	656	633	70	160

教师变动情况
Teachers in Primary Education

单位：人
unit：person

#学段调整 of Which: Adjusting Teaching Stage	其他 Others	减少教师 Factors of Decrease	退休 Retire	死亡 Dead	调出 Transferred from teaching to Non-Teaching Posts	辞职 Resignation	校内变动 With Change of Status in Their Own Institutions	#学段调整 of Which Adjusting Teaching Stage	其他 Others	本学年初报表专任教师数 Number of Full-time Teachers at Beginning of Current Academic Year
12875	**22882**	**892331**	**138042**	**3463**	**523998**	**132014**	**75084**	**13449**	**19730**	**6656261**
8053	17196	568097	65303	1289	339563	104186	43571	9139	14185	4957625
3884	13509	271404	41729	1026	123866	77279	17650	4300	9854	2752411
2622	10845	204084	28978	564	92317	62292	12258	3059	7675	2250892
4685	5873	299737	52913	1236	178658	36238	25067	4878	5625	2446562
2883	4172	191657	24105	439	120389	28262	14550	3308	3912	1803486
4306	3500	321190	43400	1201	221474	18497	32367	4271	4251	1457288
2548	2179	172356	12220	286	126857	13632	16763	2772	2598	903247

政治面貌及其他
Educational Personnelof Primary Education

单位：人
unit：person

教职工中 of Total Staff and Workers				专任教师中 of Total Full-time Teachers			
共产党员 Member of C. P. C.	共青团员 Member of C. Y. L.	民主党派 Member of Non-Communist Party	华侨 Overseas Chinese	共产党员 Member of C. P. C.	共青团员 Member of C. Y. L.	民主党派 Member of Non-Communist Party	华侨 Overseas Chinese
1619517	**422921**	**16565**	**32**	**1698612**	**504530**	**17818**	**40**
973301	357405	12408	21	1062212	426950	13472	30
714248	237608	12795	26	781535	290862	13895	34
528091	203970	9865	17	589277	249309	10770	26
557829	114670	2606	4	580738	136597	2825	5
302590	97298	1890	2	327530	115965	2080	3
347440	70643	1164	2	336339	77071	1098	1
142620	56137	653	2	145405	61676	622	1

类别 Item	合计 Total
总　计 Total	**904512370.07**
小学 Primary Schools	845605498.42
小学教学点 External Teaching Sites	58906871.65
一、教学及辅助用房 Buildings for Instruction and Ancillary Uses	500553641.31
教室 Classroom	320671049.48
专用教室 Professional Classroom	75187017.97
公共教学用房 Public Teaching Space	104695573.86
图书阅览室 Library	25029360.83
室内体育用房 Gymnasium	24176388.93
心理辅导室 Psychological Counseling Room	5400812.94
其他 Others	50089011.16
二、行政办公用房 Administrative	75584716.30
教师办公室 for Teachers	49178801.35
其他 Others	26405914.95
三、生活用房 Residential and Welfare	241684681.47
教工值班宿舍 Dormitories for Faculty	19762064.25
教师周转宿舍 Accommodation for Circulation of Teachers	33261859.47
学生宿舍 Students'Dormitories	47051172.53
学生餐厅 Students'Canteen	48635987.11
厕所 Toilets	38966561.70
其他 Others	54007036.41
四、其他用房 Rooms for Other Purposes	86689330.99

校舍情况
in Primary Schools

单位：平方米
unit：m^2

城区 Urban Area	镇区 Counties and Towns Area	乡村 Rural Area
334397747.73	**315873498.85**	**254241123.49**
332289793.90	307761986.40	205553718.12
2107953.84	8111512.44	48687405.37
198595488.88	174809792.91	127148359.52
114114724.21	117378741.78	89177583.49
32467347.66	25148600.48	17571069.83
52013417.01	32282450.65	20399706.20
8806688.35	8307224.35	7915448.13
16459217.38	5796475.75	1920695.80
1811218.23	1725477.91	1864116.80
24936293.05	16453272.64	8699445.47
30530172.70	25493819.91	19560723.69
18435577.49	16973931.51	13769292.35
12094595.21	8519888.40	5791431.34
66675209.27	89616521.81	85392950.39
2951537.89	7611912.77	9198613.59
4079066.31	13800794.59	15381998.57
6030307.22	21096003.89	19924861.42
13712728.91	18889914.31	16033343.89
14792199.11	12995660.09	11178702.50
25109369.83	15222236.16	13675430.42
38596876.88	25953364.22	22139089.89

小学学校
Condition of Fixed Assets and

类别 Item	占地面积（平方米）Areas Occupied（㎡）	#绿化用地面积 of Which Green Areas	#运动场地面积 of Which Sports Areas	校园足球场（个）Campus Football	11 人制足球场 11-a-side Football Field	7 人制足球场 7-a-side Football Field	5 人制足球场 5-a-side Football Field
总　计 Total	**2300395777.87**	**433566659.30**	**769264699.00**	**79383**	**8059**	**24527**	**46797**
小学 Primary Schools	2037665809.28	389699098.00	704066154.88	73895	7976	24038	41881
小学教学点 External Teaching Sites	262729968.59	43867561.30	65198544.12	5488	83	489	4916
城区 Urban Area	583982235.30	119419728.36	245677770.66	24791	2937	9774	12080
镇区 Counties and Towns Area	790023827.20	144385497.29	275631836.27	25853	3545	8349	13959
乡村 Rural Area	926389715.37	169761433.65	247955092.07	28739	1577	6404	20758

小学学校其
Other school running conditions

类别 Item	体育运动场（馆）面积达标校数 Schools No: Sports Areas Reached Standard	体育器械配备达标校数 Schools No: Sports Equip. Reached Standard	音乐器材配备达标校数 Schools No: Musical Instru. Reached Standard	美术器材配备达标校数 Schools No: Fine Arts Instru. Reached Standard
总　计 Total	**135235**	**139804**	**139487**	**139458**
城区 Urban Area	28025	30036	30020	29994
镇区 Counties and Towns Area	39919	41133	41073	41069
乡村 Rural Area	67291	68635	68394	68395

资产情况

Teaching Resources in Primary Schools

图书(册) Books and Magazines in Libraries (Volume)	数字终端数(台) Number of Digital Terminals (Set)	#教师终端数 of Which: Number of Teachers' Terminals	#学生终端数 of Which: Number of Student Terminals	教室(间) Classroom (Room)	#网络多媒体教室 of Which: Network Multimedia Classroom	固定资产总值(万元) Total Value of Fixed Asset (10,000 yuan)	#教学仪器设备资产值 of Which: Total Value of Equip and Instru.
2739676323	**16795110**	**5641323**	**10551242**	**3832232**	**2909343**	**163398269.12**	**23324770.00**
2628985521	16080137	5399411	10109277	3474990	2726819	156950724.76	22553432.10
110690802	714973	241912	441965	357242	182524	6447544.36	771337.91
1128255354	6972548	2528218	4166751	1312049	1139576	70830894.25	11264930.19
1002667812	5757276	1896173	3684822	1302774	1004465	55752607.46	7680186.90
608753157	4065286	1216932	2699669	1217409	765302	36814767.41	4379652.92

它办学条件

in Primary Schools

单位：所
unit: school

数学自然实验仪器达标校数 Schools No: Equip. of Natural Sci. Reached Standard	有学校首席信息官校数 Chief Information Officer	无线网全覆盖 Full Wi-Fi Coverage	有校医院(卫生室)校数 Campus Hospital	有专职校医校数 Number of full-Time Medical Schools	有专职保健人员校数 Number of Schools With Allied Health Staff
139061	**62250**	**111806**	**94246**	**21750**	**23992**
29900	17982	25721	25595	10202	9356
40950	18965	33965	28763	7087	6952
68211	25303	52120	39888	4461	7684

五、特殊教育
Special Education

特殊教育
Basic Statistics of

类别 Item	班数 (个) Classes	毕业生数 Graduates	招生数 Entrants	在校生数 Enrolment			小学阶段	
					#女 of Which: Female	学前教育阶段 Pre-primary Education	一年级 Grade 1	二年级 Grade 2
总　计 Total	**33487**	**173140**	**154977**	**911981**	**331793**	**4553**	**68288**	**81047**
#女 of Which: Female	—	65081	57097	331793	—	1501	24054	28148
#少数民族学生 of Which: Minority Students	—	26838	23057	131562	51973	329	9178	11232
#寄宿生 of Which: Boarders	—	—	29982	175195	65220	392	6616	8344
#特殊教育学校中:寄宿生 of the Special Education Schools: Boarders	—	—	13267	102934	36482	392	5593	6933
#送教上门 of Which: On-site Teaching	—	37597	30813	184617	67638	53	12424	14545
视力残疾 Visual Impairment	1403	8940	6433	37089	14984	98	2009	2608
听力残疾 Hearing Impairment	3834	17410	15431	88405	37834	1019	6333	7218
言语残疾 Speech Disability	464	6573	6384	37237	12980	87	3139	3799
肢体残疾 Extremity Disability	592	37223	28435	160254	61876	51	9216	11519
智力残疾 Intellectual Disability	23296	80239	72514	448236	159312	2215	33347	40412
精神残疾 Mental Disability	983	7806	10072	52236	12784	667	6125	6205
多重残疾 Multiple Disability	2915	14949	15708	88524	32023	416	8119	9286
特殊教育学校 Schools for Special Edu.	32636	55188	52132	341248	119815	4335	27289	29685
#送教上门 of Which: On-site Teaching	—	11751	8828	75987	27975	53	5348	5998
小学附设特教班 Classes Attached to Primary Schools	606	458	479	3185	1030	9	502	485
小学随班就读 Followers In Primary Schools	—	46269	33055	303457	111839	—	33379	42235
小学学校送教上门 On-site Teaching in Primary Schools	—	12993	7021	66293	23765	—	7076	8547
初中附设特教班 Special Classes Attached to Junior High Schools	74	33	85	419	118	0	42	86
初中随班就读 Followers in Junior High Schools	—	45008	46772	153591	58803	—	—	—
初中学校送教上门 On-site Teaching in Junior High Schools	—	12853	14964	42337	15898	—	—	—
其他学校附设特教班 Special Classes Attached to Other Schools	171	338	469	1451	525	209	0	9
城区 Urban Area	18723	59387	58705	338665	118436	3545	29112	31652
镇区 County and Town Area	12594	79322	68635	387846	143491	872	25227	30634
乡村 Rural Area	2170	34431	27637	185470	69866	136	13949	18761

基本情况
Special Education

单位：人
unit：person

Primary Education				初中阶段 Junior Secondary Education				普通高中 Regular Senior Secondary			中等职业教育 Secondary Vocational Education			
三年级 Grade 3	四年级 Grade 4	五年级 Grade 5	六年级 Grade 6	一年级 Grade 1	二年级 Grade 2	三年级 Grade 3	四年级 Grade 4	一年级 Grade 1	二年级 Grade 2	三年级及以上 Over Grade 3	一年级 Grade 1	二年级 Grade 2	三年级 Grade 3	四年级及以上 Over and Grade 4
92957	**104003**	**113486**	**116570**	**103164**	**102123**	**103690**	**3243**	**3207**	**2857**	**2819**	**3721**	**3214**	**2793**	**246**
32941	37584	40985	42309	38768	38203	38698	1182	1253	1189	1183	1363	1282	1063	87
13161	15342	17183	17770	16450	14970	14692	69	210	221	171	272	186	120	6
10562	13332	16159	18934	28781	30190	31710	344	1857	1707	1498	1842	1591	1293	43
8327	9773	10794	12027	13125	12686	13394	255	1798	1679	1468	1821	1568	1265	36
16632	20397	22061	26378	25906	22536	22533	590	125	170	267	—	—	—	—
3163	3758	4310	4727	4275	4869	5215	90	310	266	321	418	320	328	4
8672	9512	10559	10149	9104	9785	10087	227	1011	1123	1034	897	865	785	25
4194	4598	4861	4929	3764	3814	3906	34	30	22	24	16	15	5	0
14295	17287	20122	21370	20248	21872	23616	390	56	62	51	37	35	26	1
46293	51773	56404	57673	51516	48825	48107	2228	1516	1187	1144	2122	1797	1488	189
6300	6366	6153	6048	4641	4471	4609	135	135	96	84	88	60	52	1
10040	10709	11077	11674	9616	8487	8150	139	149	101	161	143	122	109	26
32855	35600	37932	39799	41099	36889	36597	1519	3096	2789	2752	3438	2964	2524	86
6827	8211	9186	10574	10901	9072	8804	451	125	170	267	—	—	—	—
583	535	525	466	41	14	25	0	0	0	0	0	0	0	0
49638	55627	62115	60463	—	—	—	—	—	—	—	—	—	—	—
9805	12186	12875	15804	—	—	—	—	—	—	—	—	—	—	—
69	47	35	38	66	2[illegible]	14	1	0	0	0	0	0	0	0
—	—	—	—	46951	51733	53323	1584	—	—	—	—	—	—	—
—	—	—	—	15005	13464	13729	139	—	—	—	—	—	—	—
7	8	4	0	2	2	2	0	111	68	67	283	250	269	160
35609	38016	39449	38005	35099	34745	35537	2234	2710	2413	2317	2992	2635	2362	233
35194	39823	45126	48797	53232	52685	53123	873	337	288	338	541	453	303	0
22154	26164	28911	29768	14833	14693	15030	136	160	156	164	188	126	128	13

特殊教育学

Basic Statistics of

类别 Item	学校数（所） Schools	班数（个） Classes	毕业生数 Graduates	招生数 Entrants	在校生数 Enrolment			小学阶段		
						#女 of Which: Female	学前教育阶段 Pre-primary Education	一年级 Grade 1	二年级 Grade 2	三年级 Grade 3
总 计 Total	**2345**	**32636**	**55188**	**52132**	**341248**	**119815**	**4335**	**27289**	**29685**	**32855**
#女 of Which: Female	—	—	20275	18141	119815	—	1430	8999	9680	11053
#少数民族学生 of Which: Minority Students	—	—	5748	5417	36674	13663	322	2955	3235	3598
#寄宿生 of Which: Boarders	—	—	—	13267	102934	36482	392	5593	6933	8327
#送教上门 of Which: On-site Teaching	—	—	11751	8828	75987	27975	53	5348	5998	6827
盲人学校 Visual Impairment	25	417	846	813	4010	1531	71	207	249	287
聋人学校 Hearing Impairment	374	5512	10194	9458	64576	23448	854	5063	5532	6301
培智学校 Intellectual Disability	620	7330	11420	11723	71891	23929	922	6253	6646	7409
其他特殊教育学校 Other Disability	1326	19377	32728	30138	200771	70907	2488	15766	17258	18858
城区 Urban Area	1189	18170	30976	30931	188832	65624	3386	15667	16358	18218
镇区 County and Town Area	972	12358	20818	18119	132172	47092	825	10055	11598	12707
乡村 Rural Area	184	2108	3394	3082	20244	7099	124	1567	1729	1930

特殊教育学

Number of Educational Personnel

类别 Item	教职工数 Educational Personnel	
		专任教师 Full-time Teachers
总 计 Total	**90370**	**78034**
#女 of Which: Female	66181	59033
#少数民族 of Which: Minorities	8869	7540
#在编人员 of Which: Permanent Staff	78672	71857
#接受过专业教育 of Which: Professionally Educated	76091	69461

特殊教育专任

Number of Full-time Teachers of Special

类别 Item	合计 Total		
		博士研究生 Doctor's Diploma	硕士研究生 Master's Diploma
总 计 Total	**77047**	**30**	**3141**
#女 of Which: Female	58354	23	2596
城区 Urban Area	47002	26	2776
#女 of Which: Female	36144	22	2305
镇区 County and Town Area	25567	4	271
#女 of Which: Female	18898	1	215
乡村 Rural Area	4478	0	94
#女 of Which: Female	3312	0	76

校基本情况
Special Education Schools

单位：人
unit：person

Primary School			初中阶段 Junior Secondary Education				普通高中 Regular Senior Secondary			中等职业教育 Secondary Vocational Education			
四年级 Grade 4	五年级 Grade 5	六年级 Grade 6	一年级 Grade 1	二年级 Grade 2	三年级 Grade 3	四年级 Grade 4	一年级 Grade 1	二年级 Grade 2	三年级及以上 Over Grade 3	一年级 Grade 1	二年级 Grade 2	三年级 Grade 3	四年级及以上 Over Grade 4
35600	**37932**	**39799**	**41099**	**36889**	**36597**	**1519**	**3096**	**2789**	**2752**	**3438**	**2964**	**2524**	**86**
12374	13175	14040	14847	13191	13506	539	1212	1163	1148	1268	1197	963	30
4083	4312	4454	4917	3943	3633	47	210	221	171	270	180	117	6
9773	10794	12027	13125	12686	13394	255	1798	1679	1468	1821	1568	1265	36
8211	9186	10574	10901	9072	8804	451	125	170	267				
283	299	305	338	323	339	12	207	174	194	248	245	225	4
6562	7153	7390	8216	6923	6805	317	788	702	645	483	414	394	34
7668	8053	7906	7946	7267	7398	435	787	528	671	760	677	542	23
21087	22427	24198	24599	22376	22055	755	1314	1385	1242	1947	1628	1363	25
19615	20065	19994	20938	19554	19306	1173	2599	2345	2250	2742	2409	2127	86
13834	15514	17314	17640	15027	15102	325	337	288	338	526	446	296	0
2151	2353	2491	2521	2308	2189	21	160	156	164	170	109	101	0

校教职工数
in Special Education Schools

单位：人
unit：person

行政人员 Adm. Personnel	教辅人员 Supporting Staffs	工勤人员 Workers	校外教师 Part-time Teachers	外籍教师 Foreign Teachers
3663	**3884**	**4789**	**344**	**0**
1713	2855	2580	282	0
308	372	649	36	—
3276	2049	1490	—	—
2777	2290	1563	181	0

教师分学历情况
Education by Academic Qualifications

单位：人
unit：person

本科毕业 Bachelor's Diploma	专科毕业 Associate Bachelor	高中阶段毕业 High School Graduate	高中阶段以下毕业 Below High School Graduate
60444	**12869**	**534**	**29**
46324	9024	366	21
38039	5895	259	7
29526	4106	180	5
18919	6116	240	17
14159	4347	161	15
3486	858	35	5
2639	571	25	1

特殊教育专任教师分专业

Number of Full-time Teachers of Special

类别 Item	合计 Total	#女 of Which Female	24 岁及以下 24 and Under	25-29 岁 25 to 29
总　计 Total	**77047**	**58354**	**5305**	**13456**
#女 of Which:Female	58354	—	4531	11335
#少数民族 of Which: Minority Students	7337	5632	468	1515
正高级 Senior	159	110	0	0
副高级 Sub-senior	14652	9748	0	0
中　级 Middle	29577	21840	11	450
助理级 Associate	20643	16660	1262	8543
员　级 Junior	2709	2181	702	1328
未定职级 No-ranking	9307	7815	3330	3135
城区 Urban Area	47002	36144	3271	8347
正高级 Senior	119	90	0	0
副高级 Sub-senior	8713	6110	0	0
中　级 Middle	18369	13843	8	296
助理级 Associate	12639	10184	828	5305
员　级 Junior	1459	1151	371	718
未定职级 No-ranking	5703	4766	2064	2028
镇区 Counties and Towns Area	25567	18898	1637	4106
正高级 Senior	36	18	0	0
副高级 Sub-senior	5257	3234	0	0
中　级 Middle	9824	7050	2	136
助理级 Associate	6634	5371	370	2625
员　级 Junior	974	814	274	478
未定职级 No-ranking	2842	2411	991	867
乡村 Rural Area	4478	3312	397	1003
正高级 Senior	4	2	0	0
副高级 Sub-senior	682	404	0	0
中　级 Middle	1384	947	1	18
助理级 Associate	1370	1105	64	613
员　级 Junior	276	216	57	132
未定职级 No-ranking	762	638	275	240

技术职务、分年龄结构情况
Education by Professional Rank and Age

单位：人
unit：person

30-34 岁 30 to 34	35-39 岁 35 to 39	40-44 岁 40 to 44	45-49 岁 45 to 49	50-54 岁 50 to 54	55-59 岁 55 to 59	60 岁及以上 60 and Over
10596	**9648**	**11446**	**11800**	**10775**	**3997**	**24**
8754	7787	8691	8519	7271	1462	4
1118	965	1211	1008	776	273	3
0	0	9	41	60	48	1
14	474	2139	4035	5205	2776	9
3555	5633	7308	6698	4903	1010	9
5348	2648	1522	764	445	109	2
400	151	76	27	18	7	0
1279	742	392	235	144	47	3
6793	6048	6579	7105	6643	2197	19
0	0	8	32	42	36	1
10	284	1278	2450	3152	1534	5
2422	3666	4250	4073	3099	547	8
3365	1609	793	419	269	49	2
224	73	47	14	10	2	0
772	416	203	117	71	29	3
3115	3107	4254	4118	3655	1571	4
0	0	1	7	16	12	0
3	168	758	1403	1830	1092	3
958	1744	2696	2306	1586	395	1
1637	873	621	300	155	53	0
122	52	24	12	8	4	0
395	270	154	90	60	15	0
688	493	613	577	477	229	1
0	0	0	2	2	0	0
1	22	103	182	223	150	1
175	223	362	319	218	68	0
346	166	108	45	21	7	0
54	26	5	1	0	1	0
112	56	35	28	13	3	0

特殊教育专任

Changes of Full-time Teachers

类别 Item	上学年初报表专任教师数 Number of Full-time Teachers at Beginning of Previous Academic Year	增加教师 Factors of Increase	招聘 Recruit	#应届毕业生 of Which: Graduates of Current Year	#师范生 of Which: Normal University Students	调入 Teachers Recruited from Other Units	#外校 of Which: Graduated from other Institutions	校内变动 With Change of Status in Their Own Institutions
总　计 Total	**72714**	**8747**	**4725**	**2192**	**1741**	**2475**	**1571**	**1226**
#女 of Which: Female	54815	6512	3875	1810	1469	1540	962	852
城区 Urban Area	44432	5263	3117	1428	1114	1085	717	861
#女 of Which: Female	33990	3999	2556	1194	954	685	441	613
镇区 Counties and Towns Area	24193	2816	1264	605	485	1153	744	306
#女 of Which: Female	17798	2037	1034	486	399	723	459	205
乡村 Rural Area	4089	668	344	159	142	237	110	59
#女 of Which: Female	3027	476	285	130	116	132	62	34

教师变动情况
of Special Education

单位：人
unit：person

#学段调整 of Which: Adjusting Teaching Stage	其他 Others	减少教师 Factors of Decrease	退休 Retire	死亡 Dead	调出 Transferred from teaching to Non-Teaching Posts	辞职 Resignation	校内变动 With Change of Status in Their Own Institutions	#学段调整 of Which Adjusting Teaching Stage	其他 Others	本学年初报表专任教师数 Number of Full-time Teachers at Beginning of Current Academic Year
265	**321**	**4414**	**1547**	**43**	**1130**	**733**	**728**	**135**	**233**	**77047**
195	245	2973	937	26	775	577	489	94	169	58354
209	200	2693	938	25	605	496	514	110	115	47002
156	145	1845	585	15	429	394	343	72	79	36144
53	93	1442	545	17	427	159	193	23	101	25567
37	75	937	323	10	280	118	130	20	76	18898
3	28	279	64	1	98	78	21	2	17	4478
2	25	191	29	1	66	65	16	2	14	3312

特殊教育学校校舍情况

Condition of School Buildings in Special Education Schools

单位：平方米
unit：m^2

类别 Item	合计 Total
总　计 Total	**13474600.17**
一、教学及辅助用房 Buildings for Instruction and Ancillary Uses	6241761.28
普通教室 Classroom	2670381.72
专用教室 Professional Classroom	1964945.66
公共活动及康复用房 Public Activity and Rehabilitation Room	1606433.90
图书阅览室 Reading Room	222841.70
体育康复训练室 Physical Rehabilitation Training Room	383075.29
心理咨询室 Psychological Consultation Room	93606.67
其他 Others	906910.24
二、行政办公用房 Administrative	1298819.63
教师办公室 for Teachers	699391.90
其他 Others	599427.73
三、生活用房 Residential and Welfare	4183303.12
学生宿舍 Students'Dormitories	1923776.04
学生餐厅 Students'Canteen	764437.96
学生厕所 Students'Toilets	488184.93
其他 Others	1006904.19
四、其他用房 Rooms for Other Purposes	1750716.14

特殊教育学

Condition of Fixed Assets and Teaching

类别 Item	占地面积（平方米） Areas Occupied（m^2）	#绿化用地面积 of Which: Green Areas	#运动场地面积 of Which: Sports Areas	校园足球场（个） Campus Football	11人制足球场 11-a-side Football Field	7人制足球场 7-a-side Football Field	5人制足球场 5-a-side Football Field
总　计 Total	**26660765.69**	**5900300.69**	**6533281.46**	**724**	**74**	**210**	**440**
城区 Urban Area	15054254.60	3641192.87	3600298.69	421	43	132	246
镇区 Counties and Towns Area	8967901.70	1760114.49	2385332.40	248	27	57	164
乡村 Rural Area	2638609.39	498993.33	547650.37	55	4	21	30

校资产情况
Resources in Special Education Schools

图书(册) Books and Magazines in Libraries (Volume)	数字终端数(台) Number of Digital Terminals (Set)	#教师终端数 of Which: Number of Teachers' Terminals	#学生终端数 of Which: Number of Student Terminals	教室(间) Classroom (Room)	#网络多媒体教室 of Which: Network Multimedia Classroom	固定资产总值(万元) Total Value of Fixed Asset (10,000 yuan)	#教学仪器设备资产值 of Which: Total Value of Equip and Instru.
12915219	**157610**	**91003**	**58529**	**45249**	**26452**	**3328393.82**	**514184.03**
8280646	104504	60748	37663	26955	15879	2215417.84	349092.93
3953062	44583	25509	17440	15626	8992	886944.71	137884.47
681511	8523	4746	3426	2668	1581	226031.28	27206.64

六、学前教育
Pre-primary Education

幼儿园园数、班数

Number of Kindergartens, Classes in Pre-Primary Education

类别 Item	园数(所) Kindergartens	班数(个) Classes
总　计 Total	**274414**	**1612437**
教育部门 Run by Ed. Dept.	106224	742038
其他部门 Run by Non-ed. Dept.	1823	21143
地方企业 Run by Local Enterprises	2019	17623
事业单位 Run by Public Institutions	3606	23017
部队 Run by Army	482	3588
集体 Run by Communities	10780	64104
民办 Non-government	149476	740888
#普惠性民办幼儿园 of Which: Inclusive Voluntary Kindergartens	111496	567536
具有法人资格的中外合作办学	4	36
城区 Urban Area	101433	737218
教育部门 Run by Ed. Dept.	24233	270582
其他部门 Run by Non-ed. Dept.	1115	12664
地方企业 Run by Local Enterprises	1598	14625
事业单位 Run by Public Institutions	1800	15508
部队 Run by Army	451	3446
集体 Run by Communities	4875	37349
民办 Non-government	67357	383008
#普惠性民办幼儿园 of Which: Inclusive Voluntary Kindergartens	47731	278170
具有法人资格的中外合作办学	4	36
镇区 County and Town Area	90946	567550
教育部门 Run by Ed. Dept.	33162	275489
其他部门 Run by Non-ed. Dept.	542	6690
地方企业 Run by Local Enterprises	309	2407
事业单位 Run by Public Institutions	884	4855
部队 Run by Army	11	50
集体 Run by Communities	2280	15082
民办 Non-government	53758	262977
#普惠性民办幼儿园 of Which: Inclusive Voluntary Kindergartens	41309	208844
具有法人资格的中外合作办学	0	0
乡村 Rural Area	82035	307669
教育部门 Run by Ed. Dept.	48829	195967
其他部门 Run by Non-ed. Dept.	166	1789
地方企业 Run by Local Enterprises	112	591
事业单位 Run by Public Institutions	922	2654
部队 Run by Army	20	92
集体 Run by Communities	3625	11673
民办 Non-government	28361	94903
#普惠性民办幼儿园 of Which: Inclusive Voluntary Kindergartens	22456	80522
具有法人资格的中外合作办学	0	0
总计中:附设幼儿班 of the Total: Kinder. Classes Attached to School	—	91715

学前教育幼儿数

Number of Children in Pre-primary Education

单位：人
unit：person

类别 Item	入园(班)人数 Entrants	在园(班)人数 Enrolment	#女 of Which: Female	托班 Nursery Class	小班 K1	中班 K2	大班 K3	混合班 Mixed Class	离园(班)人数 Leavers
总　计 Total	**11812117**	**40929784**	**19357163**	**402156**	**9748886**	**12995830**	**16334362**	**1448550**	**18044024**
#女 of Which:Female	5598328	19357163	—	189361	4615495	6163934	7710978	677395	8566346
#少数民族 of Which: Minorities	1430177	4516266	2148244	30545	974726	1319634	1770531	420830	1935277
#残疾人 of Which: Disability	6199	26310	9252	191	3550	6517	13119	2933	18159
教育部门 Run by Edu. Dept.	5999103	19519933	9289384	163269	4871340	6139885	7381390	964049	8340926
其他部门 Run by Non-ed. Dept.	183402	593902	282131	9248	146781	183095	212634	42144	236148
地方企业 Run by Local Enterprises	153387	499555	237263	4934	134190	167550	187671	5210	181332
事业单位 Run by Public Institutions	176452	620334	293968	10293	149467	194882	252535	13157	276009
部队 Run by Army	27552	95831	45854	1276	27096	32151	34298	1010	38379
集体 Run by Communities	471921	1683179	799321	12531	417758	548440	676876	27574	748048
民办 Non-government	4800043	17915228	8408845	200554	4001999	5729571	7588698	395406	8222918
#普惠性民办幼儿园 of Which: Inclusive Voluntary Kindergartens	3750428	14157413	6655188	144063	3137056	4535510	6060012	280772	6491527
具有法人资格的中外合作办学	257	822	397	51	255	256	260	0	264
城区 Urban Area	5616574	19635604	9275761	230105	4979841	6404566	7680404	340688	8142741
教育部门 Run by Edu. Dept.	2453974	7915607	3769339	88070	2235098	2619698	2840583	132158	2957900
其他部门 Run by Non-ed. Dept.	114527	370937	175673	8137	100705	119260	132421	10414	143221
地方企业 Run by Local Enterprises	126579	417736	198674	4263	112870	140079	155752	4772	153202
事业单位 Run by Public Institutions	125181	438016	207690	9101	113139	139525	168840	7411	178806
部队 Run by Army	26814	92801	44424	1258	26305	31216	33035	987	37212
集体 Run by Communities	292593	1042982	494428	8417	266939	344266	415408	7952	447466
民办 Non-government	2476649	9356703	4385136	110808	2124530	3010266	3934105	176994	4224670
#普惠性民办幼儿园 of Which: Inclusive Voluntary Kindergartens	1855116	7074855	3322309	72751	1593335	2282151	3014046	112572	3183760
具有法人资格的中外合作办学	257	822	397	51	255	256	260	0	264
镇区 County and Town Area	4242477	14919839	7048127	139173	3461462	4743959	6171498	403747	6638751
教育部门 Run by Edu. Dept.	2277880	7689255	3652046	58412	1869185	2452343	3071872	237443	3312008
其他部门 Run by Non-ed. Dept.	52409	176463	84205	996	38247	52550	64708	19962	70482
地方企业 Run by Local Enterprises	21986	65907	31210	519	17424	22269	25372	323	23262
事业单位 Run by Public Institutions	35731	125347	59335	950	25770	38353	57770	2504	63351
部队 Run by Army	309	1002	470	0	307	351	344	0	448
集体 Run by Communities	111242	396747	189039	3070	96550	128677	163130	5320	177914
民办 Non-government	1742920	6465118	3031822	75226	1413979	2049416	2788302	138195	2991286
#普惠性民办幼儿园 of Which: Inclusive Voluntary Kindergartens	1394039	5251833	2465562	58578	1137340	1666431	2285503	103981	2437401
具有法人资格的中外合作办学	0	0	0	0	0	0	0	0	0
乡村 Rural Area	1953066	6374341	3033275	32878	1307583	1847305	2482460	704115	3262532
教育部门 Run by Edu. Dept.	1267249	3915071	1857999	16787	767057	1067844	1468935	594448	2071018
其他部门 Run by Non-ed. Dept.	16466	46502	22253	115	7829	11285	15505	11768	22445
地方企业 Run by Local Enterprises	4822	15912	7379	152	3896	5202	6547	115	4868
事业单位 Run by Public Institutions	15540	56971	26943	242	10558	17004	25925	3242	33852
部队 Run by Army	429	2028	960	18	484	584	919	23	719
集体 Run by Communities	68086	243450	115854	1044	54269	75497	98338	14302	122668
民办 Non-government	580474	2094407	991887	14520	463490	669889	866291	80217	1006962
#普惠性民办幼儿园 of Which: Inclusive Voluntary Kindergartens	501273	1830725	867317	12734	406381	586928	760463	64219	870366
具有法人资格的中外合作办学	0	0	0	0	0	0	0	0	0

学前教育分年龄幼儿数(总计)
Number of Children in Pre-primary Education by Age(Total)

单位：人
unit：person

类别 Item	入园(班)人数 Entrants	在园(班)人数 Enrolment	离园(班)人数 Leavers
总　计 Total	**11812117**	**40929784**	**18044024**
#女 of Which：Female	5598328	19357163	8566346
#少数民族 of Which：Minorities	1430177	4516266	1935277
#残疾人 of Which：Disability	6199	26310	18159
2 岁及以下 2 Years and Under	469278	498472	—
3 岁 3 years	8857307	9876068	—
4 岁 4 years	1412069	13287245	—
5 岁 5 years	942625	16040950	196392
6 岁及以上 6 years and over	130838	1227049	17847632
教育部门 Run by Ed. Dept.	5999103	19519933	8340926
2 岁及以下 2 Years and Under	208514	217388	—
3 岁 3 years	4530892	4904754	—
4 岁 4 years	674391	6327026	—
5 岁 5 years	499153	7423762	100499
6 岁及以上 6 years and over	86153	647003	8240427
其他部门 Run by Non-ed. Dept.	183402	593902	236148
2 岁及以下 2 Years and Under	9754	10203	—
3 岁 3 years	135023	148901	—
4 岁 4 years	24158	193371	—
5 岁 5 years	12084	213834	2730
6 岁及以上 6 years and over	2383	27593	233418
地方企业 Run by Local Enterprises	153387	499555	181332
2 岁及以下 2 Years and Under	5210	5601	—
3 岁 3 years	124666	136589	—
4 岁 4 years	14164	169579	—
5 岁 5 years	8564	180080	1897
6 岁及以上 6 years and over	783	7706	179435
事业单位 Run by Public Institutions	176452	620334	276009
2 岁及以下 2 Years and Under	10217	11115	—
3 岁 3 years	128702	148021	—
4 岁 4 years	18077	193391	—
5 岁 5 years	14771	236324	3896
6 岁及以上 6 years and over	4685	31483	272113
部队 Run by Army	27552	95831	38379
2 岁及以下 2 Years and Under	1579	1695	—
3 岁 3 years	24526	27397	—
4 岁 4 years	1118	32335	—
5 岁 5 years	253	33184	232
6 岁及以上 6 years and over	76	1220	38147
集体 Run by Communities	471921	1683179	748048
2 岁及以下 2 Years and Under	13729	14441	—
3 岁 3 years	394468	423005	—
4 岁 4 years	40211	555922	—
5 岁 5 years	21989	665078	2813
6 岁及以上 6 years and over	1524	24733	745235
民办 Non-government	4800043	17916228	8222918
2 岁及以下 2 Years and Under	220225	237979	—
3 岁 3 years	3518823	4087145	—
4 岁 4 years	639950	5815366	—
5 岁 5 years	385811	7288427	84325
6 岁及以上 6 years and over	35234	487311	8138593
具有法人资格的中外合作办学	257	822	264
2 岁及以下 2 Years and Under	50	50	—
3 岁 3 years	207	256	—
4 岁 4 years	0	255	—
5 岁 5 years	0	261	0
6 岁及以上 6 years and over	0	0	264

学前教育分年龄幼儿数(城区)

Number of Children in Pre-primary Education by Age(Urban Area)

单位：人
unit：person

类别 Item	入园(班)人数 Entrants	在园(班)人数 Enrolment	离园(班)人数 Leavers
总　计 Total	**5616574**	**19635604**	**8142741**
#女 of Which：Female	2659363	9275761	3857894
#少数民族 of Which：Minorities	408467	1342480	516712
#残疾人 of Which：Disability	3076	13246	7923
2 岁及以下 2 Years and Under	247027	262049	—
3 岁 3 years	4564687	5057791	—
4 岁 4 years	481003	6479370	—
5 岁 5 years	294841	7468619	71300
6 岁及以上 6 years and over	29016	367775	8071441
教育部门 Run by Ed. Dept.	2453974	7915607	2957900
2 岁及以下 2 Years and Under	100173	103694	—
3 岁 3 years	2104952	2249527	—
4 岁 4 years	147687	2643408	—
5 岁 5 years	90179	2799851	27713
6 岁及以上 6 years and over	10983	119127	2930187
其他部门 Run by Non-ed. Dept.	114527	370937	143221
2 岁及以下 2 Years and Under	7996	8276	—
3 岁 3 years	95000	103612	—
4 岁 4 years	7256	122969	—
5 岁 5 years	4053	132386	1345
6 岁及以上 6 years and over	222	3694	141876
地方企业 Run by Local Enterprises	126579	417736	153202
2 岁及以下 2 Years and Under	4552	4851	—
3 岁 3 years	104873	115042	—
4 岁 4 years	10275	141752	—
5 岁 5 years	6217	149693	1589
6 岁及以上 6 years and over	662	6398	151613
事业单位 Run by Public Institutions	125181	438016	178806
2 岁及以下 2 Years and Under	8718	9526	—
3 岁 3 years	99638	114377	—
4 岁 4 years	8393	140059	—
5 岁 5 years	6810	161924	2190
6 岁及以上 6 years and over	1622	12130	176616
部队 Run by Army	26814	92801	37212
2 岁及以下 2 Years and Under	1579	1695	—
3 岁 3 years	23834	26672	—
4 岁 4 years	1085	31357	—
5 岁 5 years	240	32029	224
6 岁及以上 6 years and over	76	1048	36988
集体 Run by Communities	292593	1042982	447466
2 岁及以下 2 Years and Under	8821	9320	—
3 岁 3 years	251341	269395	—
4 岁 4 years	21358	346403	—
5 岁 5 years	10465	405857	1069
6 岁及以上 6 years and over	608	12007	446397
民办 Non-government	2476649	9356703	4224670
2 岁及以下 2 Years and Under	115138	124637	—
3 岁 3 years	1884842	2178910	—
4 岁 4 years	284949	3053167	—
5 岁 5 years	176877	3786618	37170
6 岁及以上 6 years and over	14843	213371	4187500
具有法人资格的中外合作办学	257	822	264
2 岁及以下 2 Years and Under	50	50	—
3 岁 3 years	207	256	—
4 岁 4 years	0	255	—
5 岁 5 years	0	261	0
6 岁及以上 6 years and over	0	0	264

学前教育分年龄幼儿数(镇区)

Number of Children in Pre-primary Education by Age(County and Town Area)

单位：人

unit: person

类别 Item	入园(班)人数 Entrants	在园(班)人数 Enrolment	离园(班)人数 Leavers
总　计 Total	**4242477**	**14919839**	**6638751**
#女 of Which: Female	2006270	7048127	3147927
#少数民族 of Which: Minorities	583198	1923704	797001
#残疾人 of Which: Disability	1971	8520	6217
2岁及以下 2 Years and Under	169058	179673	—
3岁 3 years	3084826	3473094	—
4岁 4 years	562420	4801181	—
5岁 5 years	375511	5955892	82563
6岁及以上 6 years and over	50662	509999	6556188
教育部门 Run by Ed. Dept.	2277880	7689255	3312008
2岁及以下 2 Years and Under	78956	82611	—
3岁 3 years	1702252	1862637	—
4岁 4 years	267951	2482579	—
5岁 5 years	197938	3001672	44505
6岁及以上 6 years and over	30783	259756	3267503
其他部门 Run by Non-ed. Dept.	52409	176463	70482
2岁及以下 2 Years and Under	1462	1526	—
3岁 3 years	33011	36611	—
4岁 4 years	13774	56337	—
5岁 5 years	3302	63862	363
6岁及以上 6 years and over	860	18127	70119
地方企业 Run by Local Enterprises	21986	65907	23262
2岁及以下 2 Years and Under	524	615	—
3岁 3 years	16261	17634	—
4岁 4 years	3117	22572	—
5岁 5 years	1981	24028	307
6岁及以上 6 years and over	103	1058	22955
事业单位 Run by Public Institutions	35731	125347	63351
2岁及以下 2 Years and Under	1073	1126	—
3岁 3 years	20617	23874	—
4岁 4 years	6115	36491	—
5岁 5 years	5425	49981	1159
6岁及以上 6 years and over	2501	13875	62192
部队 Run by Army	309	1002	448
2岁及以下 2 Years and Under	0	0	—
3岁 3 years	289	306	—
4岁 4 years	8	353	—
5岁 5 years	12	329	6
6岁及以上 6 years and over	0	14	442
集体 Run by Communities	111242	396747	177914
2岁及以下 2 Years and Under	3181	3300	—
3岁 3 years	90396	96632	—
4岁 4 years	10563	129798	—
5岁 5 years	6519	159455	1229
6岁及以上 6 years and over	583	7562	176685
民办 Non-government	1742920	6465118	2991286
2岁及以下 2 Years and Under	83862	90495	—
3岁 3 years	1222000	1435400	—
4岁 4 years	260892	2073051	—
5岁 5 years	160334	2656565	34994
6岁及以上 6 years and over	15832	209607	2956292
具有法人资格的中外合作办学	0	0	0
2岁及以下 2 Years and Under	0	0	—
3岁 3 years	0	0	—
4岁 4 years	0	0	—
5岁 5 years	0	0	0
6岁及以上 6 years and over	0	0	0

学前教育分年龄幼儿数(乡村)

Number of Children in Pre-primary Education by Age(Rural Area)

单位：人
unit：person

类别 Item	入园(班)人数 Entrants	在园(班)人数 Enrolment	离园(班)人数 Leavers
总　计 Total	**1953066**	**6374341**	**3262532**
#女 of Which：Female	932695	3033275	1560525
#少数民族 of Which：Minorities	438512	1250082	621564
#残疾人 of Which：Disability	1152	4544	4019
2 岁及以下 2 Years and Under	53193	56750	—
3 岁 3 years	1207794	1345183	—
4 岁 4 years	368646	2006694	—
5 岁 5 years	272273	2616439	42529
6 岁及以上 6 years and over	51160	349275	3220003
教育部门 Run by Ed. Dept.	1267249	3915071	2071018
2 岁及以下 2 Years and Under	29385	31083	—
3 岁 3 years	723688	792590	—
4 岁 4 years	258753	1201039	—
5 岁 5 years	211036	1622239	28281
6 岁及以上 6 years and over	44387	268120	2042737
其他部门 Run by Non-ed. Dept.	16466	46502	22445
2 岁及以下 2 Years and Under	296	401	—
3 岁 3 years	7012	8678	—
4 岁 4 years	3128	14065	—
5 岁 5 years	4729	17586	1022
6 岁及以上 6 years and over	1301	5772	21423
地方企业 Run by Local Enterprises	4822	15912	4868
2 岁及以下 2 Years and Under	134	135	—
3 岁 3 years	3532	3913	—
4 岁 4 years	772	5255	—
5 岁 5 years	366	6359	1
6 岁及以上 6 years and over	18	250	4867
事业单位 Run by Public Institutions	15540	56971	33852
2 岁及以下 2 Years and Under	426	463	—
3 岁 3 years	8447	9770	—
4 岁 4 years	3569	16841	—
5 岁 5 years	2536	24419	547
6 岁及以上 6 years and over	562	5478	33305
部队 Run by Army	429	2028	719
2 岁及以下 2 Years and Under	0	0	—
3 岁 3 years	403	419	—
4 岁 4 years	25	625	—
5 岁 5 years	1	826	2
6 岁及以上 6 years and over	0	158	717
集体 Run by Communities	68086	243450	122668
2 岁及以下 2 Years and Under	1727	1821	—
3 岁 3 years	52731	56978	—
4 岁 4 years	8290	79721	—
5 岁 5 years	5005	99766	515
6 岁及以上 6 years and over	333	5164	122153
民办 Non-government	580474	2094407	1006962
2 岁及以下 2 Years and Under	21225	22847	—
3 岁 3 years	411981	472835	—
4 岁 4 years	94109	689148	—
5 岁 5 years	48600	845244	12161
6 岁及以上 6 years and over	4559	64333	994801
具有法人资格的中外合作办学	0	0	0
2 岁及以下 2 Years and Under	0	0	—
3 岁 3 years	0	0	—
4 岁 4 years	0	0	—
5 岁 5 years	0	0	0
6 岁及以上 6 years and over	0	0	0

幼儿园
Number of Educational

类别 Item	教职工数 Educational Personnel	园长 Kindergarten Principals	专任教师 Full-time Teachers
总　计 Total	**5514369**	**266418**	**2962905**
#女 of Which：Female	5105819	242005	2896882
#少数民族 of Which：Minorities	451118	22600	254243
#在编人员 of Which：Permanent Staff	874623	77061	699260
#接受过专业教育 of Which：Pre-primary Education Programmes	4428343	236403	2778631
教育部门 Run by Edu. Dept.	2279403	89878	1332129
其他部门 Run by Non-ed. Dept.	80434	2525	42554
地方企业 Run by Local Enterprises	75536	2644	38385
事业单位 Run by Public Institutions	87152	4098	46476
部队 Run by Army	18436	662	9113
集体 Run by Communities	241940	10764	128561
民办 Non-government	2731279	155841	1365601
#普惠性民办幼儿园 of Which：Inclusive Voluntary Kindergartens	2038836	118966	1022649
具有法人资格的中外合作办学	189	6	86
城区 Urban Area	2990156	117988	1548344
教育部门 Run by Edu. Dept.	1078881	29919	603701
其他部门 Run by Non-ed. Dept.	58175	1666	30868
地方企业 Run by Local Enterprises	63516	2168	32085
事业单位 Run by Public Institutions	64979	2429	33547
部队 Run by Army	17863	629	8785
集体 Run by Communities	152106	5803	78592
民办 Non-government	1554447	75368	760680
#普惠性民办幼儿园 of Which：Inclusive Voluntary Kindergartens	1095712	54534	539071
具有法人资格的中外合作办学	189	6	86
镇区 County and Town Area	1836980	92797	1031570
教育部门 Run by Edu. Dept.	842576	33115	513598
其他部门 Run by Non-ed. Dept.	18647	673	9832
地方企业 Run by Local Enterprises	9866	358	5129
事业单位 Run by Public Institutions	14940	963	8841
部队 Run by Army	207	13	123
集体 Run by Communities	54045	2380	30069
民办 Non-government	896699	55295	463978
#普惠性民办幼儿园 of Which：Inclusive Voluntary Kindergartens	702991	43535	362767
具有法人资格的中外合作办学	0	0	0
乡村 Rural Area	687233	55633	382991
教育部门 Run by Edu. Dept.	357946	26844	214830
其他部门 Run by Non-ed. Dept.	3612	186	1854
地方企业 Run by Local Enterprises	2154	118	1171
事业单位 Run by Public Institutions	7233	706	4088
部队 Run by Army	366	20	205
集体 Run by Communities	35789	2581	19900
民办 Non-government	280133	25178	140943
#普惠性民办幼儿园 of Which：Inclusive Voluntary Kindergartens	240133	20897	120811
具有法人资格的中外合作办学	0	0	0

教职工数
Personnel in Kindergartens

单位：人
unit：person

保育员 Caretakers	卫生保健人员 Health Care Workers	行政人员 Adm. Personnel	教辅人员 Supporting Staffs	工勤人员 Workers	校外教师 Part-time Teachers	外籍教师 Foreign Teachers
1203160	**169525**	**139598**	**104803**	**667960**	**41565**	**3841**
1191534	160913	122001	84895	407589	36763	1844
92287	7937	7092	12537	54422	10410	—
26504	14732	24986	19470	12610	—	—
826446	115787	102010	63136	305930	26170	2492
462728	57601	42550	53202	241315	30481	50
15751	2722	2967	2051	11864	6951	53
16203	2561	3046	1501	11196	140	1
17909	2882	3112	1720	10955	491	0
3319	769	1000	679	2894	46	0
52322	8076	5429	4242	32546	849	12
634889	94905	81486	41391	357166	2607	3703
480761	70857	53984	26788	264831	1917	353
39	9	8	17	24	0	22
660532	103413	99364	62951	397564	10258	3524
224326	34143	29518	27830	129444	8150	42
11212	2093	2489	1659	8188	421	53
13692	2203	2699	1227	9442	124	1
13641	2420	2796	1241	8905	196	0
3240	747	972	662	2828	42	0
33767	5389	3748	2922	21885	170	8
360615	56409	57134	27393	216848	1155	3398
258591	40064	35825	16212	151415	717	289
39	9	8	17	24	0	22
402924	49023	32034	30229	198403	19196	228
170855	17298	10264	17475	79971	12810	5
3842	533	384	312	3071	4868	0
2045	290	306	242	1496	14	0
2826	325	238	334	1413	155	0
22	7	9	9	24	0	0
11842	1612	954	796	6392	350	2
211492	28958	19879	11061	106036	999	221
167760	22665	14347	8116	83801	805	46
0	0	0	0	0	0	0
139704	17089	8200	11623	71993	12111	89
67547	6160	2768	7897	31900	9521	3
697	96	94	80	605	1662	0
466	68	41	32	258	2	0
1442	137	78	145	637	140	0
57	15	19	8	42	4	0
6713	1075	727	524	4269	329	2
62782	9538	4473	2937	34282	453	84
54410	8128	3812	2460	29615	395	18
0	0	0	0	0	0	0

学前教育专任
Number of Full-time Teachers of Pre-primary

类别 Item	合计 Total	博士研究生 Doctor's Diploma	硕士研究生 Master's Diploma
总　计 Total	**3073704**	**73**	**9294**
#女 of Which:Female	2999510	67	8902
城区 Urban Area	1566006	49	8127
镇区 County and Town Area	1064474	11	900
乡村 Rural Area	443224	13	267

学前教育专任教师分专业
Number of Full-time Teachers in Pre-primary

类别 Item	合计 Total	#女 of Which Female	24岁及以下 24 and Under	25-29岁 25 to 29
总　计 Total	**3073704**	**2999510**	**612116**	**906014**
#女 of Which:Female	2999510	—	600429	888079
#少数民族 of Which: Minority Students	262874	249666	53909	83098
正高级 Senior	426	302	0	0
副高级 Sub-senior	45593	37151	9	39
中　级 Middle	261298	245555	477	10961
助理级 Associate	505037	486549	26500	202491
员　级 Junior	152041	147415	32255	63167
未定职级 No-ranking	2109309	2082538	552875	629356
城区 Urban Area	1566006	1542858	349304	475210
正高级 Senior	192	177	0	0
副高级 Sub-senior	15343	14666	7	33
中　级 Middle	130785	127730	156	4548
助理级 Associate	259090	252107	14268	103753
员　级 Junior	74403	73156	14978	29834
未定职级 No-ranking	1086193	1075022	319895	337042
镇区 Counties and Towns Area	1064474	1038462	196057	306556
正高级 Senior	154	88	0	0
副高级 Sub-senior	19758	16466	0	3
中　级 Middle	95511	89396	249	4527
助理级 Associate	176846	170351	8947	71135
员　级 Junior	51135	49535	11911	21791
未定职级 No-ranking	721070	712626	174950	209100
乡村 Rural Area	443224	418190	66755	124248
正高级 Senior	80	37	0	0
副高级 Sub-senior	10492	6019	2	3
中　级 Middle	35002	28429	72	1886
助理级 Associate	69101	64091	3285	27603
员　级 Junior	26503	24724	5366	11542
未定职级 No-ranking	302046	294890	58030	83214

教师分学历情况
Education by Academic Qualifications

单位：人
unit：person

本科毕业 Bachelor's Diploma	专科毕业 Associate Bachelor	高中阶段毕业 High School Graduate	高中阶段以下毕业 Below High School Graduate
1143476	**1697640**	**210106**	**13115**
1105539	1665249	206903	12850
646369	846801	62018	2642
369790	600498	87837	5438
127317	250341	60251	5035

技术职务、分年龄结构情况
Education by Professional Rank and Age

单位：人
unit：person

30-34 岁 30 to 34	35-39 岁 35 to 39	40-44 岁 40 to 44	45-49 岁 45 to 49	50-54 岁 50 to 54	55-59 岁 55 to 59	60 岁及以上 60 and Over
690577	**420837**	**224112**	**119221**	**80257**	**19783**	**787**
679378	414019	218053	113752	73992	11183	625
54770	34234	18334	9793	6563	2108	65
4	10	16	60	157	170	9
261	2375	6974	10836	15993	9064	42
54792	60366	56453	40667	32835	4625	122
153645	71357	31509	12512	6056	935	32
31053	14815	6758	2680	1116	183	14
450822	271914	122402	52466	24100	4806	568
334044	207632	106328	52893	35527	4806	262
2	2	9	27	71	73	8
143	1181	2803	3891	5494	1780	11
28602	32582	27396	19323	17209	946	23
76855	38154	16564	6262	2977	240	17
15279	8038	4026	1568	588	86	6
213163	127675	55530	21822	9188	1681	197
250341	149391	81587	44347	28572	7344	279
0	7	6	19	55	67	0
83	939	3170	4875	6882	3792	14
19835	21696	21634	15110	10837	1579	44
55708	24093	10440	4231	1981	305	6
10261	4393	1731	694	304	48	2
164454	98263	44606	19418	8513	1553	213
106192	63814	36197	21981	16158	7633	246
2	1	1	14	31	30	1
35	255	1001	2070	3617	3492	17
6355	6088	7423	6234	4789	2100	55
21082	9110	4505	2019	1098	390	9
5513	2384	1001	418	224	49	6
73205	45976	22266	11226	6399	1572	158

幼儿园教职工政治面貌及其他
Supplementary Information on Educational Personnel of Kindergarten Buildings

单位：人
unit：person

类别 Item	教职工中 of Total Staff and Workers				专任教师中 of Total Full-time Teachers			
	共产党员 Member of C. P. C	共青团员 Member of C. Y. L.	民主党派 Member of Non-Communist Party	华侨 Overseas Chinese	共产党员 Member of C. P. C	共青团员 Member of C. Y. L.	民主党派 Member of Non-Communist Party	华侨 Overseas Chinese
总　计 Total	**345222**	**571102**	**7566**	**31**	**237590**	**499872**	**3989**	**8**
#女 of Which：Female	304645	554676	7064	27	222693	488340	3906	8
城区 Urban Area	187397	377110	4623	17	128569	330690	2475	2
#女 of Which：Female	172878	368043	4348	15	124533	324489	2439	2
镇区 Counties and Towns Area	113669	147535	2201	5	79655	128549	1086	0
#女 of Which：Female	98783	143054	2049	3	74149	125299	1058	0
乡村 Rural Area	44156	46457	742	9	29366	40633	428	6
#女 of Which：Female	32984	43579	667	9	24011	38552	409	6

幼儿园校舍情况
Condition of Kindergarten Buildings

单位：平方米
unit：m^2

类别 Item	合计 Total	城区 Urban Area	镇区 Counties and Towns Area	乡村 Rural Area
总　计 Total	**496729693.52**	**243017232.74**	**176588956.74**	**77123504.04**
一、教学及辅助用房 Buildings for Instruction and Ancillary Uses	359360522.96	176430485.94	128342781.56	54587255.46
班级活动单元 Class Activities Unit	323365844.52	156601349.30	116774309.68	49990185.54
活动室 Recreational	190429687.64	92620896.66	68575562.22	29233228.76
寝室 Bedroom	74665378.01	35374611.84	27677815.16	11612951.01
卫生间 Toilet	33172720.89	15809859.17	11964189.52	5398672.20
其他 Others	25098057.98	12795981.63	8556742.78	3745333.57
综合活动室 Multi-functional Room	35994678.44	19829136.64	11568471.88	4597069.92
二、行政办公用房 Administrative	39739918.85	18355281.01	14223430.00	7161207.84
办公室 Office	21403504.80	9603888.57	7815029.27	3984586.96
保健观察室 Health Observation Room	7222126.66	2902983.11	2667962.96	1651180.59
其他 Others	11114287.39	5848409.33	3740437.77	1525440.29
三、生活用房 Residential and Welfare	49130669.23	23987946.05	16744707.17	8398016.01
厨房 Kitchen	24739846.05	11807505.48	8566571.65	4365768.92
其他 Others	24390823.18	12180440.57	8178135.52	4032247.09
四、其他用房 Rooms for Other Purposes	48498582.48	24243519.74	17278038.01	6977024.73

幼儿园资产情况

Condition of Fixed Assets and Teaching Resources in Kindergarten

类别 Item	占地面积 （平方米） Areas Occupied （m^2）	#绿化用地面积 of Which： Green Areas	#室外游戏场地 of Which： Outdoor Playground	图书 （册） Books and Magazines in Libraries （Volume）
总　计 Total	**779092812. 43**	**143412119. 30**	**277026097. 44**	**572380253**
城区 Urban Area	315622122. 41	59190257. 48	118965967. 08	282488018
镇区 Counties and Towns Area	281704419. 73	50955106. 39	99039167. 57	205541365
乡村 Rural Area	181766270. 29	33266755. 43	59020962. 79	84350870

七、专门学校
Specialized Schools

专门学校基本情况
Basic Statistics of Specialized Schools

单位：人
unit：person

类别 Item	学校数（所）Schools	班数（个）Classes	离校人数 Sclools Leavers	入校人数 No. of Persons Enrolled	在校生数 Enrolment	教职工数 Educational Personnel	#专任教师 of Which：Full-time Teachers
总　计 Total	**150**	**449**	**5753**	**8420**	**9891**	**4532**	**2873**
#女 of Which：Female	—	—	792	1104	1640	1841	1312

八、成人中小学
Adult Primary and Secondary Schools

类别 Item	学校数（所） Schools	教学班（点）（个） External Teaching Sites	离校人数 No. of Persons Left School	#女 of Which: Female	入校人数 No. of Persons Enrolled	#女 of Which: Female
一、成人中学 Adult Secondary Schools	**34**	**229**	**5679**	**2882**	**5757**	**3191**
#少数民族 of which: Minority	—	—	165	—	234	—
职工中学 Sec. Schools for Staff and workers	1	46	1360	757	1386	987
高中 Senior Sec. Schools for Staff and workers	1	46	1360	757	1386	987
初中 Junior Secondary Schools for Staff and workers	0	0	0	0	0	0
农民中学 Sec. Schools for Peasants	33	183	4319	2125	4371	2204
高中 Senior Sec. Schools for Peasants	4	27	1455	922	1455	916
初中 Junior Secondary Schools for Peasants	29	156	2864	1203	2916	1288
二、成人小学 Adult Primary Schools	**21**	**41**	**3355**	**1510**	**921**	**554**
#少数民族 of which: Minority	—	—	3050	—	525	—
职工小学 General Primary Schools for Staff and workers	0	0	0	0	0	0
农民小学 General Primary Schools for Peasants	21	41	3355	1510	921	554

基本情况
Primary and Secondary Schools

单位：人
unit：person

在校生数 Total In-school Students	#女 of Which：Female	教职工数 Educational Personnel	#女 of Which：Female	专任教师 Full-time Teacher	#女 of Which：Female
9961	**4954**	**327**	**116**	**241**	**88**
284	—	5	—	4	—
3975	2015	22	7	19	6
3975	2015	22	7	19	6
0	0	0	0	0	0
5986	2939	305	109	222	82
1610	1016	84	19	43	6
4376	1923	221	90	179	76
1678	**1152**	**82**	**30**	**66**	**28**
1092	—	57	—	47	—
0	0	0	0	0	0
1678	1152	82	30	66	28

九、各级各类学校分布情况
Geographical Distribution of Schools by Type and Level

高等教育
Number of Higher

地区 Region	普通、职业高校 Regular HEIs	#中央部门办 of Which: HEIs under Central Ministries and Agencies	普通本科学校 Academic HEIs
总　计 Total	**2822**	**118**	**1242**
北　京 Beijing	92	39	67
天　津 Tianjin	56	3	30
河　北 Hebei	128	4	58
山　西 Shanxi	83	0	32
内蒙古 Inner Mongolia	54	0	17
辽　宁 Liaoning	114	5	62
吉　林 Jilin	66	2	37
黑龙江 Heilongjiang	78	3	39
上　海 Shanghai	68	10	39
江　苏 Jiangsu	168	10	77
浙　江 Zhejiang	109	1	58
安　徽 Anhui	121	2	46
福　建 Fujian	89	2	38
江　西 Jiangxi	109	0	42
山　东 Shandong	156	3	67
河　南 Henan	168	1	57
湖　北 Hubei	132	8	68
湖　南 Hunan	137	3	51
广　东 Guangdong	162	4	66
广　西 Guangxi	87	0	36
海　南 Hainan	22	0	8
重　庆 Chongqing	72	2	26
四　川 Sichuan	137	6	52
贵　州 Guizhou	77	0	28
云　南 Yunnan	88	1	32
西　藏 Xizang	7	0	4
陕　西 Shaanxi	97	6	55
甘　肃 Gansu	50	2	20
青　海 Qinghai	12	0	4
宁　夏 Ningxia	21	1	8
新　疆 Xinjiang	62	0	18

学校(机构)数
Education Institutions

单位：所
unit: institution

本科层次职业学校 Professional HEIs	高职(专科)院校 Vocational HEIs	成人高等学校 Adult HEIs	#中央部门办 of Which: HEIs under Central Ministries and Agencies
33	**1547**	**252**	**13**
0	25	23	8
0	26	13	0
3	67	5	1
2	49	8	0
0	37	2	0
1	51	18	2
0	29	14	0
0	39	16	0
1	28	12	0
1	90	8	1
2	49	8	0
0	75	6	0
1	50	3	0
3	64	5	0
3	86	11	0
1	110	10	0
0	64	13	0
1	85	12	0
3	93	14	0
2	49	4	0
1	13	1	0
1	45	3	0
1	84	12	1
1	48	3	0
0	56	1	0
0	3	0	0
2	40	14	0
2	28	4	0
0	8	2	0
0	13	1	0
1	43	6	0

高等学校(机

Number of Postgraduates Students in

地区 Region	毕(结)业生数 Graduates	#女 of Which: Female	博士 Doctor's Diploma	硕士 Master's Diploma	授予学位数 Degree Awarded	招生数 Entrants	#女 of Which: Female	博士 Doctor's Diploma
总　计 Total	**1014755**	**543513**	**87126**	**927629**	**1009805**	**1301679**	**659749**	**153275**
北　京 Beijing	130172	67941	24463	105709	130106	165559	81285	37596
天　津 Tianjin	26164	14894	2260	23904	26355	32929	17467	4492
河　北 Hebei	24048	13467	872	23176	23702	30152	15674	1533
山　西 Shanxi	16028	9356	615	15413	16072	21423	11590	1463
内蒙古 Inner Mongolia	11348	6847	355	10993	11344	14199	8197	667
辽　宁 Liaoning	51929	27867	2772	49157	51279	60786	30564	4808
吉　林 Jilin	27854	16714	2401	25453	27615	33286	19034	3802
黑龙江 Heilongjiang	32411	16587	2705	29706	32513	42229	19665	5501
上　海 Shanghai	65681	34823	7567	58114	65620	84106	42041	14066
江　苏 Jiangsu	79481	39365	6539	72942	78655	104250	49551	11610
浙　江 Zhejiang	38334	19788	3185	35149	37145	54279	26534	6343
安　徽 Anhui	30218	14332	2595	27623	30037	40913	18180	4285
福　建 Fujian	23438	12576	1710	21728	23121	30056	15458	2684
江　西 Jiangxi	19218	10095	670	18548	19161	24857	12465	1352
山　东 Shandong	46836	25845	2516	44320	46712	59591	31630	4624
河　南 Henan	27533	16228	771	26762	27278	35205	19657	1588
湖　北 Hubei	58587	30286	5257	53330	58356	74025	36203	8962
湖　南 Hunan	31845	17660	2834	29011	32493	40064	20595	4590
广　东 Guangdong	54905	29134	5180	49725	54418	72058	36002	8445
广　西 Guangxi	18840	10611	564	18276	18720	24135	13034	1142
海　南 Hainan	4023	2343	155	3868	3993	5957	3207	569
重　庆 Chongqing	27658	16026	1369	26289	27573	36179	19874	2916
四　川 Sichuan	45483	23594	3374	42109	45935	55437	27426	5959
贵　州 Guizhou	10754	6640	276	10478	10681	14217	8717	836
云　南 Yunnan	20055	11621	718	19337	20038	26271	14821	1646
西　藏 Xizang	1463	829	52	1411	1427	2139	1236	139
陕　西 Shaanxi	54529	27407	3645	50884	53291	69533	33114	7860
甘　肃 Gansu	16817	9092	1070	15747	16936	22025	11986	2113
青　海 Qinghai	3058	1926	80	2978	3007	3894	2300	246
宁　夏 Ningxia	4213	2579	163	4050	4241	5120	2995	353
新　疆 Xinjiang	11832	7040	393	11439	11981	16805	9247	1085

构)研究生数
Higher Education Institutions

单位：人
unit：person

硕士 Master's Diploma	在校生数 Enrolment	#女 of Which： Female	博士 Doctor's Diploma	硕士 Master's Diploma	预计毕业生数 Estimated Graduates for Next Year	#女 of Which： Female	博士 Doctor's Diploma	硕士 Master's Diploma
1148404	**3882940**	**1963385**	**612489**	**3270451**	**1361954**	**693253**	**221945**	**1140009**
127963	494566	238670	149988	344578	179891	87871	52428	127463
28437	98403	51560	17695	80708	33549	17586	5756	27793
28619	86972	45870	5967	81005	29355	15653	2392	26963
19960	60454	33118	5059	55395	20208	11291	1854	18354
13532	40100	23181	2753	37347	14661	8667	1433	13228
55978	179606	90347	20707	158899	62012	31290	8424	53588
29484	101297	57996	16313	84984	39782	23188	8108	31674
36728	121581	57222	22761	98820	39805	19514	9076	30729
70040	258362	127869	57036	201326	92388	45067	18343	74045
92640	319597	150261	49370	270227	112917	53157	18839	94078
47936	164293	81045	24714	139579	52926	26344	8215	44711
36628	118297	52038	16050	102247	39298	17381	4772	34526
27372	90495	46192	10571	79924	31848	16276	3800	28048
23505	71731	36081	4663	67068	24662	12438	1976	22686
54967	175734	93741	18296	157438	59838	31646	6351	53487
33617	99012	55255	6088	92924	32157	18144	1995	30162
65063	229801	113580	37677	192124	88254	44083	15470	72784
35474	123993	63626	19745	104248	44459	22709	8254	36205
63613	209528	104162	30877	178651	72442	36342	11397	61045
22993	68977	37157	4011	64966	24064	13089	1539	22525
5388	16890	8952	1822	15068	5781	3094	503	5278
33263	111902	62472	11094	100808	40769	23386	3550	37219
49478	166999	81812	22967	144032	59057	28641	8005	51052
13381	40993	24989	2807	38186	13349	7907	1140	12209
24625	77148	43380	6233	70915	26281	14595	2358	23923
2000	6194	3550	435	5759	1742	955	103	1639
61673	213399	102880	32843	180556	72977	36333	10670	62307
19912	64901	35096	8132	56769	22220	11827	2981	19239
3648	10695	6396	822	9873	3729	2306	309	3420
4767	13519	8174	1102	12417	5130	3138	463	4667
15720	47501	26713	3891	43610	16403	9335	1441	14962

普通高校

Number of Postgraduates in Regular

地区 Region	毕(结)业生数 Graduates	#女 of Which: Female	博士 Doctor's Diploma	硕士 Master's Diploma	授予学位数 Degree Awarded	招生数 Entrants	#女 of Which: Female	博士 Doctor's Diploma
总　计 Total	**1004852**	**538796**	**85513**	**919339**	**1000050**	**1288996**	**653791**	**150772**
北　京 Beijing	123963	64921	23041	100922	124006	157343	77280	35397
天　津 Tianjin	26138	14887	2260	23878	26329	32908	17462	4492
河　北 Hebei	24041	13466	872	23169	23695	30129	15674	1533
山　西 Shanxi	15919	9289	615	15304	15963	21285	11533	1463
内蒙古 Inner Mongolia	11342	6847	355	10987	11338	14177	8188	667
辽　宁 Liaoning	51870	27846	2771	49099	51220	60718	30534	4801
吉　林 Jilin	27797	16685	2401	25396	27557	33214	18991	3802
黑龙江 Heilongjiang	31930	16327	2686	29244	32032	41691	19404	5471
上　海 Shanghai	64954	34456	7516	57438	64893	83369	41680	13999
江　苏 Jiangsu	79254	39298	6499	72755	78431	103878	49409	11529
浙　江 Zhejiang	38111	19678	3184	34927	36928	54112	26467	6340
安　徽 Anhui	30211	14332	2595	27616	30030	40905	18180	4285
福　建 Fujian	23305	12488	1710	21595	22989	29915	15378	2684
江　西 Jiangxi	19212	10094	670	18542	19155	24852	12464	1352
山　东 Shandong	46700	25777	2516	44184	46576	59431	31555	4624
河　南 Henan	27465	16209	770	26695	27210	35143	19640	1586
湖　北 Hubei	58219	30143	5245	52974	57988	73570	36022	8955
湖　南 Hunan	31739	17607	2834	28905	32387	39928	20531	4590
广　东 Guangdong	54776	29071	5175	49601	54307	71844	35892	8434
广　西 Guangxi	18840	10611	564	18276	18720	24135	13034	1142
海　南 Hainan	4023	2343	155	3868	3993	5957	3207	569
重　庆 Chongqing	27600	15987	1369	26231	27515	36078	19820	2916
四　川 Sichuan	45045	23387	3342	41703	45497	54933	27160	5915
贵　州 Guizhou	10737	6637	276	10461	10664	14187	8710	836
云　南 Yunnan	20023	11609	715	19308	20006	26191	14795	1633
西　藏 Xizang	1463	829	52	1411	1427	2139	1236	139
陕　西 Shaanxi	54297	27350	3623	50674	53071	69161	33030	7824
甘　肃 Gansu	16775	9077	1066	15709	16894	21984	11973	2110
青　海 Qinghai	3058	1926	80	2978	3007	3894	2300	246
宁　夏 Ningxia	4213	2579	163	4050	4241	5120	2995	353
新　疆 Xinjiang	11832	7040	393	11439	11981	16805	9247	1085

研究生数
Higher Education Institutions

单位：人
unit：person

硕士 Master's Diploma	在校生数 Enrolment	#女 of Which: Female	博士 Doctor's Diploma	硕士 Master's Diploma	预计毕业生数 Estimated Graduates for Next Year	#女 of Which: Female	博士 Doctor's Diploma	硕士 Master's Diploma
1138224	**3845027**	**1945782**	**603000**	**3242027**	**1348396**	**687222**	**217608**	**1130788**
121946	469884	226897	141781	328103	170668	83689	48624	122044
28416	98329	51542	17695	80634	33523	17582	5756	27767
28596	86931	45868	5967	80964	29347	15653	2392	26955
19822	60076	32952	5059	55017	20091	11239	1854	18237
13510	40042	23168	2753	37289	14645	8666	1433	13212
55917	179377	90259	20675	158702	61935	31266	8409	53526
29412	101080	57866	16313	84767	39712	23146	8108	31604
36220	119939	56430	22608	97331	39247	19285	9012	30235
69370	256181	126789	56720	199461	91524	44649	18162	73362
92349	318522	149908	48997	269525	112578	53047	18703	93875
47772	163450	80564	24704	138746	52618	26161	8214	44404
36620	118273	52037	16050	102223	39290	17381	4772	34518
27231	90072	45918	10571	79501	31704	16173	3800	27904
23500	71719	36080	4663	67056	24658	12438	1976	22682
54807	175269	93518	18296	156973	59691	31583	6351	53340
33557	98786	55200	6073	92713	32084	18128	1995	30089
64615	228547	113103	37645	190902	87883	43950	15463	72420
35338	123600	63448	19745	103855	44342	22661	8254	36088
63410	208953	103868	30842	178111	72289	36257	11387	60902
22993	68977	37157	4011	64966	24064	13089	1539	22525
5388	16890	8952	1822	15068	5781	3094	503	5278
33162	111626	62322	11094	100532	40692	23344	3550	37142
49018	165518	81092	22825	142693	58580	28429	7948	50632
13351	40925	24973	2807	38118	13330	7906	1140	12190
24558	76972	43331	6201	70771	26238	14584	2347	23891
2000	6194	3550	435	5759	1742	955	103	1639
61337	212413	102656	32718	179695	72705	36277	10628	62077
19874	64767	35051	8115	56652	22173	11811	2972	19201
3648	10695	6396	822	9873	3729	2306	309	3420
4767	13519	8174	1102	12417	5130	3138	463	4667
15720	47501	26713	3891	43610	16403	9335	1441	14962

地区 Region	毕(结)业生数 Graduates	#女 of Which: Female	博士 Doctor's Diploma	硕士 Master's Diploma	授予学位数 Degree Awarded	招生数 Entrants	#女 of Which: Female	博士 Doctor's Diploma
总　计 Total	**9903**	**4717**	**1613**	**8290**	**9755**	**12683**	**5958**	**2503**
北　京 Beijing	6209	3020	1422	4787	6100	8216	4005	2199
天　津 Tianjin	26	7	0	26	26	21	5	0
河　北 Hebei	7	1	0	7	7	23	0	0
山　西 Shanxi	109	67	0	109	109	138	57	0
内蒙古 Inner Mongolia	6	0	0	6	6	22	9	0
辽　宁 Liaoning	59	21	1	58	59	68	30	7
吉　林 Jilin	57	29	0	57	58	72	43	0
黑龙江 Heilongjiang	481	260	19	462	481	538	261	30
上　海 Shanghai	727	367	51	676	727	737	361	67
江　苏 Jiangsu	227	67	40	187	224	372	142	81
浙　江 Zhejiang	223	110	1	222	217	167	67	3
安　徽 Anhui	7	0	0	7	7	8	0	0
福　建 Fujian	133	88	0	133	132	141	80	0
江　西 Jiangxi	6	1	0	6	6	5	1	0
山　东 Shandong	136	68	0	136	136	160	75	0
河　南 Henan	68	19	1	67	68	62	17	2
湖　北 Hubei	368	143	12	356	368	455	181	7
湖　南 Hunan	106	53	0	106	106	136	64	0
广　东 Guangdong	129	63	5	124	111	214	110	11
广　西 Guangxi	0	0	0	0	0	0	0	0
海　南 Hainan	0	0	0	0	0	0	0	0
重　庆 Chongqing	58	39	0	58	58	101	54	0
四　川 Sichuan	438	207	32	406	438	504	266	44
贵　州 Guizhou	17	3	0	17	17	30	7	0
云　南 Yunnan	32	12	3	29	32	80	26	13
西　藏 Xizang	0	0	0	0	0	0	0	0
陕　西 Shaanxi	232	57	22	210	220	372	84	36
甘　肃 Gansu	42	15	4	38	42	41	13	3
青　海 Qinghai	0	0	0	0	0	0	0	0
宁　夏 Ningxia	0	0	0	0	0	0	0	0
新　疆 Xinjiang	0	0	0	0	0	0	0	0

研究生数
in Research Institutions

单位：人
unit：person

硕士 Master's Diploma	在校生数 Enrolment	#女 of Which: Female	博士 Doctor's Diploma	硕士 Master's Diploma	预计毕业生数 Estimated Graduates for Next Year	#女 of Which: Female	博士 Doctor's Diploma	硕士 Master's Diploma
10180	**37913**	**17603**	**9489**	**28424**	**13558**	**6031**	**4337**	**9221**
6017	24682	11773	8207	16475	9223	4182	3804	5419
21	74	18	0	74	26	4	0	26
23	41	2	0	41	8	0	0	8
138	378	166	0	378	117	52	0	117
22	58	13	0	58	16	1	0	16
61	229	88	32	197	77	24	15	62
72	217	130	0	217	70	42	0	70
508	1642	792	153	1489	558	229	64	494
670	2181	1080	316	1865	864	418	181	683
291	1075	353	373	702	339	110	136	203
164	843	481	10	833	308	183	1	307
8	24	1	0	24	8	0	0	8
141	423	274	0	423	144	103	0	144
5	12	1	0	12	4	0	0	4
160	465	223	0	465	147	63	0	147
60	226	55	15	211	73	16	0	73
448	1254	477	32	1222	371	133	7	364
136	393	178	0	393	117	48	0	117
203	575	294	35	540	153	85	10	143
0	0	0	0	0	0	0	0	0
0	0	0	0	0	0	0	0	0
101	276	150	0	276	77	42	0	77
460	1481	720	142	1339	477	212	57	420
30	68	16	0	68	19	1	0	19
67	176	49	32	144	43	11	11	32
0	0	0	0	0	0	0	0	0
336	986	224	125	861	272	56	42	230
38	134	45	17	117	47	16	9	38
0	0	0	0	0	0	0	0	0
0	0	0	0	0	0	0	0	0
0	0	0	0	0	0	0	0	0

高等教育普通

Number of Regular Students for

地区 Region	毕(结)业生数 Graduates	#女 of Which: Female	授予学位数 Degree Awarded
总　计 Total	**4897422**	**2683330**	**4880205**
北　京 Beijing	135534	68540	135869
天　津 Tianjin	91377	49179	91474
河　北 Hebei	243685	135352	243229
山　西 Shanxi	138436	77381	137718
内蒙古 Inner Mongolia	74608	43193	74409
辽　宁 Liaoning	182360	89050	182101
吉　林 Jilin	130255	71142	129977
黑龙江 Heilongjiang	144972	76543	144672
上　海 Shanghai	98285	53014	97570
江　苏 Jiangsu	304220	161479	301536
浙　江 Zhejiang	174640	99549	173814
安　徽 Anhui	195681	98327	194825
福　建 Fujian	143409	78543	143212
江　西 Jiangxi	174979	90550	173959
山　东 Shandong	321685	181150	322636
河　南 Henan	349800	197446	349648
湖　北 Hubei	255222	133414	253300
湖　南 Hunan	204927	113355	203794
广　东 Guangdong	329217	176561	329626
广　西 Guangxi	154815	94044	153974
海　南 Hainan	32060	18199	31558
重　庆 Chongqing	132447	75485	132036
四　川 Sichuan	265688	147364	265611
贵　州 Guizhou	105794	64297	104606
云　南 Yunnan	136288	85137	135726
西　藏 Xizang	6851	3577	6741
陕　西 Shaanxi	188126	101586	186692
甘　肃 Gansu	84330	44460	83878
青　海 Qinghai	11402	6486	11336
宁　夏 Ningxia	23688	13928	23479
新　疆 Xinjiang	62641	34999	61199

本科学生数
Normal in Higher Education

单位：人
unit：person

招生数 Entrants	在校生数 Enrolment	#女 of Which：Female	预计毕业生数 Estimated Graduates for NextYear	#女 of Which：Female
4781609	**20346933**	**10625155**	**5288254**	**2783982**
144457	568295	274459	142743	69416
94514	380429	197608	96991	49885
233553	985569	531415	256061	137903
125285	550715	296388	146862	81955
65375	293820	164310	79532	45161
184841	774231	376622	198216	94890
132373	542597	285753	139140	74851
143488	601630	303001	152703	78768
104537	424483	214554	110457	55790
306815	1277612	618642	323540	161758
171681	731380	386216	192314	99885
184840	787849	382315	203231	99213
139086	598927	310140	156271	78665
180195	739124	370534	185526	94701
286097	1259763	669195	336487	184360
326198	1428713	769832	379838	210110
240098	1030857	518171	269401	136216
230573	913956	476364	219784	116767
311217	1375855	702899	364517	185849
153574	659755	372238	176847	95447
31913	133821	72196	34679	18945
123062	550830	302584	148187	79175
266344	1142291	606876	297077	155282
92503	411369	233719	111283	65911
126150	567069	340730	154302	95063
7479	30574	15538	7505	4692
184320	792256	412451	208790	110586
78598	338906	178404	87653	46277
12270	48758	27578	10603	5872
26198	107224	59583	26642	14428
73975	298275	154840	71072	36161

地区 Region	毕(结)业生数 Graduates	#女 of Which: Female	本科 Bachelor's Diploma	专科 Short-cycle Courses	授予学位数 Degree Awarded	招生数 Entrants	本科 Bachelor's Diploma
总　计 Total	**5572836**	**2642719**	**39924**	**5532912**	**39495**	**5640597**	**89899**
北　京 Beijing	23332	10749	0	23332	0	28395	0
天　津 Tianjin	77194	32575	0	77194	0	70322	0
河　北 Hebei	265255	130505	0	265255	0	290889	8863
山　西 Shanxi	124704	54971	0	124704	0	114133	6255
内蒙古 Inner Mongolia	76469	33578	0	76469	0	76330	0
辽　宁 Liaoning	186767	60813	35	186732	34	128483	1670
吉　林 Jilin	73667	34162	0	73667	0	79705	0
黑龙江 Heilongjiang	109670	46885	0	109670	0	117155	0
上　海 Shanghai	50136	23648	107	50029	106	48152	2344
江　苏 Jiangsu	325884	148757	1327	324557	1315	325095	4299
浙　江 Zhejiang	184329	91385	311	184018	308	156898	4806
安　徽 Anhui	254220	116045	0	254220	0	236204	0
福　建 Fujian	154380	75630	1997	152383	1928	175750	2573
江　西 Jiangxi	247701	115502	4173	243528	4151	270188	7360
山　东 Shandong	423540	214178	6377	417163	6367	462415	9603
河　南 Henan	483125	235644	3002	480123	2972	520626	4370
湖　北 Hubei	249718	111149	0	249718	0	282198	0
湖　南 Hunan	257892	127296	0	257892	0	300633	1709
广　东 Guangdong	531609	252638	6509	525100	6547	428212	7945
广　西 Guangxi	214353	107115	3911	210442	3833	269170	7258
海　南 Hainan	42231	18319	3200	39031	3164	45315	2514
重　庆 Chongqing	166967	73345	2916	164051	2845	159898	3561
四　川 Sichuan	286548	145888	2186	284362	2184	340400	2680
贵　州 Guizhou	147106	76067	0	147106	0	166965	2457
云　南 Yunnan	186230	102361	0	186230	0	166584	0
西　藏 Xizang	4781	2376	0	4781	0	3888	0
陕　西 Shaanxi	186648	78280	2997	183651	2959	155439	3971
甘　肃 Gansu	105129	48446	0	105129	0	83719	3666
青　海 Qinghai	10792	5643	0	10792	0	12379	0
宁　夏 Ningxia	21544	11088	0	21544	0	18225	0
新　疆 Xinjiang	100915	57681	876	100039	782	106832	1995

本专科学生数
Undergraduate in Higher Education

单位：人
unit：person

					预计毕业生数			
专科 Short-cycle Courses	在校生数 Enrolment	其中:女 of Which: Female	本科 Bachelor's Diploma	专科 Short-cycle Courses	Estimated Graduates for Next Year	#女 of Which: Female	本科 Bachelor's Diploma	专科 Short-cycle Courses
5550698	**17403213**	**8246764**	**324692**	**17078521**	**5714137**	**2624560**	**71120**	**5643017**
28395	76237	36004	0	76237	25267	10423	0	25267
70322	216140	91853	0	216140	72739	29188	0	72739
282026	854267	410415	18085	836182	272873	126892	0	272873
107878	412144	190396	22436	389708	134852	57002	2856	131996
76330	246243	102064	0	246243	85825	34186	0	85825
126813	379261	165857	5977	373284	121799	49284	2001	119798
79705	278937	121325	0	278937	93375	37244	0	93375
117155	333700	146248	0	333700	113983	47173	0	113983
45808	147960	69260	6012	141948	48754	21189	654	48100
320796	1021434	472957	13365	1008069	326807	147392	2601	324206
152092	560083	275521	16356	543727	196819	93788	3157	193662
236204	791721	360848	0	791721	306183	126517	0	306183
173177	540950	261987	10831	530119	172137	81408	2783	169354
262828	807220	376260	25206	782014	249878	114531	5288	244590
452812	1412785	685288	41585	1371200	446696	218077	11861	434835
516256	1527444	737812	17103	1510341	509221	240086	5184	504037
282198	809049	372757	0	809049	252677	112798	0	252677
298924	864052	419196	3739	860313	259312	123776	327	258985
420267	1225517	608399	30376	1195141	404139	195403	9351	394788
261912	823415	395195	30790	792625	264166	121837	6431	257735
42801	138774	58849	13648	125126	40212	17792	4064	36148
156337	549340	246912	13788	535552	182126	79979	3145	178981
337720	1021839	479023	10337	1011502	310644	144647	2859	307785
164508	495824	247568	7532	488292	160570	79228	0	160570
166584	570004	293910	0	570004	200874	97620	0	200874
3888	12518	6086	0	12518	3633	1901	0	3633
151468	523976	233502	15197	508779	193526	83829	3870	189656
80053	323587	148283	15000	308587	108940	48094	2920	106020
12379	34007	17271	0	34007	11233	5762	0	11233
18225	70106	32858	0	70106	29154	11242	0	29154
104837	334679	182860	7329	327350	115723	66272	1768	113955

高等教育成人
Number of Adult Students for Normal and

地区 Region	毕(结)业生数 Graduates	#女 of Which: Female	本科 Bachelor's Diploma	专科 Short-cycle Courses	授予学位数 Degree Awarded	招生数 Entrants	#女 of Which: Female	本科 Bachelor's Diploma
总　计 Total	**3631278**	**2103086**	**1947475**	**1683803**	**274902**	**4454878**	**2459158**	**2702145**
北　京 Beijing	31955	15998	27679	4276	8603	31696	15206	27862
天　津 Tianjin	24528	14597	12969	11559	276	29579	15118	20193
河　北 Hebei	188723	109846	93414	95309	6711	199793	115348	113759
山　西 Shanxi	42877	23308	29830	13047	4340	71341	36023	50466
内蒙古 Inner Mongolia	11426	6558	9350	2076	477	11410	6024	7681
辽　宁 Liaoning	120274	63124	70897	49377	9803	143877	67381	91421
吉　林 Jilin	128101	77481	71249	56852	3414	277497	170487	205756
黑龙江 Heilongjiang	56038	29580	38742	17296	6686	41961	20744	31604
上　海 Shanghai	45414	24977	32011	13403	6281	58155	30806	41240
江　苏 Jiangsu	272407	135299	159065	113342	32429	295014	143545	161581
浙　江 Zhejiang	177743	96368	87461	90282	28989	195197	102494	109158
安　徽 Anhui	128602	81449	74395	54207	11245	216414	125293	110925
福　建 Fujian	62631	38555	29105	33526	2729	73744	46251	46300
江　西 Jiangxi	160041	91104	93396	66645	7049	117008	69876	75505
山　东 Shandong	429796	253234	254700	175096	45372	524242	290469	324226
河　南 Henan	299631	186225	141497	158134	9843	306258	180897	164832
湖　北 Hubei	160679	92624	95612	65067	6167	288382	157774	201330
湖　南 Hunan	272533	148806	137835	134698	7957	332764	172763	220303
广　东 Guangdong	391038	237483	141372	249666	18030	470119	267371	205993
广　西 Guangxi	146694	91399	73277	73417	37744	141059	88974	81577
海　南 Hainan	13175	8440	4817	8358	576	18073	9048	7542
重　庆 Chongqing	19517	11017	7453	12064	1491	38027	19723	19242
四　川 Sichuan	165281	99638	85131	80150	3860	177462	101138	106350
贵　州 Guizhou	27112	18047	17105	10007	4522	26963	15790	13463
云　南 Yunnan	82058	50940	51830	30228	4078	84461	51253	53552
西　藏 Xizang	4444	2323	2782	1662	501	1023	608	849
陕　西 Shaanxi	93964	47988	57864	36100	2590	156156	72417	118891
甘　肃 Gansu	29181	16232	16479	12702	327	55000	28041	41732
青　海 Qinghai	4539	2967	3632	907	2166	6769	4172	5298
宁　夏 Ningxia	20125	13948	13961	6164	32	20671	12566	13411
新　疆 Xinjiang	20751	13531	12565	8186	614	44763	21558	30103

本专科学生数
Short-cycle Courses in Higher Education

单位：人
unit：person

	在校生数 Enrolment				预计毕业生数 Estimated Graduates for Next Year			
专科 Short-cycle Courses		#女 of Which：Female	本科 Bachelor's Diploma	专科 Short-cycle Courses		#女 of Which：Female	本科 Bachelor's Diploma	专科 Short-cycle Courses
1752733	**10082275**	**5643045**	**6000262**	**4082013**	**4459786**	**2485011**	**2420855**	**2038931**
3834	80399	38456	71644	8755	37116	16943	32419	4697
9386	62713	31655	41002	21711	32668	16351	20530	12138
86034	439899	258705	235121	204778	194729	113262	95200	99529
20875	204938	104891	146709	58229	55730	28566	38277	17453
3729	25560	13975	18503	7057	12893	7296	9855	3038
52456	330198	164210	206918	123280	155071	77494	88957	66114
71741	448250	273207	328589	119661	157011	96779	109091	47920
10357	126053	65156	95886	30167	77051	40775	57336	19715
16915	143473	76506	102221	41252	51183	27322	35690	15493
133433	654995	322859	382210	272785	320994	160638	185359	135635
86039	411686	216082	216853	194833	205840	109164	101150	104690
105489	427796	251377	231644	196152	184165	106806	96895	87270
27444	219484	135083	123140	96344	83936	48330	36187	47749
41503	423941	247791	287126	136815	183664	99209	111835	71829
200016	1124505	623078	665730	458775	539953	305359	285801	254152
141426	697356	417601	374452	322904	345464	211080	169636	175828
87052	550021	305505	369110	180911	234389	128772	142920	91469
112461	716785	377519	457887	258898	326647	177448	188662	137985
264126	1167907	682673	517915	649992	466546	268229	172434	294112
59482	375554	235191	213297	162257	196225	111976	100442	95783
10531	35941	19596	15348	20593	15151	8509	5384	9767
18785	77033	39185	34260	42773	31794	16836	10909	20885
71112	413756	242892	244253	169503	196624	111927	104863	91761
13500	70197	42100	38045	32152	41653	25709	23138	18515
30909	280119	165400	176671	103448	81082	47856	49003	32079
174	9380	5587	7979	1401	4751	2861	4035	716
37265	299682	139615	210811	88871	128518	61711	80385	48133
13268	113844	59425	88101	25743	39184	22613	28446	10738
1471	14435	8623	11185	3250	5491	3361	4519	972
7260	52152	33811	35574	16578	23847	14440	15911	7936
14660	84223	45291	52078	32145	30416	17389	15586	14830

高等教育网络本
Number of Web-based Students for Normal

地区 Region	毕(结)业生数 Graduates	#女 of Which: Female	本科 Bachelor's Diploma	专科 Short-cycle Courses	授予学位数 Degree Awarded
总　计 Total	**2633542**	**1154532**	**1100611**	**1532931**	**129459**
北　京 Beijing	1626581	705731	485820	1140761	31284
天　津 Tianjin	39247	18389	32641	6606	5950
河　北 Hebei	0	0	0	0	0
山　西 Shanxi	0	0	0	0	0
内蒙古 Inner Mongolia	0	0	0	0	0
辽　宁 Liaoning	106709	46905	90977	15732	15879
吉　林 Jilin	70748	37375	49246	21502	8457
黑龙江 Heilongjiang	29235	10864	21310	7925	9504
上　海 Shanghai	49382	26834	25311	24071	3399
江　苏 Jiangsu	58400	25854	26771	31629	7321
浙　江 Zhejiang	164	103	164	0	26
安　徽 Anhui	21	4	21	0	0
福　建 Fujian	45044	28713	35238	9806	7285
江　西 Jiangxi	0	0	0	0	0
山　东 Shandong	33319	10996	23752	9567	8202
河　南 Henan	24418	12181	23301	1117	2345
湖　北 Hubei	41905	14008	24761	17144	1111
湖　南 Hunan	840	371	551	289	150
广　东 Guangdong	135496	64356	24779	110717	3412
广　西 Guangxi	0	0	0	0	0
海　南 Hainan	0	0	0	0	0
重　庆 Chongqing	56891	26428	47681	9210	8626
四　川 Sichuan	159575	61229	93827	65748	12906
贵　州 Guizhou	0	0	0	0	0
云　南 Yunnan	39111	14183	7007	32104	18
西　藏 Xizang	0	0	0	0	
陕　西 Shaanxi	99422	41797	71768	27654	3569
甘　肃 Gansu	17034	8211	15685	1349	15
青　海 Qinghai	0	0	0	0	0
宁　夏 Ningxia	0	0	0	0	0
新　疆 Xinjiang	0	0	0	0	0

科、专科生学生数

and Short-cycle Courses in Higher Education

单位：人
unit：person

招生数 Entrants	#女 of Which：Female	本科 Bachelor's Diploma	专科 Short-cycle Courses	在校生数 Enrolment	#女 of Which：Female	本科 Bachelor's Diploma	专科 Short-cycle Courses
1634220	**650220**	**607030**	**1027190**	**7399703**	**3011013**	**2890562**	**4509141**
1298181	522347	488689	809492	5152584	2091736	1650835	3501749
0	0	0	0	41562	17603	38641	2921
0	0	0	0	0	0	0	0
0	0	0	0	0	0	0	0
0	0	0	0	0	0	0	0
0	0	0	0	176280	87339	150462	25818
0	0	0	0	105586	52638	74198	31388
0	0	0	0	61125	20083	36562	24563
46688	22249	20145	26543	137850	69884	67185	70665
40221	15092	19791	20430	211305	81989	100511	110794
0	0	0	0	0	0	0	0
0	0	0	0	77	13	77	0
0	0	0	0	52682	31842	42767	9915
0	0	0	0	0	0	0	0
0	0	0	0	50686	13896	38697	11989
0	0	0	0	47920	22149	42973	4947
0	0	0	0	92820	27749	49932	42888
0	0	0	0	0	0	0	0
195121	71022	62740	132381	512912	205923	144740	368172
0	0	0	0	0	0	0	0
0	0	0	0	0	0	0	0
0	0	0	0	98745	42096	76454	22291
0	0	0	0	258547	90479	162581	95966
0	0	0	0	0	0	0	0
54009	19510	15665	38344	176003	62922	40132	135871
0	0	0	0	0	0	0	0
0	0	0	0	188804	77307	142980	45824
0	0	0	0	34215	15365	30835	3380
0	0	0	0	0	0	0	0
0	0	0	0	0	0	0	0
0	0	0	0	0	0	0	0

地区 Region	教职工数 Educational Personnel	专任教师 Full-time Teachers	行政人员 Adm. Personnel	教辅人员 Supporting Staffs	工勤人员 Workers	专职科研人员 Full-time Researchers
总　计 Total	**2946431**	**2099350**	**406894**	**244031**	**110961**	**51802**
北　京 Beijing	163805	79237	30711	20795	10567	12200
天　津 Tianjin	50684	35103	8821	4728	1121	681
河　北 Hebei	131651	99818	16256	8799	5679	410
山　西 Shanxi	65586	45219	8553	6866	2673	2050
内蒙古 Inner Mongolia	43031	29986	7178	4026	1496	193
辽　宁 Liaoning	100704	67673	17412	10471	4002	687
吉　林 Jilin	59225	39012	10842	6050	2784	387
黑龙江 Heilongjiang	78069	52666	12680	6302	4212	1483
上　海 Shanghai	88736	52461	16817	12241	2519	3464
江　苏 Jiangsu	185039	132228	27658	14853	5168	3126
浙　江 Zhejiang	119595	82966	19077	10210	1923	3378
安　徽 Anhui	103608	81971	10841	5814	3116	1304
福　建 Fujian	84809	60698	13956	6593	2350	854
江　西 Jiangxi	102450	79967	8961	9869	3107	385
山　东 Shandong	191131	147267	21727	14983	4020	2347
河　南 Henan	196934	157649	19981	9233	8321	908
湖　北 Hubei	147401	100407	21720	14547	6274	3114
湖　南 Hunan	121567	92137	14394	8823	4314	833
广　东 Guangdong	207046	144783	28001	16826	7234	7627
广　西 Guangxi	88174	66271	11770	5806	3813	209
海　南 Hainan	21577	14584	3060	2061	1486	269
重　庆 Chongqing	78388	61329	9610	4155	2045	645
四　川 Sichuan	156027	112734	19150	11484	6730	2807
贵　州 Guizhou	60530	46504	7412	4378	1922	171
云　南 Yunnan	65431	48238	8474	5060	3310	215
西　藏 Xizang	4084	2948	634	235	153	20
陕　西 Shaanxi	117117	82910	17402	10329	4035	1302
甘　肃 Gansu	47666	36190	5140	2852	1592	399
青　海 Qinghai	8540	5222	1405	824	817	266
宁　夏 Ningxia	13475	9752	2110	1016	350	41
新　疆 Xinjiang	44351	31420	5141	3802	3828	27

教职工情况(总计)
Personnel in HEIs(Total)

单位：人
unit：person

其他附设机构人员 Personnel in Others Subsidiary Units	校外教师 Part-time Teachers	行业导师 Industry Mentor	外籍教师 Foreign Teachers	离退休人员 Retirees	附属中小学幼儿园职工 Affiliated Kindergarten, Primary and Secondary Schools Staff
33393	**446861**	**460558**	**19175**	**996931**	**29481**
10295	13347	15448	1896	83728	3568
230	8097	8502	444	27075	279
689	18240	15618	440	39757	79
225	6242	8619	49	28385	1280
152	4797	5436	91	19443	438
459	14407	16282	712	52389	470
150	12402	12103	333	31315	1232
726	18107	9138	458	30041	102
1234	14853	14931	2014	57830	1029
2006	40711	40639	2423	66797	524
2041	16215	21984	1960	33535	608
562	17253	15748	208	25453	1100
358	15934	16945	711	20128	490
161	17022	13104	429	22614	2251
787	22242	43602	919	52649	1914
842	28864	20513	817	43216	721
1339	21858	23613	479	64062	1610
1066	23047	25566	356	44034	1666
2575	29642	32451	1704	41467	1492
305	17385	18754	248	16711	1157
117	2310	2118	186	2608	373
604	13379	11474	364	23334	524
3122	20449	27100	590	49088	941
143	8940	6638	129	17303	244
134	11041	14703	371	20085	314
94	130	97	0	1730	343
1139	13921	9981	664	47355	1851
1493	7103	3160	111	12747	695
6	354	520	11	2780	632
206	2029	531	31	3081	14
133	6540	5240	27	16191	1540

高等教育学校(机构)

Number of Female Educational

地区 Region	教职工数 Educational Personnel	专任教师 Full-time Teachers	行政人员 Adm. Personnel	教辅人员 Supporting Staffs	工勤人员 Workers	专职科研人员 Full-time Researchers
总　计 Total	**1556595**	**1128539**	**212267**	**144620**	**31668**	**20811**
北　京 Beijing	86257	37104	19429	13654	3835	5508
天　津 Tianjin	27595	19082	4885	2833	358	304
河　北 Hebei	75172	60097	7732	5228	1489	202
山　西 Shanxi	38438	28522	3831	4511	475	949
内蒙古 Inner Mongolia	24697	18566	3297	2472	194	90
辽　宁 Liaoning	55390	38889	9052	6365	570	338
吉　林 Jilin	32211	23299	4932	3545	242	152
黑龙江 Heilongjiang	41169	29918	5950	3586	755	646
上　海 Shanghai	47680	26835	10970	7140	839	1305
江　苏 Jiangsu	92502	65064	15507	8726	1119	955
浙　江 Zhejiang	59956	40025	11257	5941	661	1196
安　徽 Anhui	50859	40539	5280	3417	896	431
福　建 Fujian	44031	31487	7368	3693	911	341
江　西 Jiangxi	52217	41092	4348	5640	875	150
山　东 Shandong	101920	82111	9095	8662	746	1001
河　南 Henan	107273	89148	9449	5400	2342	400
湖　北 Hubei	73541	50387	10862	8826	1790	1125
湖　南 Hunan	63331	49070	7198	5356	967	277
广　东 Guangdong	107097	74635	15560	9387	2736	3082
广　西 Guangxi	48108	36100	6536	3350	1845	107
海　南 Hainan	11601	8033	1522	1237	646	104
重　庆 Chongqing	40073	31628	5094	2460	421	240
四　川 Sichuan	82995	61769	9668	6415	2481	986
贵　州 Guizhou	33081	25854	3931	2635	488	96
云　南 Yunnan	37226	28212	4487	2959	1390	95
西　藏 Xizang	2110	1544	317	155	28	12
陕　西 Shaanxi	60621	44438	8418	6131	644	406
甘　肃 Gansu	23372	18240	2322	1617	270	133
青　海 Qinghai	4531	2903	695	503	294	132
宁　夏 Ningxia	7775	5979	959	645	115	29
新　疆 Xinjiang	23766	17969	2316	2131	1246	19

女教职工情况(总计)

Personnel in HEIs(Total)

单位：人
unit: person

其他附设机构人员 Personnel in Others Subsidiary Units	校外教师 Part-time Teachers	行业导师 Industry Mentor	外籍教师 Foreign Teachers	离退休人员 Retirees	附属中小学幼儿园职工 Affiliated Kindergarten, Primary and Secondary Schools Staff
18690	**203002**	**171755**	**5071**	**486824**	**21547**
6727	6193	5767	479	45727	2477
133	4034	3097	130	13003	241
424	9126	6060	129	19461	67
150	3287	3390	15	13096	824
78	2412	2104	52	9457	314
176	7833	6197	188	24413	352
41	6761	5134	128	15212	830
314	9422	3366	164	14712	93
591	6554	4374	498	28099	733
1131	17247	13068	533	31371	472
876	6981	8426	454	16209	476
296	6675	5015	65	11313	736
231	6704	6356	163	9247	432
112	7781	4595	101	10365	1733
305	9787	18148	275	23908	1428
534	13229	8228	262	20187	562
551	9767	7606	144	32127	1196
463	9243	9412	84	22496	1311
1697	13052	11467	444	22224	1115
170	7938	8276	102	8899	928
59	924	754	75	1430	248
230	5808	3906	80	10606	327
1676	9304	9927	120	23624	671
77	4168	2898	52	9326	191
83	5411	7213	139	10382	214
54	46	42	0	840	231
584	5998	3471	128	21386	1342
790	3071	1001	39	5952	431
4	188	161	5	1417	442
48	1056	196	14	1511	11
85	3002	2100	9	8824	1119

地区 Region	教职工数 Educational Personnel	专任教师 Full-time Teachers	行政人员 Adm. Personnel	教辅人员 Supporting Staffs	工勤人员 Workers	专职科研人员 Full-time Researchers
总　计 Total	**1996956**	**1347414**	**305709**	**186372**	**77116**	**50388**
北　京 Beijing	152330	73324	27778	18899	9950	12162
天　津 Tianjin	38927	26229	7239	3701	882	655
河　北 Hebei	81880	59806	11468	6392	3698	319
山　西 Shanxi	43651	30206	5448	4106	1672	2049
内蒙古 Inner Mongolia	26557	17588	4907	2996	763	174
辽　宁 Liaoning	78253	51829	13772	8629	3128	554
吉　林 Jilin	47037	31020	8235	4837	2414	385
黑龙江 Heilongjiang	56326	37068	9895	4866	2626	1425
上　海 Shanghai	77566	44725	14827	11208	2175	3410
江　苏 Jiangsu	128851	87472	21413	11688	3525	3084
浙　江 Zhejiang	84784	56635	14596	7512	846	3252
安　徽 Anhui	63672	47810	8042	4149	1925	1266
福　建 Fujian	54954	37007	9840	5259	1717	794
江　西 Jiangxi	58888	44055	6286	6335	1707	344
山　东 Shandong	123950	91235	15637	11721	2385	2292
河　南 Henan	111267	84997	13509	6353	5252	844
湖　北 Hubei	109613	71611	17611	11573	4675	3058
湖　南 Hunan	72841	53229	9322	5938	2608	833
广　东 Guangdong	133679	85326	20621	12568	5181	7475
广　西 Guangxi	52385	37372	7523	4102	2964	155
海　南 Hainan	13599	8727	2073	1391	1076	250
重　庆 Chongqing	46298	34097	6552	3256	1272	563
四　川 Sichuan	99724	69205	13953	7018	3789	2740
贵　州 Guizhou	33689	24458	4802	3288	908	121
云　南 Yunnan	43257	31098	5600	3898	2354	195
西　藏 Xizang	3069	2195	454	181	125	20
陕　西 Shaanxi	89203	61545	14214	8295	2752	1271
甘　肃 Gansu	30607	21713	4105	2266	973	390
青　海 Qinghai	5902	3298	1075	524	740	259
宁　夏 Ningxia	9412	6668	1579	758	232	41
新　疆 Xinjiang	24785	15866	3333	2665	2802	8

教职工情况(普通本科学校)
Personnel in HEIs(Academic HEIs)

单位:人
unit: person

其他附设机构人员 Personnel in Others Subsidiary Units	校外教师 Part-time Teachers	行业导师 Industry Mentor	外籍教师 Foreign Teachers	离退休人员 Retirees	附属中小学幼儿园职工 Affiliated Kindergarten, Primary and Secondary Schools Staff
29957	**309385**	**245233**	**17838**	**764048**	**25618**
10217	11688	14921	1887	75733	3568
221	5165	3845	444	18883	279
197	11492	8517	376	29407	79
170	4182	4046	41	19437	1136
129	3573	2955	78	11637	438
341	11366	12080	708	40115	456
146	10078	7799	313	24898	1232
446	15170	4781	446	21426	13
1221	11333	13008	1951	52910	1029
1669	33311	17899	2311	54082	436
1943	8886	11384	1755	27378	582
480	10087	6601	179	18306	1094
337	10860	8522	672	16007	249
161	10279	6960	399	15911	2027
680	14477	27016	758	40070	1425
312	15697	8720	668	28164	328
1085	15810	13333	443	49095	1569
911	15763	16938	330	30395	1247
2508	20658	11926	1539	33398	1194
269	11665	5498	230	12117	916
82	1495	545	137	1896	373
558	9071	4687	353	18646	510
3019	13811	14928	558	35739	766
112	4877	1601	124	11316	154
112	8081	7396	313	14479	314
94	110	78	0	1456	209
1126	9862	5186	655	37074	1748
1160	4712	1198	107	9215	603
6	170	171	11	1999	603
134	1687	190	30	2696	14
111	3969	2504	22	10163	1027

地区 Region	教职工数 Educational Personnel	专任教师 Full-time Teachers	行政人员 Adm. Personnel	教辅人员 Supporting Staffs	工勤人员 Workers	专职科研人员 Full-time Researchers
总　计 Total	**1020194**	**686340**	**164134**	**111590**	**21396**	**20098**
北　京 Beijing	79200	33114	17814	12439	3667	5475
天　津 Tianjin	20513	13499	4136	2171	296	283
河　北 Hebei	45378	34884	5553	3844	879	153
山　西 Shanxi	24772	18260	2526	2694	215	949
内蒙古 Inner Mongolia	14899	10436	2364	1857	87	83
辽　宁 Liaoning	42569	29049	7295	5365	453	260
吉　林 Jilin	24759	17844	3713	2795	219	151
黑龙江 Heilongjiang	29233	20522	4692	2822	422	607
上　海 Shanghai	40435	21602	9773	6505	698	1271
江　苏 Jiangsu	60741	39193	12192	6927	590	941
浙　江 Zhejiang	40863	25483	8814	4397	211	1134
安　徽 Anhui	29605	21948	4096	2500	420	412
福　建 Fujian	27011	17747	5140	2875	723	308
江　西 Jiangxi	28577	21158	3179	3617	370	141
山　东 Shandong	64198	48846	6751	6955	396	972
河　南 Henan	59547	47261	6509	3903	1395	364
湖　北 Hubei	52939	34273	8918	7058	1144	1106
湖　南 Hunan	35103	25433	4885	3607	525	277
广　东 Guangdong	67410	41660	11843	7117	2127	3012
广　西 Guangxi	27778	19457	4181	2336	1569	80
海　南 Hainan	7154	4574	1098	885	456	99
重　庆 Chongqing	22342	16230	3541	1985	172	203
四　川 Sichuan	50336	35369	7326	3892	1187	966
贵　州 Guizhou	17993	13017	2660	2022	175	64
云　南 Yunnan	23964	17416	3003	2308	1075	87
西　藏 Xizang	1554	1119	226	117	26	12
陕　西 Shaanxi	45272	31829	7130	4970	372	395
甘　肃 Gansu	14915	10779	1926	1317	156	129
青　海 Qinghai	2982	1708	547	311	282	130
宁　夏 Ningxia	5359	3964	739	503	94	29
新　疆 Xinjiang	12793	8666	1564	1496	995	5

女教职工情况(普通本科学校)
Personnel in HEIs(Academic HEIs)

单位：人
unit: person

其他附设机构人员 Personnel in Others Subsidiary Units	校外教师 Part-time Teachers	行业导师 Industry Mentor	外籍教师 Foreign Teachers	离退休人员 Retirees	附属中小学幼儿园职工 Affiliated Kindergarten, Primary and Secondary Schools Staff
16636	**134337**	**83983**	**4551**	**374641**	**18403**
6691	5197	5485	477	41154	2477
128	2475	1559	130	9055	241
65	5417	2904	105	14138	67
128	2009	1416	15	8877	693
72	1792	1057	41	5713	314
147	6087	4595	185	19219	338
37	5434	3550	117	11872	830
168	7981	1360	154	10438	13
586	4696	3530	478	25825	733
898	13903	5224	497	25689	386
824	3412	4179	370	13231	455
229	3372	1249	55	8108	730
218	4201	2649	152	7284	220
112	4401	2226	90	7364	1526
278	6024	11409	202	18191	1020
115	6750	3150	197	13296	257
440	6617	3486	131	24860	1161
376	5771	5755	77	15716	976
1651	8767	4285	392	17901	887
155	4918	1707	97	6474	715
42	558	136	51	1065	248
211	3737	858	77	8447	321
1596	6151	5033	112	17342	531
55	2076	535	50	6102	106
75	3865	3715	114	7388	214
54	33	39	0	705	136
576	4245	1595	121	16940	1262
608	1897	306	36	4388	357
4	61	57	5	1001	414
30	885	58	14	1319	11
67	1605	876	9	5539	764

高等教育学校(机构)教职工

Number of Educational Personnel in HEIs

地区 Region	教职工数 Educational Personnel	专任教师 Full-time Teachers	行政人员 Adm. Personnel	教辅人员 Supporting Staffs	工勤人员 Workers	专职科研人员 Full-time Researchers
总　计 Total	**38470**	**30949**	**3695**	**2196**	**1545**	**78**
北　京 Beijing	0	0	0	0	0	0
天　津 Tianjin	0	0	0	0	0	0
河　北 Hebei	3606	3115	233	124	132	2
山　西 Shanxi	2336	1703	302	234	96	1
内蒙古 Inner Mongolia	0	0	0	0	0	0
辽　宁 Liaoning	585	466	77	30	12	0
吉　林 Jilin	0	0	0	0	0	0
黑龙江 Heilongjiang	0	0	0	0	0	0
上　海 Shanghai	703	577	58	52	16	0
江　苏 Jiangsu	1289	1044	142	97	6	0
浙　江 Zhejiang	1886	1512	190	147	37	0
安　徽 Anhui	0	0	0	0	0	0
福　建 Fujian	629	457	133	18	21	0
江　西 Jiangxi	3369	2663	302	245	149	10
山　东 Shandong	3317	2877	346	49	42	3
河　南 Henan	1451	1219	61	126	45	0
湖　北 Hubei	0	0	0	0	0	0
湖　南 Hunan	1057	825	101	22	109	0
广　东 Guangdong	5371	3831	635	498	380	27
广　西 Guangxi	3108	2597	332	48	106	25
海　南 Hainan	1731	1415	167	136	13	0
重　庆 Chongqing	1046	881	98	10	56	1
四　川 Sichuan	1146	852	102	76	116	0
贵　州 Guizhou	808	668	90	24	25	1
云　南 Yunnan	0	0	0	0	0	0
西　藏 Xizang	0	0	0	0	0	0
陕　西 Shaanxi	1922	1501	188	163	55	8
甘　肃 Gansu	2453	2176	121	76	80	0
青　海 Qinghai	0	0	0	0	0	0
宁　夏 Ningxia	0	0	0	0	0	0
新　疆 Xinjiang	657	570	17	21	49	0

情况(本科层次职业学校)
(Professional HEIs)

单位：人
unit: person

其他附设机构人员 Personnel in Others Subsidiary Units	校外教师 Part-time Teachers	行业导师 Industry Mentor	外籍教师 Foreign Teachers	离退休人员 Retirees	附属中小学幼儿园职工 Affiliated Kindergarten, Primary and Secondary Schools Staff
7	**6392**	**8279**	**105**	**2932**	**3**
0	0	0	0	0	0
0	0	0	0	0	0
0	1167	394	31	1078	0
0	477	917	4	377	0
0	0	0	0	0	0
0	172	244	0	0	0
0	0	0	0	0	0
0	0	0	0	0	0
0	120	247	5	27	0
0	51	220	2	240	0
0	104	531	2	88	0
0	0	0	0	0	0
0	243	230	0	0	0
0	427	783	1	0	0
0	1106	1117	23	0	0
0	198	187	0	0	0
0	0	0	0	0	0
0	28	31	0	0	0
0	293	905	31	93	0
0	402	592	4	510	0
0	112	388	2	0	0
0	26	240	0	0	0
0	239	129	0	0	0
0	594	30	0	185	3
0	0	0	0	0	0
0	0	0	0	0	0
7	313	209	0	0	0
0	96	807	0	334	0
0	0	0	0	0	0
0	0	0	0	0	0
0	224	78	0	0	0

高等教育学校(机构)女教

Number of Female Educational

地区 Region	教职工数 Educational Personnel	专任教师 Full-time Teachers	行政人员 Adm. Personnel	教辅人员 Supporting Staffs	工勤人员 Workers	专职科研人员 Full-time Researchers
总　计 Total	**20832**	**17315**	**1838**	**1172**	**476**	**28**
北　京 Beijing	0	0	0	0	0	0
天　津 Tianjin	0	0	0	0	0	0
河　北 Hebei	1829	1674	68	70	16	1
山　西 Shanxi	1392	1086	142	128	36	0
内蒙古 Inner Mongolia	0	0	0	0	0	0
辽　宁 Liaoning	332	297	25	7	3	0
吉　林 Jilin	0	0	0	0	0	0
黑龙江 Heilongjiang	0	0	0	0	0	0
上　海 Shanghai	464	388	42	32	2	0
江　苏 Jiangsu	751	596	93	62	0	0
浙　江 Zhejiang	1002	839	85	72	6	0
安　徽 Anhui	0	0	0	0	0	0
福　建 Fujian	354	248	89	12	5	0
江　西 Jiangxi	1672	1378	121	141	30	2
山　东 Shandong	2137	1936	157	31	10	3
河　南 Henan	873	747	37	69	20	0
湖　北 Hubei	0	0	0	0	0	0
湖　南 Hunan	527	378	66	16	67	0
广　东 Guangdong	2782	2051	370	241	110	10
广　西 Guangxi	1618	1397	170	22	20	9
海　南 Hainan	919	767	70	82	0	0
重　庆 Chongqing	511	430	62	6	12	1
四　川 Sichuan	662	472	67	35	88	0
贵　州 Guizhou	521	453	45	15	7	1
云　南 Yunnan	0	0	0	0	0	0
西　藏 Xizang	0	0	0	0	0	0
陕　西 Shaanxi	1037	831	91	94	17	1
甘　肃 Gansu	1076	1015	27	30	4	0
青　海 Qinghai	0	0	0	0	0	0
宁　夏 Ningxia	0	0	0	0	0	0
新　疆 Xinjiang	373	332	11	7	23	0

职工情况（本科层次职业学校）
Personnel in HEIs (Professional HEIs)

单位：人
unit: person

其他附设机构人员 Personnel in Others Subsidiary Units	校外教师 Part-time Teachers	行业导师 Industry Mentor	外籍教师 Foreign Teachers	离退休人员 Retirees	附属中小学幼儿园职工 Affiliated Kindergarten, Primary and Secondary Schools Staff
3	**2866**	**2969**	**35**	**1512**	**3**
0	0	0	0	0	0
0	0	0	0	0	0
0	535	110	7	572	0
0	248	311	0	190	0
0	0	0	0	0	0
0	62	99	0	0	0
0	0	0	0	0	0
0	0	0	0	0	0
0	33	100	1	10	0
0	20	45	1	110	0
0	32	229	0	47	0
0	0	0	0	0	0
0	110	74	0	0	0
0	143	274	0	0	0
0	430	488	15	0	0
0	72	77	0	0	0
0	0	0	0	0	0
0	27	12	0	0	0
0	145	299	10	35	0
0	234	250	1	292	0
0	28	170	0	0	0
0	12	101	0	0	0
0	82	52	0	0	0
0	357	15	0	111	3
0	0	0	0	0	0
0	0	0	0	0	0
3	139	22	0	0	0
0	42	206	0	145	0
0	0	0	0	0	0
0	0	0	0	0	0
0	115	35	0	0	0

高等教育学校(机构)教职工

Number of Educational Personnel in

地区 Region	教职工数 Educational Personnel	专任教师 Full-time Teachers	行政人员 Adm. Personnel	教辅人员 Supporting Staffs	工勤人员 Workers	专职科研人员 Full-time Researchers
总　计 Total	**884563**	**706710**	**91151**	**51426**	**30957**	**1212**
北　京 Beijing	8348	4530	2052	1268	464	7
天　津 Tianjin	11010	8451	1432	861	232	26
河　北 Hebei	45700	36704	4357	2246	1812	89
山　西 Shanxi	18523	12883	2510	2281	794	0
内蒙古 Inner Mongolia	16207	12203	2235	998	729	19
辽　宁 Liaoning	19821	14357	2924	1594	695	133
吉　林 Jilin	10724	7137	2296	981	304	2
黑龙江 Heilongjiang	19983	14871	2358	1232	1447	6
上　海 Shanghai	9285	6606	1649	696	305	22
江　苏 Jiangsu	53306	42742	5741	2850	1594	42
浙　江 Zhejiang	31918	24378	3875	2422	1025	120
安　徽 Anhui	39542	33955	2721	1581	1165	38
福　建 Fujian	28698	22995	3793	1235	594	60
江　西 Jiangxi	39331	32704	2212	3184	1200	31
山　东 Shandong	62568	52393	5463	3021	1532	52
河　南 Henan	83425	70905	6265	2670	2991	64
湖　北 Hubei	37657	28739	4050	2967	1591	56
湖　南 Hunan	46520	37322	4759	2750	1545	0
广　东 Guangdong	66615	54838	6446	3552	1587	125
广　西 Guangxi	32182	26004	3830	1584	699	29
海　南 Hainan	6004	4352	747	501	388	16
重　庆 Chongqing	30945	26315	2924	873	713	81
四　川 Sichuan	54245	42114	4925	4291	2745	67
贵　州 Guizhou	25903	21303	2481	1055	984	49
云　南 Yunnan	22129	17098	2873	1160	956	20
西　藏 Xizang	1015	753	180	54	28	0
陕　西 Shaanxi	24338	18866	2754	1523	1166	23
甘　肃 Gansu	14286	12063	861	490	530	9
青　海 Qinghai	2508	1856	309	264	72	7
宁　夏 Ningxia	3901	2972	491	248	118	0
新　疆 Xinjiang	17926	14301	1638	994	952	19

情况〔高职(专科)学校〕
HEIs(Vocational HEIs)

单位：人
unit：person

其他附设机构人员 Personnel in Others Subsidiary Units	校外教师 Part-time Teachers	行业导师 Industry Mentor	外籍教师 Foreign Teachers	离退休人员 Retirees	附属中小学幼儿园职工 Affiliated Kindergarten, Primary and Secondary Schools Staff
3107	**113753**	**206390**	**1232**	**211142**	**3860**
27	702	524	9	5260	0
8	1511	4657	0	7043	0
492	5198	6678	33	8973	0
55	1546	3656	4	7600	144
23	1138	2481	13	7602	0
118	1169	3925	4	9676	14
4	2314	4291	20	5135	0
69	2603	4357	12	7204	89
7	1738	1613	58	3297	0
337	7193	22457	110	12197	88
98	3160	10069	203	5692	26
82	7078	9147	29	6992	6
21	4816	8193	39	3712	241
0	6210	5236	29	6203	224
107	6649	15462	138	12275	489
530	10498	11542	149	14270	393
254	6048	10280	36	14832	41
144	7188	8565	26	13282	419
67	6066	19506	134	7694	298
36	5315	12664	14	3646	241
0	703	1185	47	599	0
39	3898	6547	11	4396	14
103	6161	12001	32	12856	175
31	3422	5007	5	5595	87
22	2886	7307	58	5433	0
0	20	19	0	274	134
6	3576	4518	9	9411	103
333	2295	1155	4	3054	92
0	184	349	0	775	29
72	342	341	1	377	0
22	2126	2658	5	5787	513

高等教育学校(机构)女教职工
Number of Female Educational Personnel

地区 Region	教职工数 Educational Personnel	专任教师 Full-time Teachers	行政人员 Adm. Personnel	教辅人员 Supporting Staffs	工勤人员 Workers	专职科研人员 Full-time Researchers
总 计 Total	**500643**	**416126**	**43166**	**29364**	**9493**	**598**
北 京 Beijing	5088	3069	1075	796	123	7
天 津 Tianjin	6582	5274	673	548	61	21
河 北 Hebei	27694	23404	2002	1290	591	48
山 西 Shanxi	11680	8899	1042	1529	188	0
内蒙古 Inner Mongolia	9625	7983	924	598	107	7
辽 宁 Liaoning	11408	8913	1418	884	86	78
吉 林 Jilin	6534	4838	1079	592	20	1
黑龙江 Heilongjiang	11026	8971	1071	643	306	3
上 海 Shanghai	6003	4450	984	415	136	14
江 苏 Jiangsu	30075	24707	2995	1607	519	14
浙 江 Zhejiang	17519	13430	2135	1401	442	59
安 徽 Anhui	21044	18470	1154	872	462	19
福 建 Fujian	16371	13341	2041	762	181	33
江 西 Jiangxi	21542	18277	967	1819	472	7
山 东 Shandong	34920	30875	2103	1571	318	26
河 南 Henan	46414	40821	2844	1370	924	36
湖 北 Hubei	20538	16075	1924	1764	645	19
湖 南 Hunan	27118	22854	2141	1676	363	0
广 东 Guangdong	36194	30511	3199	1904	474	60
广 西 Guangxi	18429	15070	2140	948	238	18
海 南 Hainan	3392	2627	327	246	189	3
重 庆 Chongqing	17175	14952	1479	457	234	36
四 川 Sichuan	31516	25607	2193	2431	1185	20
贵 州 Guizhou	14500	12336	1207	598	306	31
云 南 Yunnan	13232	10767	1484	650	315	8
西 藏 Xizang	556	425	91	38	2	0
陕 西 Shaanxi	13384	11183	1103	841	242	10
甘 肃 Gansu	7219	6324	346	256	107	4
青 海 Qinghai	1473	1152	140	167	12	2
宁 夏 Ningxia	2323	1939	210	135	21	0
新 疆 Xinjiang	10069	8582	675	556	224	14

情况〔高职(专科)学校〕
in HEIs(Vocational HEIs)

单位：人
unit: person

其他附设机构人员 Personnel in Others Subsidiary Units	校外教师 Part-time Teachers	行业导师 Industry Mentor	外籍教师 Foreign Teachers	离退休人员 Retirees	附属中小学幼儿园职工 Affiliated Kindergarten, Primary and Secondary Schools Staff
1896	**56167**	**84527**	**485**	**102151**	**3141**
18	401	281	2	3000	0
5	626	1538	0	3454	0
359	2914	3024	17	4616	0
22	1007	1663	0	3532	131
6	563	1047	11	3650	0
29	704	1495	3	4599	14
4	1324	1576	11	2607	0
32	1254	2006	10	3575	80
4	853	724	19	1484	0
233	3257	7768	35	5421	86
52	1300	4018	84	2780	21
67	3268	3766	10	3147	6
13	2391	3633	11	1777	212
0	3190	2054	11	2797	207
27	3328	6247	58	5610	408
419	5159	4975	65	6537	305
111	3150	4120	13	7195	35
84	3408	3637	7	6652	335
46	2856	6830	42	4153	228
15	2785	6319	4	1894	213
0	338	448	24	313	0
17	1826	2947	3	2012	6
80	2955	4818	8	6044	140
22	1701	2348	2	3011	82
8	1515	3498	25	2919	0
0	13	3	0	135	95
5	1516	1824	7	4045	80
182	1132	489	3	1359	74
0	127	104	0	414	28
18	171	138	0	187	0
18	1135	1189	0	3232	355

高等教育学校(机构)
Number of Educational

地区 Region	教职工数 Educational Personnel	专任教师 Full-time Teachers	行政人员 Adm. Personnel	教辅人员 Supporting Staffs	工勤人员 Workers	专职科研人员 Full-time Researchers
总　计 Total	**26442**	**14277**	**6339**	**4037**	**1343**	**124**
北　京 Beijing	3127	1383	881	628	153	31
天　津 Tianjin	747	423	150	166	7	0
河　北 Hebei	465	193	198	37	37	0
山　西 Shanxi	1076	427	293	245	111	0
内蒙古 Inner Mongolia	267	195	36	32	4	0
辽　宁 Liaoning	2045	1021	639	218	167	0
吉　林 Jilin	1464	855	311	232	66	0
黑龙江 Heilongjiang	1760	727	427	204	139	52
上　海 Shanghai	1182	553	283	285	23	32
江　苏 Jiangsu	1593	970	362	218	43	0
浙　江 Zhejiang	1007	441	416	129	15	6
安　徽 Anhui	394	206	78	84	26	0
福　建 Fujian	528	239	190	81	18	0
江　西 Jiangxi	862	545	161	105	51	0
山　东 Shandong	1296	762	281	192	61	0
河　南 Henan	791	528	146	84	33	0
湖　北 Hubei	131	57	59	7	8	0
湖　南 Hunan	1149	761	212	113	52	0
广　东 Guangdong	1381	788	299	208	86	0
广　西 Guangxi	499	298	85	72	44	0
海　南 Hainan	243	90	73	33	9	3
重　庆 Chongqing	99	36	36	16	4	0
四　川 Sichuan	912	563	170	99	80	0
贵　州 Guizhou	130	75	39	11	5	0
云　南 Yunnan	45	42	1	2	0	0
西　藏 Xizang	0	0	0	0	0	0
陕　西 Shaanxi	1654	998	246	348	62	0
甘　肃 Gansu	320	238	53	20	9	0
青　海 Qinghai	130	68	21	36	5	0
宁　夏 Ningxia	162	112	40	10	0	0
新　疆 Xinjiang	983	683	153	122	25	0

教职工情况(成人高等学校)
Personnel in HEIs(Adult HEIs)

单位：人
unit：person

其他附设机构人员 Personnel in Others Subsidiary Units	校外教师 Part-time Teachers	行业导师 Industry Mentor	外籍教师 Foreign Teachers	离退休人员 Retirees	附属中小学幼儿园职工 Affiliated Kindergarten, Primary and Secondary Schools Staff
322	**17331**	**656**	**0**	**18809**	**0**
51	957	3	0	2735	0
1	1421	0	0	1149	0
0	383	29	0	299	0
0	37	0	0	971	0
0	86	0	0	204	0
0	1700	33	0	2598	0
0	10	13	0	1282	0
211	334	0	0	1411	0
6	1662	63	0	1596	0
0	156	63	0	278	0
0	4065	0	0	377	0
0	88	0	0	155	0
0	15	0	0	409	0
0	106	125	0	500	0
0	10	7	0	304	0
0	2471	64	0	782	0
0	0	0	0	135	0
11	68	32	0	357	0
0	2625	114	0	282	0
0	3	0	0	438	0
35	0	0	0	113	0
7	384	0	0	292	0
0	238	42	0	493	0
0	47	0	0	207	0
0	74	0	0	173	0
0	0	0	0	0	0
0	170	68	0	870	0
0	0	0	0	144	0
0	0	0	0	6	0
0	0	0	0	8	0
0	221	0	0	241	0

高等教育学校(机构)

Number of Female Educational

地区 Region	教职工数 Educational Personnel	专任教师 Full-time Teachers	行政人员 Adm. Personnel	教辅人员 Supporting Staffs	工勤人员 Workers	专职科研人员 Full-time Researchers
总　计 Total	**14926**	**8758**	**3129**	**2494**	**303**	**87**
北　京 Beijing	1969	921	540	419	45	26
天　津 Tianjin	500	309	76	114	1	0
河　北 Hebei	271	135	109	24	3	0
山　西 Shanxi	594	277	121	160	36	0
内蒙古 Inner Mongolia	173	147	9	17	0	0
辽　宁 Liaoning	1081	630	314	109	28	0
吉　林 Jilin	918	617	140	158	3	0
黑龙江 Heilongjiang	910	425	187	121	27	36
上　海 Shanghai	778	395	171	188	3	20
江　苏 Jiangsu	935	568	227	130	10	0
浙　江 Zhejiang	572	273	223	71	2	3
安　徽 Anhui	210	121	30	45	14	0
福　建 Fujian	295	151	98	44	2	0
江　西 Jiangxi	426	279	81	63	3	0
山　东 Shandong	665	454	84	105	22	0
河　南 Henan	439	319	59	58	3	0
湖　北 Hubei	64	39	20	4	1	0
湖　南 Hunan	583	405	106	57	12	0
广　东 Guangdong	711	413	148	125	25	0
广　西 Guangxi	283	176	45	44	18	0
海　南 Hainan	136	65	27	24	1	2
重　庆 Chongqing	45	16	12	12	3	0
四　川 Sichuan	481	321	82	57	21	0
贵　州 Guizhou	67	48	19	0	0	0
云　南 Yunnan	30	29	0	1	0	0
西　藏 Xizang	0	0	0	0	0	0
陕　西 Shaanxi	928	595	94	226	13	0
甘　肃 Gansu	162	122	23	14	3	0
青　海 Qinghai	76	43	8	25	0	0
宁　夏 Ningxia	93	76	10	7	0	0
新　疆 Xinjiang	531	389	66	72	4	0

女教职工情况(成人高等学校)
Personnel in HEIs(Adult HEIs)

单位：人
unit：person

其他附设机构人员 Personnel in Others Subsidiary Units	校外教师 Part-time Teachers	行业导师 Industry Mentor	外籍教师 Foreign Teachers	离退休人员 Retirees	附属中小学幼儿园职工 Affiliated Kindergarten, Primary and Secondary Schools Staff
155	**9632**	**276**	**0**	**8520**	**0**
18	595	1	0	1573	0
0	933	0	0	494	0
0	260	22	0	135	0
0	23	0	0	497	0
0	57	0	0	94	0
0	980	8	0	595	0
0	3	8	0	733	0
114	187	0	0	699	0
1	972	20	0	780	0
0	67	31	0	151	0
0	2237	0	0	151	0
0	35	0	0	58	0
0	2	0	0	186	0
0	47	41	0	204	0
0	5	4	0	107	0
0	1248	26	0	354	0
0	0	0	0	72	0
3	37	8	0	128	0
0	1284	53	0	135	0
0	1	0	0	239	0
17	0	0	0	52	0
2	233	0	0	147	0
0	116	24	0	238	0
0	34	0	0	102	0
0	31	0	0	75	0
0	0	0	0	0	0
0	98	30	0	401	0
0	0	0	0	60	0
0	0	0	0	2	0
0	0	0	0	5	0
0	147	0	0	53	0

高等教育专任教师学历、
Number of Full-time Teacher by Academic Qualification

地区 Region	合计 Total	按学历分 By Academic Qualifications				
		博士 Doctor's Diploma	硕士 Master's Diploma	本科 Bachelor's Diploma	专科 Short-cycle Courses	高中阶段以下 Below High School Graduate
总　计 Total	**2074943**	**621699**	**827788**	**617426**	**7759**	**271**
北　京 Beijing	78573	56986	15439	6071	74	3
天　津 Tianjin	35022	14439	12119	8261	192	11
河　北 Hebei	98888	18083	42658	37600	533	14
山　西 Shanxi	44744	11996	19862	12694	192	0
内蒙古 Inner Mongolia	28999	6424	12418	10023	129	5
辽　宁 Liaoning	67070	22197	26629	18068	167	9
吉　林 Jilin	38708	13841	15816	9047	4	0
黑龙江 Heilongjiang	52254	14826	20295	16875	257	1
上　海 Shanghai	51881	31474	14889	5404	110	4
江　苏 Jiangsu	131333	57686	44960	28533	150	4
浙　江 Zhejiang	82966	34340	30342	18062	209	13
安　徽 Anhui	80787	19752	34784	25726	516	9
福　建 Fujian	59516	16816	21972	20434	291	3
江　西 Jiangxi	78403	13807	32804	31481	303	8
山　东 Shandong	145555	41991	59960	42920	668	16
河　南 Henan	153271	28045	69529	54960	736	1
湖　北 Hubei	100120	32629	39444	27546	491	10
湖　南 Hunan	90581	23255	35375	31544	378	29
广　东 Guangdong	144265	43504	58565	41577	567	52
广　西 Guangxi	66271	10947	32843	22316	152	13
海　南 Hainan	14515	3864	5942	4636	73	0
重　庆 Chongqing	60443	15594	26053	18536	257	3
四　川 Sichuan	110745	25195	47570	37917	57	6
贵　州 Guizhou	46220	8345	18313	19322	236	4
云　南 Yunnan	47391	9378	19958	17828	219	8
西　藏 Xizang	2937	521	1467	938	11	0
陕　西 Shaanxi	81969	30046	33771	17720	405	27
甘　肃 Gansu	36190	7790	14029	14204	158	9
青　海 Qinghai	5187	1237	1518	2410	19	3
宁　夏 Ningxia	9621	2262	4295	3046	18	0
新　疆 Xinjiang	30518	4429	14169	11727	187	6

专业技术职务情况(总计)
and Professional Rank in HEIs (Total)

单位：人
unit: person

按专业技术职务分 By Professional Rank				
正高级 Senior	副高级 Sub-Senior	中 级 Middle	初 级 Junior	未定职级 No-Ranking
256528	**595972**	**763662**	**242982**	**215799**
22667	29366	22465	1915	2160
5162	11068	14146	3159	1487
10748	27006	38200	9563	13371
3246	12637	19096	6912	2853
3558	9344	11751	2078	2268
10075	21897	27396	4853	2849
6778	12945	13771	4103	1111
8729	16985	18346	4663	3531
10383	16892	19416	3459	1731
19405	43636	49426	10922	7944
12278	22891	34330	6625	6842
8160	21315	29423	12622	9267
6839	18065	20698	8659	5255
5766	17943	27457	11839	15398
15733	43016	56169	20747	9890
10506	36783	58793	29040	18149
13831	32791	33077	10803	9618
9884	25172	35754	8087	11684
16938	36317	52902	14891	23217
6335	16805	24196	3955	14980
1736	3979	4983	1512	2305
6720	16183	23449	7009	7082
10958	27531	40266	21292	10698
4554	13036	14626	6255	7749
4809	12847	16146	7098	6491
410	855	1110	450	112
11145	26135	29094	9273	6322
4860	11541	12484	4524	2781
675	1517	1614	763	618
1344	2670	3025	1775	807
2296	6804	10053	4136	7229

高等教育专任教师学历、专业
Number of Full-time Teacher by Academic Qualification

地区 Region	合计 Total	按学历分 By Academic Qualifications				
		博士 Doctor's Diploma	硕士 Master's Diploma	本科 Bachelor's Diploma	专科 Short-cycle Courses	高中阶段以下 Below High School Graduate
总　计 Total	**1345486**	**599649**	**522209**	**222024**	**1559**	**45**
北　京 Beijing	73127	55927	12976	4166	56	2
天　津 Tianjin	26206	14243	8435	3480	48	0
河　北 Hebei	59770	17435	26225	15920	182	8
山　西 Shanxi	30094	11814	13557	4711	12	0
内蒙古 Inner Mongolia	17389	6221	7903	3250	15	0
辽　宁 Liaoning	51708	21918	20951	8797	40	2
吉　林 Jilin	31020	13662	12258	5096	4	0
黑龙江 Heilongjiang	37068	14671	15931	6427	39	0
上　海 Shanghai	44616	30788	10840	2930	56	2
江　苏 Jiangsu	87394	53647	24716	8994	35	2
浙　江 Zhejiang	56635	32757	15724	8092	59	3
安　徽 Anhui	47810	19311	21554	6915	30	0
福　建 Fujian	37007	16234	13465	7284	24	0
江　西 Jiangxi	44041	13287	18848	11826	78	2
山　东 Shandong	91052	40716	34942	15318	73	3
河　南 Henan	84345	27213	40741	16208	183	0
湖　北 Hubei	71603	32176	27631	11655	139	2
湖　南 Hunan	53100	22573	19857	10604	63	3
广　东 Guangdong	85305	39461	33135	12617	89	3
广　西 Guangxi	37372	10543	20161	6626	38	4
海　南 Hainan	8727	3535	3510	1658	24	0
重　庆 Chongqing	34097	14639	13489	5942	27	0
四　川 Sichuan	69205	24465	31792	12922	26	0
贵　州 Guizhou	24440	7997	10930	5470	39	4
云　南 Yunnan	31098	9203	14076	7777	41	1
西　藏 Xizang	2184	508	1181	485	10	0
陕　西 Shaanxi	61545	29506	24508	7459	72	0
甘　肃 Gansu	21713	7630	9473	4577	32	1
青　海 Qinghai	3298	1201	996	1096	2	3
宁　夏 Ningxia	6668	2209	3008	1449	2	0
新　疆 Xinjiang	15849	4159	9396	2273	21	0

技术职务情况(普通高校)
and Professional Rank in HEIs (Academic HEIs)

单位：人
unit: person

按专业技术职务分 By Professional Rank				
正高级 Senior	副高级 Sub-Senior	中级 Middle	初级 Junior	未定职级 No-Ranking
222324	**424077**	**502522**	**104897**	**91666**
22253	27356	20082	1506	1930
4831	8412	10493	1585	885
8453	17940	24182	3605	5590
2957	8607	13186	3897	1447
2820	5971	7207	669	722
8732	17570	20539	3115	1752
6138	10759	11060	2731	332
7509	12529	13082	2287	1661
10065	15324	16141	2036	1050
16838	30587	32308	4674	2987
10560	16516	23300	2701	3558
6798	13983	18144	5439	3446
5890	12958	13652	3032	1475
4582	11977	17683	3878	5921
12740	29467	36936	8015	3894
7978	22469	35598	11537	6763
12740	25489	22890	5649	4835
8131	15603	20825	2707	5834
14436	23520	30844	7388	9117
5295	10754	14021	1112	6190
1474	2701	2977	660	915
5452	10409	14055	2189	1992
9419	19193	26305	10195	4093
3776	8325	7245	1637	3457
4162	9308	11141	3295	3192
375	689	880	176	64
10187	20716	21760	5152	3730
4137	7715	7455	1605	801
562	1150	1114	205	267
1180	2045	2020	1061	362
1854	4035	5397	1159	3404

高等教育专任教师学历、专业

Number of Full-time Teacher by Academic Qualification and

地区 Region	合计 Total	按学历分 By Academic Qualifications				
		博士 Doctor's Diploma	硕士 Master's Diploma	本科 Bachelor's Diploma	专科 Short-cycle Courses	高中阶段以下 Below High School Graduate
总　计 Total	**30823**	**2995**	**15890**	**11670**	**256**	**12**
北　京 Beijing	0	0	0	0	0	0
天　津 Tianjin	0	0	0	0	0	0
河　北 Hebei	3115	209	1724	1132	50	0
山　西 Shanxi	1703	64	870	766	3	0
内蒙古 Inner Mongolia	0	0	0	0	0	0
辽　宁 Liaoning	461	31	266	160	4	0
吉　林 Jilin	0	0	0	0	0	0
黑龙江 Heilongjiang	0	0	0	0	0	0
上　海 Shanghai	577	62	380	134	1	0
江　苏 Jiangsu	1044	334	510	200	0	0
浙　江 Zhejiang	1512	169	795	515	25	8
安　徽 Anhui	0	0	0	0	0	0
福　建 Fujian	457	17	192	242	6	0
江　西 Jiangxi	2663	160	1355	1139	9	0
山　东 Shandong	2831	146	1747	895	43	0
河　南 Henan	1219	45	693	481	0	0
湖　北 Hubei	0	0	0	0	0	0
湖　南 Hunan	825	106	338	367	14	0
广　东 Guangdong	3831	885	1923	1006	17	0
广　西 Guangxi	2597	110	1402	1080	5	0
海　南 Hainan	1415	239	621	541	14	0
重　庆 Chongqing	881	59	487	328	7	0
四　川 Sichuan	848	7	367	474	0	0
贵　州 Guizhou	668	108	330	230	0	0
云　南 Yunnan	0	0	0	0	0	0
西　藏 Xizang	0	0	0	0	0	0
陕　西 Shaanxi	1430	139	882	376	29	4
甘　肃 Gansu	2176	59	754	1334	29	0
青　海 Qinghai	0	0	0	0	0	0
宁　夏 Ningxia	0	0	0	0	0	0
新　疆 Xinjiang	570	46	254	270	0	0

技术职务情况(本科层次职业学校)
Professional Rank in HEIs (Professional HEIs)

单位：人
unit: person

按专业技术职务分 By Professional Rank				
正高级 Senior	副高级 Sub-Senior	中　级 Middle	初　级 Junior	未定职级 No-Ranking
2007	**7921**	**10502**	**5007**	**5386**
0	0	0	0	0
0	0	0	0	0
192	877	1278	252	516
54	592	742	147	168
0	0	0	0	0
11	82	133	87	148
0	0	0	0	0
0	0	0	0	0
27	103	142	290	15
85	375	510	74	0
163	399	540	97	313
0	0	0	0	0
19	86	186	101	65
83	476	305	446	1353
172	536	812	855	456
56	160	373	372	258
0	0	0	0	0
78	208	247	29	263
390	1014	1319	672	436
126	701	1026	218	526
82	354	552	225	202
39	234	389	54	165
31	160	247	290	120
46	239	276	30	77
0	0	0	0	0
0	0	0	0	0
118	416	457	286	153
199	781	806	372	18
0	0	0	0	0
0	0	0	0	0
36	128	162	110	134

地区 Region	合计 Total	按学历分 By Academic Qualifications				
		博士 Doctor's Diploma	硕士 Master's Diploma	本科 Bachelor's Diploma	专科 Short-cycle Courses	高中阶段以下 Below High School Graduate
总 计 Total	**684584**	**17927**	**284485**	**376263**	**5729**	**180**
北 京 Beijing	4075	552	1974	1543	5	1
天 津 Tianjin	8393	187	3540	4512	144	10
河 北 Hebei	35814	438	14629	20440	301	6
山 西 Shanxi	12520	116	5303	6934	167	0
内蒙古 Inner Mongolia	11415	195	4392	6709	114	5
辽 宁 Liaoning	13880	234	5132	8407	100	7
吉 林 Jilin	6851	129	3076	3646	0	0
黑龙江 Heilongjiang	14459	151	4217	9879	212	0
上 海 Shanghai	6135	559	3410	2111	53	2
江 苏 Jiangsu	41930	3453	19344	19025	106	2
浙 江 Zhejiang	24378	1387	13656	9211	122	2
安 徽 Anhui	32771	435	13114	18727	486	9
福 建 Fujian	21813	525	8212	12812	261	3
江 西 Jiangxi	31154	345	12377	18216	210	6
山 东 Shandong	50910	1117	23008	26222	550	13
河 南 Henan	67283	762	27905	38065	550	1
湖 北 Hubei	28460	453	11798	15849	352	8
湖 南 Hunan	35895	565	15033	20009	262	26
广 东 Guangdong	54341	3141	23249	27487	443	21
广 西 Guangxi	26004	290	11100	14497	108	9
海 南 Hainan	4283	89	1770	2389	35	0
重 庆 Chongqing	25429	896	12068	12242	220	3
四 川 Sichuan	40129	702	15191	24199	31	6
贵 州 Guizhou	21037	240	7033	13569	195	0
云 南 Yunnan	16251	168	5860	10038	178	7
西 藏 Xizang	753	13	286	453	1	0
陕 西 Shaanxi	18006	393	8073	9275	246	19
甘 肃 Gansu	12063	100	3708	8165	82	8
青 海 Qinghai	1821	35	482	1287	17	0
宁 夏 Ningxia	2841	53	1264	1510	14	0
新 疆 Xinjiang	13490	204	4281	8835	164	6

技术职务情况〔高职(专科)学校〕
and Professional Rank in HEIs (Vocational HEIs)

单位：人
unit: person

按专业技术职务分 By Professional Rank				
正高级 Senior	副高级 Sub-Senior	中 级 Middle	初 级 Junior	未定职级 No-Ranking
31287	**159429**	**244940**	**131070**	**117858**
270	1491	1791	346	177
321	2506	3461	1511	594
2086	8117	12698	5699	7214
229	3300	5001	2768	1222
724	3328	4475	1350	1538
1253	3808	6362	1552	905
524	1895	2406	1247	779
1148	4141	5013	2295	1862
273	1334	2821	1066	641
2386	12388	16253	6094	4809
1531	5807	10295	3792	2953
1356	7266	11198	7137	5814
898	4934	6768	5502	3711
1054	5326	9242	7436	8096
2797	12770	18109	11727	5507
2450	14024	22674	17025	11110
1090	7273	10162	5152	4783
1663	9139	14354	5215	5524
2100	11595	20420	6735	13491
889	5262	8986	2617	8250
178	913	1418	601	1173
1229	5525	8985	4765	4925
1484	8025	13458	10686	6476
728	4444	7074	4576	4215
642	3523	4997	3800	3289
35	166	230	274	48
794	4774	6453	3645	2340
512	2949	4122	2518	1962
103	344	480	547	347
158	594	962	686	441
382	2468	4272	2706	3662

高等教育专任教师学历、专业

Number of Full-time Teacher by Academic Qualification

地区 Region	合计 Total	按学历分 By Academic Qualifications				
		博士 Doctor's Diploma	硕士 Master's Diploma	本科 Bachelor's Diploma	专科 Short-cycle Courses	高中阶段以下 Below High School Graduate
总　计 Total	**14050**	**1128**	**5204**	**7469**	**215**	**34**
北　京 Beijing	1371	507	489	362	13	0
天　津 Tianjin	423	9	144	269	0	1
河　北 Hebei	189	1	80	108	0	0
山　西 Shanxi	427	2	132	283	10	0
内蒙古 Inner Mongolia	195	8	123	64	0	0
辽　宁 Liaoning	1021	14	280	704	23	0
吉　林 Jilin	837	50	482	305	0	0
黑龙江 Heilongjiang	727	4	147	569	6	1
上　海 Shanghai	553	65	259	229	0	0
江　苏 Jiangsu	965	252	390	314	9	0
浙　江 Zhejiang	441	27	167	244	3	0
安　徽 Anhui	206	6	116	84	0	0
福　建 Fujian	239	40	103	96	0	0
江　西 Jiangxi	545	15	224	300	6	0
山　东 Shandong	762	12	263	485	2	0
河　南 Henan	424	25	190	206	3	0
湖　北 Hubei	57	0	15	42	0	0
湖　南 Hunan	761	11	147	564	39	0
广　东 Guangdong	788	17	258	467	18	28
广　西 Guangxi	298	4	180	113	1	0
海　南 Hainan	90	1	41	48	0	0
重　庆 Chongqing	36	0	9	24	3	0
四　川 Sichuan	563	21	220	322	0	0
贵　州 Guizhou	75	0	20	53	2	0
云　南 Yunnan	42	7	22	13	0	0
西　藏 Xizang	0	0	0	0	0	0
陕　西 Shaanxi	988	8	308	610	58	4
甘　肃 Gansu	238	1	94	128	15	0
青　海 Qinghai	68	1	40	27	0	0
宁　夏 Ningxia	112	0	23	87	2	0
新　疆 Xinjiang	609	20	238	349	2	0

技术职务情况(成人高等学校)
and Professional Rank in HEIs (Adult HEIs)

单位：人
unit: person

按专业技术职务分 By Professional Rank				
正高级 Senior	副高级 Sub-Senior	中级 Middle	初级 Junior	未定职级 No-Ranking
910	**4545**	**5698**	**2008**	**889**
144	519	592	63	53
10	150	192	63	8
17	72	42	7	51
6	138	167	100	16
14	45	69	59	8
79	437	362	99	44
116	291	305	125	0
72	315	251	81	8
18	131	312	67	25
96	286	355	80	148
24	169	195	35	18
6	66	81	46	7
32	87	92	24	4
47	164	227	79	28
24	243	312	150	33
22	130	148	106	18
1	29	25	2	0
12	222	328	136	63
12	188	319	96	173
25	88	163	8	14
2	11	36	26	15
0	15	20	1	0
24	153	256	121	9
4	28	31	12	0
5	16	8	3	10
0	0	0	0	0
46	229	424	190	99
12	96	101	29	0
10	23	20	11	4
6	31	43	28	4
24	173	222	161	29

高等教育资产情况
Condition of Fixed Assets and Teaching

地区 Region	占地面积 (平方米) Areas Occupied (m^2)	#绿化用地面积 of Which: Green Areas	#运动场地面积 of Which: Sports Areas	校园足球场 (个) Cammpus Football Field	11人制足球场 11-a-side Football Field	7人制足球场 7-a-side Football Field	5人制足球场 5-a-side Football Field	图书(册) Books and Magazines in Libraries (Volume)	#当年新增 of Which: New Added	数字资源量 Digital Resources 电子图书(册) E-Books (Book)	电子期刊(册) E-Journals (Book)	学位论文(册) Degree Thesis (Book)
总 计 Total	**2041356881.44**	**672082179.62**	**145695987.08**	**6288**	**4093**	**844**	**1351**	**3205344967**	**169320670**	**2718323536**	**1356821567**	**9588456485**
北 京 Beijing	58642779.75	20660818.83	4171312.58	250	130	51	69	130393629	7185925	128556368	80322908	551438632
天 津 Tianjin	37106280.36	10397208.81	2733102.90	118	67	26	25	55505869	2017990	58488700	28091687	257159317
河 北 Hebei	85204916.14	23773296.28	6941014.33	260	182	32	46	143335945	9152460	84173198	15588358	218797424
山 西 Shanxi	57078881.99	10480020.49	3097712.99	135	93	24	18	64514413	2694739	59784051	20439400	279372363
内蒙古 Inner Mongolia	41790684.87	11191451.72	2800806.75	179	81	21	77	42815701	2431609	39550656	9092907	142631093
辽 宁 Liaoning	69826988.51	22805158.00	5828891.40	275	179	39	57	110075298	3289132	95149051	40258127	335904160
吉 林 Jilin	35620100.15	12100743.75	2463507.45	109	75	16	18	74242541	2291390	61682261	18587428	285704600
黑龙江 Heilongjiang	60505561.05	15933823.91	4106530.71	142	102	14	26	86789239	2664868	76092770	25473910	277679471
上 海 Shanghai	38384348.03	14302156.46	2820561.57	191	101	44	46	85501925	2478233	33973655	9581034	54372676
江 苏 Jiangsu	130401191.30	48151189.02	9399597.39	354	256	43	55	208821269	6849452	242123881	92445888	1008437494
浙 江 Zhejiang	75626229.19	24680339.54	6552140.08	291	183	39	69	139275445	5486109	109778420	65277049	491314792
安 徽 Anhui	80251596.74	29848797.03	6187606.48	242	184	20	38	114057680	5668720	119947382	67238695	358068753
福 建 Fujian	59775508.85	19846063.78	4240661.87	183	120	26	37	96580615	4349401	85165722	59329853	309507469
江 西 Jiangxi	85506880.58	31220284.51	5761290.21	229	170	33	26	123409372	8652968	111532767	42794857	318493140
山 东 Shandong	141754411.70	51046787.40	9973410.44	403	253	58	92	222462543	12413595	152076527	135301907	662689041
河 南 Henan	136253054.63	39325842.03	9943953.48	318	263	28	27	222933617	13612503	152396710	63893519	527862368
湖 北 Hubei	98852476.73	37366002.97	6828691.92	286	191	42	53	159700780	7957312	127839254	39684811	428406579
湖 南 Hunan	79180882.75	27223039.35	5789743.21	234	178	26	30	134220384	8192875	137650220	40095622	354374623
广 东 Guangdong	118977965.24	42783155.20	9229743.25	425	252	82	91	222559663	10293675	159567547	54613112	628684612
广 西 Guangxi	80740411.39	20121635.71	4245085.88	219	119	19	81	97515061	7932900	84164225	201832818	400486871
海 南 Hainan	14684316.79	4196311.54	820167.53	41	26	6	9	23114510	1441294	16573596	4698771	50465801
重 庆 Chongqing	60521634.70	20494984.34	3878579.88	155	104	18	33	89296340	5236019	81103707	23065448	214812049
四 川 Sichuan	104452184.93	35579586.91	7395836.37	320	216	25	79	166305042	8646624	147457654	36808015	405955528
贵 州 Guizhou	48868051.40	17737491.79	3700509.18	149	105	16	28	65239783	5033110	57826629	17423981	144947605
云 南 Yunnan	49520120.17	19024475.30	3442480.66	196	105	26	65	81978192	5071410	57923130	110808462	153794472
西 藏 Xizang	3797171.38	1094175.20	323974.74	17	11	2	4	4888229	227271	5462041	2307204	37059752
陕 西 Shaanxi	72004702.60	22159002.05	5998453.49	232	148	22	62	126549020	5180841	123659929	25394667	307056237
甘 肃 Gansu	40964399.43	11209031.88	3027410.45	147	79	27	41	48802188	3543389	61647803	12240326	131897367
青 海 Qinghai	5908137.65	2043137.89	502264.28	27	15	3	9	8026250	333998	6501529	1498316	23203682
宁 夏 Ningxia	12903377.92	5019131.67	798747.44	41	26	3	12	15710554	992352	10319348	2746867	62881648
新 疆 Xinjiang	56251634.52	20267036.26	2692198.17	120	79	13	28	40723870	7998506	30154805	9885620	164996866

(学校产权)(总计)

Resources in HEIs (Owned by HEIs) (Total)

音视频(小时) Audio and Video (Hour)	职业教育仿真实训资源量(套) Vocational Education Virtual imulation Training Resources(Set)	仿真实验软件 Simulation Experiment software	仿真实训软件 Simulation Training software	仿真实习软件 Simulation Practice software	数字终端数(台) Digital Terminals (Set)	#教师终端数 of Which: Number of Teachers' Terminals	#学生终端数 of Which: Number of Student Terminals	教室(间) Classroom (Room)	#网络多媒体教室 of Which: Network Multimedia Classroom	固定资产总值(万元) Total Value of Fixed Asset (10,000 yuan)	#教学、科研仪器设备资产 of Which: Teaching Equipment and Instruments	#当年新增 of Which: New Added in Current Year
155632728.57	**175583**	**31847**	**130039**	**13697**	**15887356**	**4072042**	**10380332**	**740634**	**489309**	**358640537.82**	**85157206.65**	**9313449.02**
9256222.67	968	179	778	11	935757	297065	532473	22064	15355	26090977.56	8196335.06	710942.39
9799946.14	2690	189	2399	102	305266	79490	218332	10457	6276	8986374.02	2207994.68	202200.05
3243624.48	12382	1716	10102	564	591422	138852	410496	37155	24008	11948434.83	2474142.23	319095.14
6387000.75	4632	308	4240	84	305628	77109	167947	20348	11965	7118301.47	1679666.59	355996.36
5442446.26	2269	247	1896	126	250821	83510	150499	13625	9847	6006413.42	1357591.91	110928.48
8969922.72	6039	924	4589	526	616842	133819	374756	28437	15984	12152608.02	2880662.05	303925.44
3792543.45	2520	440	2053	27	412394	92111	248314	8583	5061	7120656.70	2076572.11	194760.69
4277595.71	2556	191	2048	317	400401	124030	246128	21534	12242	9105791.54	2394031.48	239252.50
1055216.50	5068	675	4200	193	557620	239521	281776	18477	13986	15175452.12	5198192.36	541889.57
8766473.12	12643	2678	8204	1761	1255141	338517	751477	46046	31926	25220671.76	6363544.20	556159.46
6929223.55	5225	761	4039	425	726349	239935	437488	31626	22443	17535351.38	4140237.91	462585.08
9738116.68	5622	2499	2724	399	529861	128703	371234	33198	20840	11293136.53	2925741.29	383524.08
3381423.44	4733	982	3316	435	431243	90848	318437	20024	12661	10857543.50	2566124.97	293891.97
4746293.11	3377	1062	2098	217	446916	86043	345363	38321	25402	10727337.83	1953103.27	222770.42
6428010.44	7228	829	6095	304	969385	275397	657420	55796	36784	21715272.73	4976295.01	611131.99
5509404.72	14524	3403	10304	817	1012827	179468	731744	20219	13632	16574158.03	3941073.94	367913.71
6442701.22	5097	974	3318	805	760324	159281	514728	44304	26609	16396006.37	4129905.87	489375.84
9979723.22	5798	799	4540	459	603600	165140	405633	33290	27700	11960461.60	2539340.94	336017.84
8139940.06	22001	4860	15518	1623	1206306	273853	801660	35938	27249	26397410.53	6659624.80	778778.06
2306896.90	4134	1609	2334	191	482354	81860	391233	24322	16324	10192760.04	2138375.90	245457.12
4695772.50	720	67	612	41	101519	18184	70099	5218	3315	2453685.44	470037.63	72171.30
4898420.75	20827	1055	17089	2683	423549	105214	296257	23459	16619	9283807.62	1646444.11	190061.03
4602198.95	7328	1496	5570	262	753462	178690	481308	38880	23831	15623960.02	3716225.99	365269.95
2372610.47	4240	1286	2685	269	314606	62973	215219	24725	15409	9211737.90	1171081.56	142845.37
2259956.13	2114	464	1589	61	298415	53024	211635	11644	5673	8173289.04	1284618.96	161032.41
365664.00	54	31	23	0	25665	11878	10655	1078	852	534543.94	134813.05	19012.19
8161201.92	2703	430	2138	135	638382	224708	368892	32243	20421	16898871.59	3318089.86	310280.54
1508904.78	2535	691	1258	586	234246	72143	151952	16356	10516	6082905.25	1126670.54	122401.71
277880.07	1516	59	1442	15	54407	8148	41355	2048	1534	1174812.86	288493.43	37232.13
400944.50	1659	336	1149	174	75881	18548	54438	4784	3654	1868020.17	408443.59	41236.29
1496449.36	2381	607	1689	85	166767	33980	121384	16435	11191	4759784.01	793731.39	125309.93

高等教育资产情况
Condition of Fixed Assets and Teaching

地区 Region	占地面积（平方米）Areas Occupied (m^2)	#绿化用地面积 of Which: Green Areas	#运动场地面积 of Which: Sports Areas	校园足球场（个）Cammpus Football Field	11人制足球场 11-a-side Football Field	7人制足球场 7-a-side Football Field	5人制足球场 5-a-side Football Field	图书（册）Books and Magazines in Libraries (Volume)	#当年新增 of Which: New Added	数字资源量 Digital Resources：电子图书（册）E-Books (Book)	电子期刊（册）E-Journals (Book)	学位论文（册）Degree Thesis (Book)
总　计 Total	**1354154806.58**	**461608126.41**	**90859541.82**	**3793**	**2428**	**444**	**921**	**2215381184**	**86166053**	**1993534391**	**1126643222**	**6906872599**
北　京 Beijing	52459191.81	18560887.77	3592266.69	214	109	41	64	117424113	6979646	110951689	75586352	429451082
天　津 Tianjin	29808284.50	8647084.74	2068151.67	84	48	19	17	42669579	953910	48522223	26191997	207352387
河　北 Hebei	53608904.04	16372404.50	4675937.81	152	110	14	28	94267968	4107646	68348890	12342734	165319559
山　西 Shanxi	46060550.58	7387141.85	1938490.77	84	57	12	15	44563331	1595676	47447271	16415474	192844203
内蒙古 Inner Mongolia	25895013.33	6294646.46	1531051.83	84	45	9	30	28831525	1260233	29800704	7986574	108208482
辽　宁 Liaoning	55932651.68	19009734.30	4257563.81	209	133	29	47	87612523	1776402	83422225	37023977	281056995
吉　林 Jilin	29426014.31	10045244.31	1776472.14	80	57	10	13	61442736	1359600	52345729	16955024	253909014
黑龙江 Heilongjiang	37255351.05	11423404.55	2687562.50	87	59	10	18	65664768	1603900	65060452	23523690	227844244
上　海 Shanghai	33338364.97	12945923.28	2241735.68	148	80	29	39	74550989	1793546	31170598	8107645	39810709
江　苏 Jiangsu	89470317.64	31336402.34	5758715.37	214	150	26	38	142569071	4475536	178442021	70769234	598715511
浙　江 Zhejiang	51294597.85	17328337.28	4197502.69	179	114	20	45	96641459	3436747	82635125	51911406	310338405
安　徽 Anhui	49676542.81	19280248.07	3519066.16	133	106	7	20	71487081	3132436	85939915	60003916	291114183
福　建 Fujian	41500074.45	14572743.72	2765478.59	113	74	12	27	68836321	2872544	68866584	16722578	205772573
江　西 Jiangxi	52973894.42	21646451.95	3451190.80	117	87	17	13	78086456	4178035	66600012	13053560	224432173
山　东 Shandong	86592429.10	31757512.42	5723114.29	231	154	24	53	140130870	4139851	104714026	123080422	435187527
河　南 Henan	80168323.45	24433235.45	5604855.12	168	141	10	17	137106328	5643708	104198640	52028017	370838368
湖　北 Hubei	70362283.87	28610778.59	4614520.25	175	116	24	35	120915943	4776770	100885647	33482170	335554584
湖　南 Hunan	46957099.77	17274597.48	2997559.93	125	89	11	25	86260429	3226883	80302602	29443019	240712528
广　东 Guangdong	76059647.35	27512962.70	5367344.95	221	137	33	51	140487660	5350215	102572839	43676973	391231791
广　西 Guangxi	53090226.97	13382456.25	2749219.73	129	70	9	50	62962423	3299804	55611261	191672161	279179530
海　南 Hainan	10888678.65	3090035.36	532920.09	22	15	2	5	14343159	524930	7329582	3777486	38745980
重　庆 Chongqing	37100356.58	12970990.91	2192622.13	77	54	6	17	55580887	2201040	53556118	19739003	152617974
四　川 Sichuan	71921959.71	25697254.35	4723070.05	214	118	20	76	109683335	4413162	96896196	26823301	280466068
贵　州 Guizhou	25787672.62	10474654.15	1937435.90	70	49	7	14	39757461	2078465	39849338	12687944	123794629
云　南 Yunnan	30520401.29	12086785.08	1938511.71	127	53	16	58	56260754	2241808	42923346	108098080	135023191
西　藏 Xizang	2956878.05	823636.98	238042.85	13	7	2	4	3848079	141820	4246759	750163	28484639
陕　西 Shaanxi	53201985.93	17426794.03	4209903.13	150	99	9	42	101485532	3883796	101252789	23881160	258047810
甘　肃 Gansu	21480449.18	5885313.84	1446068.28	76	40	13	23	33118636	1781863	48832749	10046034	105271667
青　海 Qinghai	3829163.22	1414748.98	244068.16	13	6	0	7	5133069	108483	4398892	1459387	22120061
宁　夏 Ningxia	7657641.99	2992942.33	521785.82	28	14	2	12	11409172	627955	8521001	1881687	37098821
新　疆 Xinjiang	26879855.41	10922772.39	1357312.92	56	37	1	18	22249527	2199643	17889168	7522054	136327911

(学校产权)(普通高校)

Resources in HEIs (Owned by HEIs)(Academic HEIs)

音视频 (小时) Audio and Video (Hour)	数字终端数 (台) Digital Terminals (Set)	#教师终端数 of Which: Number of Teachers' Terminals	#学生终端数 of Which: Number of Student Terminals	教室(间) Classroom (Room)	#网络多媒体教室 of Which: Network Multimedia Classroom	固定资产总值 (万元) Total Value of Fixed Asset (10,000 yuan)	#教学、科研仪器设备资产 of Which: Teaching Equipment and Instruments	#当年新增 of Which: New Added in Current Year
122725904. 40	**10789966**	**3183286**	**6460245**	**429837**	**269192**	**263679427. 86**	**67137152. 38**	**6974043. 08**
8077075. 20	857758	284356	474482	17190	12236	24189556. 90	7690385. 88	664351. 19
8801143. 14	229740	70430	153093	6887	4324	7549503. 17	1844655. 73	160849. 16
2642008. 47	368957	97183	242101	23050	13531	8069977. 68	1776977. 88	220852. 29
6265019. 82	208277	58695	100422	12688	7312	5448996. 18	1343040. 32	322502. 89
2119483. 46	156591	58444	83967	6955	4510	3651440. 04	916838. 66	66714. 16
7887544. 60	464094	109841	261598	20573	11569	9965832. 36	2374066. 19	229078. 24
3733860. 73	335495	76949	193620	6014	3171	5970047. 49	1755409. 64	146126. 20
3663398. 61	297842	101534	171991	14033	7484	7440547. 56	2020909. 45	198658. 65
941340. 00	468558	214162	225829	13516	10113	13627453. 22	4808136. 16	506222. 94
6595124. 18	838397	275427	436822	24733	16324	18292806. 67	4997825. 13	415775. 11
5720817. 74	477397	195947	240150	19576	13254	13303639. 36	3282885. 78	347581. 00
8077913. 68	325897	87203	213371	17919	10318	7892823. 20	2238020. 03	269426. 36
2378611. 02	288969	75022	202374	11917	7369	8188063. 26	2042977. 62	224669. 76
3407687. 08	266632	54448	203192	18519	12008	6533072. 51	1308187. 97	115282. 96
4316948. 29	614750	207787	377992	30512	18041	15038084. 88	3657582. 66	424908. 98
4478757. 71	599831	112412	420706	10143	7011	10844884. 06	2665526. 18	199281. 69
5451787. 80	538537	124761	334724	28239	14824	12957114. 92	3475748. 37	402786. 73
8711794. 45	369698	120926	226201	15374	11623	7290490. 37	1787296. 74	231461. 31
5556305. 46	720932	200373	412968	19420	14326	18301026. 22	5080567. 65	565152. 40
1565736. 98	283791	52524	227201	13391	8659	6490802. 79	1452596. 16	157045. 18
440891. 00	65058	11573	41516	3276	1880	1782365. 08	338087. 11	56368. 21
3791239. 70	273924	75848	182640	13567	9089	6009772. 49	1167076. 28	116639. 66
3821121. 66	506125	139542	295257	22788	13418	10932083. 66	2905161. 55	283870. 20
1899097. 22	178436	42399	110029	12658	7585	5745798. 04	683566. 18	83060. 31
1491520. 26	194851	38961	129589	5999	2917	5355222. 95	907087. 08	105143. 26
329653. 00	19598	10466	6000	643	542	453178. 91	117253. 60	15886. 73
7237792. 15	505811	193972	273223	21284	13252	13970042. 96	2800426. 64	257926. 72
1310605. 78	158865	56646	94141	8298	4901	3796618. 94	755209. 07	75114. 57
204210. 65	33091	5599	24086	1182	818	730136. 27	175676. 58	18183. 43
386624. 00	50478	12091	36148	2908	2336	1190102. 61	282921. 89	27316. 56
1420790. 56	91586	17765	64812	6585	4447	2667943. 11	485052. 21	65806. 24

高等教育资产情况
Condition of Fixed Assets and Teaching Resources in HEIs

地区 Region	占地面积(平方米) Areas Occupied (m^2)			校园足球场(个) Cammpus Football Field				图书(册) Books and Magazines in Libraries (Volume)		数字资源量 Digital Resources		
		#绿化用地面积 of Which: Green Areas	#运动场地面积 of Which: Sports Areas		11人制足球场 11-a-side Football Field	7人制足球场 7-a-side Football Field	5人制足球场 5-a-side Football Field		#当年新增 of Which: New Added	电子图书(册) E-Books (Book)	电子期刊(册) E-Journals (Book)	学位论文(册) Degree Thesis (Book)
总 计 Total	**34688278.33**	**9723439.21**	**1887530.43**	**108**	**55**	**22**	**31**	**45875365**	**3390203**	**29053018**	**6752462**	**81510110**
北 京 Beijing	0.00	0.00	0.00	0	0	0	0	0	0	0	0	0
天 津 Tianjin	0.00	0.00	0.00	0	0	0	0	0	0	0	0	0
河 北 Hebei	3524356.31	865739.00	221010.87	6	5	1	0	4320074	167596	482704	127500	1650000
山 西 Shanxi	1432114.03	401116.95	65069.76	3	3	0	0	3124482	60908	712375	327001	11848351
内蒙古 Inner Mongolia	0.00	0.00	0.00	0	0	0	0	0	0	0	0	0
辽 宁 Liaoning	884229.22	81700.00	101682.00	2	0	2	0	761012	206558	479449	508461	279650
吉 林 Jilin	0.00	0.00	0.00	0	0	0	0	0	0	0	0	0
黑龙江 Heilongjiang	0.00	0.00	0.00	0	0	0	0	0	0	0	0	0
上 海 Shanghai	361633.00	87476.80	33018.00	1	1	0	0	835457	27457	470247	985069	1945382
江 苏 Jiangsu	804143.77	321568.64	62600.00	5	3	0	2	1388098	20151	683462	1503982	11521990
浙 江 Zhejiang	1967480.78	383020.00	100733.00	3	3	0	0	2146789	92331	1242362	352012	935187
安 徽 Anhui	0.00	0.00	0.00	0	0	0	0	0	0	0	0	0
福 建 Fujian	343325.00	46527.00	38178.00	3	2	0	1	706618	16929	550000	557810	200000
江 西 Jiangxi	3162715.86	884989.25	140398.85	10	7	1	2	3644492	436389	3251278	298360	3930690
山 东 Shandong	2980400.09	1153405.83	195032.82	18	4	4	10	5977674	789459	4091105	280217	24480148
河 南 Henan	1141601.50	173982.69	113469.05	2	2	0	0	1305191	20231	1681026	5715	141352
湖 北 Hubei	0.00	0.00	0.00	0	0	0	0	0	0	0	0	0
湖 南 Hunan	615961.35	173016.00	53059.00	2	1	1	0	910851	112739	1032889	8000	20000
广 东 Guangdong	4427689.20	2032670.90	205740.69	23	7	7	9	6215458	95497	3949395	1663078	18048869
广 西 Guangxi	3603590.97	645587.60	132896.83	6	3	1	2	4220264	207287	2617334	4876	4853
海 南 Hainan	1373116.16	227878.91	42380.71	7	2	2	3	2460407	516603	1830000	5492	329299
重 庆 Chongqing	1893134.51	1326574.14	75352.00	2	1	0	1	1247889	180889	905366	6388	694165
四 川 Sichuan	615319.94	160128.00	25230.00	5	3	1	1	1192294	70000	1200000	6930	0
贵 州 Guizhou	647903.28	101586.50	32256.25	1	1	0	0	639471	18863	0	0	0
云 南 Yunnan	0.00	0.00	0.00	0	0	0	0	0	0	0	0	0
西 藏 Xizang	0.00	0.00	0.00	0	0	0	0	0	0	0	0	0
陕 西 Shaanxi	764494.96	234290.00	85214.00	2	2	0	0	1583479	87688	1927882	23153	1124195
甘 肃 Gansu	3274358.20	163679.00	130950.60	6	5	1	0	2262144	237628	1546144	88310	4354582
青 海 Qinghai	0.00	0.00	0.00	0	0	0	0	0	0	0	0	0
宁 夏 Ningxia	0.00	0.00	0.00	0	0	0	0	0	0	0	0	0
新 疆 Xinjiang	870710.20	258502.00	33258.00	1	0	1	0	933221	25000	400000	108	1397

(学校产权)(本科层次职业学校)
(Owned by HEIs)(Professional HEIs)

音视频 (小时) Audio and Video (Hour)	职业教育仿真实训资源量 (套) Vocational Education Virtual imulation Training Resources(Set)	仿真实验软件 Simulation Experiment software	仿真实训软件 Simulation Training software	仿真实习软件 Simulation Practice software	数字终端数 (台) Digital Terminals (Set)	#教师终端数 of Which: Number of Teachers' Terminals	#学生终端数 of Which: Number of Student Terminals	教室(间) Classroom (Room)	#网络多媒体教室 of Which: Network Multimedia Classroom	固定资产总值 (万元) Total Value of Fixed Asset (10,000 yuan)	#教学、科研仪器设备资产 of Which: Teaching Equipment and Instruments	#当年新增 of Which: New Added in Current Year
1415502.53	**15592**	**2489**	**11679**	**1424**	**210745**	**32861**	**168121**	**13299**	**9127**	**5480584.99**	**913396.73**	**156400.49**
0	0	0	0	0	0	0	0	0	0	0.00	0.00	0.00
0	0	0	0	0	0	0	0	0	0	0.00	0.00	0.00
456	1103	200	795	108	21334	2502	18167	1534	1008	348078.48	94368.55	9201.84
8700	1186	32	1134	20	13385	2877	10386	835	460	382619.89	49079.97	3477.49
0	0	0	0	0	0	0	0	0	0	0.00	0.00	0.00
400000	92	7	83	2	7332	1804	5169	317	234	82247.37	11059.19	3568.98
0	0	0	0	0	0	0	0	0	0	0.00	0.00	0.00
0	0	0	0	0	0	0	0	0	0	0.00	0.00	0.00
6000	153	12	140	1	3135	838	2297	353	140	102269.64	10409.18	1511.20
33198	406	46	359	1	7753	1100	5657	490	490	173215.69	38049.55	2488.41
10040	410	30	380	0	11515	1540	9113	407	403	255717.98	36740.51	6300.98
0	0	0	0	0	0	0	0	0	0	0.00	0.00	0.00
9875	39	13	23	3	3147	150	2997	220	207	61781.40	14024.40	3256.10
324177	925	384	477	64	15093	2053	13040	1567	830	575492.11	62137.03	25805.90
38452	459	56	386	17	21198	3400	17798	1083	798	532313.23	74378.72	23908.02
792	192	79	95	18	5890	1248	4435	0	0	37189.69	7928.11	1969.04
0	0	0	0	0	0	0	0	0	0	0.00	0.00	0.00
0	11	5	6	0	12379	388	11991	136	136	162597.94	16791.24	7948.92
271540.03	7930	948	6332	650	37376	7452	29924	1916	1876	1052379.54	220897.74	37409.97
50000	93	0	92	1	12411	1735	9504	1002	493	305024.44	66507.69	7664.15
38954.5	91	5	78	8	6772	1398	5374	624	571	187334.68	29436.78	6423.95
31000	815	194	571	50	3342	236	2938	349	155	199159.75	21543.69	3799.44
140960	2	1	0	1	4016	414	3490	525	154	76710.00	16211.98	1083.78
0	30	1	29	0	1642	576	966	312	108	102633.35	14371.77	1873.31
0	0	0	0	0	0	0	0	0	0	0.00	0.00	0.00
0	0	0	0	0	0	0	0	0	0	0.00	0.00	0.00
39798	100	9	87	4	9391	1521	2870	351	259	288647.31	33845.93	3579.92
11050	1487	462	564	461	12441	1563	10878	956	505	387876.28	84655.54	5127.68
0	0	0	0	0	0	0	0	0	0	0.00	0.00	0.00
0	0	0	0	0	0	0	0	0	0	0.00	0.00	0.00
510	68	5	48	15	1193	66	1127	322	300	167296.22	10959.16	1.41

高等教育资产情况
Condition of Fixed Assets and Teaching Resources in HEIs

地区 Region	占地面积(平方米) Areas Occupied (m^2)			校园足球场(个) Cammpus Football Field				图书(册) Books and Magazines in Libraries (Volume)		数字资源量 Digital Resources		
		#绿化用地面积 of Which: Green Areas	#运动场地面积 of Which: Sports Areas		11人制足球场 11-a-side Football Field	7人制足球场 7-a-side Football Field	5人制足球场 5-a-side Football Field		#当年新增 of Which: New Added	电子图书(册) E-Books (Book)	电子期刊(册) E-Journals (Book)	学位论文(册) Degree Thesis (Book)
总　计 Total	**642717674.76**	**198467862.10**	**52050879.49**	**2329**	**1585**	**360**	**384**	**926853594**	**78523648**	**674287006**	**179960607**	**2535882810**
北　京 Beijing	5470591.06	1904374.38	525134.89	33	21	9	3	10955037	193239	10087135	3544156	116185705
天　津 Tianjin	7128291.12	1720787.07	652299.23	32	19	6	7	12344029	1031518	9918905	1899690	49806930
河　北 Hebei	27922060.99	6503274.08	2031755.65	100	66	17	17	44394825	4847818	15340879	3118124	51827865
山　西 Shanxi	9464260.76	2675911.97	1074311.46	47	33	12	2	16528753	1032214	11404395	3693775	74679309
内蒙古 Inner Mongolia	15837022.65	4886979.26	1268414.92	94	36	12	46	13955003	1171376	9713324	1099833	28720211
辽　宁 Liaoning	12194611.59	3632113.73	1334527.07	59	43	6	10	19777418	1291356	11014406	2636460	50042972
吉　林 Jilin	6066510.04	2030389.41	666946.30	29	18	6	5	11910448	921146	8737572	1505725	29228488
黑龙江 Heilongjiang	22041746.55	4413694.08	1370653.11	51	40	4	7	19869507	1053384	10417155	1891133	46436757
上　海 Shanghai	4455407.06	1233018.46	534677.01	41	20	14	7	9534896	603432	2310398	488320	12616585
江　苏 Jiangsu	39686543.70	16398128.74	3535651.02	133	103	16	14	63954924	2351185	60711064	20126132	393911843
浙　江 Zhejiang	22057251.18	6870216.38	2217889.39	106	63	19	24	39782359	1940608	25059434	10687828	175935733
安　徽 Anhui	30201210.73	10538576.26	2610768.32	108	77	13	18	42467428	2536284	33975967	7233579	66952470
福　建 Fujian	17835991.63	5198846.06	1424963.28	66	44	13	9	26463570	1455970	15404117	4912295	97379347
江　西 Jiangxi	28822274.46	8450407.31	2127070.56	100	74	15	11	40587977	3938104	38601477	29337937	86845977
山　东 Shandong	51340188.69	17823596.15	3964542.33	150	94	28	28	75432819	7478991	43226650	11855845	200853393
河　南 Henan	54832403.20	14696145.15	4206502.39	145	120	17	8	83805797	7879457	46447991	11850787	156882648
湖　北 Hubei	28486349.25	8755134.38	2214071.67	111	75	18	18	38754634	3150358	26953607	6202641	92851995
湖　南 Hunan	31287600.61	9671964.46	2712236.28	104	87	13	4	46591000	4840498	55463858	9969434	108795777
广　东 Guangdong	37608381.45	12985845.23	3621346.61	176	107	38	31	75079387	4844914	52772165	8753787	217125782
广　西 Guangxi	23980275.74	6076755.86	1358178.32	84	46	9	29	29834416	4425799	25885630	10155781	121302488
海　南 Hainan	2340394.55	842436.98	242466.73	12	9	2	1	6214901	398967	7177514	915793	11390522
重　庆 Chongqing	21440812.67	6173420.29	1598326.75	72	49	10	13	32220864	2854090	26642223	3320057	61499910
四　川 Sichuan	31257492.82	9634308.27	2607156.32	99	93	4	2	54970686	4163267	48483914	9339632	125489080
贵　州 Guizhou	22320669.69	7143120.66	1697165.12	75	53	8	14	24752872	2935782	16738791	4736037	21152976
云　南 Yunnan	18970821.10	6929524.22	1502968.95	69	52	10	7	24891928	2004092	14399784	2277105	12620843
西　藏 Xizang	840293.33	270538.22	85931.89	4	4	0	0	1040150	85451	1215282	1557041	8575113
陕　西 Shaanxi	17273651.78	4319169.22	1624027.36	76	44	13	19	22971360	1208540	20252143	1482130	47884158
甘　肃 Gansu	16179029.05	5153839.04	1445391.57	64	33	13	18	13215048	1522033	10335460	2105982	22271118
青　海 Qinghai	2069137.03	627288.91	256096.12	14	9	3	2	2863781	225515	2102637	38929	1083617
宁　夏 Ningxia	5245735.93	2026189.34	276961.62	13	12	1	0	4301382	364397	1798347	865180	25782827
新　疆 Xinjiang	28060664.35	8881868.53	1262447.25	62	41	11	10	17386395	5773863	11694782	2359459	19750371

(学校产权)〔高职(专科)学校〕
(Owned by HEIs)(Vocational HEIs)

音视频(小时) Audio and Video (Hour)	职业教育仿真实训资源量(套) Vocational Education Virtual imulation Training Resources(Set)	仿真实验软件 Simulation Experiment software	仿真实训软件 Simulation Training software	仿真实习软件 Simulation Practice software	数字终端数(台) Digital Terminals (Set)	#教师终端数 of Which: Number of Teachers' Terminals	#学生终端数 of Which: Number of Student Terminals	教室(间) Classroom (Room)	#网络多媒体教室 of Which: Network Multimedia Classroom	固定资产总值(万元) Total Value of Fixed Asset (10,000 yuan)	#教学、科研仪器设备资产 of Which: Teaching Equipment and Instruments	#当年新增 of Which: New Added in Current Year
30383632.33	**159991**	**29358**	**118360**	**12273**	**4755400**	**820386**	**3670233**	**288756**	**206545**	**87633766.63**	**16747226.64**	**2145372.56**
819586.37	968	179	778	11	66578	8238	53455	3961	2518	1517542.32	464862.04	34927.07
998783.00	2690	189	2399	102	71072	7900	61949	3433	1883	1393083.84	352859.34	40529.73
591512.27	11279	1516	9307	456	198284	38889	147977	12449	9386	3510367.84	597518.99	86619.18
111440.93	3446	276	3106	64	81858	14248	56428	6623	4143	1269813.92	283867.31	29950.15
3285502.80	2269	247	1896	126	93705	24645	66532	6630	5302	2345278.81	438545.60	44168.40
643206.50	5947	917	4506	524	135873	19483	102826	6810	3959	1971172.06	470985.22	68160.91
55176.72	2520	440	2053	27	67494	11625	49439	2388	1803	1069988.01	299496.07	46798.28
613941.60	2556	191	2048	317	96691	20749	70858	7080	4592	1604995.22	360753.35	40246.77
104350.50	4915	663	4060	192	75175	21327	46092	3915	3219	1292406.43	327904.21	30288.28
2103648.94	12237	2632	7845	1760	400682	60647	302963	20513	14918	6710850.90	1319799.29	137829.88
1190295.81	4815	731	3659	425	232076	40772	184540	11211	8545	3856104.42	806463.38	106992.13
1561811.00	5622	2499	2724	399	202211	41202	156420	14806	10384	3358988.10	681041.37	113906.33
968830.42	4694	969	3293	432	136678	15219	111703	7794	4996	2573184.65	501201.32	65584.76
899629.03	2452	678	1621	153	157909	28604	123384	18047	12376	3523776.01	561752.54	80807.31
2065296.15	6769	773	5709	287	326719	62493	257678	23631	17600	6036083.41	1223146.60	161219.52
1007911.01	14332	3324	10209	799	403345	65105	303742	9929	6570	5664469.46	1257050.01	165307.00
990913.42	5097	974	3318	805	221356	34296	179811	16055	11781	3436723.93	653987.60	86586.32
1081128.77	5787	794	4534	459	220170	43369	166545	17445	15664	4483426.61	727628.77	96170.68
2203891.57	14071	3912	9186	973	439152	63879	352380	14165	10803	6930852.34	1341093.87	175645.68
691159.92	4041	1609	2242	190	182332	27116	152069	9758	7118	3371665.01	610385.89	80247.36
4215927.00	629	62	534	33	28002	4901	21834	1242	828	464763.04	97072.97	9326.21
1072899.05	20012	861	16518	2633	144937	28528	110017	9383	7265	3056216.32	451152.31	69054.06
617296.94	7326	1495	5570	261	237699	37424	179189	15115	10191	4557283.92	787224.81	79476.70
471357.25	4210	1285	2656	269	132725	19816	102955	11631	7644	3339569.64	468528.25	57405.14
762244.87	2114	464	1589	61	102473	13812	81336	5645	2756	2791479.58	373937.04	55282.14
36011.00	54	31	23	0	6067	1412	4655	435	310	81365.03	17559.45	3125.46
872349.77	2603	421	2051	131	116278	27028	88689	9785	6706	2537013.73	458140.37	46153.18
186682.00	1048	229	694	125	60688	13548	46002	6996	5044	1871039.83	282661.38	41766.97
72167.42	1516	59	1442	15	20747	2446	16808	835	700	439522.81	110753.19	18701.27
14320.50	1659	336	1149	174	25403	6457	18290	1876	1318	677917.57	125521.70	13919.73
74359.80	2313	602	1641	70	71021	15208	53667	9170	6223	1896821.89	294332.42	59175.97

高等教育资产情况

Condition of Fixed Assets and Teaching Resources in HEIs

地区 Region	占地面积(平方米) Areas Occupied (m^2)	#绿化用地面积 of Which: Green Areas	#运动场地面积 of Which: Sports Areas	校园足球场(个) Cammpus Football Field	11人制足球场 11-a-side Football Field	7人制足球场 7-a-side Football Field	5人制足球场 5-a-side Football Field	图书(册) Books and Magazines in Libraries (Volume)	#当年新增 of Which: New Added	数字资源量 Digital Resources 电子图书(册) E-Books (Book)	电子期刊(册) E-Journals (Book)	学位论文(册) Degree Thesis (Book)
总　计 Total	**9796121.77**	**2282751.90**	**898035.34**	**58**	**25**	**18**	**15**	**17234824**	**1240766**	**21449121**	**43465276**	**64190966**
北　京 Beijing	712996.88	195556.68	53911.00	3	0	1	2	2014479	13040	7517544	1192400	5801845
天　津 Tianjin	169704.74	29337.00	12652.00	2	0	1	1	492261	32562	47572	0	0
河　北 Hebei	149594.80	31878.70	12310.00	2	1	0	1	353078	29400	725	0	0
山　西 Shanxi	121956.62	15849.72	19841.00	1	0	0	1	297847	5941	220010	3150	500
内蒙古 Inner Mongolia	58648.89	9826.00	1340.00	1	0	0	1	29173	0	36628	6500	5702400
辽　宁 Liaoning	815496.02	81609.97	135118.52	5	3	2	0	1924345	14816	232971	89229	4524543
吉　林 Jilin	127575.80	25110.03	20089.01	0	0	0	0	889357	10644	598960	126679	2567098
黑龙江 Heilongjiang	1208463.45	96725.28	48315.10	4	3	0	1	1254964	7584	615163	59087	3398470
上　海 Shanghai	228943.00	35737.92	11130.88	1	0	1	0	580583	53798	22412	0	0
江　苏 Jiangsu	440186.19	95089.30	42631.00	2	0	1	1	909176	2580	2287334	46540	4288150
浙　江 Zhejiang	306899.38	98765.88	36015.00	3	3	0	0	704838	16423	841499	2325803	4105467
安　徽 Anhui	373843.20	29972.70	57772.00	1	1	0	0	103171	0	31500	1200	2100
福　建 Fujian	96117.77	27947.00	12042.00	1	0	1	0	574106	3958	345021	37137170	6155549
江　西 Jiangxi	547995.84	238436.00	42630.00	2	2	0	0	1090447	100440	3080000	105000	3284300
山　东 Shandong	841393.82	312273.00	90721.00	4	1	2	1	921180	5294	44746	85423	2167973
河　南 Henan	110726.48	22478.74	19126.92	3	0	1	2	716301	69107	69053	9000	0
湖　北 Hubei	3843.61	90.00	100.00	0	0	0	0	30203	30184	0	0	0
湖　南 Hunan	320221.02	103461.41	26888.00	3	1	1	1	458104	12755	850871	675169	4846318
广　东 Guangdong	882247.24	251676.37	35311.00	5	1	4	0	777158	3049	273148	519274	2278170
广　西 Guangxi	66317.71	16836.00	4791.00	0	0	0	0	497958	10	50000	0	0
海　南 Hainan	82127.43	35960.29	2400.00	0	0	0	0	96043	794	236500	0	0
重　庆 Chongqing	87330.94	23999.00	12279.00	4	0	2	2	246700	0	0	0	0
四　川 Sichuan	657412.46	87896.29	40380.00	2	2	0	0	458727	195	877544	638152	380
贵　州 Guizhou	111805.81	18130.48	33651.91	3	2	1	0	89979	0	1238500	0	0
云　南 Yunnan	28897.78	8166.00	1000.00	0	0	0	0	825510	825510	600000	433277	6150438
西　藏 Xizang	0.00	0.00	0.00	0	0	0	0	0	0	0	0	0
陕　西 Shaanxi	764569.93	178748.80	79309.00	4	3	0	1	508649	817	227115	8224	74
甘　肃 Gansu	30563.00	6200.00	5000.00	1	1	0	0	206360	1865	933450	0	0
青　海 Qinghai	9837.40	1100.00	2100.00	0	0	0	0	29400	0	0	0	4
宁　夏 Ningxia	0.00	0.00	0.00	0	0	0	0	0	0	0	0	0
新　疆 Xinjiang	440404.56	203893.34	39180.00	1	1	0	0	154727	0	170855	3999	8917187

(学校产权)(成人高等学校)
(Owned by HEIs)(Adult HEIs)

音视频(小时) Audio and Video (Hour)	数字终端数(台) Digital Terminals (Set)	#教师终端数 of Which: Number of Teachers' Terminals	#学生终端数 of Which: Number of Student Terminals	教室(间) Classroom (Room)	#网络多媒体教室 of Which: Network Multimedia Classroom	固定资产总值(万元) Total Value of Fixed Asset (10,000 yuan)	#教学、科研仪器设备资产 of Which: Teaching Equipment and Instruments	#当年新增 of Which: New Added in Current Year
1107689.31	**131245**	**35509**	**81733**	**8742**	**4445**	**1846758.33**	**359430.90**	**37632.89**
359561.10	11421	4471	4536	913	601	383878.34	41087.14	11664.14
20.00	4454	1160	3290	137	69	43787.01	10479.61	821.16
9647.74	2847	278	2251	122	83	20010.83	5276.80	2421.83
1840.00	2108	1289	711	202	50	16871.47	3678.99	65.83
37460.00	525	421	0	40	35	9694.57	2207.65	45.92
39171.62	9543	2691	5163	737	222	133356.23	24551.44	3117.31
3506.00	9405	3537	5255	181	87	80621.20	21666.40	1836.22
255.50	5868	1747	3279	421	166	60248.76	12368.68	347.08
3526.00	10752	3194	7558	693	514	153322.82	51742.80	3867.15
34502.00	8309	1343	6035	310	194	43798.50	7870.23	66.06
8070.00	5361	1676	3685	432	241	119889.62	14148.24	1710.97
98392.00	1753	298	1443	473	138	41325.23	6679.88	191.39
24107.00	2449	457	1363	93	89	34514.19	7921.63	381.35
114800.00	7282	938	5747	188	188	94997.20	21025.73	874.25
7314.00	6718	1717	3952	570	345	108791.21	21187.03	1095.47
21944.00	3761	703	2861	147	51	27614.82	10569.64	1355.98
0.00	431	224	193	10	4	2167.52	169.90	2.79
186800.00	1353	457	896	335	277	23946.68	7624.19	436.93
108203.00	8846	2149	6388	437	244	113152.43	17065.53	570.01
0.00	3820	485	2459	171	54	25267.81	8886.17	500.43
0.00	1687	312	1375	76	36	19222.64	5440.77	52.93
3282.00	1346	602	662	160	110	18659.06	6671.83	567.87
22820.35	5622	1310	3372	452	68	57882.44	7627.65	839.27
2156.00	1803	182	1269	124	72	23736.87	4615.37	506.61
6191.00	1091	251	710	0	0	26586.52	3594.84	607.00
0.00	0	0	0	0	0	0.00	0.00	0.00
11262.00	6902	2187	4110	823	204	103167.59	25676.93	2620.72
567.00	2252	386	931	106	66	27370.20	4144.56	392.48
1502.00	569	103	461	31	16	5153.78	2063.66	347.43
0.00	0	0	0	0	0	0.00	0.00	0.00
789.00	2967	941	1778	358	221	27722.78	3387.61	326.30

高等教育资产情况(非学校
Condition of Fixed Assets and Teaching Resources

地区 Region	占地面积 (平方米) Areas Occupied (m^2)	#绿化用地面积 of Which: Green Areas	#运动场地面积 of Which: Sports Areas	校园足球场 (个) Cammpus Football Field	11人制足球场 11-a-side Football Field	7人制足球场 7-a-side Football Field	5人制足球场 5-a-side Football Field	图书(册) Books and Magazines in Libraries (Volume)	#当年新增 of Which: New Added	数字资源量 Digital Resources 电子图书(册) E-Books (Book)	电子期刊(册) E-Journals (Book)	学位论文(册) Degree Thesis (Book)
总　计 Total	**364370226.00**	**133875258.12**	**18640400.16**	**699**	**483**	**105**	**111**	**55087342**	**4442080**	**261955492**	**300961262**	**1064288214**
北　京 Beijing	6585147.01	2037311.78	506064.13	27	17	5	5	11873422	29553	23519925	5359053	57599948
天　津 Tianjin	5339190.71	895868.58	333077.28	16	8	3	5	53178	13345	782801	212014	6167300
河　北 Hebei	16154457.52	5146693.35	918239.32	43	25	5	13	2632521	300	40174523	13985978	144307414
山　西 Shanxi	4870212.55	1039729.45	565790.93	14	12	0	2	1691703	445815	2392000	1866920	15590351
内蒙古 Inner Mongolia	3198561.94	477108.05	424410.96	19	4	3	12	651610	19636	4255982	593459	20973393
辽　宁 Liaoning	6258087.09	1594629.77	413111.86	13	11	1	1	279318	0	3365542	174646	7619734
吉　林 Jilin	7488893.57	2573249.34	636229.12	26	18	5	3	253800	0	0	0	0
黑龙江 Heilongjiang	8083480.14	2840095.94	988411.03	13	10	0	3	123710	8881	5387242	210492339	30572202
上　海 Shanghai	2462478.76	690182.46	173852.36	13	5	3	5	272231	0	48575989	20208828	198768847
江　苏 Jiangsu	24605044.64	8307683.28	1370236.53	62	42	9	11	4357430	2024714	12133154	7284668	49966028
浙　江 Zhejiang	13658243.43	3121736.40	684420.55	56	29	14	13	2934163	182344	13079378	4443243	79370916
安　徽 Anhui	5109715.13	1476780.90	297153.14	12	11	1	0	410671	20000	9636211	1039645	23708981
福　建 Fujian	12250974.23	3235933.44	746695.80	30	20	1	9	3099416	23481	718796	1129497	5984476
江　西 Jiangxi	12245535.89	3467856.66	888752.80	12	9	3	0	67879	22368	6317650	716347	2991506
山　东 Shandong	26020593.67	7719569.07	891765.46	37	29	4	4	222000	0	3153413	511393	4551826
河　南 Henan	21243852.87	4622244.56	1115901.12	42	34	7	1	7960650	811594	8143373	5621362	90902116
湖　北 Hubei	15102903.28	3433153.68	1405115.29	26	20	3	3	1179522	110636	10012562	2334360	36649242
湖　南 Hunan	12672887.17	3675901.75	701995.33	28	20	6	2	3207431	309566	10436014	3302141	22689108
广　东 Guangdong	31534914.40	8201114.01	1487272.99	47	32	10	5	3935338	52726	11363475	4323005	76626709
广　西 Guangxi	9984846.29	2216249.94	532127.64	23	17	6	0	1319722	12284	13228582	1807784	27898820
海　南 Hainan	2026290.60	495586.31	75729.00	2	2	0	0	178380	5500	3658345	1785733	9751103
重　庆 Chongqing	9660719.77	2587057.14	226422.61	9	8	0	1	645077	86	3954618	2153618	24686467
四　川 Sichuan	33818901.65	9892751.99	1794670.19	67	52	9	6	1995436	247367	16040718	8667686	68649162
贵　州 Guizhou	7759828.45	4425835.45	361152.89	14	12	2	0	3670813	52826	3086812	991242	8183945
云　南 Yunnan	5947935.83	1474094.05	401922.08	15	11	1	3	1039813	32335	4314016	1506992	14770822
西　藏 Xizang	0.00	0.00	0.00	0	0	0	0	13234	0	0	0	0
陕　西 Shaanxi	9728059.78	2462152.96	313251.12	14	9	3	2	273307	0	0	139796	5253315
甘　肃 Gansu	2723486.98	235214.72	89109.25	5	5	0	0	584081	0	1865059	233427	14409267
青　海 Qinghai	33333.00	13333.00	1260.00	0	0	0	0	0	0	0	0	0
宁　夏 Ningxia	706237.32	287784.53	53662.04	8	6	0	2	0	0	1600000	60000	12000000
新　疆 Xinjiang	47095412.33	45228355.56	242597.34	6	5	1	0	161486	16723	759312	16086	3645216

产权中独立使用)(总计)
in HEIs (Not Owned by HEIs)(Total)

音视频(小时) Audio and Video (Hour)	职业教育仿真实训资源量(套) Vocational Education Virtual imulation Training Resources(Set)	仿真实验软件 Simulation Experiment software	仿真实训软件 Simulation Training software	仿真实习软件 Simulation Practice software	数字终端数(台) Digital Terminals (Set)	#教师终端数 of Which: Number of Teachers' Terminals	#学生终端数 of Which: Number of Student Terminals	教室(间) Classroom (Room)	#网络多媒体教室 of Which: Network Multimedia Classroom	固定资产总值(万元) Total Value of Fixed Asset (10,000 yuan)	#教学、科研仪器设备资产 of Which: Teaching Equipment and Instruments	#当年新增 of Which: New Added in Current Year
19308570.65	**12653**	**3822**	**7841**	**990**	**260082**	**62575**	**189140**	**209251**	**115907**	**17500444.58**	**1239594.32**	**272752.32**
1134718.66	1026	4	1018	4	8727	6413	2236	2054	1405	375139.00	147005.70	38028.16
57589.40	70	4	62	4	2637	961	1676	2952	1498	179293.43	4263.98	374.62
1182110.71	2115	1050	987	78	8293	1546	6747	5582	2565	356974.77	51163.38	4833.90
286809.50	7	0	7	0	7495	2238	4425	5344	1729	463690.63	26943.64	3233.46
439424.97	1	0	1	0	6098	2468	3608	1509	649	135067.20	3034.60	597.75
64417.00	108	19	70	19	3517	857	2559	3693	1498	566738.42	22918.00	2448.74
0.00	0	0	0	0	1732	475	1251	9966	6047	16930.04	10894.63	0.00
228186.29	276	4	175	97	3999	2190	1740	2172	1055	217134.92	24156.95	7451.96
5026446.15	427	117	197	113	558	114	444	1676	774	75199.65	6762.92	390.99
313875.83	2451	1814	518	119	34678	6011	28346	7739	4915	730426.57	111576.92	18018.01
1646652.92	54	4	48	2	48882	10952	37397	4775	3106	1072818.25	148061.57	78007.08
743596.00	1145	267	819	59	8140	857	7283	4602	2121	133523.54	16416.65	1909.49
16617.52	1777	26	1731	20	5089	144	4945	4261	2689	714390.42	30983.93	5328.57
376369.20	194	43	149	2	4093	519	3468	6576	2663	220124.58	24810.82	6370.30
216840.00	133	39	89	5	3885	1734	2151	9200	5176	950648.55	48731.42	5878.77
680164.40	438	119	256	63	14031	1964	11166	56119	31524	1606545.63	95024.59	20536.69
897660.27	89	7	74	8	13437	5022	8401	6509	3807	753066.53	53811.53	6499.48
416846.52	219	14	202	3	7550	1385	3963	4794	3889	931220.08	64047.11	16710.24
732740.17	923	13	773	137	26218	5865	19072	14413	9744	2426407.31	104089.08	24953.79
902885.90	101	32	52	17	4065	490	3434	2522	1203	314353.37	17420.64	2564.65
372465.60	10	7	3	0	1050	273	767	370	277	181846.08	3425.42	288.75
1054529.88	167	74	35	58	15622	5310	10212	3250	1951	160909.45	9337.04	619.27
1619315.06	514	95	275	144	15327	2737	11431	14922	9324	3597884.57	141313.37	20338.82
174278.99	66	3	63	0	3203	222	2775	2959	1324	518207.26	23977.05	4391.36
465172.71	47	12	35	0	7738	1256	6471	23690	11407	553712.24	22430.83	2219.61
0.00	0	0	0	0	0	0	0	0	0	0.00	0.00	0.00
56175.00	74	20	45	9	1120	1	922	4731	2199	28098.97	3526.34	0.00
116538.00	96	27	69	0	1770	332	1438	528	148	47796.09	6503.73	0.00
0.00	0	0	0	0	0	0	0	221	213	16108.11	986.00	0.00
70000.00	2	0	0	2	0	0	0	620	223	31685.79	8333.65	77.52
16144.00	123	8	88	27	1128	239	812	1502	784	124503.13	7642.84	680.34

高等教育资产情况(非学校
Condition of Fixed Assets and Teaching Resources

地区 Region	占地面积(平方米) Areas Occupied (m^2)	#绿化用地面积 of Which: Green Areas	#运动场地面积 of Which: Sports Areas	校园足球场(个) Cammpus Football Field	11人制足球场 11-a-side Football Field	7人制足球场 7-a-side Football Field	5人制足球场 5-a-side Football Field	图书(册) Books and Magazines in Libraries (Volume)	#当年新增 of Which: New Added	数字资源量 Digital Resources 电子图书(册) E-Books (Book)	电子期刊(册) E-Journals (Book)	学位论文(册) Degree Thesis (Book)
总　计 Total	**196937651.18**	**90461207.58**	**7981737.15**	**310**	**218**	**41**	**51**	**27986346**	**2267285**	**191049795**	**281322272**	**737601720**
北　京 Beijing	4844087.92	1359973.30	341718.88	19	10	4	5	11703810	29293	22400181	4648719	52116168
天　津 Tianjin	2265233.36	242330.00	138698.80	3	2	0	1	21731	0	759134	174205	6167300
河　北 Hebei	8784694.63	3039773.58	297687.37	8	8	0	0	249467	0	28945325	11764822	73367461
山　西 Shanxi	618527.04	72930.80	79204.14	3	3	0	0	285910	0	2392000	1574744	15590351
内蒙古 Inner Mongolia	1657866.51	274339.00	90077.00	6	2	0	4	637468	12494	3223240	305573	7293321
辽　宁 Liaoning	2552626.34	764605.50	121541.00	4	3	1	0	2892	0	3253198	120646	7619734
吉　林 Jilin	5288520.19	1930210.70	362442.47	15	11	2	2	212600	0	0	0	0
黑龙江 Heilongjiang	6408136.62	2728078.52	896237.61	7	7	0	0	64710	8881	5387242	210492339	30572202
上　海 Shanghai	1187115.13	401373.16	43324.00	8	3	0	5	0	0	41482208	19177435	165205434
江　苏 Jiangsu	13139968.42	4248299.05	945107.37	49	33	7	9	3968229	2015195	7679056	6316001	42049068
浙　江 Zhejiang	7603897.64	1938726.36	252980.15	26	13	5	8	87599	20000	5595628	1509155	19407315
安　徽 Anhui	950996.65	161822.50	71304.38	2	2	0	0	0	0	4810102	188033	17223297
福　建 Fujian	7166679.24	1910314.48	475729.89	22	15	1	6	2035490	23481	483338	338070	3369631
江　西 Jiangxi	4632759.70	1448480.39	410788.73	6	5	1	0	51612	22368	6000	79470	0
山　东 Shandong	12672414.81	4040416.96	430283.88	22	16	3	3	10000	0	1153413	477819	4551826
河　南 Henan	5770223.31	1635316.37	414155.82	8	7	1	0	3422860	26671	5629798	4635821	67273809
湖　北 Hubei	8679230.21	1364923.93	434090.05	20	14	3	3	931216	20930	9886440	1948440	36206144
湖　南 Hunan	6041793.66	2053246.03	314458.41	11	9	2	0	1552567	22602	8468885	3297349	22426308
广　东 Guangdong	16261582.94	4427020.54	482376.22	20	15	4	1	11082	1831	8117336	1333465	30185314
广　西 Guangxi	2401510.63	309839.03	73830.00	3	2	1	0	2222	0	10832255	1801484	20898820
海　南 Hainan	167712.85	62583.87	0.00	0	0	0	0	5500	5500	1358345	713568	5692898
重　庆 Chongqing	3809956.53	1669145.99	66888.25	6	5	0	1	445077	86	949088	1795067	4184960
四　川 Sichuan	15685814.66	4462798.74	779331.22	24	17	5	2	635115	33762	10740346	6681181	57042115
贵　州 Guizhou	3806120.21	2902767.49	30480.00	3	3	0	0	161450	0	0	0	0
云　南 Yunnan	2404680.12	823959.88	128857.46	4	4	0	0	619117	24191	4082866	1506992	14770822
西　藏 Xizang	0.00	0.00	0.00	0	0	0	0	13234	0	0	0	0
陕　西 Shaanxi	5639044.58	1433682.65	145736.12	5	3	1	1	273307	0	0	132361	4332939
甘　肃 Gansu	913140.65	37415.72	13237.25	3	3	0	0	552081	0	1065059	233427	14409267
青　海 Qinghai	33333.00	13333.00	1260.00	0	0	0	0	0	0	0	0	0
宁　夏 Ningxia	138020.32	3155.53	4762.04	0	0	0	0	0	0	1600000	60000	12000000
新　疆 Xinjiang	45411963.31	44700344.51	135148.64	3	3	0	0	30000	0	749312	16086	3645216

产权中独立使用)(普通高校)
in HEIs (Not Owned by HEIs)(Academic HEIs)

音视频 (小时) Audio and Video (Hour)	数字终端数 (台) Digital Terminals (Set)	#教师终端数 of Which: Number of Teachers' Terminals	#学生终端数 of Which: Number of Student Terminals	教室(间) Classroom (Room)	#网络多媒体教室 of Which: Network Multimedia Classroom	固定资产总值 (万元) Total Value of Fixed Asset (10,000 yuan)	#教学、科研仪器设备资产 of Which: Teaching Equipment and Instruments	#当年新增 of Which: New Added in Current Year
13866899.84	**128520**	**34226**	**88502**	**93817**	**49836**	**9866972.14**	**604267.92**	**107788.76**
960252.00	6218	4707	1503	1666	1114	263682.19	142640.13	38025.67
57269.40	660	80	580	1115	646	144981.22	2856.00	256.00
884037.67	1245	99	1146	3170	954	73939.00	7703.44	636.17
286636.00	2502	1046	1135	965	422	138777.59	13986.90	0.00
164871.97	2068	883	1163	812	282	14886.90	3031.60	597.75
44961.00	378	75	303	1236	644	343628.16	1865.65	983.07
0.00	1586	461	1125	7043	4228	15180.36	10534.96	0.00
228186.29	2964	1865	1030	1120	626	178487.07	17439.44	7135.45
4643857.88	0	0	0	631	204	33243.51	2328.32	282.93
298501.73	32091	5548	26307	5296	3520	488793.68	78370.53	6064.62
18224.60	20895	3677	16685	1229	702	410102.64	17387.81	4781.19
437060.00	0	0	0	646	52	324.86	190.50	0.00
3779.52	1137	50	1087	1977	1058	551505.58	16474.17	1655.66
58723.90	957	207	750	2300	572	189407.53	15867.77	1548.92
179607.00	2664	1266	1398	4081	1615	648754.73	25118.63	1936.62
491333.00	7601	1109	6267	23383	12903	694069.40	26392.41	8078.17
581549.85	12081	4955	7112	3053	1974	418745.55	41557.89	1530.60
399366.52	4510	944	1482	2795	2497	614316.36	36959.71	1412.50
316236.17	4088	1037	1770	5621	4217	1551893.43	29213.31	16489.99
852373.90	3265	394	2730	834	416	132534.51	5752.96	2056.13
344912.00	40	20	10	10	6	100.00	70.00	0.00
1033521.08	10203	4247	5956	333	152	22902.22	1580.24	406.49
874787.06	7720	1184	5688	6437	3584	2253804.15	84014.13	11415.43
15000.00	431	30	401	433	187	220379.69	8849.43	2475.70
462770.30	748	90	658	13830	5582	390583.49	5383.10	19.70
0.00	0	0	0	0	0	0.00	0.00	0.00
26399.00	898	0	898	2587	1257	22867.34	2493.27	0.00
116538.00	1570	252	1318	276	103	45434.98	5219.62	0.00
0.00	0	0	0	13	13	3646.00	986.00	0.00
70000.00	0	0	0	337	88	0.00	0.00	0.00
16144.00	0	0	0	588	218	0.00	0.00	0.00

高等教育资产情况(非学校产权中

Condition of Fixed Assets and Teaching Resources in HEIs

地区 Region	占地面积(平方米) Areas Occupied (m^2)			校园足球场(个) Cammpus Football Field				图书(册) Books and Magazines in Libraries (Volume)		数字资源量 Digital Resources		
		#绿化用地面积 of Which: Green Areas	#运动场地面积 of Which: Sports Areas		11人制足球场 11-a-side Football Field	7人制足球场 7-a-side Football Field	5人制足球场 5-a-side Football Field		#当年新增 of Which: New Added	电子图书(册) E-Books (Book)	电子期刊(册) E-Journals (Book)	学位论文(册) Degree Thesis (Book)
总　计 Total	**5182846.72**	**1529464.69**	**389692.61**	**9**	**5**	**0**	**4**	**3610849**	**50672**	**4689476**	**1809603**	**18692220**
北　京 Beijing	0.00	0.00	0.00	0	0	0	0	0	0	0	0	0
天　津 Tianjin	0.00	0.00	0.00	0	0	0	0	0	0	0	0	0
河　北 Hebei	331623.78	15656.00	63674.00	6	2	0	4	627711	0	1734438	321052	4200000
山　西 Shanxi	395315.02	65186.48	26974.07	0	0	0	0	0	0	0	0	0
内蒙古 Inner Mongolia	0.00	0.00	0.00	0	0	0	0	0	0	0	0	0
辽　宁 Liaoning	0.00	0.00	0.00	0	0	0	0	0	0	0	0	0
吉　林 Jilin	0.00	0.00	0.00	0	0	0	0	0	0	0	0	0
黑龙江 Heilongjiang	0.00	0.00	0.00	0	0	0	0	0	0	0	0	0
上　海 Shanghai	148369.00	7395.00	1216.00	0	0	0	0	0	0	0	0	0
江　苏 Jiangsu	0.00	0.00	0.00	0	0	0	0	0	0	0	0	0
浙　江 Zhejiang	13464.00	0.00	0.00	0	0	0	0	0	0	0	8450	5549115
安　徽 Anhui	0.00	0.00	0.00	0	0	0	0	0	0	0	0	0
福　建 Fujian	32572.00	11180.00	15400.00	0	0	0	0	0	0	0	491427	2014845
江　西 Jiangxi	734073.23	569682.20	110000.00	0	0	0	0	0	0	0	0	0
山　东 Shandong	513946.10	55866.69	52164.00	1	1	0	0	0	0	0	0	0
河　南 Henan	0.00	0.00	0.00	0	0	0	0	0	0	0	0	0
湖　北 Hubei	0.00	0.00	0.00	0	0	0	0	0	0	0	0	0
湖　南 Hunan	0.00	0.00	0.00	0	0	0	0	0	0	0	0	0
广　东 Guangdong	316761.52	180046.00	17734.63	0	0	0	0	0	0	0	0	0
广　西 Guangxi	513826.78	187352.67	1057.50	0	0	0	0	0	0	0	0	0
海　南 Hainan	29496.68	11402.24	0.00	0	0	0	0	0	0	0	0	0
重　庆 Chongqing	0.00	0.00	0.00	0	0	0	0	0	0	0	0	0
四　川 Sichuan	890624.27	65039.00	26113.00	0	0	0	0	0	0	0	0	0
贵　州 Guizhou	482108.00	107585.38	47359.41	1	1	0	0	2983138	50672	2955038	988674	6928260
云　南 Yunnan	0.00	0.00	0.00	0	0	0	0	0	0	0	0	0
西　藏 Xizang	0.00	0.00	0.00	0	0	0	0	0	0	0	0	0
陕　西 Shaanxi	780666.34	253073.03	28000.00	1	1	0	0	0	0	0	0	0
甘　肃 Gansu	0.00	0.00	0.00	0	0	0	0	0	0	0	0	0
青　海 Qinghai	0.00	0.00	0.00	0	0	0	0	0	0	0	0	0
宁　夏 Ningxia	0.00	0.00	0.00	0	0	0	0	0	0	0	0	0
新　疆 Xinjiang	0.00	0.00	0.00	0	0	0	0	0	0	0	0	0

独立使用)(本科层次职业学校)
(Not Owned by HEIs)(Professional HEIs)

音视频(小时) Audio and Video (Hour)	职业教育仿真实训资源量(套) Vocational Education Virtual imulation Training Resources(Set)	仿真实验软件 Simulation Experiment software	仿真实训软件 Simulation Training software	仿真实习软件 Simulation Practice software	数字终端数(台) Digital Terminals (Set)	#教师终端数 of Which: Number of Teachers' Terminals	#学生终端数 of Which: Number of Student Terminals	教室(间) Classroom (Room)	#网络多媒体教室 of Which: Network Multimedia Classroom	固定资产总值(万元) Total Value of Fixed Asset (10,000 yuan)	#教学、科研仪器设备资产 of Which: Teaching Equipment and Instruments	#当年新增 of Which: New Added in Current Year
323439.99	**86**	**0**	**85**	**1**	**2927**	**756**	**1965**	**2955**	**1378**	**272946.95**	**28294.39**	**2795.01**
0.00	0	0	0	0	0	0	0	0	0	0.00	0.00	0.00
0.00	0	0	0	0	0	0	0	0	0	0.00	0.00	0.00
30538.00	2	0	2	0	1104	476	628	189	120	18612.60	2958.80	55.70
0.00	0	0	0	0	0	0	0	86	44	0.00	0.00	0.00
0.00	0	0	0	0	0	0	0	0	0	0.00	0.00	0.00
0.00	12	0	11	1	0	0	0	0	0	1987.22	1613.85	1033.33
0.00	0	0	0	0	0	0	0	0	0	0.00	0.00	0.00
0.00	0	0	0	0	0	0	0	0	0	0.00	0.00	0.00
0.00	0	0	0	0	12	12	0	72	12	10550.74	0.00	0.00
0.00	0	0	0	0	0	0	0	0	0	0.00	0.00	0.00
133773.00	0	0	0	0	346	124	222	13	13	2628.51	2254.51	223.20
0.00	0	0	0	0	0	0	0	0	0	0.00	0.00	0.00
0.00	0	0	0	0	0	0	0	67	15	0.00	0.00	0.00
0.00	0	0	0	0	0	0	0	167	161	2564.60	2564.60	1482.78
0.00	0	0	0	0	0	0	0	34	29	2350.00	0.00	0.00
0.00	0	0	0	0	0	0	0	558	338	72380.22	10429.77	0.00
0.00	0	0	0	0	0	0	0	0	0	0.00	0.00	0.00
0.00	0	0	0	0	0	0	0	0	0	0.00	0.00	0.00
0.00	12	0	12	0	65	0	65	134	0	108311.84	466.15	0.00
0.00	0	0	0	0	0	0	0	47	0	0.00	0.00	0.00
0.00	0	0	0	0	0	0	0	0	0	0.00	0.00	0.00
0.00	0	0	0	0	0	0	0	0	0	0.00	0.00	0.00
0.00	0	0	0	0	0	0	0	129	113	18310.41	0.00	0.00
159128.99	60	0	60	0	1400	144	1050	530	133	33250.81	6006.71	0.00
0.00	0	0	0	0	0	0	0	0	0	0.00	0.00	0.00
0.00	0	0	0	0	0	0	0	0	0	0.00	0.00	0.00
0.00	0	0	0	0	0	0	0	929	400	0.00	0.00	0.00
0.00	0	0	0	0	0	0	0	0	0	0.00	0.00	0.00
0.00	0	0	0	0	0	0	0	0	0	0.00	0.00	0.00
0.00	0	0	0	0	0	0	0	0	0	0.00	0.00	0.00
0.00	0	0	0	0	0	0	0	0	0	2000.00	2000.00	0.00

高等教育资产情况(非学校产权中

Condition of Fixed Assets and Teaching Resources

地区 Region	占地面积(平方米) Areas Occupied (m^2)			校园足球场(个) Cammpus Football Field				图书(册) Books and Magazines in Libraries (Volume)		数字资源量 Digital Resources		
		#绿化用地面积 of Which: Green Areas	#运动场地面积 of Which: Sports Areas		11人制足球场 11-a-side Football Field	7人制足球场 7-a-side Football Field	5人制足球场 5-a-side Football Field		#当年新增 of Which: New Added	电子图书(册) E-Books (Book)	电子期刊(册) E-Journals (Book)	学位论文(册) Degree Thesis (Book)
总　计 Total	**156701587.92**	**40235310.36**	**9434543.65**	**339**	**234**	**56**	**49**	**15332750**	**1943973**	**62677205**	**17251235**	**302036415**
北　京 Beijing	1369084.27	382167.88	162845.25	7	7	0	0	0	0	1064744	710184	5483670
天　津 Tianjin	2944007.57	642879.58	178414.48	9	4	3	2	5000	0	0	33681	0
河　北 Hebei	6992305.99	2091052.77	556317.95	29	15	5	9	1551343	300	8415510	1832594	61012700
山　西 Shanxi	3700417.84	872151.17	440912.72	10	8	0	2	1131593	445815	0	292176	0
内蒙古 Inner Mongolia	1540695.43	202769.05	334333.96	13	2	3	8	14142	7142	1032742	287886	13680072
辽　宁 Liaoning	3339853.23	747026.52	222916.88	6	5	0	1	157761	0	112344	54000	0
吉　林 Jilin	2101267.12	628097.87	241774.20	10	6	3	1	0	0	0	0	0
黑龙江 Heilongjiang	1662547.52	111911.42	84722.42	6	3	0	3	59000	0	0	0	0
上　海 Shanghai	1107766.38	277762.30	128052.36	5	2	3	0	269231	0	7093771	1031393	33563413
江　苏 Jiangsu	11464318.66	4059324.23	425069.16	13	9	2	2	389201	9519	4454098	968667	7916960
浙　江 Zhejiang	4279203.49	539446.84	143165.39	18	8	6	4	360934	35474	6406755	2842418	54184037
安　徽 Anhui	4158718.48	1314958.40	225848.76	10	9	1	0	312500	20000	3823109	851612	6485684
福　建 Fujian	5051722.99	1314438.96	255565.91	8	5	0	3	1063926	0	235458	300000	600000
江　西 Jiangxi	6830036.25	1439094.07	364983.07	6	4	2	0	16267	0	6311650	636877	2991506
山　东 Shandong	12834232.76	3623285.42	409317.58	14	12	1	1	212000	0	2000000	33574	0
河　南 Henan	15318752.16	2948037.48	684669.92	34	27	6	1	2969644	784923	2513532	985541	23628307
湖　北 Hubei	6423673.07	2068229.75	971025.24	6	6	0	0	248306	89706	126122	385920	443098
湖　南 Hunan	6367591.79	1601095.72	379266.92	12	10	1	1	1301384	263184	1962120	4792	262800
广　东 Guangdong	13204221.44	3202833.47	661687.49	17	10	5	2	1149328	50000	2960097	2566396	46441348
广　西 Guangxi	7062005.18	1715610.24	456526.14	20	15	5	0	1317500	12284	2396327	6300	7000000
海　南 Hainan	1829081.07	421600.20	75729.00	2	2	0	0	172880	0	2300000	1072165	4058205
重　庆 Chongqing	5850763.24	917911.15	159534.36	3	3	0	0	200000	0	3005530	358551	20501507
四　川 Sichuan	17039197.78	5296467.69	965367.69	41	34	4	3	1360321	213605	5300372	1986505	11607047
贵　州 Guizhou	3434933.24	1406643.02	281213.48	9	7	2	0	501307	2154	131774	2568	1255685
云　南 Yunnan	3543255.71	650134.17	273064.62	11	7	1	3	420696	8144	231150	0	0
西　藏 Xizang	0.00	0.00	0.00	0	0	0	0	0	0	0	0	0
陕　西 Shaanxi	3239160.86	758259.28	127025.00	7	4	2	1	0	0	0	7435	920376
甘　肃 Gansu	1810346.33	197799.00	75872.00	2	2	0	0	32000	0	800000	0	0
青　海 Qinghai	0.00	0.00	0.00	0	0	0	0	0	0	0	0	0
宁　夏 Ningxia	568217.00	284629.00	48900.00	8	6	0	2	0	0	0	0	0
新　疆 Xinjiang	1634211.07	519693.71	100421.70	3	2	1	0	116486	1723	0	0	0

独立使用)〔高职(专科)学校〕
in HEIs (Not Owned by HEIs) (Vocational HEIs)

音视频(小时) Audio and Video (Hour)	职业教育仿真实训资源量(套) Vocational Education Virtual imulation Training Resources(Set)	仿真实验软件 Simulation Experiment software	仿真实训软件 Simulation Training software	仿真实习软件 Simulation Practice software	数字终端数(台) Digital Terminals (Set)	#教师终端数 of Which: Number of Teachers' Terminals	#学生终端数 of Which: Number of Student Terminals	教室(间) Classroom (Room)	#网络多媒体教室 of Which: Network Multimedia Classroom	固定资产总值(万元) Total Value of Fixed Asset (10,000 yuan)	#教学、科研仪器设备资产 of Which: Teaching Equipment and Instruments	#当年新增 of Which: New Added in Current Year
4979322.35	**12567**	**3822**	**7756**	**989**	**65805**	**12590**	**51542**	**102082**	**59536**	**6443213.74**	**402187.87**	**89925.23**
174259.66	1026	4	1018	4	88	88	0	266	205	36349.11	677.77	0.00
0.00	70	4	62	4	862	670	192	1180	543	29823.67	7.85	0.00
230507.94	2113	1050	985	78	5944	971	4973	2193	1461	263173.17	40046.14	4142.03
0.00	7	0	7	0	4107	792	3010	3352	1237	307145.96	8136.63	3182.27
274553.00	1	0	1	0	4030	1585	2445	697	367	120180.30	3.00	0.00
19456.00	96	19	59	18	1853	397	1454	2134	764	205270.17	12732.38	432.34
0.00	0	0	0	0	0	0	0	2645	1733	248.68	0.00	0.00
0.00	276	4	175	97	1005	300	705	983	375	24522.52	6083.42	294.92
382588.27	427	117	197	113	546	102	444	889	518	31392.40	4434.60	108.06
15374.10	2451	1814	518	119	2587	463	2039	2435	1390	241602.89	33198.38	11953.39
1407372.32	54	4	48	2	1590	10	1580	1031	674	176654.74	10955.09	2897.06
304767.00	1145	267	819	59	981	857	124	2423	1434	74156.29	8926.15	1909.49
12838.00	1777	26	1731	20	3952	94	3858	2217	1616	162884.84	14509.76	3672.91
317645.30	194	43	149	2	3036	280	2650	3935	1808	27523.91	6322.65	3338.60
36838.00	133	39	89	5	1221	468	753	5085	3532	299543.82	23612.79	3942.16
182961.53	438	119	256	63	6185	837	4672	31767	18154	788264.37	44230.61	12343.52
316110.42	89	7	74	8	1356	67	1289	3456	1833	334320.98	12253.64	4968.88
17480.00	219	14	202	3	1254	141	1113	1758	1176	308762.10	24884.68	15000.25
410640.00	911	13	761	137	1096	68	1028	6197	4136	585345.94	29281.46	7215.36
50512.00	101	32	52	17	800	96	704	1621	779	181818.86	11667.68	508.52
27553.60	10	7	3	0	1010	253	757	360	271	181746.08	3355.42	288.75
21008.80	167	74	35	58	5419	1063	4256	2917	1799	138007.23	7756.80	212.78
744528.00	514	95	275	144	7607	1553	5743	8177	5526	1325770.02	57299.24	8923.39
150.00	6	3	3	0	1168	0	1168	1952	998	264108.26	9113.20	1915.66
2402.41	47	12	35	0	6990	1166	5813	9820	5815	163128.76	17047.73	2199.91
0.00	0	0	0	0	0	0	0	0	0	0.00	0.00	0.00
29776.00	74	20	45	9	0	0	0	1044	510	5195.63	1016.07	0.00
0.00	96	27	69	0	200	80	120	252	45	2361.11	1284.11	0.00
0.00	0	0	0	0	0	0	0	208	200	12462.11	0.00	0.00
0.00	2	0	0	2	0	0	0	283	135	31685.79	8333.65	77.52
0.00	123	8	88	27	918	189	652	805	502	119764.04	5016.97	397.47

高等教育资产情况(非学校产权中

Condition of Fixed Assets and Teaching Resources

地区 Region	占地面积(平方米) Areas Occupied (m^2)	#绿化用地面积 of Which: Green Areas	#运动场地面积 of Which: Sports Areas	校园足球场(个) Cammpus Football Field	11人制足球场 11-a-side Football Field	7人制足球场 7-a-side Football Field	5人制足球场 5-a-side Football Field	图书(册) Books and Magazines in Libraries (Volume)	#当年新增 of Which: New Added	数字资源量 Digital Resources 电子图书(册) E-Books (Book)	电子期刊(册) E-Journals (Book)	学位论文(册) Degree Thesis (Book)
总 计 Total	**5548140.18**	**1649275.49**	**834426.75**	**41**	**26**	**8**	**7**	**8157397**	**180150**	**3539016**	**578152**	**5957859**
北 京 Beijing	371974.82	295170.60	1500.00	1	0	1	0	169612	260	55000	150	110
天 津 Tianjin	129949.78	10659.00	15964.00	4	2	0	2	26447	13345	23667	4128	0
河 北 Hebei	45833.12	211.00	560.00	0	0	0	0	204000	0	1079250	67510	5727253
山 西 Shanxi	155952.65	29461.00	18700.00	1	1	0	0	274200	0	0	0	0
内蒙古 Inner Mongolia	0.00	0.00	0.00	0	0	0	0	0	0	0	0	0
辽 宁 Liaoning	365607.52	82997.75	68653.98	3	3	0	0	118665	0	0	0	0
吉 林 Jilin	99106.26	14940.77	32012.45	1	1	0	0	41200	0	0	0	0
黑龙江 Heilongjiang	12796.00	106.00	7451.00	0	0	0	0	0	0	0	0	0
上 海 Shanghai	19228.25	3652.00	1260.00	0	0	0	0	3000	0	10	0	0
江 苏 Jiangsu	757.56	60.00	60.00	0	0	0	0	0	0	0	0	0
浙 江 Zhejiang	1761678.30	643563.20	288275.01	12	8	3	1	2485630	126870	1076995	83220	230449
安 徽 Anhui	0.00	0.00	0.00	0	0	0	0	98171	0	1003000	0	0
福 建 Fujian	0.00	0.00	0.00	0	0	0	0	0	0	0	0	0
江 西 Jiangxi	48666.71	10600.00	2981.00	0	0	0	0	0	0	0	0	0
山 东 Shandong	0.00	0.00	0.00	0	0	0	0	0	0	0	0	0
河 南 Henan	154877.40	38890.71	17075.38	0	0	0	0	1568146	0	43	0	0
湖 北 Hubei	0.00	0.00	0.00	0	0	0	0	0	0	0	0	0
湖 南 Hunan	263501.72	21560.00	8270.00	5	1	3	1	353480	23780	5009	0	0
广 东 Guangdong	1752348.50	391214.00	325474.65	10	7	1	2	2774928	895	286042	423144	47
广 西 Guangxi	7503.70	3448.00	714.00	0	0	0	0	0	0	0	0	0
海 南 Hainan	0.00	0.00	0.00	0	0	0	0	0	0	0	0	0
重 庆 Chongqing	0.00	0.00	0.00	0	0	0	0	0	0	0	0	0
四 川 Sichuan	203264.94	68446.56	23858.28	2	1	0	1	0	0	0	0	0
贵 州 Guizhou	36667.00	8839.56	2100.00	1	1	0	0	24918	0	0	0	0
云 南 Yunnan	0.00	0.00	0.00	0	0	0	0	0	0	0	0	0
西 藏 Xizang	0.00	0.00	0.00	0	0	0	0	0	0	0	0	0
陕 西 Shaanxi	69188.00	17138.00	12490.00	1	1	0	0	0	0	0	0	0
甘 肃 Gansu	0.00	0.00	0.00	0	0	0	0	0	0	0	0	0
青 海 Qinghai	0.00	0.00	0.00	0	0	0	0	0	0	0	0	0
宁 夏 Ningxia	0.00	0.00	0.00	0	0	0	0	0	0	0	0	0
新 疆 Xinjiang	49237.95	8317.34	7027.00	0	0	0	0	15000	15000	10000	0	0

独立使用)(成人高校)

in HEIs (Not Owned by HEIs) (Adult HEIs)

音视频 (小时) Audio and Video (Hour)	数字终端数 (台) Digital Terminals (Set)	#教师终端数 of Which: Number of Teachers' Terminals	#学生终端数 of Which: Number of Student Terminals	教室(间) Classroom (Room)	#网络多媒体教室 of Which: Network Multimedia Classroom	固定资产总值 (万元) Total Value of Fixed Asset (10,000 yuan)	#教学、科研仪器设备资产 of Which: Teaching Equipment and Instruments	#当年新增 of Which: New Added in Current Year
138908.47	**62830**	**15003**	**47131**	**10397**	**5157**	**917311.75**	**204844.14**	**72243.33**
207.00	2421	1618	733	122	86	75107.70	3687.80	2.49
320.00	1115	211	904	657	309	4488.54	1400.13	118.62
37027.10	0	0	0	30	30	1250.00	455.00	0.00
173.50	886	400	280	941	26	17767.08	4820.11	51.19
0.00	0	0	0	0	0	0.00	0.00	0.00
0.00	1286	385	802	323	90	15852.87	6706.12	0.00
0.00	146	14	126	278	86	1501.00	359.67	0.00
0.00	30	25	5	69	54	14125.33	634.09	21.59
0.00	0	0	0	84	40	13.00	0.00	0.00
0.00	0	0	0	8	5	30.00	8.00	0.00
87283.00	26051	7141	18910	2502	1717	483432.35	117464.16	70105.63
1769.00	7159	0	7159	1533	635	59042.39	7300.00	0.00
0.00	0	0	0	0	0	0.00	0.00	0.00
0.00	100	32	68	174	122	628.54	55.80	0.00
395.00	0	0	0	0	0	0.00	0.00	0.00
5869.87	245	18	227	411	129	51831.63	13971.81	115.00
0.00	0	0	0	0	0	0.00	0.00	0.00
0.00	1786	300	1368	241	216	8141.62	2202.72	297.49
5864.00	20969	4760	16209	2461	1391	180856.10	45128.17	1248.44
0.00	0	0	0	20	8	0.00	0.00	0.00
0.00	0	0	0	0	0	0.00	0.00	0.00
0.00	0	0	0	0	0	0.00	0.00	0.00
0.00	0	0	0	179	101	0.00	0.00	0.00
0.00	204	48	156	44	6	468.51	7.70	0.00
0.00	0	0	0	40	10	0.00	0.00	0.00
0.00	0	0	0	0	0	0.00	0.00	0.00
0.00	222	1	24	171	32	36.00	17.00	0.00
0.00	0	0	0	0	0	0.00	0.00	0.00
0.00	0	0	0	0	0	0.00	0.00	0.00
0.00	0	0	0	0	0	0.00	0.00	0.00
0.00	210	50	160	109	64	2739.09	625.87	282.87

高等教育校舍情况(总计)
Conditions of School Buildings in HEIs (Total)

单位：平方米
unit：m^2

地区 Region	学校产权校舍建筑面积 Floor Area of School Building Owned by HEIs	正在施工校舍建筑面积 Floor Area Under Construction	非学校产权中独立使用建筑面积 Floor Area of School Building Not Owned by HEIs
总　计 Total	**949352271.78**	**72002878.86**	**249009736.47**
北　京 Beijing	45484680.09	2908578.21	3972898.74
天　津 Tianjin	16610255.64	632191.82	3460681.88
河　北 Hebei	42544635.17	1824660.58	5620983.09
山　西 Shanxi	22928770.95	1649213.92	3862553.37
内蒙古 Inner Mongolia	15186665.35	1359122.17	1382754.80
辽　宁 Liaoning	33180350.03	2343856.50	4753837.44
吉　林 Jilin	7899121.58	1234017.58	12039294.06
黑龙江 Heilongjiang	26498207.51	1008891.70	4333123.90
上　海 Shanghai	26366997.78	3366903.88	2388342.13
江　苏 Jiangsu	64028528.96	2529474.16	11776895.61
浙　江 Zhejiang	44386262.97	2805936.05	8179429.71
安　徽 Anhui	42038748.63	2478350.82	3120113.54
福　建 Fujian	26215624.50	2743994.71	7756449.02
江　西 Jiangxi	41937083.20	1734498.64	6146829.58
山　东 Shandong	69011073.19	4778496.45	12929296.09
河　南 Henan	20337494.22	3981876.76	61154671.92
湖　北 Hubei	55983235.42	3408626.42	7106919.50
湖　南 Hunan	40812178.39	2570866.92	6297659.22
广　东 Guangdong	58877970.72	5358572.88	24681502.95
广　西 Guangxi	34849859.72	2974579.46	4081193.93
海　南 Hainan	6658850.42	692285.78	1241132.27
重　庆 Chongqing	28164551.40	2444517.59	4958054.22
四　川 Sichuan	44155550.81	4791475.00	19397329.91
贵　州 Guizhou	26473670.95	1556722.15	2639716.46
云　南 Yunnan	8200187.63	3446744.20	19049224.61
西　藏 Xizang	1724097.94	134275.16	5558.35
陕　西 Shaanxi	51061717.52	3680848.01	3957406.79
甘　肃 Gansu	20955006.09	1749701.72	497056.49
青　海 Qinghai	3038836.57	166454.27	129701.95
宁　夏 Ningxia	4255612.71	279624.58	556556.52
新　疆 Xinjiang	19486445.72	1367520.77	1532568.42

高等教育校舍情况(普通高校)

Conditions of School Buildings in HEIs (Regular HEIs)

单位：平方米
unit：m^2

地区 Region	学校产权校舍建筑面积 Floor Area of School Building Owned by HEIs	正在施工校舍建筑面积 Floor Area Under Construction	非学校产权中独立使用建筑面积 Floor Area of School Building Not Owned by HEIs
总　计 Total	**657654454.42**	**47518770.13**	**136661308.03**
北　京 Beijing	41269699.10	2908578.21	3612311.38
天　津 Tianjin	13615712.62	468491.13	1953123.33
河　北 Hebei	27243958.90	967845.41	2453167.13
山　西 Shanxi	16511078.12	958582.10	1179559.67
内蒙古 Inner Mongolia	9103556.33	818008.00	700382.68
辽　宁 Liaoning	27253247.87	1789153.29	2969050.99
吉　林 Jilin	6058361.01	772483.69	9743233.72
黑龙江 Heilongjiang	20371528.36	896533.57	3404244.82
上　海 Shanghai	22985599.02	3093185.85	1467059.71
江　苏 Jiangsu	42858006.22	2246388.05	8099600.50
浙　江 Zhejiang	31622335.35	2114388.47	4730843.80
安　徽 Anhui	26695444.88	1283143.82	1241185.77
福　建 Fujian	18941577.75	1884853.27	3438806.35
江　西 Jiangxi	25127100.93	643351.31	2340075.96
山　东 Shandong	45296874.00	2183660.61	6874228.75
河　南 Henan	13041143.98	1663513.22	32912372.73
湖　北 Hubei	40790786.23	2948366.05	4406936.85
湖　南 Hunan	24184111.66	1151187.09	3744898.39
广　东 Guangdong	37683350.65	3506292.41	13379775.38
广　西 Guangxi	22424085.22	1521362.53	1358043.07
海　南 Hainan	4912637.75	672641.32	340920.55
重　庆 Chongqing	18829672.23	1423978.88	1129733.75
四　川 Sichuan	31245990.56	3246539.07	8920732.07
贵　州 Guizhou	15329434.80	491364.45	547141.53
云　南 Yunnan	4343857.64	1948975.90	11949027.76
西　藏 Xizang	1308825.68	125216.07	5558.35
陕　西 Shaanxi	40071947.13	3250584.94	2389792.92
甘　肃 Gansu	12465389.47	1444953.88	286259.46
青　海 Qinghai	1950839.06	162858.27	15849.00
宁　夏 Ningxia	2903852.18	263127.80	375284.02
新　疆 Xinjiang	11214449.72	669161.47	692107.64

高等教育校舍情况(本科层次职业学校)
Conditions of School Buildings in HEIs (Professional HEIs)

单位：平方米
unit：m^2

地区 Region	学校产权校舍建筑面积 Floor Area of School Building Owned by HEIs	正在施工校舍建筑面积 Floor Area Under Construction	非学校产权中独立使用建筑面积 Floor Area of School Building Not Owned by HEIs
总　计 Total	**13927315.77**	**2583769.62**	**3945501.14**
北　京 Beijing	0.00	0.00	0.00
天　津 Tianjin	0.00	0.00	0.00
河　北 Hebei	1692548.72	115975.09	215492.28
山　西 Shanxi	962850.35	151635.98	129353.78
内蒙古 Inner Mongolia	0.00	0.00	0.00
辽　宁 Liaoning	287264.58	99855.74	1384.20
吉　林 Jilin	0.00	0.00	0.00
黑龙江 Heilongjiang	0.00	0.00	0.00
上　海 Shanghai	233880.86	57863.26	96549.22
江　苏 Jiangsu	444600.21	0.00	16025.37
浙　江 Zhejiang	653410.78	29997.00	175310.32
安　徽 Anhui	0.00	0.00	0.00
福　建 Fujian	171930.71	0.00	442438.30
江　西 Jiangxi	1725256.51	410964.29	75653.13
山　东 Shandong	1230262.36	555236.18	165495.49
河　南 Henan	0.00	0.00	522165.16
湖　北 Hubei	0.00	0.00	0.00
湖　南 Hunan	328970.13	175976.34	0.00
广　东 Guangdong	2020175.41	258660.82	489816.76
广　西 Guangxi	786810.03	0.00	584463.72
海　南 Hainan	496850.97	19644.46	91686.53
重　庆 Chongqing	392692.59	32664.00	80122.00
四　川 Sichuan	268367.46	225000.00	182814.93
贵　州 Guizhou	353060.42	175494.50	254087.23
云　南 Yunnan	0.00	0.00	0.00
西　藏 Xizang	0.00	0.00	0.00
陕　西 Shaanxi	444823.45	90369.00	411482.88
甘　肃 Gansu	1189759.22	50585.00	8532.00
青　海 Qinghai	0.00	0.00	0.00
宁　夏 Ningxia	0.00	0.00	0.00
新　疆 Xinjiang	243801.01	133847.96	2627.84

高等教育校舍情况〔高职(专科)学校〕
Conditions of School Buildings in HEIs (Vocational HEIs)

单位：平方米
unit：m^2

地区 Region	学校产权校舍建筑面积 Floor Area of School Building Owned by HEIs	正在施工校舍建筑面积 Floor Area Under Construction	非学校产权中独立使用建筑面积 Floor Area of School Building Not Owned by HEIs
总　计 Total	**272224111. 58**	**21707724. 13**	**104539214. 26**
北　京 Beijing	3567600. 75	0. 00	308070. 74
天　津 Tianjin	2922583. 68	163700. 69	1324909. 65
河　北 Hebei	13490457. 19	740840. 08	2934180. 37
山　西 Shanxi	5323446. 71	538995. 84	2389961. 24
内蒙古 Inner Mongolia	6054733. 41	535968. 09	663477. 12
辽　宁 Liaoning	5296616. 32	454847. 47	1603840. 23
吉　林 Jilin	1754033. 72	461533. 89	2131992. 95
黑龙江 Heilongjiang	5846416. 84	112358. 13	876981. 28
上　海 Shanghai	2853649. 43	215854. 77	788824. 16
江　苏 Jiangsu	20513459. 18	283086. 11	3660660. 09
浙　江 Zhejiang	11794399. 71	649150. 08	1884651. 31
安　徽 Anhui	15163816. 60	1195207. 00	1863761. 27
福　建 Fujian	6989419. 70	859141. 44	3875204. 37
江　西 Jiangxi	14863457. 91	680183. 04	3610594. 71
山　东 Shandong	22016630. 34	1931935. 26	5889571. 85
河　南 Henan	7237377. 81	2318363. 54	27585942. 65
湖　北 Hubei	15183543. 25	460260. 37	2699982. 65
湖　南 Hunan	16012970. 51	1243703. 49	2445580. 26
广　东 Guangdong	18852529. 30	1593619. 65	9875808. 70
广　西 Guangxi	11532476. 42	1453216. 93	2134923. 42
海　南 Hainan	1172474. 38	0. 00	808525. 19
重　庆 Chongqing	8857915. 58	987874. 71	3739586. 49
四　川 Sichuan	12435851. 70	1319935. 93	10149371. 77
贵　州 Guizhou	10727861. 67	889863. 20	1816464. 16
云　南 Yunnan	3851608. 99	1497768. 30	7083059. 85
西　藏 Xizang	415272. 26	9059. 09	0. 00
陕　西 Shaanxi	10117894. 72	272490. 07	1085363. 39
甘　肃 Gansu	7242006. 91	254162. 84	202265. 03
青　海 Qinghai	1068837. 01	3596. 00	113852. 95
宁　夏 Ningxia	1351760. 53	16496. 78	181272. 50
新　疆 Xinjiang	7713009. 05	564511. 34	810533. 91

高等教育校舍情况(成人高校)
Conditions of School Buildings in HEIs (Adult HEIs)

单位：平方米
unit：m^2

地区 Region	学校产权校舍建筑面积 Floor Area of School Building Owned by HEIs	正在施工校舍建筑面积 Floor Area Under Construction	非学校产权中独立使用建筑面积 Floor Area of School Building Not Owned by HEIs
总　计 Total	**5546390.01**	**192614.98**	**3863713.04**
北　京 Beijing	647380.24	0.00	52516.62
天　津 Tianjin	71959.34	0.00	182648.90
河　北 Hebei	117670.36	0.00	18143.31
山　西 Shanxi	131395.77	0.00	163678.68
内蒙古 Inner Mongolia	28375.61	5146.08	18895.00
辽　宁 Liaoning	343221.26	0.00	179562.02
吉　林 Jilin	86726.85	0.00	164067.39
黑龙江 Heilongjiang	280262.31	0.00	51897.80
上　海 Shanghai	293868.47	0.00	35909.04
江　苏 Jiangsu	212463.35	0.00	609.65
浙　江 Zhejiang	316117.13	12400.50	1388624.28
安　徽 Anhui	179487.15	0.00	15166.50
福　建 Fujian	112696.34	0.00	0.00
江　西 Jiangxi	221267.85	0.00	120505.78
山　东 Shandong	467306.49	107664.40	0.00
河　南 Henan	58972.43	0.00	134191.38
湖　北 Hubei	8905.94	0.00	0.00
湖　南 Hunan	286126.09	0.00	107180.57
广　东 Guangdong	321915.36	0.00	936102.11
广　西 Guangxi	106488.05	0.00	3763.72
海　南 Hainan	76887.32	0.00	0.00
重　庆 Chongqing	84271.00	0.00	8611.98
四　川 Sichuan	205341.09	0.00	144411.14
贵　州 Guizhou	63314.06	0.00	22023.54
云　南 Yunnan	4721.00	0.00	17137.00
西　藏 Xizang	0.00	0.00	0.00
陕　西 Shaanxi	427052.22	67404.00	70767.60
甘　肃 Gansu	57850.49	0.00	0.00
青　海 Qinghai	19160.50	0.00	0.00
宁　夏 Ningxia	0.00	0.00	0.00
新　疆 Xinjiang	315185.94	0.00	27299.03

普通高中校数、班数(总计)
Number of Schools and Classes in Regular Senior Secondary Schools(Total)

地区 Region	学校数(所) Schools	完全中学 Combined Secondary Schools	高级中学 Regular High Schools	十二年一贯制学校 12-Year Schools	班数(个) Classes	一年级 Grade 1	二年级 Grade 2	三年级 Grade 3
总　计 Total	**15381**	**5277**	**8308**	**1796**	**577741**	**198177**	**193816**	**185748**
北　京 Beijing	363	177	39	147	6236	2215	2110	1911
天　津 Tianjin	205	113	73	19	4870	1707	1619	1544
河　北 Hebei	818	258	483	77	36147	12523	11924	11700
山　西 Shanxi	510	213	243	54	14457	4564	4885	5008
内蒙古 Inner Mongolia	318	116	176	26	10155	3458	3419	3278
辽　宁 Liaoning	436	47	357	32	14028	4632	4743	4653
吉　林 Jilin	265	59	188	18	8992	2876	3057	3059
黑龙江 Heilongjiang	365	70	273	22	11458	3548	3930	3980
上　海 Shanghai	294	91	162	41	5456	1946	1856	1654
江　苏 Jiangsu	664	76	513	75	30234	10583	10188	9463
浙　江 Zhejiang	650	67	521	62	20878	7163	6987	6728
安　徽 Anhui	676	240	352	84	25085	8543	8550	7992
福　建 Fujian	598	455	98	45	16751	5962	5624	5165
江　西 Jiangxi	568	256	222	90	24685	8257	8480	7948
山　东 Shandong	782	102	583	97	41727	14781	13917	13029
河　南 Henan	1098	138	804	156	51599	17731	17347	16521
湖　北 Hubei	577	54	462	61	21122	7354	7109	6659
湖　南 Hunan	750	205	489	56	28682	9753	9670	9259
广　东 Guangdong	1165	556	385	224	45535	15857	15201	14477
广　西 Guangxi	548	180	339	29	24733	8468	8257	8008
海　南 Hainan	142	92	12	38	4492	1569	1487	1436
重　庆 Chongqing	280	231	33	16	13364	4560	4532	4272
四　川 Sichuan	817	510	178	129	30648	10386	10264	9998
贵　州 Guizhou	505	134	315	56	19329	6557	6201	6571
云　南 Yunnan	650	344	265	41	21253	7304	7178	6771
西　藏 Xizang	40	6	31	3	1587	527	534	526
陕　西 Shaanxi	445	187	231	27	15243	5338	5043	4862
甘　肃 Gansu	368	136	213	19	11323	3778	3830	3715
青　海 Qinghai	101	29	62	10	2755	919	915	921
宁　夏 Ningxia	70	18	50	2	3376	1127	1139	1110
新　疆 Xinjiang	313	117	156	40	11541	4191	3820	3530

普通高中校数、班数(城区)
Number of Schools and Classes in Regular Senior Secondary Schools (Urban Area)

地区 Region	学校数(所) Schools	完全中学 Combined Secondary Schools	高级中学 Regular High Schools	十二年一贯制学校 12-Year Schools	班数(个) Classes	一年级 Grade 1	二年级 Grade 2	三年级 Grade 3
总　计 Total	**8185**	**2867**	**4159**	**1159**	**296277**	**101501**	**99545**	**95231**
北　京 Beijing	322	162	32	128	5899	2084	1996	1819
天　津 Tianjin	171	111	42	18	4083	1443	1363	1277
河　北 Hebei	337	132	180	25	14266	4886	4690	4690
山　西 Shanxi	282	157	89	36	7571	2408	2565	2598
内蒙古 Inner Mongolia	168	64	87	17	5275	1791	1792	1692
辽　宁 Liaoning	330	40	263	27	10159	3357	3447	3355
吉　林 Jilin	156	29	118	9	5749	1836	1973	1940
黑龙江 Heilongjiang	201	38	149	14	6732	2136	2303	2293
上　海 Shanghai	264	82	143	39	4902	1750	1667	1485
江　苏 Jiangsu	390	38	302	50	16489	5736	5562	5191
浙　江 Zhejiang	391	48	300	43	12805	4403	4299	4103
安　徽 Anhui	242	83	124	35	9383	3155	3201	3027
福　建 Fujian	249	175	46	28	8323	2957	2803	2563
江　西 Jiangxi	261	128	80	53	10471	3483	3560	3428
山　东 Shandong	434	52	322	60	22972	8044	7681	7247
河　南 Henan	436	64	319	53	19073	6503	6410	6160
湖　北 Hubei	370	38	285	47	13619	4721	4578	4320
湖　南 Hunan	318	105	186	27	11431	3859	3906	3666
广　东 Guangdong	770	314	285	171	32148	11202	10722	10224
广　西 Guangxi	271	92	161	18	11911	4067	3959	3885
海　南 Hainan	76	53	5	18	2617	890	874	853
重　庆 Chongqing	167	138	19	10	7835	2709	2668	2458
四　川 Sichuan	409	225	89	95	15168	5202	5111	4855
贵　州 Guizhou	221	69	112	40	8030	2720	2589	2721
云　南 Yunnan	302	151	117	34	8209	2838	2775	2596
西　藏 Xizang	24	5	16	3	912	298	311	303
陕　西 Shaanxi	254	140	94	20	7816	2773	2582	2461
甘　肃 Gansu	122	39	75	8	3896	1314	1313	1269
青　海 Qinghai	47	16	25	6	1138	375	380	383
宁　夏 Ningxia	40	11	28	1	1990	667	672	651
新　疆 Xinjiang	160	68	66	26	5405	1894	1793	1718

普通高中校数、班数(镇区)
Number of Schools and Classes in Regular Senior Secondary Schools (County and Town Area)

地区 Region	学校数(所) Schools	完全中学 Combined Secondary Schools	高级中学 Regular High Schools	十二年一贯制学校 12-Year Schools	班数(个) Classes	一年级 Grade 1	二年级 Grade 2	三年级 Grade 3
总　计 Total	**6315**	**2139**	**3684**	**492**	**256448**	**87617**	**85912**	**82919**
北　京 Beijing	17	6	3	8	126	42	43	41
天　津 Tianjin	28	2	25	1	680	221	221	238
河　北 Hebei	414	108	264	42	19237	6666	6378	6193
山　西 Shanxi	192	42	136	14	6026	1878	2035	2113
内蒙古 Inner Mongolia	141	48	85	8	4679	1598	1559	1522
辽　宁 Liaoning	92	6	83	3	3453	1135	1153	1165
吉　林 Jilin	95	26	64	5	2925	942	982	1001
黑龙江 Heilongjiang	150	30	113	7	4449	1336	1534	1579
上　海 Shanghai	20	5	14	1	437	155	151	131
江　苏 Jiangsu	265	37	207	21	13526	4765	4546	4215
浙　江 Zhejiang	230	14	202	14	7336	2502	2446	2388
安　徽 Anhui	402	146	212	44	14975	5135	5097	4743
福　建 Fujian	296	242	42	12	7490	2601	2516	2373
江　西 Jiangxi	281	117	134	30	13658	4589	4724	4345
山　东 Shandong	304	48	230	26	17315	6194	5746	5375
河　南 Henan	578	71	422	85	29864	10260	10055	9549
湖　北 Hubei	189	15	160	14	6997	2441	2337	2219
湖　南 Hunan	381	93	261	27	15719	5322	5256	5141
广　东 Guangdong	305	203	70	32	10431	3595	3478	3358
广　西 Guangxi	255	83	163	9	12236	4193	4083	3960
海　南 Hainan	49	34	5	10	1501	539	488	474
重　庆 Chongqing	98	80	13	5	4526	1517	1526	1483
四　川 Sichuan	371	264	79	28	14470	4811	4826	4833
贵　州 Guizhou	251	58	180	13	10385	3513	3320	3552
云　南 Yunnan	307	174	128	5	11910	4058	4039	3813
西　藏 Xizang	3	0	3	0	104	34	33	37
陕　西 Shaanxi	169	39	125	5	6941	2387	2298	2256
甘　肃 Gansu	233	90	132	11	7044	2313	2392	2339
青　海 Qinghai	48	12	32	4	1454	488	479	487
宁　夏 Ningxia	28	7	21	0	1330	441	448	441
新　疆 Xinjiang	123	39	76	8	5224	1946	1723	1555

普通高中校数、班数(乡村)
Number of Schools and Classes in Regular Senior Secondary Schools (Rural Area)

地区 Region	学校数 (所) Schools	完全中学 Combined Secondary Schools	高级中学 Regular High Schools	十二年一贯制学校 12-Year Schools	班数 (个) Classes	一年级 Grade 1	二年级 Grade 2	三年级 Grade 3
总　计 Total	**881**	**271**	**465**	**145**	**25016**	**9059**	**8359**	**7598**
北　京 Beijing	24	9	4	11	211	89	71	51
天　津 Tianjin	6	0	6	0	107	43	35	29
河　北 Hebei	67	18	39	10	2644	971	856	817
山　西 Shanxi	36	14	18	4	860	278	285	297
内蒙古 Inner Mongolia	9	4	4	1	201	69	68	64
辽　宁 Liaoning	14	1	11	2	416	140	143	133
吉　林 Jilin	14	4	6	4	318	98	102	118
黑龙江 Heilongjiang	14	2	11	1	277	76	93	108
上　海 Shanghai	10	4	5	1	117	41	38	38
江　苏 Jiangsu	9	1	4	4	219	82	80	57
浙　江 Zhejiang	29	5	19	5	737	258	242	237
安　徽 Anhui	32	11	16	5	727	253	252	222
福　建 Fujian	53	38	10	5	938	404	305	229
江　西 Jiangxi	26	11	8	7	556	185	196	175
山　东 Shandong	44	2	31	11	1440	543	490	407
河　南 Henan	84	3	63	18	2662	968	882	812
湖　北 Hubei	18	1	17	0	506	192	194	120
湖　南 Hunan	51	7	42	2	1532	572	508	452
广　东 Guangdong	90	39	30	21	2956	1060	1001	895
广　西 Guangxi	22	5	15	2	586	208	215	163
海　南 Hainan	17	5	2	10	374	140	125	109
重　庆 Chongqing	15	13	1	1	1003	334	338	331
四　川 Sichuan	37	21	10	6	1010	373	327	310
贵　州 Guizhou	33	7	23	3	914	324	292	298
云　南 Yunnan	41	19	20	2	1134	408	364	362
西　藏 Xizang	13	1	12	0	571	195	190	186
陕　西 Shaanxi	22	8	12	2	486	178	163	145
甘　肃 Gansu	13	7	6	0	383	151	125	107
青　海 Qinghai	6	1	5	0	163	56	56	51
宁　夏 Ningxia	2	0	1	1	56	19	19	18
新　疆 Xinjiang	30	10	14	6	912	351	304	257

普通高中教育学生数(总计)

Number of Students in Regular Senior Secondary Education (Total)

单位：人
unit: person

地区 Region	毕业生数 Graduates	招生数 Entrants	在校生数 Enrolment	#女 of Which: Female	一年级 Grade 1	二年级 Grade 2	三年级 Grade 3
总　计 Total	**8604097**	**9678010**	**28036268**	**13881808**	**9687204**	**9401847**	**8947217**
北　京 Beijing	59193	79716	216891	107635	80253	74418	62220
天　津 Tianjin	67176	78985	221427	110242	79058	73482	68887
河　北 Hebei	556851	629833	1826292	918491	629843	603312	593137
山　西 Shanxi	221425	211836	677700	338864	211864	229278	236558
内蒙古 Inner Mongolia	142561	145856	428434	219246	145966	144157	138311
辽　宁 Liaoning	202603	208373	621038	315175	208394	209704	202940
吉　林 Jilin	147922	138568	436985	220141	138596	148426	149963
黑龙江 Heilongjiang	191950	168106	544476	275054	168115	187399	188962
上　海 Shanghai	59074	75519	207861	102406	76113	72378	59370
江　苏 Jiangsu	414857	505021	1431830	671525	505891	482548	443391
浙　江 Zhejiang	277867	307946	887644	429475	308069	297636	281939
安　徽 Anhui	387947	423931	1232813	570833	424146	420374	388293
福　建 Fujian	219650	289859	803669	388709	289948	269067	244654
江　西 Jiangxi	380301	402305	1222717	559749	403603	422232	396882
山　东 Shandong	611440	715743	1985425	974195	715782	659924	609719
河　南 Henan	774723	900599	2622690	1297101	900611	880421	841658
湖　北 Hubei	313514	369665	1058079	495256	370016	356166	331897
湖　南 Hunan	440247	502641	1473029	713051	502749	497422	472858
广　东 Guangdong	664568	784251	2228677	1092269	784993	744553	699131
广　西 Guangxi	394734	445026	1291996	670892	445688	430964	415344
海　南 Hainan	64063	75550	215363	104606	75690	71453	68220
重　庆 Chongqing	214581	231430	678960	344498	231867	231172	215921
四　川 Sichuan	470064	510643	1500614	768687	511500	502176	486938
贵　州 Guizhou	318658	326917	944983	478561	327193	300147	317643
云　南 Yunnan	336112	372271	1063293	567652	372690	354581	336022
西　藏 Xizang	25244	26710	79427	43463	26802	26649	25976
陕　西 Shaanxi	211239	256682	721635	358166	257238	238261	226136
甘　肃 Gansu	171028	178684	529748	264985	178893	180266	170589
青　海 Qinghai	43261	45726	134532	70240	45914	44583	44035
宁　夏 Ningxia	56270	58154	173608	91174	58219	58321	57068
新　疆 Xinjiang	164974	211464	574432	319467	211500	190377	172555

普通高中教育学生数(城区)
Number of Students in Regular Senior Secondary Education (Urban Area)

单位：人
unit: person

地区 Region	毕业生数 Graduates	招生数 Entrants	在校生数 Enrolment	#女 of Which: Female	一年级 Grade 1	二年级 Grade 2	三年级 Grade 3
总　计 Total	**4357058**	**4881207**	**14133412**	**6939548**	**4886223**	**4750149**	**4497040**
北　京 Beijing	56696	75017	205413	101798	75527	70503	59383
天　津 Tianjin	55139	66222	184637	91405	66289	61597	56751
河　北 Hebei	223372	244158	716585	362705	244168	235453	236964
山　西 Shanxi	113642	111775	353879	175795	111796	120376	121707
内蒙古 Inner Mongolia	73418	75393	221446	112522	75457	75467	70522
辽　宁 Liaoning	143175	150225	445836	224453	150245	151317	144274
吉　林 Jilin	93598	88497	278993	140284	88520	95516	94957
黑龙江 Heilongjiang	109288	101093	318862	160920	101102	109716	108044
上　海 Shanghai	52594	67990	186067	91175	68500	64646	52921
江　苏 Jiangsu	235064	271069	772585	358984	271443	260331	240811
浙　江 Zhejiang	170183	190314	546726	261994	190399	183867	172460
安　徽 Anhui	148027	155337	455488	210060	155431	155639	144418
福　建 Fujian	112989	143288	400296	191826	143329	134394	122573
江　西 Jiangxi	166796	168451	512086	233320	169453	174312	168321
山　东 Shandong	337404	386476	1081806	535748	386500	360522	334784
河　南 Henan	289564	328642	963493	475232	328654	324090	310749
湖　北 Hubei	200719	235694	675984	313662	235903	227547	212534
湖　南 Hunan	171805	196114	577991	273266	196180	197913	183898
广　东 Guangdong	467365	550379	1564147	757405	550813	522078	491256
广　西 Guangxi	190520	212750	620530	314993	213083	206237	201210
海　南 Hainan	38509	42930	125096	59567	42966	41937	40193
重　庆 Chongqing	123615	136175	394200	200330	136350	134710	123140
四　川 Sichuan	219687	250911	726795	366912	251391	244938	230466
贵　州 Guizhou	125471	131500	379521	189425	131596	120912	127013
云　南 Yunnan	128461	142937	408374	218718	143012	136618	128744
西　藏 Xizang	15061	14875	44533	24215	14934	14909	14690
陕　西 Shaanxi	104507	133096	367566	180382	133203	121320	113043
甘　肃 Gansu	57612	62907	182742	89577	62907	62163	57672
青　海 Qinghai	17638	18943	55807	29065	18970	18638	18199
宁　夏 Ningxia	33686	34634	102647	53337	34673	34628	33346
新　疆 Xinjiang	81453	93415	263281	140473	93429	87855	81997

普通高中教育学生数(镇区)
Number of Students in Regular Senior Secondary Education (County and Town Area)

单位：人
unit：person

地区 Region	毕业生数 Graduates	招生数 Entrants	在校生数 Enrolment	#女 of Which: Female	一年级 Grade 1	二年级 Grade 2	三年级 Grade 3
总　计 Total	**3931097**	**4362762**	**12708354**	**6366710**	**4366651**	**4252676**	**4089027**
北　京 Beijing	1173	1359	4015	2032	1371	1346	1298
天　津 Tianjin	10695	10794	32002	16474	10798	10401	10803
河　北 Hebei	300131	337287	975384	494645	337287	323880	314217
山　西 Shanxi	94248	87395	283732	143435	87402	95729	100601
内蒙古 Inner Mongolia	66756	67676	199093	102873	67722	66082	65289
辽　宁 Liaoning	53729	52398	158134	82115	52399	52537	53198
吉　林 Jilin	49673	45434	142552	72468	45439	47984	49129
黑龙江 Heilongjiang	78731	63582	213305	108509	63582	73628	76095
上　海 Shanghai	5153	5988	17338	9074	6061	6222	5055
江　苏 Jiangsu	177535	230369	649741	308178	230860	218707	200174
浙　江 Zhejiang	98661	106551	309477	152424	106589	103292	99596
安　徽 Anhui	229979	256308	742158	344557	256423	252542	233193
福　建 Fujian	99328	127485	359375	176287	127532	120268	111575
江　西 Jiangxi	208152	225236	685386	315992	225529	239217	220640
山　东 Shandong	259423	305414	843107	410596	305429	279135	258543
河　南 Henan	452513	524116	1526156	757359	524116	512146	489894
湖　北 Hubei	107775	124684	357641	170275	124814	119327	113500
湖　南 Hunan	248425	277672	817780	403176	277714	273698	266368
广　东 Guangdong	157408	181831	521041	267597	182099	173878	165064
广　西 Guangxi	198090	221803	642341	341697	222100	214114	206127
海　南 Hainan	21112	26393	73551	37278	26496	23889	23166
重　庆 Chongqing	74383	78153	233469	117944	78367	79132	75970
四　川 Sichuan	237012	242308	726068	377755	242673	241791	241604
贵　州 Guizhou	180318	180072	522576	268678	180234	165549	176793
云　南 Yunnan	191079	209396	601306	321756	209714	200915	190677
西　藏 Xizang	1790	1754	5311	2800	1755	1713	1843
陕　西 Shaanxi	100755	115500	332600	167585	115942	109784	106874
甘　肃 Gansu	109151	108894	329233	166432	109103	112264	107866
青　海 Qinghai	23633	24127	70868	37140	24270	23217	23381
宁　夏 Ningxia	22337	22605	68256	36521	22631	22802	22823
新　疆 Xinjiang	71949	100178	265358	153058	100200	87487	77671

普通高中教育学生数(乡村)
Number of Students in Regular Senior Secondary Education (Rural Area)

单位：人
unit：person

地区 Region	毕业生数 Graduates	招生数 Entrants	在校生数 Enrolment	#女 of Which：Female	一年级 Grade 1	二年级 Grade 2	三年级 Grade 3
总　计 Total	**315942**	**434041**	**1194502**	**575550**	**434330**	**399022**	**361150**
北　京 Beijing	1324	3340	7463	3805	3355	2569	1539
天　津 Tianjin	1342	1969	4788	2363	1971	1484	1333
河　北 Hebei	33348	48388	134323	61141	48388	43979	41956
山　西 Shanxi	13535	12666	40089	19634	12666	13173	14250
内蒙古 Inner Mongolia	2387	2787	7895	3851	2787	2608	2500
辽　宁 Liaoning	5699	5750	17068	8607	5750	5850	5468
吉　林 Jilin	4651	4637	15440	7389	4637	4926	5877
黑龙江 Heilongjiang	3931	3431	12309	5625	3431	4055	4823
上　海 Shanghai	1327	1541	4456	2157	1552	1510	1394
江　苏 Jiangsu	2258	3583	9504	4363	3588	3510	2406
浙　江 Zhejiang	9023	11081	31441	15057	11081	10477	9883
安　徽 Anhui	9941	12286	35167	16216	12292	12193	10682
福　建 Fujian	7333	19086	43998	20596	19087	14405	10506
江　西 Jiangxi	5353	8618	25245	10437	8621	8703	7921
山　东 Shandong	14613	23853	60512	27851	23853	20267	16392
河　南 Henan	32646	47841	133041	64510	47841	44185	41015
湖　北 Hubei	5020	9287	24454	11319	9299	9292	5863
湖　南 Hunan	20017	28855	77258	36609	28855	25811	22592
广　东 Guangdong	39795	52041	143489	67267	52081	48597	42811
广　西 Guangxi	6124	10473	29125	14202	10505	10613	8007
海　南 Hainan	4442	6227	16716	7761	6228	5627	4861
重　庆 Chongqing	16583	17102	51291	26224	17150	17330	16811
四　川 Sichuan	13365	17424	47751	24020	17436	15447	14868
贵　州 Guizhou	12869	15345	42886	20458	15363	13686	13837
云　南 Yunnan	16572	19938	53613	27178	19964	17048	16601
西　藏 Xizang	8393	10081	29583	16448	10113	10027	9443
陕　西 Shaanxi	5977	8086	21469	10199	8093	7157	6219
甘　肃 Gansu	4265	6883	17773	8976	6883	5839	5051
青　海 Qinghai	1990	2656	7857	4035	2674	2728	2455
宁　夏 Ningxia	247	915	2705	1316	915	891	899
新　疆 Xinjiang	11572	17871	45793	25936	17871	15035	12887

普通高中教育女学生数
Number of Female Students in Regular Senior Secondary Education

单位：人
unit：person

地区 Region	毕业生数 Graduates	招生数 Entrants	在校生数 Enrolment	一年级 Grade 1	二年级 Grade 2	三年级 Grade 3
总　计 Total	**4323409**	**4752590**	**13881808**	**4756580**	**4658818**	**4466410**
北　京 Beijing	30062	39432	107635	39709	36927	30999
天　津 Tianjin	33931	38703	110242	38743	36680	34819
河　北 Hebei	287175	313464	918491	313469	303364	301658
山　西 Shanxi	112118	104734	338864	104749	114812	119303
内蒙古 Inner Mongolia	73369	74216	219246	74263	73617	71366
辽　宁 Liaoning	104175	104149	315175	104151	107311	103713
吉　林 Jilin	76011	68337	220141	68337	74975	76829
黑龙江 Heilongjiang	98108	83099	275054	83102	95373	96579
上　海 Shanghai	29503	36879	102406	37212	35662	29532
江　苏 Jiangsu	194843	236446	671525	236764	225934	208827
浙　江 Zhejiang	137336	148048	429475	148114	144029	137332
安　徽 Anhui	180279	198345	570833	198416	193655	178762
福　建 Fujian	109974	139277	388709	139318	130454	118937
江　西 Jiangxi	173363	184483	559749	184944	194014	180791
山　东 Shandong	306501	347857	974195	347882	323394	302919
河　南 Henan	387957	441564	1297101	441564	434561	420976
湖　北 Hubei	150457	172274	495256	172399	166103	156754
湖　南 Hunan	215658	240898	713051	240953	240829	231269
广　东 Guangdong	327652	381235	1092269	381558	366730	343981
广　西 Guangxi	209013	228440	670892	228751	223849	218292
海　南 Hainan	31437	36661	104606	36671	34482	33453
重　庆 Chongqing	109224	116055	344498	116281	118076	110141
四　川 Sichuan	242969	258949	768687	259338	258526	250823
贵　州 Guizhou	164993	164635	478561	164770	150856	162935
云　南 Yunnan	183948	196010	567652	196191	189635	181826
西　藏 Xizang	13837	14565	43463	14602	14735	14126
陕　西 Shaanxi	105287	126095	358166	126353	118480	113333
甘　肃 Gansu	86359	88014	264985	88098	90607	86280
青　海 Qinghai	22857	23675	70240	23773	23424	23043
宁　夏 Ningxia	30551	29960	91174	29984	30840	30350
新　疆 Xinjiang	94462	116091	319467	116121	106884	96462

中学学校教职工数(初级中学、九年一贯制学校、职业初中、完全中学、高级中学、十二年一贯制学校)(总计)

Number of Educational Personnel in General Secondary Schools(Total)

单位：人
unit：person

地区 Region	教职工数 Educational Personnel	专任教师 Full-time Teachers	行政人员 Adm. Personnel	教辅人员 Supporting Staffs	工勤人员 Workers	其他 Others	校外教师 Part-time Teachers	外籍教师 Foreign Teachers
总　计 Total	**8138838**	**7242285**	**181433**	**291347**	**401323**	**22450**	**29785**	**8140**
北　京 Beijing	102060	82455	6897	9897	2674	137	632	1723
天　津 Tianjin	63069	55864	3345	2955	836	69	524	113
河　北 Hebei	472591	421703	12594	15346	22808	140	401	15
山　西 Shanxi	222392	189274	5835	12345	14446	492	316	8
内蒙古 Inner Mongolia	143696	119671	5106	13030	5445	444	450	8
辽　宁 Liaoning	206084	180010	16350	6557	2785	382	311	0
吉　林 Jilin	142787	120048	6695	13352	2692	0	181	2
黑龙江 Heilongjiang	170159	145463	7151	11704	5231	610	710	1
上　海 Shanghai	101519	86053	4340	7261	3657	208	521	1576
江　苏 Jiangsu	452765	407776	6234	16274	21084	1397	1771	1240
浙　江 Zhejiang	278761	251885	4634	9351	12430	461	1010	689
安　徽 Anhui	340387	305890	7800	6978	18603	1116	860	81
福　建 Fujian	217234	194347	4986	8468	8290	1143	834	104
江　西 Jiangxi	303325	284824	2244	7789	8398	70	426	5
山　东 Shandong	597284	558454	8609	16268	13566	387	1887	222
河　南 Henan	697001	632882	14893	14716	32690	1820	3013	56
湖　北 Hubei	296046	259141	7235	9265	19099	1306	2875	161
湖　南 Hunan	391497	362546	6620	9555	12250	526	1367	11
广　东 Guangdong	769125	652760	15254	33066	64607	3438	1790	1530
广　西 Guangxi	308905	267646	3298	9397	24624	3940	1368	39
海　南 Hainan	69245	59019	1508	1876	6129	713	318	134
重　庆 Chongqing	152478	138724	2757	3861	6759	377	712	94
四　川 Sichuan	461030	414565	7388	12591	25897	589	2917	145
贵　州 Guizhou	259325	222788	4720	5508	26309	0	358	26
云　南 Yunnan	251953	231086	2843	3887	12777	1360	1335	52
西　藏 Xizang	26142	20544	293	341	4964	0	397	0
陕　西 Shaanxi	213014	190026	7014	8769	6713	492	80	86
甘　肃 Gansu	161491	152373	1763	3888	3199	268	181	19
青　海 Qinghai	37707	33158	331	329	3889	0	234	0
宁　夏 Ningxia	38805	36909	277	733	800	86	107	0
新　疆 Xinjiang	190961	164401	2419	15990	7672	479	1899	0

中学学校教职工数(初级中学、九年一贯制学校、职业初中、完全中学、高级中学、十二年一贯制学校)(城区)
Number of Educational Personnel in General Secondary Schools (Urban Area)

单位：人
unit: person

地区 Region	教职工数 Educational Personnel	专任教师 Full-time Teachers	行政人员 Adm. Personnel	教辅人员 Supporting Staffs	工勤人员 Workers	其他 Others	校外教师 Part-time Teachers	外籍教师 Foreign Teachers
总　计 Total	**3771231**	**3319212**	**96219**	**152106**	**194553**	**9141**	**17066**	**7014**
北　京 Beijing	88464	72215	5668	8115	2338	128	591	1516
天　津 Tianjin	50357	44184	2795	2674	639	65	516	113
河　北 Hebei	167405	148739	4629	5825	8170	42	114	3
山　西 Shanxi	103970	87448	3464	5136	7755	167	148	4
内蒙古 Inner Mongolia	61108	52555	2670	4103	1727	53	200	4
辽　宁 Liaoning	121596	107105	9093	3377	1849	172	235	0
吉　林 Jilin	65424	56239	2705	4897	1583	0	111	1
黑龙江 Heilongjiang	80451	70384	3331	4333	2244	159	335	1
上　海 Shanghai	89925	76648	3831	6476	2788	182	479	1499
江　苏 Jiangsu	243177	218969	3651	9322	10604	631	909	977
浙　江 Zhejiang	171625	154582	2904	5818	8087	234	723	569
安　徽 Anhui	109234	98672	2441	2354	5529	238	602	51
福　建 Fujian	102466	91166	2934	4149	3668	549	446	99
江　西 Jiangxi	113606	106635	1309	2651	2985	26	248	5
山　东 Shandong	300667	281146	4275	8962	6110	174	965	130
河　南 Henan	222610	200445	5937	5259	10321	648	1089	43
湖　北 Hubei	162934	142181	4490	5489	10205	569	2349	118
湖　南 Hunan	135747	123394	2511	4728	4939	175	490	9
广　东 Guangdong	520818	432472	9373	27230	49251	2492	1349	1382
广　西 Guangxi	121577	103963	1921	5000	9898	795	512	37
海　南 Hainan	33304	28182	851	1042	2777	452	228	81
重　庆 Chongqing	83188	74927	1726	2542	3691	302	437	79
四　川 Sichuan	199591	171599	3705	8253	15803	231	1021	124
贵　州 Guizhou	89193	75578	2198	2322	9095	0	196	12
云　南 Yunnan	78104	71164	1532	1725	3420	263	646	52
西　藏 Xizang	9948	7927	140	174	1707	0	274	0
陕　西 Shaanxi	98920	87868	4132	3659	3053	208	64	86
甘　肃 Gansu	47524	44221	749	1197	1266	91	76	19
青　海 Qinghai	12387	11620	96	136	535	0	90	0
宁　夏 Ningxia	18465	17601	178	345	321	20	60	0
新　疆 Xinjiang	67446	59383	980	4813	2195	75	1563	0

中学学校教职工数(初级中学、九年一贯制学校、职业初中、完全中学、高级中学、十二年一贯制学校)(镇区)

Number of Educational Personnel in General Secondary Schools (County and Town Area)

单位：人
unit: person

地区 Region	教职工数 Educational Personnel	专任教师 Full-time Teachers	行政人员 Adm. Personnel	教辅人员 Supporting Staffs	工勤人员 Workers	其他 Others	校外教师 Part-time Teachers	外籍教师 Foreign Teachers
总　计 Total	**3555203**	**3204562**	**64703**	**110903**	**164332**	**10703**	**10291**	**800**
北　京 Beijing	7165	5273	615	1091	184	2	16	122
天　津 Tianjin	9422	8667	360	229	162	4	8	0
河　北 Hebei	248020	221856	6254	8187	11635	88	229	12
山　西 Shanxi	96004	83490	1796	5579	4920	219	129	1
内蒙古 Inner Mongolia	73243	59646	2053	7978	3248	318	212	4
辽　宁 Liaoning	65569	56374	5534	2727	753	181	44	0
吉　林 Jilin	53835	45756	2344	5026	709	0	42	1
黑龙江 Heilongjiang	69865	59821	2735	4595	2411	303	251	0
上　海 Shanghai	9024	7489	363	554	609	9	18	49
江　苏 Jiangsu	196767	177561	2277	6427	9793	709	805	219
浙　江 Zhejiang	91767	83701	1396	2808	3659	203	230	89
安　徽 Anhui	187641	167977	4202	3878	10867	717	208	27
福　建 Fujian	90552	81932	1459	3490	3317	354	297	5
江　西 Jiangxi	156431	147121	699	4020	4564	27	170	0
山　东 Shandong	258555	241771	3557	6479	6587	161	818	91
河　南 Henan	382338	348100	7123	8089	17992	1034	1732	10
湖　北 Hubei	111234	98062	2240	3221	7137	574	462	43
湖　南 Hunan	206095	192589	3122	4207	5917	260	659	1
广　东 Guangdong	186862	168457	4022	4122	9504	757	316	63
广　西 Guangxi	163352	142889	1220	3867	12526	2850	653	2
海　南 Hainan	25721	22338	383	538	2334	128	61	20
重　庆 Chongqing	56872	52549	807	1065	2404	47	259	15
四　川 Sichuan	215719	200944	2740	3591	8198	246	1569	20
贵　州 Guizhou	143279	124700	1938	2595	14046	0	129	6
云　南 Yunnan	127777	117467	842	1742	6965	761	507	0
西　藏 Xizang	9766	7619	81	47	2019	0	28	0
陕　西 Shaanxi	100193	89898	2371	4419	3267	238	11	0
甘　肃 Gansu	93743	88767	872	2310	1628	166	71	0
青　海 Qinghai	19159	16287	185	169	2518	0	108	0
宁　夏 Ningxia	16327	15580	79	328	296	44	42	0
新　疆 Xinjiang	82906	69881	1034	7525	4163	303	207	0

中学学校教职工数(初级中学、九年一贯制学校、职业初中、完全中学、高级中学、十二年一贯制学校)(乡村)

Number of Educational Personnel in General Secondary Schools (Rural Area)

单位：人
unit: person

地区 Region	教职工数 Educational Personnel	专任教师 Full-time Teachers	行政人员 Adm. Personnel	教辅人员 Supporting Staffs	工勤人员 Workers	其他 Others	校外教师 Part-time Teachers	外籍教师 Foreign Teachers
总　计 Total	**812404**	**718511**	**20511**	**28338**	**42438**	**2606**	**2428**	**326**
北　京 Beijing	6431	4967	614	691	152	7	25	85
天　津 Tianjin	3290	3013	190	52	35	0	0	0
河　北 Hebei	57166	51108	1711	1334	3003	10	58	0
山　西 Shanxi	22418	18336	575	1630	1771	106	39	3
内蒙古 Inner Mongolia	9345	7470	383	949	470	73	38	0
辽　宁 Liaoning	18919	16531	1723	453	183	29	32	0
吉　林 Jilin	23528	18053	1646	3429	400	0	28	0
黑龙江 Heilongjiang	19843	15258	1085	2776	576	148	124	0
上　海 Shanghai	2570	1916	146	231	260	17	24	28
江　苏 Jiangsu	12821	11246	306	525	687	57	57	44
浙　江 Zhejiang	15369	13602	334	725	684	24	57	31
安　徽 Anhui	43512	39241	1157	746	2207	161	50	3
福　建 Fujian	24216	21249	593	829	1305	240	91	0
江　西 Jiangxi	33288	31068	236	1118	849	17	8	0
山　东 Shandong	38062	35537	777	827	869	52	104	1
河　南 Henan	92053	84337	1833	1368	4377	138	192	3
湖　北 Hubei	21878	18898	505	555	1757	163	64	0
湖　南 Hunan	49655	46563	987	620	1394	91	218	1
广　东 Guangdong	61445	51831	1859	1714	5852	189	125	85
广　西 Guangxi	23976	20794	157	530	2200	295	203	0
海　南 Hainan	10220	8499	274	296	1018	133	29	33
重　庆 Chongqing	12418	11248	224	254	664	28	16	0
四　川 Sichuan	45720	42022	943	747	1896	112	327	1
贵　州 Guizhou	26853	22510	584	591	3168	0	33	8
云　南 Yunnan	46072	42455	469	420	2392	336	182	0
西　藏 Xizang	6428	4998	72	120	1238	0	95	0
陕　西 Shaanxi	13901	12260	511	691	393	46	5	0
甘　肃 Gansu	20224	19385	142	381	305	11	34	0
青　海 Qinghai	6161	5251	50	24	836	0	36	0
宁　夏 Ningxia	4013	3728	20	60	183	22	5	0
新　疆 Xinjiang	40609	35137	405	3652	1314	101	129	0

普通中学学校女教职工数
Number of Female Educational Personnel in General Secondary Schools

单位：人
unit：person

地区 Region	教职工数 Educational Personnel	专任教师 Full-time Teachers	行政人员 Adm. Personnel	教辅人员 Supporting Staffs	工勤人员 Workers	其他 Others	校外教师 Part-time Teachers	外籍教师 Foreign Teachers
总　计 Total	**5034681**	**4564194**	**61674**	**170469**	**226108**	**12236**	**18567**	**2838**
北　京 Beijing	75469	63654	3843	6974	909	89	442	590
天　津 Tianjin	45551	41737	1545	1964	248	57	400	38
河　北 Hebei	335355	310025	4178	8650	12425	77	235	5
山　西 Shanxi	154062	136068	2125	7186	8389	294	206	4
内蒙古 Inner Mongolia	94468	83992	1592	6754	1940	190	300	1
辽　宁 Liaoning	142890	131335	6307	4290	725	233	179	0
吉　林 Jilin	98154	87870	2052	7031	1201	0	120	1
黑龙江 Heilongjiang	109480	99485	2210	5695	1745	345	494	0
上　海 Shanghai	74082	64473	2466	5267	1724	152	339	549
江　苏 Jiangsu	268633	245783	1973	8733	11499	645	798	498
浙　江 Zhejiang	174629	159330	1743	5630	7693	233	563	238
安　徽 Anhui	173740	157197	1790	3229	10943	581	437	28
福　建 Fujian	121812	110073	1917	5154	4038	630	563	23
江　西 Jiangxi	177343	166743	956	4887	4710	47	284	1
山　东 Shandong	369494	352129	2556	7906	6747	156	1292	65
河　南 Henan	471647	438793	4908	7947	18924	1075	2096	17
湖　北 Hubei	164478	145160	2179	4528	11996	615	1947	67
湖　南 Hunan	235632	221564	1576	5662	6580	250	930	5
广　东 Guangdong	484027	417834	4302	23292	36691	1908	986	526
广　西 Guangxi	191843	166935	1426	6206	15181	2095	844	14
海　南 Hainan	42020	36012	714	1339	3522	433	190	51
重　庆 Chongqing	85422	78717	910	2088	3489	218	442	20
四　川 Sichuan	266982	240615	2103	8172	15747	345	1603	45
贵　州 Guizhou	137863	114822	1396	3088	18557	0	199	4
云　南 Yunnan	142776	131753	1048	2175	6911	889	773	11
西　藏 Xizang	14723	11336	55	223	3109	0	112	0
陕　西 Shaanxi	132618	122214	2542	4682	2947	233	24	31
甘　肃 Gansu	78331	74972	270	1788	1167	134	83	6
青　海 Qinghai	22978	20054	99	204	2621	0	130	0
宁　夏 Ningxia	23492	22602	91	357	385	57	85	0
新　疆 Xinjiang	124687	110917	802	9368	3345	255	1471	0

普通中学教职工总数中民办教职工数
Number of Educational Personnel in Non-Government General Secondary Schools

单位：人
unit：person

地区 Region	教职工数 Educational Personnel	专任教师 Full-time Teachers	行政人员 Adm. Personnel	教辅人员 Supporting Staffs	工勤人员 Workers	其他 Others	校外教师 Part-time Teachers	外籍教师 Foreign Teachers
总　计 Total	**1455053**	**1089132**	**61979**	**75568**	**222518**	**5856**	**6129**	**7247**
北　京 Beijing	14598	8414	2257	2408	1502	17	38	1455
天　津 Tianjin	7150	5370	870	526	356	28	213	99
河　北 Hebei	117889	92223	5516	4149	15920	81	23	10
山　西 Shanxi	49964	34095	2583	2515	10554	217	20	6
内蒙古 Inner Mongolia	10481	7868	690	470	1431	22	18	8
辽　宁 Liaoning	17178	14014	1512	696	938	18	240	0
吉　林 Jilin	11606	9093	669	623	1221	0	52	0
黑龙江 Heilongjiang	10309	7454	636	570	1580	69	36	0
上　海 Shanghai	17587	13351	1144	2182	830	80	178	1491
江　苏 Jiangsu	76546	60736	2546	3845	9246	173	478	1102
浙　江 Zhejiang	61880	46638	2219	3388	9366	269	476	613
安　徽 Anhui	75223	54310	3518	2736	14151	508	52	67
福　建 Fujian	36718	26916	2190	2389	4737	486	93	79
江　西 Jiangxi	40630	32283	1551	2792	3995	9	125	5
山　东 Shandong	105796	88315	3814	4108	9470	89	198	211
河　南 Henan	182489	142105	7719	5380	26232	1053	417	45
湖　北 Hubei	58648	40569	2869	2792	12182	236	451	151
湖　南 Hunan	63180	49221	2207	3918	7648	186	196	7
广　东 Guangdong	245581	175991	6412	16159	45515	1504	833	1350
广　西 Guangxi	35372	24904	1678	1707	6953	130	698	33
海　南 Hainan	17318	11584	1010	920	3575	229	35	115
重　庆 Chongqing	11967	8550	441	979	1970	27	27	84
四　川 Sichuan	77893	53895	2454	5504	15921	119	521	144
贵　州 Guizhou	41410	28895	2156	1747	8612	0	123	24
云　南 Yunnan	32350	25948	1394	1145	3687	176	487	52
西　藏 Xizang	0	0	0	0	0	0	0	0
陕　西 Shaanxi	21776	16389	1333	1136	2861	57	35	86
甘　肃 Gansu	6822	4990	297	406	1056	73	36	10
青　海 Qinghai	1120	725	78	25	292	0	8	0
宁　夏 Ningxia	2510	2051	124	155	180	0	0	0
新　疆 Xinjiang	3062	2235	92	198	537	0	22	0

普通高中教育专任教师分学历、
Number of Full-time Teachers in Regular Senior Secondary

地区 Region	合计 Total	#女 of Which: Female	按学历分 By Academic Qualifications					
			博士研究生 Doctor's Diploma	硕士研究生 Master's Diploma	本科毕业 Bachelor's Diploma	专科毕业 Associate Bachelor	高中阶段毕业 High School Graduate	高中阶段毕业以下 Below High School Graduate
总　计 Total	**2214804**	**1301163**	**2941**	**307309**	**1886881**	**17451**	**192**	**30**
北　京 Beijing	23786	17415	1030	9510	13223	23	0	0
天　津 Tianjin	18863	13857	62	4244	14528	29	0	0
河　北 Hebei	143188	99758	30	15492	126574	1086	6	0
山　西 Shanxi	65051	43546	7	10016	54603	423	2	0
内蒙古 Inner Mongolia	42117	27923	21	8398	33302	396	0	0
辽　宁 Liaoning	54714	38834	28	8010	46291	370	15	0
吉　林 Jilin	35391	24646	61	5332	29889	109	0	0
黑龙江 Heilongjiang	45532	30696	12	5392	39797	319	8	4
上　海 Shanghai	21236	14646	335	7981	12919	1	0	0
江　苏 Jiangsu	128075	70858	177	29751	98062	85	0	0
浙　江 Zhejiang	79897	45376	125	14905	64770	97	0	0
安　徽 Anhui	92196	42951	60	9681	81967	488	0	0
福　建 Fujian	61391	33677	38	7419	53334	598	2	0
江　西 Jiangxi	87550	46956	7	9181	75942	2350	61	9
山　东 Shandong	166895	98148	81	26043	139952	811	7	1
河　南 Henan	193068	120407	36	22377	168178	2472	5	0
湖　北 Hubei	80325	39025	74	9692	69924	618	13	4
湖　南 Hunan	106416	55594	41	9804	95239	1313	14	5
广　东 Guangdong	172114	99508	545	33311	137574	677	5	2
广　西 Guangxi	88451	56295	12	5519	81707	1192	21	0
海　南 Hainan	16574	10152	9	1810	14604	150	0	1
重　庆 Chongqing	45327	24760	34	6615	38390	286	2	0
四　川 Sichuan	115660	61376	57	13642	101555	405	1	0
贵　州 Guizhou	72889	37278	7	5798	66386	694	4	0
云　南 Yunnan	77280	44937	11	5200	71642	415	9	3
西　藏 Xizang	6965	3865	2	500	6409	54	0	0
陕　西 Shaanxi	58595	34336	25	9933	48303	330	4	0
甘　肃 Gansu	48361	22657	4	6304	41107	943	3	0
青　海 Qinghai	10698	6209	6	942	9612	134	4	0
宁　夏 Ningxia	13302	8043	0	1768	11466	65	3	0
新　疆 Xinjiang	42897	27434	4	2739	39632	518	3	1

分专业技术职务情况(总计)

Education by Academic Qualification and Professional Rank(Total)

单位：人
unit：person

按专业技术职务分 By Professional Rank					
正高级 Senior	副高级 Sub-senior	中 级 Middle	助理级 Associate	员 级 Junior	未定职级 No-Ranking
10623	**555023**	**743136**	**503155**	**35020**	**367847**
385	8524	6567	5395	161	2754
105	6622	7295	2828	148	1865
482	26012	47246	27196	4404	37848
193	13481	22841	17662	352	10522
179	11431	15345	9102	551	5509
126	24048	18401	6024	354	5761
329	11107	13940	6122	411	3482
162	13126	18877	9483	479	3405
256	5392	8370	5035	127	2056
785	41742	43557	24509	1599	15883
333	26542	26242	17033	501	9246
249	24583	28530	17964	2545	18325
266	17788	20451	13412	514	8960
287	20300	23631	18844	1959	22529
753	34339	59905	41862	1463	28573
211	34449	53482	56364	5258	43304
414	20756	29892	14660	1842	12761
524	25749	33721	22691	3481	20250
637	41513	62895	36271	1895	28903
323	16686	26332	25344	1848	17918
117	4118	5402	3657	71	3209
276	11060	17185	11783	191	4832
703	34110	40828	24413	795	14811
339	16082	24450	18145	1050	12823
527	22397	21995	20742	663	10956
26	1268	2443	2442	402	384
227	14448	23193	12643	416	7668
962	13167	20421	9798	116	3897
40	2374	3250	3274	254	1506
78	3272	4870	2792	416	1874
329	8537	11579	15665	754	6033

普通高中教育专任教师分学历、

Number of Full-time Teachers in Regular Senior Secondary Education by

地区 Region	合计 Total	#女 of Which: Female	按学历分 By Academic Qualifications					
			博士研究生 Doctor's Diploma	硕士研究生 Master's Diploma	本科毕业 Bachelor's Diploma	专科毕业 Associate Bachelor	高中阶段毕业 High School Graduate	高中阶段毕业以下 Below High School Graduate
总　计 Total	**1149271**	**701419**	**2631**	**210372**	**930071**	**6096**	**81**	**20**
北　京 Beijing	22499	16492	996	8906	12578	19	0	0
天　津 Tianjin	15689	11743	61	3925	11681	22	0	0
河　北 Hebei	58660	41670	8	8317	50107	228	0	0
山　西 Shanxi	32972	22569	6	5278	27462	224	2	0
内蒙古 Inner Mongolia	22022	14837	16	5310	16541	155	0	0
辽　宁 Liaoning	39706	28584	28	6460	33011	201	6	0
吉　林 Jilin	22910	16028	48	3807	18997	58	0	0
黑龙江 Heilongjiang	27103	18616	12	4113	22801	173	1	3
上　海 Shanghai	19144	13318	331	7517	11295	1	0	0
江　苏 Jiangsu	72343	41702	125	19728	52446	44	0	0
浙　江 Zhejiang	49506	28571	107	10548	38800	51	0	0
安　徽 Anhui	34826	17355	47	5042	29554	183	0	0
福　建 Fujian	30498	18772	30	5264	25047	156	1	0
江　西 Jiangxi	37250	20676	2	5599	30811	799	30	9
山　东 Shandong	94638	57571	64	16944	77274	350	5	1
河　南 Henan	70952	44951	17	10675	59585	671	4	0
湖　北 Hubei	52689	26699	40	7683	44642	310	10	4
湖　南 Hunan	43088	23105	33	5829	36762	462	1	1
广　东 Guangdong	121911	72157	522	28438	92611	334	4	2
广　西 Guangxi	43494	28302	10	4323	38767	389	5	0
海　南 Hainan	9674	6039	1	1066	8532	75	0	0
重　庆 Chongqing	27444	15312	33	5141	22172	98	0	0
四　川 Sichuan	57665	31599	54	9610	47819	181	1	0
贵　州 Guizhou	30262	16789	3	3613	26335	307	4	0
云　南 Yunnan	30196	18217	7	3470	26643	76	0	0
西　藏 Xizang	4103	2236	2	358	3726	17	0	0
陕　西 Shaanxi	28956	18048	22	6411	22390	129	4	0
甘　肃 Gansu	16023	8412	3	3141	12707	172	0	0
青　海 Qinghai	4484	2661	1	549	3879	54	1	0
宁　夏 Ningxia	7818	4796	0	1285	6502	30	1	0
新　疆 Xinjiang	20746	13592	2	2022	18594	127	1	0

分专业技术职务情况(城区)
Academic Qualification and Professional Rank (Urban Area)

单位：人
unit: person

按专业技术职务分 By Professional Rank					
正高级 Senior	副高级 Sub-senior	中级 Middle	助理级 Associate	员级 Junior	未定职级 No-Ranking
7250	**310824**	**400823**	**240563**	**14115**	**175696**
376	8231	6239	5058	157	2438
100	5550	5955	2349	134	1601
289	11736	21824	11169	1731	11911
117	6922	11127	8524	139	6143
120	6349	7703	4541	194	3115
104	17642	13094	4096	193	4577
250	7277	9173	3861	267	2082
124	8313	11414	5097	322	1833
245	4853	7534	4492	126	1894
598	25724	25452	11836	552	8181
252	16826	16373	10347	362	5346
151	9853	11416	6862	740	5804
186	8562	9668	7048	168	4866
172	10019	10916	7976	843	7324
497	20225	36688	22497	651	14080
135	14292	21452	19538	1604	13931
328	14669	19461	8910	1009	8312
282	10603	13868	8349	1028	8958
566	30552	44073	23585	1281	21854
238	8506	13879	11496	701	8674
76	2480	3190	2122	13	1793
199	6835	10592	6263	120	3435
459	17749	20655	10941	330	7531
250	6600	9867	7303	402	5840
326	8895	8777	7168	182	4848
18	907	1598	1258	168	154
128	7130	10964	6185	195	4354
324	4515	6853	2920	36	1375
27	1079	1349	1423	78	528
61	2171	2901	1476	223	986
252	5759	6768	5873	166	1928

普通高中教育专任教师分学历、

Number of Full-time Teachers in Regular Senior Secondary Education by

地区 Region	合计 Total	#女 of Which: Female	按学历分 By Academic Qualifications					
			博士研究生 Doctor's Diploma	硕士研究生 Master's Diploma	本科毕业 Bachelor's Diploma	专科毕业 Associate Bachelor	高中阶段毕业 High School Graduate	高中阶段毕业以下 Below High School Graduate
总　计 Total	**974229**	**545878**	**241**	**86946**	**876274**	**10652**	**108**	**8**
北　京 Beijing	535	376	11	215	309	0	0	0
天　津 Tianjin	2726	1833	1	289	2430	6	0	0
河　北 Hebei	74548	51138	9	6460	67357	717	5	0
山　西 Shanxi	28217	18519	1	4076	23967	173	0	0
内蒙古 Inner Mongolia	19328	12628	5	3005	16100	218	0	0
辽　宁 Liaoning	13386	9121	0	1357	11880	140	9	0
吉　林 Jilin	11287	7813	13	1358	9867	49	0	0
黑龙江 Heilongjiang	17210	11301	0	1228	15831	143	7	1
上　海 Shanghai	1649	1057	3	382	1264	0	0	0
江　苏 Jiangsu	54716	28603	52	9861	44762	41	0	0
浙　江 Zhejiang	27569	15211	13	3803	23716	37	0	0
安　徽 Anhui	54707	24398	7	4511	49899	290	0	0
福　建 Fujian	27592	13305	8	1865	25307	411	1	0
江　西 Jiangxi	48578	25379	5	3437	43611	1495	30	0
山　东 Shandong	67698	37734	17	8503	58754	422	2	0
河　南 Henan	112143	68968	18	10528	99825	1771	1	0
湖　北 Hubei	25897	11541	34	1835	23727	298	3	0
湖　南 Hunan	57835	29479	7	3551	53465	797	13	2
广　东 Guangdong	39175	21431	10	3336	35510	318	1	0
广　西 Guangxi	43078	26866	2	1059	41218	783	16	0
海　南 Hainan	5567	3264	7	478	5012	69	0	1
重　庆 Chongqing	14884	7754	1	1201	13514	166	2	0
四　川 Sichuan	54565	27903	3	3705	50638	219	0	0
贵　州 Guizhou	39328	18676	1	1741	37213	373	0	0
云　南 Yunnan	43159	24454	4	1545	41277	321	9	3
西　藏 Xizang	493	258	0	21	472	0	0	0
陕　西 Shaanxi	27853	15344	3	3227	24428	195	0	0
甘　肃 Gansu	30734	13461	1	2988	26982	760	3	0
青　海 Qinghai	5735	3267	3	346	5312	71	3	0
宁　夏 Ningxia	5277	3101	0	457	4784	34	2	0
新　疆 Xinjiang	18760	11695	2	578	17843	335	1	1

分专业技术职务情况(镇区)

Academic Qualification and Professional Rank (County and Town Area)

单位：人
unit: person

按专业技术职务分 By Professional Rank					
正高级 Senior	副高级 Sub-senior	中 级 Middle	助理级 Associate	员 级 Junior	未定职级 No-Ranking
3065	**229115**	**319495**	**242744**	**18689**	**161121**
3	134	161	138	2	97
3	904	1166	424	9	220
174	13621	23774	14972	2148	19859
57	5994	10548	8152	200	3266
54	4924	7468	4486	354	2042
18	5825	4902	1683	120	838
73	3581	4390	2037	136	1070
36	4468	7072	4199	157	1278
4	406	683	441	0	115
184	15829	17890	12514	1043	7256
70	9001	9121	5961	131	3285
96	14331	16512	10664	1521	11583
66	8568	9966	5687	271	3034
112	10098	12482	10510	1076	14300
250	13863	22582	18751	711	11541
68	19062	30065	34293	3430	25225
84	5668	10014	5365	807	3959
221	14006	18362	13236	2257	9753
48	8711	15215	10262	458	4481
82	7891	12040	13435	1082	8548
27	1325	1716	1331	56	1112
63	3524	5337	4695	58	1207
232	15588	19309	12594	450	6392
72	8952	13807	10265	507	5725
175	12747	12286	12450	476	5025
1	59	155	253	20	5
92	6896	11559	6090	218	2998
602	8290	12985	6618	80	2159
13	1241	1838	1695	137	811
11	1100	1933	1283	193	757
74	2508	4157	8260	581	3180

普通高中教育专任教师分学历、
Number of Full-time Teachers in Regular Senior Secondary Education by

地区 Region	合计 Total	#女 of Which: Female	按学历分 By Academic Qualifications					
			博士研究生 Doctor's Diploma	硕士研究生 Master's Diploma	本科毕业 Bachelor's Diploma	专科毕业 Associate Bachelor	高中阶段毕业 High School Graduate	高中阶段毕业以下 Below High School Graduate
总　计 Total	**91304**	**53866**	**69**	**9991**	**80536**	**703**	**3**	**2**
北　京 Beijing	752	547	23	389	336	4	0	0
天　津 Tianjin	448	281	0	30	417	1	0	0
河　北 Hebei	9980	6950	13	715	9110	141	1	0
山　西 Shanxi	3862	2458	0	662	3174	26	0	0
内蒙古 Inner Mongolia	767	458	0	83	661	23	0	0
辽　宁 Liaoning	1622	1129	0	193	1400	29	0	0
吉　林 Jilin	1194	805	0	167	1025	2	0	0
黑龙江 Heilongjiang	1219	779	0	51	1165	3	0	0
上　海 Shanghai	443	271	1	82	360	0	0	0
江　苏 Jiangsu	1016	553	0	162	854	0	0	0
浙　江 Zhejiang	2822	1594	5	554	2254	9	0	0
安　徽 Anhui	2663	1198	6	128	2514	15	0	0
福　建 Fujian	3301	1600	0	290	2980	31	0	0
江　西 Jiangxi	1722	901	0	145	1520	56	1	0
山　东 Shandong	4559	2843	0	596	3924	39	0	0
河　南 Henan	9973	6488	1	1174	8768	30	0	0
湖　北 Hubei	1739	785	0	174	1555	10	0	0
湖　南 Hunan	5493	3010	1	424	5012	54	0	2
广　东 Guangdong	11028	5920	13	1537	9453	25	0	0
广　西 Guangxi	1879	1127	0	137	1722	20	0	0
海　南 Hainan	1333	849	1	266	1060	6	0	0
重　庆 Chongqing	2999	1694	0	273	2704	22	0	0
四　川 Sichuan	3430	1874	0	327	3098	5	0	0
贵　州 Guizhou	3299	1813	3	444	2838	14	0	0
云　南 Yunnan	3925	2266	0	185	3722	18	0	0
西　藏 Xizang	2369	1371	0	121	2211	37	0	0
陕　西 Shaanxi	1786	944	0	295	1485	6	0	0
甘　肃 Gansu	1604	784	0	175	1418	11	0	0
青　海 Qinghai	479	281	2	47	421	9	0	0
宁　夏 Ningxia	207	146	0	26	180	1	0	0
新　疆 Xinjiang	3391	2147	0	139	3195	56	1	0

分专业技术职务情况(乡村)
Academic Qualification and Professional Rank (Rural Area)

单位：人
unit: person

按专业技术职务分 By Professional Rank					
正高级 Senior	副高级 Sub-senior	中级 Middle	助理级 Associate	员级 Junior	未定职级 No-Ranking
308	**15084**	**22818**	**19848**	**2216**	**31030**
6	159	167	199	2	219
2	168	174	55	5	44
19	655	1648	1055	525	6078
19	565	1166	986	13	1113
5	158	174	75	3	352
4	581	405	245	41	346
6	249	377	224	8	330
2	345	391	187	0	294
7	133	153	102	1	47
3	189	215	159	4	446
11	715	748	725	8	615
2	399	602	438	284	938
14	658	817	677	75	1060
3	183	233	358	40	905
6	251	635	614	101	2952
8	1095	1965	2533	224	4148
2	419	417	385	26	490
21	1140	1491	1106	196	1539
23	2250	3607	2424	156	2568
3	289	413	413	65	696
14	313	496	204	2	304
14	701	1256	825	13	190
12	773	864	878	15	888
17	530	776	577	141	1258
26	755	932	1124	5	1083
7	302	690	931	214	225
7	422	670	368	3	316
36	362	583	260	0	363
0	54	63	156	39	167
6	1	36	33	0	131
3	270	654	1532	7	925

普通高中学校

Condition of School Buildings in Regular

类别 Item	校舍建筑面积 Floor Space	教学及辅助用房 Buildings for Instruction and Ancillary Uses	教室 Classroom	专用教室 Professional Classroom	理化生实验室 Physical and Chemical Biology Laboratory	其他 Others	公共教学用房 Public Teaching Space	图书阅览室 Library	室内体育用房 Gymnasium	心理辅导室 Psychological Counseling Room	其他 Others
总　计 Total	**709484510.90**	**268987312.64**	**132666667.78**	**58663416.53**	**34613498.07**	**24049918.46**	**77657228.33**	**20759712.99**	**27723171.39**	**2150399.49**	**27023944.46**
北　京 Beijing	14043269.83	6286880.21	2170249.56	1610684.22	617991.75	992692.47	2505946.43	378703.38	798444.61	46170.20	1282628.24
天　津 Tianjin	6247904.22	2793979.88	1236411.33	686224.98	369228.55	316996.43	871343.57	191326.49	387112.15	35461.71	257443.22
河　北 Hebei	39552901.33	14256870.83	7806607.61	3162635.64	2200321.58	962314.06	3287627.58	1220250.04	983726.43	86143.99	997507.12
山　西 Shanxi	20979268.86	6976285.90	3179712.79	1710299.89	972250.97	738048.92	2086273.22	674572.64	469092.34	65750.96	876857.28
内蒙古 Inner Mongolia	11928321.96	4941051.04	1915185.11	1293068.51	603148.60	689919.91	1732797.42	350837.56	694589.99	53121.23	634248.64
辽　宁 Liaoning	12920015.66	5158989.96	2263961.61	1080517.47	557926.87	522590.60	1814510.88	412621.11	766445.25	40624.07	594820.45
吉　林 Jilin	7247016.84	2667404.23	1359827.00	518982.04	293028.13	225953.91	788595.19	155311.86	349534.17	26231.62	257517.54
黑龙江 Heilongjiang	9546589.05	3842767.18	1838713.00	853612.07	494261.24	359350.83	1150442.11	258174.84	573797.06	24172.25	294297.96
上　海 Shanghai	9247011.02	4207431.48	1440523.83	1081813.97	502593.87	579220.10	1685093.68	320814.79	777560.04	45863.57	540855.28
江　苏 Jiangsu	39496632.85	16689567.56	6781369.13	4155351.36	2356665.44	1798685.92	5752847.07	1633694.59	2258210.62	138229.02	1722712.84
浙　江 Zhejiang	30987020.86	11749879.50	4730399.85	2717948.12	1583077.53	1134870.59	4301531.53	1094039.88	1934816.44	109901.93	1162773.28
安　徽 Anhui	32508482.32	12163165.33	6745226.52	2450970.44	1660504.83	790465.61	2966968.37	947871.53	908120.40	118026.21	992950.23
福　建 Fujian	26857606.88	11398581.00	4568017.59	2893333.00	1761066.21	1132266.79	3937230.41	1076023.16	1280375.45	124614.83	1456216.97
江　西 Jiangxi	27587366.88	11457083.28	6254644.51	2103601.57	1320141.15	783460.42	3098837.20	886175.48	1012976.61	75885.73	1123799.38
山　东 Shandong	49166344.71	17028963.52	8067663.82	3971384.34	2389797.39	1581586.95	4989915.36	1234626.33	1686213.37	127204.79	1941870.87
河　南 Henan	47381269.83	15869983.43	10182103.86	2613941.43	1768056.39	845885.04	3073938.14	1177034.41	943843.80	101503.70	851556.23
湖　北 Hubei	23755592.13	7836673.43	4182817.34	1615709.15	1077637.71	538071.44	2038146.94	595113.42	767558.74	73227.51	602247.27
湖　南 Hunan	33705216.18	12450649.01	6440545.99	2179234.76	1417652.99	761581.77	3830868.26	1028638.90	1811350.77	93530.69	897347.90
广　东 Guangdong	70634768.56	27356509.69	12434147.07	5841890.68	3211570.43	2630320.25	9080471.94	1925832.42	3169050.86	196427.63	3789161.03
广　西 Guangxi	25691635.75	9027580.67	5360190.69	1687524.12	1036914.61	650609.51	1979865.86	683029.49	718780.45	77646.56	500409.36
海　南 Hainan	6880504.87	2550860.64	1347575.69	567447.24	308050.31	259396.93	635837.71	197580.96	293370.96	13845.43	131040.36
重　庆 Chongqing	17497487.35	7699206.54	4100531.59	1539897.48	902603.47	637294.01	2058777.47	416672.75	659050.61	35452.35	947601.76
四　川 Sichuan	42186559.93	16948451.24	9862161.47	3270876.07	1931590.09	1339285.98	3815413.70	1011323.65	1133946.16	140697.62	1529446.27
贵　州 Guizhou	24352092.93	7878766.62	3862278.71	1779366.29	1159193.54	620172.75	2237121.62	692793.17	758778.27	59007.95	726542.23
云　南 Yunnan	26987437.61	9670577.57	5095507.59	1981935.07	1149763.33	832171.74	2593134.91	725112.91	722848.23	58284.32	1086889.45
西　藏 Xizang	1935892.52	615367.91	293328.33	155557.61	95977.97	59579.64	166481.97	42424.72	79088.90	2488.77	42479.58
陕　西 Shaanxi	18258572.69	6702029.54	3103300.31	1770382.76	964556.99	805825.77	1828346.47	489858.62	592172.60	71135.10	675180.15
甘　肃 Gansu	11281241.82	4149935.79	2184361.66	1045792.01	677578.10	368213.91	919782.12	321204.16	264889.57	42338.93	291349.46
青　海 Qinghai	3409722.24	1405270.44	611484.98	451789.51	228997.77	222791.74	341995.95	98334.69	134748.71	11210.09	97702.46
宁　夏 Ningxia	3404646.64	1485333.14	512913.85	461804.46	247503.22	214301.24	510614.83	116133.52	160014.95	12002.44	222463.92
新　疆 Xinjiang	13806116.58	5721216.08	2734905.39	1409840.27	753847.04	655993.23	1576470.42	403581.52	632662.88	44198.29	496027.73

校舍情况(总计)
Senior Secondary Schools(Total)

单位：平方米
unit：m^2

行政办公用房 Administrative	教师办公室 for Teachers	其他 Others	生活用房 Residential and Welfare	教工值班宿舍 Dormitories for Faculty	教师周转宿舍 Accommodation for Circulation of Teachers	学生宿舍 Students' Dormitories	学生餐厅 Students' Canteen	厕所 Toilets	其他 Others	其他用房 Rooms for Other Purposes
52739900.99	**31532012.13**	**21207888.86**	**341859089.11**	**21218025.05**	**25045643.89**	**182801706.64**	**58078296.48**	**21414263.66**	**33301153.39**	**45898208.16**
1558309.45	649678.15	908631.30	5694136.23	253896.03	263752.30	1490138.03	824210.74	523792.54	2338346.59	503943.94
714042.61	412993.14	301049.47	2159478.32	77001.27	60042.58	894982.64	444116.30	258950.38	424385.15	580403.41
2713721.37	1798674.88	915046.49	19922428.25	1119677.64	771191.29	11716400.96	3982874.02	1014150.77	1318133.57	2659880.88
1722096.43	1097887.00	624209.43	10071830.32	867797.63	420754.02	5481933.90	1940975.16	606195.45	754174.16	2209056.21
1097002.88	684874.55	412128.33	5020299.39	120016.08	135094.57	2719880.01	996237.60	439567.50	609503.63	869968.65
1288410.65	689621.41	598789.24	6457245.45	191604.03	107754.10	3102806.49	1244292.64	481322.82	1329465.37	15369.60
693955.90	413622.01	280333.89	2988104.11	50915.70	56993.68	1516241.76	669577.30	260431.99	433943.68	897552.60
918668.30	548282.48	370385.82	3899160.04	87339.27	37550.97	2021334.23	743176.00	296570.04	713189.53	885993.53
981832.31	439535.73	542296.58	3134645.91	81691.65	107825.15	1319142.51	491150.30	345562.33	789273.97	923101.32
3426383.13	1926111.09	1500272.04	16058163.46	870553.25	727102.00	8365593.76	3139510.32	1055683.25	1899720.88	3322518.70
2242476.55	1210744.52	1031732.03	14137779.72	912208.54	848996.20	7836577.87	2605007.60	869687.72	1065301.79	2856885.09
2273148.65	1299420.74	973727.91	16107446.40	1277520.00	1101943.56	9093140.80	2738950.21	851366.72	1044525.11	1964721.94
1879364.57	958619.06	920745.51	11188323.51	210018.64	1460372.85	5699474.16	1719364.31	657273.70	1441819.85	2391337.80
2042902.88	1164685.60	878217.28	12405138.95	347742.72	1347672.21	7036572.60	2070173.93	804855.16	798122.33	1682241.77
3963525.75	2465478.89	1498046.86	24385076.01	332292.13	1097105.68	12830347.31	4801987.31	1797455.39	3525888.19	3788779.43
3591252.37	2488175.39	1103076.98	25763986.10	1771192.13	1512240.32	15092351.82	4807742.73	1264235.07	1316224.03	2156047.93
1714895.23	1108498.58	606396.65	12703471.03	1548530.87	1255178.64	6446120.06	2019362.06	577324.96	856954.44	1500552.44
2012862.13	1267141.99	745720.14	17155464.05	1697381.65	2586715.31	8387955.39	2818974.81	824408.97	840027.92	2086240.99
4664658.57	2659489.04	2005169.53	35310707.01	3673330.44	2848207.01	17860884.78	4770362.95	2203523.72	3954398.11	3302893.29
1467829.26	993143.70	474685.56	14388078.91	984166.58	1706724.24	8272104.93	2014135.26	742171.86	668776.04	808146.91
465270.47	278888.06	186382.41	3539774.71	275743.39	551841.09	1768653.81	505128.19	210414.25	227993.98	324599.05
1023513.39	600270.90	423242.49	7681435.87	490556.16	582021.03	4424853.47	1301166.81	410540.84	472297.56	1093331.55
2466174.73	1480457.10	985717.63	20356898.80	1346295.25	1350738.37	11732208.60	3233355.45	1206264.74	1488036.39	2415035.16
1577128.94	976687.51	600441.43	13440552.02	638588.45	1346190.58	7939098.70	2056949.37	718512.98	741211.94	1455645.35
1824029.23	1157080.29	666948.94	14214768.52	813484.66	834916.35	7624455.65	2178920.05	994471.77	1768520.04	1278062.29
114881.85	81274.09	33607.76	1130811.78	22869.29	342527.44	466929.64	167260.89	50024.84	81199.68	74830.98
1402605.82	951671.81	450934.01	8515485.26	728857.72	654983.00	4259538.49	1347349.81	716671.01	808085.23	1638452.07
1016820.29	694267.74	322552.55	4887473.72	259509.67	313551.55	2452756.87	808184.94	441346.31	612124.38	1227012.02
325024.46	159145.11	165879.35	1529689.27	43303.95	118238.21	684208.15	256793.55	163737.89	263407.52	149738.07
328791.46	191248.41	137543.05	1386386.04	24958.16	31380.45	804265.13	283070.24	132660.78	110051.28	204136.00
1228321.36	684343.16	543978.20	6224849.95	98982.10	466039.14	3460754.12	1097935.63	495087.91	606051.05	631729.19

普通高中学校
Condition of School Buildings in

类别 Item	校舍建筑面积 Floor Space	教学及辅助用房 Buildings for Instruction and Ancillary Uses	教室 Classroom	专用教室 Professional Classroom	理化生实验室 Physical and Chemical Biology Laboratory	其他 Others	公共教学用房 Public Teaching Space	图书阅览室 Library	室内体育用房 Gymnasium	心理辅导室 Psychological Counseling Room	其他 Others
总 计 Total	**393500427.69**	**153989016.69**	**71192205.10**	**34129780.88**	**19319304.50**	**14810476.38**	**48667030.71**	**11941779.68**	**18434022.18**	**1310465.83**	**16980763.02**
北 京 Beijing	12649938.07	5784351.17	1993072.90	1501185.83	562280.81	938905.02	2290092.44	348077.32	752445.22	42352.91	1147216.99
天 津 Tianjin	5597007.48	2548670.84	1118118.11	614686.30	329812.13	284874.17	815866.43	179447.01	366313.44	32714.18	237391.80
河 北 Hebei	15622460.83	5970820.61	3146233.43	1361355.93	959044.73	402311.20	1463231.25	569985.28	435713.83	42913.57	414618.57
山 西 Shanxi	11901912.84	4078062.30	1885503.70	1011365.73	537276.35	474089.38	1181192.87	371603.28	298711.98	38624.38	472253.23
内蒙古 Inner Mongolia	6458583.06	2664391.20	1027454.54	685101.98	304382.38	380719.60	951834.68	197400.64	397242.59	28834.01	328357.44
辽 宁 Liaoning	9580549.34	3904748.82	1645069.44	815232.74	405082.38	410150.36	1444446.64	321524.94	599985.70	33567.68	489368.32
吉 林 Jilin	4406432.51	1648880.42	771087.22	336549.63	196687.53	139862.10	541243.57	107455.60	240480.71	16566.63	176740.63
黑龙江 Heilongjiang	5645649.14	2335004.05	1054668.37	525488.21	298063.01	227425.20	754847.47	174654.34	371419.73	15079.88	193693.52
上 海 Shanghai	8082154.80	3737820.27	1292553.81	969206.71	456799.27	512407.44	1476059.75	282805.56	688918.37	40503.75	463832.07
江 苏 Jiangsu	24486510.80	10250741.61	4005455.75	2511153.57	1399912.45	1111241.12	3734132.29	984108.36	1516414.75	88317.65	1145291.53
浙 江 Zhejiang	19735798.71	7559576.90	2951904.10	1757823.93	994709.56	763114.37	2849848.87	697042.26	1305659.89	73242.58	773904.14
安 徽 Anhui	12691087.53	5041253.56	2640200.42	1058621.66	744353.70	314267.96	1342431.48	397734.17	455104.59	50881.65	438711.07
福 建 Fujian	13792180.07	5939016.71	2201590.34	1597842.81	888776.40	709066.41	2139583.56	574582.82	738113.30	66094.10	760793.34
江 西 Jiangxi	12361143.80	5244571.69	2781654.75	953215.03	635884.66	317330.37	1509701.91	417193.64	487091.10	46009.55	559407.62
山 东 Shandong	28420191.69	9870964.32	4344847.34	2364898.86	1356171.61	1008727.25	3161218.12	716314.59	1084632.85	77130.25	1283140.43
河 南 Henan	18305866.67	6360232.86	3831852.23	1139882.24	776825.79	363056.45	1388498.39	523089.28	445585.57	40204.70	379618.84
湖 北 Hubei	15693927.25	5433257.72	2857706.65	1100675.61	740751.69	359923.92	1474875.46	413906.88	586364.49	50432.26	424171.83
湖 南 Hunan	14816624.46	5894492.54	2761507.05	1103812.68	677641.14	426171.54	2029172.81	487775.89	1041867.92	44825.40	454703.60
广 东 Guangdong	51501246.02	20302618.84	8985536.65	4317742.59	2294872.13	2022870.46	6999339.60	1412520.80	2576449.19	154015.35	2856354.26
广 西 Guangxi	13533334.67	5028323.89	2781067.75	980191.80	592172.08	388019.72	1267064.34	392609.55	494967.27	48875.56	330611.96
海 南 Hainan	3799747.44	1389766.83	786757.51	304578.18	143221.45	161356.73	298431.14	91358.46	115253.19	8078.30	83741.19
重 庆 Chongqing	11665951.20	5233360.30	2709440.05	1033624.79	603598.63	430026.16	1490295.46	295534.60	554303.76	26876.60	613580.50
四 川 Sichuan	23733543.94	9377308.32	5187473.12	1789795.51	998726.93	791068.58	2400039.69	564492.84	772488.93	84836.01	978221.91
贵 州 Guizhou	10803746.87	3491541.96	1637268.78	782261.03	480747.38	301513.65	1072012.15	333784.77	357323.07	30018.71	350885.60
云 南 Yunnan	12338761.75	4506082.86	2134752.17	902310.62	533870.31	368440.31	1469020.07	333067.89	510967.05	30766.76	594218.37
西 藏 Xizang	1151262.07	387305.86	179490.54	104939.59	58071.40	46868.19	102875.73	22233.47	49638.92	1770.32	29233.02
陕 西 Shaanxi	9735051.16	3803062.88	1736909.21	975974.36	497121.77	478852.59	1090179.31	255528.68	394604.10	36538.54	403507.99
甘 肃 Gansu	3946056.87	1501334.69	732047.17	348048.67	230212.78	117835.89	421238.85	103374.62	173961.38	19508.99	124393.86
青 海 Qinghai	1630636.35	683657.78	290029.09	230847.70	108130.72	122716.98	162780.99	49456.68	66943.21	7058.61	39322.49
宁 夏 Ningxia	2088578.87	901737.72	290157.18	264387.00	135934.88	128452.12	347193.54	79084.49	112973.79	8046.30	147088.96
新 疆 Xinjiang	7324491.43	3116057.17	1430795.73	686979.59	378168.45	308811.14	998281.85	244030.97	442082.29	25780.65	286387.94

校舍情况(城区)

Regular Senior Secondary Schools (Urban Area)

单位：平方米
unit：m^2

行政办公用房 Administrative	教师办公室 for Teachers	其他 Others	生活用房 Residential and Welfare	教工值班宿舍 Dormitories for Faculty	教师周转宿舍 Accommodation for Circulation of Teachers	学生宿舍 Students' Dormitories	学生餐厅 Students' Canteen	厕所 Toilets	其他 Others	其他用房 Rooms for Other Purposes
30843582.75	**17773008.01**	**13070574.74**	**180456548.01**	**10391248.74**	**10815353.78**	**94449108.53**	**30709348.35**	**12536447.24**	**21555041.37**	**28211280.24**
1437692.85	590803.57	846889.28	4971778.67	198121.26	246545.14	1235265.26	729639.94	477612.56	2084594.51	456115.38
650667.92	374840.89	275827.03	1847871.91	63061.97	43209.03	725941.36	376265.36	234401.85	404992.34	549796.81
1211207.13	827595.76	383611.37	7349739.65	314738.95	251442.12	4302980.45	1461668.63	405259.57	613649.93	1090693.44
1005572.89	660657.89	344915.00	5480213.42	458854.56	207162.66	3009292.74	1023975.40	343037.51	437890.55	1338064.23
555736.85	354584.59	201152.26	2681418.74	63417.39	94242.65	1413894.14	502427.65	228979.39	378457.52	557036.27
986860.03	499749.64	487110.39	4673570.89	156193.11	76012.87	2107047.45	885161.40	376226.18	1072929.88	15369.60
453578.85	271659.55	181919.30	1795886.19	33365.36	30744.75	821210.01	403529.98	163392.56	343643.53	508087.05
523420.84	305736.92	217683.92	2201377.26	47122.36	19333.51	1079834.17	419522.36	178139.44	457425.42	585846.99
873541.32	390000.10	483541.22	2675899.39	59756.43	85602.29	1093860.08	427908.16	310735.12	698037.31	794893.82
2158953.43	1175663.92	983289.51	9603450.48	427867.57	298502.26	4965499.37	1909291.19	688793.81	1313496.28	2473365.28
1478445.26	754570.76	723874.50	8824583.12	529047.28	498992.55	4941538.17	1636039.26	555758.36	663207.50	1873193.43
998133.57	536594.37	461539.20	5684452.52	366608.38	229942.17	3359759.43	1011100.45	348288.22	368753.87	967247.88
1042664.00	535419.85	507244.15	5505901.62	116209.53	664129.21	2840967.48	822867.18	369723.40	692004.82	1304597.74
996408.28	584182.83	412225.45	5205916.00	145743.61	458186.08	2919806.70	962751.61	385393.83	334034.17	914247.83
2332937.52	1395849.11	937088.41	13807148.20	163557.54	574872.08	6945761.23	2646223.46	1068810.77	2407923.12	2409141.65
1508739.32	985757.53	522981.79	9588625.86	649249.22	445093.18	5567810.92	1814364.54	505632.52	606475.48	848268.63
1174479.44	768973.17	405506.27	8053009.79	980707.04	598880.78	4179441.40	1311817.51	407694.19	574468.87	1033180.30
893836.70	544320.60	349516.10	7014365.83	651137.10	809090.86	3531623.82	1199738.93	406472.46	416302.66	1013929.39
3408394.34	1901676.48	1506717.86	25329680.03	2412115.52	1751115.18	12793210.48	3581886.85	1702060.46	3089291.54	2460552.81
753204.97	515018.03	238186.94	7239729.82	362069.39	776884.12	4221274.90	1034438.04	441208.44	403854.93	512075.99
296425.02	183752.36	112672.66	1969468.82	171588.99	295977.03	964284.82	275694.10	115378.38	146545.50	144086.77
745800.32	421528.42	324271.90	4819594.78	233559.57	254717.93	2846754.48	809424.45	294560.88	380577.47	867195.80
1499333.89	844310.08	655023.81	11047716.02	683685.52	521854.05	6467722.09	1797535.40	735611.55	841307.41	1809185.71
705156.52	430521.11	274635.41	5976599.88	296084.48	487696.32	3544699.75	940700.44	327419.27	379999.62	630448.51
905070.32	566724.07	338346.25	6275709.28	340496.83	318460.64	3126872.42	909243.27	446282.09	1134354.03	651899.29
67957.67	45755.25	22202.42	645265.89	3964.27	189410.28	261965.94	99559.45	31156.17	59209.78	50732.65
776961.89	515693.93	261267.96	4023580.25	267112.66	228550.86	2015678.60	631907.10	416729.45	463601.58	1131446.14
353915.58	222980.04	130935.54	1527919.77	85396.24	80434.37	733431.97	231462.06	170545.68	226649.45	562886.83
187719.35	86246.56	101472.79	666573.17	31512.68	48929.22	280653.29	105323.52	78060.91	122093.55	92686.05
207852.69	109874.50	97978.19	854238.71	12912.63	19239.28	485356.04	179446.49	88801.18	68483.09	124749.75
652913.99	371966.13	280947.86	3115262.05	65991.30	210100.31	1665669.57	568434.17	234281.04	370785.66	440258.22

普通高中学校

Condition of School Buildings in Regular Senior

类别 Item	校舍建筑面积 Floor Space	教学及辅助用房 Buildings for Instruction and Ancillary Uses	教室 Classroom	专用教室 Professional Classroom	理化生实验室 Physical and Chemical Biology Laboratory	其他 Others	公共教学用房 Public Teaching Space	图书阅览室 Library	室内体育用房 Gymnasium	心理辅导室 Psychological Counseling Room	其他 Others
总计 Total	**277657956.70**	**102433161.14**	**55132690.00**	**21958817.42**	**13868407.84**	**8090409.58**	**25341653.72**	**7913249.23**	**7999031.73**	**753305.60**	**8676067.16**
北京 Beijing	478695.09	151142.65	59011.36	40895.91	20249.26	20646.65	51235.38	10340.96	13518.11	1317.68	26058.63
天津 Tianjin	534068.09	205583.59	99637.43	63336.59	32364.82	30971.77	42609.57	10145.93	12035.46	2053.99	18374.19
河北 Hebei	20181890.87	7204142.40	4013878.51	1634477.42	1125030.58	509446.84	1555786.47	568279.08	453253.34	37982.48	496271.57
山西 Shanxi	7485344.99	2431672.70	1062139.88	593421.52	370572.38	222849.14	776111.30	244070.41	143391.23	25167.35	363482.31
内蒙古 Inner Mongolia	5157643.88	2152705.12	836489.95	580951.10	285926.80	295024.30	735264.07	146644.33	275409.28	23008.50	290201.96
辽宁 Liaoning	2884983.92	1110692.72	545363.22	242319.13	139783.26	102535.87	323010.37	81922.06	134918.44	6298.08	99871.79
吉林 Jilin	2289028.03	854026.07	468300.84	164029.70	89868.78	74160.92	221695.53	42378.35	100484.59	9016.99	69815.60
黑龙江 Heilongjiang	3589121.18	1400499.21	723030.90	305670.03	183123.48	122546.55	371798.28	74987.10	194199.44	8476.23	94135.51
上海 Shanghai	771473.07	340108.52	115687.00	76822.12	33358.29	43463.83	147599.40	30011.08	70703.46	3828.44	43056.42
江苏 Jiangsu	14669718.40	6292765.64	2704516.71	1610714.23	932363.13	678351.10	1977534.70	639337.23	719467.01	49200.37	569530.09
浙江 Zhejiang	9953534.00	3742437.67	1601881.78	863638.32	552547.77	311090.55	1276917.57	359692.66	553231.40	32298.60	331694.91
安徽 Anhui	18560054.21	6719194.19	3885656.82	1298196.88	878064.20	420132.68	1535340.49	525323.25	435546.70	64282.47	510188.07
福建 Fujian	10872127.12	4688556.83	2089102.80	1108191.63	758628.57	349563.06	1491262.40	429097.57	471836.71	51237.85	539090.27
江西 Jiangxi	14241226.34	5920098.32	3314417.56	1109084.13	661942.33	447141.80	1496596.63	448880.47	486999.21	28650.18	532066.77
山东 Shandong	18810634.32	6470863.97	3394290.23	1480356.95	969595.01	510761.94	1596216.79	465738.76	537803.82	45611.48	547062.73
河南 Henan	25779058.89	8519113.40	5749987.15	1305735.42	912646.04	393089.38	1463390.83	592694.17	413791.39	54521.91	402383.36
湖北 Hubei	7494822.16	2241517.54	1243620.26	483103.33	316215.46	166887.87	514793.95	171242.94	158328.42	21338.30	163884.29
湖南 Hunan	17114474.91	6044339.56	3362482.37	1005017.66	697789.03	307228.63	1676839.53	511311.93	704394.54	43702.81	417430.25
广东 Guangdong	13820573.30	5315648.65	2650212.24	1148785.16	719425.45	429359.71	1516651.25	383370.50	383791.11	31523.95	717965.69
广西 Guangxi	11281368.67	3744790.02	2432824.12	665010.28	419574.22	245436.06	646955.62	269468.76	209147.06	26993.49	141346.31
海南 Hainan	2253641.72	865024.09	440360.56	180771.08	97474.50	83296.58	243892.45	88371.88	109888.71	4129.09	41502.77
重庆 Chongqing	4782323.00	2008369.44	1131452.41	413983.12	249962.72	164020.40	462933.91	96454.56	81053.18	7287.00	278139.17
四川 Sichuan	16942510.99	7011850.41	4348480.00	1370350.12	875959.94	494390.18	1293020.29	418579.17	334675.28	50171.07	489594.77
贵州 Guizhou	11937787.31	3931130.83	2017888.05	888320.46	617279.05	271041.41	1024922.32	323040.62	320374.15	25477.50	356030.05
云南 Yunnan	13064166.40	4604505.06	2659493.52	953912.84	550215.08	403697.76	991098.70	358302.02	174278.17	24001.48	434517.03
西藏 Xizang	124484.36	30162.55	7668.02	6137.80	2319.30	3818.50	16356.73	1943.45	6005.00	171.75	8236.53
陕西 Shaanxi	7654448.36	2602437.83	1226364.40	718324.29	431966.15	286358.14	657749.14	215007.57	163740.94	32124.10	246876.53
甘肃 Gansu	6937508.45	2523734.23	1395911.37	654716.31	422368.09	232348.22	473106.55	209266.90	85837.19	21161.76	156840.70
青海 Qinghai	1587106.59	656977.77	285640.89	208192.45	114840.65	93351.80	163144.43	45612.42	63401.50	3983.39	50147.12
宁夏 Ningxia	1258857.06	556977.82	213680.87	191975.66	106941.74	85033.92	151321.29	35739.03	46240.16	3685.14	65656.96
新疆 Xinjiang	5145281.02	2092092.34	1053218.78	592375.78	300011.76	292364.02	446497.78	115994.07	141286.73	14602.17	174614.81

校舍情况(镇区)

Secondary Schools (County and Town Area)

单位：平方米
unit：m^2

行政办公用房 Administrative	教师办公室 for Teachers	其他 Others	生活用房 Residential and Welfare	教工值班宿舍 Dormitories for Faculty	教师周转宿舍 Accommodation for Circulation of Teachers	学生宿舍 Students' Dormitories	学生餐厅 Students' Canteen	厕所 Toilets	其他 Others	其他用房 Rooms for Other Purposes
19541759.44	**12301093.15**	**7240666.29**	**140290825.15**	**9209840.88**	**12262800.93**	**77154369.04**	**24031499.85**	**7703690.27**	**9928624.18**	**15392210.97**
46676.75	17174.26	29502.49	274178.46	22604.20	7577.29	118448.37	39534.72	17772.89	68240.99	6697.23
53841.06	33758.54	20082.52	244036.84	12328.24	9893.55	137656.40	49534.98	20577.77	14045.90	30606.60
1300972.62	825324.11	475648.51	10428101.57	602730.95	442428.08	6167843.83	2103541.07	516621.40	594936.24	1248674.28
609711.43	373630.08	236081.35	3711734.72	325383.29	158829.14	2024368.42	731841.99	220882.85	250429.03	732226.14
498895.41	315944.17	182951.24	2211380.35	47968.[illegible]2	38907.92	1238648.38	465798.17	195380.18	224676.78	294663.00
267565.46	166612.83	100952.63	1506725.74	23626.[illegible]1	24291.18	874344.91	316622.33	89085.77	178755.24	0.00
222012.54	126334.79	95677.75	953750.55	11446.34	4135.85	550117.82	214416.99	87097.82	86535.73	259238.87
369938.00	224527.82	145410.18	1542559.98	32080.58	17518.54	861020.34	295179.11	107726.83	229034.58	276123.99
76566.25	34579.45	41986.80	288133.63	17890.25	11223.83	140029.29	47363.82	22684.61	48941.83	66664.67
1237767.55	730252.19	507515.36	6300491.03	433012.17	419956.32	3299291.44	1208440.59	357130.71	582659.80	838694.18
686268.75	412174.15	274094.60	4672048.29	322478.15	331976.80	2538443.73	862935.53	274952.25	341261.82	852779.29
1196685.77	727734.28	468951.49	9725662.79	811779.2[illegible]	803654.31	5395909.26	1636550.31	473674.69	604095.01	918511.46
691694.11	359905.28	331788.83	4584880.40	83975.8[illegible]	626705.80	2317304.41	704787.97	240483.10	611623.27	906995.78
1000999.75	560667.98	440331.77	6644493.47	175467.93	815676.02	3801064.69	1036954.67	401121.41	414208.75	675634.80
1526196.74	1000211.21	525985.53	9509182.57	136428.79	469056.19	5283087.39	1950783.99	646800.29	1023025.92	1304391.04
1822112.87	1323800.06	498312.81	14302061.97	983692.97	969857.25	8422317.85	2650833.45	650163.76	625196.69	1135770.65
513258.46	322319.40	190939.06	4311420.62	522644.67	617358.12	2077940.96	660246.93	158315.33	274914.61	428625.54
1038776.56	671195.57	367580.99	9091459.16	913404.23	1640215.04	4322983.12	1474689.38	366014.12	374153.27	939899.63
965120.93	561551.92	403569.01	6917732.28	938091.07	756340.79	3534721.29	813648.65	362489.67	512440.81	622071.44
653982.65	445744.30	208238.35	6602814.08	594840.23	884659.54	3729445.87	902998.85	260914.48	229955.11	279781.92
124056.53	65078.76	58977.77	1139152.27	84529.55	182781.76	582753.17	171068.33	66089.90	51929.56	125408.83
236152.09	146323.41	89828.68	2326097.79	216084.11	248434.94	1295374.05	404523.44	89983.70	71697.55	211703.68
890846.55	585583.23	305263.32	8454010.94	579340.53	752429.83	4790923.67	1317857.42	418995.78	594463.71	585803.09
790633.76	501042.50	289591.26	6559493.15	276456.27	768544.59	3900773.05	974659.23	324097.78	314962.23	656529.57
801655.56	526679.87	274975.69	7061397.08	415551.79	419619.32	4038672.44	1128900.20	500038.02	558615.31	596608.70
6037.78	3531.68	2506.10	74960.40	178.50	30588.00	30217.00	7609.00	2374.90	3993.00	13323.63
573912.45	397121.72	176790.73	4023389.81	415889.99	349211.41	2008896.72	659694.25	264318.66	325378.78	454708.27
630590.78	455153.85	175436.93	3152019.01	163531.89	213401.18	1607036.87	542887.38	256794.77	368366.92	631164.43
129682.50	69915.09	59767.41	747035.70	10473.99	57993.99	350179.19	136113.90	77697.51	114577.12	53410.62
116721.90	79338.61	37383.29	507104.49	9445.20	9126.17	311361.38	96865.79	39775.60	40530.35	78052.85
462425.88	237882.04	224543.84	2423316.01	26484.70	180408.18	1403193.73	424617.41	193633.72	194978.27	167446.79

普通高中学校

Condition of School Buildings in Regular

类别 Item	校舍建筑面积 Floor Space	教学及辅助用房 Buildings for Instruction and Ancillary Uses	教室 Classroom	专用教室 Professional Classroom	理化生实验室 Physical and Chemical Biology Laboratory	其他 Others	公共教学用房 Public Teaching Space	图书阅览室 Library	室内体育用房 Gymnasium	心理辅导室 Psychological Counseling Room	其他 Others
总计 Total	**38326126.51**	**12565134.81**	**6341772.68**	**2574818.23**	**1425785.73**	**1149032.50**	**3648543.90**	**904684.08**	**1290117.48**	**86628.06**	**1367114.28**
北京 Beijing	914636.67	351386.39	118165.30	68602.48	35461.68	33140.80	164618.61	20285.10	32481.28	2499.61	109352.62
天津 Tianjin	116828.65	39725.45	18655.79	8202.09	7051.60	1150.49	12867.57	1733.55	8763.25	693.54	1677.23
河北 Hebei	3748549.63	1081907.82	646495.67	166802.29	116246.27	50556.02	268609.86	81985.68	94759.26	5247.94	86616.98
山西 Shanxi	1592011.03	466550.90	232069.21	105512.64	64402.24	41110.40	128969.05	58898.95	26989.13	1959.23	41121.74
内蒙古 Inner Mongolia	312095.02	123954.72	51240.62	27015.43	12839.42	14176.01	45698.67	6792.59	21938.12	1278.72	15689.24
辽宁 Liaoning	454482.40	143548.42	73528.95	22965.60	13061.23	9904.37	47053.87	9174.11	31541.11	758.31	5580.34
吉林 Jilin	551556.30	164497.74	120438.94	18402.71	6471.82	11930.89	25656.09	5477.91	8568.87	648.00	10961.31
黑龙江 Heilongjiang	311818.73	107263.92	61013.73	22453.83	13074.75	9379.08	23796.36	8533.40	8177.89	616.14	6468.93
上海 Shanghai	393383.15	129502.69	32283.02	35785.14	12436.31	23348.83	61434.53	7998.15	17938.21	1531.38	33966.79
江苏 Jiangsu	340403.65	146060.31	71396.67	33483.56	24389.86	9093.70	41180.08	10249.00	22328.86	711.00	7891.22
浙江 Zhejiang	1297688.15	447864.93	176613.97	96485.87	35820.20	60665.67	174765.09	37304.96	75925.15	4360.75	57174.23
安徽 Anhui	1257340.58	402717.58	219369.28	94151.90	38086.93	56064.97	89196.40	24814.11	17469.11	2862.09	44051.09
福建 Fujian	2193299.69	771007.46	277324.45	187298.56	113661.24	73637.32	306384.45	72342.77	70425.44	7282.88	156333.36
江西 Jiangxi	984996.74	292413.27	158572.20	41302.41	22314.16	18988.25	92538.66	20101.37	38886.30	1226.00	32324.99
山东 Shandong	1935518.70	687135.23	328526.25	126128.53	64030.77	62097.76	232480.45	52572.98	63776.70	4463.06	111667.71
河南 Henan	3296344.27	990637.17	600264.48	168323.77	78584.56	89739.21	222048.92	61250.96	84466.84	6777.09	69554.03
湖北 Hubei	566842.72	161898.17	81490.43	31930.21	20670.56	11259.65	48477.53	9963.60	22865.83	1456.95	14191.15
湖南 Hunan	1774116.81	511816.91	316556.57	70404.42	42222.82	28181.60	124855.92	29551.08	65088.31	5002.48	25214.05
广东 Guangdong	5312949.24	1738242.20	798398.18	375362.93	197272.85	178090.08	564481.09	129941.12	208810.56	10888.33	214841.08
广西 Guangxi	876932.41	254466.76	146298.82	42322.04	25168.31	17153.73	65845.90	20951.18	14666.12	1777.51	28451.09
海南 Hainan	827115.71	296069.72	120457.62	82097.98	67354.36	14743.62	93514.12	17850.62	68229.06	1638.04	5796.40
重庆 Chongqing	1049213.15	457476.80	259639.13	92289.57	49042.12	43247.45	105548.10	24683.59	23693.67	1288.75	55882.09
四川 Sichuan	1510505.00	559292.51	326208.35	110730.44	56903.22	53827.22	122353.72	28251.64	26781.95	5690.54	61629.59
贵州 Guizhou	1610558.75	456093.83	207121.88	108784.80	61167.11	47617.69	140187.15	35967.78	81081.05	3511.74	19626.58
云南 Yunnan	1584509.46	559989.65	301261.90	125711.61	65677.94	60033.67	133016.14	33743.00	37603.01	3516.08	58154.05
西藏 Xizang	660146.09	197899.50	106169.77	44480.22	35587.27	8892.95	47249.51	18247.80	23444.98	546.70	5010.03
陕西 Shaanxi	869073.17	296528.83	140026.70	76084.11	35469.07	40615.04	80418.02	19322.37	33827.56	2472.46	24795.63
甘肃 Gansu	397676.50	124866.87	56403.12	43027.03	24997.23	18029.80	25436.72	8562.64	5091.00	1668.18	10114.90
青海 Qinghai	191979.30	64634.89	35815.00	12749.36	6026.40	6722.96	16070.53	3265.59	4404.00	168.09	8232.85
宁夏 Ningxia	57210.71	26617.60	9075.80	5441.80	4626.60	815.20	12100.00	1310.00	801.00	271.00	9718.00
新疆 Xinjiang	1336344.13	513066.57	250890.88	130484.90	75666.83	54818.07	131690.79	43556.48	49293.86	3815.47	35024.98

校舍情况(乡村)

Senior Secondary Schools (Rural Area)

单位：平方米
unit：m^2

行政办公用房 Administrative	教师办公室 for Teachers	其他 Others	生活用房 Residential and Welfare	教工值班宿舍 Dormitories for Faculty	教师周转宿舍 Accommodation for Circulation of Teachers	学生宿舍 Students' Dormitories	学生餐厅 Students' Canteen	厕所 Toilets	其他 Others	其他用房 Rooms for Other Purposes
2354558.80	**1457910.97**	**896647.83**	**21111715.95**	**1610935.43**	**1967489.18**	**11198229.07**	**3337448.28**	**1174126.15**	**1817487.84**	**2294716.95**
73939.85	41700.32	32239.53	448179.10	3[illegible]170.57	9629.87	136424.40	55036.08	28407.09	185511.09	41131.33
9533.63	4393.71	5139.92	67569.57	1511.06	6940.00	31384.88	18315.96	3970.76	5346.91	0.00
201541.62	145755.01	55786.61	2144587.03	202207.74	77321.09	1245576.68	417664.32	92269.80	109547.40	320513.16
106812.11	63599.03	43213.08	879882.18	83559.78	54762.22	448272.74	185157.77	42275.09	65854.58	138765.84
42370.62	14345.79	28024.83	127500.30	8629.77	1944.00	67337.49	28011.78	15207.93	6369.33	18269.38
33985.16	23258.94	10726.22	276948.82	11784.61	7450.05	121414.13	42508.91	16010.87	77780.25	0.00
18364.51	15627.67	2736.84	238467.37	6104.00	22113.08	144913.93	51630.33	9941.61	3764.42	130226.68
25309.46	18017.74	7291.72	155222.80	8136.33	698.92	80479.72	28474.53	10703.77	26729.53	24022.55
31724.74	14956.18	16768.56	170612.89	4044.97	10999.03	85253.14	15878.32	12142.60	42294.83	61542.83
29662.15	20194.98	9467.17	154221.95	9673.51	8643.42	100802.95	21778.54	9758.73	3564.80	10459.24
77762.54	43999.61	33762.93	641148.31	60683.10	18026.85	356595.97	106032.81	38977.11	60832.47	130912.37
78329.31	35092.09	43237.22	697331.09	99122.41	68347.08	337472.11	91299.45	29403.81	71676.23	78962.60
145006.46	63293.93	81712.53	1097541.49	9833.26	169537.84	541202.27	191709.16	47067.20	138191.76	179744.28
45494.85	19834.79	25660.06	554729.48	26531.18	73810.11	315701.21	70467.65	18339.92	49879.41	92359.14
104391.49	69418.57	34972.92	1068745.24	32305.80	53177.41	601498.69	204979.86	81844.33	94939.15	75246.74
260400.18	178617.80	81782.38	1873298.27	138249.94	97289.89	1102223.05	342544.74	108438.79	84551.86	172008.65
27157.33	17206.01	9951.32	339040.62	45179.16	38939.74	188737.70	47297.62	11315.44	7570.96	38746.60
80248.87	51625.82	28623.05	1049639.06	132840.32	137409.41	533348.45	144546.50	51922.39	49571.99	132411.97
291143.30	196260.64	94882.66	3063294.70	323123.85	340751.04	1532953.01	374827.45	138973.59	352665.76	220269.04
60641.64	32381.37	28260.27	545535.01	27256.96	45180.58	321384.16	76698.37	40048.94	34966.00	16289.00
44788.92	30056.94	14731.98	431153.62	19624.85	73082.30	221615.82	58365.76	28945.97	29518.92	55103.45
41560.98	32419.07	9141.91	535743.30	40912.48	78868.16	282724.94	87218.92	25996.26	20022.54	14432.07
75994.29	50563.79	25430.50	855171.84	83269.20	76454.49	473562.84	117962.63	51657.41	52265.27	20046.36
81338.66	45123.90	36214.76	904458.99	66047.70	89949.67	493625.90	141589.70	66995.93	46250.09	168667.27
117303.35	63676.35	53627.00	877662.16	57436.04	96836.39	458910.79	140776.58	48151.66	75550.70	29554.30
40886.40	31987.16	8899.24	410585.49	18726.52	122529.16	174746.70	60092.44	16493.77	17996.90	10774.70
51731.48	38856.16	12875.32	468515.20	45855.[illegible]7	77220.73	234963.17	55748.46	35622.90	19104.87	52297.66
32313.93	16133.85	16180.08	207534.94	10581.[illegible]4	19716.00	112288.03	33835.50	14005.86	17108.01	32960.76
7622.61	2983.46	4639.15	116080.40	1317.28	11315.00	53375.67	15356.13	7979.47	26736.85	3641.40
4216.87	2035.30	2181.57	25042.84	2600.33	3015.00	7547.71	6757.96	4084.00	1037.84	1333.40
112981.49	74494.99	38486.50	686271.89	6506.10	75530.65	391890.82	104884.05	67173.15	40287.12	24024.18

地区 Region	占地面积（平方米）Areas Occupied (m^2)	#绿化用地面积 of Which: Green Areas	#运动场地面积 of Which: Sports Areas	校园足球场（个）Campus Football	11人制足球场 11-a-side Football Field	7人制足球场 7-a-side Football Field	5人制足球场 5-a-side Football Field
总　计 Total	**1240585243.05**	**331287426.06**	**307685204.91**	**16964**	**9997**	**4250**	**2717**
北　京 Beijing	18606389.10	4278076.04	5697007.83	457	180	153	124
天　津 Tianjin	10449520.99	1884015.60	3592716.27	221	107	79	35
河　北 Hebei	68322671.17	14782347.37	16068707.53	898	552	218	128
山　西 Shanxi	36725069.53	7491143.13	8034956.21	459	276	110	73
内蒙古 Inner Mongolia	26099922.25	5384944.72	6629632.56	445	263	71	111
辽　宁 Liaoning	25343984.11	5017406.67	6915033.08	471	276	138	57
吉　林 Jilin	13740142.49	2887924.54	4385503.70	249	138	75	36
黑龙江 Heilongjiang	21669867.33	3515392.68	5515813.23	311	188	85	38
上　海 Shanghai	12651373.68	4142679.55	3243705.84	278	113	107	58
江　苏 Jiangsu	65637870.88	22350954.82	15891028.65	962	591	218	153
浙　江 Zhejiang	51353935.39	16979386.70	12312128.05	752	430	159	163
安　徽 Anhui	58894433.71	15598539.65	12907801.93	739	456	202	81
福　建 Fujian	44950224.43	12116429.40	12705762.36	693	375	163	155
江　西 Jiangxi	51945966.24	14583200.40	13690142.43	644	384	131	129
山　东 Shandong	88043866.14	24636515.03	20577133.88	1009	675	213	121
河　南 Henan	85916639.27	19556995.68	16575196.62	1036	593	257	186
湖　北 Hubei	45413407.03	13297469.24	8979765.98	622	385	153	84
湖　南 Hunan	59102931.17	17040394.54	13962624.62	712	483	154	75
广　东 Guangdong	106168286.59	32114329.51	28138888.75	1482	771	470	241
广　西 Guangxi	43338008.64	11432566.58	10102371.04	557	331	134	92
海　南 Hainan	13725431.82	4139834.96	3226261.23	210	115	56	39
重　庆 Chongqing	26017932.95	7330474.71	8248280.16	338	208	92	38
四　川 Sichuan	66759371.53	16327368.70	21829406.37	994	550	259	185
贵　州 Guizhou	44070873.63	12382472.90	10658480.81	494	316	112	66
云　南 Yunnan	53788213.10	15861965.24	12684608.64	559	380	113	66
西　藏 Xizang	4437423.20	990336.91	718510.07	52	33	8	11
陕　西 Shaanxi	29691059.02	7071431.07	8022520.96	452	262	140	50
甘　肃 Gansu	21640259.06	4497178.89	5731439.59	346	186	102	58
青　海 Qinghai	7058230.41	1854325.04	1690438.39	90	54	22	14
宁　夏 Ningxia	8848689.87	2689087.45	1795467.84	104	70	10	24
新　疆 Xinjiang	30173248.32	9052238.34	7153870.29	328	256	46	26

资产情况(总计)
Resources in Senior Secondary Schools(Total)

图书(册) Books and Magazines in Libraries (Volume)	数字终端数(台) Number of Digital Terminals (Set)	#教师终端数 of Which: Number of Teachers' Terminals	#学生终端数 of Which: Number of Student Terminals	教室(间) Classroom (Room)	#网络多媒体教室 of Which: Network Multimedia Classroom	固定资产总值(万元) Total Value of Fixed Asset (10,000 yuan)	#教学仪器设备资产值 of Which: Total Value of Equip & Instru.
1166686525	**7784275**	**3016100**	**4426497**	**1389049**	**1057144**	**148551027.35**	**14692039.37**
22905094	279975	109562	135737	33222	30672	4452422.15	1075066.29
14242413	89042	42528	43753	14533	12561	1230182.72	185681.65
76561281	405414	182784	213790	86725	63143	6639182.80	556662.47
27597340	187898	80503	96348	42704	27712	4480712.54	325063.44
15530318	120236	55446	60938	20447	16462	3198081.14	289221.64
18945589	153809	66014	77970	25945	20265	2446815.01	249422.93
12653537	81185	38080	36181	19301	12010	1475389.54	148627.60
11214429	101040	44306	52481	23182	15853	1854125.20	200654.43
16049350	170654	75545	90167	18876	15891	3449246.58	489367.39
67940713	487037	174802	281211	68722	54357	9972845.96	894376.84
57091445	335819	125776	200057	51229	38864	7072853.68	814959.69
45450172	495694	123571	356236	65152	46981	5923348.21	531849.93
57852738	290351	120028	164461	56523	43609	5532220.10	661922.11
49983837	273299	112357	153386	58526	46561	4429108.14	524952.20
75368264	479688	229183	234783	91985	68861	10949298.48	852577.00
51261006	389221	166820	212602	93132	65289	7916934.76	546784.21
26468757	196335	84381	108225	44378	29400	5038974.21	395419.69
50749228	269525	105051	149996	59588	46060	6627898.56	585744.88
124042548	978422	328830	573793	128095	109493	14246355.05	1545899.29
47847523	241392	115469	118045	44887	35692	4362934.02	420349.68
11630387	78057	32151	44065	13247	10914	1443614.65	176198.44
26154267	171596	61466	101974	33154	29327	3701875.02	304307.45
79528572	453086	154289	283693	85844	66445	8604993.83	941268.76
42784866	229578	80952	136312	41026	32368	5426916.80	424141.27
42844399	263047	84773	173745	59131	39023	5906010.58	422683.68
2096092	16503	8675	7177	2709	2134	417266.69	24396.34
39531195	212667	81722	125165	37294	28616	4140876.41	444309.27
21666838	124742	49228	73966	24564	16899	2500804.00	219610.90
6477218	34682	13557	20795	8333	4478	1051492.05	70649.25
6342083	52238	15479	34071	7280	5672	899799.19	105348.53
17875026	122043	52772	65374	29315	21532	3158449.28	264522.11

地区 Region	占地面积（平方米）Areas Occupied（m^2）	#绿化用地面积 of Which: Green Areas	#运动场地面积 of Which: Sports Areas	校园足球场（个）Campus Football	11人制足球场 11-a-side Football Field	7人制足球场 7-a-side Football Field	5人制足球场 5-a-side Football Field
总　计 Total	**631374407.52**	**174450793.66**	**161693801.61**	**9366**	**5258**	**2492**	**1616**
北　京 Beijing	15757689.45	3463832.49	5057056.73	403	153	135	115
天　津 Tianjin	8927555.19	1667108.42	3120757.25	188	96	62	30
河　北 Hebei	25432460.11	5838033.39	6040035.93	380	216	107	57
山　西 Shanxi	19077467.44	3900411.57	4399452.86	269	150	74	45
内蒙古 Inner Mongolia	12616126.88	2642555.28	3117125.41	237	131	40	66
辽　宁 Liaoning	18344094.16	3792090.44	5148885.16	365	206	112	47
吉　林 Jilin	7223929.51	1523631.28	2414659.15	136	68	41	27
黑龙江 Heilongjiang	11440461.28	1951759.65	3181978.22	169	104	47	18
上　海 Shanghai	10864326.75	3527284.95	2829129.61	249	96	97	56
江　苏 Jiangsu	39351452.76	13863015.23	9231542.95	563	341	129	93
浙　江 Zhejiang	31145942.64	10458051.06	7624596.90	476	263	106	107
安　徽 Anhui	20303532.99	6116317.09	4610431.17	269	161	74	34
福　建 Fujian	19450886.63	5263657.01	5715446.22	320	161	73	86
江　西 Jiangxi	22300201.73	6068042.45	5714271.79	293	166	71	56
山　东 Shandong	48420687.47	13932378.56	11693630.49	575	363	129	83
河　南 Henan	31643631.46	7343461.46	6650583.95	435	229	111	95
湖　北 Hubei	30354688.81	9438946.15	5997640.37	414	255	100	59
湖　南 Hunan	22661757.05	6468050.70	5649541.09	317	212	63	42
广　东 Guangdong	69071666.54	21101738.16	19329690.33	998	531	308	159
广　西 Guangxi	21628945.01	6147750.15	4944493.41	296	167	79	50
海　南 Hainan	6979309.77	1981935.68	1659171.98	108	58	32	18
重　庆 Chongqing	15953364.23	4346756.01	5147893.71	207	136	55	16
四　川 Sichuan	34665258.90	8780594.10	11216450.57	536	306	141	89
贵　州 Guizhou	18574909.32	5430759.48	4601703.98	215	137	47	31
云　南 Yunnan	21581753.23	6739727.22	5294785.77	255	162	56	37
西　藏 Xizang	2676383.86	644024.55	477306.30	31	19	7	5
陕　西 Shaanxi	14905299.35	3407130.34	4067553.74	259	128	100	31
甘　肃 Gansu	6683051.85	1611175.13	1672337.81	119	56	45	18
青　海 Qinghai	3188498.38	883408.69	731544.59	45	22	15	8
宁　夏 Ningxia	5104483.00	1622569.24	989642.77	66	41	8	17
新　疆 Xinjiang	15044591.77	4494597.73	3364461.40	173	124	28	21

资产情况(城区)

in Senior Secondary Schools (Urban Area)

图书(册) Books and Magazines in Libraries (Volume)	数字终端数(台) Number of Digital Terminals (Set)	#教师终端数 of Which: Number of Teachers' Terminals	#学生终端数 of Which: Number of Student Terminals	教室(间) Classroom (Room)	#网络多媒体教室 of Which: Network Multimedia Classroom	固定资产总值(万元) Total Value of Fixed Asset (10,000 yuan)	#教学仪器设备资产值 of Which: Total Value of Equip & Instru.
641523942	**4602312**	**1801978**	**2569288**	**762774**	**594956**	**87584705. 13**	**9309570. 53**
21615481	263739	104215	127133	30438	28431	4205740. 81	1022883. 12
12565298	81436	38336	40427	13136	11398	1079207. 48	167686. 71
32695831	170030	78516	88195	34281	25144	2688538. 83	244856. 83
16126289	115644	48935	59401	24666	15969	2759473. 46	209507. 42
8258566	63824	29263	32410	11214	9027	1738975. 67	161078. 02
14924583	121518	52281	61930	19279	15225	1913606. 16	201600. 48
7878314	53274	24467	23534	11371	7395	950703. 68	98823. 03
6694634	59340	27710	28714	13480	9150	1116627. 75	132162. 26
14648330	157110	68443	83887	16975	14589	3135075. 65	452492. 66
39699393	289023	105048	163744	41736	32360	6591608. 22	594143. 59
35232427	211340	82581	121790	32283	24845	4591453. 28	512151. 38
16628703	223475	51416	163772	24791	18325	2224710. 31	224143. 41
28672171	155356	64965	86522	28772	22826	3068595. 07	369877. 42
21837161	125476	53783	67281	26360	21426	1964439. 38	244233. 87
45148602	284362	136955	141534	51841	38417	6518710. 79	511210. 99
20339075	158804	68927	85241	35035	25101	2968137. 01	207706. 11
17226247	141368	60090	78596	29872	20054	3509886. 12	283393. 31
21661108	126236	50934	66997	26331	20717	3229472. 34	278529. 06
87045831	718476	240679	418024	92377	79701	10730997. 31	1192390. 26
23508624	130504	61046	65296	23464	18515	2473535. 01	257573. 65
6317611	47033	18787	27362	7235	6189	860199. 39	109021. 30
16570866	114626	44257	64358	22038	19405	2688214. 60	215343. 02
41506469	259928	93014	159100	46614	37233	5054659. 88	571706. 34
17498607	101365	35473	59897	17770	14739	2533099. 30	211376. 64
18047973	122085	42372	76983	25812	17174	2389851. 92	203112. 34
1295030	11374	5775	5124	1741	1325	232742. 17	17540. 12
23117526	124963	47056	73782	21443	16695	2399408. 52	281201. 68
7796503	47947	20027	26991	8178	6070	1011363. 85	81804. 21
3171240	17398	6374	10740	4025	2277	600086. 69	29874. 93
3604483	34969	10038	23301	4466	3444	625517. 63	67142. 00
10190966	70289	30215	37222	15750	11790	1730066. 86	155004. 34

地区 Region	占地面积（平方米）Areas Occupied（m^2）	#绿化用地面积 of Which: Green Areas	#运动场地面积 of Which: Sports Areas	校园足球场（个）Campus Football	11人制足球场 11-a-side Football Field	7人制足球场 7-a-side Football Field	5人制足球场 5-a-side Football Field
总　计 Total	**533350958.53**	**136142961.75**	**130530057.89**	**6653**	**4199**	**1520**	**934**
北　京 Beijing	1132538.94	271037.88	280274.70	29	13	11	5
天　津 Tianjin	1303141.80	164279.18	404455.02	26	10	14	2
河　北 Hebei	36741473.41	7451007.08	8817729.28	446	289	97	60
山　西 Shanxi	14661698.67	2958999.60	3117229.82	161	107	30	24
内蒙古 Inner Mongolia	12886242.17	2638117.17	3330954.18	197	126	27	44
辽　宁 Liaoning	6100402.39	1062579.51	1534863.28	92	63	22	7
吉　林 Jilin	5215533.01	1035375.14	1619653.26	97	63	26	8
黑龙江 Heilongjiang	9152037.05	1446010.27	2160749.76	131	77	34	20
上　海 Shanghai	1238957.93	451451.40	282079.93	20	12	8	0
江　苏 Jiangsu	25617937.33	8231212.78	6531781.54	387	243	87	57
浙　江 Zhejiang	18051380.13	5789504.26	4219548.79	243	151	43	49
安　徽 Anhui	35971012.11	8845959.14	7789598.27	437	274	121	42
福　建 Fujian	21290945.16	5690563.66	5971157.50	309	179	75	55
江　西 Jiangxi	27208314.10	7791145.90	7482750.04	322	201	53	68
山　东 Shandong	35222196.22	9563408.47	8179920.58	385	280	71	34
河　南 Henan	47534344.75	10678137.15	8679829.72	515	318	121	76
湖　北 Hubei	14065524.69	3585986.66	2797909.86	188	119	48	21
湖　南 Hunan	32928068.59	9456598.98	7557734.00	351	244	77	30
广　东 Guangdong	27724533.89	8199789.92	6967628.73	371	185	129	57
广　西 Guangxi	19823983.86	4759152.75	4775750.03	243	151	51	41
海　南 Hainan	5037868.20	1533010.37	1219347.16	76	45	16	15
重　庆 Chongqing	8151976.35	2346585.92	2539331.11	113	59	35	19
四　川 Sichuan	29188006.64	6782288.87	9961968.31	420	226	110	84
贵　州 Guizhou	22771030.56	6019348.20	5554112.84	242	160	56	26
云　南 Yunnan	28266944.60	8035651.79	6559130.52	269	194	52	23
西　藏 Xizang	387087.22	62986.00	60120.13	5	3	0	2
陕　西 Shaanxi	12879160.89	3168706.92	3584120.07	165	118	34	13
甘　肃 Gansu	13807222.71	2630478.26	3883963.78	214	124	52	38
青　海 Qinghai	3445398.03	911191.35	876636.80	41	29	6	6
宁　夏 Ningxia	3517752.87	998512.21	752963.07	32	27	1	4
新　疆 Xinjiang	12028244.26	3583884.96	3036765.81	126	109	13	4

资产情况(镇区)

Senior Secondary Schools (County and Town Area)

图书(册) Books and Magazines in Libraries (Volume)	数字终端数(台) Number of Digital Terminals (Set)	#教师终端数 of Which: Number of Teachers' Terminals	#学生终端数 of Which: Number of Student Terminals	教室(间) Classroom (Room)	#网络多媒体教室 of Which: Network Multimedia Classroom	固定资产总值(万元) Total Value of Fixed Asset (10,000 yuan)	#教学仪器设备资产值 of Which: Total Value of Equip & Instru.
477689468	**2865493**	**1094154**	**1674324**	**557219**	**412518**	**53105637.80**	**4786800.67**
601117	7575	2561	3690	993	804	124654.80	22185.22
1480888	6465	3492	2885	1155	969	123124.30	15166.30
39195251	204183	90633	109496	45608	32652	3528850.78	279291.88
10005829	62434	27784	31480	15103	9580	1399459.21	96276.63
6992875	53751	25002	27090	8533	7036	1384626.87	123544.95
3565152	28454	12218	13879	5807	4380	424353.98	42341.37
4283603	25050	12562	10926	6491	4193	410690.77	45474.89
4129922	38975	15417	22252	9064	6260	666285.31	64395.21
1040086	9589	5263	4182	1298	883	186208.96	26464.25
27714243	194452	68158	115662	26241	21426	3300225.81	294508.23
19731699	112621	38414	71275	16693	12393	1989659.65	273303.53
27386990	255913	68635	180176	37882	27162	3501114.70	293681.10
25759363	119156	49348	68351	23764	17881	2058115.44	250531.40
26931298	141765	56102	82775	30410	23929	2323050.21	268321.54
28335789	177692	84343	84679	36517	27627	3824147.34	308833.20
27863215	208731	88273	115839	52360	35904	4301213.80	282857.22
8462918	51322	22422	27929	13583	8749	1403401.65	102580.85
26879175	133204	50382	77051	30147	23247	3106326.97	279154.71
29817289	205487	68978	124161	27372	22799	2411113.49	273627.31
23296717	105153	51761	49699	20037	16223	1735524.41	151877.55
4280859	23171	9950	12480	4476	3514	411913.05	50664.45
7959150	46818	14444	30538	9191	8226	810080.30	71495.13
35859198	180275	57061	116531	36222	27433	3194877.57	344526.15
22961938	116214	41580	68772	20873	15825	2555763.25	182008.56
22591233	127554	38677	87627	29573	19932	3098859.45	197747.83
241167	798	498	290	132	116	34249.70	1106.14
15150543	81148	32134	47451	14455	10898	1631719.15	151126.30
13349996	73099	27815	44838	15664	10415	1395958.71	131756.41
3027979	16233	6833	9356	3956	2066	412062.29	36778.52
2653600	16507	5246	10214	2700	2152	263095.35	36839.52
6140386	41704	18168	22750	10919	7844	1094910.54	88334.32

地区 Region	占地面积（平方米）Areas Occupied（m^2）	#绿化用地面积 of Which: Green Areas	#运动场地面积 of Which: Sports Areas	校园足球场（个）Campus Football	11人制足球场 11-a-side Football Field	7人制足球场 7-a-side Football Field	5人制足球场 5-a-side Football Field
总　计 Total	**75859877.00**	**20693670.65**	**15461345.41**	**945**	**540**	**238**	**167**
北　京 Beijing	1716160.71	543205.67	359676.40	25	14	7	4
天　津 Tianjin	218824.00	52628.00	67504.00	7	1	3	3
河　北 Hebei	6148737.65	1493306.90	1210942.32	72	47	14	11
山　西 Shanxi	2985903.42	631731.96	518273.53	29	19	6	4
内蒙古 Inner Mongolia	597553.20	104272.27	181552.97	11	6	4	1
辽　宁 Liaoning	899487.56	162736.72	231284.64	14	7	4	3
吉　林 Jilin	1300679.97	328918.12	351191.29	16	7	8	1
黑龙江 Heilongjiang	1077369.00	117622.76	173085.25	11	7	4	0
上　海 Shanghai	548089.00	163943.20	132496.30	9	5	2	2
江　苏 Jiangsu	668480.79	256726.81	127704.16	12	7	2	3
浙　江 Zhejiang	2156612.62	731831.38	467982.36	33	16	10	7
安　徽 Anhui	2619888.61	636263.42	507772.49	33	21	7	5
福　建 Fujian	4208392.64	1162208.73	1019158.64	64	35	15	14
江　西 Jiangxi	2437450.41	724012.05	493120.60	29	17	7	5
山　东 Shandong	4400982.45	1140728.00	703582.81	49	32	13	4
河　南 Henan	6738663.06	1535397.07	1244782.95	86	46	25	15
湖　北 Hubei	993193.53	272536.43	184215.75	20	11	5	4
湖　南 Hunan	3513105.53	1115744.86	755349.53	44	27	14	3
广　东 Guangdong	9372086.16	2812801.43	1841569.69	113	55	33	25
广　西 Guangxi	1885079.77	525663.68	382127.60	18	13	4	1
海　南 Hainan	1708253.85	624888.91	347742.09	26	12	8	6
重　庆 Chongqing	1912592.37	637132.78	561055.34	18	13	2	3
四　川 Sichuan	2906105.99	764485.73	650987.49	38	18	8	12
贵　州 Guizhou	2724933.75	932365.22	502663.99	37	19	9	9
云　南 Yunnan	3939515.27	1086586.23	830692.35	35	24	5	6
西　藏 Xizang	1373952.12	283326.36	181083.64	16	11	1	4
陕　西 Shaanxi	1906598.78	495593.81	370847.15	28	16	6	6
甘　肃 Gansu	1149984.50	255525.50	175138.00	13	6	5	2
青　海 Qinghai	424334.00	59725.00	82257.00	4	3	1	0
宁　夏 Ningxia	226454.00	68006.00	52862.00	6	2	1	3
新　疆 Xinjiang	3100412.29	973755.65	752643.08	29	23	5	1

资产情况(乡村)
in Senior Secondary Schools (Rural Area)

图书(册) Books and Magazines in Libraries (Volume)	数字终端数(台) Number of Digital Terminals (Set)	#教师终端数 of Which: Number of Teachers' Terminals	#学生终端数 of Which: Number of Student Terminals	教室(间) Classroom (Room)	#网络多媒体教室 of Which: Network Multimedia Classroom	固定资产总值(万元) Total Value of Fixed Asset (10,000 yuan)	#教学仪器设备资产值 of Which: Total Value of Equip & Instru.
47473115	**316470**	**119968**	**182885**	**69056**	**49670**	**7860684. 42**	**595668. 17**
688496	8661	2786	4914	1791	1437	122026. 55	29997. 95
196227	1141	700	441	242	194	27850. 94	2828. 64
4670199	31201	13635	16099	6836	5347	421793. 19	32513. 76
1465222	9820	3784	5467	2935	2163	321779. 88	19279. 39
278877	2661	1181	1438	700	399	74478. 59	4598. 66
455854	3837	1515	2161	859	660	108854. 87	5481. 08
491620	2861	1051	1721	1439	422	113995. 09	4329. 68
389873	2725	1179	1515	638	443	71212. 14	4096. 97
360934	3955	1839	2098	603	419	127961. 96	10410. 48
527077	3562	1596	1805	745	571	81011. 93	5725. 01
2127319	11858	4781	6992	2253	1626	491740. 75	29504. 78
1434479	16306	3520	12288	2479	1494	197523. 20	14025. 42
3421204	15839	5715	9588	3987	2902	405509. 59	41513. 29
1215378	6058	2472	3330	1756	1206	141618. 55	12396. 78
1883873	17634	7885	8570	3627	2817	606440. 35	32532. 81
3058716	21686	9620	11522	5737	4284	647583. 96	56220. 87
779592	3645	1869	1700	923	597	125686. 44	9445. 53
2208945	10085	3735	5948	3110	2096	292099. 25	28061. 11
7179428	54459	19173	31608	8346	6993	1104244. 25	79881. 72
1042182	5735	2662	3050	1386	954	153874. 61	10898. 48
1031917	7853	3414	4223	1536	1211	171502. 21	16512. 70
1624251	10152	2765	7078	1925	1696	203580. 13	17469. 30
2162905	12883	4214	8062	3008	1779	355456. 39	25036. 26
2324321	11999	3899	7643	2383	1804	338054. 26	30756. 07
2205193	13408	3724	9135	3746	1917	417299. 21	21823. 50
559895	4331	2402	1763	836	693	150274. 82	5750. 07
1263126	6556	2532	3932	1396	1023	109748. 74	11981. 29
520339	3696	1386	2137	722	414	93481. 44	6050. 28
277999	1051	350	699	352	135	39343. 07	3995. 80
84000	762	195	556	114	76	11186. 21	1367. 01
1543674	10050	4389	5402	2646	1898	333471. 88	21183. 46

中等职业学校
Number of Secondary

地区 Region	中等职业学校 Secondary Vocational Schools	#中央部门 of Which: HEIs under Central Ministries and Agencies	#地方公办 of Which: HEIs under Local Auth.	#民办 of Which: Non-government	#具有法人资格的中外合作办学	普通中专学校 Reg. Specialized Sec. Schools	#中央部门 of Which: HEIs under Central Ministries and Agencies	#地方公办 of Which: HEIs under Local Auth.	#民办 of Which: Non-government	#具有法人资格的中外合作办学
总　计 Total	**7085**	**18**	**4938**	**2128**	**1**	**3257**	**16**	**2290**	**951**	**0**
北　京 Beijing	76	8	51	17	0	28	7	20	1	0
天　津 Tianjin	59	0	48	11	0	37	0	31	6	0
河　北 Hebei	628	3	415	210	0	280	3	105	172	0
山　西 Shanxi	337	0	216	121	0	85	0	73	12	0
内蒙古 Inner Mongolia	171	0	113	58	0	52	0	20	32	0
辽　宁 Liaoning	264	0	172	92	0	104	0	88	16	0
吉　林 Jilin	213	0	170	43	0	33	0	29	4	0
黑龙江 Heilongjiang	183	0	137	46	0	65	0	28	37	0
上　海 Shanghai	76	2	70	3	1	48	2	44	2	0
江　苏 Jiangsu	211	0	174	37	0	156	0	132	24	0
浙　江 Zhejiang	246	0	199	47	0	47	0	42	5	0
安　徽 Anhui	245	0	157	88	0	230	0	148	82	0
福　建 Fujian	167	0	145	22	0	166	0	144	22	0
江　西 Jiangxi	272	1	164	107	0	103	1	88	14	0
山　东 Shandong	413	1	266	146	0	273	0	176	97	0
河　南 Henan	546	1	355	190	0	176	1	114	61	0
湖　北 Hubei	252	2	188	62	0	198	2	149	47	0
湖　南 Hunan	497	0	256	241	0	26	0	26	0	0
广　东 Guangdong	372	0	266	106	0	284	0	195	89	0
广　西 Guangxi	241	0	168	73	0	241	0	168	73	0
海　南 Hainan	57	0	30	27	0	25	0	18	7	0
重　庆 Chongqing	129	0	104	25	0	24	0	20	4	0
四　川 Sichuan	341	0	205	136	0	163	0	62	101	0
贵　州 Guizhou	184	0	140	44	0	62	0	58	4	0
云　南 Yunnan	293	0	255	38	0	84	0	69	15	0
西　藏 Xizang	13	0	13	0	0	13	0	13	0	0
陕　西 Shaanxi	228	0	147	81	0	26	0	24	2	0
甘　肃 Gansu	177	0	139	38	0	95	0	84	11	0
青　海 Qinghai	30	0	25	5	0	28	0	24	4	0
宁　夏 Ningxia	31	0	23	8	0	10	0	6	4	0
新　疆 Xinjiang	133	0	127	6	0	95	0	92	3	0

(机构)数
Vocational Schools (Institutions)

单位：所
unit: institution

成人中专学校 Adults Specialized Sec. Schools	#中央部门 of Which: HEIs under Central Ministries and Agencies	#地方公办 of Which: HEIs under Local Auth.	#民办 of Which: Non-government	#具有法人资格的中外合作办学	职业高中学校 Vocational High Schools	#中央部门 of Which: HEIs under Central Ministries and Agencies	#地方公办 of Which: HEIs under Local Auth.	#民办 of Which: Non-government	#具有法人资格的中外合作办学	残疾人中等职业学校 Secondary Vocational Schools for Persons with Disabilities	#中央部门 of Which: HEIs under Central Ministries and Agencies	#地方公办 of Which: HEIs under Local Auth.	#民办 of Which: Non-government	#具有法人资格的中外合作办学
666	**1**	**578**	**87**	**0**	**3156**	**1**	**2064**	**1090**	**1**	**6**	**0**	**6**	**0**	**0**
9	1	7	1	0	39	0	24	15	0	0	0	0	0	0
8	0	8	0	0	14	0	9	5	0	0	0	0	0	0
150	0	144	6	0	198	0	166	32	0	0	0	0	0	0
5	0	5	0	0	246	0	137	109	0	1	0	1	0	0
7	0	7	0	0	111	0	85	26	0	1	0	1	0	0
0	0	0	0	0	160	0	84	76	0	0	0	0	0	0
65	0	65	0	0	115	0	76	39	0	0	0	0	0	0
13	0	11	2	0	105	0	98	7	0	0	0	0	0	0
6	0	5	1	0	22	0	21	0	1	0	0	0	0	0
10	0	9	1	0	45	0	33	12	0	0	0	0	0	0
10	0	10	0	0	189	0	147	42	0	0	0	0	0	0
6	0	5	1	0	9	0	4	5	0	0	0	0	0	0
1	0	1	0	0	0	0	0	0	0	0	0	0	0	0
20	0	20	0	0	149	0	56	93	0	0	0	0	0	0
8	0	3	5	0	131	1	86	44	0	1	0	1	0	0
128	0	81	47	0	242	0	160	82	0	0	0	0	0	0
4	0	2	2	0	50	0	37	13	0	0	0	0	0	0
75	0	63	12	0	395	0	166	229	0	1	0	1	0	0
1	0	1	0	0	87	0	70	17	0	0	0	0	0	0
0	0	0	0	0	0	0	0	0	0	0	0	0	0	0
2	0	2	0	0	30	0	10	20	0	0	0	0	0	0
41	0	38	3	0	64	0	46	18	0	0	0	0	0	0
11	0	7	4	0	167	0	136	31	0	0	0	0	0	0
5	0	5	0	0	117	0	77	40	0	0	0	0	0	0
62	0	62	0	0	147	0	124	23	0	0	0	0	0	0
0	0	0	0	0	0	0	0	0	0	0	0	0	0	0
2	0	2	0	0	199	0	120	79	0	1	0	1	0	0
12	0	10	2	0	70	0	45	25	0	0	0	0	0	0
1	0	1	0	0	1	0	0	1	0	0	0	0	0	0
2	0	2	0	0	19	0	15	4	0	0	0	0	0	0
2	0	2	0	0	35	0	32	3	0	1	0	1	0	0

中等职业学校

Number of Students in Secondary

地区 Region	毕业生数 Graduates	#职业类证书 of Which: Vocational Certificate	#职业技能等级证书 of Which: Vocational Skill Level Certificate	招生数 Entrants
总　计 Total	**4154521**	**2104494**	**1129756**	**4540352**
北　京 Beijing	15527	3535	2209	20637
天　津 Tianjin	30262	12758	5297	27969
河　北 Hebei	315575	177917	95167	318570
山　西 Shanxi	104653	76871	44312	109521
内蒙古 Inner Mongolia	57881	24650	11882	65247
辽　宁 Liaoning	87543	25101	7023	86470
吉　林 Jilin	42502	8904	968	35641
黑龙江 Heilongjiang	55712	21794	8759	44248
上　海 Shanghai	41624	17119	10038	39476
江　苏 Jiangsu	208127	139092	77398	232065
浙　江 Zhejiang	184148	167660	119544	167860
安　徽 Anhui	248619	149835	87049	246578
福　建 Fujian	116258	52269	26357	142531
江　西 Jiangxi	163273	33369	17990	162487
山　东 Shandong	290260	103532	50111	300762
河　南 Henan	379808	240366	138659	381896
湖　北 Hubei	141791	60761	29693	139507
湖　南 Hunan	226885	126603	69536	230421
广　东 Guangdong	277277	177500	87963	336508
广　西 Guangxi	161201	65577	35386	195407
海　南 Hainan	36841	10348	6014	47092
重　庆 Chongqing	113077	61321	43529	130888
四　川 Sichuan	283033	141186	70640	299764
贵　州 Guizhou	105322	54474	23877	309014
云　南 Yunnan	190339	60052	18422	146282
西　藏 Xizang	9261	1170	453	10805
陕　西 Shaanxi	89485	19838	10191	101629
甘　肃 Gansu	51561	26558	15736	65069
青　海 Qinghai	27631	7553	2338	31174
宁　夏 Ningxia	22641	8695	3790	24556
新　疆 Xinjiang	76404	28086	9425	90278

(机构)学生数
Vocational Schools (Institutions)

单位：人
unit: person

在校学生数 Enrolment	#现代学徒制 of Which: Modern Apprenticeships	一年级 Grade 1	二年级 Grade 2	三年级 Grade 3	四年级及以上 Grade 4 and Over	预计毕业生数 Estimated Graduates for Next Year
12984621	**234564**	**4544496**	**4348312**	**4051604**	**40209**	**4212849**
58508	59	20671	19180	15985	2672	15931
82710	41	28015	26354	27604	737	28188
892031	1332	318580	283613	287585	2253	325261
330986	5431	109521	110047	108878	2540	113710
186579	1218	65260	61750	58985	584	61388
265921	3490	86582	88318	84833	6188	86441
123115	927	35642	43281	43980	212	46874
158467	1281	44372	56284	56941	870	57430
107747	2190	39770	34555	29951	3471	34997
679094	13437	232141	228244	215901	2808	221587
502536	53765	168038	167144	167220	134	173769
659728	23366	246594	210994	201944	196	224580
409032	5134	142975	136175	129882	0	129581
533712	4958	163672	181397	188293	350	187760
882941	6272	300786	294566	286020	1569	285878
1119505	14208	382617	370202	365731	955	390225
425182	6474	140136	136148	146246	2652	146666
703675	27694	230333	238939	232493	1910	236363
965071	2982	336628	326570	301648	225	300955
510918	5723	195177	178311	137139	291	148676
131330	5	47037	41677	42186	430	41694
378800	5470	130888	126651	120153	1108	120466
867123	10983	299813	286336	279670	1304	289568
687403	18947	309350	260630	117423	0	126024
392245	8704	146293	121486	124207	259	138876
31947	0	10876	10916	10144	11	10943
305390	3447	101654	104202	98583	951	95040
181352	1691	65108	70703	45344	197	47830
86864	55	31174	26737	24923	4030	22313
76090	0	24556	26716	24720	98	24289
248619	5280	90237	80186	76992	1204	79546

地区 Region	毕业生数 Graduates	#职业类证书 of Which: Vocational Certificate	#职业技能等级证书 of Which: Vocational Skill Level Certificate	招生数 Entrants
总　计 Total	**1862019**	**938465**	**515284**	**2030804**
北　京 Beijing	7452	1905	1300	9966
天　津 Tianjin	12850	5055	2086	12508
河　北 Hebei	142865	80860	42357	143672
山　西 Shanxi	48858	35448	20376	50645
内蒙古 Inner Mongolia	25207	11097	5282	27431
辽　宁 Liaoning	37650	11730	3204	37899
吉　林 Jilin	18887	4352	453	14933
黑龙江 Heilongjiang	23500	10112	4214	19912
上　海 Shanghai	18960	6898	3938	18163
江　苏 Jiangsu	93224	58542	32867	108945
浙　江 Zhejiang	86806	78265	55134	80403
安　徽 Anhui	116030	68513	40348	110765
福　建 Fujian	53082	26105	14094	65605
江　西 Jiangxi	76500	15363	8116	73963
山　东 Shandong	126069	42567	22268	129080
河　南 Henan	163366	103047	61390	153062
湖　北 Hubei	63490	25858	14061	62528
湖　南 Hunan	107270	61062	33768	107055
广　东 Guangdong	126236	79968	41627	155334
广　西 Guangxi	71124	29600	15644	83762
海　南 Hainan	17134	4228	2225	20884
重　庆 Chongqing	47956	25581	18229	57445
四　川 Sichuan	127767	63315	33951	134619
贵　州 Guizhou	48824	24854	10396	150568
云　南 Yunnan	78069	23971	8050	60173
西　藏 Xizang	3595	441	198	4430
陕　西 Shaanxi	40319	8361	4055	45790
甘　肃 Gansu	24420	12321	8085	29093
青　海 Qinghai	11560	3380	999	13958
宁　夏 Ningxia	9945	4022	1831	10149
新　疆 Xinjiang	33004	11644	4738	38064

女学生数
Secondary Vocational Education

单位：人
unit：person

在校学生数 Enrolment	#现代学徒制 of Which: Modern Apprenticeships	一年级 Grade 1	二年级 Grade 2	三年级 Grade 3	四年级及以上 Grade 4 and Over	预计毕业生数 Estimated Graduates for Next Year
5860794	**95392**	**2032015**	**1974003**	**1830551**	**24225**	**1870236**
28469	0	9968	9325	7492	1684	7437
36585	0	12515	11728	11872	470	11917
403494	379	143671	127310	131268	1245	148698
155518	2529	50645	52159	51585	1129	52044
80660	581	27428	26927	25892	413	26858
119589	819	37907	39219	37528	4935	37838
53517	479	14933	18983	19405	196	20617
71997	228	19962	25588	25910	537	25634
47960	615	18238	15551	13008	1163	15014
316754	5530	108994	107185	98508	2067	101432
238986	25622	80480	79371	79030	105	81420
303477	9236	110767	100108	92433	169	101459
186760	1666	65957	62159	58644	0	56473
244959	2180	74569	83278	86795	317	86706
383520	1831	129085	128075	125341	1019	125816
467596	5177	153080	157099	156930	487	156699
191588	2835	62674	61261	65949	1704	63865
332111	11407	106892	113178	111194	847	110575
446465	425	155412	151727	139155	171	138020
222547	1586	83664	78356	60300	227	61791
58584	0	20854	18497	18920	313	18369
167881	1499	57445	56546	53196	694	52075
393050	4657	134636	129478	128066	870	131730
331427	8084	150568	127960	52899	0	52590
163357	3378	60179	50655	52327	196	59858
13384	0	4463	4626	4295	0	3901
138112	2273	45788	47201	44627	496	43140
84191	397	29123	32941	21978	149	22319
38380	34	13958	11690	10955	1777	10044
32699	0	10149	11661	10814	75	9875
107177	1945	38011	34161	34235	770	36022

中等职业教育分年龄学生数

Number of Students by age in Secondary Vocational Education

单位：人
unit：person

地区 Region	合计 Total	14岁及以下 14 Years and Under	15岁 15 Years	16岁 16 Years	17岁 17 Years	18岁 18 Years	19岁 19 Years	20岁 20 Years	21岁 21 Years	22岁及以上 22 Years and Over
总 计 Total	**12984621**	**136588**	**2808375**	**3883199**	**3571915**	**1382502**	**289753**	**80824**	**36807**	**794658**
北 京 Beijing	58508	2503	16152	18145	14641	3287	413	47	12	3308
天 津 Tianjin	82710	545	19374	26191	25799	9172	1213	107	30	279
河 北 Hebei	892031	5831	178069	256654	250287	113395	20211	7437	3174	56973
山 西 Shanxi	330986	3605	78212	106055	97841	28540	4768	855	337	10773
内蒙古 Inner Mongolia	186579	1771	36736	57541	54973	25636	5084	691	205	3942
辽 宁 Liaoning	265921	4938	50493	81377	75423	36591	8292	1478	658	6671
吉 林 Jilin	123115	465	21820	38301	36961	13638	3853	1113	577	6387
黑龙江 Heilongjiang	158467	710	18662	41117	41205	20499	5361	1425	738	28750
上 海 Shanghai	107747	802	22973	31841	28567	9083	1365	191	45	12880
江 苏 Jiangsu	679094	1256	149474	201639	194960	62918	8092	933	296	59526
浙 江 Zhejiang	502536	1735	127088	160124	162565	40038	4057	690	271	5968
安 徽 Anhui	659728	7199	137770	183219	168837	63644	17077	9979	5176	66827
福 建 Fujian	409032	2452	99430	129943	121047	37259	4747	586	183	13385
江 西 Jiangxi	533712	22416	202203	173801	106483	23946	3704	629	245	285
山 东 Shandong	882941	5163	242600	284270	268564	65192	8863	1770	718	5801
河 南 Henan	1119505	9298	218742	327105	321140	142515	33853	10050	3319	53483
湖 北 Hubei	425182	3242	105105	138623	132452	40096	4010	467	117	1070
湖 南 Hunan	703675	19682	190653	224388	189472	50246	7390	1445	602	19797
广 东 Guangdong	965071	11665	211738	314948	280170	116601	20306	3450	1072	5121
广 西 Guangxi	510918	2580	80715	166113	140787	70760	18453	5139	2143	24228
海 南 Hainan	131330	897	22722	32645	30558	15309	3243	642	251	25063
重 庆 Chongqing	378800	3284	85602	124575	113411	43010	6853	1419	395	251
四 川 Sichuan	867123	8358	179771	267433	253470	108524	26322	7421	3114	12710
贵 州 Guizhou	687403	1734	54572	99805	102196	60368	22871	10352	7158	328347
云 南 Yunnan	392245	1522	68514	112986	113448	68257	18496	3578	1601	3843
西 藏 Xizang	31947	777	3579	8024	8323	6451	2217	683	384	1509
陕 西 Shaanxi	305390	7151	90106	101359	81450	19860	3387	749	256	1072
甘 肃 Gansu	181352	780	33851	62417	50155	22284	5548	1470	490	4357
青 海 Qinghai	86864	994	7573	15254	14030	9795	4752	2689	2243	29534
宁 夏 Ningxia	76090	382	12694	23975	22591	12120	3270	717	185	156
新 疆 Xinjiang	248619	2851	41382	73331	70109	43468	11682	2622	812	2362

中等职业教育分年龄女学生数
Number of Female Students by age in Secondary Vocational Education

单位：人
unit: person

地区 Region	合计 Total	14岁及以下 14 Years and Under	15岁 15 Years	16岁 16 Years	17岁 17 Years	18岁 18 Years	19岁 19 Years	20岁 20 Years	21岁 21 Years	22岁及以上 22 Years and Over
总　计 Total	**5860794**	**72826**	**1284192**	**1755529**	**1595988**	**586147**	**119076**	**32665**	**16038**	**398333**
北　京 Beijing	28469	1512	7652	8781	6657	1466	188	14	0	2199
天　津 Tianjin	36585	377	8952	11572	11269	3833	423	27	8	124
河　北 Hebei	403494	2914	79813	116128	111726	48200	7807	1580	1612	33714
山　西 Shanxi	155518	1580	37736	50242	45882	12395	2051	330	164	5138
内蒙古 Inner Mongolia	80660	1012	16469	25110	23851	10557	1918	270	60	1413
辽　宁 Liaoning	119589	3703	24097	36667	32594	14821	3846	652	241	2968
吉　林 Jilin	53517	381	9792	17156	15573	5427	1474	495	213	3006
黑龙江 Heilongjiang	71997	409	8113	18815	18448	8762	2244	562	322	14322
上　海 Shanghai	47960	438	10323	14072	12646	3499	499	66	17	6400
江　苏 Jiangsu	316754	693	69421	92930	89754	27738	3703	402	117	31996
浙　江 Zhejiang	238986	866	61379	76959	77105	17592	1784	297	119	2885
安　徽 Anhui	303477	3988	55508	86531	77795	27344	6261	3321	2168	30561
福　建 Fujian	186760	1175	45250	59736	55557	17217	2173	239	61	5352
江　西 Jiangxi	244959	11549	92064	79577	49204	10515	1611	262	87	90
山　东 Shandong	383520	2728	104846	124344	117413	27042	3510	703	268	2666
河　南 Henan	467596	4294	93561	136405	133090	55301	12852	4836	1457	25800
湖　北 Hubei	191588	1929	48909	63378	59064	16153	1412	183	50	510
湖　南 Hunan	332111	10104	91594	107648	88431	21238	2871	545	241	9439
广　东 Guangdong	446465	6929	100403	146529	128528	51381	8619	1504	466	2106
广　西 Guangxi	222547	1484	36548	71819	61839	29888	7493	2026	836	10614
海　南 Hainan	58584	491	10274	14799	13800	6502	1243	248	89	11138
重　庆 Chongqing	167881	1905	39840	55886	49028	17592	2731	615	161	123
四　川 Sichuan	393050	4529	82709	122699	114503	47142	11366	3320	1472	5310
贵　州 Guizhou	331427	327	24829	44021	45947	26568	9847	4741	3358	171789
云　南 Yunnan	163357	714	27972	46682	47290	29122	7944	1508	643	1482
西　藏 Xizang	13384	345	1520	3367	3560	2786	901	293	134	478
陕　西 Shaanxi	138112	3852	42051	46191	35986	7902	1293	281	93	463
甘　肃 Gansu	84191	428	15504	29050	23734	10163	2445	701	210	1956
青　海 Qinghai	38380	590	3404	6616	6174	4303	2153	1190	925	13025
宁　夏 Ningxia	32699	227	5642	10378	9622	5037	1333	309	85	66
新　疆 Xinjiang	107177	1353	18017	31441	29918	18661	5081	1145	361	1200

地区 Region	上学年初报表在校学生数 Enrolment at Beginning of Previous Academic Year	增加学生数 Factors of Increase	招生 No. of Students Admitted	复学 Students Resuming Studies	转入 Transfers from Other Inst.	其他 Others
总　计 Total	**13392903**	**4703180**	**4540352**	**13175**	**134288**	**15365**
北　京 Beijing	54596	22378	20637	77	1664	0
天　津 Tianjin	82867	31702	27969	50	3539	144
河　北 Hebei	922712	325161	318570	190	6401	0
山　西 Shanxi	332805	113912	109521	102	1998	2291
内蒙古 Inner Mongolia	187098	69956	65247	118	4457	134
辽　宁 Liaoning	276285	89024	86470	37	1619	898
吉　林 Jilin	132660	38582	35641	509	2432	0
黑龙江 Heilongjiang	178287	47620	44248	13	2958	401
上　海 Shanghai	112571	43259	39476	242	3509	32
江　苏 Jiangsu	673401	236513	232065	629	3587	232
浙　江 Zhejiang	532324	174135	167860	732	5097	446
安　徽 Anhui	727997	257456	246578	336	10536	6
福　建 Fujian	395217	147443	142531	380	2244	2288
江　西 Jiangxi	557069	165165	162487	257	2357	64
山　东 Shandong	880975	325603	300762	226	24601	14
河　南 Henan	1193613	391864	381896	1826	4909	3233
湖　北 Hubei	438156	144542	139507	210	4616	209
湖　南 Hunan	746324	233975	230421	282	3272	0
广　东 Guangdong	942235	342030	336508	1215	3861	446
广　西 Guangxi	652704	201175	195407	3293	1033	1442
海　南 Hainan	128311	47456	47092	51	311	2
重　庆 Chongqing	379710	132212	130888	70	6	1248
四　川 Sichuan	907951	312486	299764	770	11541	411
贵　州 Guizhou	524361	314187	309014	207	4392	574
云　南 Yunnan	485528	159774	146282	267	12830	395
西　藏 Xizang	32956	11127	10805	93	130	99
陕　西 Shaanxi	301382	106907	101629	133	5144	1
甘　肃 Gansu	200563	66089	65069	185	750	85
青　海 Qinghai	90251	33827	31174	509	2144	0
宁　夏 Ningxia	77874	24866	24556	58	125	127
新　疆 Xinjiang	244120	92754	90278	108	2225	143

学生数变动情况
Vocational Education

单位：人
unit：person

减少学生数 Factors of Decrease	毕业 Graduates	结业 Completers of Courses without Formal Awards	休学 Suspended	退学 Quitting	死亡 Death	转出 Transfers to Other Inst.	其他 Others	本学年初报表在校学生数 Enrolment at Beginning of Current Academic Year
5111462	**4154521**	**100152**	**18462**	**610266**	**697**	**201473**	**25891**	**12984621**
18466	15527	26	149	734	6	1735	289	58508
31859	30262	0	120	1143	7	190	137	82710
355842	315575	0	813	23316	20	16118	0	892031
115731	104653	358	120	7091	14	3495	0	330986
70475	57881	177	236	7467	5	3905	804	186579
99388	87543	85	303	9803	21	1633	0	265921
48127	42502	8	46	4344	7	1220	0	123115
67440	55712	1414	72	6747	7	1506	1982	158467
48083	41624	159	450	2145	13	3472	220	107747
230820	208127	1962	1517	16329	36	2849	0	679094
203923	184148	618	1476	8768	20	8310	583	502536
325725	248619	20446	463	31769	15	22156	2257	659728
133628	116258	2188	1149	10335	14	3593	91	409032
188522	163273	445	248	16280	20	8159	97	533712
323637	290260	10	433	25238	33	7662	1	882941
465972	379808	377	499	62939	14	22334	1	1119505
157516	141791	0	427	6767	30	8500	1	425182
276624	226885	4302	1370	29806	28	12591	1642	703675
319194	277277	620	1474	34158	64	4307	1294	965071
342961	161201	53208	1919	121838	58	1987	2750	510918
44437	36841	0	107	6702	7	763	17	131330
133122	113077	150	211	19332	38	314	0	378800
353314	283033	3568	2488	43789	52	20383	1	867123
151145	105322	6055	343	30425	18	8982	0	687403
253057	190339	385	855	44449	39	10386	6604	392245
12136	9261	0	38	2703	5	129	0	31947
102899	89485	4	333	8130	9	4938	0	305390
85300	51561	2127	371	10732	5	13615	6889	181352
37214	27631	646	81	5776	3	3076	1	86864
26650	22641	136	105	3614	6	148	0	76090
88255	76404	678	246	7597	83	3017	230	248619

地区 Region	上学年初报表在校学生数 Enrolment at Beginning of Previous Academic Year	增加学生数 Factors of Increase	招生 No. of Students Admitted	复学 Students Resuming Studies	转入 Transfers from Other Inst.	其他 Others
总　计 Total	**6003885**	**2104587**	**2030804**	**6054**	**59845**	**7884**
北　京 Beijing	26429	10818	9966	43	809	0
天　津 Tianjin	35983	14084	12508	22	1495	59
河　北 Hebei	415389	146417	143672	89	2656	0
山　西 Shanxi	156082	52757	50645	31	790	1291
内蒙古 Inner Mongolia	81476	29508	27431	66	1943	68
辽　宁 Liaoning	123782	38887	37899	20	602	366
吉　林 Jilin	58681	16280	14933	354	993	0
黑龙江 Heilongjiang	78545	21568	19912	9	1440	207
上　海 Shanghai	49588	19371	18163	121	1079	8
江　苏 Jiangsu	307892	110895	108945	312	1530	108
浙　江 Zhejiang	250620	83190	80403	430	2187	170
安　徽 Anhui	334147	115659	110765	177	4714	3
福　建 Fujian	178626	68450	65605	184	1182	1479
江　西 Jiangxi	255896	75226	73963	64	1150	49
山　东 Shandong	381738	140475	129080	100	11287	8
河　南 Henan	507365	157046	153062	600	1840	1544
湖　北 Hubei	197282	65237	62528	104	2547	58
湖　南 Hunan	351632	108384	107055	189	1140	0
广　东 Guangdong	430069	158302	155334	853	1915	200
广　西 Guangxi	279070	86432	83762	1374	291	1005
海　南 Hainan	57602	21020	20884	27	109	0
重　庆 Chongqing	165664	58032	57445	40	3	544
四　川 Sichuan	410706	140322	134619	380	5263	60
贵　州 Guizhou	246915	153528	150568	47	2672	241
云　南 Yunnan	201003	66384	60173	145	5797	269
西　藏 Xizang	13372	4511	4430	37	20	24
陕　西 Shaanxi	136148	48172	45790	65	2316	1
甘　肃 Gansu	93827	29478	29093	78	265	42
青　海 Qinghai	39223	14816	13958	10	848	0
宁　夏 Ningxia	33918	10247	10149	26	43	29
新　疆 Xinjiang	105215	39091	38064	57	919	51

女学生数变动情况
Vocational Education

单位：人
unit：person

减少学生数 Factors of Decrease	毕业 Graduates	结业 Completers of Courses without Formal Awards	休学 Suspended	退学 Quitting	死亡 Death	转出 Transfers to Other Inst.	其他 Others	本学年初报表在校学生数 Enrolment at Beginning of Current Academic Year
2247678	**1862019**	**38369**	**9103**	**243227**	**226**	**83369**	**11365**	**5860794**
8778	7452	9	79	293	1	837	107	28469
13482	12850	0	56	434	2	80	60	36585
158312	142865	0	475	9468	8	5496	0	403494
53321	48858	153	54	2871	5	1380	0	155518
30324	25207	49	105	3053	3	1551	356	80660
43080	37650	60	195	4459	6	710	0	119589
21444	18887	4	24	1953	1	575	0	53517
28116	23500	633	28	3007	3	554	391	71997
20999	18960	34	245	638	7	1102	13	47960
102033	93224	508	784	6564	13	940	0	316754
94824	86806	189	835	3352	7	3329	306	238986
146329	116030	7655	146	12344	7	8657	1490	303477
60316	53082	753	507	3820	5	2120	29	186760
86163	76500	215	146	6244	5	2964	89	244959
138693	126069	4	264	9781	11	2564	0	383520
196815	163366	107	143	24616	3	8580	0	467596
70931	63490	0	215	2677	10	4539	0	191588
127905	107270	1605	515	12536	7	4709	1263	332111
141906	126236	146	779	11983	21	1947	794	446465
142955	71124	20598	947	48562	16	777	931	222547
20038	17134	0	67	2318	2	510	7	58584
55815	47956	5	135	7644	12	63	0	167881
157978	127767	1721	1251	18299	15	8925	0	393050
69016	48824	2472	157	12946	10	4607	0	331427
104030	78069	107	439	18417	20	4533	2445	163357
4499	3595	0	11	854	0	39	0	13384
46208	40319	2	150	3246	3	2488	0	138112
39114	24420	840	149	4329	1	6330	3045	84191
15659	11560	303	34	2523	1	1238	0	38380
11466	9945	50	46	1374	0	51	0	32699
37129	33004	147	122	2622	21	1174	39	107177

中等职业教育国际学生基本情况
Information on International Students in Secondary Vocational Education

单位：人、次
unit：person、person-time

地区 Region	结业生数 Graduates							
	合计 Total	#女 of Which：Female	按大洲分 by Continent					
			亚洲 Asia	非洲 Africa	欧洲 Europe	北美洲 North America	南美洲 South America	大洋洲 Australia
总　计 Total	**295**	**155**	**276**	**2**	**7**	**2**	**6**	**2**
北　京 Beijing	13	8	9	0	4	0	0	0
天　津 Tianjin	0	0	0	0	0	0	0	0
河　北 Hebei	0	0	0	0	0	0	0	0
山　西 Shanxi	0	0	0	0	0	0	0	0
内蒙古 Inner Mongolia	0	0	0	0	0	0	0	0
辽　宁 Liaoning	6	4	5	0	1	0	0	0
吉　林 Jilin	0	0	0	0	0	0	0	0
黑龙江 Heilongjiang	0	0	0	0	0	0	0	0
上　海 Shanghai	4	3	1	0	1	1	0	1
江　苏 Jiangsu	1	1	0	0	0	0	1	0
浙　江 Zhejiang	3	1	2	1	0	0	0	0
安　徽 Anhui	0	0	0	0	0	0	0	0
福　建 Fujian	20	11	15	0	0	1	3	1
江　西 Jiangxi	0	0	0	0	0	0	0	0
山　东 Shandong	11	3	9	1	1	0	0	0
河　南 Henan	0	0	0	0	0	0	0	0
湖　北 Hubei	2	2	1	0	0	0	1	0
湖　南 Hunan	0	0	0	0	0	0	0	0
广　东 Guangdong	1	0	1	0	0	0	0	0
广　西 Guangxi	0	0	0	0	0	0	0	0
海　南 Hainan	0	0	0	0	0	0	0	0
重　庆 Chongqing	0	0	0	0	0	0	0	0
四　川 Sichuan	0	0	0	0	0	0	0	0
贵　州 Guizhou	0	0	0	0	0	0	0	0
云　南 Yunnan	233	122	233	0	0	0	0	0
西　藏 Xizang	0	0	0	0	0	0	0	0
陕　西 Shaanxi	1	0	0	0	0	0	1	0
甘　肃 Gansu	0	0	0	0	0	0	0	0
青　海 Qinghai	0	0	0	0	0	0	0	0
宁　夏 Ningxia	0	0	0	0	0	0	0	0
新　疆 Xinjiang	0	0	0	0	0	0	0	0

中等职业学校(机构)教职工数

Number of Educational Personnel in Secondary Vocational Schools (Institutions)

单位：人
unit：person

地区 Region	教职工数 Educational Personnel	专任教师 Full-time Teachers	行政人员 Adm. Personnel	教辅人员 Supporting Staffs	工勤人员 Workers	其他附设机构人员 Personnel in Others Subsidiary Units	校外教师 Part-time Teachers	行业导师 Industry Mentor	外籍教师 Foreign Teachers
总　计 Total	**864900**	**713855**	**55979**	**48945**	**45713**	**408**	**58998**	**20126**	**95**
北　京 Beijing	8128	5258	1372	1021	477	0	323	219	9
天　津 Tianjin	7209	5300	1100	515	246	48	469	37	1
河　北 Hebei	69494	57072	4868	4314	3240	0	2792	830	0
山　西 Shanxi	31820	25690	2271	1836	1997	26	3452	210	0
内蒙古 Inner Mongolia	18064	13970	1616	1534	944	0	720	212	0
辽　宁 Liaoning	26235	19848	2934	2000	1453	0	1278	634	3
吉　林 Jilin	17594	13306	1708	2092	488	0	626	783	1
黑龙江 Heilongjiang	15542	11888	1457	1256	941	0	744	321	1
上　海 Shanghai	10224	7311	1437	942	529	5	992	449	22
江　苏 Jiangsu	54331	47057	2329	2250	2652	43	3438	1521	7
浙　江 Zhejiang	42764	38521	1075	1961	1203	4	3331	1695	18
安　徽 Anhui	35244	30472	1747	1072	1939	14	5934	962	0
福　建 Fujian	23250	19748	1283	1327	813	79	1870	492	3
江　西 Jiangxi	28009	22374	1569	2765	1301	0	1647	1216	1
山　东 Shandong	66107	57353	3159	3421	2174	0	2545	449	3
河　南 Henan	61413	52614	3527	2478	2714	80	8144	866	1
湖　北 Hubei	28817	23728	2065	1322	1688	14	1720	219	0
湖　南 Hunan	46354	38930	2907	2061	2449	7	2262	348	0
广　东 Guangdong	59122	46844	3501	4280	4494	3	2870	1983	21
广　西 Guangxi	28330	21674	2873	2006	1777	0	1687	2388	3
海　南 Hainan	5193	3821	539	284	549	0	416	242	0
重　庆 Chongqing	22140	19195	1205	586	1140	14	1796	1050	0
四　川 Sichuan	52626	44091	2461	2300	3748	26	3245	1706	0
贵　州 Guizhou	21138	17487	1389	593	1648	21	2211	360	0
云　南 Yunnan	21066	17567	1106	992	1401	0	1191	185	0
西　藏 Xizang	3317	2517	81	10	709	0	31	228	0
陕　西 Shaanxi	23123	18076	2204	1815	1028	0	666	19	0
甘　肃 Gansu	15961	14000	693	478	770	20	682	23	0
青　海 Qinghai	2777	2345	114	46	268	4	383	77	0
宁　夏 Ningxia	4297	3564	390	170	173	0	876	57	1
新　疆 Xinjiang	15211	12234	999	1218	760	0	657	345	0

地区 Region	教职工数 Educational Personnel	专任教师 Full-time Teachers	行政人员 Adm. Personnel	教辅人员 Supporting Staffs
总　计 Total	**488714**	**422973**	**22726**	**25973**
北　京 Beijing	5027	3707	666	557
天　津 Tianjin	4629	3697	523	308
河　北 Hebei	43717	38522	1952	2246
山　西 Shanxi	19145	16629	829	980
内蒙古 Inner Mongolia	10723	9072	606	770
辽　宁 Liaoning	16035	13262	1242	1175
吉　林 Jilin	11327	9298	712	1201
黑龙江 Heilongjiang	9004	7570	613	622
上　海 Shanghai	6482	4944	793	547
江　苏 Jiangsu	30581	27342	1027	1223
浙　江 Zhejiang	25174	23148	404	1085
安　徽 Anhui	17225	15229	604	518
福　建 Fujian	12968	11341	573	770
江　西 Jiangxi	15804	13085	651	1507
山　东 Shandong	36063	32904	1064	1597
河　南 Henan	34397	31067	1337	1134
湖　北 Hubei	14405	12412	778	634
湖　南 Hunan	25653	22491	1044	1140
广　东 Guangdong	32485	26500	1466	2340
广　西 Guangxi	15783	12524	1470	1108
海　南 Hainan	2634	2020	249	156
重　庆 Chongqing	12760	11405	485	292
四　川 Sichuan	29921	26067	982	1261
贵　州 Guizhou	11205	9475	590	296
云　南 Yunnan	10953	9585	420	546
西　藏 Xizang	1746	1335	20	7
陕　西 Shaanxi	13062	10867	921	930
甘　肃 Gansu	7306	6701	167	214
青　海 Qinghai	1445	1242	39	19
宁　夏 Ningxia	2575	2251	164	80
新　疆 Xinjiang	8480	7281	335	710

构)女教职工数

Secondary Vocational Schools (Institutions)

单位：人
unit: person

工勤人员 Workers	其他附设机构人员 Personnel in Others Subsidiary Units	校外教师 Part-time Teachers	行业导师 Industry Mentor	外籍教师 Foreign Teachers
16811	**231**	**32072**	**8796**	**37**
97	0	183	99	3
59	42	311	15	1
997	0	1663	378	0
689	18	1379	116	0
275	0	397	109	0
356	0	752	328	2
116	0	422	416	0
199	0	414	139	1
196	2	533	128	10
972	17	1777	559	1
536	1	1596	654	7
868	6	2838	329	0
254	30	1076	182	2
561	0	1069	628	1
498	0	1470	203	1
813	46	4139	318	1
567	14	1011	56	0
974	4	1316	154	0
2177	2	1546	803	5
681	0	957	1200	2
209	0	177	80	0
567	11	1047	439	0
1592	19	2064	931	0
839	5	1246	155	0
402	0	668	64	0
384	0	7	61	0
344	0	368	6	0
214	10	411	10	0
141	4	229	24	0
80	0	579	14	0
154	0	427	198	0

中等职业教育专任教师专业
Number of Full-time Teachers By Professional Rank and

地区 Region	合计 Total	按专业技术职务分 By Professional Rank					按学历分		
		正高级 Senior	副高级 Sub-Senior	中　级 Middle	初　级 Junior	未定职级 No-Ranking	博士研究生 Doctor's Diploma	#获取博士学位 of Which: Doctor's Degree	#获取硕士学位 of Which: Master's Degree
总　计 Total	**734842**	**6055**	**167534**	**244415**	**161193**	**155645**	**715**	**602**	**22**
北　京 Beijing	5703	95	1890	2144	1175	399	76	74	1
天　津 Tianjin	5366	39	1750	2274	797	506	7	7	0
河　北 Hebei	58440	407	13651	20860	11110	12412	15	12	0
山　西 Shanxi	26316	37	5061	8512	6219	6487	8	5	0
内蒙古 Inner Mongolia	14620	75	3482	4829	3262	2972	4	4	0
辽　宁 Liaoning	20514	847	6209	7744	2155	3559	17	10	2
吉　林 Jilin	13280	268	4777	4940	1982	1313	17	11	3
黑龙江 Heilongjiang	12159	199	3773	4015	2504	1668	1	1	0
上　海 Shanghai	7658	79	1658	3796	1819	306	69	69	0
江　苏 Jiangsu	47512	411	15918	16999	8544	5640	131	78	2
浙　江 Zhejiang	39058	131	11832	13621	9283	4191	20	19	1
安　徽 Anhui	31539	218	8345	9376	7501	6099	22	21	1
福　建 Fujian	20536	84	4798	6984	4775	3895	11	10	0
江　西 Jiangxi	23962	168	3467	4881	4644	10802	11	11	0
山　东 Shandong	59389	834	12275	19793	12545	13942	39	36	2
河　南 Henan	55777	339	10828	17893	14651	12066	35	22	6
湖　北 Hubei	23880	145	4559	8686	5897	4593	10	10	0
湖　南 Hunan	40428	287	6905	12447	9380	11409	73	66	0
广　东 Guangdong	47182	120	8207	17656	9808	11391	41	39	1
广　西 Guangxi	21547	208	3919	7012	5127	5281	19	16	0
海　南 Hainan	3890	24	796	1229	779	1062	4	4	0
重　庆 Chongqing	19826	289	4066	6435	4455	4581	5	4	1
四　川 Sichuan	45091	240	10102	12760	10254	11735	36	35	1
贵　州 Guizhou	17789	98	2995	5585	4664	4447	10	7	0
云　南 Yunnan	18898	65	6424	5917	3536	2956	3	3	0
西　藏 Xizang	2528	2	352	631	1293	250	0	0	0
陕　西 Shaanxi	18995	65	3416	6746	4280	4488	10	8	1
甘　肃 Gansu	13585	171	2989	5427	3140	1858	8	8	0
青　海 Qinghai	2392	16	487	642	457	790	4	4	0
宁　夏 Ningxia	3781	16	692	1062	879	1132	2	2	0
新　疆 Xinjiang	13201	78	1911	3519	4278	3415	7	6	0

技术职务、学历(位)情况
Academic Qualifications in Secondary Vocational Education

单位：人
unit：person

By Academic Qualifications

硕士研究生 Master's Diploma	#获取博士学位 of Which：Doctor's Degree	#获取硕士学位 of Which：Master's Degree	本科 Bachelor's Diploma	#获取博士学位 of Which：Doctor's Degree	#获取硕士学位 of Which：Master's Degree	专科 Short-cycle Courses	#获取博士学位 of Which：Doctor's Degree	#获取硕士学位 of Which：Master's Degree	高中阶段及以下 Below High School Graduate
68406	**22**	**60502**	**634071**	**22**	**24225**	**30486**	**0**	**52**	**1164**
1218	1	1166	4340	0	569	63	0	1	6
859	0	830	4437	0	547	54	0	1	9
3735	1	3099	51353	0	1384	3266	0	11	71
2052	0	1705	23156	0	749	1082	0	0	18
1374	0	1249	12682	1	303	525	0	4	35
1786	1	1612	18096	1	1431	594	0	1	21
1158	0	1003	11850	2	285	249	0	3	6
757	0	584	10968	0	271	409	0	1	24
2157	6	2108	5330	1	794	98	0	0	4
7960	3	7524	39036	2	5971	374	0	0	11
4216	0	3952	34264	1	1275	550	0	0	8
3058	0	2665	27859	0	1158	580	0	1	20
1639	1	1488	18102	0	833	729	0	4	55
1367	0	1264	20044	1	308	2483	0	1	57
6631	1	6062	51062	2	1751	1567	0	1	90
5253	0	4533	47526	0	964	2926	0	5	37
2068	0	1757	20561	1	153	1185	0	0	56
2878	0	2478	34529	0	440	2855	0	0	93
5213	4	4725	40126	7	2274	1712	0	2	90
1932	0	1030	18472	0	421	1047	0	0	77
228	0	206	3341	0	90	258	0	0	59
1696	0	1258	17167	1	411	898	0	2	60
2734	0	2585	40148	0	617	2124	0	11	49
1171	1	1069	15489	0	101	1075	0	0	44
1029	0	829	17045	0	372	737	0	0	84
182	0	136	2298	0	0	48	0	0	0
1959	1	1752	16261	1	229	749	0	3	16
810	0	657	12100	1	78	661	0	0	6
100	0	79	1977	0	25	302	0	0	9
366	2	352	3296	0	78	116	0	0	1
820	0	745	11156	0	343	1170	0	0	48

中等职业学校(机构)

Condition of Fixed Assets and Teaching Resources in Secondary

地区 Region	占地面积(平方米) Areas Occupied (m^2)	#绿化用地面积 of Which: Green Areas	#运动场地面积 of Which: Sports Areas	校园足球场(个) Cammpus Football	11人制足球场 11-a-side Football Field	7人制足球场 7-a-side Football Field	5人制足球场 5-a-side Football Field	图书(册) Books and Magazines in Libraries (Volume)	#当年新增 of Which: New Added in Current Year	数字资源量 Digital Resources 电子图书(册) Ebooks (Book)	电子期刊(册) Electronic Journals (Book)	学位论文(册) Degree Thesis (Book)
总　计 Total	**455514341.69**	**112902226.86**	**71524951.82**	**4878**	**3092**	**1074**	**712**	**364905554**	**54463298**	**246896913**	**11875743**	**96137117**
北　京 Beijing	3323558.09	723981.87	736874.20	31	12	12	7	3405963	43263	2468427	314794	2186637
天　津 Tianjin	3054251.81	534528.70	487970.01	30	15	8	7	2825016	126600	2147382	70675	5090
河　北 Hebei	26110668.03	4680203.21	4518328.21	209	144	28	37	24523257	3602907	15214295	299997	9803
山　西 Shanxi	14188051.22	2232185.82	2219174.69	128	59	33	36	10116129	1911191	4632979	45427	99
内蒙古 Inner Mongolia	9809763.61	1978131.82	1714692.52	111	55	30	26	4992845	690045	3416032	11630	210
辽　宁 Liaoning	9883296.46	1647402.44	2019413.38	139	66	50	23	8153635	1724775	5742437	196485	1124937
吉　林 Jilin	5603754.88	1258271.79	1060205.29	60	30	16	14	4637031	304780	4495603	21611	78
黑龙江 Heilongjiang	8602274.69	1287674.89	1401212.23	76	31	29	16	3995629	688610	1726762	30693	13
上　海 Shanghai	2848254.87	831128.01	582478.71	43	12	26	5	5138469	290319	4063403	86871	1445311
江　苏 Jiangsu	30619576.45	10741946.23	4350310.43	248	162	61	25	25199479	2165453	28881226	1808615	70386014
浙　江 Zhejiang	21218227.93	6335371.67	3939437.82	219	118	59	42	24320716	2183569	8534534	33293	819
安　徽 Anhui	31883236.15	7956345.62	3932269.42	226	140	59	27	22657335	1713625	22596558	441358	60913
福　建 Fujian	12290368.19	3171557.95	2145994.38	114	59	28	27	9006550	837414	8772891	499154	9875350
江　西 Jiangxi	19852960.75	5369092.84	2964084.84	1003	907	51	45	14649319	3389775	8963594	266841	205629
山　东 Shandong	35096260.12	8861528.23	5788416.42	296	198	64	34	30003765	3993894	12897203	364060	307
河　南 Henan	30062339.25	5788757.33	4257404.53	248	131	66	51	23843431	5294247	12746345	264418	3615
湖　北 Hubei	16476826.77	4565267.37	2523828.95	171	101	45	25	10538839	1885333	5184694	222472	23820
湖　南 Hunan	25800401.43	6364490.65	3752722.00	192	120	44	28	17622846	3576147	7842135	1191713	132777
广　东 Guangdong	22734446.79	7206257.69	4433299.21	225	135	68	22	26143470	3215316	16486480	137374	34661
广　西 Guangxi	15484581.44	4300299.92	2002917.77	123	61	30	32	16819973	1292204	13491514	3503028	8036243
海　南 Hainan	1969668.23	498443.30	282670.08	21	8	12	1	2196000	549594	2128518	8812	21
重　庆 Chongqing	9865414.71	2666844.86	1622118.87	86	50	20	16	7870526	2417261	5963556	282525	5071
四　川 Sichuan	22436192.32	5297512.29	4219026.73	257	134	78	45	21453777	4122551	11456801	448785	1067
贵　州 Guizhou	16152626.97	4063232.84	2323556.88	128	78	33	17	10046955	1786491	9722940	689560	1741993
云　南 Yunnan	15455575.14	4582277.04	1968196.51	103	46	34	23	7476710	1099561	4486261	26087	13895
西　藏 Xizang	2558027.59	503496.61	203488.88	13	10	2	1	1185740	12293	1859921	1639	0
陕　西 Shaanxi	9499177.06	2168366.44	1662389.77	126	56	37	33	10504130	1637015	5837854	331228	225101
甘　肃 Gansu	9066551.08	1543510.22	1421380.45	98	42	28	28	5341381	718280	4907962	113213	121929
青　海 Qinghai	2490709.82	402663.07	357747.80	20	15	5	0	1588228	164775	960886	1600	0
宁　夏 Ningxia	5181696.92	1738916.42	530929.08	28	19	4	5	2259285	418590	4497071	11772	495601
新　疆 Xinjiang	15895602.92	3602539.72	2102411.76	106	78	14	14	6389125	2607420	4770649	150013	113

资产情况(学校产权)
Vocational Schools(Institution)(Owned by SVSs)

音视频（小时）Audio and video (Hour)	职业教育仿真实训资源量（套）Vocational Education Virtual imulation Training Resources	仿真实验软件 Simulation Experiment software	仿真实训软件 Simulation Training software	仿真实习软件 Simulation Practice software	数字终端数（台）Number of Digital Terminals (Set)	教师终端数 Number of Teachers' Terminals	学生终端数 Number of Student Terminals	普通教室（间）Classroom (Room)	#网络多媒体教室 of Which: Network Multimedia Classroom	固定资产总值（万元）Total Value of Fixed Asset (10,000 yuan)	#教学科研实习仪器设备资产值 of Which: Teaching Equipment and Instruments	#当年新增 of Which: New Added in Current Year
5071532.46	**196070**	**46323**	**134951**	**14796**	**3820957**	**831350**	**2850042**	**383762**	**262076**	**52835667.31**	**11870386.72**	**1385059.80**
64028.50	5173	105	5048	20	52874	10337	35592	3612	2560	941550.71	348519.67	11967.25
65437.46	854	128	642	84	37484	8342	25974	3020	2002	481495.95	135372.02	5204.04
246389.83	4922	1003	2988	931	255694	65187	185563	29388	17555	2204513.27	523191.19	83563.10
118215.95	2238	403	1532	303	110058	23128	81115	12394	7140	1433728.70	301120.26	40801.95
16819.17	1459	69	1335	55	59620	16728	40689	6677	4613	1076746.24	250909.30	28904.26
36878.70	1279	222	984	73	107336	21921	74269	8417	5679	1242496.02	310363.42	35213.16
14775.80	1022	122	694	206	54492	18364	31330	5171	2546	739355.66	186618.69	12775.29
34814.50	1492	265	1127	100	52863	12322	39550	6350	3728	709769.87	184191.57	20856.45
424262.31	2693	199	2270	224	80212	22549	54400	4923	3911	1550875.01	512341.45	38747.89
735819.70	5066	1080	3002	984	288921	61928	211906	28063	20556	4512962.48	975532.21	94004.38
413487.53	3002	516	2249	237	215835	49093	162343	17168	14764	3326016.87	818032.62	107006.00
394775.20	4028	928	2344	756	182710	35053	143788	22634	14188	2750147.35	534614.94	58404.36
141526.70	3781	587	3004	190	118999	23941	92157	10463	8308	1570593.93	388255.64	33233.75
95342.50	5306	1013	3708	585	138662	26249	110742	14550	10745	1679370.69	370942.31	80930.88
184354.00	109276	29169	78783	1324	270432	70658	193724	29919	22024	4166480.13	857788.98	125040.21
455733.50	7872	1686	4424	1762	225080	50083	166177	28158	16285	2458813.99	502560.56	68608.27
196028.00	3704	1223	1630	851	127759	29225	95686	13366	9357	1789374.86	352375.65	45177.52
135468.56	3264	1071	1647	546	183423	36149	144160	19813	13825	2391498.57	472683.46	50692.97
242884.55	3579	410	2856	313	364985	62627	289627	20066	16640	3663418.38	982403.20	104344.94
94146.21	3043	521	2477	45	152845	30290	119104	10556	8542	1609452.19	524845.33	56474.78
15255.00	607	193	254	160	23339	4911	17191	2178	1593	415442.00	107582.87	16421.10
60314.05	3001	705	1639	657	95288	19105	70601	9930	8247	1449920.58	288785.78	46863.35
165454.10	2752	940	1584	228	188487	39698	143063	22553	15811	2851866.82	550211.65	61392.89
56039.74	889	129	636	124	102727	18177	73630	11655	6903	1663181.73	275362.25	24209.29
139949.00	1387	205	983	199	90859	17925	71551	12319	7258	1871248.29	278103.69	33187.58
51375.00	96	11	26	59	9625	2832	6793	986	642	332966.04	35687.26	3527.41
134403.90	9579	2417	3914	3248	77040	19981	55983	9683	5302	900354.00	190747.88	24435.11
46751.00	1925	619	843	463	50331	13213	36493	6703	3735	840984.20	163173.73	16534.54
6729.00	241	8	232	1	16945	3850	13001	1969	943	436911.67	120992.19	9099.34
122798.00	1486	234	1207	45	27861	5310	19263	2691	1819	517580.62	101206.81	13613.96
161275.00	1054	142	889	23	58171	12174	44577	8387	4855	1256550.47	225870.13	33823.77

中等职业学校(机构)资产

Condition of Fixed Assets and Teaching Resources in Secondary

地区 Region	占地面积(平方米) Areas Occupied (m^2)			校园足球场(个) Cammpus Football				图书(册) Books and Magazines in Libraries (Volume)		数字资源量 Digital Resources		
		#绿化用地面积 of Which: Green Areas	#运动场地面积 of Which: Sports Areas		11人制足球场 11-a-side Football Field	7人制足球场 7-a-side Football Field	5人制足球场 5-a-side Football Field		#当年新增 of Which: New Added in Current Year	电子图书(册) Ebooks (Book)	电子期刊(册) Electronic Journals (Book)	学位论文(册) Degree Thesis (Book)
总　计 Total	**112148998.81**	**22020342.06**	**16116310.60**	**923**	**414**	**274**	**235**	**14603348**	**2146570**	**7498346**	**1346681**	**3601756**
北　京 Beijing	767296.05	229405.40	70599.66	1	0	0	1	200	200	1086	8315	12461
天　津 Tianjin	1469796.79	262950.00	199297.78	10	6	4	0	243819	75500	630	0	0
河　北 Hebei	9609970.40	1125371.87	1485809.53	81	41	21	19	1292163	158370	818067	16353	1125
山　西 Shanxi	4201229.68	651110.44	682048.12	36	15	12	9	756989	52104	29077	131	0
内蒙古 Inner Mongolia	2471683.87	426133.23	443803.84	35	9	12	14	113605	29530	10400	0	0
辽　宁 Liaoning	4023187.47	480986.95	680850.89	61	32	19	10	339613	187498	152104	0	0
吉　林 Jilin	1769304.99	395578.32	325456.30	17	6	2	9	158637	36477	180000	0	0
黑龙江 Heilongjiang	1599604.13	211478.14	323143.21	13	5	2	6	215892	113	7078	12	0
上　海 Shanghai	775823.80	134931.33	119492.60	8	3	5	0	11000	100	3269	307138	0
江　苏 Jiangsu	3507579.14	867407.73	736182.20	49	21	10	18	293168	55406	271738	10525	26875
浙　江 Zhejiang	2794273.16	536242.81	400156.84	17	9	3	5	187419	500	119867	0	0
安　徽 Anhui	3818941.32	768322.95	352788.12	13	7	5	1	802575	26150	248800	1098	9610
福　建 Fujian	2060485.59	443188.31	204099.62	10	6	3	1	32510	4000	23000	250	0
江　西 Jiangxi	4782167.49	1410287.71	643886.38	43	22	10	11	742111	140800	276298	7466	20
山　东 Shandong	9301952.68	1960841.52	1498645.79	75	42	22	11	597300	109840	340814	37	24
河　南 Henan	8136692.48	1196536.56	920657.86	56	24	18	14	1544478	313367	428898	78990	130
湖　北 Hubei	1868595.54	319397.49	324814.68	28	15	5	8	298636	78750	136300	1310	11
湖　南 Hunan	6392459.47	1372426.72	945069.68	57	23	23	11	739711	118791	328148	5545	6
广　东 Guangdong	10135722.92	2466143.29	1673654.66	81	25	31	25	615867	84813	539973	132	1111
广　西 Guangxi	4787335.93	1181263.29	569952.19	25	12	9	4	329205	28953	50550	7520	53
海　南 Hainan	984794.21	129414.90	102715.69	4	0	4	0	1743798	6020	26277	1617	0
重　庆 Chongqing	3679336.23	561323.61	306967.92	10	6	3	1	169780	49705	218330	0	0
四　川 Sichuan	9364740.44	2079413.15	1389518.82	76	31	26	19	1357792	346227	989244	398861	56
贵　州 Guizhou	4412031.86	722238.93	414149.39	27	13	4	10	1141959	188876	1749068	273862	3550000
云　南 Yunnan	2762593.78	599803.54	335526.29	15	7	5	3	175989	329	9360	20	0
西　藏 Xizang	0.00	0.00	0.00	0	0	0	0	0	0	0	0	0
陕　西 Shaanxi	2955801.88	579472.69	463374.73	32	13	7	12	239489	9400	102165	206130	120
甘　肃 Gansu	2019817.91	532090.01	262083.60	28	12	5	11	438017	40908	437805	21369	154
青　海 Qinghai	127131.67	10900.00	21796.00	2	1	0	1	0	0	0	0	0
宁　夏 Ningxia	288589.05	111000.00	41146.00	6	3	2	1	0	0	0	0	0
新　疆 Xinjiang	1280058.88	254681.17	178622.21	7	5	2	0	21626	3843	0	0	0

情况(非学校产权中独立使用)
Vocational Schools (Institutions) (Not Owned by SVSs)

音视频(小时) Audio and video (Hour)	职业教育仿真实训资源量(套) Vocational Education Virtual imulation Training Resources	仿真实验软件 Simulation Experiment software	仿真实训软件 Simulation Training software	仿真实习软件 Simulation Practice software	数字终端数(台) Number of Digital Terminals (Set)	#教师终端数 of Which: Number of Teachers' Terminals	#学生终端数 of Which: Number of Student Terminals	普通教室(间) Classroom (Room)	#网络多媒体教室 of Which: Network Multimedia Classroom	固定资产总值(万元) Total Value of Fixed Asset (10,000 yuan)	#教学科研实习仪器设备资产值 of Which: Teaching Equipment and Instruments	#当年新增 of Which: New Added in Current Year
1169690.70	**4333**	**1176**	**2775**	**382**	**124507**	**25230**	**93094**	**118201**	**60295**	**5704769.41**	**428534.15**	**61256.31**
1978.00	2	0	2	0	88	19	0	421	177	29457.26	768.57	33.90
600.00	2	0	2	0	1384	268	1116	972	423	54574.94	5556.75	407.13
8155.00	244	82	144	18	12496	2219	8694	10517	4127	282097.28	23275.79	2864.80
593.00	40	9	24	7	2803	539	1465	3307	1600	182517.94	10838.21	2231.62
24.00	11	2	7	2	1206	264	819	1218	549	75863.19	4571.34	174.97
486.00	162	97	62	3	3704	716	2860	4173	1563	287249.20	15647.18	5701.30
0.00	12	1	11	0	1060	128	881	2224	988	5284.69	25.00	0.00
163.00	7	0	5	2	1923	356	1565	1844	804	54443.46	6307.10	551.76
22000.00	0	0	0	0	1226	306	812	645	382	12130.11	2507.16	89.88
2885.00	63	1	61	1	1421	570	749	2689	1503	173038.14	11496.50	2205.75
297.00	91	25	55	11	5202	1136	3975	15107	1459	297021.15	14744.24	1105.76
31546.00	171	18	135	18	7653	1147	6404	2050	1114	139600.61	22050.31	1075.83
308.50	407	280	112	15	1244	390	820	1047	546	64418.17	2461.71	728.71
5594.00	171	28	135	8	4352	1245	2987	3362	2333	165476.21	29383.90	1687.45
684.00	85	10	52	23	7108	1693	4958	7434	4444	689638.87	34022.17	9850.09
6859.00	694	152	467	75	14597	3001	11072	7358	3313	348950.57	27401.99	5213.31
2050.00	437	289	95	53	4023	925	3059	1368	1048	120111.92	8970.98	590.03
5334.00	225	79	81	65	5503	810	4461	19444	14984	240854.58	24592.63	1226.30
3120.00	293	20	267	6	4959	1367	3542	7063	5164	560017.08	46714.67	5644.77
1096.00	32	3	28	1	2897	486	2411	3255	2032	322610.40	11419.04	755.16
60.00	170	0	152	18	2039	282	1357	666	327	28552.91	2802.00	579.40
0.00	8	0	8	0	315	68	240	1972	692	168124.46	7768.16	2218.36
10133.00	119	26	73	20	15149	2483	12500	7573	4690	530187.78	44764.11	10641.65
50839.60	148	5	139	4	8248	2035	6003	2663	1291	249030.94	25916.10	1985.16
4000.00	29	11	12	6	4506	836	3416	2609	1475	246856.64	7965.22	336.36
0.00	0	0	0	0	0	0	0	0	0	0.00	0.00	0.00
1006783.00	688	36	626	26	2149	816	1288	2928	1932	130520.01	5573.00	447.72
4060.60	3	2	1	0	5530	660	4490	3457	730	141947.94	22812.62	2469.82
0.00	0	0	0	0	0	0	0	46	41	4261.80	22.00	10.00
0.00	0	0	0	0	0	0	0	295	243	14936.26	576.00	0.00
42.00	19	0	19	0	1722	465	1150	494	321	84994.91	7579.70	429.32

中等职业学校(机构)校舍情况
Conditions of School Buildings in Secondary Vocational Schools (Institutions)

单位：平方米
unit：m^2

地区 Region	学校产权校舍建筑面积 Floor Area of School Building Owned by SVSs	正在施工校舍建筑面积 Floor Area Under Construction	非学校产权中独立使用校舍建筑面积 Floor Area of School Building Not Owned by SVSs
总　计 Total	**240758910. 20**	**11130711. 16**	**61520277. 14**
北　京 Beijing	2112290. 64	7995. 96	183303. 45
天　津 Tianjin	1630165. 20	59901. 00	699522. 58
河　北 Hebei	13655889. 15	739396. 75	5104862. 40
山　西 Shanxi	7569357. 68	578120. 36	2065789. 46
内蒙古 Inner Mongolia	4024677. 65	58223. 00	850779. 67
辽　宁 Liaoning	5073590. 26	158107. 43	2473649. 24
吉　林 Jilin	2219286. 37	132982. 43	1295580. 15
黑龙江 Heilongjiang	3035685. 51	43164. 86	902632. 12
上　海 Shanghai	2417716. 33	14978. 00	483107. 46
江　苏 Jiangsu	17233045. 44	588684. 91	1832302. 39
浙　江 Zhejiang	13026964. 28	915481. 05	1911903. 18
安　徽 Anhui	16585171. 64	879972. 29	1667152. 44
福　建 Fujian	6788567. 25	596032. 10	773286. 83
江　西 Jiangxi	9675504. 84	750922. 37	2734044. 68
山　东 Shandong	18142019. 57	521903. 61	5190873. 60
河　南 Henan	15860971. 01	367766. 56	4411536. 39
湖　北 Hubei	9052474. 02	315385. 50	1034454. 67
湖　南 Hunan	13776983. 81	547716. 12	3908060. 64
广　东 Guangdong	14394038. 77	745097. 77	5708258. 40
广　西 Guangxi	8198636. 01	479594. 82	2797199. 31
海　南 Hainan	1392767. 98	5233. 32	463842. 86
重　庆 Chongqing	6451375. 37	155682. 78	2024975. 72
四　川 Sichuan	13236432. 91	843116. 61	5480576. 67
贵　州 Guizhou	8526689. 19	179228. 61	1980933. 30
云　南 Yunnan	7266807. 62	553836. 73	1620022. 05
西　藏 Xizang	942653. 19	33371. 63	0. 00
陕　西 Shaanxi	5290099. 43	59311. 36	2036070. 77
甘　肃 Gansu	4215266. 11	244975. 97	1146657. 19
青　海 Qinghai	1152696. 17	59983. 28	41937. 33
宁　夏 Ningxia	1800480. 44	25647. 96	204910. 26
新　疆 Xinjiang	6010606. 36	468896. 02	492051. 93

初中教育学生数(镇区)

Number of Students in Junior Secondary Education (County and Town Area)

单位：人
unit：person

地区 Region	毕业生数 Graduates	招生数 Entrants	在校生数 Enrolment	#女 of Which: Female	一年级 Grade 1	二年级 Grade 2	三年级 Grade 3	四年级 Grade 4	预计毕业生数 Estimated Graduates for Next Year
总　计 Total	**7735111**	**8055679**	**24412633**	**11403480**	**8059647**	**8144160**	**8085687**	**123139**	**8085219**
北　京 Beijing	7857	8295	23572	11385	8300	7582	7690	0	7690
天　津 Tianjin	20003	18540	60740	28781	18849	18751	19475	3665	19742
河　北 Hebei	540304	596485	1778750	830883	596485	594026	588239	0	588177
山　西 Shanxi	152457	155730	480708	233755	155748	164121	160839	0	160839
内蒙古 Inner Mongolia	113588	105814	331844	158024	105888	113813	112121	22	112130
辽　宁 Liaoning	99833	79044	262040	124482	79046	89734	93260	0	93260
吉　林 Jilin	72617	69353	222190	107036	69415	76201	76574	0	76574
黑龙江 Heilongjiang	93488	83192	310038	149758	83668	93990	99720	32660	99561
上　海 Shanghai	7822	12818	40246	19355	12828	10185	9027	8206	8206
江　苏 Jiangsu	410204	412075	1243542	574351	412085	414354	417103	0	417103
浙　江 Zhejiang	193439	200723	594543	276110	200742	197716	196085	0	196085
安　徽 Anhui	429968	430584	1290638	588351	430906	426535	433197	0	433197
福　建 Fujian	221663	222555	669253	305201	222615	223351	223287	0	223287
江　西 Jiangxi	361642	351383	1079899	486934	352004	357373	370522	0	370522
山　东 Shandong	592921	573884	1828567	825151	573914	579822	596245	78586	596543
河　南 Henan	846774	923394	2790630	1297030	923398	935761	931471	0	931471
湖　北 Hubei	254021	260687	798458	368069	261060	265399	271999	0	271999
湖　南 Hunan	454548	478252	1465336	679882	478256	494486	492594	0	492594
广　东 Guangdong	450797	529440	1560582	736713	529506	531281	499795	0	499795
广　西 Guangxi	447281	493592	1442254	675265	493764	484831	463659	0	463659
海　南 Hainan	55540	60797	177315	81292	60835	59063	57417	0	57417
重　庆 Chongqing	161105	123403	398619	187373	123512	132210	142897	0	142897
四　川 Sichuan	488112	462148	1428325	690172	462295	481901	484129	0	484129
贵　州 Guizhou	355543	393202	1168566	548064	393336	394404	380826	0	380826
云　南 Yunnan	304585	318153	964634	463199	318192	326709	319733	0	319733
西　藏 Xizang	26150	29151	83335	40716	29170	27909	26256	0	26256
陕　西 Shaanxi	183933	210555	607419	286650	210970	207281	189168	0	189168
甘　肃 Gansu	160740	193455	561353	267096	193606	187418	180329	0	180329
青　海 Qinghai	35485	41403	117470	56811	41534	39381	36555	0	36555
宁　夏 Ningxia	40862	42351	126446	60914	42399	42528	41519	0	41519
新　疆 Xinjiang	151829	175221	505321	244677	175321	166044	163956	0	163956

初中教育学生数(乡村)
Number of Students in Junior Secondary Education (Rural Area)

单位：人
unit: person

地区 Region	毕业生数 Graduates	招生数 Entrants	在校生数 Enrolment	#女 of Which: Female	一年级 Grade 1	二年级 Grade 2	三年级 Grade 3	四年级 Grade 4	预计毕业生数 Estimated Graduates for Next Year
总　计 Total	**1893412**	**1846171**	**5750284**	**2680307**	**1847500**	**1924757**	**1953842**	**24185**	**1955746**
北　京 Beijing	6556	7861	20755	10060	7865	6729	6161	0	6161
天　津 Tianjin	7875	7263	25031	11798	7385	7269	7700	2677	7811
河　北 Hebei	150318	149545	475277	218056	149545	158840	166892	0	166892
山　西 Shanxi	34413	33077	104081	48473	33077	33205	37799	0	37799
内蒙古 Inner Mongolia	11354	9901	32942	15075	9902	11471	11569	0	11569
辽　宁 Liaoning	29624	22060	75043	36119	22065	25639	27339	0	27339
吉　林 Jilin	25801	20029	69132	33681	20034	24046	25052	0	25052
黑龙江 Heilongjiang	19847	12894	55178	26547	13164	15876	18806	7332	19360
上　海 Shanghai	1882	2927	9342	4424	2935	2416	2065	1926	1926
江　苏 Jiangsu	31690	27782	90960	42250	27782	30480	32698	0	32698
浙　江 Zhejiang	30101	31190	93680	42811	31193	30943	31544	0	31544
安　徽 Anhui	112117	105171	327274	152321	105204	110228	111842	0	111842
福　建 Fujian	58041	53662	168490	77246	53672	56051	58767	0	58767
江　西 Jiangxi	97885	83159	266627	124960	83438	89068	94121	0	94121
山　东 Shandong	111791	89267	301963	134063	89268	96550	103895	12250	105273
河　南 Henan	246669	248112	784571	365175	248112	265534	270925	0	270925
湖　北 Hubei	52595	52670	162398	73702	52790	54766	54842	0	54842
湖　南 Hunan	109890	101395	326737	153271	101397	110462	114878	0	114878
广　东 Guangdong	116997	138821	405312	186834	138888	138130	128294	0	128294
广　西 Guangxi	81067	79485	238347	109739	79500	80158	78689	0	78689
海　南 Hainan	16195	17275	51468	23350	17478	17279	16711	0	16711
重　庆 Chongqing	31567	23792	81192	37611	23806	29059	28327	0	28327
四　川 Sichuan	91434	75920	241828	115214	75932	80880	85016	0	85016
贵　州 Guizhou	70055	73538	225738	105856	73566	76853	75319	0	75319
云　南 Yunnan	149443	148929	458251	213289	148940	155562	153749	0	153749
西　藏 Xizang	8469	10911	30396	15232	10908	10198	9290	0	9290
陕　西 Shaanxi	26167	28497	83724	39270	28509	28419	26796	0	26796
甘　肃 Gansu	34382	37008	109288	53102	37033	36332	35923	0	35923
青　海 Qinghai	13338	14610	41036	20299	14659	13821	12556	0	12556
宁　夏 Ningxia	8626	9637	29246	14113	9654	9753	9839	0	9839
新　疆 Xinjiang	107223	129783	364977	176366	129799	118740	116438	0	116438

初中教育女学生数
Number of Female Students in Junior Secondary Education

单位：人
unit: person

地区 Region	毕业生数 Graduates	招生数 Entrants	在校生数 Enrolment	一年级 Grade 1	二年级 Grade 2	三年级 Grade 3	四年级 Grade 4	预计毕业生数 Estimated Graduates for Next Year
总　计 Total	**7526945**	**8187896**	**24425203**	**8192165**	**8085486**	**7931916**	**215636**	**7922630**
北　京 Beijing	52896	65295	178675	65369	57499	55223	584	55218
天　津 Tianjin	53170	60693	179386	61007	58500	56151	3728	56353
河　北 Hebei	469459	525444	1554860	525444	517854	511562	0	511527
山　西 Shanxi	166858	178738	541245	178752	182498	179995	0	179995
内蒙古 Inner Mongolia	105531	102889	316536	102934	107298	105537	767	105565
辽　宁 Liaoning	154121	143229	443739	143239	146802	153698	0	153698
吉　林 Jilin	88207	89453	283369	89492	96819	97058	0	97058
黑龙江 Heilongjiang	106612	105253	382380	106110	111452	117401	47417	116627
上　海 Shanghai	55241	81642	271810	81750	69385	63615	57060	57203
江　苏 Jiangsu	399667	437455	1279463	437456	426387	415620	0	415620
浙　江 Zhejiang	252858	278541	802329	278565	263985	259366	413	259373
安　徽 Anhui	347363	357336	1055874	357395	347086	351393	0	351393
福　建 Fujian	235047	240759	719673	240796	238741	240136	0	240136
江　西 Jiangxi	306828	308913	940335	309474	311799	319062	0	319062
山　东 Shandong	565101	581454	1820268	581536	567411	565970	105351	563763
河　南 Henan	700284	781626	2344417	781633	786823	775961	0	775961
湖　北 Hubei	262386	288114	856462	288446	283794	283906	316	283899
湖　南 Hunan	383173	416559	1253846	416586	422906	414354	0	414354
广　东 Guangdong	633404	763506	2197743	763966	738077	695700	0	695617
广　西 Guangxi	350288	393494	1141158	393636	383487	364035	0	364035
海　南 Hainan	58787	64060	186669	64163	61907	60599	0	60599
重　庆 Chongqing	179608	162598	497148	162773	166777	167598	0	167598
四　川 Sichuan	441217	439708	1330899	439868	445946	445085	0	445085
贵　州 Guizhou	277641	313975	924406	314103	311400	298903	0	298903
云　南 Yunnan	283309	299196	899824	299243	304217	296364	0	296364
西　藏 Xizang	23460	27331	77521	27340	26143	24038	0	24038
陕　西 Shaanxi	185487	226478	636975	226700	216420	193855	0	193855
甘　肃 Gansu	130295	156785	451893	156827	150934	144132	0	144132
青　海 Qinghai	35310	40652	115592	40746	38774	36072	0	36072
宁　夏 Ningxia	43728	46842	139039	46876	46450	45713	0	45713
新　疆 Xinjiang	179609	209878	601669	209940	197915	193814	0	193814

初中教育专任教师分学历、
Number of Full-time Teachers in Junior Secondary Education

地区 Region	合计 Total	#女 of Which: Female	按学历分 By Academic Qualifications					
			博士研究生 Doctor's Diploma	硕士研究生 Master's Diploma	本科毕业 Bachelor's Diploma	专科毕业 Associate Bachelor	高中阶段毕业 High School Graduate	高中阶段毕业以下 Below High School Graduate
总　计 Total	**4083058**	**2529569**	**1115**	**230249**	**3569375**	**280665**	**1628**	**26**
北　京 Beijing	40382	31093	527	12676	26952	226	1	0
天　津 Tianjin	31754	23494	14	5173	26287	278	2	0
河　北 Hebei	244726	181583	25	8494	219758	16306	140	3
山　西 Shanxi	103536	74777	0	5537	88495	9474	29	1
内蒙古 Inner Mongolia	65005	46318	3	5325	56201	3466	10	0
辽　宁 Liaoning	98482	71645	8	7097	85687	5647	39	4
吉　林 Jilin	65229	47377	14	4214	57846	3134	20	1
黑龙江 Heilongjiang	82764	55982	28	2901	73809	5976	47	3
上　海 Shanghai	48642	36504	74	11333	37101	134	0	0
江　苏 Jiangsu	232510	137908	29	21480	209794	1202	5	0
浙　江 Zhejiang	138107	87282	21	11483	124727	1873	3	0
安　徽 Anhui	169734	82883	9	4995	152291	12437	2	0
福　建 Fujian	118095	64572	8	6214	103526	8327	20	0
江　西 Jiangxi	155780	86897	5	3523	132880	19319	49	4
山　东 Shandong	315640	195094	12	21602	284812	9154	60	0
河　南 Henan	366068	255057	61	13134	313867	38562	444	0
湖　北 Hubei	146365	81112	16	6899	121407	17890	150	3
湖　南 Hunan	202032	124857	17	7774	176919	17197	125	0
广　东 Guangdong	341084	207222	177	28379	297542	14936	50	0
广　西 Guangxi	165963	100017	2	2712	144768	18339	142	0
海　南 Hainan	31876	18128	5	1255	27896	2699	18	3
重　庆 Chongqing	84572	47648	9	6006	74507	4013	36	1
四　川 Sichuan	224090	125719	10	9676	189788	24605	11	0
贵　州 Guizhou	134816	67198	5	2178	121262	11302	69	0
云　南 Yunnan	138805	76584	4	2799	127864	8044	91	3
西　藏 Xizang	13143	7198	3	264	12164	706	6	0
陕　西 Shaanxi	109552	71152	11	10145	94921	4462	13	0
甘　肃 Gansu	83961	40353	7	3125	73618	7184	27	0
青　海 Qinghai	17198	10431	5	640	15032	1513	8	0
宁　夏 Ningxia	21430	13169	0	982	19544	903	1	0
新　疆 Xinjiang	91717	60315	6	2234	78110	11357	10	0

分专业技术职务情况(总计)
by Academic Qualifications and Professional Rank (Total)

单位：人
unit: person

按专业技术职务分 By Professional Rank					
正高级 Senior	副高级 Sub-Senior	中 级 Middle	助理级 Associate	员 级 Junior	未定职级 No-ranking
6600	**880204**	**1493728**	**1061342**	**67589**	**573595**
145	11141	13450	11803	309	3534
20	10170	13282	5343	135	2804
271	46206	85471	58447	6497	47834
92	12034	33205	36861	676	20668
68	16862	25221	14512	696	7646
145	53443	27300	9871	1034	6689
316	18456	24165	15370	1025	5897
83	23407	35197	18520	786	4771
86	5904	22828	16258	310	3256
438	55965	93759	52057	3368	26923
158	35801	56285	33949	733	11181
113	34564	67321	37069	3570	27097
83	25295	45380	30471	1132	15734
120	33445	50931	43083	3813	24388
1042	71843	111459	85282	2305	43709
152	71416	111224	112839	7420	63017
209	26169	61717	34246	4142	19882
220	29282	80388	53436	8503	30203
316	53714	127789	77291	7253	74721
142	34167	58759	44927	3677	24291
62	5617	10233	9335	376	6253
108	12334	37072	26453	457	8148
209	48898	83304	65375	2641	23663
106	25234	53952	35460	1190	18874
356	57200	42171	28872	508	9698
3	2139	4791	4923	591	696
73	16445	41623	32890	1257	17264
1159	18909	33849	22675	522	6847
22	3800	6424	4471	285	2196
23	4798	8721	5343	680	1865
260	15546	26457	33910	1698	13846

初中教育专任教师分学历、
Number of Full-time Teachers in Junior Secondary Education

地区 Region	合计 Total	#女 of Which: Female	按学历分 By Academic Qualifications					
			博士研究生 Doctor's Diploma	硕士研究生 Master's Diploma	本科毕业 Bachelor's Diploma	专科毕业 Associate Bachelor	高中阶段毕业 High School Graduate	高中阶段毕业以下 Below High School Graduate
总　计 Total	**1689924**	**1159320**	**914**	**180675**	**1443950**	**63896**	**482**	**7**
北　京 Beijing	34051	26750	500	11454	21958	138	1	0
天　津 Tianjin	23848	18785	14	4917	18772	145	0	0
河　北 Hebei	77453	60098	1	4999	68795	3643	14	1
山　西 Shanxi	44447	33386	0	3619	37577	3237	14	0
内蒙古 Inner Mongolia	26097	19680	2	3600	21630	864	1	0
辽　宁 Liaoning	56500	43735	8	6202	48228	2046	16	0
吉　林 Jilin	27559	21226	8	2574	24125	851	1	0
黑龙江 Heilongjiang	37862	27549	25	2445	33481	1902	8	1
上　海 Shanghai	43614	33218	68	10680	32768	98	0	0
江　苏 Jiangsu	121447	79505	21	16073	104924	426	3	0
浙　江 Zhejiang	81976	54238	16	8959	72052	946	3	0
安　徽 Anhui	49244	28588	4	3012	43839	2388	1	0
福　建 Fujian	51424	34503	7	5243	44537	1630	7	0
江　西 Jiangxi	52090	32973	4	2770	44619	4683	11	3
山　东 Shandong	144784	98067	7	15152	127463	2147	15	0
河　南 Henan	102924	74639	8	7653	87091	7921	251	0
湖　北 Hubei	69801	42723	11	6128	58493	5138	31	0
湖　南 Hunan	64480	44265	4	5920	54615	3928	13	0
广　东 Guangdong	202760	134496	159	25837	171189	5553	22	0
广　西 Guangxi	51952	36687	2	2270	46467	3193	20	0
海　南 Hainan	13815	8997	1	742	12350	717	4	1
重　庆 Chongqing	42476	26760	7	5085	36375	1006	3	0
四　川 Sichuan	82304	53168	9	8293	70114	3882	6	0
贵　州 Guizhou	38792	24289	3	1548	35030	2194	17	0
云　南 Yunnan	33708	21814	3	2103	30542	1049	10	1
西　藏 Xizang	3604	2228	1	127	3290	184	2	0
陕　西 Shaanxi	47364	34155	10	8391	37864	1099	0	0
甘　肃 Gansu	22076	12877	7	2111	18606	1350	2	0
青　海 Qinghai	5747	3933	1	358	5076	311	1	0
宁　夏 Ningxia	9362	6491	0	710	8441	211	0	0
新　疆 Xinjiang	26363	19497	3	1700	23639	1016	5	0

分专业技术职务情况(城区)
by Academic Qualifications and Professional Rank (Urban Area)

单位：人
unit: person

按专业技术职务分 By Professional Rank					
正高级 Senior	副高级 Sub-Senior	中 级 Middle	助理级 Associate	员 级 Junior	未定职级 No-ranking
3382	**340768**	**622846**	**435004**	**21999**	**265925**
127	9412	11109	9969	294	3140
18	7491	9463	4231	103	2542
165	14351	29950	17463	1186	14338
60	5609	13891	13733	276	10878
26	6889	9777	5498	255	3652
98	28434	16698	5878	488	4904
158	7372	10874	6580	430	2145
56	10918	16197	8390	354	1947
77	5304	20205	14754	259	3015
318	29925	48312	26957	1341	14594
119	21489	32885	20436	349	6698
47	8560	19648	11859	1092	8038
56	9232	17679	14698	469	9290
64	11304	17779	13929	999	8015
377	25184	55733	42118	763	20609
112	19331	32346	32544	1251	17340
127	13072	27699	15671	1608	11624
99	7358	25276	17321	1710	12716
257	29658	67877	45292	4453	55223
93	7799	19018	15589	1012	8441
31	2248	3959	4017	206	3354
89	6174	17685	12781	293	5454
118	15582	30681	24081	903	10939
58	6017	13962	10267	461	8027
153	10750	10771	7750	107	4177
2	727	1573	1128	104	70
54	6464	17246	13979	485	9136
287	5001	9486	5531	104	1667
16	1244	1965	1621	75	826
10	1754	4017	2358	423	800
110	6115	9085	8581	146	2326

初中教育专任教师分学历、
Number of Full-time Teachers in Junior Secondary Education

地区 Region	合计 Total	#女 of Which: Female	按学历分 By Academic Qualifications					
			博士研究生 Doctor's Diploma	硕士研究生 Master's Diploma	本科毕业 Bachelor's Diploma	专科毕业 Associate Bachelor	高中阶段毕业 High School Graduate	高中阶段毕业以下 Below High School Graduate
总　计 Total	**1897107**	**1098256**	**145**	**40755**	**1691255**	**164180**	**762**	**10**
北　京 Beijing	3329	2325	6	568	2699	56	0	0
天　津 Tianjin	5504	3320	0	203	5211	88	2	0
河　北 Hebei	130988	96343	19	2911	118476	9541	39	2
山　西 Shanxi	47662	33770	0	1477	41326	4848	10	1
内蒙古 Inner Mongolia	34674	23814	1	1538	30846	2281	8	0
辽　宁 Liaoning	31945	21381	0	632	28541	2759	10	3
吉　林 Jilin	25827	18284	6	1361	22993	1449	18	0
黑龙江 Heilongjiang	35293	22777	3	404	31985	2873	28	0
上　海 Shanghai	4029	2623	3	520	3474	32	0	0
江　苏 Jiangsu	102385	54329	7	5113	96576	687	2	0
浙　江 Zhejiang	48000	28362	4	2061	45145	790	0	0
安　徽 Anhui	93171	43405	5	1683	84198	7284	1	0
福　建 Fujian	51117	23966	1	771	45355	4982	8	0
江　西 Jiangxi	80480	43265	1	660	68692	11094	33	0
山　东 Shandong	145330	83838	5	5881	133593	5825	26	0
河　南 Henan	199613	139169	50	4447	172543	22456	117	0
湖　北 Hubei	62639	31648	5	606	51588	10366	72	2
湖　南 Hunan	107886	64500	11	1628	96430	9728	89	0
广　东 Guangdong	108341	56576	5	1731	99065	7522	18	0
广　西 Guangxi	96273	54154	0	392	83478	12289	114	0
海　南 Hainan	13715	6832	3	300	11875	1524	12	1
重　庆 Chongqing	35038	17200	2	737	31780	2493	25	1
四　川 Sichuan	117719	60587	1	1160	100265	16288	5	0
贵　州 Guizhou	79553	35595	1	420	71596	7497	39	0
云　南 Yunnan	70252	37081	1	513	64934	4762	42	0
西　藏 Xizang	7126	3633	2	106	6599	415	4	0
陕　西 Shaanxi	53703	32206	0	1262	49587	2841	13	0
甘　肃 Gansu	48911	22461	0	870	43464	4557	20	0
青　海 Qinghai	8336	4859	3	219	7246	865	3	0
宁　夏 Ningxia	9530	5460	0	222	8778	529	1	0
新　疆 Xinjiang	38738	24493	0	359	32917	5459	3	0

分专业技术职务情况(镇区)

by Academic Qualifications and Professional Rank (County and Town Area)

单位：人
unit: person

按专业技术职务分 By Professional Rank					
正高级 Senior	副高级 Sub-Senior	中　级 Middle	助理级 Associate	员　级 Junior	未定职级 No-ranking
2634	**425234**	**706098**	**493797**	**35348**	**233996**
14	959	1301	905	11	139
1	1844	2682	768	25	184
101	24551	44352	32806	4016	25162
24	5376	15915	19498	262	6587
38	9028	13968	8009	380	3251
38	19377	7947	2906	401	1276
120	7521	9195	6203	401	2387
21	9763	15250	7789	355	2115
8	494	2108	1204	50	165
106	23981	41777	23435	1846	11240
32	12467	20092	11327	300	3782
51	19276	36496	19406	2041	15901
26	12070	21411	12164	513	4933
51	17032	26832	22453	2057	12055
566	38771	47507	37264	1316	19906
34	37564	60598	62328	4678	34411
74	10548	28517	15094	2036	6370
94	16474	44408	27869	5391	13650
44	19569	48566	24661	1982	13519
43	22143	34805	24545	2268	12469
16	2727	4939	3998	100	1935
15	5243	16487	11464	90	1739
82	27591	44288	34081	1383	10294
40	16412	33784	20222	583	8512
162	32684	21468	12453	209	3276
1	1120	2476	2807	346	376
18	8678	21156	16228	689	6934
695	11039	19857	13517	309	3494
3	1869	3292	2132	139	901
8	2377	3812	2275	196	862
108	6686	10812	13986	975	6171

初中教育专任教师分学历、
Number of Full-time Teachers in Junior Secondary Education

地区 Region	合计 Total	#女 of Which: Female	按学历分 By Academic Qualifications					
			博士研究生 Doctor's Diploma	硕士研究生 Master's Diploma	本科毕业 Bachelor's Diploma	专科毕业 Associate Bachelor	高中阶段毕业 High School Graduate	高中阶段毕业以下 Below High School Graduate
总　计 Total	**496027**	**271993**	**56**	**8819**	**434170**	**52589**	**384**	**9**
北　京 Beijing	3002	2018	21	654	2295	32	0	0
天　津 Tianjin	2402	1389	0	53	2304	45	0	0
河　北 Hebei	36285	25142	5	584	32487	3122	87	0
山　西 Shanxi	11427	7621	0	441	9592	1389	5	0
内蒙古 Inner Mongolia	4234	2824	0	187	3725	321	1	0
辽　宁 Liaoning	10037	6529	0	263	8918	842	13	1
吉　林 Jilin	11843	7867	0	279	10728	834	1	1
黑龙江 Heilongjiang	9609	5656	0	52	8343	1201	11	2
上　海 Shanghai	999	663	3	133	859	4	0	0
江　苏 Jiangsu	8678	4074	1	294	8294	89	0	0
浙　江 Zhejiang	8131	4682	1	463	7530	137	0	0
安　徽 Anhui	27319	10890	0	300	24254	2765	0	0
福　建 Fujian	15554	6103	0	200	13634	1715	5	0
江　西 Jiangxi	23210	10659	0	93	19569	3542	5	1
山　东 Shandong	25526	13189	0	569	23756	1182	19	0
河　南 Henan	63531	41249	3	1034	54233	8185	76	0
湖　北 Hubei	13925	6741	0	165	11326	2386	47	1
湖　南 Hunan	29666	16092	2	226	25874	3541	23	0
广　东 Guangdong	29983	16150	13	811	27288	1861	10	0
广　西 Guangxi	17738	9176	0	50	14823	2857	8	0
海　南 Hainan	4346	2299	1	213	3671	458	2	1
重　庆 Chongqing	7058	3688	0	184	6352	514	8	0
四　川 Sichuan	24067	11964	0	223	19409	4435	0	0
贵　州 Guizhou	16471	7314	1	210	14636	1611	13	0
云　南 Yunnan	34845	17689	0	183	32388	2233	39	2
西　藏 Xizang	2413	1337	0	31	2275	107	0	0
陕　西 Shaanxi	8485	4791	1	492	7470	522	0	0
甘　肃 Gansu	12974	5015	0	144	11548	1277	5	0
青　海 Qinghai	3115	1639	1	63	2710	337	4	0
宁　夏 Ningxia	2538	1218	0	50	2325	163	0	0
新　疆 Xinjiang	26616	16325	3	175	21554	4882	2	0

分专业技术职务情况(乡村)

by Academic Qualifications and Professional Rank (Rural Area)

单位：人
unit: person

按专业技术职务分 By Professional Rank					
正高级 Senior	副高级 Sub-senior	中 级 Middle	助理级 Associate	员 级 Junior	未定职级 No-ranking
584	**114202**	**164784**	**132541**	**10242**	**73674**
4	770	1040	929	4	255
1	835	1137	344	7	78
5	7304	11169	8178	1295	8334
8	1049	3399	3630	138	3203
4	945	1476	1005	61	743
9	5632	2655	1087	145	509
38	3563	4096	2587	194	1365
6	2726	3750	2341	77	709
1	106	515	300	1	76
14	2059	3670	1665	181	1089
7	1845	3308	2186	84	701
15	6728	11177	5804	437	3158
1	3993	6290	3609	150	1511
5	5109	6320	6701	757	4318
99	7888	8219	5900	226	3194
6	14521	18280	17967	1491	11266
8	2549	5501	3481	498	1888
27	5450	10704	8246	1402	3837
15	4487	11346	7338	818	5979
6	4225	4936	4793	397	3381
15	642	1335	1320	70	964
4	917	2900	2208	74	955
9	5725	8335	7213	355	2430
8	2805	6206	4971	146	2335
41	13766	9932	8669	192	2245
0	292	742	988	141	250
1	1303	3221	2683	83	1194
177	2869	4506	3627	109	1686
3	687	1167	718	71	469
5	667	892	710	61	203
42	2745	6560	11343	577	5349

初中学校校舍

Condition of School Buildings in

地区 Region	校舍建筑面积 Floor Space	教学及辅助用房 Buildings for Instruction and Ancillary Uses	教　室 Classroom	专用教室 Professional Classroom	理化生实验室 Physical and Chemical Biology Laboratory	其他 Others	公共教学用房 Public Teaching Space	图书阅览室 Library	室内体育用房 Gymnasium	心理辅导室 Psychological Counseling Room	其他 Others
总　计 Total	**815258433.96**	**354885089.76**	**191084036.13**	**78588344.53**	**39669879.39**	**38918465.14**	**85212709.10**	**20028990.65**	**23868088.77**	**3428252.65**	**37887377.03**
北　京 Beijing	5102697.88	2485377.43	982716.94	725344.68	223255.16	502089.52	777315.81	125187.19	207914.50	26691.77	417522.35
天　津 Tianjin	3622859.75	2106933.35	1030368.86	478987.16	206810.48	272176.68	597577.33	109894.06	193561.37	30532.37	263589.53
河　北 Hebei	38908510.31	16784659.62	9838080.85	3780635.21	2316228.46	1464406.75	3165943.56	972832.40	568468.93	116441.53	1508200.70
山　西 Shanxi	16408736.76	6055271.07	2986912.34	1517500.40	708180.27	809320.13	1550858.33	399034.09	195440.71	63349.59	893033.94
内蒙古 Inner Mongolia	11432387.67	5326426.57	2073635.90	1586371.77	599294.61	987077.16	1666418.90	268224.33	712196.25	65524.37	620473.95
辽　宁 Liaoning	16796723.79	8072518.03	3997966.63	2035975.35	927417.14	1108558.21	2038576.05	392793.35	574006.06	76147.79	995628.85
吉　林 Jilin	10468817.58	4701788.71	2519407.43	1048421.15	562833.45	485587.70	1133960.13	251080.17	298089.62	48862.52	535927.82
黑龙江 Heilongjiang	11799616.46	5913076.12	3181823.33	1416215.36	724890.08	691325.28	1315037.43	227530.64	369976.93	53845.80	663684.06
上　海 Shanghai	9993101.80	5549118.55	2194724.80	1426726.57	473401.76	953324.81	1927667.18	347456.92	801516.01	68265.14	710429.11
江　苏 Jiangsu	52874190.62	26466555.06	12849937.64	6447565.08	3135519.92	3312045.16	7169052.34	1991961.15	2620717.94	284109.06	2272264.19
浙　江 Zhejiang	43039882.82	18147708.07	8060769.29	4013472.84	1503501.57	2509971.27	6073465.94	1165090.85	2450705.04	226156.68	2231513.37
安　徽 Anhui	38397568.60	17522055.44	10566910.59	3405083.53	1922803.44	1482280.09	3550061.32	988788.82	860847.44	194857.99	1505567.07
福　建 Fujian	16572799.13	7204342.62	3256803.98	1712719.47	921666.19	791053.28	2234819.17	504090.40	552292.01	83476.43	1094960.33
江　西 Jiangxi	31007826.43	14476287.57	8329546.60	2796837.35	1381918.28	1414919.07	3349903.62	818747.57	740165.80	146195.47	1644794.78
山　东 Shandong	71294398.08	33992440.34	16127657.79	8348204.60	3892165.67	4456038.93	9516577.95	1970376.52	2262774.91	283847.43	4999579.09
河　南 Henan	68624753.75	25434085.11	17304371.35	4357991.78	2859679.61	1498312.17	3771721.98	1256593.63	784539.27	244814.32	1485774.76
湖　北 Hubei	32950535.45	12726816.70	7462666.20	2570144.39	1458911.09	1111233.30	2694006.11	675264.92	783798.58	134690.03	1100252.58
湖　南 Hunan	46196144.51	19551463.69	11327974.49	3753901.40	2103673.37	1650228.03	4469587.80	1008519.58	1459587.94	180515.94	1820964.34
广　东 Guangdong	77880020.12	36728991.03	18578421.92	7458994.32	3349094.83	4109899.49	10691574.79	1900270.15	3597806.19	330221.53	4863276.92
广　西 Guangxi	31335044.33	12199411.42	7674302.78	2462734.47	1466077.01	996657.46	2062374.17	611526.69	527764.86	99382.94	823699.68
海　南 Hainan	5160824.49	2161068.52	1343502.02	408260.38	231489.01	176771.37	409306.12	120917.72	88078.19	12887.05	187423.16
重　庆 Chongqing	14183371.07	5870895.58	3023359.33	1376625.54	650905.17	725720.37	1470910.71	268008.27	285009.61	45372.23	872520.60
四　川 Sichuan	42014739.80	18164873.39	11449902.96	3556969.00	2078921.42	1478047.58	3158001.43	948942.61	750136.60	176812.67	1282109.55
贵　州 Guizhou	27431005.33	9339249.10	5597875.33	2033308.12	1201775.19	831532.93	1708065.65	525308.14	345856.89	75433.02	761467.60
云　南 Yunnan	25013691.18	9320921.22	5201334.54	2124451.89	1206822.60	917629.29	1995134.79	536846.86	230272.58	59685.53	1168329.82
西　藏 Xizang	2927515.83	941365.08	527216.08	205907.56	115588.74	90318.82	208241.44	38923.92	78596.49	3584.03	87137.00
陕　西 Shaanxi	20852285.70	8345940.48	3925722.98	2158576.97	975328.59	1183248.38	2261640.53	512122.93	411922.17	93868.72	1243726.71
甘　肃 Gansu	14193456.93	5838457.45	3209787.96	1450543.76	785998.04	664545.72	1178125.73	370139.19	182869.39	71840.41	553276.74
青　海 Qinghai	4520797.03	2061066.68	954653.20	674274.16	287264.36	387009.80	432139.32	131879.62	172638.66	17213.85	110407.19
宁　夏 Ningxia	4251895.22	2020411.96	762279.53	724082.75	313894.16	410188.59	534049.68	111004.78	113928.53	21490.97	287625.40
新　疆 Xinjiang	20002235.54	9375513.80	4743402.49	2531517.52	1084569.72	1446947.80	2100593.79	479633.18	646609.30	92135.47	882215.84

情况(总计)
Junior Secondary Schools (Total)

单位：平方米
unit：m^2

行政办公用房 Administrative	教师办公室 for Teachers	其他 Others	生活用房 Residential and Welfare	教工值班宿舍 Dormitories for Faculty	教师周转宿舍 Accommodation for Circulation of Teachers	学生宿舍 Students' Dormitories	学生餐厅 Students' Canteen	厕所 Toilets	其他 Others	其他用房 Rooms for Other Purposes
64558246.69	**39615628.22**	**24942618.47**	**331285379.84**	**23989253.97**	**33357198.55**	**139200177.68**	**62090155.76**	**27819133.35**	**44829460.53**	**64529717.67**
766174.00	325835.86	440338.14	1772984.81	71202.85	54817.51	201721.66	255609.67	236812.43	952820.69	78161.64
458827.73	273207.72	185620.01	697631.62	25457.19	19795.18	59379.21	129650.41	168584.74	294764.89	359467.05
2537168.65	1781978.45	755190.20	16716062.02	868931.12	713449.63	9240940.68	3330705.10	1133800.99	1428234.50	2870620.02
1503872.54	1012386.74	491485.80	6997996.57	672310.07	278773.18	3429318.11	1287161.33	546349.34	784084.54	1851596.58
1111452.83	718230.30	393222.53	4040372.19	108975.22	249488.29	1857124.87	739868.76	478781.28	606133.77	954136.08
2276237.36	1124261.36	1151976.00	6429110.75	80676.59	148242.27	1204435.94	1355909.50	668724.54	2971121.91	18857.65
1117049.02	671723.42	445325.60	3085415.83	36084.04	102287.01	918990.94	747441.53	402860.29	877752.02	1564564.02
1331779.53	838973.34	492806.19	3183114.23	59737.97	92107.09	959729.35	548830.22	480010.15	1042699.45	1371646.58
1236647.58	591085.71	645561.87	2081851.28	20296.09	39145.77	126070.44	534936.63	463770.69	897631.66	1125484.39
4906899.80	2620823.83	2286075.97	16163861.31	792075.43	761351.12	4841699.72	4558520.17	1694848.70	3515366.17	5336874.45
3369556.27	1834227.36	1535328.91	14989542.27	956009.13	826419.18	5023515.68	3657782.33	1424665.92	3101150.03	6533076.21
3164358.94	1956865.71	1207493.23	14264607.54	1182990.65	1655191.46	6070679.25	2695870.69	1185453.36	1474422.13	3446546.68
1308726.55	685280.32	623446.23	5873431.01	115033.41	1226303.36	1953724.18	915025.48	524278.79	1139065.79	2186298.95
2570910.71	1501281.36	1069629.35	11727208.22	591327.92	1797795.88	4944087.64	2183233.71	1097432.69	1113330.38	2233419.93
5839568.58	3749482.25	2090086.33	25514949.95	346294.53	1457358.91	9684755.36	5950053.00	2946970.40	5129517.75	5947439.21
5847134.89	3936261.60	1910873.29	32727545.26	2470971.43	2649736.18	16597525.72	6541137.32	2300145.74	2168028.87	4615988.49
2361379.13	1465744.11	895635.02	15277691.18	2334816.87	2125767.23	5649442.34	2603874.62	899419.13	1664370.99	2584648.44
2890270.61	2031960.38	858310.23	20280986.68	2495425.40	3349755.03	7762234.70	3840263.48	1331409.46	1501898.61	3473423.53
5384307.60	3264251.63	2120055.97	31309545.98	3999763.77	3510863.93	11685291.26	3961261.45	2646508.54	5505857.03	4457175.51
1481695.82	1065642.52	416053.30	16928703.70	1454133.38	2091347.94	9337781.95	2468722.06	799996.43	776721.94	725233.39
268726.16	181698.90	87027.26	2493468.02	317349.99	472223.79	1094648.76	330365.95	157102.42	121777.11	237561.79
908406.03	531345.42	377060.61	5999296.27	450837.30	637365.06	2878991.24	1118738.17	393394.43	519970.07	1404773.19
2541684.25	1644263.09	897421.16	17955991.51	1230116.86	2543995.08	7802266.93	3171080.97	1342929.68	1865601.99	3352190.65
1897165.55	1136431.55	760734.00	14374349.84	601717.23	1948656.03	7920333.58	2178845.67	970990.95	753806.38	1820240.84
1387329.21	884958.67	502370.54	13482312.59	1124098.81	1493028.11	6680358.87	2240820.51	818091.40	1125914.89	823128.16
164564.95	118348.40	46216.55	1754890.46	12144.11	585964.50	753743.66	240488.70	57854.02	104695.47	66695.34
1919712.07	1292825.75	626886.32	8137690.00	939684.61	751188.18	2945961.54	1482874.57	842729.39	1175251.71	2448943.15
1327436.89	916020.34	411416.55	5660195.49	448847.45	676206.43	2200823.28	957460.33	559088.71	817769.29	1367367.10
433669.04	234610.66	199058.38	1828759.10	39959.29	228669.63	670763.96	330455.10	225703.75	333207.37	197302.21
413227.33	235821.19	177406.14	1470691.06	30240.46	137880.35	671047.45	263850.18	202264.16	165408.46	347564.87
1832307.07	989800.28	842506.79	8065123.10	111744.80	732025.24	4032789.41	1469318.15	818160.83	901084.67	729291.57

初中学校校舍
Condition of School Buildings in

地区 Region	校舍建筑面积 Floor Space	教学及辅助用房 Buildings for Instruction and Ancillary Uses	教室 Classroom	专用教室 Professional Classroom	理化生实验室 Physical and Chemical Biology Laboratory	其他 Others	公共教学用房 Public Teaching Space	图书阅览室 Library	室内体育用房 Gymnasium	心理辅导室 Psychological Counseling Room	其他 Others
总 计 Total	**322140615.52**	**155182792.50**	**76671317.48**	**33634828.43**	**15171962.79**	**18462865.64**	**44876646.59**	**8799410.34**	**15456669.47**	**1445819.33**	**19174747.45**
北 京 Beijing	3361640.57	1758100.09	689901.12	506731.55	143263.65	363467.90	561467.42	91731.75	152225.25	17200.45	300309.97
天 津 Tianjin	2540268.45	1437392.14	638757.92	327320.66	132397.65	194923.01	471313.56	79567.14	170501.38	19912.78	201332.26
河 北 Hebei	11038136.33	5184873.23	2965983.28	1100944.38	648973.99	451970.39	1117945.57	322717.84	260253.64	36363.09	498611.00
山 西 Shanxi	5690839.86	2285815.60	1155476.13	570767.52	267802.28	302965.24	559571.95	161575.14	100582.09	23226.21	274188.51
内蒙古 Inner Mongolia	3646500.73	2015032.50	777078.46	612654.06	219498.37	393155.69	625299.98	104210.31	270800.28	22680.96	227608.43
辽 宁 Liaoning	9000473.43	4477347.22	2042731.81	1123758.51	470148.94	653609.57	1310856.90	212164.64	456864.98	39765.22	602062.06
吉 林 Jilin	3494006.68	1823531.50	995364.76	360810.77	184902.70	175908.07	467355.97	86660.44	151817.35	17505.18	211373.00
黑龙江 Heilongjiang	4555186.62	2592983.26	1307248.90	596706.41	282212.82	314493.59	689027.95	96787.61	236722.65	20178.03	335339.66
上 海 Shanghai	8510908.14	4816863.30	1901403.22	1204948.13	394937.18	810010.95	1710511.95	298425.02	731448.40	57827.00	622811.53
江 苏 Jiangsu	29088474.73	14568526.14	6662769.00	3490787.12	1663568.68	1827218.44	4414970.02	1133810.04	1785160.29	143259.36	1352740.33
浙 江 Zhejiang	26674032.55	11363557.63	4796242.13	2541125.80	875353.98	1665771.82	4026189.70	753635.36	1671682.46	135543.20	1465328.68
安 徽 Anhui	10753729.16	5507890.15	3047434.25	1074307.29	561340.62	512966.67	1386148.61	299723.76	443616.94	50914.49	591893.42
福 建 Fujian	6992000.87	3385124.05	1389338.58	751896.40	317280.65	434615.75	1243889.07	233829.17	329852.79	40799.75	639407.36
江 西 Jiangxi	9589811.11	5091256.26	2785064.80	880928.74	402361.27	478567.47	1425262.72	277330.27	448438.42	43036.31	656457.72
山 东 Shandong	31944037.47	16364656.73	7336792.01	3974303.89	1717019.23	2257284.66	5053560.83	958571.74	1359637.72	128878.28	2606473.09
河 南 Henan	18624978.47	7727624.43	4981818.73	1343845.99	862276.09	481569.90	1401959.71	380982.22	405065.13	77661.44	538250.92
湖 北 Hubei	13752058.06	6297640.67	3489375.46	1217760.04	638803.72	578956.32	1590505.17	291515.26	619618.01	64312.77	615059.13
湖 南 Hunan	12573534.68	5828008.99	3107799.47	1056174.47	535600.98	520573.49	1664035.05	273909.69	750786.25	50714.73	588624.38
广 东 Guangdong	48412761.09	24350306.82	11701142.64	4760172.24	1945842.80	2814329.44	7888991.94	1217961.22	2980360.65	204269.01	3486401.06
广 西 Guangxi	8545275.42	3856208.58	2146649.67	803838.97	382621.21	421217.76	905719.94	183853.25	307917.18	33715.25	380234.26
海 南 Hainan	1550231.22	687846.05	406243.71	112408.98	50671.06	61737.92	169193.36	30469.24	40052.94	4006.92	94664.26
重 庆 Chongqing	5672804.87	2557938.39	1275459.17	509674.70	237700.86	271973.84	772804.52	107114.70	209496.11	19677.47	436516.24
四 川 Sichuan	14029182.16	6586929.14	3843516.62	1227307.62	620933.90	606373.72	1516104.90	349065.85	481124.27	62032.49	623882.29
贵 州 Guizhou	7151246.34	2694514.52	1524087.81	572702.62	323158.37	249544.25	597724.09	170635.09	193942.40	20784.38	212362.22
云 南 Yunnan	5016568.03	2126195.52	1022758.00	469130.02	233144.40	235985.62	634307.50	124080.37	119162.27	13499.44	377565.42
西 藏 Xizang	754162.58	261557.36	150696.15	64896.64	33566.97	31329.67	45964.57	8242.97	18621.83	1763.66	17336.11
陕 西 Shaanxi	8043245.45	3494093.15	1627140.47	826705.88	346771.29	479934.59	1040246.80	212245.83	277982.17	31066.39	518952.41
甘 肃 Gansu	3105899.21	1601915.37	817287.56	372593.08	169339.45	203253.63	412034.73	101602.74	104707.96	19756.22	185967.81
青 海 Qinghai	1188242.35	651223.40	280214.73	210734.08	88428.68	122305.40	160274.59	47143.16	62654.01	8694.05	41783.37
宁 夏 Ningxia	1362123.69	763331.75	259461.68	270841.51	128909.97	141931.54	233028.56	39693.70	62730.37	9009.10	121595.39
新 疆 Xinjiang	5478255.20	3024508.56	1546079.24	698050.36	293131.03	404919.33	780378.96	150154.82	252843.28	27765.70	349615.16

情况(城区)

Junior Secondary Schools (Urban Area)

单位：平方米
unit：m^2

行政办公用房 Administrative	教师办公室 for Teachers	其他 Others	生活用房 Residential and Welfare	教工值班宿舍 Dormitories for Faculty	教师周转宿舍 Accommodation for Circulation of Teachers	学生宿舍 Students' Dormitories	学生餐厅 Students' Canteen	厕所 Toilets	其他 Others	其他用房 Rooms for Other Purposes
29051960.49	**16899035.36**	**12152925.13**	**104559500.82**	**5330843.15**	**6202377.49**	**36527845.38**	**21217614.92**	**12257239.76**	**23023580.12**	**33346361.71**
512360.64	221385.94	290974.70	1016826.41	19596.62	19758.85	63116.77	154550.39	154759.43	605044.35	74353.43
325317.54	188302.20	137015.34	494820.08	9290.91	11927.23	42552.75	98991.95	120497.47	211559.77	282738.69
870979.52	609031.81	261947.71	3897505.72	168939.79	67827.41	2102704.06	739607.22	338773.83	479653.41	1084777.86
563512.27	374708.36	188803.91	2095206.95	180809.91	61376.12	1008919.41	372631.97	196729.99	274739.55	746305.04
417710.52	269433.86	148276.66	827937.04	22670.29	30336.64	273953.89	116639.67	156578.88	227757.67	385820.67
1276583.16	569587.72	706995.44	3235433.93	24122.26	52638.06	312885.54	576571.09	382868.81	1886348.17	11109.12
411951.08	238364.33	173586.75	718864.76	5467.30	1248.00	143359.53	185795.21	137594.22	245400.50	539659.34
566935.56	334372.60	232562.96	959784.35	11612.71	4714.85	179001.37	127439.70	201423.64	435592.08	435483.45
1038397.24	511451.67	526945.57	1775858.14	15695.03	29559.72	108243.47	449325.91	394130.17	778903.84	879789.46
2904682.00	1468568.77	1436113.23	7902990.38	241832.14	252994.07	1765405.04	2400620.47	971334.92	2270803.74	3712276.21
2140269.21	1174111.16	966158.05	8285387.69	370447.30	355682.62	2408271.77	2170977.17	889940.22	2090068.61	4884818.02
1076406.39	634357.78	442048.61	2660372.32	123820.99	117599.81	983399.80	552205.98	396358.35	486987.39	1509060.30
572195.38	294282.67	277912.71	1932949.15	36243.46	287174.04	574303.19	326340.15	251191.76	457696.55	1101732.29
898706.13	514763.24	383942.89	2523123.49	59072.20	256031.26	838757.66	581889.99	423199.76	364172.62	1076725.23
2907826.30	1773988.00	1133838.30	9750369.42	91276.22	290045.25	2599403.16	2334414.44	1465691.77	2969538.58	2921185.02
1917804.16	1249134.64	668669.52	7208138.93	398580.35	322147.64	3552544.90	1482734.01	684595.96	767536.07	1771410.95
1192670.04	754724.52	437945.52	4689318.76	430962.92	467494.77	1577752.95	974155.56	452952.73	785999.83	1572428.59
809608.65	548056.39	261552.26	4572654.22	318444.43	461980.64	1840296.88	1075451.26	431614.47	444866.54	1363262.82
3466281.56	2050184.25	1416097.31	17788823.32	1737063.65	1527356.63	6322708.88	2382906.07	1798877.69	4019910.40	2807349.39
575857.20	377915.35	197941.85	3813300.97	167087.05	345575.41	2135324.34	607172.10	296641.80	261500.27	299908.67
90906.10	59105.91	31800.19	688742.13	100055.22	87173.28	301326.60	84820.57	57389.02	57977.44	82736.94
424027.06	229755.52	194271.54	1796671.83	41723.84	82793.37	756900.87	413281.48	183182.54	318789.73	894167.59
944974.31	604087.22	340887.09	4804545.95	219499.55	271802.35	2115085.91	1023394.54	499669.46	675094.14	1692732.76
681823.64	377474.05	304349.59	3018479.56	135807.96	199936.16	1629720.64	505464.26	297400.95	250149.59	756428.62
395780.21	232075.86	163704.35	2207568.51	162098.46	180289.18	904406.24	382073.55	195538.66	383162.42	287023.79
60655.54	42458.36	18197.18	417759.49	2055.59	146214.01	151231.20	63482.52	17075.51	37700.66	14190.19
726059.21	482797.46	243261.75	2491813.75	154757.31	118154.61	749359.22	512668.89	361267.05	595606.67	1331279.34
332719.16	227909.77	104809.39	783448.68	45596.33	27868.71	283810.23	116484.84	142916.69	166771.88	387816.00
162013.95	71115.56	90898.39	314124.43	6795.87	21698.94	62121.09	35483.97	67507.30	120517.26	60880.57
155980.76	96077.23	59903.53	321349.92	4242.26	12520.18	124725.88	57314.62	74040.16	48506.82	121461.26
630966.00	319453.16	311512.84	1565330.54	25175.23	90457.68	616252.14	312725.37	215496.55	305223.57	257450.10

初中学校校舍

Condition of School Buildings in Junior

地区 Region	校舍建筑面积 Floor Space	教学及辅助用房 Buildings for Instruction and Ancillary Uses	教 室 Classroom	专用教室 Professional Classroom	理化生实验室 Physical and Chemical Biology Laboratory	其他 Others	公共教学用房 Public Teaching Space	图书阅览室 Library	室内体育用房 Gymnasium	心理辅导室 Psychological Counseling Room	其他 Others
总　计 Total	**375599316.98**	**155268914.68**	**88424609.67**	**34577294.06**	**18624878.07**	**15952415.99**	**32267010.95**	**8662692.93**	**7120341.97**	**1467105.45**	**15016870.60**
北　京 Beijing	917978.38	343581.56	133514.87	112757.30	43174.38	69582.92	97309.39	15817.96	22515.60	4244.40	54731.43
天　津 Tianjin	767910.49	464898.37	278472.81	100856.64	48875.97	51980.67	85568.92	20281.55	19680.86	7119.36	38487.15
河　北 Hebei	21105994.52	8920679.34	5292441.61	1999287.16	1246774.20	752512.96	1628950.57	494451.79	251131.39	55826.77	827540.62
山　西 Shanxi	8208302.27	2978376.83	1422897.70	758872.38	342049.00	416823.38	796606.75	184995.99	72895.76	29057.61	509657.39
内蒙古 Inner Mongolia	6641649.32	2882138.17	1111221.67	857129.08	330049.33	527079.75	913787.42	142271.05	386369.81	36375.84	348770.72
辽　宁 Liaoning	5838187.18	2697311.28	1488361.14	659425.87	331913.56	327512.31	549524.27	133857.24	92688.85	26159.09	296819.09
吉　林 Jilin	4630562.06	2069200.32	1083489.34	471651.47	239393.49	232257.98	514059.51	109194.57	132701.65	20072.08	252091.21
黑龙江 Heilongjiang	5310388.86	2539336.22	1411586.60	623978.98	324212.33	299766.65	503770.64	97056.98	115286.15	23517.62	267909.89
上　海 Shanghai	1181358.79	593271.14	229736.50	186554.94	67105.25	119449.69	176979.70	41485.20	55652.33	8558.24	71283.93
江　苏 Jiangsu	21856718.66	11005673.71	5706558.75	2727002.26	1353616.21	1373386.05	2572112.70	790867.06	791813.80	128579.77	860852.07
浙　江 Zhejiang	13585444.19	5760543.72	2772380.21	1245926.21	536371.43	709554.78	1742237.30	350991.19	693438.25	75947.14	621860.72
安　徽 Anhui	20177890.76	8954137.03	5565726.87	1703689.93	995519.73	708170.20	1684720.23	508545.18	363439.69	96103.41	716631.95
福　建 Fujian	6316803.94	2661592.82	1306494.51	631723.30	402226.84	229496.46	723375.01	194411.01	164685.81	28207.87	336070.32
江　西 Jiangxi	15259859.10	7057288.40	4191409.60	1375325.92	687324.53	688001.39	1490552.88	396008.83	264313.24	65998.55	764232.26
山　东 Shandong	33092540.24	15100477.09	7530651.29	3737924.96	1841616.46	1896308.50	3831900.84	863690.00	811557.94	127887.06	2028765.84
河　南 Henan	36888524.14	13318417.97	9307751.59	2245748.96	1475128.84	770620.12	1764917.42	640599.79	301385.19	118794.10	704138.34
湖　北 Hubei	15200737.65	5105382.17	3139991.26	1073653.45	647720.72	425932.73	891737.46	306361.49	134064.89	55901.53	395409.55
湖　南 Hunan	24866255.08	10597003.86	6234800.59	2060729.48	1184500.27	876229.21	2301473.79	568982.50	639504.63	95607.23	997379.43
广　东 Guangdong	21920306.33	9234633.36	5096254.75	2030027.03	1057353.51	972673.52	2108351.58	507409.00	435164.66	88907.75	1076870.17
广　西 Guangxi	18621075.28	6809592.60	4552574.87	1325221.01	859902.72	465318.29	931796.72	336659.45	170678.90	50604.96	373853.41
海　南 Hainan	2541282.94	1020577.72	631572.71	208270.64	122528.57	85742.07	180734.37	66378.12	36501.57	5906.71	71947.97
重　庆 Chongqing	6867572.37	2690175.48	1395744.00	705766.62	340759.43	365007.19	588664.86	128048.15	57947.02	20231.07	382438.62
四　川 Sichuan	21127420.81	8838821.25	5846120.24	1759823.01	1089755.68	670067.33	1232878.00	443275.46	221807.66	84016.48	483778.40
贵　州 Guizhou	16344757.02	5324363.94	3243716.52	1158199.23	712698.97	445500.26	922448.19	290987.06	137015.06	42388.56	452057.51
云　南 Yunnan	12380978.36	4475250.26	2582557.84	1005655.65	576372.74	429282.91	887036.77	257940.86	87891.47	28149.38	513055.06
西　藏 Xizang	1652540.92	512680.25	281512.96	103826.50	55415.27	48411.23	127340.79	18556.83	48242.41	1498.84	59042.71
陕　西 Shaanxi	10791643.29	4192735.56	1986198.10	1143194.48	533892.23	609302.25	1063342.98	252875.45	108399.12	53462.79	648605.62
甘　肃 Gansu	8188258.72	3210875.85	1793641.98	807069.45	448970.77	358098.68	610164.42	200380.41	72208.61	36667.19	300908.21
青　海 Qinghai	2173310.47	910966.52	447803.35	267224.58	121000.20	146224.38	195938.59	52339.59	85673.45	5003.73	52921.82
宁　夏 Ningxia	2148976.69	945298.96	380048.77	316550.87	130386.73	186164.14	248699.32	53199.42	45331.42	7402.84	142765.64
新　疆 Xinjiang	8994088.15	4053632.93	1979376.67	1174226.70	478268.71	695957.99	900029.56	194773.75	300354.78	38907.48	365993.55

情况(镇区)

Secondary Schools (County and Town Area)

单位：平方米
unit: m^2

行政办公用房 Administrative	教师办公室 for Teachers	其他 Others	生活用房 Residential and Welfare	教工值班宿舍 Dormitories for Faculty	教师周转宿舍 Accommodation for Circulation of Teachers	学生宿舍 Students' Dormitories	学生餐厅 Students' Canteen	厕所 Toilets	其他 Others	其他用房 Rooms for Other Purposes
27137903. 68	**17341958. 65**	**9795945. 03**	**169897395. 46**	**13703278. 44**	**19110090. 80**	**77831084. 08**	**31028330. 73**	**11915723. 47**	**16308887. 94**	**23295103. 16**
126713. 55	47839. 03	78874. 52	446597. 27	26384. 03	21653. 28	78140. 32	57816. 03	49761. 75	212841. 86	1086. 00
96429. 30	58768. 43	37660. 87	156082. 27	11798. 91	5046. 58	16826. 46	23461. 46	33873. 93	65074. 93	50500. 55
1272161. 60	900365. 35	371796. 25	9606861. 04	476220. 40	439105. 54	5431584. 53	1953794. 68	607429. 27	698726. 62	1306292. 54
724216. 35	497212. 82	227003. 53	3677519. 88	365953. 93	146265. 82	1829643. 64	682029. 21	272445. 04	381182. 24	828189. 21
600458. 95	387524. 12	212934. 83	2702770. 46	70678. 44	157717. 09	1349151. 93	529426. 50	280068. 76	315727. 74	456281. 74
749745. 85	418391. 75	331354. 10	2386306. 52	40083. 04	65938. 92	731264. 06	578407. 51	210649. 76	759963. 23	4823. 53
454180. 56	275042. 06	179138. 50	1530613. 51	19742. 80	63305. 44	483701. 69	356924. 82	182303. 59	424635. 17	576567. 67
563279. 78	362522. 17	200757. 61	1498524. 67	29200. 23	51516. 36	542624. 08	282458. 99	202744. 35	389980. 66	709248. 19
158738. 24	63068. 96	95669. 28	236312. 68	2561. 64	6416. 81	10372. 69	65922. 43	56111. 94	94927. 17	193036. 73
1839445. 80	1047565. 86	791879. 94	7561031. 45	509343. 43	433781. 79	2823703. 22	1980588. 01	669179. 39	1144435. 61	1450567. 70
1004154. 82	554125. 50	450029. 32	5531119. 20	445714. 57	378384. 54	2154877. 44	1265054. 49	442888. 98	844199. 18	1289626. 45
1558489. 64	985068. 28	573421. 36	8229963. 80	717939. 15	999702. 08	3716096. 96	1514079. 91	578620. 19	703525. 51	1435300. 29
483128. 79	259296. 83	223831. 96	2487289. 29	47655. 62	588158. 87	879484. 29	366925. 50	185425. 25	419639. 76	684793. 04
1249124. 47	719533. 77	529590. 70	6111493. 61	355278. 79	933809. 87	2705375. 44	1091701. 74	501914. 36	523413. 41	841952. 62
2487458. 67	1676159. 87	811298. 80	13013989. 95	207864. 24	942463. 43	5857429. 20	2994205. 91	1228046. 42	1783980. 75	2490614. 53
2933535. 79	1998457. 43	935078. 36	18536434. 15	1459791. 06	1498662. 81	9665656. 25	3683775. 83	1215489. 83	1013058. 37	2100136. 23
951028. 83	574470. 93	376557. 90	8369772. 79	1533317. 03	1241366. 92	3215415. 98	1307154. 51	357857. 42	714660. 93	774553. 86
1465059. 33	1046834. 45	418224. 88	11447089. 60	1521564. 28	1987127. 30	4439475. 80	2080543. 70	674592. 99	743785. 53	1357102. 29
1366730. 31	868920. 48	497809. 83	10240740. 83	1669631. 61	1562396. 21	4105056. 84	1203707. 19	603963. 44	1095985. 54	1078201. 83
753448. 27	564744. 08	188704. 19	10719254. 60	1069617. 60	1359948. 07	5936928. 05	1506417. 98	408660. 16	437682. 74	338779. 81
121421. 07	82375. 70	39045. 37	1277051. 48	161439. 28	282735. 69	554286. 87	173298. 58	67045. 71	38245. 35	122232. 67
393790. 05	251155. 01	142635. 04	3369125. 86	319280. 20	429138. 54	1718346. 16	566260. 87	168585. 59	167514. 50	414480. 98
1203562. 69	793813. 81	409748. 88	9901542. 53	726474. 21	1581491. 06	4424278. 08	1646336. 29	648421. 07	874541. 82	1183494. 34
1010255. 59	622800. 06	387455. 53	9106058. 39	378029. 50	1309151. 62	5094879. 38	1359663. 50	550405. 40	413928. 99	904079. 10
621104. 99	405758. 19	215346. 80	6916542. 84	543503. 35	744919. 36	3578481. 41	1161815. 67	404785. 41	483037. 64	368080. 27
85410. 87	60774. 01	24636. 86	1023618. 58	9349. 45	349572. 07	449871. 51	128553. 79	27785. 85	58485. 91	30831. 22
999135. 12	678859. 09	320276. 03	4684777. 62	626128. 45	530473. 35	1886693. 13	814393. 66	401971. 18	425117. 85	914994. 99
726542. 32	496291. 65	230250. 67	3512048. 23	263786. 27	426520. 03	1400102. 66	610804. 93	314061. 76	496772. 58	738792. 32
176662. 47	106968. 81	69693. 66	979434. 33	22752. 91	147988. 50	395100. 19	180112. 68	103787. 00	129693. 05	106247. 15
200533. 30	107883. 06	92650. 24	830529. 64	13815. 30	72262. 34	421684. 46	152861. 22	98570. 27	71336. 05	172614. 79
761956. 31	429367. 09	332589. 22	3806898. 39	58378. 72	353070. 51	1934551. 36	709833. 14	368277. 41	382787. 25	371600. 52

初中学校校舍

Condition of School Buildings in Junior

地区 Region	校舍建筑面积 Floor Space	教学及辅助用房 Buildings for Instruction and Ancillary Uses	教室 Classroom	专用教室 Professional Classroom	理化生实验室 Physical and Chemical Biology Laboratory	其他 Others	公共教学用房 Public Teaching Space	图书阅览室 Library	室内体育用房 Gymnasium	心理辅导室 Psychological Counseling Room	其他 Others
总　计 Total	**117518501.46**	**44433382.58**	**25988108.98**	**10376222.04**	**5873038.53**	**4503183.51**	**8069051.56**	**2566887.38**	**1291077.33**	**515327.87**	**3695758.98**
北　京 Beijing	823078.93	383695.78	159300.95	105855.83	36817.13	69038.70	118539.00	17637.48	33173.65	5246.92	62480.95
天　津 Tianjin	314680.81	204642.84	113138.13	50809.86	25536.86	25273.00	40694.85	10045.37	3379.13	3500.23	23770.12
河　北 Hebei	6764379.46	2679107.05	1579655.96	680403.67	420480.27	259923.40	419047.42	155662.77	57083.90	24251.67	182049.08
山　西 Shanxi	2509594.63	791078.64	408538.51	187860.50	98328.99	89531.51	194679.63	52462.96	21962.86	11065.77	109188.04
内蒙古 Inner Mongolia	1144237.62	429255.90	185335.77	116588.63	49746.91	66841.72	127331.50	21742.97	55026.16	6467.57	44094.80
辽　宁 Liaoning	1958063.18	897859.53	466873.68	252790.97	125354.64	127436.33	178194.88	46771.47	24452.23	10223.48	96747.70
吉　林 Jilin	2344248.84	809056.89	440553.33	215958.91	138537.26	77421.65	152544.65	55225.16	13570.62	11285.26	72463.61
黑龙江 Heilongjiang	1934040.98	780756.64	462987.83	195529.97	118464.93	77065.04	122238.84	33686.05	17968.13	10150.15	60434.51
上　海 Shanghai	300834.87	138984.11	63585.08	35223.50	11359.33	23864.17	40175.53	7546.70	14415.28	1879.90	16333.65
江　苏 Jiangsu	1928997.23	892355.21	480609.89	229775.70	118335.03	111440.67	181969.62	67284.05	43743.85	12269.93	58671.79
浙　江 Zhejiang	2780406.08	1023606.72	492146.95	226420.83	91776.16	134644.67	305038.94	60464.30	85584.33	14666.34	144323.97
安　徽 Anhui	7465948.68	3060028.26	1953749.47	627086.31	365943.09	261143.22	479192.48	180519.88	53790.81	47840.09	197041.70
福　建 Fujian	3263994.32	1157625.75	560970.89	329099.77	202158.70	126941.07	267555.09	75850.22	57753.41	14468.81	119482.65
江　西 Jiangxi	6158156.22	2327742.91	1353072.20	540582.69	292232.48	248350.21	434088.02	145408.47	27414.14	37160.61	224104.80
山　东 Shandong	6257820.37	2527306.52	1260214.49	635975.75	333529.98	302445.77	631116.28	148114.78	91579.25	27082.09	364340.16
河　南 Henan	13111251.14	4388042.71	3014801.03	768396.83	522274.68	246122.15	604844.85	235011.62	78088.95	48358.78	243385.50
湖　北 Hubei	3997739.74	1323793.86	833299.48	278730.90	172386.65	106344.25	211763.48	77388.17	30115.68	14475.73	89783.90
湖　南 Hunan	8756354.75	3126450.84	1985374.43	636997.45	383572.12	253425.33	504078.96	165627.39	69297.06	34193.98	234960.53
广　东 Guangdong	7546952.70	3144050.85	1781024.53	668795.05	345898.52	322896.53	694231.27	174899.93	182280.88	37044.77	300005.69
广　西 Guangxi	4168693.63	1533610.24	975078.24	333674.49	223553.08	110121.41	224857.51	91013.99	49168.78	15062.73	69612.01
海　南 Hainan	1069310.33	452644.75	305685.60	87580.76	58289.38	29291.38	59378.39	24070.36	11523.68	2973.42	20810.93
重　庆 Chongqing	1642993.83	622781.71	352156.16	161184.22	72444.88	88739.34	109441.33	32845.42	17566.48	5463.69	53565.74
四　川 Sichuan	6858136.83	2739123.00	1760266.10	569838.37	368231.84	201606.53	409018.53	156601.30	47204.67	30763.70	174448.86
贵　州 Guizhou	3935001.97	1320370.64	830071.00	302406.27	165917.85	136488.42	187893.37	63685.99	14899.43	12260.08	97047.87
云　南 Yunnan	7616144.79	2719475.44	1596018.70	649666.22	397305.46	252360.76	473790.52	154825.63	23218.84	18036.71	277709.34
西　藏 Xizang	520812.33	167127.47	95006.97	37184.42	26606.50	10577.92	34936.08	12124.12	11732.25	321.53	10758.18
陕　西 Shaanxi	2017396.96	659111.77	312384.41	188676.61	94665.07	94011.54	158050.75	47001.65	25540.88	9339.54	76168.68
甘　肃 Gansu	2899299.00	1025666.23	598858.42	270881.23	167687.82	103193.41	155926.58	68156.04	5952.82	15417.00	66400.72
青　海 Qinghai	1159244.21	498876.76	226635.12	196315.50	77835.48	118480.02	75926.14	32396.87	24311.20	3516.07	15702.00
宁　夏 Ningxia	740794.84	311781.25	122769.08	136690.37	54597.46	82092.91	52321.80	18111.66	5866.74	5079.03	23264.37
新　疆 Xinjiang	5529892.19	2297372.31	1217946.58	659240.46	313169.98	346070.48	420185.27	134704.61	93411.24	25462.29	166607.13

情况(乡村)
Secondary Schools (Rural Area)

单位：平方米
unit：m^2

行政办公用房 Administrative	教师办公室 for Teachers	其他 Others	生活用房 Residential and Welfare	教工值班宿舍 Dormitories for Faculty	教师周转宿舍 Accommodation for Circulation of Teachers	学生宿舍 Students' Dormitories	学生餐厅 Students' Canteen	厕所 Toilets	其他 Others	其他用房 Rooms for Other Purposes
8368382. 52	**5374634. 21**	**2993748. 31**	**56828483. 56**	**4955132. 38**	**8044730. 26**	**24841248. 22**	**9844210. 11**	**3646170. 12**	**5496992. 47**	**7888252. 80**
127099. 81	56610. 89	70488. 92	309561. 13	25222. 20	13405. 38	60464. 57	43243. 25	32291. 25	134934. 48	2722. 21
37080. 89	26137. 09	10943. 80	46729. 27	4367. 37	2821. 37	0. 00	7197. 00	14213. 34	18130. 19	26227. 81
394027. 53	272581. 29	121446. 24	3211695. 26	223770. 93	206516. 68	1706652. 09	637303. 20	187597. 89	249854. 47	479549. 62
216143. 92	140465. 56	75678. 36	1225269. 74	125546. 23	71131. 24	590755. 06	232500. 15	77174. 31	128162. 75	277102. 33
93283. 36	61272. 32	32011. 04	509664. 69	15626. 49	61434. 56	234019. 05	93802. 59	42133. 64	62648. 36	112033. 67
249908. 35	136281. 89	113626. 46	807370. 30	16471. 29	29665. 29	160286. 34	200930. 90	75205. 97	324810. 51	2925. 00
250917. 38	158317. 03	92600. 35	835937. 56	10873. 94	37733. 57	291929. 72	204721. 50	82962. 48	207716. 35	448337. 01
201564. 19	142078. 57	59485. 62	724805. 21	18925. 03	35875. 88	238103. 90	138931. 53	75842. 16	217126. 71	226914. 94
39512. 10	16565. 08	22947. 02	69680. 46	2039. 42	3169. 24	7454. 28	19688. 29	13528. 58	23800. 65	52658. 20
162772. 00	104689. 20	58082. 80	699839. 48	40899. 86	74575. 26	252591. 46	177311. 69	54334. 39	100126. 82	174030. 54
225132. 24	105990. 70	119141. 54	1173035. 38	139847. 26	92352. 02	460366. 47	221750. 67	91836. 72	166882. 24	358631. 74
529462. 91	337439. 65	192023. 26	3374271. 42	341230. 51	537889. 57	1371182. 49	629584. 80	210474. 82	283909. 23	502186. 09
253402. 38	131700. 82	121701. 56	1453192. 57	31134. 33	350970. 45	499936. 70	221759. 83	87661. 78	261729. 48	399773. 62
423080. 11	266984. 35	156095. 76	3092591. 12	176976. 93	607954. 75	1399954. 54	509641. 98	172318. 57	225744. 35	314742. 08
444283. 61	299334. 38	144949. 23	2750590. 58	47154. 07	224850. 23	1227923. 00	621432. 65	253232. 21	375998. 42	535639. 66
995794. 94	688669. 53	307125. 41	6982972. 18	612600. 02	828925. 73	3379324. 57	1374627. 48	400059. 95	387434. 43	744441. 31
217680. 26	136548. 66	81131. 60	2218599. 63	370536. 92	416905. 54	856273. 41	322564. 55	88608. 98	163710. 23	237665. 99
615602. 63	437069. 54	178533. 09	4261242. 86	655416. 69	900647. 09	1482462. 02	684268. 52	225202. 00	313246. 54	753058. 42
551295. 73	345146. 90	206148. 83	3279981. 83	593068. 51	421111. 09	1257525. 54	374648. 19	243667. 41	389961. 09	571624. 29
152390. 35	122983. 09	29407. 26	2396148. 13	217428. 73	385824. 46	1265529. 56	355131. 98	94694. 47	77538. 93	86544. 91
56398. 99	40217. 29	16181. 70	527674. 41	55855. 49	102314. 82	239035. 29	72246. 80	32667. 69	25554. 32	32592. 18
90588. 92	50434. 89	40154. 03	833498. 58	89833. 26	125433. 15	403744. 21	139195. 82	41626. 30	33665. 84	96124. 62
393147. 25	246362. 06	146785. 19	3249903. 03	284143. 10	690701. 67	1262902. 94	501350. 14	194839. 15	315966. 03	475963. 55
205086. 32	136157. 44	68928. 88	2249811. 89	87879. 77	439568. 25	1195733. 56	313717. 91	123184. 60	89727. 80	159733. 12
370444. 01	247124. 62	123319. 39	4358201. 24	418497. 00	567819. 57	2197471. 22	696931. 29	217767. 33	259714. 83	168024. 10
18498. 54	15116. 03	3382. 51	313512. 39	739. 07	90178. 42	152640. 95	48452. 39	12992. 66	8508. 90	21673. 93
194517. 74	131169. 20	63348. 54	961098. 63	158798. 85	102560. 22	309909. 19	155812. 02	79491. 16	154527. 19	202668. 82
268175. 41	191818. 92	76356. 49	1364698. 58	139464. 85	221817. 69	516910. 39	230170. 56	102110. 26	154224. 83	240758. 78
94992. 62	56526. 29	38466. 33	535200. 34	10410. 51	58982. 19	213542. 68	114858. 45	54409. 45	82997. 06	30174. 49
56713. 27	31860. 90	24852. 37	318811. 50	12182. 90	53097. 83	124637. 11	53674. 34	29653. 73	45565. 59	53488. 82
439384. 76	240980. 03	198404. 73	2692894. 17	28190. 85	288497. 05	1481985. 91	446759. 64	234386. 87	213073. 85	100240. 95

地区 Region	占地面积（平方米）Areas Occupied（m^2）	#绿化用地面积 of Which: Green Areas	#运动场地面积 of Which: Sports Areas	校园足球场（个）Campus Football	11人制足球场 11-a-side Football Field	7人制足球场 7-a-side Football Field	5人制足球场 5-a-side Football Field
总 计 Total	**1791345587.16**	**386952775.90**	**555877564.16**	**41937**	**13357**	**16580**	**12000**
北 京 Beijing	10199922.29	2075105.18	3483395.33	341	100	148	93
天 津 Tianjin	9453041.62	1432370.03	4067081.85	336	83	169	84
河 北 Hebei	88000465.65	12118991.07	29378971.54	2011	651	794	566
山 西 Shanxi	34510968.43	5302761.74	9434330.00	728	203	268	257
内蒙古 Inner Mongolia	35087908.18	6143549.03	9369694.85	812	381	266	165
辽 宁 Liaoning	46086891.46	6668816.11	17081681.36	1429	531	635	263
吉 林 Jilin	33502051.67	7165728.18	8878617.64	884	261	307	316
黑龙江 Heilongjiang	41563654.97	5756440.38	11119412.43	906	303	333	270
上 海 Shanghai	16360560.57	5051922.83	5703596.06	579	99	344	136
江 苏 Jiangsu	107949469.18	31537257.35	35355935.31	2698	1100	1117	481
浙 江 Zhejiang	73195872.89	20801410.08	24308224.17	1844	604	689	551
安 徽 Anhui	97821391.46	19479594.19	26688694.33	2367	640	1036	691
福 建 Fujian	35641465.90	9035733.22	10240582.32	909	165	318	426
江 西 Jiangxi	73068217.90	15651120.82	24575063.32	1852	499	707	646
山 东 Shandong	163034222.22	37006706.76	55868730.11	3609	1817	1260	532
河 南 Henan	142188540.06	23090481.90	37533065.11	3091	828	1110	1153
湖 北 Hubei	74440343.84	23025585.68	19010452.97	1830	612	743	475
湖 南 Hunan	102544195.05	19299044.39	29035503.34	1692	591	613	488
广 东 Guangdong	140183707.53	35524775.64	48524216.99	3440	899	1496	1045
广 西 Guangxi	60569367.70	11786873.31	19953418.97	1076	379	403	294
海 南 Hainan	16809023.45	3776221.44	3901441.38	357	139	154	64
重 庆 Chongqing	22910125.76	5024813.96	7560175.41	547	107	262	178
四 川 Sichuan	78656477.63	15266971.79	30033463.62	2156	408	831	917
贵 州 Guizhou	62376156.21	14573221.65	20688961.80	1259	307	592	360
云 南 Yunnan	60923836.03	14108679.42	18049995.56	1105	391	451	263
西 藏 Xizang	7341870.03	1192869.27	1380930.99	132	64	37	31
陕 西 Shaanxi	42746497.90	7501266.53	12274154.96	1517	208	646	663
甘 肃 Gansu	33633566.17	6255082.48	9612467.73	1041	216	378	447
青 海 Qinghai	10431001.84	1819981.64	2816246.45	183	80	70	33
宁 夏 Ningxia	12475858.89	2865557.99	3871181.11	243	119	101	23
新 疆 Xinjiang	57638914.68	16613841.84	16077877.15	963	572	302	89

情况(总计)
in Junior Secondary Schools (Total)

图书(册) Books and Magazines in Libraries (Volume)	数字终端数(台) Number of Digital Terminals (Set)	#教师终端数 of Which: Number of Teachers' Terminals	#学生终端数 of Which: Number of Student Terminals	教室(间) Classroom (Room)	#网络多媒体教室 of Which: Network Multimedia Classroom	固定资产总值(万元) Total Value of Fixed Asset (10,000 yuan)	#教学仪器设备资产值 of Which: Total Value of Equip and Instru.
2010030437	**11591164**	**4180056**	**6963706**	**2165268**	**1676597**	**146997396.84**	**17238722.73**
10661742	124782	48432	58027	15344	13486	1622892.21	371455.53
12138563	67812	33841	32380	12188	10239	801141.41	123916.30
136494881	554245	214865	330836	118444	88052	5742355.75	639134.88
34218845	235302	93734	127537	46561	31153	2765378.92	264806.99
21484673	154269	63534	87022	26208	22203	2517194.39	282632.70
53559924	342040	116499	197534	54378	42380	2667703.67	428522.40
28489491	142307	55244	76476	39088	22784	1914929.40	250506.84
27785185	179861	58265	113831	45920	31671	2040478.60	318361.22
29929842	241204	113673	115629	30590	27835	3933195.74	560692.71
126358940	836798	304062	477420	131617	108803	11936946.22	1188149.86
103682374	612187	217105	382274	91780	78582	8403786.45	1140390.82
89613202	930800	212747	691563	109638	82912	6404279.86	754647.91
39410019	206201	85420	117825	43189	32661	3167102.96	371186.10
68217874	338751	140737	189427	86630	67709	4260129.11	623150.45
184848748	966085	442802	492139	194832	158171	14002002.74	1526921.27
159816707	766591	312132	439393	183621	130974	9633356.46	898552.87
77857275	377621	142321	226995	80758	57323	5385504.20	536653.84
99169481	405549	132001	264935	116763	87086	7477261.14	878561.50
186096000	1416862	472610	848638	199533	174265	13258739.15	1937903.36
95680880	362562	165045	188176	65128	55817	4362838.49	573047.48
11228260	61037	24146	34476	12641	9626	968196.87	118640.48
22207421	141343	45254	88232	31242	26472	2597737.61	209109.36
89939527	513002	167882	328213	113570	82439	7492596.89	957658.86
74622067	362253	105166	237435	67717	53259	4436088.93	433315.07
61378258	309121	83617	223235	65849	44530	4907130.10	404522.27
4065463	28224	12428	15389	5080	3549	739307.47	40933.13
59533705	318175	107829	205263	54769	42075	3998858.74	450117.86
34766717	202825	63499	136876	40215	29925	3010093.70	293088.52
12139872	66925	19939	46471	13445	8226	1065949.05	85489.57
9840938	87573	25621	56484	12586	9466	1042021.36	134931.53
44793563	238857	99606	133575	55944	42924	4442199.21	441721.08

地区 Region	占地面积（平方米）Areas Occupied（m^2）	#绿化用地面积 of Which: Green Areas	#运动场地面积 of Which: Sports Areas	校园足球场（个）Campus Football	11人制足球场 11-a-side Football Field	7人制足球场 7-a-side Football Field	5人制足球场 5-a-side Football Field
总　计 Total	**564854307.12**	**131356792.82**	**205270660.33**	**14651**	**5012**	**5947**	**3692**
北　京 Beijing	5567341.79	984723.58	2159480.82	210	58	86	66
天　津 Tianjin	4984460.25	810261.83	2279608.91	182	46	99	37
河　北 Hebei	20742321.20	3408218.56	7634806.18	498	177	191	130
山　西 Shanxi	10260355.08	1739661.41	3180981.60	243	71	101	71
内蒙古 Inner Mongolia	8082976.21	1332089.44	2819277.54	246	117	70	59
辽　宁 Liaoning	18890964.13	2700277.38	7892826.86	687	238	328	121
吉　林 Jilin	7146948.12	1178594.73	2943066.21	220	76	74	70
黑龙江 Heilongjiang	10547187.19	1385151.80	4235441.35	273	86	110	77
上　海 Shanghai	12943412.96	3831939.23	4748684.86	466	85	271	110
江　苏 Jiangsu	49696843.03	15134704.75	17573493.85	1277	501	535	241
浙　江 Zhejiang	40417902.90	11644047.41	14371220.08	1055	340	419	296
安　徽 Anhui	21401088.53	4766363.27	7260549.77	531	208	216	107
福　建 Fujian	10899427.43	2597740.35	4082377.21	278	71	111	96
江　西 Jiangxi	17995043.62	3946096.68	6923995.83	397	142	164	91
山　东 Shandong	63918434.69	14721238.49	25117374.51	1447	701	526	220
河　南 Henan	33229840.84	6151274.00	9993942.28	890	261	311	318
湖　北 Hubei	26519745.95	7595692.75	7912160.69	696	233	286	177
湖　南 Hunan	21816254.91	4882593.08	7451810.92	465	191	160	114
广　东 Guangdong	67228266.01	16322531.21	26535372.04	1818	511	722	585
广　西 Guangxi	14484851.17	3465662.08	5303750.67	326	119	125	82
海　南 Hainan	2991106.44	656168.55	1049249.08	73	20	35	18
重　庆 Chongqing	7936514.60	1866040.24	2941192.74	198	60	106	32
四　川 Sichuan	22888907.70	5121306.45	9620141.32	667	182	270	215
贵　州 Guizhou	14259603.69	3547753.63	4817772.40	301	68	152	81
云　南 Yunnan	9558568.95	2735562.35	3149655.76	199	84	67	48
西　藏 Xizang	1627084.38	291453.71	362767.75	38	14	11	13
陕　西 Shaanxi	13431691.00	2496441.43	4446059.75	429	96	205	128
甘　肃 Gansu	5839791.23	1081506.01	2317808.81	165	64	57	44
青　海 Qinghai	2276774.10	452634.83	653960.13	44	17	18	9
宁　夏 Ningxia	4059940.92	997699.18	1308224.40	87	44	38	5
新　疆 Xinjiang	13210658.10	3511364.41	4183606.01	245	131	83	31

情况(城区)
in Junior Secondary Schools (Urban Area)

图书(册) Books and Magazines in Libraries (Volume)	数字终端数(台) Number of Digital Terminals (Set)	#教师终端数 of Which: Number of Teachers' Terminals	#学生终端数 of Which: Number of Student Terminals	教室(间) Classroom (Room)	#网络多媒体教室 of Which: Network Multimedia Classroom	固定资产总值(万元) Total Value of Fixed Asset (10,000 yuan)	#教学仪器设备资产值 of Which: Total Value of Equip and Instru.
814626833	**5149535**	**1925625**	**3000554**	**877893**	**724099**	**67172472.05**	**8327561.57**
7923006	92680	35838	43459	10978	10111	1114040.95	274741.15
7687035	46566	24092	21365	7704	6781	603007.47	91964.86
40470713	173394	71820	97000	34083	26598	1828961.71	205451.70
12344138	88428	35380	47821	16581	11812	1058511.78	103960.24
8231928	56428	23201	31852	9552	8321	884299.37	105216.24
28869825	193713	69127	111621	28372	23890	1542913.44	256876.50
12037417	58139	24378	30049	14215	9416	731568.45	110341.97
12330050	81206	26381	50714	18570	13791	723585.22	146089.10
25793752	208556	97372	101212	26492	24309	3315514.33	485150.22
64428144	447785	163079	253003	69153	57949	7108203.15	681383.31
61859781	363894	133261	223441	56251	48712	5310310.71	686366.78
26791429	300585	66797	228910	31050	25140	2125111.56	252932.12
17415599	94550	40826	52316	18860	15509	1717430.21	185424.34
21793440	108028	44218	61443	27898	23026	1591426.11	218047.16
86698116	470213	213478	240131	91818	75467	6844706.18	777830.90
44208257	241059	104061	131600	53036	40066	2954341.44	294752.85
36856060	198249	74196	119832	37978	28694	2779210.11	296480.21
26840540	122732	46881	73274	32158	26057	2651266.89	272764.30
114117182	906044	306497	533934	126192	113939	9032996.62	1360609.52
26044929	109115	53175	53087	20975	18460	1409265.75	194829.15
3756761	19491	8531	10029	4169	3427	371157.11	47254.40
9239453	58932	20762	35157	12636	11129	1285158.84	96373.17
31687630	198022	67934	124561	36922	29338	2914282.51	407620.44
20037446	107614	33636	69520	18958	15533	1349376.51	138747.74
11161869	66716	22878	43181	13984	10428	1083935.30	95834.13
1009938	8232	3877	4200	1360	965	171186.83	9429.60
24282172	134900	46527	85494	22039	17736	1864051.87	207985.41
9364242	54793	19099	35018	9805	7771	824693.53	86633.70
3468495	23946	6812	17013	3651	2415	317247.85	27893.18
3674536	35868	9854	24333	4653	3683	377848.49	55988.34
14202950	79657	31657	45984	17800	13626	1286861.78	152588.86

地区 Region	占地面积（平方米）Areas Occupied (m^2)	#绿化用地面积 of Which: Green Areas	#运动场地面积 of Which: Sports Areas	校园足球场（个）Campus Football	11人制足球场 11-a-side Football Field	7人制足球场 7-a-side Football Field	5人制足球场 5-a-side Football Field
总　计 Total	**898180333.99**	**189119704.28**	**266034181.77**	**19637**	**6649**	**7634**	**5354**
北　京 Beijing	2323714.15	516627.31	666455.17	65	22	29	14
天　津 Tianjin	2964252.06	416507.03	1173583.50	95	27	44	24
河　北 Hebei	48933605.54	6351177.86	16072983.41	1071	356	432	283
山　西 Shanxi	17415201.53	2630032.77	4814855.44	343	107	123	113
内蒙古 Inner Mongolia	21708480.99	3795911.49	5506480.10	448	219	142	87
辽　宁 Liaoning	19522630.75	2757994.19	6651420.23	521	222	205	94
吉　林 Jilin	15091051.04	3381315.92	3880247.70	406	142	144	120
黑龙江 Heilongjiang	21188088.19	3169334.62	5279323.71	432	179	153	100
上　海 Shanghai	2759766.03	965876.60	772838.93	92	11	61	20
江　苏 Jiangsu	52597303.37	14863476.41	16237280.44	1262	542	505	215
浙　江 Zhejiang	26711792.47	7410706.68	8330968.11	640	228	219	193
安　徽 Anhui	51763436.95	10156788.45	14094295.16	1178	341	529	308
福　建 Fujian	15832365.69	4082019.09	4165533.59	392	75	134	183
江　西 Jiangxi	37510428.66	8204086.54	12697764.16	906	276	335	295
山　东 Shandong	80943486.46	17900576.86	25945033.31	1736	929	568	239
河　南 Henan	75652744.29	12016239.30	19816113.03	1552	444	577	531
湖　北 Hubei	37404274.37	12098698.40	8825642.48	878	317	360	201
湖　南 Hunan	57978867.59	10631003.06	16514482.87	909	330	339	240
广　东 Guangdong	53508168.87	14175418.62	16457299.70	1158	293	562	303
广　西 Guangxi	36628853.86	6499552.26	11578247.20	613	211	229	173
海　南 Hainan	9091441.79	2184913.94	1897365.36	181	79	78	24
重　庆 Chongqing	12193067.65	2565802.19	3746001.28	281	44	123	114
四　川 Sichuan	41878057.90	7770652.18	15550054.37	1111	184	443	484
贵　州 Guizhou	38297983.07	8760916.94	12546142.42	722	201	329	192
云　南 Yunnan	30622154.80	6850577.02	9046903.77	498	221	188	89
西　藏 Xizang	4371273.26	667973.73	765159.39	74	38	24	12
陕　西 Shaanxi	24127059.82	4060594.02	6690940.97	876	93	358	425
甘　肃 Gansu	19200577.99	3599292.01	5416897.52	566	119	226	221
青　海 Qinghai	5468857.34	898488.51	1458968.55	90	49	27	14
宁　夏 Ningxia	6125526.46	1464723.93	1815823.14	97	61	26	10
新　疆 Xinjiang	28365821.05	8272426.35	7619076.76	444	289	122	33

情况(镇区)

in Junior Secondary Schools (County and Town Area)

图书(册) Books and Magazines in Libraries (Volume)	数字终端数(台) Number of Digital Terminals (Set)	#教师终端数 of Which: Number of Teachers' Terminals	#学生终端数 of Which: Number of Student Terminals	教室(间) Classroom (Room)	#网络多媒体教室 of Which: Network Multimedia Classroom	固定资产总值(万元) Total Value of Fixed Asset (10,000 yuan)	#教学仪器设备资产值 of Which: Total Value of Equip and Instru.
931916190	**4967862**	**1762835**	**3038946**	**973232**	**733769**	**62096672. 87**	**6971640. 90**
1570850	18183	7421	8050	2165	1855	288998. 42	53901. 12
3105928	14814	6966	7440	3011	2379	136900. 31	22504. 92
74490619	294988	110716	181462	63665	46852	3038295. 39	339744. 38
17888640	115794	46941	62614	22935	15069	1333667. 57	130571. 96
11566740	83951	34654	47135	13963	11641	1416078. 21	152659. 83
18595982	107955	34100	63238	19194	13597	842050. 70	126376. 39
11618650	57942	22520	31029	17065	9410	750131. 82	103351. 09
12221510	75708	24900	48158	20047	13181	1010904. 88	135772. 81
3459299	27080	13378	12268	3325	2898	469704. 72	62262. 28
56945200	357191	129562	206573	57309	47004	4474815. 42	469974. 10
35258732	210240	70834	134884	29662	25110	2624809. 13	385840. 54
46970706	459839	106076	339593	56877	42434	3204211. 19	377725. 15
15510480	75747	30616	44203	16212	11913	1030012. 75	128565. 76
34974245	170541	72180	94103	42549	33254	2006922. 63	306335. 88
82731273	416477	194503	209371	86286	70197	6033779. 31	640640. 14
87013294	394532	159383	227684	97091	69391	5249857. 11	463485. 22
32990649	142757	53381	86189	33548	22639	2070330. 61	191768. 42
53853910	207413	65337	137612	62126	46277	3883685. 45	466440. 87
54456966	382284	125366	235436	54107	44627	3058197. 96	433322. 04
57673765	208723	93244	110054	35919	30875	2409923. 18	312396. 20
5118467	28194	10822	16480	5790	4171	442838. 05	50153. 74
10736242	67104	19714	43729	14854	12367	1022010. 55	91433. 30
45533994	239214	75532	155709	56851	40183	3551408. 63	425205. 04
44323266	207161	59049	136670	38593	30118	2582333. 58	233967. 75
30827957	147262	37589	109172	31537	20875	2349957. 89	188957. 91
2361022	15774	6565	8961	2796	1903	399851. 22	23476. 27
30757681	158120	52627	103604	27707	20815	1811390. 63	211124. 19
19618825	112327	33481	77589	22089	16390	1670172. 73	157262. 02
5727871	28464	8375	19730	6105	3686	483817. 01	37580. 67
4539521	37203	11964	23018	5663	4186	509453. 49	59247. 31
19473906	104880	45039	57188	24191	18472	1940162. 36	189593. 60

地区 Region	占地面积（平方米） Areas Occupied（m^2）	#绿化用地面积 of Which: Green Areas	#运动场地面积 of Which: Sports Areas	校园足球场（个） Campus Football	11人制足球场 11-a-side Football Field	7人制足球场 7-a-side Football Field	5人制足球场 5-a-side Football Field
总　计 Total	**328310946.05**	**66476278.80**	**84572722.06**	**7649**	**1696**	**2999**	**2954**
北　京 Beijing	2308866.35	573754.29	657459.34	66	20	33	13
天　津 Tianjin	1504329.31	205601.17	613889.44	59	10	26	23
河　北 Hebei	18324538.91	2359594.65	5671181.95	442	118	171	153
山　西 Shanxi	6835411.82	933067.56	1438492.96	142	25	44	73
内蒙古 Inner Mongolia	5296450.98	1015548.10	1043937.21	118	45	54	19
辽　宁 Liaoning	7673296.58	1210544.54	2537434.27	221	71	102	48
吉　林 Jilin	11264052.51	2605817.53	2055303.73	258	43	89	126
黑龙江 Heilongjiang	9828379.59	1201953.96	1604647.37	201	38	70	93
上　海 Shanghai	657381.58	254107.00	182072.27	21	3	12	6
江　苏 Jiangsu	5655322.78	1539076.19	1545161.02	159	57	77	25
浙　江 Zhejiang	6066177.52	1746655.99	1606035.98	149	36	51	62
安　徽 Anhui	24656865.98	4556442.47	5333849.40	658	91	291	276
福　建 Fujian	8909672.78	2355973.78	1992671.52	239	19	73	147
江　西 Jiangxi	17562745.62	3500937.60	4953303.33	549	81	208	260
山　东 Shandong	18172301.07	4384891.41	4806322.29	426	187	166	73
河　南 Henan	33305954.93	4922968.60	7723009.80	649	123	222	304
湖　北 Hubei	10516323.52	3331194.53	2272649.80	256	62	97	97
湖　南 Hunan	22749072.55	3785448.25	5069209.55	318	70	114	134
广　东 Guangdong	19447272.65	5026825.81	5531545.25	464	95	212	157
广　西 Guangxi	9455662.67	1821658.97	3071421.10	137	49	49	39
海　南 Hainan	4726475.22	935138.95	954826.94	103	40	41	22
重　庆 Chongqing	2780543.51	592971.53	872981.39	68	3	33	32
四　川 Sichuan	13889512.03	2375013.16	4863267.93	378	42	118	218
贵　州 Guizhou	9818569.45	2264551.08	3325046.98	236	38	111	87
云　南 Yunnan	20743112.28	4522540.05	5853436.03	408	86	196	126
西　藏 Xizang	1343512.39	233441.83	253003.85	20	12	2	6
陕　西 Shaanxi	5187747.08	944231.08	1137154.24	212	19	83	110
甘　肃 Gansu	8593196.95	1574284.46	1877761.40	310	33	95	182
青　海 Qinghai	2685370.40	468858.30	703317.77	49	14	25	10
宁　夏 Ningxia	2290391.51	403134.88	747133.57	59	14	37	8
新　疆 Xinjiang	16062435.53	4830051.08	4275194.38	274	152	97	25

情况(乡村)

in Junior Secondary Schools (Rural Area)

图书(册) Books and Magazines in Libraries (Volume)	数字终端数(台) Number of Digital Terminals (Set)	#教师终端数 of Which: Number of Teachers' Terminals	#学生终端数 of Which: Number of Student Terminals	教室(间) Classroom (Room)	#网络多媒体教室 of Which: Network Multimedia Classroom	固定资产总值(万元) Total Value of Fixed Asset (10,000 yuan)	#教学仪器设备资产值 of Which: Total Value of Equip and Instru.
263487414	**1473767**	**491596**	**924206**	**314143**	**218729**	**17728251.92**	**1939520.26**
1167886	13919	5173	6518	2201	1520	219852.85	42813.25
1345600	6432	2783	3575	1473	1079	61233.63	9446.52
21533549	85863	32329	52374	20696	14602	875098.65	93938.80
3986067	31080	11413	17102	7045	4272	373199.57	30274.79
1686005	13890	5679	8035	2693	2241	216816.81	24756.63
6094117	40372	13272	22675	6812	4893	282739.53	45269.52
4833424	26226	8346	15398	7808	3958	433229.14	36813.78
3233625	22947	6984	14959	7303	4699	305988.51	36499.30
676791	5568	2923	2149	773	628	147976.69	13280.21
4985596	31822	11421	17844	5155	3850	353927.66	36792.45
6563861	38053	13010	23949	5867	4760	468666.61	68183.50
15851067	170376	39874	123060	21711	15338	1074957.11	123990.64
6483940	35904	13978	21306	8117	5239	419660.01	57196.00
11450189	60182	24339	33881	16183	11429	661780.37	98767.41
15419359	79395	34821	42637	16728	12507	1123517.25	108450.23
28595156	131000	48688	80109	33494	21517	1429157.91	140314.79
8010566	36615	14744	20974	9232	5990	535963.49	48405.21
18475031	75404	19783	54049	22479	14752	942308.80	139356.32
17521852	128534	40747	79268	19234	15699	1167544.58	143971.80
11962186	44724	18626	25035	8234	6482	543649.57	65822.14
2353032	13352	4793	7967	2682	2028	154201.71	21232.34
2231726	15307	4778	9346	3752	2976	290568.22	21302.88
12717903	75766	24416	47943	19797	12918	1026905.75	124833.38
10261355	47478	12481	31245	10166	7608	504378.84	60599.58
19388432	95143	23150	70882	20328	13227	1473236.91	119730.23
694503	4218	1986	2228	924	681	168269.43	8027.26
4493852	25155	8675	16165	5023	3524	323416.24	31008.26
5783650	35705	10919	24269	8321	5764	515227.45	49192.79
2943506	14515	4752	9728	3689	2125	264884.19	20015.72
1626881	14502	3803	9133	2270	1597	154719.38	19695.88
11116707	54320	22910	30403	13953	10826	1215175.07	99538.62

小学校数、教学点
Number of Schools, External Teaching

地区 Region	学校数(所) Schools	教学点数(个) External Teaching Sites	班数(个) Classes	一年级 Grade 1
总　计 Total	**143472**	**66009**	**2835474**	**500764**
北　京 Beijing	714	0	32458	6206
天　津 Tianjin	873	0	20991	3939
河　北 Hebei	11313	6064	174250	29847
山　西 Shanxi	3805	1181	67026	11361
内蒙古 Inner Mongolia	1635	515	37323	6465
辽　宁 Liaoning	2320	759	53359	8782
吉　林 Jilin	1574	2273	35111	5506
黑龙江 Heilongjiang	1315	502	32036	5395
上　海 Shanghai	664	0	24899	5237
江　苏 Jiangsu	4009	124	141629	23501
浙　江 Zhejiang	3144	72	103580	19387
安　徽 Anhui	6218	1769	127689	21770
福　建 Fujian	4886	1156	90128	15887
江　西 Jiangxi	5830	5770	110984	19417
山　东 Shandong	8654	829	197902	41819
河　南 Henan	16429	8917	268233	44221
湖　北 Hubei	5145	2694	93591	16703
湖　南 Hunan	6604	5034	133579	23235
广　东 Guangdong	10690	4586	284907	51887
广　西 Guangxi	7858	8253	136600	24070
海　南 Hainan	1294	420	22852	3896
重　庆 Chongqing	2567	727	52374	9178
四　川 Sichuan	5119	2831	134475	23561
贵　州 Guizhou	6156	1737	96640	17350
云　南 Yunnan	9913	2766	107103	19830
西　藏 Xizang	825	33	9954	1727
陕　西 Shaanxi	4191	1507	78809	13764
甘　肃 Gansu	4465	4351	67456	11892
青　海 Qinghai	698	345	12807	2303
宁　夏 Ningxia	1037	377	15637	2861
新　疆 Xinjiang	3527	417	71092	9767

数及班数(总计)

Sites and Classes in Primary Schools(Total)

二年级 Grade 2	三年级 Grade 3	四年级 Grade 4	五年级 Grade 5	六年级 Grade 6	复式班 Multiple-grade Classes
465299	**472611**	**469827**	**474190**	**450260**	**2523**
5305	5264	5546	5124	5013	0
3311	3356	3599	3498	3288	0
27463	27084	29821	29805	30009	221
10552	10690	11624	11376	11275	148
5762	6455	6239	6352	6050	0
8399	8950	9230	9021	8977	0
5400	5599	6063	6215	6328	0
5259	5538	5930	6214	3700	0
4964	4965	4935	4798	0	0
22784	23561	23480	24022	24281	0
16861	17142	16765	16752	16673	0
20947	21099	21157	21318	21256	142
14740	15225	14910	14860	14461	45
18533	18515	18169	18388	17341	621
32545	33866	32074	31810	25788	0
43981	45588	45016	45622	43795	10
15608	15522	14977	15326	15434	21
22369	21937	21677	22051	22248	62
46848	47901	45513	47795	44953	10
23192	22850	22208	22681	21049	550
3818	3869	3725	3789	3755	0
8726	8778	8433	8638	8613	8
22164	22211	21641	22404	22461	33
15752	15535	15678	16297	16026	2
17689	17312	17692	17524	17023	33
1752	1705	1639	1579	1552	0
12888	12904	13218	12893	12863	279
11211	11136	11249	11088	10579	301
2129	2124	2043	2099	2082	27
2694	2664	2545	2486	2377	10
11653	13266	13031	12365	11010	0

小学校数、教学点

Number of Schools, External Teaching Sites and

地区 Region	学校数(所) Schools	教学点数(个) External Teaching Sites	班数(个) Classes	一年级 Grade 1
总　计 Total	**30940**	**1437**	**1127944**	**213429**
北　京 Beijing	545	0	27798	5279
天　津 Tianjin	464	0	16398	3142
河　北 Hebei	1748	183	48579	8802
山　西 Shanxi	918	45	28442	5281
内蒙古 Inner Mongolia	491	3	14729	2701
辽　宁 Liaoning	1082	17	33926	5888
吉　林 Jilin	454	37	14685	2440
黑龙江 Heilongjiang	545	8	16299	2974
上　海 Shanghai	592	0	22364	4689
江　苏 Jiangsu	1800	15	79829	14260
浙　江 Zhejiang	1494	1	62674	12084
安　徽 Anhui	881	21	37715	7071
福　建 Fujian	1225	34	38015	7103
江　西 Jiangxi	886	156	34065	6021
山　东 Shandong	2238	18	89783	20265
河　南 Henan	1991	208	65592	11456
湖　北 Hubei	1349	99	43668	8129
湖　南 Hunan	1281	92	43467	7867
广　东 Guangdong	3776	172	160374	30366
广　西 Guangxi	1045	74	35131	6429
海　南 Hainan	227	18	8532	1498
重　庆 Chongqing	769	21	27677	5260
四　川 Sichuan	1158	71	53320	10445
贵　州 Guizhou	859	28	25703	5050
云　南 Yunnan	819	35	22231	4622
西　藏 Xizang	53	0	1706	301
陕　西 Shaanxi	1126	55	35311	6626
甘　肃 Gansu	432	21	13363	2628
青　海 Qinghai	113	4	3332	631
宁　夏 Ningxia	201	0	6011	1170
新　疆 Xinjiang	378	1	17225	2951

数及班数(城区)
Classes in Primary Schools (Urban Area)

二年级 Grade 2	三年级 Grade 3	四年级 Grade 4	五年级 Grade 5	六年级 Grade 6	复式班 Multiple-grade Classes
188143	**188430**	**184742**	**183908**	**169267**	**25**
4551	4539	4758	4388	4283	0
2615	2604	2788	2639	2610	0
7508	7616	8446	8130	8077	0
4643	4535	4875	4644	4462	2
2271	2543	2439	2480	2295	0
5560	5599	5911	5528	5440	0
2339	2334	2528	2522	2522	0
2799	2850	3077	3101	1498	0
4455	4462	4445	4313	0	0
13404	13474	13067	12908	12716	0
10360	10448	10095	9921	9766	0
6519	6327	6072	5917	5807	2
6313	6399	6165	6112	5919	4
5573	5692	5564	5723	5492	0
15537	15488	14481	13926	10086	0
10625	11074	10732	10988	10717	0
7377	7281	6917	7043	6921	0
7346	7238	6966	7065	6979	6
26130	26532	25236	26604	25501	5
5860	5831	5656	5965	5387	3
1426	1426	1396	1396	1390	0
4825	4705	4356	4327	4204	0
9267	8915	8301	8264	8127	1
4207	4100	4070	4193	4083	0
3696	3533	3527	3500	3353	0
304	295	283	265	258	0
5962	5810	5930	5565	5418	0
2218	2153	2187	2144	2031	2
531	578	538	537	517	0
1042	990	977	936	896	0
2880	3059	2959	2864	2512	0

小学校数、教学点

Number of Schools, External Teaching Sites and

地区 Region	学校数(所) Schools	教学点数(个) External Teaching Sites	班数(个) Classes	
				一年级 Grade 1
总　计 Total	**41891**	**7411**	**992889**	**165740**
北　京 Beijing	75	0	2471	484
天　津 Tianjin	131	0	2082	363
河　北 Hebei	3628	899	65954	10549
山　西 Shanxi	1300	116	25104	4084
内蒙古 Inner Mongolia	669	49	16931	2781
辽　宁 Liaoning	518	42	12126	1868
吉　林 Jilin	509	43	12073	1916
黑龙江 Heilongjiang	554	62	11837	1861
上　海 Shanghai	60	0	2121	458
江　苏 Jiangsu	1460	38	53590	8168
浙　江 Zhejiang	972	16	31401	5741
安　徽 Anhui	1924	238	56408	9453
福　建 Fujian	1554	75	33411	5632
江　西 Jiangxi	1810	807	46011	7527
山　东 Shandong	2543	115	70502	14848
河　南 Henan	4759	1244	106165	16380
湖　北 Hubei	1630	373	32762	5469
湖　南 Hunan	2457	673	58913	9555
广　东 Guangdong	2435	443	69026	11478
广　西 Guangxi	1876	921	44095	7287
海　南 Hainan	343	25	7642	1257
重　庆 Chongqing	794	24	16047	2590
四　川 Sichuan	2252	230	56104	9163
贵　州 Guizhou	1835	119	40170	6897
云　南 Yunnan	1693	187	30358	5564
西　藏 Xizang	147	0	2545	420
陕　西 Shaanxi	1688	306	31294	5148
甘　肃 Gansu	1257	311	26178	4536
青　海 Qinghai	177	19	4701	758
宁　夏 Ningxia	223	17	5023	873
新　疆 Xinjiang	618	19	19844	2632

数及班数(镇区)
Classes in Primary Schools (Counties and Towns Area)

二年级 Grade 2	三年级 Grade 3	四年级 Grade 4	五年级 Grade 5	六年级 Grade 6	复式班 Multiple-grade Classes
154936	**162737**	**165569**	**172781**	**170888**	**238**
400	394	425	387	381	0
309	338	364	378	330	0
9667	10304	11548	11840	12029	17
3881	3979	4407	4348	4385	20
2542	2959	2873	2944	2832	0
1780	2090	2033	2171	2184	0
1879	1932	2079	2116	2151	0
1859	2016	2129	2319	1653	0
426	419	410	408	0	0
8189	8768	8982	9563	9920	0
5021	5138	5105	5177	5219	0
9027	9191	9367	9594	9770	6
5307	5656	5627	5660	5529	0
7133	7433	7659	8185	7992	82
11122	11994	11313	11432	9793	0
16462	17629	17838	18803	19053	0
5221	5398	5304	5566	5799	5
9300	9576	9707	10214	10558	3
10756	11257	11128	12232	12175	0
7034	7232	7305	7847	7366	24
1225	1282	1248	1314	1316	0
2515	2641	2637	2801	2862	1
8841	9086	9201	9859	9954	0
6233	6405	6599	7029	7007	0
4681	4698	4940	5151	5323	1
427	416	446	419	417	0
4914	5112	5242	5337	5471	70
4173	4266	4426	4420	4348	9
748	779	769	818	829	0
815	873	818	830	814	0
3049	3476	3640	3619	3428	0

小学校数、教学点
Number of Schools, External Teaching Sites and

地区 Region	学校数(所) Schools	教学点数(个) External Teaching Sites	班数(个) Classes	
				一年级 Grade 1
总　计 Total	**70641**	**57161**	**714641**	**121595**
北　京 Beijing	94	0	2189	443
天　津 Tianjin	278	0	2511	434
河　北 Hebei	5937	4982	59717	10496
山　西 Shanxi	1587	1020	13480	1996
内蒙古 Inner Mongolia	475	463	5663	983
辽　宁 Liaoning	720	700	7307	1026
吉　林 Jilin	611	2193	8353	1150
黑龙江 Heilongjiang	216	432	3900	560
上　海 Shanghai	12	0	414	90
江　苏 Jiangsu	749	71	8210	1073
浙　江 Zhejiang	678	55	9505	1562
安　徽 Anhui	3413	1510	33566	5246
福　建 Fujian	2107	1047	18702	3152
江　西 Jiangxi	3134	4807	30908	5869
山　东 Shandong	3873	696	37617	6706
河　南 Henan	9679	7465	96476	16385
湖　北 Hubei	2166	2222	17161	3105
湖　南 Hunan	2866	4269	31199	5813
广　东 Guangdong	4479	3971	55507	10043
广　西 Guangxi	4937	7258	57374	10354
海　南 Hainan	724	377	6678	1141
重　庆 Chongqing	1004	682	8650	1328
四　川 Sichuan	1709	2530	25051	3953
贵　州 Guizhou	3462	1590	30767	5403
云　南 Yunnan	7401	2544	54514	9644
西　藏 Xizang	625	33	5703	1006
陕　西 Shaanxi	1377	1146	12204	1990
甘　肃 Gansu	2776	4019	27915	4728
青　海 Qinghai	408	322	4774	914
宁　夏 Ningxia	613	360	4603	818
新　疆 Xinjiang	2531	397	34023	4184

数及班数(乡村)
Classes in Primary Schools (Rural Area)

二年级 Grade 2	三年级 Grade 3	四年级 Grade 4	五年级 Grade 5	六年级 Grade 6	复式班 Multiple-grade Classes
122220	**121444**	**119516**	**117501**	**110105**	**2260**
354	331	363	349	349	0
387	414	447	481	348	0
10288	9164	9827	9835	9903	204
2028	2176	2342	2384	2428	126
949	953	927	928	923	0
1059	1261	1286	1322	1353	0
1182	1333	1456	1577	1655	0
601	672	724	794	549	0
83	84	80	77	0	0
1191	1319	1431	1551	1645	0
1480	1556	1565	1654	1688	0
5401	5581	5718	5807	5679	134
3120	3170	3118	3088	3013	41
5827	5390	4946	4480	3857	539
5886	6384	6280	6452	5909	0
16894	16885	16446	15831	14025	10
3010	2843	2756	2717	2714	16
5723	5123	5004	4772	4711	53
9962	10112	9149	8959	7277	5
10298	9787	9247	8869	8296	523
1167	1161	1081	1079	1049	0
1386	1432	1440	1510	1547	7
4056	4210	4139	4281	4380	32
5312	5030	5009	5075	4936	2
9312	9081	9225	8873	8347	32
1021	994	910	895	877	0
2012	1982	2046	1991	1974	209
4820	4717	4636	4524	4200	290
850	767	736	744	736	27
837	801	750	720	667	10
5724	6731	6432	5882	5070	0

小学教育
Number of Students in

地区 Region	毕业生数 Graduates	招生数 Entrants	招生中接受学前教育 of Which: Those Received the pre-school Education			
			未接受过 Not trained	一年 One Year	两年 Two Years	三年 Three Years
总　计 Total	**17634893**	**18778830**	**76265**	**607292**	**483802**	**17611471**
北　京 Beijing	146245	235253	1859	3052	2670	227672
天　津 Tianjin	124610	155683	1969	8004	5476	140234
河　北 Hebei	1142340	1044491	1172	34744	21667	986908
山　西 Shanxi	379269	398925	63	2039	3581	393242
内蒙古 Inner Mongolia	214986	240138	148	3596	4642	231752
辽　宁 Liaoning	299767	331317	2824	50114	30430	247949
吉　林 Jilin	188100	172337	113	28890	15403	127931
黑龙江 Heilongjiang	218840	179219	2864	45169	21804	109382
上　海 Shanghai	174669	201134	438	1267	1321	198108
江　苏 Jiangsu	952062	977441	64	130	647	976600
浙　江 Zhejiang	607119	783753	140	4311	1519	777783
安　徽 Anhui	777088	803571	875	10074	6038	786584
福　建 Fujian	530308	638204	141	7414	3941	626708
江　西 Jiangxi	682267	596725	8362	15493	14112	558758
山　东 Shandong	1283619	1801986	10751	8884	16471	1765880
河　南 Henan	1691383	1489465	121	36693	24660	1427991
湖　北 Hubei	628441	676828	3030	19728	15456	638614
湖　南 Hunan	894578	844762	3388	30216	42927	768231
广　东 Guangdong	1693038	1999092	6972	105739	69527	1816854
广　西 Guangxi	836783	838807	8703	76041	46491	707572
海　南 Hainan	142225	142449	1688	3632	2420	134709
重　庆 Chongqing	332979	356644	180	2345	8908	345211
四　川 Sichuan	911654	953281	187	5565	9267	938262
贵　州 Guizhou	664946	691482	3811	21761	33587	632323
云　南 Yunnan	629815	701812	4854	56693	49275	590990
西　藏 Xizang	59387	65867	7054	9576	4341	44896
陕　西 Shaanxi	479286	526845	1309	761	721	524054
甘　肃 Gansu	331945	358454	571	1553	4354	351976
青　海 Qinghai	85073	87667	1234	5395	5246	75792
宁　夏 Ningxia	97731	108650	833	5699	11695	90423
新　疆 Xinjiang	434340	376548	547	2714	5205	368082

学生数(总计)
Primary Education (Total)

单位：人
unit: person

在校生数 Enrolment	#女 of Which: Female	一年级 Grade 1	二年级 Grade 2	三年级 Grade 3	四年级 Grade 4	五年级 Grade 5	六年级 Grade 6	预计毕业生数 Estimated Graduates for Next Year
108360253	**50951580**	**18784027**	**17021043**	**17830650**	**18036929**	**18639779**	**18047825**	**18588987**
1161797	560752	235371	189688	186072	199911	177975	172780	174555
818370	388863	155708	125775	127432	140046	136888	132521	139516
6531750	3079197	1044493	930909	989377	1165396	1190269	1211306	1211665
2318407	1121900	398941	356666	356447	410104	397093	399156	399156
1408425	677399	240292	201177	248671	239630	245533	233122	234742
1993743	958339	331339	304255	330560	346675	339260	341654	341654
1095277	528034	172337	164842	170653	190628	196298	200519	200519
1059686	511932	179219	166120	180015	199097	211564	123671	217496
937129	447838	201308	185205	186919	184935	178762	0	178762
5885320	2760420	977450	936295	973879	973618	1004483	1019595	1019595
4113670	1923722	783836	664642	676901	660305	664175	663811	664755
4722273	2192367	803634	757045	768229	779655	796414	817296	817296
3697864	1691797	638574	587608	629487	616708	620386	605101	605101
3750629	1722422	597177	570257	599858	617192	661118	705027	705029
8120924	3740488	1802206	1308532	1381798	1299341	1281499	1047548	1303605
9628783	4540034	1489470	1477079	1616382	1622827	1712565	1710460	1710463
3895006	1796228	678047	630178	644417	623413	652000	666951	667746
5184911	2428330	844786	818711	841063	846380	899143	934828	934828
11105243	5151249	1999234	1757768	1828229	1763564	1915899	1840549	1840542
5162921	2416004	839150	812929	859648	857266	932694	861234	861234
870602	397106	142539	136841	143580	143596	152089	151957	151962
2058660	985877	356751	337431	344222	326514	345230	348512	348512
5490451	2647229	953545	883776	896945	878472	933240	944473	944473
3945252	1837483	691646	608280	623789	647073	690282	684182	684182
3864564	1852373	701934	591895	601457	644212	665347	659719	659719
383510	188330	65922	67143	65171	63221	61551	60502	60502
3031907	1444431	527078	482975	489307	512352	508374	511821	511821
2040393	979081	358596	319744	329793	345990	347284	338986	339013
520101	252924	88026	81593	86672	84342	89876	89592	89592
621276	298803	108743	102107	104404	102028	102996	100998	100998
2941409	1430628	376675	463577	549273	552438	529492	469954	469954

小学教育
Number of Students in

地区 Region	毕业生数 Graduates	招生数 Entrants	招生中接受学前教育 of Which: Those Received the pre-school Education			
			未接受过 Not trained	一年 One Year	两年 Two Years	三年 Three Years
总　计 Total	**7187335**	**9473624**	**37120**	**234891**	**145253**	**9056360**
北　京 Beijing	128622	204631	1792	2779	2599	197461
天　津 Tianjin	96345	130900	1890	7083	3708	118219
河　北 Hebei	335209	408702	448	20157	7595	380502
山　西 Shanxi	171392	221519	52	1537	2356	217574
内蒙古 Inner Mongolia	91753	119931	108	2094	1340	116389
辽　宁 Liaoning	196233	249585	2455	35679	17997	193454
吉　林 Jilin	90846	95642	45	13826	5150	76621
黑龙江 Heilongjiang	119322	114086	2146	30668	14576	66696
上　海 Shanghai	158454	180503	389	1234	1163	177717
江　苏 Jiangsu	487797	610392	13	64	371	609944
浙　江 Zhejiang	362390	501507	92	3228	662	497525
安　徽 Anhui	225938	316071	485	3884	1059	310643
福　建 Fujian	238121	324277	95	3582	313	320287
江　西 Jiangxi	232230	249230	4498	3658	2110	238964
山　东 Shandong	558239	933065	7993	4990	7592	912490
河　南 Henan	470161	537322	90	11653	6500	519079
湖　北 Hubei	296775	378112	2335	13474	6946	355357
湖　南 Hunan	299391	365243	1184	8617	10698	344744
广　东 Guangdong	1007497	1315899	4066	38332	24733	1248768
广　西 Guangxi	237781	310320	2248	13637	3314	291121
海　南 Hainan	59714	68338	969	1927	956	64486
重　庆 Chongqing	171705	232818	39	1111	4158	227510
四　川 Sichuan	330568	474979	6	1591	2133	471249
贵　州 Guizhou	181240	245465	1023	1980	4700	237762
云　南 Yunnan	137134	219819	1095	1683	2792	214249
西　藏 Xizang	11809	14769	473	2193	58	12045
陕　西 Shaanxi	223145	302200	250	78	147	301725
甘　肃 Gansu	91077	125992	254	508	1182	124048
青　海 Qinghai	24131	31272	65	766	1079	29362
宁　夏 Ningxia	41078	55616	104	547	2584	52381
新　疆 Xinjiang	111238	135419	418	2331	4682	127988

学生数(城区)
Primary Schools (Urban Area)

单位：人
unit：person

在校生数 Enrolment	#女 of Which: Female	一年级 Grade 1	二年级 Grade 2	三年级 Grade 3	四年级 Grade 4	五年级 Grade 5	六年级 Grade 6	预计毕业生数 Estimated Graduates for Next Year
49685145	**23251534**	**9474748**	**8182493**	**8244296**	**8103795**	**8129061**	**7550752**	**7941577**
1023993	494219	204644	167105	165654	176820	157218	152552	154327
676704	321107	130918	105855	105279	115131	109614	109907	111288
2230890	1050940	408703	340104	340937	390545	376330	374271	374271
1182376	569984	221523	191032	183240	205866	193294	187421	187421
656837	315898	119964	96677	115430	110819	111648	102299	103904
1433195	688692	249599	229254	234167	252472	233673	234030	234030
579509	278339	95642	90031	90051	101166	100993	101626	101626
627140	302583	114086	104575	108387	120221	121417	58454	122879
843859	403831	180655	166152	168395	167161	161496	0	161496
3408397	1596733	610394	566643	573061	556662	554897	546740	546740
2566490	1198259	501561	422355	427870	409915	405497	399292	400236
1652766	763441	316087	283926	273416	263921	258877	256539	256539
1761280	805670	324406	288193	297514	285885	287302	277980	277980
1435198	652387	249286	228347	233566	229565	240005	254429	254430
3965939	1841241	933157	679529	679441	634447	602133	437232	595657
3040171	1418035	537324	488616	514712	494951	509094	495474	495474
2035405	931409	378140	343082	340354	320640	328889	324300	325081
2027438	943691	365254	340632	335845	322378	331950	331379	331379
6922537	3180517	1315962	1112016	1139098	1079776	1160726	1114959	1114951
1702526	781561	310391	279213	282946	271838	294956	263182	263182
392424	174144	68341	63708	65235	63956	65832	65352	65352
1237916	594343	232860	214442	210754	192899	196516	190445	190445
2424666	1164339	475072	418433	404785	374474	378937	372965	372965
1228653	567571	245509	198266	194674	193228	201390	195586	195586
1038408	497073	219843	171772	162299	164745	163876	155873	155873
82888	40605	14772	14879	14507	13697	12753	12280	12280
1613756	766133	302246	268575	260812	271680	258972	251471	251471
631339	299565	126015	103268	101245	103702	101020	96089	96089
162642	78559	31314	24750	27991	26450	26630	25507	25507
289687	138272	55639	48751	46686	47728	46191	44692	44692
810116	392393	135441	132312	145945	141057	136935	118426	118426

小学教育

Number of Students in Primary

地区 Region	毕业生数 Graduates	招生数 Entrants	招生中接受学前教育 of Which: Those Received the pre-school Education			
			未接受过 Not trained	一年 One Year	两年 Two Years	三年 Three Years
总　计 Total	**6986320**	**6640596**	**22163**	**186370**	**173555**	**6258508**
北　京 Beijing	9633	16367	34	146	13	16174
天　津 Tianjin	13225	12830	61	436	877	11456
河　北 Hebei	483238	414971	471	10688	8528	395284
山　西 Shanxi	156876	147817	3	391	1046	146377
内蒙古 Inner Mongolia	100634	102472	23	1018	2282	99149
辽　宁 Liaoning	70672	61602	147	11030	9341	41084
吉　林 Jilin	70722	63623	33	12548	7486	43556
黑龙江 Heilongjiang	82895	57545	703	12401	5999	38442
上　海 Shanghai	13654	17444	49	33	156	17206
江　苏 Jiangsu	400214	334262	44	53	229	333936
浙　江 Zhejiang	189242	229449	43	710	519	228177
安　徽 Anhui	376043	376531	371	4658	3182	368320
福　建 Fujian	210966	240294	17	2631	1912	235734
江　西 Jiangxi	334330	272368	3608	7345	6183	255232
山　东 Shandong	487146	655072	2484	2516	6741	643331
河　南 Henan	780064	637677	17	16350	11213	610097
湖　北 Hubei	239962	227129	498	3863	5208	217560
湖　南 Hunan	447902	384758	1747	13873	22796	346342
广　东 Guangdong	465309	447148	1932	31996	23650	389570
广　西 Guangxi	328402	311176	3334	24413	14280	269149
海　南 Hainan	53091	48703	309	1187	788	46419
重　庆 Chongqing	118207	100896	108	815	2850	97123
四　川 Sichuan	429219	378722	90	2002	4289	372341
贵　州 Guizhou	318207	312317	1007	6435	13577	291298
云　南 Yunnan	210747	233187	852	12139	11383	208813
西　藏 Xizang	16289	17048	1986	1661	687	12714
陕　西 Shaanxi	208467	193031	962	348	362	191359
甘　肃 Gansu	162835	174230	47	105	1132	172946
青　海 Qinghai	36082	32973	467	1913	1644	28949
宁　夏 Ningxia	34882	36520	600	2350	4812	28758
新　疆 Xinjiang	137165	102434	116	316	390	101612

学生数(镇区)
Education (Counties and Towns Area)

单位：人
unit：person

在校生数 Enrolment	#女 of Which：Female	一年级 Grade 1	二年级 Grade 2	三年级 Grade 3	四年级 Grade 4	五年级 Grade 5	六年级 Grade 6	预计毕业生数 Estimated Graduates for Next Year
40288637	**18906330**	**6643203**	**6103537**	**6544192**	**6719400**	**7123951**	**7154354**	**7274298**
75650	36627	16378	12346	11522	13056	11301	11047	11047
72424	34544	12836	10320	11407	12412	13423	12026	13774
2679538	1256230	414971	370969	407426	478610	497870	509692	510051
913087	443344	147828	136001	140679	163210	160785	164584	164584
630460	303849	102562	87972	112078	107687	111907	108254	108269
403991	193853	61605	55760	70395	66967	74410	74854	74854
408646	197828	63623	61435	64406	71019	73205	74958	74958
371238	179855	57545	53643	61719	66933	76141	55257	79596
78618	37217	17463	16062	15499	14958	14636	0	14636
2209708	1037649	334268	333353	359412	370564	397127	414984	414984
1232096	578386	229469	195020	198964	198814	202952	206877	206877
2241948	1035855	376569	354294	361628	370808	382295	396354	396354
1438705	655564	240487	223969	245586	243622	245358	239683	239683
1762726	805102	272581	259821	276519	291202	318874	343729	343730
2989107	1361157	655110	462681	506212	473490	476148	415466	494309
4269731	2002509	637678	640382	706765	716436	772222	796248	796248
1392612	648335	228115	216398	228434	225557	240306	253802	253802
2471692	1155878	384765	377395	397646	407719	440319	463848	463848
2725928	1276761	447193	413226	439371	437675	492675	495788	495788
1954520	908354	311307	302229	321622	325353	359370	334639	334639
310345	144016	48706	47294	51032	51766	55633	55914	55914
640382	306449	100938	97702	104912	103675	113772	119383	119383
2365791	1142930	378857	362172	379511	386911	424157	434183	434183
1839785	853491	312394	277490	289898	303436	328512	328055	328055
1265290	606022	233239	188868	192492	205664	218380	226647	226647
103581	50853	17056	17559	16868	18090	17095	16913	16913
1188614	567855	193174	181563	192676	199949	206615	214637	214635
1003332	479305	174285	155925	161793	170966	171852	168511	168516
209404	102223	33130	32740	34802	33931	37328	37473	37473
218428	105001	36568	34860	38111	35839	36970	36080	36080
821260	399288	102503	124088	144807	153081	152313	144468	144468

地区 Region	毕业生数 Graduates	招生数 Entrants	招生中接受学前教育 of Which: Those Received the pre-school Education			
			未接受过 Not trained	一年 One Year	两年 Two Years	三年 Three Years
总　计 Total	**3461238**	**2664610**	**16982**	**186031**	**164994**	**2296603**
北　京 Beijing	7990	14255	33	127	58	14037
天　津 Tianjin	15040	11953	18	485	891	10559
河　北 Hebei	323893	220818	253	3899	5544	211122
山　西 Shanxi	51001	29589	8	111	179	29291
内蒙古 Inner Mongolia	22599	17735	17	484	1020	16214
辽　宁 Liaoning	32862	20130	222	3405	3092	13411
吉　林 Jilin	26532	13072	35	2516	2767	7754
黑龙江 Heilongjiang	16623	7588	15	2100	1229	4244
上　海 Shanghai	2561	3187	0	0	2	3185
江　苏 Jiangsu	64051	32787	7	13	47	32720
浙　江 Zhejiang	55487	52797	5	373	338	52081
安　徽 Anhui	175107	110969	19	1532	1797	107621
福　建 Fujian	81221	73633	29	1201	1716	70687
江　西 Jiangxi	115707	75127	256	4490	5819	64562
山　东 Shandong	238234	213849	274	1378	2138	210059
河　南 Henan	441158	314466	14	8690	6947	298815
湖　北 Hubei	91704	71587	197	2391	3302	65697
湖　南 Hunan	147285	94761	457	7726	9433	77145
广　东 Guangdong	220232	236045	974	35411	21144	178516
广　西 Guangxi	270600	217311	3121	37991	28897	147302
海　南 Hainan	29420	25408	410	518	676	23804
重　庆 Chongqing	43067	22930	33	419	1900	20578
四　川 Sichuan	151867	99580	91	1972	2845	94672
贵　州 Guizhou	165499	133700	1781	13346	15310	103263
云　南 Yunnan	281934	248806	2907	42871	35100	167928
西　藏 Xizang	31289	34050	4595	5722	3596	20137
陕　西 Shaanxi	47674	31614	97	335	212	30970
甘　肃 Gansu	78033	58232	270	940	2040	54982
青　海 Qinghai	24860	23422	702	2716	2523	17481
宁　夏 Ningxia	21771	16514	129	2802	4299	9284
新　疆 Xinjiang	185937	138695	13	67	133	138482

学生数(乡村)
Primary Education (Rural Area)

单位：人
unit: person

在校生数 Enrolment	#女 of Which: Female	一年级 Grade 1	二年级 Grade 2	三年级 Grade 3	四年级 Grade 4	五年级 Grade 5	六年级 Grade 6	预计毕业生数 Estimated Graduates for Next Year
18386471	**8793716**	**2666076**	**2735013**	**3042162**	**3213734**	**3386767**	**3342719**	**3373112**
62154	29906	14349	10237	8896	10035	9456	9181	9181
69242	33212	11954	9600	10746	12503	13851	10588	14454
1621322	772027	220819	219836	241014	296241	316069	327343	327343
222944	108572	29590	29633	32528	41028	43014	47151	47151
121128	57652	17766	16528	21163	21124	21978	22569	22569
156557	75794	20135	19241	25998	27236	31177	32770	32770
107122	51867	13072	13376	16196	18443	22100	23935	23935
61308	29494	7588	7902	9909	11943	14006	9960	15021
14652	6790	3190	2991	3025	2816	2630	0	2630
267215	126038	32788	36299	41406	46392	52459	57871	57871
315084	147077	52806	47267	50067	51576	55726	57642	57642
827559	393071	110978	118825	133185	144926	155242	164403	164403
497879	230563	73681	75446	86387	87201	87726	87438	87438
552705	264933	75310	82089	89773	96425	102239	106869	106869
1165878	538090	213939	166322	196145	191404	203218	194850	213639
2318881	1119490	314468	348081	394905	411440	431249	418738	418741
466989	216484	71792	70698	75629	77216	82805	88849	88863
685781	328761	94767	100684	107572	116283	126874	139601	139601
1456778	693971	236079	232526	249760	246113	262498	229802	229803
1505875	726089	217452	231487	255080	260075	278368	263413	263413
167833	78946	25492	25839	27313	27874	30624	30691	30696
180362	85085	22953	25287	28556	29940	34942	38684	38684
699994	339960	99616	103171	112649	117087	130146	137325	137325
876814	416421	133743	132524	139217	150409	160380	160541	160541
1560866	749278	248852	231255	246666	273803	283091	277199	277199
197041	96872	34094	34705	33796	31434	31703	31309	31309
229537	110443	31658	32837	35819	40723	42787	45713	45715
405722	200211	58296	60551	66755	71322	74412	74386	74408
148055	72142	23582	24103	23879	23961	25918	26612	26612
113161	55530	16536	18496	19607	18461	19835	20226	20226
1310033	638947	138731	207177	258521	258300	240244	207060	207060

地区 Region	毕业生数 Graduates	招生数 Entrants	招生中接受学前教育 of Which: Those Received the pre-school Education			
			未接受过 Not trained	一年 One Year	两年 Two Years	三年 Three Years
总　计 Total	**8226157**	**8932557**	**35904**	**289377**	**230821**	**8376455**
北　京 Beijing	70501	113858	906	1445	1278	110229
天　津 Tianjin	58775	75053	933	3749	2534	67837
河　北 Hebei	530573	501922	550	16383	10466	474523
山　西 Shanxi	182373	194403	29	995	1683	191696
内蒙古 Inner Mongolia	103135	115799	77	1723	2174	111825
辽　宁 Liaoning	143666	159828	1303	23984	14631	119910
吉　林 Jilin	90420	83580	49	13988	7539	62004
黑龙江 Heilongjiang	105373	86616	1349	21788	10323	53156
上　海 Shanghai	82970	96561	205	602	632	95122
江　苏 Jiangsu	438501	465611	23	59	282	465247
浙　江 Zhejiang	280619	370519	63	2043	723	367690
安　徽 Anhui	358203	379360	446	4737	2920	371257
福　建 Fujian	241887	294703	63	3447	1858	289335
江　西 Jiangxi	309552	276311	3797	7384	6630	258500
山　东 Shandong	584346	854922	5107	4236	7761	837818
河　南 Henan	786509	715115	46	17400	11650	686019
湖　北 Hubei	285767	316629	1407	9061	7333	298828
湖　南 Hunan	414484	398208	1619	14319	19772	362498
广　东 Guangdong	781116	936931	3170	50069	32830	850862
广　西 Guangxi	390703	397390	4173	36333	22593	334291
海　南 Hainan	64264	65956	741	1652	1164	62399
重　庆 Chongqing	159216	171788	76	1058	4274	166380
四　川 Sichuan	439353	459858	88	2728	4491	452551
贵　州 Guizhou	311636	326073	1806	10370	16020	297877
云　南 Yunnan	300928	338156	2312	27229	23920	284695
西　藏 Xizang	29162	32308	3421	4734	2134	22019
陕　西 Shaanxi	225818	253949	649	367	330	252603
甘　肃 Gansu	158512	173113	288	758	2106	169961
青　海 Qinghai	41247	42368	562	2611	2501	36694
宁　夏 Ningxia	46885	52721	377	2836	5729	43779
新　疆 Xinjiang	209663	182948	269	1289	2540	178850

女学生数
in Primary Education

单位：人
unit: person

在校生数 Enrolment							预计毕业生数 Estimated Graduates for Next Year
	一年级 Grade 1	二年级 Grade 2	三年级 Grade 3	四年级 Grade 4	五年级 Grade 5	六年级 Grade 6	
50951580	**8934402**	**8060048**	**8353370**	**8464748**	**8701654**	**8437358**	**8694521**
560752	113893	91691	89562	96347	85856	83403	84266
388863	75057	60194	60436	66561	64587	62028	65393
3079197	501923	443074	464536	547851	556244	565569	565764
1121900	194405	173284	171160	198356	191768	192927	192927
677399	115856	98152	117707	115843	117279	112562	113348
958339	159833	149462	156133	167523	160994	164394	164394
528034	83580	80270	81546	92082	94132	96424	96424
511932	86616	81355	86489	96036	101749	59687	104740
447838	96597	88284	89403	88153	85401	0	85401
2760420	465613	443082	456918	455754	466526	472527	472527
1923722	370544	312350	316054	308215	308683	307876	308341
2192367	379383	355560	356192	360065	365694	375473	375473
1691797	294789	268890	286874	280359	284257	276628	276628
1722422	276508	263967	276468	282681	300587	322211	322211
3740488	855001	609746	628847	592690	582950	471254	591931
4540034	715119	705550	760728	764711	797424	796502	796503
1796228	317120	293836	297199	286443	297575	304055	304405
2428330	398212	387346	393329	396057	418100	435286	435286
5151249	936960	816962	844744	815115	884465	853003	853004
2416004	397514	381438	401111	399430	432979	403532	403532
397106	65990	62829	65137	65622	68893	68635	68636
985877	171816	162552	164561	155920	164138	166890	166890
2647229	459948	428166	432081	423801	446850	456383	456383
1837483	326121	284018	288907	300410	319626	318401	318401
1852373	338196	284065	286475	308626	318281	316730	316730
188330	32330	32780	32123	31031	30219	29847	29847
1444431	254058	231302	232583	243444	240665	242379	242375
979081	173168	154578	157711	166045	165588	161991	162000
252924	42510	39901	41738	41171	43766	43838	43838
298803	52751	49633	49941	49027	49020	48431	48431
1430628	182991	225731	266677	269379	257358	228492	228492

小学学校教职工数(总计)

Number of Educational Personnel in Primary Schools(Total)

单位：人
unit：person

地区 Region	教职工数 Educational Personnel	专任教师 Full-time Teachers	行政人员 Adm. Personnel	教辅人员 Supporting Staffs	工勤人员 Workers	其他 Others	校外教师 Part-time Teachers	外籍教师 Foreign Teachers
总 计 Total	**6260110**	**5818159**	**111164**	**125439**	**189210**	**16138**	**36322**	**480**
北 京 Beijing	67888	61546	2663	2864	741	74	608	10
天 津 Tianjin	50484	46306	2611	1029	496	42	354	2
河 北 Hebei	412459	390261	9368	4822	7919	89	840	0
山 西 Shanxi	169582	149456	3252	9740	6947	187	1357	2
内蒙古 Inner Mongolia	117289	100988	3717	8657	3595	332	466	0
辽 宁 Liaoning	126453	112861	10119	2578	564	331	158	2
吉 林 Jilin	99421	82601	6179	9786	855	0	166	0
黑龙江 Heilongjiang	90809	77930	4191	6648	1674	366	563	0
上 海 Shanghai	56683	50776	2104	2213	1494	96	292	28
江 苏 Jiangsu	337667	317278	2583	7400	9425	981	1420	39
浙 江 Zhejiang	214055	205101	2193	2862	3704	195	717	43
安 徽 Anhui	238145	227817	3975	1584	4111	658	1685	5
福 建 Fujian	207383	198416	2239	2169	3686	873	1375	0
江 西 Jiangxi	206417	199278	328	4927	1871	13	359	0
山 东 Shandong	415138	404039	3706	4342	2857	194	2269	20
河 南 Henan	572786	541235	10203	6859	13678	811	4793	38
湖 北 Hubei	209853	196057	3368	2526	6926	976	4428	44
湖 南 Hunan	266440	258288	2596	1811	3471	274	2474	6
广 东 Guangdong	527569	483557	12128	6610	23841	1433	1190	187
广 西 Guangxi	325032	295615	2095	3358	19855	4109	1717	11
海 南 Hainan	52212	47798	391	372	2991	660	305	8
重 庆 Chongqing	138322	130131	2208	1320	4379	284	867	3
四 川 Sichuan	311156	291557	4974	5638	8365	622	3372	7
贵 州 Guizhou	233585	204988	2996	3882	21714	5	398	19
云 南 Yunnan	232588	218785	1766	1694	9100	1243	1368	5
西 藏 Xizang	36513	26270	613	540	9090	0	171	0
陕 西 Shaanxi	184114	169237	4999	4045	5216	617	131	1
甘 肃 Gansu	137944	134588	583	1328	1261	184	135	0
青 海 Qinghai	29235	24995	98	214	3928	0	214	0
宁 夏 Ningxia	34366	33803	49	97	305	112	258	0
新 疆 Xinjiang	158522	136601	2869	13524	5151	377	1872	0

小学教职工数(城区)

Number of Educational Personnel in Primary Schools (Urban Area)

单位：人
unit：person

地区 Region	教职工数 Educational Personnel	专任教师 Full-time Teachers	行政人员 Adm. Personnel	教辅人员 Supporting Staffs	工勤人员 Workers	其他 Others	校外教师 Part-time Teachers	外籍教师 Foreign Teachers
总　计 Total	**2441280**	**2287955**	**41770**	**40829**	**66085**	**4641**	**16551**	**453**
北　京 Beijing	56685	52169	1864	2094	536	22	595	10
天　津 Tianjin	39051	35681	1979	952	407	32	352	2
河　北 Hebei	114796	108999	1900	1491	2384	22	87	0
山　西 Shanxi	65417	58816	1387	2150	3036	28	765	2
内蒙古 Inner Mongolia	39227	36575	1155	1107	335	55	262	0
辽　宁 Liaoning	76387	69159	5560	1129	341	198	94	2
吉　林 Jilin	38930	34588	1708	2365	269	0	51	0
黑龙江 Heilongjiang	41808	37916	1847	1334	598	113	450	0
上　海 Shanghai	51085	46076	1788	1899	1243	79	289	28
江　苏 Jiangsu	192885	181208	1323	3964	5865	525	897	36
浙　江 Zhejiang	126629	121314	1132	1481	2600	102	416	41
安　徽 Anhui	71028	69425	806	232	514	51	692	0
福　建 Fujian	88362	84476	855	960	1719	352	444	0
江　西 Jiangxi	63349	61578	123	1081	567	0	162	0
山　东 Shandong	181638	176338	1735	2150	1307	108	658	19
河　南 Henan	141259	134251	2180	1494	3214	120	1285	35
湖　北 Hubei	93226	88558	1825	825	1846	172	3217	42
湖　南 Hunan	94532	92221	671	709	880	51	1021	6
广　东 Guangdong	292243	262874	4923	5419	18059	968	734	180
广　西 Guangxi	88374	80961	602	1256	4849	706	199	10
海　南 Hainan	19427	17829	134	188	977	299	220	8
重　庆 Chongqing	70646	66733	861	749	2146	157	625	3
四　川 Sichuan	114282	107526	1412	1880	3288	176	683	7
贵　州 Guizhou	59384	54879	517	468	3520	0	175	19
云　南 Yunnan	49154	47351	306	312	1110	75	109	2
西　藏 Xizang	6391	5051	62	52	1226	0	89	0
陕　西 Shaanxi	82392	76157	2457	1397	2197	184	32	1
甘　肃 Gansu	29290	28714	158	145	270	3	12	0
青　海 Qinghai	7845	7625	8	49	163	0	41	0
宁　夏 Ningxia	14060	13906	9	25	99	21	81	0
新　疆 Xinjiang	31498	29001	483	1472	520	22	1814	0

小学教职工数(镇区)

Number of Educational Personnel in Primary Schools (Counties and Towns Area)

单位：人
unit: person

地区 Region	教职工数 Educational Personnel	专任教师 Full-time Teachers	行政人员 Adm. Personnel	教辅人员 Supporting Staffs	工勤人员 Workers	其他 Others	校外教师 Part-time Teachers	外籍教师 Foreign Teachers
总　计 Total	**2301069**	**2144108**	**37717**	**47446**	**66808**	**4990**	**10672**	**13**
北　京 Beijing	5636	4838	328	373	85	12	7	0
天　津 Tianjin	4832	4536	220	35	40	1	0	0
河　北 Hebei	160594	151842	3473	1835	3419	25	277	0
山　西 Shanxi	67948	60677	1076	3818	2304	73	232	0
内蒙古 Inner Mongolia	57380	48263	1674	5143	2107	193	131	0
辽　宁 Liaoning	31950	27937	2815	950	154	94	29	0
吉　林 Jilin	35218	29149	2015	3704	350	0	36	0
黑龙江 Heilongjiang	37388	31585	1634	3227	778	164	74	0
上　海 Shanghai	4723	4027	259	237	188	12	3	0
江　苏 Jiangsu	125062	117575	1024	3043	3033	387	472	2
浙　江 Zhejiang	67848	65163	763	967	889	66	158	2
安　徽 Anhui	105633	100866	1826	716	1995	230	585	3
福　建 Fujian	80348	76903	1046	798	1298	303	636	0
江　西 Jiangxi	91876	88907	139	2050	772	8	67	0
山　东 Shandong	150895	147222	1140	1467	1022	44	1288	1
河　南 Henan	229632	215757	3901	2989	6585	400	2009	1
湖　北 Hubei	76423	71025	953	1061	3055	329	587	2
湖　南 Hunan	120535	116337	1322	782	1974	120	865	0
广　东 Guangdong	134664	126556	3580	756	3525	247	233	2
广　西 Guangxi	115873	106097	716	1313	6841	906	534	0
海　南 Hainan	18469	16971	133	150	1026	189	27	0
重　庆 Chongqing	45563	42920	825	331	1438	49	147	0
四　川 Sichuan	143412	135075	2117	2496	3455	269	1528	0
贵　州 Guizhou	103472	90959	1359	1882	9272	0	155	0
云　南 Yunnan	72633	68136	599	625	2958	315	217	0
西　藏 Xizang	9851	7303	133	139	2276	0	29	0
陕　西 Shaanxi	76065	70424	1557	1844	1938	302	65	0
甘　肃 Gansu	60758	59398	308	509	474	69	28	0
青　海 Qinghai	11134	9172	56	94	1812	0	77	0
宁　夏 Ningxia	11998	11700	22	59	158	59	149	0
新　疆 Xinjiang	43256	36788	704	4053	1587	124	27	0

分专业技术职务情况(镇区)
Academic Qualifications and Professional Rank (County and Town Area)

单位：人
unit: person

高中阶段毕业 High School Graduate	高中阶段毕业以下 Below High School Graduate	按专业技术职务分 By Professional Rank 正高级 Senior	副高级 Sub-Senior	中 级 Middle	助理级 Associate	员 级 Junior	未定职级 No-Ranking
17455	**205**	**1663**	**333022**	**1003452**	**731704**	**64969**	**311752**
24	0	6	829	2474	2252	33	434
6	0	7	639	2892	873	8	567
730	3	39	16613	62110	53167	4389	26558
503	4	13	1751	26220	28495	1090	9552
227	2	28	11835	22456	13034	1034	5165
269	10	31	19384	12032	3988	1755	1757
375	1	48	8483	14959	8381	1182	2905
618	2	24	9892	16277	10238	465	1912
34	0	2	202	2850	2182	191	386
124	1	87	13917	66212	39782	2454	15355
73	0	41	6090	36476	23569	707	6078
411	0	36	15360	51408	32637	4144	16457
1536	14	33	3952	37046	22499	1973	13495
964	19	40	7245	42771	36925	5804	13700
661	13	251	25960	62381	58877	2893	24768
1524	0	24	24013	86062	81419	6584	50768
926	13	36	6113	37475	22203	3836	9585
587	3	54	14447	60300	44645	7340	15696
799	10	33	12394	73504	29654	4071	25727
1403	3	21	21637	38279	30700	3012	14587
557	19	12	2208	7024	7199	291	3270
348	3	11	4056	21340	16855	164	1929
1085	2	80	30178	61749	50871	3269	10884
1228	42	15	9681	49777	26318	1435	9224
869	17	43	33786	26342	9206	383	2214
65	1	1	1513	2775	2258	378	378
233	14	7	5901	30923	28094	1573	12127
629	1	588	12987	26256	23282	492	4580
75	6	2	2027	4907	2415	367	1641
86	0	6	2842	4830	3268	103	1420
486	2	44	7087	13345	16418	3549	8633

小学教育专任教师分学历、

Number of Full-time Teacher in Primary Education by

地区 Region	合计 Total	#女 of Which: Female	按学历分 By Educational Background			
			博士研究生 Doctor's Diploma	硕士研究生 Master's Diploma	本科毕业 Bachelor's Diploma	专科毕业 Associate Bachelor
总　计 Total	**1457288**	**903247**	**15**	**7325**	**967677**	**457533**
北　京 Beijing	5309	3895	0	511	4563	232
天　津 Tianjin	6252	4144	0	86	5399	745
河　北 Hebei	123058	94701	0	630	79363	41956
山　西 Shanxi	31089	22358	0	440	22401	7821
内蒙古 Inner Mongolia	17693	12005	0	236	13550	3774
辽　宁 Liaoning	20450	14875	1	220	13157	6888
吉　林 Jilin	22775	16458	0	172	16704	5580
黑龙江 Heilongjiang	12786	8124	0	44	7642	4751
上　海 Shanghai	1143	831	0	114	884	143
江　苏 Jiangsu	19819	12713	0	277	18228	1285
浙　江 Zhejiang	21275	15147	0	398	19099	1744
安　徽 Anhui	64650	36265	0	236	43791	20319
福　建 Fujian	36900	23423	0	102	22034	13203
江　西 Jiangxi	53553	32763	2	47	33590	18718
山　东 Shandong	84916	49162	0	854	72355	10808
河　南 Henan	192512	136222	3	887	127650	61961
湖　北 Hubei	37576	22067	1	198	21431	14797
湖　南 Hunan	59886	38209	1	209	42851	16158
广　东 Guangdong	98241	62702	0	480	73006	23543
广　西 Guangxi	104237	64288	0	80	52120	48267
海　南 Hainan	15627	8050	1	126	7051	7623
重　庆 Chongqing	20534	10168	0	74	12408	7740
四　川 Sichuan	59404	32516	1	151	32139	26308
贵　州 Guizhou	59739	26142	1	75	39958	18264
云　南 Yunnan	105860	53402	3	176	73806	29412
西　藏 Xizang	14117	7583	1	23	8624	5382
陕　西 Shaanxi	24365	15393	0	170	18346	5730
甘　肃 Gansu	49037	21812	0	140	35695	12147
青　海 Qinghai	9576	4805	0	66	6193	3143
宁　夏 Ningxia	9075	4630	0	33	5846	3034
新　疆 Xinjiang	75834	48394	0	70	37793	36057

分专业技术职务情况(乡村)

Academic Qualifications and Professional Rank (Rural Area)

单位：人
unit: person

		按专业技术职务分 By Professional Rank					
高中阶段毕业 High School Graduate	高中阶段毕业以下 Below High School Graduate	正高级 Senior	副高级 Sub-Senior	中 级 Middle	助理级 Associate	员 级 Junior	未定职级 No-Ranking
24320	**418**	**608**	**227805**	**551459**	**426936**	**52963**	**197517**
3	0	2	653	2336	1888	12	418
22	0	2	781	3724	1170	28	547
1082	27	16	18554	45788	36919	4529	17252
427	0	2	802	11115	13183	609	5378
132	1	4	3517	6781	5133	433	1825
182	2	6	9439	5710	2649	1389	1257
316	3	16	6838	8879	4378	628	2036
340	9	4	3572	4729	3399	248	834
2	0	1	45	520	461	10	106
28	1	5	1426	9962	6066	431	1929
34	0	5	1301	10078	7806	138	1947
304	0	19	9114	25899	19640	2390	7588
1535	26	3	1333	17024	10250	1179	7111
1137	59	8	4127	16644	17453	5008	10313
897	2	100	15737	32695	27722	1455	7207
2011	0	2	23015	71658	58749	5982	33106
1131	18	19	2934	15172	10570	2340	6541
659	8	6	7164	21272	19534	3899	8011
1198	14	17	6916	51759	20568	3339	15642
3746	24	17	25030	36843	25796	2778	13773
785	41	8	1164	5717	5865	256	2617
300	12	2	1903	9490	7481	218	1440
805	0	14	11366	21851	17837	1818	6518
1372	69	4	5230	30351	16327	1237	6590
2377	86	31	44919	32077	22161	1688	4984
84	3	1	2091	4286	5275	1307	1157
115	4	1	1414	9311	9045	639	3955
1054	1	267	8295	17437	15700	696	6642
167	7	1	2210	3157	1553	251	2404
161	1	3	2954	2785	2462	87	784
1914	0	22	3961	16409	29896	7941	17605

地区 Region	校舍建筑面积 Floor Space	教学及辅助用房 Buildings for Instruction and Ancillary Uses	教室 Classroom	专用教室 Professional Classroom	公共教学用房 Public Teaching Space	图书阅览室 Library	室内体育用房 Gymnasium	心理辅导室 Psychological Counseling Room
总　计 Total	**904512370.07**	**500553641.31**	**320671049.48**	**75187017.97**	**104695573.86**	**25029360.83**	**24176388.93**	**5400812.94**
北　京 Beijing	8476839.88	4870579.86	2328546.85	1022873.19	1519159.82	201170.31	318067.92	53309.66
天　津 Tianjin	5752216.34	3747064.08	2346505.31	553969.57	846589.20	156019.26	243253.78	47198.85
河　北 Hebei	50977841.34	30866253.36	21643202.14	4537270.71	4685780.51	1613015.98	608891.17	241297.86
山　西 Shanxi	19517333.15	9048420.15	5398685.32	1514720.15	2135014.68	487832.72	247241.44	98932.63
内蒙古 Inner Mongolia	14667934.89	7595014.36	3746938.32	1848632.84	1999443.20	333145.40	684639.01	101082.09
辽　宁 Liaoning	13678455.24	7766554.08	4698386.41	1354562.77	1713604.90	341074.94	375708.95	82304.70
吉　林 Jilin	9622727.42	5264453.08	3520236.70	764404.85	979811.53	287596.54	130622.06	51608.21
黑龙江 Heilongjiang	8573540.32	4962592.65	3124554.67	815069.32	1022968.66	174938.18	266607.00	46280.01
上　海 Shanghai	7132100.08	4485010.58	2014698.00	958178.30	1512134.28	269294.10	565054.78	55069.36
江　苏 Jiangsu	56391603.92	33903119.83	19014358.14	6184018.35	8704743.34	1962319.73	3237894.32	357501.27
浙　江 Zhejiang	45423404.54	23806118.49	12062332.76	4485158.19	7258627.54	1160670.85	2545308.70	281631.59
安　徽 Anhui	35466027.75	21881813.82	15467755.37	2468183.33	3945875.12	1128820.85	831781.71	325752.71
福　建 Fujian	30330438.51	16807241.69	9941878.20	2568159.91	4297203.58	906273.37	988820.37	189608.41
江　西 Jiangxi	31834059.26	18383150.04	12606243.95	2262540.88	3514365.21	1014253.65	550467.50	213891.68
山　东 Shandong	62440290.29	37357611.24	21406990.33	6697550.61	9253070.30	1941228.20	1576714.01	477333.38
河　南 Henan	75629062.02	40547304.51	31244932.89	4013646.92	5288724.70	1969546.18	629124.91	340906.95
湖　北 Hubei	33779105.86	17301534.58	11745378.12	2039190.50	3516965.96	839084.29	1057235.27	187744.85
湖　南 Hunan	44300194.98	23537035.87	15870873.76	2771171.31	4894990.80	1091637.17	1557535.26	217103.11
广　东 Guangdong	80218477.09	47203481.61	28425584.49	7164893.58	11613003.54	2178640.48	3239745.43	605875.38
广　西 Guangxi	44404917.17	26632090.24	20139095.82	2683116.58	3809877.84	1151852.99	637203.24	323764.69
海　南 Hainan	6774488.89	3584676.69	2611438.31	420203.61	553034.77	167138.28	90168.23	28749.46
重　庆 Chongqing	23254655.00	12280886.62	7333514.52	1960441.25	2986930.85	448168.43	739874.02	95057.61
四　川 Sichuan	44093203.04	23752976.05	16889474.75	3011341.34	3852159.96	1114247.28	735738.63	195861.16
贵　州 Guizhou	31692960.58	14412463.16	9919049.25	2000691.26	2492722.65	724067.50	307180.68	133960.25
云　南 Yunnan	38622729.83	18743440.22	12238497.59	3061490.41	3443452.22	1091069.52	371721.07	157986.21
西　藏 Xizang	6341695.70	2231487.56	1343469.10	323435.65	564582.81	75576.28	264443.40	8584.46
陕　西 Shaanxi	25707945.98	12800673.46	7279002.44	2317471.23	3204199.79	749881.74	488862.16	166836.86
甘　肃 Gansu	16786110.13	8989154.30	6019006.46	1329053.73	1641094.11	524203.39	166750.94	137683.37
青　海 Qinghai	5276301.21	2458723.74	1382743.98	506904.24	569075.52	150072.65	251401.10	17315.85
宁　夏 Ningxia	5499844.44	3219063.46	1684615.98	892429.04	642018.44	147921.88	112354.43	33593.68
新　疆 Xinjiang	21845865.22	12113651.93	7223059.55	2656244.35	2234348.03	628598.69	355977.44	126986.64

校舍情况(总计)
in Primary Schools (Total)

单位：平方米
unit：m²

其他 Others	行政办公用房 Administrative	教师办公室 for Teachers	其他 Others	生活用房 Residential and Welfare	教工值班宿舍 Dormitories for Faculty	教师周转宿舍 Accommodation for Circulation of Teachers	学生宿舍 Students' Dormitories	学生餐厅 Students' Canteen	厕所 Toilets	其他 Others	其他用房 Rooms for Other Purposes
50089011.16	**75584716.30**	**49178801.35**	**26405914.95**	**241684681.47**	**19762064.25**	**33261859.47**	**47051172.53**	**48635987.11**	**38966561.70**	**54007036.41**	**86689330.99**
946611.93	1185720.84	533311.28	652409.56	2299803.87	74430.86	47270.74	77334.61	241003.78	411355.96	1448407.92	120735.31
400117.31	694258.81	453789.49	240469.32	883591.21	27653.11	13504.94	3310.00	120721.40	327360.46	391041.30	427302.24
2222575.50	3868068.96	2756561.12	1111507.84	11103523.10	787566.45	486038.75	3238315.93	1852235.36	2228794.95	2510571.66	5139995.92
1301007.89	2021403.16	1379848.72	641554.44	5306060.08	593901.81	248818.76	1625140.83	841884.06	829107.49	1167207.13	3141449.76
880576.70	1455663.46	927365.29	528298.17	4268821.12	93576.07	337488.45	1556671.19	737759.15	713302.34	830023.92	1348435.95
914516.31	1631959.95	860334.04	771625.91	4267721.74	37997.21	63422.78	208675.70	776148.19	629164.70	2552313.16	12219.47
509984.72	1010073.42	639258.49	370814.93	1932416.21	25492.37	52915.80	159760.74	379396.35	460454.25	854396.70	1415784.71
535143.47	913265.26	587484.94	325780.32	1683003.23	25653.34	45613.19	222285.37	235602.85	393515.80	760332.68	1014679.18
622716.04	887938.04	432511.88	455426.16	1271295.06	2399.92	1980.45	1128.72	282528.06	342921.58	640336.33	487856.40
3147028.02	5264237.03	2807661.06	2456575.97	11490417.97	364559.58	478901.88	430287.63	3956717.58	2196054.93	4063896.37	5733829.09
3271016.40	3583469.35	1966265.70	1617203.65	11098670.37	736847.70	817567.44	729960.93	3634107.21	1748669.28	3431517.81	6935146.33
1659519.85	2974214.51	2025784.46	948430.05	6621467.25	514198.02	924819.56	659052.87	1694025.88	1454183.63	1375187.29	3988532.17
2212501.43	2235994.99	1333828.34	902166.65	6289625.10	147207.83	1514426.67	532199.74	495957.10	1401146.27	2198687.49	4997576.73
1735752.38	2796891.70	1872601.28	924290.42	7630603.72	586452.08	1901449.51	962351.44	1522860.87	1448528.72	1208961.10	3023413.80
5257794.71	5408470.46	3484893.42	1923577.04	12529017.35	240486.66	653161.26	915583.74	3187523.89	3158141.65	4374120.15	7145191.24
2349146.66	7562794.97	5590136.07	1972658.90	20781543.84	1904903.25	1773077.92	5737291.56	4588801.84	3826091.75	2951377.52	6737418.70
1432901.55	2544037.80	1664985.12	879052.68	10756343.28	1651264.60	1799674.66	1949262.50	2267683.40	1173453.44	1915004.68	3177190.20
2028715.26	3272758.82	2412008.58	860750.24	12803420.88	1898089.61	2200005.95	1982726.07	3167171.00	1653411.30	1902016.95	4686979.41
5588742.25	6101412.54	4001546.84	2099865.70	20952277.49	3624212.51	3594071.84	2489426.39	1746991.80	3336421.55	6161153.40	5961305.45
1697056.92	2401648.59	1858671.43	542977.16	12942558.42	505934.86	2842311.61	3399600.52	2143422.53	1789814.45	2261474.45	2428619.92
266978.80	463175.00	312870.18	150304.82	2265694.59	432843.60	706620.45	496971.91	188462.17	244297.19	196499.27	460942.61
1703830.79	1854054.76	1140843.58	713211.18	5951030.62	540311.92	1184871.52	715791.78	1469682.17	815557.09	1224816.14	3168683.00
1806312.89	2880244.68	1940565.53	939679.15	13735520.44	893356.33	2912070.70	3308595.32	2929751.65	1664109.68	2027636.76	3724461.87
1327514.22	2423160.18	1521060.59	902099.59	11928777.37	641873.73	2578517.65	3803798.24	2236894.24	1396216.91	1271476.60	2928559.87
1822675.42	2276978.01	1566582.30	710395.71	15984311.21	1745712.49	1944374.42	5634640.64	3268136.33	1520770.84	1870676.49	1618000.39
215978.67	400680.79	291732.29	108948.50	3593714.90	55727.44	1288897.22	1243829.78	593822.89	132337.57	279100.00	115812.45
1798619.03	2473385.52	1706078.03	767307.49	6782626.01	841192.68	634059.84	1099771.52	1400977.19	1231216.45	1575408.33	3651260.99
812456.41	1889445.19	1392258.26	497186.93	4253426.81	552880.26	578630.67	527573.79	712674.08	943425.45	938242.56	1654083.83
150285.92	422002.51	259953.59	162048.92	2128877.89	41828.15	377291.31	719518.52	333041.56	242852.24	414346.11	266697.07
348148.45	523643.85	321544.53	202099.32	1145027.22	69285.59	177091.26	109078.30	238086.87	323022.59	228462.61	612109.91
1122785.26	2163663.15	1136464.92	1027198.23	7003493.12	104224.22	1082912.27	2511236.25	1391915.66	930861.19	982343.53	565057.02

地区 Region	校舍建筑面积 Floor Space	教学及辅助用房 Buildings for Instruction and Ancillary Uses	教室 Classroom	专用教室 Professional Classroom	公共教学用房 Public Teaching Space	图书阅览室 Library	室内体育用房 Gymnasium	心理辅导室 Psychological Counseling Room
总　计 Total	**334397747.73**	**198595488.88**	**114114724.21**	**32467347.66**	**52013417.01**	**8806688.35**	**16459217.38**	**1811218.23**
北　京 Beijing	6831935.09	4064284.21	1955146.38	824513.55	1284624.28	159715.99	271723.15	41358.30
天　津 Tianjin	4281905.39	2809081.59	1678139.56	418108.63	712833.40	112897.44	230896.32	32080.68
河　北 Hebei	11959869.11	7757382.98	5355655.76	1066922.41	1334804.81	327421.32	312681.10	45665.79
山　西 Shanxi	7226319.84	3679076.20	2244716.63	630713.69	803645.88	172830.47	140325.01	33754.52
内蒙古 Inner Mongolia	4701842.82	2949369.59	1411599.19	750110.37	787660.03	115868.44	257630.95	37297.86
辽　宁 Liaoning	8366861.45	4919032.16	2829282.97	857629.20	1232119.99	196608.28	316900.03	47238.53
吉　林 Jilin	3481662.59	2224974.58	1454500.97	312375.70	458097.91	104509.31	86837.62	17100.08
黑龙江 Heilongjiang	3982268.95	2568985.60	1539510.56	429403.27	600071.77	80548.15	184670.97	20470.91
上　海 Shanghai	6309494.77	4027165.87	1809793.84	852724.48	1364647.55	236543.01	512742.25	48858.78
江　苏 Jiangsu	34244103.68	19963726.10	10367342.71	3685321.94	5911061.45	1155021.18	2438283.84	181804.60
浙　江 Zhejiang	27355416.17	14410242.36	6875219.31	2774741.06	4760281.99	697904.91	1757357.44	160649.73
安　徽 Anhui	10522974.00	6720181.78	4507550.57	773850.86	1438780.35	296926.15	490216.52	64109.23
福　建 Fujian	12108492.14	7058627.01	3633639.18	1194499.94	2230487.89	379078.89	615773.10	74423.57
江　西 Jiangxi	8688361.41	5398013.59	3433160.02	696961.09	1267892.48	239117.13	298574.01	42537.81
山　东 Shandong	26763697.26	16326466.46	8587722.22	3070630.78	4668113.46	742494.43	1080226.81	145928.30
河　南 Henan	15656701.88	8937251.04	6603692.13	945647.17	1387911.74	342558.48	261665.16	77282.52
湖　北 Hubei	12739725.69	7625983.71	4724447.07	948718.64	1952818.00	304256.40	861975.92	68663.32
湖　南 Hunan	13715762.54	8183917.33	4811991.13	1017084.09	2354842.11	296586.99	1112615.59	64621.49
广　东 Guangdong	42232867.65	25660351.19	13979998.44	4219721.66	7460631.09	1047332.37	2459783.57	265322.65
广　西 Guangxi	9692175.42	6291388.06	4261060.01	768596.18	1261731.87	241791.30	360349.45	51316.01
海　南 Hainan	2048180.11	1230210.49	882043.32	145487.44	202679.73	42797.21	45603.82	7075.10
重　庆 Chongqing	11732073.93	6825313.13	3714292.15	1110968.75	2000052.23	217602.79	671884.06	45010.18
四　川 Sichuan	14739577.40	9088615.21	5848340.48	1340548.47	1899726.26	400568.68	566181.49	69975.80
贵　州 Guizhou	6788496.44	3594759.97	2312811.74	574090.86	707857.37	156381.84	163015.68	26830.32
云　南 Yunnan	6407254.65	3759490.68	2261196.22	647450.83	850843.63	162321.43	184569.99	23209.70
西　藏 Xizang	922278.63	403334.34	269548.42	60878.53	72907.39	11340.20	19637.18	1710.73
陕　西 Shaanxi	10733058.79	5618663.06	3064354.27	1008244.22	1546064.57	276787.99	362262.84	51840.89
甘　肃 Gansu	3103185.56	1879013.23	1182636.86	280546.16	415830.21	78712.69	86089.54	21399.80
青　海 Qinghai	1080195.07	673265.71	342835.92	189590.05	140839.74	36899.49	45086.08	5474.25
宁　夏 Ningxia	1955029.40	1283210.45	660291.26	338818.35	284100.84	50331.17	77727.73	11721.29
新　疆 Xinjiang	4025979.90	2664111.20	1512204.92	532449.29	619456.99	122934.22	185930.16	26485.49

校舍情况(城区)
in Primary Schools (Urban Area)

单位：平方米
unit：m²

其他 Others	行政办公用房 Administrative	教师办公室 for Teachers	其他 Others	生活用房 Residential and Welfare	教工值班宿舍 Dormitories for Faculty	教师周转宿舍 Accommodation for Circulation of Teachers	学生宿舍 Students' Dormitories	学生餐厅 Students' Canteen	厕所 Toilets	其他 Others	其他用房 Rooms for Other Purposes
24936293.05	**30530172.70**	**18435577.49**	**12094595.21**	**66675209.27**	**2951537.89**	**4079066.31**	**6030307.22**	**13712728.91**	**14792199.11**	**25109369.83**	**38596876.88**
811826.84	964090.84	442749.16	521341.68	1688133.40	35049.68	32671.06	31993.64	175894.25	328565.81	1083958.96	115426.64
336958.96	529968.20	345503.82	184464.38	658169.47	7297.70	4944.11	3310.00	102901.01	246514.99	293201.66	284686.13
649036.60	1034854.91	730877.57	303977.34	1832356.52	62884.33	28334.46	437908.37	226841.26	495210.67	581177.43	1335274.7
456735.88	784448.46	502525.16	281923.30	1473865.95	113567.42	30503.78	412830.71	180537.94	324252.05	412174.05	1288929.23
376862.78	496143.41	309424.08	186719.33	689024.44	13187.12	19846.54	93830.02	45544.38	219636.72	296979.66	567305.38
671373.15	1014983.82	494188.89	520794.93	2421826.00	9033.01	6072.15	59123.96	345532.93	379404.70	1622659.25	11019.47
249650.90	358792.98	220782.75	138010.23	476763.56	1174.30	0.00	11961.33	92905.06	153580.76	217142.11	421131.47
314381.74	442430.40	269147.13	173283.27	576395.22	5163.99	1839.36	11462.24	35583.76	179259.83	343086.04	394457.73
566503.51	769448.83	381419.01	388029.82	1124131.56	1459.54	1144.41	828.72	235782.80	297681.20	587234.89	388748.51
2135951.83	3236341.82	1648709.99	1587631.83	6950703.48	66370.40	98245.15	143534.89	2359500.85	1321516.80	2961535.39	4093332.28
2144369.91	2143308.36	1168139.79	975168.57	6090737.27	204698.64	289826.26	373801.48	2079747.73	1017771.81	2124891.35	4711128.18
587528.45	951780.98	633659.87	318121.11	1293301.19	27068.65	46628.63	82463.24	264067.39	457768.89	415304.39	1557710.05
1161212.33	915405.03	525120.80	390284.23	1891003.54	31699.12	285489.80	67912.19	143999.33	575336.05	786567.05	2243456.56
687663.53	820037.86	496584.17	323453.69	1314749.71	57967.51	136112.04	45862.99	264670.07	428101.60	382035.50	1155560.25
2699463.92	2348003.09	1430948.59	917054.50	5430381.89	43799.61	132269.34	310407.17	1224780.64	1283274.42	2435850.71	2658845.82
706405.58	1797629.69	1232418.71	565210.98	2914887.35	191513.91	110890.23	577581.85	534370.89	756554.40	743976.07	2006933.8
717922.36	1120153.41	701294.97	418858.44	2584786.19	256235.88	215252.13	210163.46	584167.54	464703.53	854263.65	1408802.38
881018.04	990332.84	702888.25	287444.59	2656609.52	211553.84	229562.92	313612.06	729462.01	553463.04	618955.65	1884902.85
3688192.50	3218613.92	2005252.05	1213361.87	10233893.73	1068192.06	1253945.91	1111077.52	1044125.99	1910921.44	3845630.81	3120008.81
608275.11	718176.50	509310.37	208866.13	2055082.22	23341.57	201748.80	459827.52	370431.16	497274.34	502458.83	627528.64
107203.60	149998.59	100906.11	49092.48	508958.76	86813.51	118969.18	100658.62	32945.40	87347.11	82224.94	159012.27
1065555.20	993453.01	610219.52	383233.49	2102626.11	51614.93	107676.51	105989.09	668384.58	437223.55	731737.45	1810681.68
863000.29	1110594.01	731081.76	379512.25	2679201.17	99303.76	180480.66	298427.17	758064.26	615829.93	727095.39	1861167.01
361629.53	727112.87	430239.42	296873.45	1478385.55	60113.60	129992.46	219960.71	349063.48	356781.22	362474.08	988238.05
480742.51	590794.35	380591.19	210203.16	1576395.02	94246.85	77815.60	173665.98	240456.69	311714.11	678495.79	480574.6
40219.28	90068.87	62237.86	27831.01	409676.16	7178.35	176273.93	83316.81	85905.46	16698.60	40303.01	19199.26
855172.85	938820.17	643872.27	294947.90	2114539.21	94781.52	88832.72	196539.60	392195.18	524400.92	817789.27	2061036.35
229628.18	356422.29	239709.14	116713.15	424838.65	13867.03	15440.90	11794.20	29167.02	175314.62	179254.88	442911.39
53379.92	138518.10	74590.97	63927.13	205911.06	622.46	15559.17	13945.79	16188.75	72990.03	86604.86	62500.2
144320.65	220665.47	133273.51	87391.96	223434.62	4506.16	3179.41	22359.00	7069.73	119336.44	66983.88	227718.86
284107.12	558779.62	277910.61	280869.01	594440.75	7231.44	39518.69	44156.89	92441.37	183769.53	227322.83	208648.33

小学学校
Condition of School Buildings in

地区 Region	校舍建筑面积 Floor Space	教学及辅助用房 Buildings for Instruction and Ancillary Uses	教室 Classroom	专用教室 Professional Classroom	公共教学用房 Public Teaching Space	图书阅览室 Library	室内体育用房 Gymnasium	心理辅导室 Psychological Counseling Room
总　计 Total	**315873498.85**	**174809792.91**	**117378741.78**	**25148600.48**	**32282450.65**	**8307224.35**	**5796475.75**	**1725477.91**
北　京 Beijing	910200.02	441639.89	200178.79	106100.63	135360.47	23151.83	25410.26	5682.12
天　津 Tianjin	607191.20	389911.21	278788.20	56979.67	54143.34	16308.95	7429.23	5972.59
河　北 Hebei	19658343.28	11665470.20	8156428.96	1733801.35	1775239.89	584319.49	217731.65	80653.39
山　西 Shanxi	7410555.72	3655179.17	2092079.93	602341.57	960757.67	190757.56	84894.58	35104.51
内蒙古 Inner Mongolia	7241111.03	3651723.69	1800140.30	859749.61	991833.78	159096.61	373199.89	45409.90
辽　宁 Liaoning	3090099.57	1695998.40	1109220.45	312706.41	274071.54	72381.92	34542.18	17746.72
吉　林 Jilin	3184586.37	1753704.76	1182265.91	254646.50	316792.35	89717.59	36017.55	16042.02
黑龙江 Heilongjiang	3421875.91	1912449.23	1253754.65	312732.23	345962.35	66709.38	73886.48	18323.28
上　海 Shanghai	712175.12	391174.90	176550.08	89763.52	124861.30	27754.14	45315.38	4939.40
江　苏 Jiangsu	18721190.93	11727839.17	7157508.62	2140486.12	2429844.43	670901.45	740057.26	132652.77
浙　江 Zhejiang	13646740.06	7400807.48	4027895.73	1336591.94	2036319.81	357397.81	672659.53	82527.32
安　徽 Anhui	15142987.56	9714258.24	6997697.89	1100615.53	1615944.82	459804.27	289137.73	119825.04
福　建 Fujian	10975078.35	6274016.93	3995384.77	863594.03	1415038.13	317983.00	280997.43	62159.66
江　西 Jiangxi	13190893.53	7787359.13	5402105.58	988778.78	1396474.77	361923.69	215595.83	88007.84
山　东 Shandong	21955775.41	13570645.72	8094248.70	2402794.03	3073602.99	684270.51	441244.10	146588.55
河　南 Henan	28770644.50	15345604.83	12016623.73	1441910.53	1887070.57	660149.44	226073.68	120569.58
湖　北 Hubei	12118044.62	5959417.72	4305670.40	700420.92	953326.40	289072.37	133816.28	63618.28
湖　南 Hunan	18934162.13	10082764.63	7062177.25	1219850.58	1800736.80	459587.50	378828.92	95293.41
广　东 Guangdong	19579488.76	11317156.73	7725371.73	1413818.43	2177966.57	501649.60	456982.65	123757.22
广　西 Guangxi	14742197.72	8567854.26	6663324.88	836582.82	1067946.56	322253.42	158099.02	78104.10
海　南 Hainan	2442023.78	1295970.07	935300.27	160091.62	200578.18	56257.06	31828.91	9434.29
重　庆 Chongqing	7198334.67	3729296.35	2438581.07	589826.67	700888.61	138806.39	53446.19	29207.18
四　川 Sichuan	19163965.55	10125439.10	7677635.58	1141867.95	1305935.57	441159.62	137612.21	82830.37
贵　州 Guizhou	13849728.61	6151620.46	4245329.42	832935.63	1073355.41	280195.88	113342.55	50943.16
云　南 Yunnan	10388908.81	5273932.42	3449818.22	826234.03	997880.17	262446.98	105928.16	37467.92
西　藏 Xizang	1710995.25	575595.69	340099.28	86529.72	148966.69	16454.25	69294.03	2116.44
陕　西 Shaanxi	10332355.87	5345330.81	3144047.85	957254.87	1244028.09	318528.39	96905.29	72205.20
甘　肃 Gansu	7032436.82	3851497.89	2490970.12	626563.57	733964.20	213523.59	64608.37	49064.07
青　海 Qinghai	1967045.23	882204.26	509491.27	161113.51	211599.48	55896.63	105667.24	4910.63
宁　夏 Ningxia	1832256.46	1080867.33	560245.20	297929.00	222693.13	49293.60	31583.90	10638.00
新　疆 Xinjiang	5942106.01	3193062.24	1889806.95	693988.71	609266.58	159471.43	94339.27	33682.95

校舍情况(镇区)

Primary Schools (County and Town Area)

单位：平方米
unit：m²

其他 Others	行政办公用房 Administrative	教师办公室 for Teachers	其他 Others	生活用房 Residential and Welfare	教工值班宿舍 Dormitories for Faculty	教师周转宿舍 Accommodation for Circulation of Teachers	学生宿舍 Students' Dormitories	学生餐厅 Students' Canteen	厕所 Toilets	其他 Others	其他用房 Rooms for Other Purposes
16453272.64	**25493819.91**	**16973931.51**	**8519888.40**	**89616521.81**	**7611912.77**	**13800794.59**	**21096003.89**	**18889914.31**	**12995660.09**	**15222236.16**	**25953364.22**
81116.26	118665.25	47968.01	70697.24	348064.48	19306.73	7168.20	21040.69	37760.25	46086.44	216702.17	1830.4
24432.57	70082.58	45737.25	24345.33	96338.25	5982.45	3413.44	0.00	8753.81	34167.25	44021.30	50859.16
892535.36	1446164.53	1025832.83	420331.70	4729714.89	290830.51	185164.15	1557401.74	870211.61	849918.93	976187.95	1816993.66
650001.02	755663.74	524091.35	231572.39	2036961.69	223339.86	122735.97	654049.62	343859.21	298134.16	394842.87	962751.12
414127.38	709053.54	444103.80	264949.74	2375734.14	44035.56	163106.74	1007200.82	457971.83	353555.44	349863.75	504599.66
149400.72	350209.15	207469.60	142739.55	1042692.02	9255.71	31847.38	107405.09	274859.10	129090.44	490234.30	1200
175015.19	322598.82	194981.02	127617.80	742444.38	9693.98	35249.90	103455.50	189359.38	134192.53	270493.09	365838.41
187043.21	344225.23	229587.86	114637.37	743408.04	10853.20	24355.59	154656.44	131829.88	158535.50	263177.43	421793.41
46852.38	100606.46	43108.37	57498.09	126940.88	940.38	693.58	300.00	40832.04	38820.87	45354.01	93452.88
886232.95	1739477.59	982286.52	757191.07	3884472.15	235143.56	302863.43	248745.09	1414862.60	731647.95	951209.52	1369402.02
923735.15	1102021.37	602164.96	499856.41	3627276.91	314759.17	360882.27	253972.12	1164134.90	563606.68	969921.77	1516634.3
747177.78	1230768.24	819320.17	411448.07	2789231.30	195072.51	452139.80	309810.19	712635.69	581593.77	537979.34	1408729.78
753898.04	837238.18	497025.97	340212.21	2370676.33	52251.84	622071.86	292143.20	200812.70	489656.41	713740.32	1493146.91
730947.41	1150328.43	751709.41	398619.02	3202843.97	229703.39	793010.39	560599.36	635741.84	560921.42	422867.57	1050362
1801499.83	1863580.84	1262428.36	601152.48	4231101.73	79279.83	295283.17	400290.67	1269702.82	1108529.66	1078015.58	2290447.12
880277.87	2721120.92	1998334.63	722786.29	8414085.80	740077.91	683106.63	2756551.63	1862847.07	1376049.82	995452.74	2289832.95
466819.47	843527.43	576484.70	267042.73	4456447.94	771304.29	859104.79	896556.16	956298.31	382071.80	591112.59	858651.53
867026.97	1310852.97	965324.45	345528.52	5991974.59	923501.52	1173504.63	1052576.63	1482241.27	632277.62	727872.92	1548569.94
1095577.10	1429967.98	977331.33	452636.65	5349996.47	1031387.55	1098285.10	997290.35	464715.22	703395.56	1054922.69	1482367.58
509490.02	732482.89	577293.12	155189.77	4840245.26	256709.05	1067349.75	1458256.40	826825.96	524286.59	706817.51	601615.31
103057.92	143890.20	101937.91	41952.29	903163.73	167611.43	279072.38	244071.24	88144.60	75900.31	48363.77	98999.78
479428.85	518802.86	324231.69	194571.17	2113996.54	223521.72	575465.23	298803.43	488279.01	234266.03	293661.12	836238.92
644333.37	1186614.36	807484.90	379129.46	6695837.85	459987.13	1543736.11	1812744.52	1380752.86	686586.10	812031.13	1156074.24
628873.82	1031943.49	660545.96	371397.53	5456248.07	280988.67	1096634.02	1952957.21	996855.09	586992.37	541820.71	1209916.59
592037.11	689503.38	477530.89	211972.49	3953725.71	337450.72	518569.06	1452298.55	841991.16	407874.64	395541.58	471747.3
61101.97	102174.16	73717.35	28456.81	1007301.68	16461.09	361497.74	363063.90	165159.14	34496.23	66623.58	25923.72
756389.21	995973.34	711077.21	284896.13	3024716.92	443635.66	371212.24	651000.97	631415.70	460588.72	466863.63	966334.8
406768.17	743634.49	525205.65	218428.84	1827798.61	181306.18	280592.50	299863.60	337951.02	364531.37	363553.94	609505.83
45124.98	152863.77	94970.56	57893.21	857064.23	15724.59	163295.41	329607.10	140826.31	80783.65	126827.17	74912.97
131177.63	182900.81	111811.36	71089.45	358666.33	12737.00	55910.90	45866.30	79204.19	109949.01	54998.93	209821.99
321772.93	566882.91	312834.32	254048.59	2017350.92	29059.58	273472.23	813425.37	393079.74	257152.82	251161.18	164809.94

小学学校

Condition of School Buildings in

地区 Region	校舍建筑面积 Floor Space	教学及辅助用房 Buildings for Instruction and Ancillary Uses	教室 Classroom	专用教室 Professional Classroom	公共教学用房 Public Teaching Space	图书阅览室 Library	室内体育用房 Gymnasium	心理辅导室 Psychological Counseling Room
总 计 Total	**254241123.49**	**127148359.52**	**89177583.49**	**17571069.83**	**20399706.20**	**7915448.13**	**1920695.80**	**1864116.80**
北 京 Beijing	734704.77	364655.76	173221.68	92259.01	99175.07	18302.49	20934.51	6269.24
天 津 Tianjin	863119.75	548071.28	389577.55	78881.27	79612.46	26812.87	4928.23	9145.58
河 北 Hebei	19359628.95	11443400.18	8131117.42	1736546.95	1575735.81	701275.17	78478.42	114978.68
山 西 Shanxi	4880457.59	1714164.78	1061888.76	281664.89	370611.13	124244.69	22021.85	30073.60
内蒙古 Inner Mongolia	2724981.04	993921.08	535198.83	238772.86	219949.39	58180.35	53808.17	18374.33
辽 宁 Liaoning	2221494.22	1151523.52	759882.99	184227.16	207413.37	72084.74	24266.74	17319.45
吉 林 Jilin	2956478.46	1285773.74	883469.82	197382.65	204921.27	93369.64	7766.89	18466.11
黑龙江 Heilongjiang	1169395.46	481157.82	331289.46	72933.82	76934.54	27680.65	8049.55	7485.82
上 海 Shanghai	110430.19	66669.81	28354.08	15690.30	22625.43	4996.95	6997.15	1271.18
江 苏 Jiangsu	3426309.31	2211554.56	1489506.81	358210.29	363837.46	136397.10	59553.22	43043.90
浙 江 Zhejiang	4421248.31	1995068.65	1159217.72	373825.19	462025.74	105368.13	115291.73	38454.54
安 徽 Anhui	9800066.19	5447373.80	3962506.91	593716.94	891149.95	372090.43	52427.46	141818.44
福 建 Fujian	7246868.02	3474597.75	2312854.25	510065.94	651677.56	209211.48	92049.84	53025.18
江 西 Jiangxi	9954804.32	5197777.32	3770978.35	576801.01	849997.96	413212.83	36297.66	83346.03
山 东 Shandong	13720817.62	7460499.06	4725019.41	1224125.80	1511353.85	514463.26	55243.10	184816.53
河 南 Henan	31201715.64	16264448.64	12624617.03	1626089.22	2013742.39	966838.26	141386.07	143054.85
湖 北 Hubei	8921335.55	3716133.15	2715260.65	390050.94	610821.56	245755.52	61443.07	55463.25
湖 南 Hunan	11650270.31	5270353.91	3996705.38	534236.64	739411.89	335462.68	66090.75	57188.21
广 东 Guangdong	18406120.68	10225973.69	6720214.32	1531353.49	1974405.88	629658.51	322979.21	216795.51
广 西 Guangxi	19970544.03	11772847.92	9214710.93	1077937.58	1480199.41	587808.27	118754.77	194344.58
海 南 Hainan	2284285.00	1058496.13	794094.72	114624.55	149776.86	68084.01	12735.50	12240.07
重 庆 Chongqing	4324246.40	1726277.14	1180641.30	259645.83	285990.01	91759.25	14543.77	20840.25
四 川 Sichuan	10189660.09	4538921.74	3363498.69	528924.92	646498.13	272518.98	31944.93	43054.99
贵 州 Guizhou	11054735.53	4666082.73	3360908.09	593664.77	711509.87	287489.78	30822.45	56186.77
云 南 Yunnan	21826566.37	9710017.12	6527483.15	1587805.55	1594728.42	666301.11	81222.92	97308.59
西 藏 Xizang	3708421.82	1252557.53	733821.40	176027.40	342708.73	47781.83	175512.19	4757.29
陕 西 Shaanxi	4642531.32	1836679.59	1070600.32	351972.14	414107.13	154565.36	29694.03	42790.77
甘 肃 Gansu	6650487.75	3258643.18	2345399.48	421944.00	491299.70	231967.11	16053.03	67219.50
青 海 Qinghai	2229060.91	903253.77	530416.79	156200.68	216636.30	57276.53	100647.78	6930.97
宁 夏 Ningxia	1712558.58	854985.68	464079.52	255681.69	135224.47	48297.11	3042.80	11234.39
新 疆 Xinjiang	11877779.31	6256478.49	3821047.68	1429806.35	1005624.46	346193.04	75708.01	66818.20

初中校数、班数(总计)

Number of Schools, Classes of Junior Secondary Schools(Total)

地区 Region	学校数(所) Schools	初级中学 Regular Junior Secondary Schools	九年一贯制学校 9-Year Schools	职业初中 Vocational Junior Secondary Schools	班数(个) Classes	一年级 Grade 1	二年级 Grade 2	三年级 Grade 3	四年级 Grade 4
总　计 Total	**52348**	**34014**	**18330**	**4**	**1139790**	**380856**	**376240**	**371357**	**11337**
北　京 Beijing	324	166	158	0	11107	3814	3615	3639	39
天　津 Tianjin	346	280	66	0	8800	2977	2850	2771	202
河　北 Hebei	2525	1872	653	0	68387	23097	22650	22640	0
山　西 Shanxi	1346	892	454	0	25416	8456	8484	8476	0
内蒙古 Inner Mongolia	715	463	252	0	15730	5169	5286	5234	41
辽　宁 Liaoning	1529	963	566	0	22704	7348	7593	7763	0
吉　林 Jilin	1183	779	400	4	14815	4735	5027	5053	0
黑龙江 Heilongjiang	1398	835	563	0	19889	5603	5852	6016	2418
上　海 Shanghai	606	368	238	0	15308	4278	3882	3657	3491
江　苏 Jiangsu	2336	1782	554	0	61683	20959	20533	20191	0
浙　江 Zhejiang	1794	1257	537	0	41018	13973	13534	13483	28
安　徽 Anhui	2763	1636	1127	0	51633	17367	17019	17247	0
福　建 Fujian	1281	1015	266	0	34241	11518	11335	11388	0
江　西 Jiangxi	2249	1312	937	0	45579	15047	15143	15389	0
山　东 Shandong	3327	2175	1152	0	86446	27510	26897	26937	5102
河　南 Henan	4626	3369	1257	0	105666	35187	35376	35103	0
湖　北 Hubei	2176	1527	649	0	39426	13326	13070	13014	16
湖　南 Hunan	3390	1982	1408	0	56955	18999	19112	18844	0
广　东 Guangdong	3945	1947	1998	0	102934	35536	34599	32799	0
广　西 Guangxi	1764	1478	286	0	48494	16744	16246	15504	0
海　南 Hainan	396	198	198	0	8969	3061	2979	2929	0
重　庆 Chongqing	843	653	190	0	22785	7481	7619	7685	0
四　川 Sichuan	3233	1538	1695	0	59774	19851	19953	19970	0
贵　州 Guizhou	1870	1409	461	0	40189	13627	13481	13081	0
云　南 Yunnan	1708	1406	302	0	40004	13295	13434	13275	0
西　藏 Xizang	106	104	2	0	3166	1094	1056	1016	0
陕　西 Shaanxi	1666	1080	586	0	29709	10433	10026	9250	0
甘　肃 Gansu	1437	804	633	0	21625	7413	7219	6993	0
青　海 Qinghai	263	109	154	0	4992	1733	1671	1588	0
宁　夏 Ningxia	254	186	68	0	6047	2040	2031	1976	0
新　疆 Xinjiang	949	429	520	0	26299	9185	8668	8446	0

初中校数、班数(城区)
Number of Schools, Classes of Junior Secondary Schools (Urban Area)

地区 Region	学校数(所) Schools	初级中学 Regular Junior Secondary Schools	九年一贯制学校 9-Year Schools	职业初中 Vocational Junior Secondary Schools	班数(个) Classes	一年级 Grade 1	二年级 Grade 2	三年级 Grade 3	四年级 Grade 4
总　计 Total	**15568**	**9329**	**6237**	**2**	**480583**	**163759**	**156927**	**152289**	**7608**
北　京 Beijing	204	93	111	0	9600	3299	3123	3139	39
天　津 Tianjin	183	136	47	0	6639	2318	2195	2091	35
河　北 Hebei	566	391	175	0	21752	7603	7123	7026	0
山　西 Shanxi	367	237	130	0	11804	4026	3929	3849	0
内蒙古 Inner Mongolia	211	157	54	0	6577	2194	2186	2157	40
辽　宁 Liaoning	675	501	174	0	13880	4619	4589	4672	0
吉　林 Jilin	290	206	82	2	6797	2209	2296	2292	0
黑龙江 Heilongjiang	407	285	122	0	9886	2852	2829	2842	1363
上　海 Shanghai	506	318	188	0	13823	3861	3498	3309	3155
江　苏 Jiangsu	1061	808	253	0	32093	11207	10689	10197	0
浙　江 Zhejiang	949	640	309	0	24508	8474	8062	7944	28
安　徽 Anhui	496	289	207	0	14961	5159	4892	4910	0
福　建 Fujian	325	217	108	0	15574	5336	5123	5115	0
江　西 Jiangxi	449	203	246	0	15633	5282	5207	5144	0
山　东 Shandong	1291	778	513	0	40039	13026	12243	11838	2932
河　南 Henan	1017	648	369	0	30410	10419	10121	9870	0
湖　北 Hubei	770	493	277	0	19030	6617	6289	6108	16
湖　南 Hunan	554	319	235	0	18575	6472	6207	5896	0
广　东 Guangdong	1973	719	1254	0	60170	20997	20074	19099	0
广　西 Guangxi	446	277	169	0	15305	5376	5131	4798	0
海　南 Hainan	100	37	63	0	3910	1336	1300	1274	0
重　庆 Chongqing	238	178	60	0	12116	4133	4057	3926	0
四　川 Sichuan	700	338	362	0	23069	7936	7618	7515	0
贵　州 Guizhou	449	279	170	0	11818	4125	3941	3752	0
云　南 Yunnan	275	164	111	0	9750	3320	3237	3193	0
西　藏 Xizang	28	27	1	0	886	303	296	287	0
陕　西 Shaanxi	455	285	170	0	13951	5013	4669	4269	0
甘　肃 Gansu	189	105	84	0	5881	2042	1977	1862	0
青　海 Qinghai	58	31	27	0	1638	564	545	529	0
宁　夏 Ningxia	78	73	5	0	2702	923	901	878	0
新　疆 Xinjiang	258	97	161	0	7806	2718	2580	2508	0

初中校数、班数(镇区)

Number of Schools, Classes of Junior Secondary Schools (County and Town Area)

地区 Region	学校数(所) Schools	初级中学 Regular Junior Secondary Schools	九年一贯制学校 9-Year Schools	职业初中 Vocational Junior Secondary Schools	班数(个) Classes	一年级 Grade 1	二年级 Grade 2	三年级 Grade 3	四年级 Grade 4
总　计 Total	**24386**	**17328**	**7057**	**1**	**525568**	**173882**	**174727**	**173903**	**3056**
北　京 Beijing	60	37	23	0	803	268	260	275	0
天　津 Tianjin	101	89	12	0	1500	461	465	477	97
河　北 Hebei	1306	992	314	0	36461	12262	12132	12067	0
山　西 Shanxi	655	467	188	0	10996	3595	3717	3684	0
内蒙古 Inner Mongolia	395	270	125	0	8203	2683	2774	2745	1
辽　宁 Liaoning	568	320	248	0	6711	2082	2288	2341	0
吉　林 Jilin	497	344	152	1	5765	1827	1966	1972	0
黑龙江 Heilongjiang	638	410	228	0	8058	2227	2450	2553	828
上　海 Shanghai	81	41	40	0	1187	336	305	279	267
江　苏 Jiangsu	1117	854	263	0	27451	9092	9123	9236	0
浙　江 Zhejiang	661	514	147	0	14121	4714	4685	4722	0
安　徽 Anhui	1307	839	468	0	28592	9579	9420	9593	0
福　建 Fujian	539	476	63	0	14568	4867	4852	4849	0
江　西 Jiangxi	1021	657	364	0	23403	7672	7750	7981	0
山　东 Shandong	1608	1117	491	0	39450	12407	12442	12738	1863
河　南 Henan	2265	1705	560	0	57948	19235	19405	19308	0
湖　北 Hubei	1020	787	233	0	16772	5519	5562	5691	0
湖　南 Hunan	1716	1090	626	0	30572	10048	10288	10236	0
广　东 Guangdong	1371	927	444	0	33603	11407	11405	10791	0
广　西 Guangxi	989	910	79	0	28228	9704	9451	9073	0
海　南 Hainan	189	121	68	0	3853	1320	1279	1254	0
重　庆 Chongqing	447	365	82	0	8808	2789	2903	3116	0
四　川 Sichuan	1696	985	711	0	30792	10033	10372	10387	0
贵　州 Guizhou	1017	855	162	0	23509	7915	7898	7696	0
云　南 Yunnan	736	666	70	0	20203	6694	6797	6712	0
西　藏 Xizang	62	62	0	0	1687	586	559	542	0
陕　西 Shaanxi	962	647	315	0	13656	4708	4645	4303	0
甘　肃 Gansu	728	471	257	0	12656	4332	4221	4103	0
青　海 Qinghai	111	54	57	0	2445	850	818	777	0
宁　夏 Ningxia	105	84	21	0	2658	895	895	868	0
新　疆 Xinjiang	418	172	246	0	10909	3775	3600	3534	0

初中校数、班数(乡村)

Number of Schools, Classes of Junior Secondary Schools (Rural Area)

地区 Region	学校数(所) Schools	初级中学 Regular Junior Secondary Schools	九年一贯制学校 9-Year Schools	职业初中 Vocational Junior Secondary Schools	班数(个) Classes	一年级 Grade 1	二年级 Grade 2	三年级 Grade 3	四年级 Grade 4
总　计 Total	**12394**	**7357**	**5036**	**1**	**133639**	**43215**	**44586**	**45165**	**673**
北　京 Beijing	60	36	24	0	704	247	232	225	0
天　津 Tianjin	62	55	7	0	661	198	190	203	70
河　北 Hebei	653	489	164	0	10174	3232	3395	3547	0
山　西 Shanxi	324	188	136	0	2616	835	838	943	0
内蒙古 Inner Mongolia	109	36	73	0	950	292	326	332	0
辽　宁 Liaoning	286	142	144	0	2113	647	716	750	0
吉　林 Jilin	396	229	166	1	2253	699	765	789	0
黑龙江 Heilongjiang	353	140	213	0	1945	524	573	621	227
上　海 Shanghai	19	9	10	0	298	81	79	69	69
江　苏 Jiangsu	158	120	38	0	2139	660	721	758	0
浙　江 Zhejiang	184	103	81	0	2389	785	787	817	0
安　徽 Anhui	960	508	452	0	8080	2629	2707	2744	0
福　建 Fujian	417	322	95	0	4099	1315	1360	1424	0
江　西 Jiangxi	779	452	327	0	6543	2093	2186	2264	0
山　东 Shandong	428	280	148	0	6957	2077	2212	2361	307
河　南 Henan	1344	1016	328	0	17308	5533	5850	5925	0
湖　北 Hubei	386	247	139	0	3624	1190	1219	1215	0
湖　南 Hunan	1120	573	547	0	7808	2479	2617	2712	0
广　东 Guangdong	601	301	300	0	9161	3132	3120	2909	0
广　西 Guangxi	329	291	38	0	4961	1664	1664	1633	0
海　南 Hainan	107	40	67	0	1206	405	400	401	0
重　庆 Chongqing	158	110	48	0	1861	559	659	643	0
四　川 Sichuan	837	215	622	0	5913	1882	1963	2068	0
贵　州 Guizhou	404	275	129	0	4862	1587	1642	1633	0
云　南 Yunnan	697	576	121	0	10051	3281	3400	3370	0
西　藏 Xizang	16	15	1	0	593	205	201	187	0
陕　西 Shaanxi	249	148	101	0	2102	712	712	678	0
甘　肃 Gansu	520	228	292	0	3088	1039	1021	1028	0
青　海 Qinghai	94	24	70	0	909	319	308	282	0
宁　夏 Ningxia	71	29	42	0	687	222	235	230	0
新　疆 Xinjiang	273	160	113	0	7584	2692	2488	2404	0

初中教育学生数(总计)
Number of Students in Junior Secondary Education (Total)

单位：人
unit: person

地区 Region	毕业生数 Graduates	招生数 Entrants	在校生数 Enrolment	#女 of Which: Female	一年级 Grade 1	二年级 Grade 2	三年级 Grade 3	四年级 Grade 4	预计毕业生数 Estimated Graduates for Next Year
总　计 Total	**16235844**	**17546266**	**52436916**	**24425203**	**17556551**	**17380264**	**17045879**	**454222**	**17028647**
北　京 Beijing	110365	134985	370920	178675	135154	119529	114980	1257	114986
天　津 Tianjin	114380	128662	381796	179386	129341	124553	120132	7770	120511
河　北 Hebei	1005455	1124263	3332508	1554860	1124263	1109125	1099120	0	1099058
山　西 Shanxi	348492	371381	1121739	541245	371403	378240	372096	0	372096
内蒙古 Inner Mongolia	220612	214725	663109	316536	214845	225739	220905	1620	221000
辽　宁 Liaoning	327169	298994	932323	443739	299025	311521	321777	0	321777
吉　林 Jilin	188524	186575	590957	283369	186644	201814	202499	0	202499
黑龙江 Heilongjiang	225520	217907	792899	382380	219712	231460	242782	98945	241514
上　海 Shanghai	115020	171447	567211	271810	171722	144652	131850	118987	119254
江　苏 Jiangsu	868420	945774	2772879	1279463	945793	924695	902391	0	902391
浙　江 Zhejiang	544113	601330	1734735	802329	601385	573846	558618	886	558624
安　徽 Anhui	758031	777420	2312674	1055874	777807	763789	771078	0	771078
福　建 Fujian	513823	528267	1577017	719673	528371	523346	525300	0	525300
江　西 Jiangxi	684266	682232	2080579	940335	683563	691250	705766	0	705766
山　东 Shandong	1245220	1276723	4003470	1820268	1276910	1252845	1249593	224122	1245841
河　南 Henan	1536671	1687362	5081295	2344417	1687382	1706794	1687119	0	1687119
湖　北 Hubei	578831	631950	1882355	856462	633048	625376	623296	635	623256
湖　南 Hunan	827167	898786	2707785	1253846	898811	912492	896482	0	896482
广　东 Guangdong	1383120	1651870	4766647	2197743	1652982	1604834	1508831	0	1508831
广　西 Guangxi	756584	845589	2455916	1141158	845877	825190	784849	0	784849
海　南 Hainan	129762	141940	415652	186669	142200	138606	134846	0	134846
重　庆 Chongqing	380320	340095	1046154	497148	340471	351206	354477	0	354477
四　川 Sichuan	919493	911581	2755193	1330899	911921	922625	920647	0	920647
贵　州 Guizhou	592362	670760	1974519	924406	671016	665744	637759	0	637759
云　南 Yunnan	598923	625952	1886645	899824	626040	637101	623504	0	623504
西　藏 Xizang	47946	55448	157638	77521	55466	53001	49171	0	49171
陕　西 Shaanxi	397142	479159	1352382	636975	479679	458372	414331	0	414331
甘　肃 Gansu	279095	328612	951952	451893	328812	318568	304572	0	304572
青　海 Qinghai	73101	83784	237475	115592	83989	79511	73975	0	73975
宁　夏 Ningxia	92554	97607	289410	139039	97693	96960	94757	0	94757
新　疆 Xinjiang	373363	435086	1241082	601669	435226	407480	398376	0	398376

初中教育学生数(城区)
Number of Students in Junior Secondary Education (Urban Area)

单位：人
unit: person

地区 Region	毕业生数 Graduates	招生数 Entrants	在校生数 Enrolment	#女 of Which: Female	一年级 Grade 1	二年级 Grade 2	三年级 Grade 3	四年级 Grade 4	预计毕业生数 Estimated Graduates for Next Year
总 计 Total	**6607321**	**7644416**	**22273999**	**10341416**	**7649404**	**7311347**	**7006350**	**306898**	**6987682**
北 京 Beijing	95952	118829	326593	157230	118989	105218	101129	1257	101135
天 津 Tianjin	86502	102859	296025	138807	103107	98533	92957	1428	92958
河 北 Hebei	314833	378233	1078481	505921	378233	356259	343989	0	343989
山 西 Shanxi	161622	182574	536950	259017	182578	180914	173458	0	173458
内蒙古 Inner Mongolia	95670	99010	298323	143437	99055	100455	97215	1598	97301
辽 宁 Liaoning	197712	197890	595240	283138	197914	196148	201178	0	201178
吉 林 Jilin	90106	97193	299635	142652	97195	101567	100873	0	100873
黑龙江 Heilongjiang	112185	121821	427683	206075	122880	121594	124256	58953	122593
上 海 Shanghai	105316	155702	517623	248031	155959	132051	120758	108855	109122
江 苏 Jiangsu	426526	505917	1438377	662862	505926	479861	452590	0	452590
浙 江 Zhejiang	320573	369417	1046512	483408	369450	345187	330989	886	330995
安 徽 Anhui	215946	241665	694762	315202	241697	227026	226039	0	226039
福 建 Fujian	234119	252050	739274	337226	252084	243944	243246	0	243246
江 西 Jiangxi	224739	247690	734053	328441	248121	244809	241123	0	241123
山 东 Shandong	540508	613572	1872940	861054	613728	576473	549453	133286	544025
河 南 Henan	443228	515856	1506094	682212	515872	505499	484723	0	484723
湖 北 Hubei	272215	318593	921499	414691	319198	305211	296455	635	296415
湖 南 Hunan	262729	319139	915712	420693	319158	307544	289010	0	289010
广 东 Guangdong	815326	983609	2800753	1274196	984588	935423	880742	0	880742
广 西 Guangxi	228236	272512	775315	356154	272613	260201	242501	0	242501
海 南 Hainan	58027	63868	186869	82027	63887	62264	60718	0	60718
重 庆 Chongqing	187648	192900	566343	272164	193153	189937	183253	0	183253
四 川 Sichuan	339947	373513	1085040	525513	373694	359844	351502	0	351502
贵 州 Guizhou	166764	204020	580215	270486	204114	194487	181614	0	181614
云 南 Yunnan	144895	158870	463760	223336	158908	154830	150022	0	150022
西 藏 Xizang	13327	15386	43907	21573	15388	14894	13625	0	13625
陕 西 Shaanxi	187042	240107	661239	311055	240200	222672	198367	0	198367
甘 肃 Gansu	83973	98149	281311	131695	98173	94818	88320	0	88320
青 海 Qinghai	24278	27771	78969	38482	27796	26309	24864	0	24864
宁 夏 Ningxia	43066	45619	133718	64012	45640	44679	43399	0	43399
新 疆 Xinjiang	114311	130082	370784	180626	130106	122696	117982	0	117982

小学教育专任教师分学历、
Number of Full-time Teacher in Primary Education by

地区 Region	合计 Total	#女 of Which: Female	按学历分 By Educational Background			
			博士研究生 Doctor's Diploma	硕士研究生 Master's Diploma	本科毕业 Bachelor's Diploma	专科毕业 Associate Bachelor
总　计 Total	**2446562**	**1803486**	**32**	**21170**	**1818261**	**589439**
北　京 Beijing	6028	4304	1	686	5085	232
天　津 Tianjin	4986	3610	0	131	4301	548
河　北 Hebei	162876	138283	3	1484	114423	46233
山　西 Shanxi	67121	56831	0	555	50658	15401
内蒙古 Inner Mongolia	53552	40906	0	760	42156	10407
辽　宁 Liaoning	38947	29780	0	367	26139	12162
吉　林 Jilin	35958	28477	2	1307	28161	6112
黑龙江 Heilongjiang	38808	28549	2	144	25294	12748
上　海 Shanghai	5813	4251	1	266	4753	759
江　苏 Jiangsu	137807	99256	3	3217	127869	6593
浙　江 Zhejiang	72961	54931	0	1270	66122	5496
安　徽 Anhui	120042	82688	2	857	88450	30322
福　建 Fujian	78998	59580	0	242	52368	24838
江　西 Jiangxi	106485	80516	1	178	76026	29297
山　东 Shandong	175130	126219	1	3669	155669	15117
河　南 Henan	248870	207342	6	1545	177586	68209
湖　北 Hubei	79248	55502	2	375	52362	25570
湖　南 Hunan	142482	107882	3	822	108912	32155
广　东 Guangdong	145383	106724	2	957	113660	29955
广　西 Guangxi	108236	81777	1	184	68563	38082
海　南 Hainan	20004	12248	0	150	11308	7970
重　庆 Chongqing	44355	27432	0	199	27892	15913
四　川 Sichuan	157031	103124	0	454	94807	60683
贵　州 Guizhou	96450	57995	0	110	70860	24210
云　南 Yunnan	71974	46308	0	124	52003	18961
西　藏 Xizang	7303	4466	0	27	4659	2551
陕　西 Shaanxi	78625	59538	0	511	65114	12753
甘　肃 Gansu	68185	42419	0	315	54579	12661
青　海 Qinghai	11359	7532	1	93	8163	3021
宁　夏 Ningxia	12469	9249	0	89	9258	3036
新　疆 Xinjiang	49076	35767	1	82	31061	17444

分专业技术职务情况(城区)
Academic Qualifications and Professional Rank (Urban Area)

单位：人
unit: person

高中阶段毕业 High School Graduate	高中阶段毕业以下 Below High School Graduate	按专业技术职务分 By Professional Rank 正高级 Senior	副高级 Sub-Senior	中 级 Middle	助理级 Associate	员 级 Junior	未定职级 No-Ranking
7127	**68**	**2576**	**237288**	**1080034**	**875170**	**52456**	**504887**
61	0	136	8649	26309	25264	670	6514
193	9	30	4193	21632	9194	208	4989
240	3	91	8227	46590	41788	2680	20392
338	3	20	1404	23755	23789	1186	17740
54	0	27	8061	15093	11373	418	5838
276	4	62	15557	40250	10672	3216	10391
112	0	119	7982	19326	7919	662	3510
387	4	38	9084	19397	12155	382	2344
82	0	59	2579	26896	25628	713	4134
73	0	258	15944	89272	68580	2187	30245
114	0	164	12099	67176	47984	1133	15655
191	0	50	5917	34688	25728	2171	14997
504	4	97	4621	35171	27903	1923	23394
263	10	79	4713	34097	27362	2852	9702
267	1	241	20749	79882	74612	1891	39985
598	0	75	12280	55719	60152	3286	28116
648	13	60	5419	45585	33339	3170	19906
205	0	55	6709	42654	35718	3174	19676
512	5	186	21583	132896	92629	10297	112196
554	0	63	6226	33258	30298	2029	17095
179	2	30	1465	5788	8459	665	6103
120	3	50	4891	27966	25304	358	11030
221	0	145	13314	44150	50314	2429	25220
283	5	32	3392	25171	18374	847	13553
219	0	36	12552	19731	13529	309	8123
24	0	5	1189	2154	1400	244	218
55	2	37	4025	29110	31631	1687	21184
109	0	237	5809	14175	11301	190	3174
41	0	8	928	3413	2339	214	2107
33	0	14	1723	5822	4773	215	1781
171	0	72	6004	12908	15659	1050	5575

小学教育专任教师分学历、

Number of Full-time Teacher in Primary Education by

地区 Region	合计 Total	#女 of Which: Female	按学历分 By Educational Background 博士研究生 Doctor's Diploma	硕士研究生 Master's Diploma	本科毕业 Bachelor's Diploma	专科毕业 Associate Bachelor
总　计 Total	**6656261**	**4957625**	**278**	**163288**	**5030437**	**1412665**
北　京 Beijing	78879	64101	79	10948	65189	2575
天　津 Tianjin	51484	41456	2	4901	41825	4526
河　北 Hebei	405702	338178	12	5299	289361	108945
山　西 Shanxi	166104	138705	3	2838	125717	36271
内蒙古 Inner Mongolia	112055	86795	0	3026	89884	18729
辽　宁 Liaoning	139545	111992	5	6412	99953	32432
吉　林 Jilin	98251	78812	11	3365	77606	16462
黑龙江 Heilongjiang	94994	72119	8	1667	64818	27141
上　海 Shanghai	66965	56121	9	7784	53666	5388
江　苏 Jiangsu	364112	280226	10	15626	333717	14532
浙　江 Zhejiang	238447	186381	8	9707	211012	17499
安　徽 Anhui	268243	183973	4	3382	199653	64298
福　建 Fujian	209007	160637	1	2688	148710	53989
江　西 Jiangxi	238843	177635	4	962	167424	68001
山　东 Shandong	477406	347868	3	16017	422872	36673
河　南 Henan	601010	481052	15	6953	431749	158160
湖　北 Hubei	224303	163978	11	6474	153684	61385
湖　南 Hunan	310354	236027	14	4284	237645	66949
广　东 Guangdong	613411	468352	56	22887	494906	93024
广　西 Guangxi	301442	220909	1	1358	190649	103704
海　南 Hainan	58141	37986	4	691	33651	22212
重　庆 Chongqing	134488	90498	1	4198	94447	35056
四　川 Sichuan	352007	243614	7	8790	231153	109944
贵　州 Guizhou	217558	131570	1	967	159222	54369
云　南 Yunnan	232114	141517	3	1625	170983	55935
西　藏 Xizang	26630	15652	1	121	17013	9318
陕　西 Shaanxi	190664	148042	3	7245	155778	27215
甘　肃 Gansu	152108	90200	0	1605	118428	30281
青　海 Qinghai	29944	19444	1	322	21626	7699
宁　夏 Ningxia	35872	25642	0	448	27003	8140
新　疆 Xinjiang	166178	118143	1	698	101093	61813

小学女教职工数
Number of Female Educational Personnel in Primary Schools

单位：人
unit: person

地区 Region	教职工数 Educational Personnel	专任教师 Full-time Teachers	行政人员 Adm. Personnel	教辅人员 Supporting Staffs	工勤人员 Workers	其他 Others	校外教师 Part-time Teachers	外籍教师 Foreign Teachers
总　计 Total	**4554069**	**4323427**	**38802**	**74059**	**108489**	**9292**	**28393**	**184**
北　京 Beijing	53773	49928	1519	2044	234	48	520	4
天　津 Tianjin	39437	37136	1412	750	128	11	262	0
河　北 Hebei	336726	326391	3070	3083	4138	44	647	0
山　西 Shanxi	135363	124721	1250	5222	4096	74	1216	0
内蒙古 Inner Mongolia	85078	78377	1391	4056	1108	146	370	0
辽　宁 Liaoning	98937	91268	5502	1820	119	228	125	1
吉　林 Jilin	74368	66584	2384	5168	232	0	132	0
黑龙江 Heilongjiang	65263	59417	1940	3303	415	188	475	0
上　海 Shanghai	46825	42800	1441	1713	798	73	211	9
江　苏 Jiangsu	255306	243705	833	4246	5959	563	1051	16
浙　江 Zhejiang	165008	160027	660	1818	2419	84	504	20
安　徽 Anhui	159808	156022	641	662	2163	320	1296	2
福　建 Fujian	157506	153132	679	1493	1773	429	1144	0
江　西 Jiangxi	151060	146461	110	3571	917	1	262	0
山　东 Shandong	295855	291231	1047	2245	1215	117	1821	9
河　南 Henan	447539	431147	3299	4479	8094	520	3931	18
湖　北 Hubei	149997	142901	1230	1320	4095	451	3370	7
湖　南 Hunan	200617	196783	803	1133	1745	153	1969	0
广　东 Guangdong	388207	366159	2842	5155	13278	773	935	75
广　西 Guangxi	235430	217431	701	2316	12283	2699	1318	10
海　南 Hainan	32462	30468	108	254	1365	267	243	1
重　庆 Chongqing	92327	88442	495	905	2324	161	559	1
四　川 Sichuan	213982	204210	1085	3851	4428	408	2503	2
贵　州 Guizhou	141602	123327	577	1594	16102	2	284	6
云　南 Yunnan	140275	132351	392	793	5877	862	1005	2
西　藏 Xizang	21690	15436	99	291	5864	0	96	0
陕　西 Shaanxi	138285	131703	1912	2278	2080	312	62	1
甘　肃 Gansu	81205	80106	94	626	297	82	69	0
青　海 Qinghai	19047	16281	19	118	2629	0	128	0
宁　夏 Ningxia	24639	24320	14	84	162	59	234	0
新　疆 Xinjiang	106452	95162	1253	7668	2152	217	1651	0

小学教职工总数中民办教职工数

Number of Educational Personnel in Non-Government Primary Schools

单位：人
unit: person

地区 Region	教职工数 Educational Personnel	专任教师 Full-time Teachers	行政人员 Adm. Personnel	教辅人员 Supporting Staffs	工勤人员 Workers	其他 Others	校外教师 Part-time Teachers	外籍教师 Foreign Teachers
总　计 Total	**236727**	**174610**	**9776**	**9625**	**41728**	**988**	**561**	**376**
北　京 Beijing	1022	633	134	75	173	7	3	5
天　津 Tianjin	1259	1032	72	34	121	0	6	2
河　北 Hebei	28251	20715	1463	1126	4920	27	0	0
山　西 Shanxi	11445	7428	575	589	2848	5	14	2
内蒙古 Inner Mongolia	1081	810	59	48	159	5	2	0
辽　宁 Liaoning	1539	1216	119	135	64	5	6	2
吉　林 Jilin	1132	910	54	50	118	0	0	0
黑龙江 Heilongjiang	541	345	18	26	152	0	0	0
上　海 Shanghai	3555	2925	129	211	284	6	39	27
江　苏 Jiangsu	9068	7252	305	369	1099	43	24	33
浙　江 Zhejiang	6660	4872	172	437	1175	4	23	33
安　徽 Anhui	8127	5879	323	142	1728	55	3	3
福　建 Fujian	4489	3371	222	90	798	8	18	0
江　西 Jiangxi	1680	1398	63	95	122	2	0	0
山　东 Shandong	12591	9941	467	616	1533	34	1	19
河　南 Henan	58213	43284	2479	2239	9900	311	129	37
湖　北 Hubei	3552	2488	177	122	751	14	192	39
湖　南 Hunan	6627	4977	198	360	1070	22	3	6
广　东 Guangdong	43747	31987	1118	1578	8851	213	63	133
广　西 Guangxi	6052	4212	303	144	1270	123	7	0
海　南 Hainan	2637	1658	134	105	732	8	0	7
重　庆 Chongqing	1441	1055	78	66	225	17	5	3
四　川 Sichuan	6086	4161	204	405	1282	34	10	4
贵　州 Guizhou	3675	2428	202	191	854	0	3	19
云　南 Yunnan	2288	1871	105	45	263	4	7	2
西　藏 Xizang	0	0	0	0	0	0	0	0
陕　西 Shaanxi	9351	7312	577	286	1135	41	3	0
甘　肃 Gansu	131	93	8	0	30	0	0	0
青　海 Qinghai	33	31	2	0	0	0	0	0
宁　夏 Ningxia	454	326	16	41	71	0	0	0
新　疆 Xinjiang	0	0	0	0	0	0	0	0

小学教职工数(乡村)

Number of Educational Personnel in Primary Schools (Rural Area)

单位：人
unit：person

地区 Region	教职工数 Educational Personnel	专任教师 Full-time Teachers	行政人员 Adm. Personnel	教辅人员 Supporting Staffs	工勤人员 Workers	其他 Others	校外教师 Part-time Teachers	外籍教师 Foreign Teachers
总　计 Total	**1517761**	**1386096**	**31677**	**37164**	**56317**	**6507**	**9099**	**14**
北　京 Beijing	5567	4539	471	397	120	40	6	0
天　津 Tianjin	6601	6089	412	42	49	9	2	0
河　北 Hebei	137069	129420	3995	1496	2116	42	476	0
山　西 Shanxi	36217	29963	789	3772	1607	86	360	0
内蒙古 Inner Mongolia	20682	16150	888	2407	1153	84	73	0
辽　宁 Liaoning	18116	15765	1744	499	69	39	35	0
吉　林 Jilin	25273	18864	2456	3717	236	0	79	0
黑龙江 Heilongjiang	11613	8429	710	2087	298	89	39	0
上　海 Shanghai	875	673	57	77	63	5	0	0
江　苏 Jiangsu	19720	18495	236	393	527	69	51	1
浙　江 Zhejiang	19578	18624	298	414	215	27	143	0
安　徽 Anhui	61484	57526	1343	636	1602	377	408	2
福　建 Fujian	38673	37037	338	411	669	218	295	0
江　西 Jiangxi	51192	48793	66	1796	532	5	130	0
山　东 Shandong	82605	80479	831	725	528	42	323	0
河　南 Henan	201895	191227	4122	2376	3879	291	1499	2
湖　北 Hubei	40204	36474	590	640	2025	475	624	0
湖　南 Hunan	51373	49730	603	320	617	103	588	0
广　东 Guangdong	100662	94127	3625	435	2257	218	223	5
广　西 Guangxi	120785	108557	777	789	8165	2497	984	1
海　南 Hainan	14316	12998	124	34	988	172	58	0
重　庆 Chongqing	22113	20478	522	240	795	78	95	0
四　川 Sichuan	53462	48956	1445	1262	1622	177	1161	0
贵　州 Guizhou	70729	59150	1120	1532	8922	5	68	0
云　南 Yunnan	110801	103298	861	757	5032	853	1042	3
西　藏 Xizang	20271	13916	418	349	5588	0	53	0
陕　西 Shaanxi	25657	22656	985	804	1081	131	34	0
甘　肃 Gansu	47896	46476	117	674	517	112	95	0
青　海 Qinghai	10256	8198	34	71	1953	0	96	0
宁　夏 Ningxia	8308	8197	18	13	48	32	28	0
新　疆 Xinjiang	83768	70812	1682	7999	3044	231	31	0

小学教育专任教师分学历、
Number of Full-time Teacher in Primary Education by

地区 Region	合计 Total	#女 of Which: Female	按学历分 By Educational Background			
			博士研究生 Doctor's Diploma	硕士研究生 Master's Diploma	本科毕业 Bachelor's Diploma	专科毕业 Associate Bachelor
总　计 Total	**2752411**	**2250892**	**231**	**134793**	**2244499**	**365693**
北　京 Beijing	67542	55902	78	9751	55541	2111
天　津 Tianjin	40246	33702	2	4684	32125	3233
河　北 Hebei	119768	105194	9	3185	95575	20756
山　西 Shanxi	67894	59516	3	1843	52658	13049
内蒙古 Inner Mongolia	40810	33884	0	2030	34178	4548
辽　宁 Liaoning	80148	67337	4	5825	60657	13382
吉　林 Jilin	39518	33877	9	1886	32741	4770
黑龙江 Heilongjiang	43400	35446	6	1479	31882	9642
上　海 Shanghai	60009	51039	8	7404	48029	4486
江　苏 Jiangsu	206486	168257	7	12132	187620	6654
浙　江 Zhejiang	144211	116303	8	8039	125791	10259
安　徽 Anhui	83551	65020	2	2289	67412	13657
福　建 Fujian	93109	77634	1	2344	74308	15948
江　西 Jiangxi	78805	64356	1	737	57808	19986
山　东 Shandong	217360	172487	2	11494	194848	10748
河　南 Henan	159628	137488	6	4521	126513	27990
湖　北 Hubei	107479	86409	8	5901	79891	21018
湖　南 Hunan	107986	89936	10	3253	85882	18636
广　东 Guangdong	369787	298926	54	21450	308240	39526
广　西 Guangxi	88969	74844	0	1094	69966	17355
海　南 Hainan	22510	17688	3	415	15292	6619
重　庆 Chongqing	69599	52898	1	3925	54147	11403
四　川 Sichuan	135572	107974	6	8185	104207	22953
贵　州 Guizhou	61369	47433	0	782	48404	11895
云　南 Yunnan	54280	41807	0	1325	45174	7562
西　藏 Xizang	5210	3603	0	71	3730	1385
陕　西 Shaanxi	87674	73111	3	6564	72318	8732
甘　肃 Gansu	34886	25969	0	1150	28154	5473
青　海 Qinghai	9009	7107	0	163	7270	1535
宁　夏 Ningxia	14328	11763	0	326	11899	2070
新　疆 Xinjiang	41268	33982	0	546	32239	8312

分专业技术职务情况(总计)

Academic Qualifications and Professional Rank (Total)

单位：人
unit: person

高中阶段毕业 High School Graduate	高中阶段毕业以下 Below High School Graduate	按专业技术职务分 By Professional Rank					
		正高级 Senior	副高级 Sub-Senior	中级 Middle	助理级 Associate	员级 Junior	未定职级 No-Ranking
48902	**691**	**4847**	**798115**	**2634945**	**2033810**	**170388**	**1014156**
88	0	144	10131	31119	29404	715	7366
221	9	39	5613	28248	11237	244	6103
2052	33	146	43394	154488	131874	11598	64202
1268	7	35	3957	61090	65467	2885	32670
413	3	59	23413	44330	29540	1885	12828
727	16	99	44380	57992	17309	6360	13405
803	4	183	23303	43164	20678	2472	8451
1345	15	66	22548	40403	25792	1095	5090
118	0	62	2826	30266	28271	914	4626
225	2	350	31287	165446	114428	5072	47529
221	0	210	19490	113730	79359	1978	23680
906	0	105	30391	111995	78005	8705	39042
3575	44	133	9906	89241	60652	5075	44000
2364	88	127	16085	93512	81740	13664	33715
1825	16	592	62446	174958	161211	6239	71960
4133	0	101	59308	213439	200320	15852	111990
2705	44	115	14466	98232	66112	9346	36032
1451	11	115	28320	124226	99897	14413	43383
2509	29	236	40893	258159	142851	17707	153565
5703	27	101	52893	108380	86794	7819	45455
1521	62	50	4837	18529	21523	1212	11990
768	18	63	10850	58796	49640	740	14399
2111	2	239	54858	127750	119022	7516	42622
2883	116	51	18303	105299	61019	3519	29367
3465	103	110	91257	78150	44896	2380	15321
173	4	7	4793	9215	8933	1929	1753
403	20	45	11340	69344	68770	3899	37266
1792	2	1092	27091	57868	50283	1378	14396
283	13	11	5165	11477	6307	832	6152
280	1	23	7519	13437	10503	405	3985
2571	2	138	17052	42662	61973	12540	31813

校舍情况(乡村)
Primary Schools (Rural Area)

单位：平方米
unit：m^2

其他 Others	行政办公用房 Administrative	教师办公室 for Teachers	其他 Others	生活用房 Residential and Welfare	教工值班宿舍 Dormitories for Faculty	教师周转宿舍 Accommodation for Circulation of Teachers	学生宿舍 Students' Dormitories	学生餐厅 Students' Canteen	厕所 Toilets	其他 Others	其他用房 Rooms for Other Purposes
8699445.47	**19560723.69**	**13769292.35**	**5791431.34**	**85392950.39**	**9198613.59**	**15381998.57**	**19924861.42**	**16033343.89**	**11178702.50**	**13675430.42**	**22139089.89**
53668.83	102964.75	42594.11	60370.64	263605.99	20074.45	7431.48	24300.28	27349.28	36703.71	147746.79	3478.27
38725.78	94208.03	62548.42	31659.61	129083.49	14372.96	5147.39	0.00	9066.58	46678.22	53818.34	91756.95
681003.54	1387049.52	999850.72	387198.80	4541451.69	433851.61	272540.14	1243005.82	755182.49	883665.35	953206.28	1987727.56
194270.99	481290.96	353232.21	128058.75	1795232.44	256994.53	95579.01	558260.50	317486.91	206721.28	360190.21	889769.41
89586.54	250466.51	173837.41	76629.10	1204062.54	36353.39	154535.17	455640.35	234242.94	140110.18	183180.51	276530.91
93742.44	266766.98	158675.55	108091.43	803203.72	19708.49	25503.25	42146.65	155756.16	120669.56	439419.61	0
85318.63	328681.62	223494.72	105186.90	713208.27	14624.09	17665.90	44343.91	97131.91	172680.96	366761.50	628814.83
33718.52	126609.63	88749.95	37859.68	363199.97	9636.15	19418.24	56166.69	68189.21	55720.47	154069.21	198428.04
9360.15	17882.75	7984.50	9898.25	20222.62	0.00	142.46	0.00	5913.22	6419.51	7747.43	5655.01
124843.24	288417.62	176664.55	111753.07	655242.34	63045.62	77793.30	38007.65	182354.13	142890.18	151151.46	271094.79
202911.34	338139.62	195960.95	142178.67	1380656.19	217389.89	166858.91	102187.33	390224.58	167290.79	336704.69	707383.85
324813.62	791665.29	572804.42	218860.87	2538934.76	292056.86	426051.13	266779.44	717322.80	414820.97	421903.56	1022092.34
297391.06	483351.78	311681.57	171670.21	2027945.23	63256.87	606865.01	172144.35	151145.07	336153.81	698380.12	1260973.26
317141.44	826525.41	624307.70	202217.71	3113010.04	298781.18	972327.08	355889.09	622448.96	459505.70	404058.03	817491.55
756830.96	1196886.53	791516.47	405370.06	2867533.73	117407.22	225608.75	204885.90	693040.43	766337.57	860253.86	2195898.3
762463.21	3044044.36	2359382.73	684661.63	9452570.69	973311.43	979081.06	2403158.08	2191583.88	1693487.53	1211948.71	2440651.95
248159.72	580356.96	387205.45	193151.51	3715109.15	623724.43	725317.74	842542.88	727217.55	326678.11	469628.44	909736.29
280670.25	971573.01	743795.88	227777.13	4154836.77	763034.25	796938.40	616537.38	955467.72	467670.64	555188.38	1253506.62
804972.65	1452830.64	1018963.46	433867.18	5368387.29	1524632.90	1241840.83	381058.52	238150.59	722104.55	1260599.90	1358929.06
579291.79	950989.20	772067.94	178921.26	6047230.94	225884.24	1573213.06	1481516.60	946165.41	768253.52	1052198.11	1199475.97
56717.28	169286.21	110026.16	59260.05	853572.10	178418.66	308578.89	152242.05	67372.17	81049.77	65910.56	202930.56
158846.74	341798.89	206392.37	135406.52	1734407.97	265175.27	501729.78	310999.26	313018.58	144067.51	199417.57	521762.4
298979.23	583036.31	401998.87	181037.44	4360481.42	334065.44	1187853.93	1197423.63	790934.53	361693.65	488510.24	707220.62
337010.87	664103.82	430275.21	233828.61	4994143.75	300771.46	1351891.17	1630880.32	890975.67	452443.32	367181.81	730405.23
749895.80	996680.28	708460.22	288220.06	10454190.48	1314014.92	1347989.76	4008676.11	2185688.48	801182.09	796639.12	665678.49
114657.42	208437.76	155777.08	52660.68	2176737.06	32088.00	751125.55	797449.07	342758.29	81142.74	172173.41	70689.47
187056.97	538592.01	351128.55	187463.46	1643369.88	302775.50	174014.88	252230.95	377366.31	246226.81	290755.43	623889.84
176060.06	789388.41	627343.47	162044.94	2000789.55	357707.05	282597.27	215915.99	345556.04	403579.46	395433.74	601666.61
51781.02	130620.64	90392.06	40228.58	1065902.60	25481.10	198436.73	375965.63	176026.50	89078.56	200914.08	129283.9
72650.17	120077.57	76459.66	43617.91	562926.27	52042.43	118000.95	40853.00	151812.95	93737.14	106479.80	174569.06
516905.21	1038000.62	545719.99	492280.63	4391701.45	67933.20	769921.35	1653653.99	906394.55	489938.84	503859.52	191598.75

小学学校

Condition of Fixed Assets and Teaching

类别 Item	占地面积（平方米）Areas Occupied（m^2）	#绿化用地面积 of Which: Green Areas	#运动场地面积 of Which: Sports Areas	校园足球场（个）Campus Football	11人制足球场 11-a-side Football Field	7人制足球场 7-a-side Football Field	5人制足球场 5-a-side Football Field
总　计 Total	**2300395777.87**	**433566659.30**	**769264699.00**	**79383**	**8059**	**24527**	**46797**
北　京 Beijing	14356639.74	2391516.52	5780874.27	811	57	375	379
天　津 Tianjin	13783105.36	1813461.47	6354079.40	775	60	345	370
河　北 Hebei	163044169.65	17756931.19	55942252.31	5877	409	1499	3969
山　西 Shanxi	47843231.67	6841227.09	12883040.52	1451	107	287	1057
内蒙古 Inner Mongolia	52795057.79	8525058.67	13364788.68	1855	242	921	692
辽　宁 Liaoning	38955254.34	4703794.08	16444894.67	1923	329	821	773
吉　林 Jilin	48115775.96	9624006.50	11072659.00	1277	142	311	824
黑龙江 Heilongjiang	27460492.58	3420493.27	9153320.21	932	127	275	530
上　海 Shanghai	11409154.44	3199686.63	4562948.77	616	60	279	277
江　苏 Jiangsu	118980933.58	33199969.28	43650594.36	4406	939	1835	1632
浙　江 Zhejiang	79740554.10	19749870.54	30260538.57	3087	393	889	1805
安　徽 Anhui	97096217.00	16782297.32	30864588.39	3555	330	1101	2124
福　建 Fujian	58201610.61	11925642.04	21817744.01	1962	72	432	1458
江　西 Jiangxi	82255999.19	14273878.76	30333566.48	2493	242	599	1652
山　东 Shandong	174967435.06	36542539.46	63757517.92	8122	1239	3070	3813
河　南 Henan	205499137.90	28987711.63	56219184.01	5662	340	1022	4300
湖　北 Hubei	90989345.76	26610266.32	24277821.94	2903	352	830	1721
湖　南 Hunan	104501845.15	15985642.22	31176914.09	1955	284	649	1022
广　东 Guangdong	182021469.39	41172599.92	68051290.40	6225	507	2211	3507
广　西 Guangxi	106483718.88	16354021.85	45863133.63	2128	188	502	1438
海　南 Hainan	25392170.47	5120249.78	5632883.17	669	92	244	333
重　庆 Chongqing	41350111.91	7835468.93	14408806.88	1471	95	401	975
四　川 Sichuan	85975059.94	13426584.53	36937153.61	3050	212	861	1977
贵　州 Guizhou	75739380.24	16139227.83	28143951.47	1921	155	599	1167
云　南 Yunnan	99607069.12	19168760.43	30826818.69	2057	129	601	1327
西　藏 Xizang	18229765.96	2322514.95	3673601.00	717	32	342	343
陕　西 Shaanxi	56370862.40	9190989.71	17626871.43	3873	118	787	2968
甘　肃 Gansu	55825320.84	9777784.73	15243883.36	3069	100	404	2565
青　海 Qinghai	15428828.93	2811960.16	3553177.90	391	74	179	138
宁　夏 Ningxia	19972720.60	3846346.49	6482489.65	688	91	350	247
新　疆 Xinjiang	88003339.31	24066157.00	24903310.21	3462	542	1506	1414

资产情况(总计)
Resources in Primary Schools (Total)

图书(册) Books and Magazines in Libraries (Volume)	数字终端数(台) Number of Digital Terminals (Set)	#教师终端数 of Which: Number of Teachers' Terminals	#学生终端数 of Which: Number of Student Terminals	教室(间) Classroom (Room)	#网络多媒体教室 of Which: Network Multimedia Classroom	固定资产总值(万元) Total Value of Fixed Asset (10,000 yuan)	#教学仪器设备资产值 of Which: Total Value of Equip and Instru.
2739676323	**16795110**	**5641323**	**10551242**	**3832232**	**2909343**	**163398269.12**	**23324770.00**
28028175	263220	105288	128189	35882	33751	2762915.12	864756.87
25097169	133669	64936	65018	27441	23812	1263586.37	234926.71
205133373	1080789	343317	723754	283672	199609	7254674.97	1023799.62
48629299	370144	144775	199348	88903	62930	2915731.78	413701.36
29922219	240535	92007	142816	48027	40512	3384195.41	411304.88
57308821	364713	116048	224016	67121	54632	2034049.93	435698.80
31050638	155104	57658	85056	53462	29718	1771437.55	268178.80
21525582	168564	52053	110648	45125	33977	1548538.53	271298.49
28494422	214117	107960	97697	28871	27058	2811544.91	483423.99
178763723	1062665	368441	635032	196320	168384	13093713.52	1581442.88
143050542	848115	285970	544385	140970	128484	9400157.52	1564002.11
103756500	1337911	267838	1018664	161731	127354	6141898.21	984051.75
98217197	513783	201768	304362	131369	100765	5882530.37	881357.62
70786796	371543	171496	190641	148903	111213	4414235.78	722839.16
222953154	1194494	488199	664897	271205	221950	12896998.68	1686754.02
212103571	1113649	407884	685371	372758	224047	9498962.75	1146858.61
102944738	490260	167020	310871	127788	90557	5321422.82	669196.64
127044659	479873	153037	314525	175487	124560	6684284.79	944879.92
248830260	1969782	594489	1269267	314510	274702	12870098.73	2301854.55
168944662	731315	299139	410669	193435	145050	6776458.28	1094387.36
17072231	108360	40362	65195	25078	18532	1243705.20	173601.49
40517330	330998	102370	207013	79750	68560	4156561.47	440810.64
102629806	701316	227343	451061	172276	124689	8313230.39	1262336.97
96421049	497258	157899	310477	129778	103283	5229768.22	617133.63
99355955	553840	158535	391105	169399	112492	8046392.56	776346.45
7244716	70379	24636	44441	15592	10889	1902422.51	79287.19
97397588	568509	169998	387196	104089	83274	5390324.77	735309.81
46293228	308802	87088	217339	87132	63835	3401672.14	408455.44
13328421	79819	24094	54907	18535	12242	1306069.11	87303.22
13507619	149692	40202	99264	25381	19329	1356901.15	216299.02
53322880	321892	119473	198018	92242	69153	4323785.57	543171.99

类别 Item	占地面积 (平方米) Areas Occupied (m^2)	#绿化用地面积 of Which: Green Areas	#运动场地面积 of Which: Sports Areas	校园足球场 (个) Campus Football	11人制足球场 11-a-side Football Field	7人制足球场 7-a-side Football Field	5人制足球场 5-a-side Football Field
总　计 Total	**583982235.30**	**119419728.36**	**245677770.66**	**24791**	**2937**	**9774**	**12080**
北　京 Beijing	9648247.96	1508879.67	4194046.35	558	39	258	261
天　津 Tianjin	8096966.28	1159581.01	3975186.36	469	33	250	186
河　北 Hebei	26902382.75	3167139.01	10406158.47	1164	76	398	690
山　西 Shanxi	13011261.45	1922145.15	4538611.34	532	46	163	323
内蒙古 Inner Mongolia	10176596.64	1508777.58	3928634.27	522	66	287	169
辽　宁 Liaoning	16373658.95	1898215.90	8193308.76	984	175	491	318
吉　林 Jilin	7053327.07	860936.45	3246504.18	318	53	110	155
黑龙江 Heilongjiang	7984670.87	885918.01	3833896.56	347	44	108	195
上　海 Shanghai	9627476.22	2637971.15	3958898.57	542	55	242	245
江　苏 Jiangsu	57563725.94	16346503.85	23663363.86	2155	444	941	770
浙　江 Zhejiang	42230048.79	10589442.93	17440796.11	1728	225	519	984
安　徽 Anhui	19258569.47	3582955.38	8414959.62	809	109	369	331
福　建 Fujian	17848970.27	3635951.39	8103695.69	715	32	215	468
江　西 Jiangxi	16795365.16	3130317.26	7522507.48	617	76	196	345
山　东 Shandong	53260619.89	10452636.21	24408778.73	2122	392	1058	672
河　南 Henan	28411533.35	4357846.76	9916991.81	1213	86	335	792
湖　北 Hubei	24401556.36	7056081.86	8168378.95	1022	154	334	534
湖　南 Hunan	23002843.51	4223347.99	9314409.70	736	102	341	293
广　东 Guangdong	66974623.64	15513892.91	28499490.36	2756	250	1058	1448
广　西 Guangxi	15846417.76	3219816.24	7565231.14	578	52	196	330
海　南 Hainan	3541283.67	676912.65	1286181.73	136	19	51	66
重　庆 Chongqing	17005223.70	3400213.51	7015383.18	666	61	261	344
四　川 Sichuan	23919886.33	4190984.11	12043723.49	1144	76	416	652
贵　州 Guizhou	13290279.56	2765081.90	5776944.23	453	44	173	236
云　南 Yunnan	12151247.25	3022018.73	4882162.41	460	40	188	232
西　藏 Xizang	1745864.18	342850.25	515541.40	66	12	37	17
陕　西 Shaanxi	16214157.12	2834686.69	6396829.70	1025	49	370	606
甘　肃 Gansu	5460883.88	813380.41	2316838.72	343	28	91	224
青　海 Qinghai	2111290.44	464521.08	730681.93	66	12	34	20
宁　夏 Ningxia	5091501.59	1187783.15	2050670.27	216	38	120	58
新　疆 Xinjiang	8981755.25	2062939.17	3368965.29	329	49	164	116

资产情况(城区)
Resources in Primary Schools (Urban Area)

图书(册) Books and Magazines in Libraries (Volume)	数字终端数(台) Number of Digital Terminals (Set)	#教师终端数 of Which: Number of Teachers' Terminals	#学生终端数 of Which: Number of Student Terminals	教室(间) Classroom (Room)	#网络多媒体教室 of Which: Network Multimedia Classroom	固定资产总值(万元) Total Value of Fixed Asset (10,000 yuan)	#教学仪器设备资产值 of Which: Total Value of Equip and Instru.
1128255354	**6972548**	**2528218**	**4166751**	**1312049**	**1139576**	**70830894. 25**	**11264930. 19**
23599004	224583	89692	109966	29561	28241	2316907. 33	750331. 78
18662633	100106	50693	46037	19510	17989	964022. 99	191198. 23
58527672	286869	106514	176364	62249	51008	1824782. 47	317722. 45
20726138	142064	59210	73763	32672	25973	1159912. 53	190161. 42
12355449	89959	33620	55383	17723	15780	1091279. 41	160679. 35
38464219	242250	80295	149128	39733	35838	1347599. 71	308374. 95
14965988	72654	28821	38927	19263	13722	759888. 26	135287. 09
11325884	91635	28748	59920	21761	17864	659697. 23	153008. 84
25640566	190800	95710	87780	26049	24521	2472013. 31	435039. 05
99101911	617201	214926	367576	108967	97394	8660251. 14	981684. 89
83668013	482531	169440	303920	82222	76283	5812715. 83	922734. 20
33267335	386830	86490	291405	42078	36578	2050169. 73	343668. 40
43871650	220329	93510	123167	48991	41786	2617549. 10	416771. 56
22156379	116978	51951	62500	37168	31208	1548013. 87	243757. 24
95617185	500823	218921	265261	108119	93454	6110045. 82	826522. 13
54331891	285975	119488	161049	70291	55206	2392435. 08	327695. 08
47021322	240707	82652	152854	49939	41020	2589652. 03	363971. 91
44619335	172560	65934	103238	50826	43467	2762382. 55	368595. 93
136053267	1055920	336579	645206	152431	140711	7557574. 23	1441555. 98
46825567	177607	87009	86408	40038	35554	1890903. 05	322667. 80
6981733	38265	15955	21321	8093	6607	408244. 55	71936. 16
22320581	173625	59011	104529	37230	34034	2455650. 98	258657. 74
40726594	291694	101334	183837	57020	49066	2973084. 66	598220. 37
25991601	140044	45916	87647	29564	26085	1476864. 75	184827. 67
19944445	115976	39507	74762	29715	22937	1292945. 56	183159. 58
1405797	12943	5005	7678	2436	2026	241223. 59	13004. 42
45658488	262176	81219	173804	42393	36774	2735449. 84	381853. 72
11729946	72921	22692	49468	14290	11868	795748. 77	109711. 84
4419112	25471	8901	16243	4419	3685	362516. 55	32976. 12
5720448	62074	17262	41402	9018	7781	556190. 62	91056. 54
12555201	78978	31213	46208	18280	15116	945178. 70	138097. 76

小学学校

Condition of Fixed Assets and Teaching

类别 Item	占地面积（平方米） Areas Occupied（m^2）	#绿化用地面积 of Which: Green Areas	#运动场地面积 of Which: Sports Areas	校园足球场（个） Campus Football	11人制足球场 11-a-side Football Field	7人制足球场 7-a-side Football Field	5人制足球场 5-a-side Football Field
总　计 Total	**790023827.20**	**144385497.29**	**275631836.27**	**25853**	**3545**	**8349**	**13959**
北　京 Beijing	2339622.66	492175.96	814595.71	127	10	61	56
天　津 Tianjin	2150864.41	232820.63	952048.39	102	12	38	52
河　北 Hebei	57418084.79	6239785.02	20124530.80	1959	203	524	1232
山　西 Shanxi	17555176.26	2379610.32	5335563.27	513	54	96	363
内蒙古 Inner Mongolia	23692869.26	3791991.46	6493161.53	806	150	395	261
辽　宁 Liaoning	9996419.29	1040935.51	4171460.11	400	97	185	118
吉　林 Jilin	10380975.08	1845038.78	3437538.59	392	68	148	176
黑龙江 Heilongjiang	11383279.40	1359033.89	3714756.59	391	66	136	189
上　海 Shanghai	1479668.02	447022.68	505047.20	62	3	35	24
江　苏 Jiangsu	48416240.02	13406465.69	16371595.71	1627	396	699	532
浙　江 Zhejiang	26818633.04	6644949.41	9727317.48	1012	138	283	591
安　徽 Anhui	38674074.16	6661848.08	13942078.14	1331	183	510	638
福　建 Fujian	21166246.88	4266685.17	8124006.84	775	35	159	581
江　西 Jiangxi	33775495.06	5792183.05	13061079.38	982	129	287	566
山　东 Shandong	62096019.53	12931949.27	23618054.91	2425	573	963	889
河　南 Henan	68402774.91	9206280.54	20563506.36	1900	187	445	1268
湖　北 Hubei	33559034.13	9763975.29	9454776.95	1057	163	336	558
湖　南 Hunan	45727711.45	6630725.40	14339984.82	818	159	248	411
广　东 Guangdong	48623812.08	10100163.52	18779390.25	1428	155	505	768
广　西 Guangxi	30340827.13	4574521.29	13105253.39	691	88	165	438
海　南 Hainan	7518025.65	1466969.83	2184485.98	218	46	86	86
重　庆 Chongqing	14333836.83	2625245.71	4791109.06	496	27	112	357
四　川 Sichuan	37553253.74	5620959.29	16339333.45	1357	113	367	877
贵　州 Guizhou	32139281.96	6468640.49	12076667.35	855	85	324	446
云　南 Yunnan	25299116.29	5352596.15	8877742.92	574	57	175	342
西　藏 Xizang	4725505.08	588019.76	884020.42	147	11	84	52
陕　西 Shaanxi	23972503.75	3609240.03	8066177.00	1547	61	312	1174
甘　肃 Gansu	18587919.09	3030988.51	6336744.54	947	60	227	660
青　海 Qinghai	5345271.97	1111902.07	1334216.25	130	35	62	33
宁　夏 Ningxia	5741175.00	1021191.23	2078367.59	183	31	107	45
新　疆 Xinjiang	20810110.28	5681583.26	6027225.29	601	150	275	176

资产情况(镇区)
Resources in Primary Schools (County and Town Area)

图书(册) Books and Magazines in Libraries (Volume)	数字终端数(台) Number of Digital Terminals (Set)	#教师终端数 of Which: Number of Teachers' Terminals	#学生终端数 of Which: Number of Student Terminals	教室(间) Classroom (Room)	#网络多媒体教室 of Which: Network Multimedia Classroom	固定资产总值(万元) Total Value of Fixed Asset (10,000 yuan)	#教学仪器设备资产值 of Which: Total Value of Equip and Instru.
1002667812	**5757276**	**1896173**	**3684822**	**1302774**	**1004465**	**55752607.46**	**7680186.90**
2433394	21435	8481	10330	3292	2899	239873.57	64660.39
2795666	13101	6024	7061	3098	2460	124439.46	18573.23
81528894	404546	128075	271789	102166	73922	3039235.66	396408.78
20981228	149313	57744	84178	34548	24368	1159483.51	166444.07
14345033	116314	45218	67748	21727	18601	1729648.48	195627.21
12261300	74999	21891	45719	14919	11204	433854.95	80926.63
11268836	51274	19340	28607	16567	9659	606256.50	91398.41
8649032	62309	18821	41563	17345	12609	677809.88	98552.72
2449959	19893	10428	8370	2449	2186	298372.75	40784.86
66891980	375789	131440	225199	71931	60238	3905525.55	517782.63
45430604	278482	88209	183753	44273	39952	2835444.12	500110.03
48553558	581282	113292	451157	68116	54871	2662619.83	439436.42
37623773	188301	72469	113088	47390	37090	2187772.01	323282.30
32714479	165583	78363	83201	57495	45242	1853493.66	327654.38
79300930	394994	171626	209054	94616	78426	4539569.39	575259.96
86943011	433863	158200	268546	132922	86656	3799919.92	455168.74
37838397	157156	54376	98809	44985	31681	1675507.37	204886.37
57897395	200154	58776	135781	71207	53410	2699559.45	420786.21
65391579	502247	147873	334883	79503	69223	3020671.78	508333.52
60599466	236984	104729	123966	57550	46561	2312755.99	359422.91
6356145	39766	13897	25058	8338	6429	476094.23	62370.96
13008994	102461	27093	69406	25207	21372	1171025.82	131285.06
45520725	280290	87318	184024	73986	52955	3611191.85	485452.19
42928341	207114	65550	130794	51458	42463	2433069.73	259842.31
29642485	147633	44678	102147	43391	31592	2296116.82	222019.18
1939045	17562	6447	10641	4002	2779	513712.09	24357.91
41422930	234573	66170	165710	42230	33210	1941029.72	284604.99
21946334	138479	35139	101572	30971	24177	1458727.82	183853.56
4934450	26493	8139	18058	6303	4433	447765.23	29092.31
4727747	50804	13320	34420	7660	6068	444576.49	76105.65
14342102	84082	33047	50190	23129	17729	1157483.83	135703.00

类别 Item	占地面积（平方米）Areas Occupied（m^2）	#绿化用地面积 of Which: Green Areas	#运动场地面积 of Which: Sports Areas	校园足球场（个）Campus Football	11 人制足球场 11-a-side Football Field	7 人制足球场 7-a-side Football Field	5 人制足球场 5-a-side Football Field
总　计 Total	**926389715.37**	**169761433.65**	**247955092.07**	**28739**	**1577**	**6404**	**20758**
北　京 Beijing	2368769.12	390460.89	772232.21	126	8	56	62
天　津 Tianjin	3535274.67	421059.83	1426844.65	204	15	57	132
河　北 Hebei	78723702.11	8350007.16	25411563.04	2754	130	577	2047
山　西 Shanxi	17276793.96	2539471.62	3008865.91	406	7	28	371
内蒙古 Inner Mongolia	18925591.89	3224289.63	2942992.88	527	26	239	262
辽　宁 Liaoning	12585176.10	1764642.67	4080125.80	539	57	145	337
吉　林 Jilin	30681473.81	6918031.27	4388616.23	567	21	53	493
黑龙江 Heilongjiang	8092542.31	1175541.37	1604667.06	194	17	31	146
上　海 Shanghai	302010.20	114692.80	99003.00	12	2	2	8
江　苏 Jiangsu	13000967.62	3446999.74	3615634.79	624	99	195	330
浙　江 Zhejiang	10691872.27	2515478.20	3092424.98	347	30	87	230
安　徽 Anhui	39163573.37	6537493.86	8507550.63	1415	38	222	1155
福　建 Fujian	19186393.46	4023005.48	5590041.48	472	5	58	409
江　西 Jiangxi	31685138.97	5351378.45	9749979.62	894	37	116	741
山　东 Shandong	59610795.64	13157953.98	15730684.28	3575	274	1049	2252
河　南 Henan	108684829.64	15423584.33	25738685.84	2549	67	242	2240
湖　北 Hubei	33028755.27	9790209.17	6654666.04	824	35	160	629
湖　南 Hunan	35771290.19	5131568.83	7522519.57	401	23	60	318
广　东 Guangdong	66423033.67	15558543.49	20772409.79	2041	102	648	1291
广　西 Guangxi	60296473.99	8559684.32	25192649.10	859	48	141	670
海　南 Hainan	14332861.15	2976367.30	2162215.46	315	27	107	181
重　庆 Chongqing	10011051.38	1810009.71	2602314.64	309	7	28	274
四　川 Sichuan	24501919.87	3614641.13	8554096.67	549	23	78	448
贵　州 Guizhou	30309818.72	6905505.44	10290339.89	613	26	102	485
云　南 Yunnan	62156705.58	10794145.55	17066913.36	1023	32	238	753
西　藏 Xizang	11758396.70	1391644.94	2274039.18	504	9	221	274
陕　西 Shaanxi	16184201.53	2747062.99	3163864.73	1301	8	105	1188
甘　肃 Gansu	31776517.87	5933415.81	6590300.10	1779	12	86	1681
青　海 Qinghai	7972266.52	1235537.01	1488279.72	195	27	83	85
宁　夏 Ningxia	9140044.01	1637372.11	2353451.79	289	22	123	144
新　疆 Xinjiang	58211473.78	16321634.57	15507119.63	2532	343	1067	1122

资产情况(乡村)
Resources in Primary Schools (Rural Area)

图书(册) Books and Magazines in Libraries (Volume)	数字终端数(台) Number of Digital Terminals (Set)	#教师终端数 of Which: Number of Teachers' Terminals	#学生终端数 of Which: Number of Student Terminals	教室(间) Classroom (Room)	#网络多媒体教室 of Which: Network Multimedia Classroom	固定资产总值(万元) Total Value of Fixed Asset (10,000 yuan)	#教学仪器设备资产值 of Which: Total Value of Equip and Instru.
608753157	**4065286**	**1216932**	**2699669**	**1217409**	**765302**	**36814767.41**	**4379652.92**
1995777	17202	7115	7893	3029	2611	206134.23	49764.71
3638870	20462	8219	11920	4833	3363	175123.92	25155.25
65076807	389374	108728	275601	119257	74679	2390656.84	309668.39
6921933	78767	27821	41407	21683	12589	596335.75	57095.88
3221737	34262	13169	19685	8577	6131	563267.52	54998.32
6583302	47464	13862	29169	12469	7590	252595.27	46397.22
4815814	31176	9497	17522	17632	6337	405292.79	41493.31
1550666	14620	4484	9165	6019	3504	211031.41	19736.93
403897	3424	1822	1547	373	351	41158.85	7600.09
12769832	69675	22075	42257	15422	10752	527936.82	81975.36
13951925	87102	28321	56712	14475	12249	751997.57	141157.87
21935607	369799	68056	276102	51537	35905	1429108.66	200946.92
16721774	105153	35789	68107	34988	21889	1077209.27	141303.75
15915938	88982	41182	44940	54240	34763	1012728.25	151427.54
48035039	298677	97652	190582	68470	50070	2247383.47	284971.92
70828669	393811	130196	255776	169545	82185	3306607.75	363994.79
18085019	92397	29992	59208	32864	17856	1056263.43	100338.36
24527929	107159	28327	75506	53454	27683	1222342.79	155497.78
47385414	411615	110037	289178	82576	64768	2291852.72	351965.04
61519629	316724	107401	200295	95847	62935	2572799.23	412296.65
3734353	30329	10510	18816	8647	5496	359366.42	39294.37
5187755	54912	16266	33078	17313	13154	529884.67	50867.85
16382487	129332	38691	83200	41270	22668	1728953.88	178664.40
27501107	150100	46433	92036	48756	34735	1319833.74	172463.65
49769025	290231	74350	214196	96293	57963	4457330.18	371167.70
3899874	39874	13184	26122	9154	6084	1147486.83	41924.87
10316170	71760	22609	47682	19466	13290	713845.21	68851.10
12616948	97402	29257	66299	41871	27790	1147195.55	114890.04
3974859	27855	7054	20606	7813	4124	495787.33	25234.78
3059424	36814	9620	23442	8703	5480	356134.03	49136.83
26425577	158832	55213	101620	50833	36308	2221123.05	269371.24

特殊教育

Basic Statistics of

地区 Region	学校数（所） Schools	班数（个） Classes	毕业生数 Graduates	招生数 Entrants	在校生数 Enrolment						小学阶段
						#女 of Which: Female	学前教育阶段 Pre-primary Education	一年级 Grade 1	二年级 Grade 2	三年级 Grade 3	四年级 Grade 4
总　计 Total	**2345**	**33487**	**173140**	**154977**	**911981**	**331793**	**4553**	**68288**	**81047**	**92957**	**104003**
北　京 Beijing	20	407	1788	1296	7825	2620	12	533	595	747	955
天　津 Tianjin	20	347	743	583	4444	1516	64	312	334	357	437
河　北 Hebei	163	1875	6918	5127	37471	13934	134	2176	2899	3708	4153
山　西 Shanxi	88	1068	4312	3807	20123	7754	174	1643	1681	1914	2317
内蒙古 Inner Mongolia	54	712	2638	2267	13465	5162	115	946	1185	1417	1400
辽　宁 Liaoning	86	924	2307	2181	15786	5433	69	1268	1454	1740	2133
吉　林 Jilin	54	719	2264	1942	12279	4328	33	766	872	1099	1203
黑龙江 Heilongjiang	75	1042	2699	1599	14139	4986	0	704	909	1041	1338
上　海 Shanghai	31	609	1870	1343	9315	3239	253	423	458	725	871
江　苏 Jiangsu	108	1701	7892	8283	45063	15267	517	3734	3971	4552	5244
浙　江 Zhejiang	87	1463	4777	5332	27069	9400	261	2332	2493	2714	2735
安　徽 Anhui	81	1142	6625	6821	42075	14814	238	3212	3887	4629	4563
福　建 Fujian	76	1314	5172	5502	30602	10107	151	2963	3268	3277	3596
江　西 Jiangxi	91	1738	8996	6663	37603	13334	166	2625	3237	3640	4016
山　东 Shandong	161	2722	10612	9554	54572	18997	652	4852	4919	5940	5929
河　南 Henan	153	2052	8814	10072	68332	26015	172	5375	6803	7626	8630
湖　北 Hubei	88	985	4396	4151	28503	9546	38	2156	2815	2910	3524
湖　南 Hunan	98	1436	8244	7980	51740	17842	345	3766	4498	5607	5775
广　东 Guangdong	154	2793	12048	13657	76278	25193	338	6869	8315	8511	9539
广　西 Guangxi	95	1256	7608	7600	44154	15871	147	3355	4095	4505	5195
海　南 Hainan	17	222	1075	1136	6600	2054	20	539	628	703	775
重　庆 Chongqing	39	464	5923	4453	25459	9665	56	1556	2149	2391	2637
四　川 Sichuan	138	1724	16877	12571	64055	24830	224	4675	5403	6129	6948
贵　州 Guizhou	78	1249	8298	7541	40692	15593	86	2973	3290	3722	4460
云　南 Yunnan	86	1165	10925	7849	44794	17912	99	2771	3325	4172	4824
西　藏 Xizang	7	106	1410	1347	7080	3363	2	646	617	699	867
陕　西 Shaanxi	81	813	4301	2965	17935	6860	88	1191	1562	1814	2116
甘　肃 Gansu	47	532	3658	3294	19789	7733	0	1172	1464	1855	2238
青　海 Qinghai	17	169	1838	1377	7446	3126	1	465	588	627	933
宁　夏 Ningxia	16	221	1899	1488	6811	2671	45	484	568	693	751
新　疆 Xinjiang	36	517	6213	5196	30482	12628	53	1806	2765	3493	3901

基本情况(总计)
Special Education (Total)

单位：人
unit：person

Primary Education		初中阶段 Junior Secondary School				普通高中 Regular Senior Secondary			中等职业教育 Secondary Vocational Education			
五年级 Grade 5	六年级 Grade 6	一年级 Grade 1	二年级 Grade 2	三年级 Grade 3	四年级 Grade 4	一年级 Grade 1	二年级 Grade 2	三年级及以上 Over Grade 3	一年级 Grade 1	二年级 Grade 2	三年级 Grade 3	四年级及以上 Over Grade 4
113486	**116570**	**103164**	**102123**	**103690**	**3243**	**3207**	**2857**	**2819**	**3721**	**3214**	**2793**	**246**
883	913	821	818	1049	3	32	36	30	123	149	112	14
581	520	467	423	475	15	113	80	155	36	28	46	0
4858	5491	4542	4387	4825	18	103	64	63	18	19	12	0
2461	2436	2294	2341	2506	0	29	28	16	111	94	78	0
1544	1702	1578	1577	1447	17	86	101	94	119	68	69	0
1955	1855	1670	1699	1812	19	39	19	8	21	10	15	0
1542	1535	1358	1503	1740	9	43	56	62	169	148	132	9
1852	1319	2071	2024	1896	713	30	28	37	65	75	37	0
936	0	927	1063	1242	1222	25	16	23	322	291	295	223
5943	5247	5170	4404	4439	0	394	281	224	353	317	273	0
2893	2902	2533	2583	2705	1	347	348	419	690	607	506	0
4838	5761	4729	4699	5109	0	115	111	184	0	0	0	0
3932	3658	2959	2958	2979	0	199	169	183	120	99	91	0
4546	4892	4605	4675	4616	0	129	141	80	67	107	61	0
5827	6249	5857	5668	5731	1153	285	189	222	368	329	352	0
9232	9052	6668	7387	6949	39	118	143	111	10	0	17	0
3687	3825	2929	3226	3147	14	39	79	15	32	45	22	0
6347	7278	5963	5807	6051	0	139	64	41	32	0	27	0
9559	9885	7293	6884	7224	0	458	388	427	205	194	189	0
5808	6027	5186	4969	4680	18	65	36	68	0	0	0	0
843	888	647	720	670	0	0	0	0	61	48	58	0
3082	3401	3166	3114	3469	0	60	47	43	127	107	54	0
7784	8289	7629	8102	7533	0	117	103	95	420	346	258	0
5478	5481	5214	4969	4714	0	105	98	87	15	0	0	0
5637	5960	6057	5714	5949	0	0	0	0	127	86	73	0
891	896	802	829	774	0	3	8	0	27	12	7	0
2288	2633	1940	1940	2247	2	38	36	22	7	11	0	0
2537	2818	2511	2550	2519	0	37	53	35	0	0	0	0
933	1068	995	1015	776	0	13	21	11	0	0	0	0
757	763	863	725	1012	0	0	75	27	48	0	0	0
4032	3826	3720	3350	3353	0	46	39	37	28	24	9	0

特殊教育

Basic Statistics of

地区 Region	学校数（所）Schools	班数（个）Classes	毕业生数 Graduates	招生数 Entrants	在校生数 Enrolment	#女 of Which: Female	学前教育阶段 Pre-primary Education	小学阶段 一年级 Grade 1	二年级 Grade 2	三年级 Grade 3	四年级 Grade 4
总 计 Total	**1189**	**18723**	**59387**	**58705**	**338665**	**118436**	**3545**	**29112**	**31652**	**35609**	**38016**
北 京 Beijing	17	380	1550	1126	6867	2270	12	459	512	649	839
天 津 Tianjin	20	347	683	516	4047	1376	64	290	302	329	401
河 北 Hebei	62	760	2072	1628	11633	4336	73	704	940	1199	1327
山 西 Shanxi	36	508	1559	1380	7560	2891	162	692	647	795	917
内蒙古 Inner Mongolia	21	352	919	845	4856	1828	85	387	402	506	532
辽 宁 Liaoning	63	710	1456	1400	10157	3501	69	887	927	1138	1499
吉 林 Jilin	37	494	1160	1039	6433	2213	13	455	462	627	558
黑龙江 Heilongjiang	39	579	1350	899	7284	2505	0	379	498	583	710
上 海 Shanghai	28	539	1539	1121	7926	2745	203	371	406	646	767
江 苏 Jiangsu	84	1306	4570	4950	26427	8927	334	2310	2445	2646	3026
浙 江 Zhejiang	51	915	2517	2949	14866	5127	158	1321	1373	1521	1522
安 徽 Anhui	26	436	1400	1521	9661	3181	159	909	1066	1164	925
福 建 Fujian	41	746	2359	2540	13678	4500	86	1403	1508	1466	1533
江 西 Jiangxi	34	527	2352	1965	11302	3950	114	894	1072	1179	1188
山 东 Shandong	92	1603	4589	4570	25960	8985	522	2483	2370	2753	2662
河 南 Henan	67	876	2080	2582	16493	6015	162	1636	1544	1975	1991
湖 北 Hubei	46	574	1737	1702	11535	3767	30	962	1301	1245	1432
湖 南 Hunan	36	710	1951	2346	15550	5199	272	1531	1501	1722	1808
广 东 Guangdong	99	2152	6068	7453	40080	12736	332	3981	4426	4503	4865
广 西 Guangxi	44	657	1892	2112	12109	4084	147	1174	1292	1357	1339
海 南 Hainan	7	131	455	492	2542	768	10	201	282	268	296
重 庆 Chongqing	25	293	2067	1717	10035	3778	54	734	873	986	1089
四 川 Sichuan	65	905	4171	3925	18778	6974	180	1730	1841	2037	2017
贵 州 Guizhou	29	517	2050	2005	9990	3793	50	832	874	1005	1104
云 南 Yunnan	32	520	1915	1704	9880	3972	81	715	791	970	985
西 藏 Xizang	5	86	212	195	1368	639	2	106	113	126	207
陕 西 Shaanxi	35	381	1416	1214	7005	2607	81	525	676	828	826
甘 肃 Gansu	14	243	853	642	4360	1626	0	252	345	436	476
青 海 Qinghai	7	80	489	369	1754	724	0	117	117	116	190
宁 夏 Ningxia	8	124	716	646	2607	1028	45	206	251	234	294
新 疆 Xinjiang	19	272	1240	1152	5922	2391	45	466	495	600	691

基本情况(城区)
Special Education (Urban Area)

单位：人
unit：person

Primary Education		初中阶段 Junior Secondary School				普通高中 Regular Senior Secondary			中等职业教育 Secondary Vocational Education			
五年级 Grade 5	六年级 Grade 6	一年级 Grade 1	二年级 Grade 2	三年级 Grade 3	四年级 Grade 4	一年级 Grade 1	二年级 Grade 2	三年级及以上 Over Grade 3	一年级 Grade 1	二年级 Grade 2	三年级 Grade 3	四年级及以上 Over Grade 4
39449	**38005**	**35099**	**34745**	**35537**	**2234**	**2710**	**2413**	**2317**	**2992**	**2635**	**2362**	**233**
786	778	702	707	924	3	32	36	30	123	149	112	14
526	467	421	366	421	2	113	80	155	36	28	46	0
1338	1652	1444	1275	1477	0	66	37	63	7	19	12	0
915	787	764	774	907	0	29	28	16	40	49	38	0
523	560	458	571	461	17	62	71	67	68	41	45	0
1237	1135	997	1032	1109	19	35	19	8	21	10	15	0
773	676	651	798	876	0	43	56	62	147	122	105	9
872	644	949	1047	930	437	21	16	21	65	75	37	0
810	0	758	864	965	998	25	16	23	304	284	276	210
3323	2986	2694	2435	2422	0	394	281	224	343	298	266	0
1560	1554	1294	1371	1321	1	231	215	273	440	386	325	0
1103	1174	1004	930	1104	0	31	40	52	0	0	0	0
1663	1401	1339	1291	1281	0	170	126	131	104	92	84	0
1305	1480	1092	1224	1223	0	114	115	67	67	107	61	0
2545	2453	2714	2577	2545	716	236	168	200	351	323	342	0
1916	1857	1624	1782	1672	25	84	107	91	10	0	17	0
1403	1454	1105	1209	1148	14	39	79	15	32	45	22	0
1850	2091	1499	1530	1489	0	101	64	41	24	0	27	0
4833	4708	3623	3447	3598	0	430	359	391	203	193	188	0
1484	1373	1289	1297	1194	0	65	36	62	0	0	0	0
297	311	231	246	233	0	0	0	0	61	48	58	0
1246	1261	1142	1087	1302	0	60	47	43	51	29	31	0
2139	2080	1912	1968	1893	0	94	95	64	310	234	184	0
1206	1240	1226	1108	1055	0	98	90	87	15	0	0	0
1148	1120	1411	1184	1285	0	0	0	0	79	56	55	0
119	117	182	206	133	0	3	8	0	27	12	7	0
871	923	744	668	748	2	38	36	21	7	11	0	0
512	588	543	534	549	0	37	53	35	0	0	0	0
205	173	261	340	190	0	13	21	11	0	0	0	0
272	248	311	224	379	0	0	75	27	41	0	0	0
669	714	715	653	703	0	46	39	37	16	24	9	0

地区 Region	学校数（所）Schools	班数（个）Classes	毕业生数 Graduates	招生数 Entrants	在校生数 Enrolment	#女 of Which: Female	学前教育阶段 Pre-primary Education	小学阶段 一年级 Grade 1	二年级 Grade 2	三年级 Grade 3	四年级 Grade 4
总 计 Total	**972**	**12594**	**79322**	**68635**	**387846**	**143491**	**872**	**25227**	**30634**	**35194**	**39823**
北 京 Beijing	1	0	101	65	369	135	0	19	25	37	49
天 津 Tianjin	0	0	37	39	211	74	0	7	10	13	7
河 北 Hebei	89	978	3265	2279	16991	6330	35	870	1154	1475	1637
山 西 Shanxi	32	323	1639	1524	7849	3087	2	614	615	696	853
内蒙古 Inner Mongolia	30	316	1344	1197	7146	2758	30	451	635	737	682
辽 宁 Liaoning	19	184	644	597	4221	1434	0	295	400	435	413
吉 林 Jilin	16	208	777	655	4226	1528	20	233	306	339	451
黑龙江 Heilongjiang	32	431	1132	543	5969	2151	0	271	338	390	499
上 海 Shanghai	2	39	258	163	997	370	39	42	39	65	81
江 苏 Jiangsu	23	386	2980	3081	16679	5672	183	1302	1339	1672	1932
浙 江 Zhejiang	23	370	1690	1879	9047	3174	62	738	830	888	866
安 徽 Anhui	45	594	3729	3735	21049	7435	69	1500	1671	2016	2111
福 建 Fujian	31	481	2059	2180	12240	4042	54	1141	1209	1269	1454
江 西 Jiangxi	56	1175	4480	3328	18257	6374	52	1226	1395	1568	1822
山 东 Shandong	64	1046	4521	3967	22011	7703	124	1733	1796	2281	2210
河 南 Henan	81	1117	4643	4864	32368	12406	10	2275	3216	3051	3578
湖 北 Hubei	36	336	2009	1842	12121	4139	8	821	966	1084	1393
湖 南 Hunan	59	692	4623	4097	26916	9495	73	1635	2201	2810	2795
广 东 Guangdong	32	351	4052	3935	21164	7275	0	1414	1870	1973	2336
广 西 Guangxi	48	576	3955	3857	19637	7148	0	1069	1388	1554	1836
海 南 Hainan	4	35	436	437	2389	744	2	170	194	219	263
重 庆 Chongqing	12	152	3002	2226	11614	4486	2	595	916	985	1070
四 川 Sichuan	59	662	9098	6809	33789	13284	44	2226	2538	2960	3476
贵 州 Guizhou	46	673	4811	4307	22529	8699	36	1485	1598	1812	2189
云 南 Yunnan	41	541	5005	3786	19344	7719	15	995	1190	1482	1735
西 藏 Xizang	0	0	658	555	2437	1163	0	144	156	170	198
陕 西 Shaanxi	37	344	2319	1409	8665	3375	4	502	684	701	966
甘 肃 Gansu	28	244	1997	1931	10195	4072	0	589	671	871	1007
青 海 Qinghai	8	73	857	710	3577	1500	0	201	234	288	427
宁 夏 Ningxia	7	89	764	603	2786	1105	0	159	176	298	275
新 疆 Xinjiang	11	178	2437	2035	11053	4614	8	505	874	1055	1212

基本情况(镇区)
Education (County and Town Area)

单位：人
unit: person

Primary Education		初中阶段 Junior Secondary School				普通高中 Regular Senior Secondary			中等职业教育 Secondary Vocational Education			
五年级 Grade 5	六年级 Grade 6	一年级 Grade 1	二年级 Grade 2	三年级 Grade 3	四年级 Grade 4	一年级 Grade 1	二年级 Grade 2	三年级及以上 Over Grade 3	一年级 Grade 1	二年级 Grade 2	三年级 Grade 3	四年级及以上 Over Grade 4
45126	**48797**	**53232**	**52685**	**53123**	**873**	**337**	**288**	**338**	**541**	**453**	**303**	**0**
45	56	51	39	48	0	0	0	0	0	0	0	0
25	30	33	42	38	6	0	0	0	0	0	0	0
2067	2313	2421	2384	2590	18	11	16	0	0	0	0	0
913	963	999	1071	1123	0	0	0	0	0	0	0	0
819	889	1006	888	872	0	13	17	5	51	27	24	0
542	508	552	524	548	0	4	0	0	0	0	0	0
541	588	529	506	629	9	0	0	0	22	26	27	0
861	579	995	876	874	249	9	12	16	0	0	0	0
95	0	115	143	205	163	0	0	0	10	0	0	0
2271	1927	2342	1813	1862	0	0	0	0	10	19	7	0
938	943	996	948	1106	0	57	37	62	222	193	161	0
2149	2737	2832	2732	2945	0	84	71	132	0	0	0	0
1570	1591	1235	1269	1317	0	20	39	42	16	7	7	0
2118	2273	2637	2624	2497	0	12	23	10	0	0	0	0
2372	2682	2765	2752	2801	396	31	21	14	17	6	10	0
3974	4278	3743	4205	3934	14	34	36	20	0	0	0	0
1506	1595	1454	1677	1617	0	0	0	0	0	0	0	0
3154	3770	3499	3360	3579	0	32	0	0	8	0	0	0
2554	2897	2740	2633	2747	0	0	0	0	0	0	0	0
2098	2237	3317	3105	3009	18	0	0	6	0	0	0	0
294	307	299	337	304	0	0	0	0	0	0	0	0
1201	1432	1716	1708	1812	0	0	0	0	76	78	23	0
3855	4267	4646	4969	4599	0	23	8	31	54	67	26	0
2823	2852	3383	3286	3050	0	7	8	0	0	0	0	0
2028	2262	3193	3141	3207	0	0	0	0	48	30	18	0
221	216	415	437	480	0	0	0	0	0	0	0	0
1099	1325	1010	1078	1296	0	0	0	0	0	0	0	0
1068	1297	1553	1613	1526	0	0	0	0	0	0	0	0
399	482	580	514	452	0	0	0	0	0	0	0	0
272	284	430	399	486	0	0	0	0	7	0	0	0
1254	1217	1746	1612	1570	0	0	0	0	0	0	0	0

特殊教育

Basic Statistics of

地区 Region	学校数（所）Schools	班数（个）Classes	毕业生数 Graduates	招生数 Entrants	在校生数 Enrolment	#女 of Which: Female	学前教育阶段 Pre-primary Education	小学阶段 一年级 Grade 1	二年级 Grade 2	三年级 Grade 3	四年级 Grade 4
总　计 Total	**184**	**2170**	**34431**	**27637**	**185470**	**69866**	**136**	**13949**	**18761**	**22154**	**26164**
北　京 Beijing	2	27	137	105	589	215	0	55	58	61	67
天　津 Tianjin	0	0	23	28	186	66	0	15	22	15	29
河　北 Hebei	12	137	1581	1220	8847	3268	26	602	805	1034	1189
山　西 Shanxi	20	237	1114	903	4714	1776	10	337	419	423	547
内蒙古 Inner Mongolia	3	44	375	225	1463	576	0	108	148	174	186
辽　宁 Liaoning	4	30	207	184	1408	498	0	86	127	167	221
吉　林 Jilin	1	17	327	248	1620	587	0	78	104	133	194
黑龙江 Heilongjiang	4	32	217	157	886	330	0	54	73	68	129
上　海 Shanghai	1	31	73	59	392	124	11	10	13	14	23
江　苏 Jiangsu	1	9	342	252	1957	668	0	122	187	234	286
浙　江 Zhejiang	13	178	570	504	3156	1099	41	273	290	305	347
安　徽 Anhui	10	112	1496	1565	11365	4198	10	803	1150	1449	1527
福　建 Fujian	4	87	754	782	4684	1565	11	419	551	542	609
江　西 Jiangxi	1	36	2164	1370	8044	3010	0	505	770	893	1006
山　东 Shandong	5	73	1502	1017	6601	2309	6	636	753	906	1057
河　南 Henan	5	59	2091	2626	19471	7594	0	1464	2043	2600	3061
湖　北 Hubei	6	75	650	607	4847	1640	0	373	548	581	699
湖　南 Hunan	3	34	1670	1537	9274	3148	0	600	796	1075	1172
广　东 Guangdong	23	290	1928	2269	15034	5182	6	1474	2019	2035	2338
广　西 Guangxi	3	23	1761	1631	12408	4639	0	1112	1415	1594	2020
海　南 Hainan	6	56	184	207	1669	542	8	168	152	216	216
重　庆 Chongqing	2	19	854	510	3810	1401	0	227	360	420	478
四　川 Sichuan	14	157	3608	1837	11488	4572	0	719	1024	1132	1455
贵　州 Guizhou	3	59	1437	1229	8173	3101	0	656	818	905	1167
云　南 Yunnan	13	104	4005	2359	15570	6221	3	1061	1344	1720	2104
西　藏 Xizang	2	20	540	597	3275	1561	0	396	348	403	462
陕　西 Shaanxi	9	88	566	342	2265	878	3	164	202	285	324
甘　肃 Gansu	5	45	808	721	5234	2035	0	331	448	548	755
青　海 Qinghai	2	16	492	298	2115	902	1	147	237	223	316
宁　夏 Ningxia	1	8	419	239	1418	538	0	119	141	161	182
新　疆 Xinjiang	6	67	2536	2009	13507	5623	0	835	1396	1838	1998

基本情况(乡村)
Special Education (Rural Area)

单位：人
unit：person

Primary Education		初中阶段 Junior Secondary School				普通高中 Regular Senior Secondary			中等职业教育 Secondary Vocational Education			
五年级 Grade 5	六年级 Grade 6	一年级 Grade 1	二年级 Grade 2	三年级 Grade 3	四年级 Grade 4	一年级 Grade 1	二年级 Grade 2	三年级及以上 Over Grade 3	一年级 Grade 1	二年级 Grade 2	三年级 Grade 3	四年级及以上 Over Grade 4
28911	**29768**	**14833**	**14693**	**15030**	**136**	**160**	**156**	**164**	**188**	**126**	**128**	**13**
52	79	68	72	77	0	0	0	0	0	0	0	0
30	23	13	15	17	7	0	0	0	0	0	0	0
1453	1526	677	728	759	0	26	11	0	11	0	0	0
633	686	531	496	476	0	0	0	0	71	45	40	0
202	253	114	118	114	0	11	13	22	0	0	0	0
176	212	121	143	155	0	0	0	0	0	0	0	0
228	271	178	199	235	0	0	0	0	0	0	0	0
119	96	127	101	92	27	0	0	0	0	0	0	0
31	0	54	56	72	61	0	0	0	8	7	19	13
349	334	134	156	155	0	0	0	0	0	0	0	0
395	405	243	264	278	0	59	96	84	28	28	20	0
1586	1850	893	1037	1060	0	0	0	0	0	0	0	0
699	666	385	398	381	0	9	4	10	0	0	0	0
1123	1139	876	827	896	0	3	3	3	0	0	0	0
910	1114	378	339	435	41	18	0	8	0	0	0	0
3342	2917	1301	1400	1343	0	0	0	0	0	0	0	0
778	776	370	340	382	0	0	0	0	0	0	0	0
1343	1417	965	917	983	0	6	0	0	0	0	0	0
2172	2280	930	804	879	0	28	29	36	2	1	1	0
2226	2417	580	567	477	0	0	0	0	0	0	0	0
252	270	117	137	133	0	0	0	0	0	0	0	0
635	708	308	319	355	0	0	0	0	0	0	0	0
1790	1942	1071	1165	1041	0	0	0	0	56	45	48	0
1449	1389	605	575	609	0	0	0	0	0	0	0	0
2461	2578	1453	1389	1457	0	0	0	0	0	0	0	0
551	563	205	186	161	0	0	0	0	0	0	0	0
318	385	186	194	203	0	0	0	1	0	0	0	0
957	933	415	403	444	0	0	0	0	0	0	0	0
329	413	154	161	134	0	0	0	0	0	0	0	0
213	231	122	102	147	0	0	0	0	0	0	0	0
2109	1895	1259	1085	1080	0	0	0	0	12	0	0	0

Number of Female Students

地区 Region	毕业生数 Graduates	招生数 Entrants	在校生数 Enrolment	学前教育阶段 Pre-primary Eudcation	小学阶段 Primary Education					
					一年级 Grade 1	二年级 Grade 2	三年级 Grade 3	四年级 Grade 4	五年级 Grade 5	六年级 Grade 6
总　计 Total	**65081**	**57097**	**331793**	**1501**	**24054**	**28148**	**32941**	**37584**	**40985**	**42309**
北　京 Beijing	619	451	2620	1	186	180	223	297	280	295
天　津 Tianjin	263	191	1516	21	92	108	124	145	210	185
河　北 Hebei	2614	1983	13934	52	823	1010	1395	1519	1836	1961
山　西 Shanxi	1714	1497	7754	48	633	589	699	868	925	933
内蒙古 Inner Mongolia	1031	867	5162	29	347	411	526	543	578	646
辽　宁 Liaoning	798	744	5433	20	430	465	587	773	642	630
吉　林 Jilin	815	687	4328	10	261	290	371	424	552	533
黑龙江 Heilongjiang	951	523	4986	0	229	320	370	463	654	461
上　海 Shanghai	619	459	3239	84	135	161	243	296	325	0
江　苏 Jiangsu	2826	2875	15267	168	1238	1235	1546	1759	1962	1697
浙　江 Zhejiang	1748	1892	9400	69	787	832	878	925	1010	976
安　徽 Anhui	2386	2464	14814	77	1113	1355	1584	1626	1652	2049
福　建 Fujian	1748	1775	10107	41	893	989	1045	1194	1297	1221
江　西 Jiangxi	3366	2393	13334	51	912	1120	1253	1415	1580	1730
山　东 Shandong	3834	3462	18997	226	1711	1574	1976	2009	1973	2197
河　南 Henan	3426	3927	26015	61	2082	2564	2851	3237	3532	3386
湖　北 Hubei	1577	1467	9546	14	715	874	925	1176	1214	1298
湖　南 Hunan	2926	2827	17842	100	1267	1474	1896	1994	2140	2529
广　东 Guangdong	4055	4471	25193	103	2169	2643	2811	3142	3115	3279
广　西 Guangxi	2857	2784	15871	59	1153	1389	1601	1823	2121	2130
海　南 Hainan	332	376	2054	4	165	167	209	237	249	306
重　庆 Chongqing	2325	1675	9665	19	555	784	875	1004	1138	1284
四　川 Sichuan	6635	4865	24830	86	1670	1987	2324	2676	3081	3215
贵　州 Guizhou	3232	2841	15593	36	1065	1216	1394	1740	2111	2109
云　南 Yunnan	4373	3140	17912	44	1119	1315	1633	1926	2199	2409
西　藏 Xizang	701	649	3363	1	319	278	339	413	443	428
陕　西 Shaanxi	1717	1140	6860	42	434	571	674	796	848	1011
甘　肃 Gansu	1468	1314	7733	0	448	602	684	903	1005	1081
青　海 Qinghai	764	559	3126	1	182	266	251	385	384	453
宁　夏 Ningxia	780	627	2671	17	197	218	255	288	271	299
新　疆 Xinjiang	2581	2172	12628	17	724	1161	1399	1588	1658	1578

女学生数
of Special Education

单位：人
unit：person

初中阶段 Junior Secondary School				普通高中 Regular Senior Secondary			中等职业教育 Secondary Vocational Education			
一年级 Grade 1	二年级 Grade 2	三年级 Grade 3	四年级 Grade 4	一年级 Grade 1	二年级 Grade 2	三年级及以上 Over Grade 3	一年级 Grade 1	二年级 Grade 2	三年级 Grade 3	四年级及以上 Over Grade 4
38768	**38203**	**38698**	**1182**	**1253**	**1189**	**1183**	**1363**	**1282**	**1063**	**87**
289	287	392	1	12	12	15	43	64	40	3
163	151	145	3	49	33	44	12	15	16	0
1762	1662	1791	7	43	27	29	6	6	5	0
917	957	1036	0	13	15	5	47	31	38	0
629	646	572	7	32	40	42	59	31	24	0
579	624	637	7	11	10	5	2	4	7	0
480	514	609	6	15	21	20	86	70	62	4
737	718	668	257	10	7	19	27	30	16	0
329	365	424	447	6	6	14	111	105	108	80
1790	1558	1594	0	165	117	99	120	122	97	0
935	898	1001	1	133	136	174	232	238	175	0
1760	1628	1795	0	41	56	78	0	0	0	0
998	1018	1095	0	70	57	82	37	37	33	0
1678	1664	1680	0	55	53	31	33	50	29	0
2145	2049	2062	422	121	74	81	132	124	121	0
2575	2882	2655	15	48	73	46	2	0	6	0
1080	1057	1093	2	9	36	8	12	22	11	0
2111	2080	2128	0	58	21	18	13	0	13	0
2445	2354	2485	0	145	143	162	58	65	74	0
1924	1862	1722	6	34	14	33	0	0	0	0
228	215	208	0	0	0	0	25	20	21	0
1232	1275	1336	0	24	25	22	35	36	21	0
3055	3211	2968	0	54	49	50	154	150	100	0
2029	1925	1842	0	40	44	35	7	0	0	0
2419	2325	2382	0	0	0	0	56	44	41	0
380	382	352	0	1	3	0	12	8	4	0
760	758	914	1	16	17	13	4	1	0	0
1003	1009	936	0	20	23	19	0	0	0	0
412	436	333	0	5	11	7	0	0	0	0
371	261	418	0	0	38	14	24	0	0	0
1553	1432	1425	0	23	28	18	14	9	1	0

特殊教育学校教职工数

Number of Educational Personnel in Special Education Schools

单位：人

unit：person

地区 Region	教职工数 Educational Personnel	专任教师 Full-time Teachers	行政人员 Adm. Personnel	教辅人员 Supporting Staffs	工勤人员 Workers	校外教师 Part-time Teachers	外籍教师 Foreign Teachers
总　计 Total	**90370**	**78034**	**3663**	**3884**	**4789**	**344**	**0**
北　京 Beijing	1384	1173	88	98	25	9	0
天　津 Tianjin	825	689	81	31	24	3	0
河　北 Hebei	4462	4019	160	121	162	13	0
山　西 Shanxi	2733	2342	119	128	144	8	0
内蒙古 Inner Mongolia	2397	2033	121	133	110	7	0
辽　宁 Liaoning	3151	2459	538	79	75	0	0
吉　林 Jilin	2106	1811	160	79	56	0	0
黑龙江 Heilongjiang	2593	2307	176	53	57	4	0
上　海 Shanghai	1867	1547	128	98	94	4	0
江　苏 Jiangsu	4857	4192	131	269	265	13	0
浙　江 Zhejiang	3914	3588	55	82	189	24	0
安　徽 Anhui	2699	2425	67	117	90	4	0
福　建 Fujian	3323	2816	130	180	197	7	0
江　西 Jiangxi	2523	2303	33	81	106	40	0
山　东 Shandong	7614	6858	228	280	248	6	0
河　南 Henan	5295	4779	171	139	206	19	0
湖　北 Hubei	2555	2256	95	74	130	38	0
湖　南 Hunan	3556	3181	133	146	96	7	0
广　东 Guangdong	10052	8149	369	801	733	35	0
广　西 Guangxi	3321	2753	50	197	321	6	0
海　南 Hainan	778	568	16	20	174	0	0
重　庆 Chongqing	1364	1166	43	24	131	9	0
四　川 Sichuan	4551	3972	143	153	283	35	0
贵　州 Guizhou	2597	2215	74	64	244	0	0
云　南 Yunnan	3094	2737	57	118	182	10	0
西　藏 Xizang	454	328	11	11	104	1	0
陕　西 Shaanxi	2333	1915	165	133	120	6	0
甘　肃 Gansu	1423	1250	35	86	52	0	0
青　海 Qinghai	375	263	14	8	90	27	0
宁　夏 Ningxia	543	514	11	11	7	6	0
新　疆 Xinjiang	1631	1426	61	70	74	3	0

特殊教育学校女教职工数
Number of Female Educational Personnel in Special Education Schools

单位：人
unit：person

地区 Region	教职工数 Educational Personnel	专任教师 Full-time Teachers	行政人员 Adm. Personnel	教辅人员 Supporting Staffs	工勤人员 Workers	校外教师 Part-time Teachers	外籍教师 Foreign Teachers
总　计 Total	**66181**	**59033**	**1713**	**2855**	**2580**	**282**	**0**
北　京 Beijing	1070	942	46	74	8	7	0
天　津 Tianjin	623	536	58	25	4	3	0
河　北 Hebei	3428	3227	70	73	58	7	0
山　西 Shanxi	2025	1825	46	87	67	8	0
内蒙古 Inner Mongolia	1657	1484	52	76	45	7	0
辽　宁 Liaoning	2353	1965	331	49	8	0	0
吉　林 Jilin	1578	1431	85	43	19	0	0
黑龙江 Heilongjiang	1728	1624	76	22	6	4	0
上　海 Shanghai	1517	1294	85	79	59	2	0
江　苏 Jiangsu	3576	3209	52	201	114	10	0
浙　江 Zhejiang	3017	2809	22	57	129	22	0
安　徽 Anhui	1936	1788	23	81	44	2	0
福　建 Fujian	2530	2230	22	148	130	6	0
江　西 Jiangxi	1942	1773	19	75	75	39	0
山　东 Shandong	5114	4708	106	206	94	4	0
河　南 Henan	3948	3677	63	114	94	19	0
湖　北 Hubei	1796	1616	44	61	75	37	0
湖　南 Hunan	2627	2428	54	106	39	6	0
广　东 Guangdong	7362	6129	165	593	475	29	0
广　西 Guangxi	2641	2239	30	159	213	4	0
海　南 Hainan	583	432	9	18	124	0	0
重　庆 Chongqing	994	888	16	18	72	7	0
四　川 Sichuan	3383	3037	56	121	169	24	0
贵　州 Guizhou	1847	1611	29	48	159	0	0
云　南 Yunnan	2166	1961	23	93	89	5	0
西　藏 Xizang	284	218	3	9	54	1	0
陕　西 Shaanxi	1619	1414	68	92	45	5	0
甘　肃 Gansu	943	861	11	55	16	0	0
青　海 Qinghai	246	178	5	7	56	16	0
宁　夏 Ningxia	422	404	4	11	3	6	0
新　疆 Xinjiang	1226	1095	40	54	37	2	0

特殊教育专任教师分学历、
Number of Full-time Teachers in Special Education

类别 Item	合计 Total	按学历分 By Educational Attainment				
		博士研究生 Doctor's Diploma	硕士研究生 Master's Diploma	本科毕业 Bachelor's Diploma	专科毕业 Associate Bachelor	高中阶段毕业 High School Graduate
总　计 Total	**77047**	**30**	**3141**	**60444**	**12869**	**534**
北　京 Beijing	1121	2	91	1003	25	0
天　津 Tianjin	689	0	50	581	56	2
河　北 Hebei	3865	0	71	2844	901	45
山　西 Shanxi	2236	0	31	1655	506	44
内蒙古 Inner Mongolia	2066	0	64	1658	332	12
辽　宁 Liaoning	2340	0	80	1845	406	9
吉　林 Jilin	1821	0	53	1515	241	11
黑龙江 Heilongjiang	2327	0	35	1572	701	18
上　海 Shanghai	1698	3	252	1371	69	3
江　苏 Jiangsu	4190	3	200	3730	254	3
浙　江 Zhejiang	3444	1	193	2960	274	16
安　徽 Anhui	2393	0	42	1837	499	15
福　建 Fujian	2843	0	66	2140	614	22
江　西 Jiangxi	2313	0	26	1499	778	9
山　东 Shandong	6856	1	358	5633	796	68
河　南 Henan	4645	0	55	3315	1228	47
湖　北 Hubei	2170	0	59	1564	524	22
湖　南 Hunan	3201	0	95	2314	754	37
广　东 Guangdong	8099	19	864	6434	692	77
广　西 Guangxi	2774	0	42	2097	628	7
海　南 Hainan	568	0	6	492	69	1
重　庆 Chongqing	1189	0	40	927	200	20
四　川 Sichuan	3957	0	142	3104	699	12
贵　州 Guizhou	2172	1	29	1803	333	5
云　南 Yunnan	2592	0	40	2242	309	1
西　藏 Xizang	328	0	10	273	44	1
陕　西 Shaanxi	1890	0	79	1387	408	13
甘　肃 Gansu	1202	0	32	1003	164	3
青　海 Qinghai	240	0	10	190	40	0
宁　夏 Ningxia	432	0	9	359	61	3
新　疆 Xinjiang	1386	0	17	1097	264	8

分专业技术职务情况

Schools by Academic Qualifications and Professional Rank

单位：人
unit：person

高中阶段以下毕业 Below High School Graduate	按专业技术职务分 By Professional Rank 正高级 Senior	副高级 Sub-Senior	中级 Middle	助理级 Associate	员级 Junior	未定职级 No-Ranking
29	**159**	**14652**	**29577**	**20643**	**2709**	**9307**
0	3	224	450	370	12	62
0	1	124	394	129	2	39
4	6	1256	1587	677	67	272
0	0	128	828	888	81	311
0	3	548	739	509	100	167
0	0	790	1098	238	108	106
1	6	562	813	320	37	83
1	5	771	990	430	49	82
0	5	125	908	568	11	81
0	3	754	1989	939	102	403
0	3	568	1335	1105	69	364
0	5	395	820	632	99	442
1	4	363	1229	739	82	426
1	4	391	707	669	266	276
0	29	1485	2628	1541	153	1020
0	4	1009	1960	1207	107	358
1	3	427	1006	507	60	167
1	9	611	1125	867	177	412
13	8	873	2367	2445	458	1948
0	5	298	959	873	175	464
0	0	62	131	258	29	88
2	2	166	563	366	5	87
0	13	841	1209	1234	70	590
1	2	265	1018	670	17	200
0	12	727	795	758	164	136
0	1	64	91	127	42	3
3	1	247	743	511	34	354
0	15	273	519	300	12	83
0	1	59	73	45	11	51
0	4	85	168	128	18	29
0	2	161	335	593	92	203

特殊教育学校
Condition of School Buildings

地区 Region	校舍建筑面积 Floor Space	教学及辅助用房 Buildings for Instruction and Ancillary Uses	普通教室 Classroom	专用教室 Professional Classroom	公共活动及康复用房 Public Activity and Rehabilitation Room	图书阅览室 Library	体育康复训练室 Physical Rehabilitation Training Room	心理咨询室 Psychological Consultation Room
总　计 Total	**13474600.17**	**6241761.28**	**2670381.72**	**1964945.66**	**1606433.90**	**222841.70**	**383075.29**	**93606.67**
北　京 Beijing	158877.97	81548.65	30644.47	26152.57	24751.61	2048.15	3081.30	852.44
天　津 Tianjin	106281.87	57358.53	25264.78	18257.16	13836.59	2907.64	2108.57	851.47
河　北 Hebei	597180.15	277992.17	108064.20	109687.61	60240.36	13664.63	16203.82	4508.47
山　西 Shanxi	293292.79	120635.77	53846.86	38551.63	28237.28	6729.95	8228.57	2404.64
内蒙古 Inner Mongolia	281797.56	127612.92	51441.43	45113.21	31058.28	3464.01	9245.11	1772.10
辽　宁 Liaoning	317341.56	172009.23	51504.32	71091.15	49413.76	5537.25	16199.34	2818.19
吉　林 Jilin	231013.46	111731.67	49485.68	43032.46	19213.53	3692.74	4867.26	1733.12
黑龙江 Heilongjiang	281478.92	141224.44	47485.85	61743.49	31995.10	3797.84	10123.96	1950.02
上　海 Shanghai	220166.64	111319.58	37456.95	42208.97	31653.66	6970.93	7049.65	2153.71
江　苏 Jiangsu	790764.47	390790.03	157529.21	136712.79	96548.03	13953.38	25934.23	5722.98
浙　江 Zhejiang	798175.19	316549.20	131455.02	99994.16	85100.02	9602.86	20553.82	4296.85
安　徽 Anhui	577916.00	289023.70	142279.03	92124.50	54620.17	13006.68	12657.23	3748.47
福　建 Fujian	541333.23	248936.54	98069.86	85213.10	65653.58	8328.07	19868.21	3672.48
江　西 Jiangxi	473050.68	222521.71	103737.23	59507.44	59277.04	7053.33	10734.29	4471.48
山　东 Shandong	1200326.12	566815.23	217369.07	171139.02	178307.14	19525.20	36421.21	8220.73
河　南 Henan	654186.71	297540.76	139804.46	102688.52	55047.78	13090.21	15080.93	5147.87
湖　北 Hubei	442186.89	195334.37	100613.51	57601.98	37118.88	6739.23	13463.62	2684.72
湖　南 Hunan	511417.72	222513.01	117852.54	65493.21	39167.26	7867.14	14189.51	4369.79
广　东 Guangdong	1540880.94	708803.50	276553.24	166386.21	265864.05	20209.74	37168.15	7474.33
广　西 Guangxi	432389.13	202143.38	88835.56	65171.65	48136.17	7204.27	10388.38	3978.50
海　南 Hainan	105607.07	42911.97	20716.80	14186.46	8008.71	1988.28	1927.14	616.02
重　庆 Chongqing	219670.65	98642.80	54878.72	22229.67	21534.41	2978.77	2814.66	1804.52
四　川 Sichuan	689989.37	324428.78	142485.18	92191.25	89752.35	11983.17	23564.34	4419.76
贵　州 Guizhou	388011.77	170093.75	82080.30	51202.43	36811.02	5681.63	9159.95	3531.57
云　南 Yunnan	486650.23	234815.70	122491.26	59732.86	52591.58	6956.84	12044.94	3351.23
西　藏 Xizang	75510.06	29511.11	11664.93	10813.74	7032.44	775.09	5139.46	380.91
陕　西 Shaanxi	318351.55	135317.85	58204.09	38451.14	38662.62	5519.60	10882.79	2314.98
甘　肃 Gansu	223062.20	93432.14	45193.64	26265.44	21973.06	3458.81	7983.14	1843.02
青　海 Qinghai	116451.86	52103.10	16553.29	26446.78	9103.03	1816.25	1465.32	499.52
宁　夏 Ningxia	117030.06	61630.34	28681.29	19648.05	13301.00	1363.82	2424.63	515.76
新　疆 Xinjiang	284207.35	136469.35	58138.95	45907.01	32423.39	4926.19	12101.76	1497.02

校舍情况
in Special Education Schools

单位：平方米
unit：m^2

其他 Others	行政办公用房 Administrative	教师办公室 for Teachers	其他 Others	生活用房 Residential and Welfare	学生宿舍 Students' Dormitories	学生餐厅 Students' Canteen	学生厕所 Students' Toilets	其他 Others	其他用房 Rooms for Other Purposes
906910. 24	**1298819. 63**	**699391. 90**	**599427. 73**	**4183303. 12**	**1923776. 04**	**764437. 96**	**488184. 93**	**1006904. 19**	**1750716. 14**
18769. 72	24783. 12	9000. 53	15782. 59	44011. 18	8058. 97	6097. 66	6043. 51	23811. 04	8535. 02
7968. 91	11378. 47	6107. 07	5271. 40	20541. 24	8304. 18	3074. 85	4688. 42	4473. 79	17003. 63
25863. 44	57128. 35	33117. 08	24011. 27	164783. 32	71791. 78	36800. 49	20610. 33	35580. 72	97276. 31
10874. 12	31881. 97	20184. 78	11697. 19	92330. 16	43091. 50	16810. 17	10680. 21	21748. 28	48444. 89
16577. 06	29697. 28	15747. 80	13949. 48	87877. 77	36716. 96	18205. 39	12050. 40	20905. 02	36609. 59
24858. 98	37245. 74	18129. 27	19116. 47	108086. 59	23693. 00	20106. 09	12982. 51	51304. 99	0. 00
8920. 41	23033. 87	13635. 96	9397. 91	60398. 83	20767. 15	13803. 12	8013. 92	17814. 64	35849. 09
16123. 28	26680. 61	15251. 29	11429. 32	77259. 96	25691. 28	16021. 30	8402. 56	27144. 82	36313. 91
15479. 37	31843. 51	12162. 15	19681. 36	58301. 47	25502. 27	7841. 57	7728. 78	17228. 85	18702. 08
50937. 44	77325. 89	36865. 17	40460. 72	211927. 99	95256. 67	42283. 62	23259. 75	51127. 95	110720. 56
50646. 49	63151. 53	29544. 69	33606. 84	225866. 90	98639. 97	47402. 26	24741. 02	55083. 65	192607. 56
25207. 79	52196. 96	31355. 40	20841. 56	192948. 04	93239. 12	37842. 49	20596. 48	41269. 95	43747. 30
33784. 82	55735. 95	24957. 89	30778. 06	164500. 22	82777. 91	27802. 81	16151. 50	37768. 00	72160. 52
37017. 94	54919. 74	25545. 36	29374. 38	154634. 87	77234. 74	22354. 41	21597. 30	33448. 42	40974. 36
114140. 00	138474. 61	71017. 18	67457. 43	362848. 73	148540. 69	63331. 76	49649. 41	101326. 87	132187. 55
21728. 77	79685. 28	48201. 03	31484. 25	207288. 74	106630. 18	42466. 82	25840. 73	32351. 01	69671. 93
14231. 31	38685. 91	20002. 37	18683. 54	149105. 26	81638. 91	28516. 60	12166. 41	26783. 34	59061. 35
12740. 82	48697. 02	32576. 36	16120. 66	174336. 21	79831. 99	39813. 27	16100. 99	38589. 96	65871. 48
201011. 83	111709. 97	61687. 82	50022. 15	409728. 62	170420. 73	54338. 28	53088. 74	131880. 87	310638. 85
26565. 02	30477. 74	17566. 62	12911. 12	167670. 15	94096. 52	29848. 24	18952. 55	24772. 84	32097. 86
3477. 27	5883. 80	4765. 98	1117. 82	45249. 33	24581. 31	7324. 91	4880. 23	8462. 88	11561. 97
13936. 46	20569. 60	11387. 69	9181. 91	71561. 84	37422. 68	12619. 77	7376. 63	14142. 76	28896. 41
49785. 08	53330. 94	29943. 62	23387. 32	219518. 04	112198. 15	39831. 46	22917. 17	44571. 26	92711. 61
18437. 87	38143. 89	25507. 64	12636. 25	146234. 55	87846. 95	29682. 38	12869. 00	15836. 22	33539. 58
30238. 57	45485. 54	25343. 07	20142. 47	175713. 57	98471. 50	33193. 41	18621. 78	25426. 88	30635. 42
736. 98	6026. 05	4413. 13	1612. 92	35954. 02	14683. 22	5611. 56	1470. 74	14188. 50	4018. 88
19945. 25	39132. 80	19769. 20	19363. 60	108407. 97	34154. 81	16394. 54	16636. 90	41221. 72	35492. 93
8688. 09	22803. 71	15758. 85	7044. 86	72262. 12	31443. 62	13423. 57	8635. 08	18759. 85	34564. 23
5321. 94	13132. 08	6123. 29	7008. 79	39824. 12	20338. 84	5999. 21	6612. 95	6873. 12	11392. 56
8996. 79	7057. 82	3590. 20	3467. 62	38017. 67	23464. 01	8572. 70	3160. 85	2820. 11	10324. 23
13898. 42	22519. 88	10133. 41	12386. 47	96113. 64	47246. 43	17023. 25	11658. 08	20185. 88	29104. 48

地区 Region	占地面积（平方米）Areas Occupied (m^2)	#绿化用地面积 of Which: Green Areas	#运动场地面积 of Which: Sports Areas	校园足球场（个）Campus Football	11人制足球场 11-a-side Football Field	7人制足球场 7-a-side Football Field	5人制足球场 5-a-side Football Field
总　计 Total	**26660765.69**	**5900300.69**	**6533281.46**	**724**	**74**	**210**	**440**
北　京 Beijing	268723.39	49026.65	67795.53	4	0	2	2
天　津 Tianjin	205407.74	22588.47	63901.42	9	1	3	5
河　北 Hebei	1309640.70	248147.65	335708.21	35	5	7	23
山　西 Shanxi	567647.26	73841.57	126771.60	14	1	1	12
内蒙古 Inner Mongolia	702842.43	139420.56	216790.57	23	2	8	13
辽　宁 Liaoning	721825.75	110179.95	238655.84	33	2	13	18
吉　林 Jilin	564389.62	111604.72	173821.00	22	0	7	15
黑龙江 Heilongjiang	625514.18	104683.02	227033.85	20	1	5	14
上　海 Shanghai	342658.51	118213.80	71032.69	13	1	4	8
江　苏 Jiangsu	1516805.17	442979.66	355513.39	55	8	18	29
浙　江 Zhejiang	1368012.03	403668.94	310587.39	30	4	11	15
安　徽 Anhui	1393389.24	356736.30	305725.78	31	4	10	17
福　建 Fujian	976094.47	253068.07	246606.27	26	1	6	19
江　西 Jiangxi	858580.72	223372.93	254600.66	33	3	13	17
山　东 Shandong	2576513.73	574030.15	638555.95	68	10	21	37
河　南 Henan	1390705.56	235389.84	280675.90	30	4	6	20
湖　北 Hubei	837432.61	220287.55	207918.09	35	5	8	22
湖　南 Hunan	1262652.97	375359.21	223721.52	19	1	4	14
广　东 Guangdong	2542489.29	485417.05	544629.94	53	10	15	28
广　西 Guangxi	689465.03	124610.82	171020.53	6	1	1	4
海　南 Hainan	276097.12	62133.82	43093.78	7	1	3	3
重　庆 Chongqing	304773.67	51991.72	74364.46	9	1	1	7
四　川 Sichuan	996215.76	190642.27	296269.95	36	2	4	30
贵　州 Guizhou	887654.65	186252.37	274066.76	18	2	5	11
云　南 Yunnan	942294.77	215924.58	200494.19	20	0	4	16
西　藏 Xizang	182129.18	32513.79	19513.34	5	0	5	0
陕　西 Shaanxi	593763.39	111322.26	150962.34	24	0	8	16
甘　肃 Gansu	417007.77	90800.55	120242.32	14	3	2	9
青　海 Qinghai	208810.99	40871.89	57434.25	4	0	2	2
宁　夏 Ningxia	352342.05	86168.29	82632.75	8	1	5	2
新　疆 Xinjiang	778885.94	159052.24	153141.19	20	0	8	12

资产情况
Resources in Special Education Schools

图书(册) Books and Magazines in Libraries (Volume)	数字终端数(台) Number of Digital Terminals (Set)	教师终端数 Number of Teachers' Terminals	学生终端数 Number of Student Terminals	教室(间) Classroom (Room)	#网络多媒体教室 of Which: Network Multimedia Classroom	固定资产总值(万元) Total Value of Fixed Asset (10,000 yuan)	#教学仪器设备资产值 of Which: Total Value of Equip and Instru.
12915219	**157610**	**91003**	**58529**	**45249**	**26452**	**3328393. 82**	**514184. 03**
271978	3642	2185	958	691	550	71141. 09	15501. 61
120878	2210	1291	718	480	340	42298. 03	11929. 16
783580	7396	4029	3173	2553	1188	122304. 43	23945. 75
325981	3794	1957	1478	1311	556	70275. 32	11116. 03
200296	3155	2118	885	888	513	77105. 51	10019. 74
587466	6020	3456	2114	1455	944	85619. 85	24029. 87
209020	3484	2079	1122	1013	435	58299. 23	11062. 66
325004	4190	2412	1625	1462	686	70051. 31	18246. 56
419587	5345	3048	1687	738	465	104596. 91	16753. 85
926823	10599	5246	4143	2518	1731	215157. 29	27408. 27
549699	7544	4438	2827	1978	1346	242639. 20	21610. 01
461429	6311	3177	2925	2179	1268	127424. 97	19048. 81
451233	5464	3603	1605	1649	1054	115039. 83	18677. 27
372930	4424	2533	1705	1661	1154	85627. 25	13970. 78
1149820	14660	9337	4911	4265	2370	309678. 43	44406. 75
725178	7587	4470	2959	2369	1304	105561. 21	15600. 28
282740	3887	2225	1568	1288	580	100773. 48	13738. 94
453357	5024	3108	1877	1640	1047	135411. 29	17269. 63
1130788	17201	10768	5949	3728	2349	355526. 12	58578. 72
495851	4658	3171	1371	1577	813	81951. 98	12247. 78
146803	1061	632	415	267	173	28699. 15	3356. 93
128936	3222	1575	1188	658	502	46012. 55	8269. 47
569483	7088	3963	2886	2334	1367	158613. 81	22701. 01
322852	4082	2362	1390	1177	795	66227. 08	9861. 14
558782	5067	2444	2494	1625	972	128807. 49	17681. 17
38167	390	279	111	226	95	22189. 89	3830. 03
344692	3437	1904	1398	1196	593	92228. 26	15394. 68
183140	2247	1158	1056	676	365	67462. 75	7070. 29
94992	873	366	501	447	221	34538. 11	4366. 09
159270	1592	680	868	344	177	40434. 90	7611. 99
124464	1956	989	622	856	499	66697. 11	8878. 76

学前教育基本情况(总计)
Basic Statistics of Pre-primary Education (Total)

地区 Region	园数(所) Kindergartens	班数(个) Classes	入园(班)人数(人) Entrants	在园(班)人数(人) Enrolment	离园(班)人数(人) Leavers
总　计 Total	**274414**	**1612437**	**11812117**	**40929784**	**18044024**
北　京 Beijing	1991	19753	164082	515267	208037
天　津 Tianjin	2127	12153	84987	290052	118736
河　北 Hebei	17818	94917	620857	1994319	927783
山　西 Shanxi	6841	39994	255109	918413	365882
内蒙古 Inner Mongolia	3958	24084	143450	554096	221735
辽　宁 Liaoning	8397	36133	177786	728959	280171
吉　林 Jilin	3511	18079	87875	354022	156880
黑龙江 Heilongjiang	5019	20286	123918	385561	174037
上　海 Shanghai	1692	20117	157705	484123	199583
江　苏 Jiangsu	8073	74726	595663	2098948	918418
浙　江 Zhejiang	7067	66680	529137	1775991	750266
安　徽 Anhui	11108	69268	521645	1803240	809253
福　建 Fujian	8165	50879	412880	1354419	628082
江　西 Jiangxi	11544	55273	378930	1324380	547963
山　东 Shandong	22464	125243	811357	3072401	1675257
河　南 Henan	22633	137130	788163	3236241	1420650
湖　北 Hubei	9615	59226	421277	1553033	659166
湖　南 Hunan	15327	69730	519517	1837042	903264
广　东 Guangdong	21662	164122	1390061	4586162	1973933
广　西 Guangxi	12857	74570	607383	1930986	828719
海　南 Hainan	2527	14005	110830	363479	141861
重　庆 Chongqing	5514	31703	211175	875734	350426
四　川 Sichuan	12387	85455	586163	2315634	920967
贵　州 Guizhou	10871	53832	491279	1530051	663990
云　南 Yunnan	13804	59212	602360	1680159	706482
西　藏 Xizang	2474	7554	59386	152141	62295
陕　西 Shaanxi	7576	48484	341945	1197062	498388
甘　肃 Gansu	7713	35323	253688	855998	365266
青　海 Qinghai	1637	7662	77260	203765	87647
宁　夏 Ningxia	1458	8863	90202	240463	108776
新　疆 Xinjiang	6584	27981	196047	717643	370111

学前教育基本情况(城区)
Basic Statistics of Pre-primary Education (Urban Area)

地区 Region	园数(所) Kindergartens	班数(个) Classes	入园(班)人数 (人) Entrants	在园(班)人数 (人) Enrolment	离园(班)人数 (人) Leavers
总　计 Total	**101433**	**737218**	**5616574**	**19635604**	**8142741**
北　京 Beijing	1600	16638	140281	438121	176305
天　津 Tianjin	1386	9670	71487	239721	94591
河　北 Hebei	4186	26611	203070	633666	277268
山　西 Shanxi	2458	17312	118673	425693	162690
内蒙古 Inner Mongolia	1421	10411	68104	261125	96356
辽　宁 Liaoning	5422	25689	126275	519162	184783
吉　林 Jilin	1892	10045	47299	204831	86530
黑龙江 Heilongjiang	2735	11829	72920	224399	97732
上　海 Shanghai	1489	17825	138422	426247	177357
江　苏 Jiangsu	4434	45459	375354	1282708	540664
浙　江 Zhejiang	4119	42391	343817	1129344	467585
安　徽 Anhui	3183	23895	202116	663641	262164
福　建 Fujian	3530	24281	214246	682122	300663
江　西 Jiangxi	3252	19832	141768	502288	202158
山　东 Shandong	8530	59426	418780	1560856	763939
河　南 Henan	5355	38820	233285	989028	415062
湖　北 Hubei	4502	30700	226340	828924	337702
湖　南 Hunan	5333	28027	210122	766123	346831
广　东 Guangdong	12453	102483	860317	2928334	1209473
广　西 Guangxi	3373	23269	184713	620891	243447
海　南 Hainan	1088	6343	52106	164805	63180
重　庆 Chongqing	3053	19915	134861	567500	217392
四　川 Sichuan	5216	40480	287275	1111238	423299
贵　州 Guizhou	2839	17907	154940	517126	210423
云　南 Yunnan	2303	17638	160644	523048	206688
西　藏 Xizang	132	1256	13217	40652	14762
陕　西 Shaanxi	2694	22981	179822	615474	244882
甘　肃 Gansu	1443	10167	86001	297925	120135
青　海 Qinghai	292	2287	25450	71676	29174
宁　夏 Ningxia	472	4294	44130	122981	50628
新　疆 Xinjiang	1248	9337	80739	275955	118878

学前教育基本情况(镇区)
Basic Statistics of Pre-primary Education (County and Town Area)

地区 Region	园数(所) Kindergartens	班数(个) Classes	入园(班)人数(人) Entrants	在园(班)人数(人) Enrolment	离园(班)人数(人) Leavers
总　计 Total	**90946**	**567550**	**4242477**	**14919839**	**6638751**
北　京 Beijing	165	1578	12402	39972	16567
天　津 Tianjin	262	1142	6812	26212	12017
河　北 Hebei	6683	36720	256654	816348	369747
山　西 Shanxi	2182	15033	103642	376172	153298
内蒙古 Inner Mongolia	1567	10239	61974	245053	102091
辽　宁 Liaoning	1890	7749	39223	162321	70314
吉　林 Jilin	1273	6507	35199	129036	58689
黑龙江 Heilongjiang	1681	6879	43549	136174	63298
上　海 Shanghai	169	2009	17058	51078	19222
江　苏 Jiangsu	2814	24911	191679	703504	325855
浙　江 Zhejiang	2044	19413	150757	523699	225100
安　徽 Anhui	4611	31392	239335	835721	380585
福　建 Fujian	2993	18335	147357	500948	239221
江　西 Jiangxi	4659	25486	179640	632448	262020
山　东 Shandong	6728	41447	278916	1051207	591025
河　南 Henan	8646	55053	336763	1366924	585842
湖　北 Hubei	3321	20938	151367	562849	244143
湖　南 Hunan	6445	30180	232431	814010	407851
广　东 Guangdong	5754	40654	349712	1144728	501185
广　西 Guangxi	5122	31312	260720	857263	350537
海　南 Hainan	853	4909	37641	130383	51490
重　庆 Chongqing	1704	9125	61756	254366	107255
四　川 Sichuan	4909	35361	232732	982356	393050
贵　州 Guizhou	3843	23859	222139	706038	300029
云　南 Yunnan	2907	18729	205735	587407	244980
西　藏 Xizang	204	1038	11796	30121	12537
陕　西 Shaanxi	3056	18705	127670	460373	199792
甘　肃 Gansu	2409	15357	126612	418916	177626
青　海 Qinghai	353	2400	27558	69239	29412
宁　夏 Ningxia	413	2951	30160	83052	38949
新　疆 Xinjiang	1286	8139	63488	221921	105024

学前教育基本情况(乡村)
Basic Statistics of Pre-primary Education (Rural Area)

地区 Region	园数(所) Kindergartens	班数(个) Classes	入园(班)人数(人) Entrants	在园(班)人数(人) Enrolment	离园(班)人数(人) Leavers
总　计 Total	**82035**	**307669**	**1953066**	**6374341**	**3262532**
北　京 Beijing	226	1537	11399	37174	15165
天　津 Tianjin	479	1341	6688	24119	12128
河　北 Hebei	6949	31586	161133	544305	280768
山　西 Shanxi	2201	7649	32794	116548	49894
内蒙古 Inner Mongolia	970	3434	13372	47918	23288
辽　宁 Liaoning	1085	2695	12288	47476	25074
吉　林 Jilin	346	1527	5377	20155	11661
黑龙江 Heilongjiang	603	1578	7449	24988	13007
上　海 Shanghai	34	283	2225	6798	3004
江　苏 Jiangsu	825	4356	28630	112736	51899
浙　江 Zhejiang	904	4876	34563	122948	57581
安　徽 Anhui	3314	13981	80194	303878	166504
福　建 Fujian	1642	8263	51277	171349	88198
江　西 Jiangxi	3633	9955	57522	189644	83785
山　东 Shandong	7206	24370	113661	460338	320293
河　南 Henan	8632	43257	218115	880289	419746
湖　北 Hubei	1792	7588	43570	161260	77321
湖　南 Hunan	3549	11523	76964	256909	148582
广　东 Guangdong	3455	20985	180032	513100	263275
广　西 Guangxi	4362	19989	161950	452832	234735
海　南 Hainan	586	2753	21083	68291	27191
重　庆 Chongqing	757	2663	14558	53868	25779
四　川 Sichuan	2262	9614	66156	222040	104618
贵　州 Guizhou	4189	12066	114200	306887	153538
云　南 Yunnan	8594	22845	235981	569704	254814
西　藏 Xizang	2138	5260	34373	81368	34996
陕　西 Shaanxi	1826	6798	34453	121215	53714
甘　肃 Gansu	3861	9799	41075	139157	67505
青　海 Qinghai	992	2975	24252	62850	29061
宁　夏 Ningxia	573	1618	15912	34430	19199
新　疆 Xinjiang	4050	10505	51820	219767	146209

学前教育中女幼儿数
Basic of Female Children in Pre-primary Education

地区 Region	入园(班)人数 (人) Entrants	在园(班)人数 (人) Enrolment	离园(班)人数 (人) Leavers
总　计 Total	**5598328**	**19357163**	**8566346**
北　京 Beijing	79109	248560	101277
天　津 Tianjin	41364	139724	57108
河　北 Hebei	296970	955936	445768
山　西 Shanxi	124600	448472	178661
内蒙古 Inner Mongolia	69115	264796	106038
辽　宁 Liaoning	84449	347791	133065
吉　林 Jilin	41773	169002	74495
黑龙江 Heilongjiang	58905	185251	83920
上　海 Shanghai	75800	232333	96032
江　苏 Jiangsu	285534	1005078	438359
浙　江 Zhejiang	251954	841953	355340
安　徽 Anhui	245866	850138	383242
福　建 Fujian	190306	623376	289187
江　西 Jiangxi	172752	605751	253294
山　东 Shandong	383302	1446596	792775
河　南 Henan	379183	1552857	680889
湖　北 Hubei	195949	724109	309309
湖　南 Hunan	242832	861296	425760
广　东 Guangdong	650749	2129326	925817
广　西 Guangxi	282053	890006	388393
海　南 Hainan	50579	165215	65210
重　庆 Chongqing	101437	418989	168896
四　川 Sichuan	282061	1110554	444821
贵　州 Guizhou	231690	717073	310803
云　南 Yunnan	289232	805094	340393
西　藏 Xizang	29070	74460	30428
陕　西 Shaanxi	164000	573910	239113
甘　肃 Gansu	121992	411113	174671
青　海 Qinghai	37576	98395	42167
宁　夏 Ningxia	43636	114885	52605
新　疆 Xinjiang	94490	345124	178510

幼儿园教职工数(总计)
Number of Educational Personnel in Kindergarten (Total)

单位：人
unit: person

地区 Region	教职工数 Educational Personnel	园长 Kindergarten Principals	专任教师 Full-time Teachers	保育员 Caretakers	卫生保健人员 Health Care workers	行政人员 Adm. Personnel	教辅人员 Supporting Staffs	工勤人员 Workers	校外教师 Part-time Teachers	外籍教师 Foreign Teachers
总　计 Total	**5514369**	**266418**	**2962905**	**1203160**	**169525**	**139598**	**104803**	**667960**	**41565**	**3841**
北　京 Beijing	96381	3139	47125	16513	5184	5510	4639	14271	1131	503
天　津 Tianjin	52571	2312	25255	10828	1950	2511	1837	7878	234	57
河　北 Hebei	248201	17042	141370	49810	7932	5960	4016	22071	3366	20
山　西 Shanxi	124159	6319	72624	21922	3693	3476	2757	13368	1184	7
内蒙古 Inner Mongolia	85737	3582	50031	13209	2342	3602	3692	9279	523	11
辽　宁 Liaoning	132084	9321	68903	28185	3392	3895	3154	15234	499	33
吉　林 Jilin	60498	3773	28811	13907	2700	2536	3680	5091	212	10
黑龙江 Heilongjiang	69085	5077	33924	14555	3469	1907	2372	7781	3081	2
上　海 Shanghai	83753	1889	45684	20005	3879	2244	2411	7641	240	804
江　苏 Jiangsu	305701	7474	162864	76051	14925	5914	4890	33583	255	348
浙　江 Zhejiang	275485	6796	146779	66888	9073	2735	2576	40638	85	247
安　徽 Anhui	234745	11894	126189	57842	7634	4250	3204	23732	1190	45
福　建 Fujian	184227	8855	95722	41779	5083	2766	4478	25544	1122	81
江　西 Jiangxi	185601	9426	105267	44691	4265	1883	1904	18165	939	3
山　东 Shandong	409261	22898	253504	71929	8135	7316	5835	39644	2412	36
河　南 Henan	379763	22956	217531	78832	11287	9670	4919	34568	3426	54
湖　北 Hubei	212162	9610	105116	50555	7218	8293	4581	26789	1856	113
湖　南 Hunan	235176	14274	111346	62524	8414	7611	3431	27576	1222	48
广　东 Guangdong	651524	28534	327066	145320	22713	22855	12857	92179	580	989
广　西 Guangxi	216730	12899	107184	51093	4622	3740	3209	33983	739	24
海　南 Hainan	58434	2777	28626	13288	1776	1166	654	10147	19	82
重　庆 Chongqing	110943	5277	55188	26997	3239	3153	1510	15579	322	85
四　川 Sichuan	279488	10662	145496	64090	8276	9010	4766	37188	9816	197
贵　州 Guizhou	208695	9597	107052	51358	4445	3364	2420	30459	266	4
云　南 Yunnan	159035	9269	90212	28904	3635	2835	2115	22065	6039	29
西　藏 Xizang	22694	657	10652	3813	39	76	2850	4607	54	0
陕　西 Shaanxi	178279	7991	97941	34126	5771	7943	3593	20914	23	0
甘　肃 Gansu	88127	5150	59544	11443	1700	1164	1288	7838	308	9
青　海 Qinghai	23710	938	12944	5285	215	457	115	3756	3	0
宁　夏 Ningxia	35435	1450	17899	7337	1037	906	1138	5668	7	0
新　疆 Xinjiang	106685	4580	65056	20081	1482	850	3912	10724	412	0

幼儿园教职工数(城区)
Number of Educational Personnel in Kindergarten (Urban Area)

单位：人
unit: person

地区 Region	教职工数 Educational Personnel	园长 Kindergarten Principals	专任教师 Full-time Teachers	保育员 Caretakers	卫生保健人员 Health Care workers	行政人员 Adm. Personnel	教辅人员 Supporting Staffs	工勤人员 Workers	校外教师 Part-time Teachers	外籍教师 Foreign Teachers
总　计 Total	**2990156**	**117988**	**1548344**	**660532**	**103413**	**99364**	**62951**	**397564**	**10258**	**3524**
北　京 Beijing	83185	2607	40635	14231	4514	4822	3898	12478	933	472
天　津 Tianjin	44188	1792	20912	9039	1726	2381	1747	6591	95	57
河　北 Hebei	98734	5044	52838	20441	3265	3725	2128	11293	731	16
山　西 Shanxi	66322	2775	37250	12067	2144	2569	1380	8137	77	2
内蒙古 Inner Mongolia	43003	1406	23164	7494	1360	2401	1805	5373	182	10
辽　宁 Liaoning	102065	6249	52014	22466	2884	3361	2070	13021	213	30
吉　林 Jilin	37258	2124	17183	8998	1672	1563	2322	3396	162	2
黑龙江 Heilongjiang	42621	2910	19933	9377	2240	1411	1516	5234	1697	2
上　海 Shanghai	74276	1680	40531	17678	3427	1993	2246	6721	217	787
江　苏 Jiangsu	191131	4091	101128	46897	9327	3926	3330	22432	156	275
浙　江 Zhejiang	176535	4070	94034	42587	5885	1831	1710	26418	47	223
安　徽 Anhui	93991	4024	49098	22799	3371	2520	1543	10636	292	13
福　建 Fujian	98212	4183	50049	22958	3099	1958	2614	13351	114	76
江　西 Jiangxi	73539	3392	40576	17635	1973	1120	854	7989	361	3
山　东 Shandong	224614	9977	133138	41134	5109	5039	3443	26774	206	15
河　南 Henan	143399	6357	78239	30481	4502	5619	2454	15747	684	46
湖　北 Hubei	125791	4785	61851	29299	4420	6066	2896	16474	1288	105
湖　南 Hunan	110874	5639	52260	28703	4319	4959	1663	13331	413	38
广　东 Guangdong	450799	17858	218694	100626	16555	17722	11117	68227	355	969
广　西 Guangxi	85753	4225	42900	20036	2230	2153	1430	12779	56	17
海　南 Hainan	27094	1293	13491	5925	996	792	370	4227	6	51
重　庆 Chongqing	78215	3191	38546	18909	2525	2691	1082	11271	169	81
四　川 Sichuan	168238	4752	84472	38753	5594	7104	3128	24435	820	192
贵　州 Guizhou	76605	3131	37961	19068	2051	2030	773	11591	119	4
云　南 Yunnan	67885	2556	37248	13427	2135	1736	1122	9661	468	29
西　藏 Xizang	5403	223	2854	1022	33	50	167	1054	10	0
陕　西 Shaanxi	96506	3497	50922	18293	3532	5526	1832	12904	10	0
甘　肃 Gansu	36397	1818	20919	6473	967	814	492	4914	88	9
青　海 Qinghai	9621	281	4883	2270	151	363	84	1589	0	0
宁　夏 Ningxia	18832	646	9505	3671	557	597	688	3168	2	0
新　疆 Xinjiang	39070	1412	21116	7775	850	522	1047	6348	287	0

幼儿园教职工数(镇区)

Number of Educational Personnel in Kindergarten (County and Town Area)

单位：人
unit：person

地区 Region	教职工数 Educational Personnel	园长 Kindergarten Principals	专任教师 Full-time Teachers	保育员 Caretakers	卫生保健人员 Health Care workers	行政人员 Adm. Personnel	教辅人员 Supporting Staffs	工勤人员 Workers	校外教师 Part-time Teachers	外籍教师 Foreign Teachers
总　计 Total	**1836980**	**92797**	**1031570**	**402924**	**49023**	**32034**	**30229**	**198403**	**19196**	**228**
北　京 Beijing	6889	259	3472	1202	365	331	434	826	132	7
天　津 Tianjin	4219	227	2175	940	121	80	53	623	76	0
河　北 Hebei	101386	6787	59124	20904	3232	1887	1455	7997	1231	4
山　西 Shanxi	43965	2137	27337	7561	1102	743	1134	3951	885	0
内蒙古 Inner Mongolia	35884	1550	22637	4895	841	1068	1613	3280	283	1
辽　宁 Liaoning	22931	2137	12911	4451	376	438	918	1700	152	3
吉　林 Jilin	20394	1351	10122	4388	899	884	1181	1569	45	8
黑龙江 Heilongjiang	22597	1670	11951	4445	1043	453	745	2290	1012	0
上　海 Shanghai	8250	174	4539	2036	398	196	135	772	23	9
江　苏 Jiangsu	97971	2704	52888	24952	4715	1753	1399	9560	84	73
浙　江 Zhejiang	78912	1998	42357	19447	2495	771	730	11114	27	19
安　徽 Anhui	104956	5021	57607	26171	3210	1516	1301	10130	588	12
福　建 Fujian	65773	3226	35357	14478	1565	649	1302	9196	765	2
江　西 Jiangxi	86555	4243	49528	21246	1779	677	862	8220	365	0
山　东 Shandong	128607	7164	84126	22190	2147	1717	1787	9476	1135	21
河　南 Henan	154762	9185	91987	31768	4369	3050	1824	12579	1885	7
湖　北 Hubei	68399	3468	34573	16912	2128	1852	1324	8142	486	8
湖　南 Hunan	96919	6012	47068	26180	3082	2144	1407	11026	540	7
广　东 Guangdong	145050	7155	78262	32448	4330	3801	1267	17787	133	18
广　西 Guangxi	95005	5328	47198	23238	1754	1336	1441	14710	469	4
海　南 Hainan	20240	913	9999	4730	484	252	166	3696	5	16
重　庆 Chongqing	27758	1632	14242	6894	607	401	349	3633	138	4
四　川 Sichuan	94260	4427	52338	21554	2246	1632	1217	10846	6478	5
贵　州 Guizhou	92897	3888	48874	23221	1813	1084	1332	12685	124	0
云　南 Yunnan	53295	2741	31370	9414	1008	771	628	7363	1941	0
西　藏 Xizang	4715	155	2608	785	2	13	214	938	6	0
陕　西 Shaanxi	62824	3082	37042	11891	1504	1716	1511	6078	8	0
甘　肃 Gansu	40164	2237	29811	4155	635	310	570	2446	96	0
青　海 Qinghai	8123	291	4696	1716	48	70	28	1274	1	0
宁　夏 Ningxia	12068	459	6179	2624	347	247	362	1850	3	0
新　疆 Xinjiang	31212	1176	19192	6088	378	192	1540	2646	80	0

幼儿园教职工数(乡村)
Number of Educational Personnel in Kindergarten (Rural Area)

单位：人
unit：person

地区 Region	教职工数 Educational Personnel	园长 Kindergarten Principals	专任教师 Full-time Teachers	保育员 Caretakers	卫生保健人员 Health Care workers	行政人员 Adm. Personnel	教辅人员 Supporting Staffs	工勤人员 Workers	校外教师 Part-time Teachers	外籍教师 Foreign Teachers
总　计 Total	**687233**	**55633**	**382991**	**139704**	**17089**	**8200**	**11623**	**71993**	**12111**	**89**
北　京 Beijing	6307	273	3018	1080	305	357	307	967	66	24
天　津 Tianjin	4164	293	2168	849	103	50	37	664	63	0
河　北 Hebei	48081	5211	29408	8465	1435	348	433	2781	1404	0
山　西 Shanxi	13872	1407	8037	2294	447	164	243	1280	222	5
内蒙古 Inner Mongolia	6850	626	4230	820	141	133	274	626	58	0
辽　宁 Liaoning	7088	935	3978	1268	132	96	166	513	134	0
吉　林 Jilin	2846	298	1506	521	129	89	177	126	5	0
黑龙江 Heilongjiang	3867	497	2040	733	186	43	111	257	372	0
上　海 Shanghai	1227	35	614	291	54	55	30	148	0	8
江　苏 Jiangsu	16599	679	8848	4202	883	235	161	1591	15	0
浙　江 Zhejiang	20038	728	10388	4854	693	133	136	3106	11	5
安　徽 Anhui	35798	2849	19484	8872	1053	214	360	2966	310	20
福　建 Fujian	20242	1446	10316	4343	419	159	562	2997	243	3
江　西 Jiangxi	25507	1791	15163	5810	513	86	188	1956	213	0
山　东 Shandong	56040	5757	36240	8605	879	560	605	3394	1071	0
河　南 Henan	81602	7414	47305	16583	2416	1001	641	6242	857	1
湖　北 Hubei	17972	1357	8692	4344	670	375	361	2173	82	0
湖　南 Hunan	27383	2623	12018	7641	1013	508	361	3219	269	3
广　东 Guangdong	55675	3521	30110	12246	1828	1332	473	6165	92	2
广　西 Guangxi	35972	3346	17086	7819	638	251	338	6494	214	3
海　南 Hainan	11100	571	5136	2633	296	122	118	2224	8	15
重　庆 Chongqing	4970	454	2400	1194	107	61	79	675	15	0
四　川 Sichuan	16990	1483	8686	3783	436	274	421	1907	2518	0
贵　州 Guizhou	39193	2578	20217	9069	581	250	315	6183	23	0
云　南 Yunnan	37855	3972	21594	6063	492	328	365	5041	3630	0
西　藏 Xizang	12576	279	5190	2006	4	13	2469	2615	38	0
陕　西 Shaanxi	18949	1412	9977	3942	735	701	250	1932	5	0
甘　肃 Gansu	11566	1095	8814	815	98	40	226	478	124	0
青　海 Qinghai	5966	366	3365	1299	16	24	3	893	2	0
宁　夏 Ningxia	4535	345	2215	1042	133	62	88	650	2	0
新　疆 Xinjiang	36403	1992	24748	6218	254	136	1325	1730	45	0

幼儿园女教职工数

Number of Female Educational Personnel in Kindergarten

单位：人
unit：person

地区 Region	教职工数 Educational Personnel	园长 Kindergarten Principals	专任教师 Full-time Teachers	保育员 Caretakers	卫生保健人员 Health Care workers	行政人员 Adm. Personnel	教辅人员 Supporting Staffs	工勤人员 Workers	校外教师 Part-time Teachers	外籍教师 Foreign Teachers
总　计 Total	**5105819**	**242005**	**2896882**	**1191534**	**160913**	**122001**	**84895**	**407589**	**36763**	**1844**
北　京 Beijing	86401	2956	46184	16396	5118	4713	3792	7242	1078	221
天　津 Tianjin	47230	2116	24730	10692	1904	2272	1493	4023	213	23
河　北 Hebei	232294	14754	139067	49210	7217	5325	3319	13402	3186	8
山　西 Shanxi	115931	5490	71682	21648	3478	3033	2225	8375	1103	4
内蒙古 Inner Mongolia	78289	3230	48017	13000	2163	3123	2780	5976	465	5
辽　宁 Liaoning	123066	8623	68164	28065	3258	3345	2733	8878	455	16
吉　林 Jilin	56134	3552	28341	13755	2554	2160	2732	3040	194	7
黑龙江 Heilongjiang	63727	4700	33167	14309	3227	1663	1749	4912	2850	2
上　海 Shanghai	78854	1864	44809	19954	3859	1969	2020	4379	212	430
江　苏 Jiangsu	285067	7157	157680	75590	14628	5459	4157	20396	232	199
浙　江 Zhejiang	255861	6596	144314	66719	8946	2383	2064	24839	73	109
安　徽 Anhui	221536	10681	125019	57222	7198	3708	2558	15150	1084	33
福　建 Fujian	172581	8684	94485	41582	4876	2466	4045	16443	1059	42
江　西 Jiangxi	174841	8537	103240	44211	3777	1653	1503	11920	893	2
山　东 Shandong	379680	20209	247386	71220	7636	6167	4808	22254	2201	14
河　南 Henan	355655	20046	215428	77918	10352	8385	4057	19469	3043	19
湖　北 Hubei	196729	8577	103914	50237	6873	7305	3687	16136	1679	65
湖　南 Hunan	219216	13296	110348	62080	7753	6492	2637	16610	1052	17
广　东 Guangdong	599514	27017	322762	144646	21716	20336	10619	52418	403	442
广　西 Guangxi	201192	12209	105671	50790	4393	3300	2755	22074	677	15
海　南 Hainan	53218	2672	28225	13185	1697	1012	514	5913	9	45
重　庆 Chongqing	103410	4916	54240	26727	3104	2862	1205	10356	224	35
四　川 Sichuan	259574	10068	143509	63568	7887	8090	4007	22445	8062	72
贵　州 Guizhou	195046	8590	103986	50814	4197	2833	1833	22793	237	2
云　南 Yunnan	143005	7849	84859	28159	3420	2172	1766	14780	5369	14
西　藏 Xizang	18178	489	8860	3387	34	38	2139	3231	33	0
陕　西 Shaanxi	162305	6754	94986	33567	5458	6819	2846	11875	14	0
甘　肃 Gansu	79043	4398	54640	10990	1549	994	1031	5441	273	3
青　海 Qinghai	20707	732	11956	4978	191	392	86	2372	2	0
宁　夏 Ningxia	33104	1248	17632	7283	1012	814	995	4120	6	0
新　疆 Xinjiang	94431	3995	59581	19632	1438	718	2740	6327	382	0

学前教育专任教师分学历、
Breakdown of Full-time Teachers in Pre-primary Education by

类别 Item	合计 Total	按学历分 By Academic Qualifications				
		博士研究生 Doctor's Diploma	硕士研究生 Master's Diploma	本科毕业 Bachelor's Diploma	专科毕业 Associate Bachelor	高中阶段毕业 High School Graduate
总　计 Total	**3073704**	**73**	**9294**	**1143476**	**1697640**	**210106**
北　京 Beijing	48381	15	675	28049	18898	742
天　津 Tianjin	25339	0	476	14867	9117	722
河　北 Hebei	159434	5	309	44919	96007	17302
山　西 Shanxi	76618	0	234	24780	43488	7703
内蒙古 Inner Mongolia	51817	0	260	26456	23595	1469
辽　宁 Liaoning	69089	1	283	18932	42520	6120
吉　林 Jilin	32924	0	182	13556	17527	1531
黑龙江 Heilongjiang	34156	3	45	12218	20531	1202
上　海 Shanghai	45752	1	916	39387	5278	170
江　苏 Jiangsu	163663	1	705	109360	52699	798
浙　江 Zhejiang	146933	3	922	95516	49800	692
安　徽 Anhui	129872	3	129	46615	78322	4776
福　建 Fujian	100359	1	113	37917	53714	8293
江　西 Jiangxi	107162	4	55	20096	69727	13981
山　东 Shandong	255734	6	706	101763	140631	12421
河　南 Henan	232851	15	260	50404	150852	31163
湖　北 Hubei	109542	4	260	27834	64519	15691
湖　南 Hunan	113416	0	105	24465	77390	11331
广　东 Guangdong	337004	1	934	102488	207805	24711
广　西 Guangxi	114695	0	56	29926	69766	13971
海　南 Hainan	28852	8	28	8768	17753	2061
重　庆 Chongqing	59888	1	201	18069	39019	2482
四　川 Sichuan	160865	0	414	49442	104364	6625
贵　州 Guizhou	109590	0	94	44546	57724	6714
云　南 Yunnan	91550	1	113	35751	48501	6000
西　藏 Xizang	10728	0	37	5200	5369	103
陕　西 Shaanxi	98440	0	495	42319	50989	4374
甘　肃 Gansu	62538	0	184	32987	27402	1869
青　海 Qinghai	13268	0	13	4294	7845	1007
宁　夏 Ningxia	18003	0	19	5158	12228	587
新　疆 Xinjiang	65241	0	71	27394	34260	3495

分专业技术职务情况(总计)
Academic Qualifications and Professional Rank (Total)

单位：人
unit: person

	按专业技术职务分 By Professional Rank					
高中阶段以下毕业 School Graduate	正高级 Senior	副高级 Sub-Senior	中 级 Middle	助理级 Associate	员 级 Junior	未定职级 No-Ranking
13115	**426**	**45593**	**261298**	**505037**	**152041**	**2109309**
2	3	1339	6783	14858	5527	19871
157	3	696	4782	3935	359	15564
892	10	4259	18566	20548	6009	110042
413	3	301	5833	10704	2347	57430
37	1	1964	6854	10306	1624	31068
1233	10	1443	3361	2583	2673	59019
128	12	2223	3898	3254	1047	22490
157	2	1371	3642	4688	1159	23294
0	13	702	14668	18100	1388	10881
100	20	1660	24289	53699	5404	78591
0	16	1373	26361	64331	11278	43574
27	8	1085	7919	18888	10290	91682
321	8	700	11988	17203	5897	64563
3299	8	529	4470	10565	5807	85783
207	54	3094	11665	37002	12585	191334
157	18	2060	12051	22916	8980	186826
1234	12	717	5809	10629	5840	86535
125	10	489	4678	8673	5723	93843
1065	2	1028	15383	29635	20496	270460
976	5	565	5262	14083	3998	90782
234	4	81	1188	4069	1004	22506
116	13	614	3514	6958	1260	47529
20	25	2833	11146	23211	7412	116238
512	3	1049	10304	22033	3810	72391
1184	10	6978	10424	10820	3226	60092
19	0	356	1379	4012	2279	2702
263	3	735	7183	18173	3446	68900
96	141	4037	10819	16415	1024	30102
109	0	61	343	740	747	11377
11	0	241	538	1827	534	14863
21	9	1010	6198	20179	8868	28977

学前教育专任教师分学历、
Breakdown of Full-time Teachers in Pre-primary Education by

类别 Item	合计 Total	按学历分 By Academic Qualifications				
		博士研究生 Doctor's Diploma	硕士研究生 Master's Diploma	本科毕业 Bachelor's Diploma	专科毕业 Associate Bachelor	高中阶段毕业 High School Graduate
总　计 Total	**1566006**	**49**	**8127**	**646369**	**846801**	**62018**
北　京 Beijing	41223	14	642	23834	16158	574
天　津 Tianjin	20987	0	461	12710	7385	381
河　北 Hebei	54523	1	186	17235	33906	3107
山　西 Shanxi	38127	0	193	12026	23033	2777
内蒙古 Inner Mongolia	23236	0	170	10690	12015	353
辽　宁 Liaoning	52028	1	272	15309	32512	3489
吉　林 Jilin	18268	0	123	7063	10159	849
黑龙江 Heilongjiang	20007	2	39	6590	12820	511
上　海 Shanghai	40599	1	876	34951	4643	128
江　苏 Jiangsu	101467	1	627	72646	28034	144
浙　江 Zhejiang	94181	3	863	63470	29502	343
安　徽 Anhui	49564	2	74	19780	28982	713
福　建 Fujian	51048	1	105	20302	27938	2640
江　西 Jiangxi	40620	2	42	8124	28062	3733
山　东 Shandong	133684	5	570	57048	72724	3311
河　南 Henan	79882	2	180	21950	51993	5717
湖　北 Hubei	62837	4	237	18344	38385	5515
湖　南 Hunan	52349	0	92	11549	36933	3772
广　东 Guangdong	219728	1	887	80146	127358	11069
广　西 Guangxi	43396	0	54	13983	26620	2681
海　南 Hainan	13503	8	13	3580	9222	640
重　庆 Chongqing	40648	1	172	12020	27205	1223
四　川 Sichuan	88282	0	398	27846	58142	1893
贵　州 Guizhou	38004	0	77	13451	22329	2109
云　南 Yunnan	37406	0	96	15702	20417	1093
西　藏 Xizang	2915	0	23	1763	1047	71
陕　西 Shaanxi	50980	0	459	22266	27129	1048
甘　肃 Gansu	20984	0	122	8359	11951	544
青　海 Qinghai	4888	0	7	1501	3017	341
宁　夏 Ningxia	9502	0	17	2947	6363	171
新　疆 Xinjiang	21140	0	50	9184	10817	1078

分专业技术职务情况(城区)
Academic Qualifications and Professional Rank (Urban Area)

单位：人
unit：person

	按专业技术职务分 By Professional Rank					
高中阶段以下毕业 School Graduate	正高级 Senior	副高级 Sub-Senior	中级 Middle	助理级 Associate	员级 Junior	未定职级 No-Ranking
2642	**192**	**15343**	**130785**	**259090**	**74403**	**1086193**
1	3	5729	12452	4751	17068	3696
50	2	4109	3194	340	12778	2184
88	7	4834	6789	1837	40460	64280
98	3	2256	3768	973	31022	28534
8	1	2017	3575	562	16516	23378
445	5	2493	2034	1923	45023	12926
74	7	1581	1634	640	13867	12008
45	1	1772	1710	485	15584	12036
0	13	13005	15950	1270	9740	4542
15	14	16547	36738	2962	44043	53120
0	13	17796	41691	6936	26821	42357
13	3	2498	7077	4220	35526	58620
62	6	5947	8064	2902	33755	36480
657	4	1928	3764	1883	32841	50010
26	20	5960	20111	5145	101145	84850
40	15	4138	9070	3520	62509	96070
352	6	3457	5971	2930	50132	35872
3	8	1614	3073	2396	45133	47812
267	2	9748	22639	15159	171670	80475
58	3	2449	5441	1467	33900	48716
40	0	439	1334	289	11389	10022
27	5	1532	3341	704	34810	15691
3	13	4634	10906	4352	67452	59755
38	0	2382	5088	810	29540	49218
98	6	3918	4422	1485	26267	31466
11	0	601	1204	251	712	2608
78	1	2802	8417	1741	37804	37203
8	23	2232	2816	347	14985	30385
22	0	134	363	378	3996	4734
4	0	292	1056	333	7768	6181
11	8	1941	5398	1412	11937	19245

学前教育专任教师分学历、
Breakdown of Full-time Teachers in Pre-primary Education by

类别 Item	合计 Total	按学历分 By Academic Qualifications				
		博士研究生 Doctor's Diploma	硕士研究生 Master's Diploma	本科毕业 Bachelor's Diploma	专科毕业 Associate Bachelor	高中阶段毕业 High School Graduate
总 计 Total	**1064474**	**11**	**900**	**369790**	**600498**	**87837**
北 京 Beijing	3696	1	18	2268	1335	74
天 津 Tianjin	2184	0	7	1066	925	145
河 北 Hebei	64280	2	86	17302	39124	7415
山 西 Shanxi	28534	0	29	10095	15324	2935
内蒙古 Inner Mongolia	23378	0	69	12879	9617	800
辽 宁 Liaoning	12926	0	9	2831	7753	1809
吉 林 Jilin	12008	0	54	5093	6270	550
黑龙江 Heilongjiang	12036	1	5	4771	6616	553
上 海 Shanghai	4542	0	39	3956	509	38
江 苏 Jiangsu	53120	0	76	32277	20211	510
浙 江 Zhejiang	42357	0	51	25772	16262	272
安 徽 Anhui	58620	0	43	20449	35751	2366
福 建 Fujian	36480	0	7	13665	19165	3523
江 西 Jiangxi	50010	2	12	9134	32190	7112
山 东 Shandong	84850	1	108	33693	46450	4519
河 南 Henan	96070	3	53	19067	64225	12661
湖 北 Hubei	35872	0	14	7767	20378	7195
湖 南 Hunan	47812	0	12	10250	31864	5605
广 东 Guangdong	80475	0	41	15886	55249	8768
广 西 Guangxi	48716	0	2	12278	29814	6256
海 南 Hainan	10022	0	6	3386	5550	971
重 庆 Chongqing	15691	0	27	4955	9757	916
四 川 Sichuan	59755	0	12	18274	37985	3471
贵 州 Guizhou	49218	0	12	21647	24318	3038
云 南 Yunnan	31466	1	11	12990	16236	1948
西 藏 Xizang	2608	0	6	1431	1154	17
陕 西 Shaanxi	37203	0	25	16624	18210	2221
甘 肃 Gansu	30385	0	54	17854	11529	896
青 海 Qinghai	4734	0	3	1715	2712	273
宁 夏 Ningxia	6181	0	1	1682	4273	222
新 疆 Xinjiang	19245	0	8	8733	9742	758

分专业技术职务情况(镇区)
Academic Qualifications and Professional Rank (County and Town Area)

单位：人
unit: person

	按专业技术职务分 By Professional Rank					
高中阶段以下毕业 School Graduate	正高级 Senior	副高级 Sub-Senior	中 级 Middle	助理级 Associate	员 级 Junior	未定职级 No-Ranking
5438	**154**	**19758**	**95511**	**176846**	**51135**	**721070**
0	0	580	1375	349	1323	3462
41	0	300	326	11	1480	2168
351	2	7137	7796	2290	45562	40631
151	0	2779	5364	1050	19199	9957
13	0	3821	5378	892	12285	5203
524	4	711	431	550	10599	4135
41	4	1682	1264	312	7750	2648
90	1	1567	2457	612	6683	2113
0	0	1553	1899	104	909	611
46	5	6799	14863	1862	29122	9076
0	2	7091	18001	3438	13420	10395
11	5	4025	8498	4495	40956	21688
120	2	4953	7046	2128	22057	12831
1560	4	1994	5136	2758	39884	16532
79	19	4152	12348	5252	61767	37200
61	1	5013	8858	3304	78023	56899
518	6	1888	3795	2331	27554	10833
81	2	2536	4152	2629	38213	13255
531	0	3205	5047	3790	68112	36801
366	1	2283	6595	1769	37780	22583
109	0	572	1843	432	7149	5327
36	5	1527	2792	448	10612	3549
13	12	5530	10122	2449	39975	12828
203	1	5776	11675	1722	29398	22368
280	1	4779	3729	928	19028	22678
0	0	477	1123	462	420	5205
123	2	3744	7982	1323	23687	10257
52	74	6184	9521	404	11865	11169
31	0	180	312	211	4002	3646
3	0	206	660	119	5082	2320
4	1	2467	6458	2711	7174	24856

学前教育专任教师分学历、
Breakdown of Full-time Teachers in Pre-primary Education by

类别 Item	合计 Total	按学历分 By Academic Qualifications				
		博士研究生 Doctor's Diploma	硕士研究生 Master's Diploma	本科毕业 Bachelor's Diploma	专科毕业 Associate Bachelor	高中阶段毕业 High School Graduate
总　计 Total	**443224**	**13**	**267**	**127317**	**250341**	**60251**
北　京 Beijing	3462	0	15	1947	1405	94
天　津 Tianjin	2168	0	8	1091	807	196
河　北 Hebei	40631	2	37	10382	22977	6780
山　西 Shanxi	9957	0	12	2659	5131	1991
内蒙古 Inner Mongolia	5203	0	21	2887	1963	316
辽　宁 Liaoning	4135	0	2	792	2255	822
吉　林 Jilin	2648	0	5	1400	1098	132
黑龙江 Heilongjiang	2113	0	1	857	1095	138
上　海 Shanghai	611	0	1	480	126	4
江　苏 Jiangsu	9076	0	2	4437	4454	144
浙　江 Zhejiang	10395	0	8	6274	4036	77
安　徽 Anhui	21688	1	12	6386	13589	1697
福　建 Fujian	12831	0	1	3950	6611	2130
江　西 Jiangxi	16532	0	1	2838	9475	3136
山　东 Shandong	37200	0	28	11022	21457	4591
河　南 Henan	56899	10	27	9387	34634	12785
湖　北 Hubei	10833	0	9	1723	5756	2981
湖　南 Hunan	13255	0	1	2666	8593	1954
广　东 Guangdong	36801	0	6	6456	25198	4874
广　西 Guangxi	22583	0	0	3665	13332	5034
海　南 Hainan	5327	0	9	1802	2981	450
重　庆 Chongqing	3549	0	2	1094	2057	343
四　川 Sichuan	12828	0	4	3322	8237	1261
贵　州 Guizhou	22368	0	5	9448	11077	1567
云　南 Yunnan	22678	0	6	7059	11848	2959
西　藏 Xizang	5205	0	8	2006	3168	15
陕　西 Shaanxi	10257	0	11	3429	5650	1105
甘　肃 Gansu	11169	0	8	6774	3922	429
青　海 Qinghai	3646	0	3	1078	2116	393
宁　夏 Ningxia	2320	0	1	529	1592	194
新　疆 Xinjiang	24856	0	13	9477	13701	1659

分专业技术职务情况(乡村)

Academic Qualifications and Professional Rank (Rural Area)

单位：人
unit：person

	按专业技术职务分 By Professional Rank					
高中阶段以下毕业 School Graduate	正高级 Senior	副高级 Sub-Senior	中级 Middle	助理级 Associate	员级 Junior	未定职级 No-Ranking
5035	**80**	**10492**	**35002**	**69101**	**26503**	**302046**
1	0	50	474	1031	427	1480
66	1	65	373	415	8	1306
453	1	2170	6595	5963	1882	24020
164	0	54	798	1572	324	7209
16	0	397	1016	1353	170	2267
264	1	262	157	118	200	3397
13	1	688	635	356	95	873
22	0	200	303	521	62	1027
0	0	4	110	251	14	232
39	1	28	943	2098	580	5426
0	1	44	1474	4639	904	3333
3	0	204	1396	3313	1575	15200
139	0	32	1088	2093	867	8751
1082	0	95	548	1665	1166	13058
102	15	479	1553	4543	2188	28422
56	2	559	2900	4988	2156	46294
364	0	78	464	863	579	8849
41	0	84	528	1448	698	10497
267	0	197	2430	1949	1547	30678
552	1	141	530	2047	762	19102
85	4	3	177	892	283	3968
53	3	51	455	825	108	2107
4	0	241	982	2183	611	8811
271	2	219	2146	5270	1278	13453
806	3	2669	1727	2669	813	14797
8	0	83	301	1685	1566	1570
62	0	55	637	1774	382	7409
36	44	1119	2403	4078	273	3252
56	0	15	29	65	158	3379
4	0	74	40	111	82	2013
6	0	132	1790	8323	4745	9866

地区 Region	校舍建筑面积 Floor Space	教学及辅助用房 Buildings for Instruction and Ancillary Uses	班级活动单元 Class Activities Unit	活动室 Recreational	寝室 Bedroom	卫生间 Toilet	其他 Others
总　计 Total	**496729693.52**	**359360522.96**	**323365844.52**	**190429687.64**	**74665378.01**	**33172720.89**	**25098057.98**
北　京 Beijing	6507318.70	4467197.28	3982004.98	2229946.79	823767.08	449800.88	478490.23
天　津 Tianjin	3859170.28	2757635.89	2470058.53	1498341.65	433862.88	274261.59	263592.41
河　北 Hebei	20584172.76	15242081.55	13985210.74	8542859.59	3148020.12	1390097.78	904233.25
山　西 Shanxi	9547357.45	6608028.49	6173796.30	3921235.14	1238128.51	646379.83	368052.82
内蒙古 Inner Mongolia	8075374.96	5559341.06	4883623.53	2901108.39	1114814.24	510691.28	357009.62
辽　宁 Liaoning	9500267.62	7148548.01	6361348.55	3695897.19	1479205.36	657153.67	529092.33
吉　林 Jilin	4256367.58	3008268.34	2716393.29	1555754.88	691246.56	273478.93	195912.92
黑龙江 Heilongjiang	5676316.62	3996089.98	3649032.27	2077685.19	955284.98	360186.65	255875.45
上　海 Shanghai	8087168.04	5745420.56	4707697.39	2858846.47	942115.89	493017.28	413717.75
江　苏 Jiangsu	33026086.41	23360270.42	20837550.19	12640690.07	4570788.13	2184027.13	1442044.86
浙　江 Zhejiang	27643830.19	18822827.28	16031502.80	9089351.27	3313225.86	1644070.89	1984854.78
安　徽 Anhui	21582538.90	16493971.41	14859088.08	9159313.52	3062427.42	1450655.64	1186691.50
福　建 Fujian	17693821.14	12295327.80	11094083.47	6492836.23	2459534.10	1232202.33	909510.81
江　西 Jiangxi	19133129.65	14362821.69	12588428.43	6781710.53	2983755.41	1248243.00	1574719.49
山　东 Shandong	38869254.17	27244278.70	24404056.75	15118432.30	4840613.09	2622645.97	1822365.39
河　南 Henan	33461645.74	24976554.87	23227354.39	14423395.03	4952463.17	2428061.08	1423435.11
湖　北 Hubei	18620582.74	13674369.66	12570614.89	7332202.39	3079406.84	1297020.74	861984.92
湖　南 Hunan	22488181.15	16697028.49	15379681.45	8403699.15	4426108.17	1607332.23	942541.90
广　东 Guangdong	52002960.58	37594790.73	33303058.10	20605428.26	6846657.35	3224910.12	2626062.37
广　西 Guangxi	18791973.57	14332689.62	13099959.74	7107935.99	3780745.18	1361573.87	849704.70
海　南 Hainan	4824143.81	3471696.57	3167831.60	1798965.04	765059.64	333855.82	269951.10
重　庆 Chongqing	9320238.50	7068287.42	6438234.06	3832012.52	1601192.84	606943.21	398085.49
四　川 Sichuan	25319329.03	18800498.29	16792885.05	9963404.68	3940655.54	1582044.98	1306779.85
贵　州 Guizhou	18458819.11	13802111.81	12592024.47	6832233.10	3405266.14	1226770.80	1127754.43
云　南 Yunnan	16544959.73	12036323.53	11078669.76	5948633.28	3133386.81	1137964.34	858685.33
西　藏 Xizang	2262201.94	1397161.71	1251120.59	706397.81	324031.89	118229.74	102461.15
陕　西 Shaanxi	15212697.22	10459316.65	9482955.36	5713751.78	2169035.41	1055546.52	544621.65
甘　肃 Gansu	7956120.52	5421719.17	4926841.24	2929236.93	1066660.75	545017.69	385925.87
青　海 Qinghai	2291506.26	1633969.78	1503796.11	958084.12	285855.23	165558.61	94298.15
宁　夏 Ningxia	3305418.78	2363675.67	2094750.00	1280574.93	411595.11	235068.36	167511.60
新　疆 Xinjiang	11826740.37	8518220.53	7712192.41	4029723.42	2420468.31	809909.93	452090.75

校舍情况(总计)
Kindergarten Buildings (Total)

单位：平方米
unit：m^2

综合活动室 Multi-functional Room	行政办公用房 Administrative	办公室 Office	保健观察室 Health Observation Room	其他 Others	生活用房 Residential and Welfare	厨房 Kitchen	其他 Others	其他用房 for Other Purposes
35994678. 44	**39739918. 85**	**21403504. 80**	**7222126. 66**	**11114287. 39**	**49130669. 23**	**24739846. 05**	**24390823. 18**	**48498582. 48**
485192. 30	782905. 85	389211. 01	82691. 52	311003. 32	1186458. 73	378933. 07	807525. 66	70756. 84
287577. 36	353828. 12	179370. 91	55531. 30	118925. 91	407921. 95	217549. 08	190372. 87	339784. 32
1256870. 81	1658610. 02	828341. 56	456815. 66	373452. 80	1794121. 56	966910. 78	827210. 78	1889359. 63
434232. 19	904609. 02	520991. 04	155393. 22	228224. 76	910964. 10	442367. 43	468596. 67	1123755. 84
675717. 53	667221. 29	363032. 24	106337. 55	197851. 50	947821. 50	449095. 20	498726. 30	900991. 11
787199. 46	935756. 47	429375. 29	178423. 90	327957. 28	1415963. 14	612517. 61	803445. 53	0. 00
291875. 05	348921. 32	177118. 07	78429. 74	93373. 51	394840. 70	226734. 82	168105. 88	504337. 22
347057. 71	470643. 45	225403. 78	117205. 32	128034. 35	656940. 83	337254. 69	319686. 14	552642. 36
1037723. 17	789654. 21	359147. 47	102085. 28	328421. 46	940573. 44	412508. 83	528064. 61	611519. 83
2522720. 23	2372515. 68	1211107. 67	370169. 23	791238. 78	3320975. 94	1454332. 35	1866643. 59	3972324. 37
2791324. 48	2072544. 54	1003639. 15	242166. 38	826739. 01	2747800. 52	1186923. 14	1560877. 38	4000657. 85
1634883. 33	1707832. 83	967152. 29	338333. 50	402347. 04	1686758. 46	1010564. 63	676193. 83	1693976. 20
1201244. 33	1303988. 48	753468. 03	183967. 41	366553. 04	1568577. 63	769149. 33	799428. 30	2525927. 23
1774393. 26	1583769. 22	797328. 25	299085. 52	487355. 45	1815082. 97	867346. 80	947736. 17	1371455. 77
2840221. 95	3286933. 59	1674227. 66	620869. 66	991836. 27	3892334. 26	2038005. 43	1854328. 83	4445707. 62
1749200. 48	2882429. 49	1661980. 70	577782. 89	642665. 90	2836692. 13	1712925. 80	1123766. 33	2765969. 25
1103754. 77	1404200. 59	747527. 57	278526. 22	378146. 80	1768862. 06	1034216. 77	734645. 29	1773150. 43
1317347. 04	1709980. 60	976881. 57	389582. 92	343516. 11	1985344. 46	1134488. 41	850856. 05	2095827. 60
4291732. 63	3479245. 80	1959604. 47	587598. 86	932042. 47	5302020. 31	2426678. 08	2875342. 23	5626903. 74
1232729. 88	1258718. 08	714231. 55	268354. 87	276131. 66	1666160. 45	1055218. 75	610941. 70	1534405. 42
303864. 97	366759. 35	197240. 09	73894. 39	95624. 87	493381. 62	253820. 58	239561. 04	492306. 27
630053. 36	636239. 86	368390. 69	119955. 80	147893. 37	782366. 31	447151. 06	335215. 25	833344. 91
2007613. 24	1888015. 32	1056417. 95	340422. 67	491174. 70	2333625. 77	1238341. 87	1095283. 90	2297189. 65
1210087. 34	1463156. 86	817695. 45	272008. 02	373453. 39	1666584. 98	940804. 90	725780. 08	1526965. 46
957653. 77	1347382. 66	740875. 78	257375. 54	349131. 34	2001319. 28	976302. 70	1025016. 58	1159934. 26
146041. 12	217478. 01	134649. 83	34184. 14	48644. 04	476987. 15	146686. 47	330300. 68	170575. 07
976361. 29	1494306. 69	828640. 13	217907. 81	447758. 75	1438273. 10	713196. 12	725076. 98	1820800. 78
494877. 93	839865. 74	523410. 07	135150. 37	181305. 30	706565. 54	349602. 37	356963. 17	987970. 07
130173. 67	197547. 68	136308. 86	24232. 88	37005. 94	331750. 27	135263. 79	196486. 48	128238. 53
268925. 67	278553. 30	154094. 64	42038. 09	82420. 57	302346. 02	171534. 32	130811. 70	360843. 79
806028. 12	1036304. 73	506641. 03	215606. 00	314057. 70	1351254. 05	633420. 87	717833. 18	920961. 06

地区 Region	校舍建筑面积 Floor Space	教学及辅助用房 Buildings for Instruction and Ancillary Uses	班级活动单元 Class Activities Unit				
				活动室 Recreational	寝室 Bedroom	卫生间 Toilet	其他 Others
总　计 Total	**243017232.74**	**176430485.94**	**156601349.30**	**92620896.66**	**35374611.84**	**15809859.17**	**12795981.63**
北　京 Beijing	5541964.83	3847228.74	3421944.88	1904076.04	718953.62	386896.57	412018.65
天　津 Tianjin	3061650.16	2190439.48	1949081.47	1170060.54	356866.17	213017.14	209137.62
河　北 Hebei	7029837.07	5262793.63	4807811.21	2865724.89	1184858.22	484523.57	272704.53
山　西 Shanxi	4532422.50	3226176.21	2986713.76	1829889.91	678929.93	301596.32	176297.60
内蒙古 Inner Mongolia	3534324.25	2509293.47	2207825.48	1341957.58	493503.13	221583.25	150781.52
辽　宁 Liaoning	7016957.74	5321496.52	4706931.81	2759087.38	1072810.89	484950.89	390082.65
吉　林 Jilin	2399706.10	1733953.13	1573343.08	917486.19	390953.13	150949.10	113954.66
黑龙江 Heilongjiang	3154385.82	2272376.00	2061255.35	1163226.84	548991.89	198867.16	150169.46
上　海 Shanghai	7011118.35	5006043.84	4112296.49	2517451.34	813221.42	430427.79	351195.94
江　苏 Jiangsu	19713026.32	13767510.65	12167388.35	7346892.88	2697115.38	1249334.24	874045.85
浙　江 Zhejiang	17488481.86	11932204.43	10086062.26	5766103.25	2023859.06	1028464.33	1267635.62
安　徽 Anhui	7859695.21	6092199.13	5414156.68	3183038.14	1228134.98	532725.56	470258.00
福　建 Fujian	8512515.09	6061297.62	5427630.19	3190428.82	1151968.33	582645.41	502587.63
江　西 Jiangxi	6907841.64	5291883.20	4623270.81	2569776.08	1040242.29	426211.54	587040.90
山　东 Shandong	19257849.93	13500973.79	11855470.49	7179893.38	2458352.29	1250811.41	966413.41
河　南 Henan	10585739.05	7898908.07	7336826.60	4472149.03	1702952.19	746613.45	415111.93
湖　北 Hubei	9619339.33	7126511.06	6517483.46	3883000.77	1553814.12	655124.57	425544.00
湖　南 Hunan	9200678.46	7003388.98	6362287.25	3494782.45	1820626.44	665065.38	381812.98
广　东 Guangdong	34751260.48	25067729.43	21974903.12	13859258.41	4108934.31	2131527.67	1875182.73
广　西 Guangxi	6764561.78	5290539.27	4809791.20	2660961.11	1331797.20	483773.87	333259.02
海　南 Hainan	2149562.08	1539894.48	1399634.94	816443.68	327494.25	147482.79	108214.22
重　庆 Chongqing	5892209.58	4581813.79	4150226.99	2470289.32	1038402.83	384962.28	256572.56
四　川 Sichuan	13502227.32	10008583.97	8790049.55	5055384.83	2162047.43	849027.31	723589.98
贵　州 Guizhou	6150910.12	4661945.92	4208861.06	2285071.11	1124926.47	395651.15	403212.33
云　南 Yunnan	5658827.85	4170943.68	3775034.76	2094696.26	1032727.03	357394.83	290216.64
西　藏 Xizang	500634.62	321726.07	280629.54	157936.77	71038.17	25098.37	26556.23
陕　西 Shaanxi	6972556.98	4848162.64	4357371.71	2688069.66	947201.70	477826.14	244274.21
甘　肃 Gansu	2641829.56	1836010.01	1639374.54	919089.31	432006.93	162063.60	126214.70
青　海 Qinghai	653462.21	480988.65	436735.83	291158.09	80555.79	47079.95	17942.00
宁　夏 Ningxia	1472095.97	1086795.67	965058.53	589347.30	191810.31	100208.70	83692.22
新　疆 Xinjiang	3479560.48	2490674.41	2195897.91	1178165.30	589515.94	237954.83	190261.84

校舍情况(城区)
Buildings (Urban Area)

单位：平方米
unit：m^2

综合活动室 Multi-functional Room	行政办公用房 Administrative	办公室 Office	保健观察室 Health Observation Room	其他 Others	生活用房 Residential and Welfare	厨房 Kitchen	其他 Others	其他用房 for Other Purposes
19829136. 64	**18355281. 01**	**9603888. 57**	**2902983. 11**	**5848409. 33**	**23987946. 05**	**11807505. 48**	**12180440. 57**	**24243519. 74**
425283. 86	656452. 01	329095. 85	67760. 87	259595. 29	980117. 76	318840. 31	661277. 45	58166. 32
241358. 01	285088. 60	146292. 85	40121. 36	98674. 39	325576. 46	174693. 39	150883. 07	260545. 62
454982. 42	507433. 40	256809. 02	109892. 20	140732. 18	607217. 50	353121. 20	254096. 30	652392. 54
239462. 45	392375. 92	213305. 05	65923. 63	113147. 24	432017. 03	224044. 56	207972. 47	481853. 34
301467. 99	268562. 46	148576. 68	42614. 55	77371. 23	394392. 64	193538. 85	200853. 79	362075. 68
614564. 71	671232. 21	307627. 15	118925. 57	244679. 49	1024229. 01	445128. 44	579100. 57	0. 00
160610. 05	189153. 78	92031. 70	42075. 69	55046. 39	208676. 46	126433. 73	82242. 73	267922. 73
211120. 65	255253. 27	113698. 39	64274. 97	77279. 91	373231. 26	187124. 67	186106. 59	253525. 29
893747. 35	677919. 94	313745. 07	87996. 19	276178. 68	812829. 51	359762. 91	453066. 60	514325. 06
1600122. 30	1340514. 81	678122. 60	182495. 66	479896. 55	2051986. 46	848219. 92	1203766. 54	2553014. 40
1846142. 17	1273197. 85	622471. 28	143743. 03	506983. 54	1666759. 77	726762. 97	939996. 80	2616319. 81
678042. 45	575887. 13	313661. 49	98515. 76	163709. 88	588543. 56	357827. 69	230715. 87	603065. 39
633667. 43	611595. 13	349238. 54	79101. 86	183254. 73	744984. 12	363153. 06	381831. 06	1094638. 22
668612. 39	487410. 85	238086. 23	87730. 67	161593. 95	576031. 32	288013. 17	288018. 15	552516. 27
1645503. 30	1598713. 66	769803. 86	262530. 48	566379. 32	2078577. 28	1058112. 84	1020464. 44	2079585. 20
562081. 47	817243. 57	451504. 88	139405. 10	226333. 59	881994. 21	522200. 05	359794. 16	987593. 20
609027. 60	674629. 56	364782. 19	121985. 87	187861. 50	848086. 60	502404. 87	345681. 73	970112. 11
641101. 73	613784. 92	343056. 22	135218. 64	135510. 06	714850. 31	433969. 74	280880. 57	868654. 25
3092826. 31	2280763. 83	1290731. 29	341391. 36	648641. 18	3595589. 18	1608384. 69	1987204. 49	3807178. 04
480748. 07	435532. 20	246854. 99	78634. 72	110042. 49	541834. 91	335937. 26	205897. 65	496655. 40
140259. 54	168340. 40	87415. 30	33602. 66	47322. 44	214789. 53	108061. 88	106727. 65	226537. 67
431586. 80	370733. 44	209820. 42	69370. 57	91542. 45	444953. 17	272180. 76	172772. 41	494709. 18
1218534. 42	955143. 41	512664. 24	149899. 82	292579. 35	1164494. 82	640803. 59	523691. 23	1374005. 12
453084. 86	471729. 67	253206. 14	80802. 02	137721. 51	509764. 27	298020. 81	211743. 46	507470. 26
395908. 92	448037. 45	242722. 53	67427. 47	137887. 45	699947. 05	284363. 47	415583. 58	339899. 67
41096. 53	53923. 45	28774. 41	4047. 57	21101. 47	94743. 40	22710. 66	72032. 74	30241. 70
490790. 93	591705. 55	298412. 45	83097. 91	210195. 19	600646. 29	326888. 52	273757. 77	932042. 50
196635. 47	210068. 16	118419. 93	38593. 26	53054. 97	221410. 12	136724. 57	84685. 55	374341. 27
44252. 82	61043. 62	44949. 14	6035. 68	10058. 80	85062. 46	40642. 14	44420. 32	26367. 48
121737. 14	123030. 25	68967. 99	15772. 90	38289. 36	128675. 87	76627. 81	52048. 06	133594. 18
294776. 50	288780. 51	149040. 69	43995. 07	95744. 75	375933. 72	172806. 95	203126. 77	324171. 84

幼儿园

Statistics of Kindergarten

地区 Region	校舍建筑面积 Floor Space	教学及辅助用房 Buildings for Instruction and Ancillary Uses	班级活动单元 Class Activities Unit	活动室 Recreational	寝室 Bedroom	卫生间 Toilet	其他 Others
总　计 Total	**176588956.74**	**128342781.56**	**116774309.68**	**68575562.22**	**27677815.16**	**11964189.52**	**8556742.78**
北　京 Beijing	501474.58	319385.06	291978.94	170816.05	55506.53	32679.25	32977.11
天　津 Tianjin	391780.20	280774.25	255505.23	150622.40	50570.24	29585.40	24727.19
河　北 Hebei	8625112.20	6390592.15	5854028.72	3540505.62	1362361.52	572797.17	378364.41
山　西 Shanxi	3545879.83	2428526.39	2288473.92	1492722.96	425637.09	239819.16	130294.71
内蒙古 Inner Mongolia	3674663.22	2496507.99	2180266.45	1277034.90	507039.09	232981.60	163210.86
辽　宁 Liaoning	1815209.16	1352317.38	1225483.63	694514.88	303660.90	123552.99	103754.86
吉　林 Jilin	1571999.93	1084929.66	969585.35	547249.71	253467.95	104033.07	64834.62
黑龙江 Heilongjiang	2028016.26	1392544.61	1280876.03	735557.65	332053.10	126740.86	86524.42
上　海 Shanghai	942201.71	644387.77	526800.61	305320.46	111039.73	54275.06	56165.36
江　苏 Jiangsu	11323665.08	8166514.69	7370832.71	4510656.23	1576617.89	791687.96	491870.63
浙　江 Zhejiang	8068355.42	5524394.93	4773395.94	2672078.93	1028193.09	488480.41	584643.51
安　徽 Anhui	9743527.81	7453831.27	6748514.82	4258962.66	1328341.22	653479.68	507731.26
福　建 Fujian	6803566.81	4640072.76	4225945.59	2484079.55	980190.03	481116.30	280559.71
江　西 Jiangxi	9053155.64	6802098.79	5991882.03	3168990.14	1472113.70	599239.46	751538.73
山　东 Shandong	12986313.69	9075246.80	8286006.45	5166868.48	1662314.23	891112.16	565711.58
河　南 Henan	13932761.10	10505771.69	9758127.97	6104490.70	2049162.06	1012963.82	591511.39
湖　北 Hubei	6767395.08	4971982.69	4595866.62	2644850.38	1151944.25	482844.02	316227.97
湖　南 Hunan	9933446.29	7359038.80	6839407.35	3749607.15	1982483.78	701332.88	405983.54
广　东 Guangdong	12489439.37	9073560.89	8211809.11	4910606.36	1998476.60	785036.15	517690.00
广　西 Guangxi	8333081.69	6338735.63	5811077.14	3156963.45	1694058.23	603708.82	356346.64
海　南 Hainan	1633575.22	1201910.95	1096035.42	611645.03	262989.50	116358.36	105042.53
重　庆 Chongqing	2803585.33	2053009.16	1884693.60	1119571.69	468141.55	180205.71	116774.65
四　川 Sichuan	9616657.29	7228792.90	6572566.59	4068593.12	1440580.96	589092.93	474299.58
贵　州 Guizhou	8525399.21	6423927.91	5892295.50	3219891.02	1613012.63	568250.26	491141.59
云　南 Yunnan	5626443.41	4079016.51	3779036.49	2002078.42	1105765.84	380054.42	291137.81
西　藏 Xizang	423443.63	262925.15	232836.32	129358.31	55780.92	20915.65	26781.44
陕　西 Shaanxi	6177964.35	4263432.60	3886124.20	2300728.55	930488.02	431346.27	223561.36
甘　肃 Gansu	3806340.93	2575966.81	2342940.06	1396964.01	501242.32	258511.12	186222.61
青　海 Qinghai	800362.21	577379.85	537404.93	331728.50	107799.06	58880.68	38996.69
宁　夏 Ningxia	1168581.03	829038.33	729095.33	449767.48	135052.51	85208.68	59066.66
新　疆 Xinjiang	3475559.06	2546167.19	2335416.63	1202737.43	731730.62	267899.22	133049.36

校舍情况(镇区)
Buildings (County and Town Area)

单位：平方米
unit：m^2

综合活动室 Multi-functional Room	行政办公用房 Administrative	办公室 Office	保健观察室 Health Observation Room	其他 Others	生活用房 Residential and Welfare	厨房 Kitchen	其他 Others	其他用房 for Other Purposes
11568471.88	**14223430.00**	**7815029.27**	**2667962.96**	**3740437.77**	**16744707.17**	**8566571.65**	**8178135.52**	**17278038.01**
27406.12	70682.15	31331.75	7910.99	31439.41	105435.66	30127.07	75308.59	5971.71
25269.02	32715.43	15724.26	6420.31	10570.86	40322.37	22110.99	18211.38	37968.15
536563.43	677214.99	342106.17	180201.96	154906.86	758797.18	395827.42	362969.76	798507.88
140052.47	336186.18	198534.40	55872.04	81779.74	322265.74	147492.32	174773.42	458901.52
316241.54	317354.42	169538.11	47568.79	100247.52	438002.10	200205.17	237796.93	422798.71
126833.75	185813.52	83790.50	42170.39	59852.63	277078.26	117875.04	159203.22	0.00
115344.31	129267.47	68023.69	28733.43	32510.35	159890.67	86154.17	73736.50	197912.13
111668.58	170642.71	86482.35	41534.98	42625.38	222549.12	120511.96	102037.16	242279.82
117587.16	96755.75	39621.62	12251.41	44882.72	113592.19	45486.55	68105.64	87466.00
795681.98	869343.06	451819.16	150175.54	267348.36	1076687.62	502379.83	574307.79	1211119.71
750998.99	623265.62	300393.37	72447.40	250424.85	848574.14	355751.28	492822.86	1072120.73
705316.45	767495.51	443691.78	154413.78	169389.95	737753.65	442457.02	295296.63	784447.38
414127.17	506119.15	298900.44	72945.79	134272.92	585726.83	297003.56	288723.27	1071648.07
810216.76	761295.25	374219.51	144734.35	242341.39	872002.93	407487.92	464515.01	617758.67
789240.35	1061630.40	568010.07	206922.88	286697.45	1221354.13	666488.95	554865.18	1628082.36
747643.72	1186438.04	687009.28	239392.43	260036.33	1140792.52	694577.90	446214.62	1099758.85
376116.07	519372.13	278209.45	110297.31	130865.37	683034.50	390459.76	292574.74	593005.76
519631.45	775609.39	445696.11	174245.57	155667.71	893286.62	495211.50	398075.12	905511.48
861751.78	836666.01	464102.56	162667.26	209896.19	1224751.82	577370.46	647381.36	1354460.65
527658.49	548744.63	310810.08	118427.04	119507.51	717102.05	451717.82	265384.23	728499.38
105875.53	115663.05	65051.69	23760.34	26851.02	163928.23	85554.27	78373.96	152072.99
168315.56	212346.22	125348.11	40095.15	46902.96	264195.15	137377.51	126817.64	274034.80
656226.31	740327.47	432198.16	141487.77	166641.54	898767.48	460137.52	438629.96	748769.44
531632.41	644819.77	368885.44	116938.32	158996.01	740542.49	400981.50	339560.99	716109.04
299980.02	470888.29	260367.66	81159.33	129361.30	599228.43	303898.88	295329.55	477310.18
30088.83	36682.58	23267.54	5472.90	7942.14	87683.62	20639.36	67044.26	36152.28
377308.40	645166.53	381334.11	89636.85	174195.57	613017.62	275064.83	337952.79	656347.60
233026.75	409102.37	249631.68	63448.57	96022.12	353711.95	159953.24	193758.71	467559.80
39974.92	63122.30	40592.32	7937.81	14592.17	109501.37	39958.60	69542.77	50358.69
99943.00	94322.98	52208.16	14492.38	27622.44	100167.28	57002.52	43164.76	145052.44
210750.56	318376.63	158129.74	54199.89	106047.00	374963.45	179306.73	195656.72	236051.79

地区 Region	校舍建筑面积 Floor Space	教学及辅助用房 Buildings for Instruction and Ancillary Uses	班级活动单元 Class Activities Unit	活动室 Recreational	寝室 Bedroom	卫生间 Toilet	其他 Others
总　计 Total	**77123504.04**	**54587255.46**	**49990185.54**	**29233228.76**	**11612951.01**	**5398672.20**	**3745333.57**
北　京 Beijing	463879.29	300583.48	268081.16	155054.70	49306.93	30225.06	33494.47
天　津 Tianjin	405739.92	286422.16	265471.83	177658.71	26426.47	31659.05	29727.60
河　北 Hebei	4929223.49	3588695.77	3323370.81	2136629.08	600800.38	332777.04	253164.31
山　西 Shanxi	1469055.12	953325.89	898608.62	598622.27	133561.49	104964.35	61460.51
内蒙古 Inner Mongolia	866387.49	553539.60	495531.60	282115.91	114272.02	56126.43	43017.24
辽　宁 Liaoning	668100.72	474734.11	428933.11	242294.93	102733.57	48649.79	35254.82
吉　林 Jilin	284661.55	189385.55	173464.86	91018.98	46825.48	18496.76	17123.64
黑龙江 Heilongjiang	493914.54	331169.37	306900.89	178900.70	74239.99	34578.63	19181.57
上　海 Shanghai	133847.98	94988.95	68600.29	36074.67	17854.74	8314.43	6356.45
江　苏 Jiangsu	1989395.01	1426245.08	1299329.13	783140.96	297054.86	143004.93	76128.38
浙　江 Zhejiang	2086992.91	1366227.92	1172044.60	651169.09	261173.71	127126.15	132575.65
安　徽 Anhui	3979315.88	2947941.01	2696416.58	1717312.72	505951.22	264450.40	208702.24
福　建 Fujian	2377739.24	1593957.42	1440507.69	818327.86	327375.74	168440.62	126363.47
江　西 Jiangxi	3172132.37	2268839.70	1973275.59	1042944.31	471399.42	222792.00	236139.86
山　东 Shandong	6625090.55	4668058.11	4262579.81	2771670.44	719946.57	480722.40	290240.40
河　南 Henan	8943145.59	6571875.11	6132399.82	3846755.30	1200348.92	668483.81	416811.79
湖　北 Hubei	2233848.33	1575875.91	1457264.81	804351.24	373648.47	159052.15	120212.95
湖　南 Hunan	3354056.40	2334600.71	2177986.85	1159309.55	622997.95	240933.97	154745.38
广　东 Guangdong	4762260.73	3453500.41	3116345.87	1835563.49	739246.44	308346.30	233189.64
广　西 Guangxi	3694330.10	2703414.72	2479091.40	1290011.43	754889.75	274091.18	160099.04
海　南 Hainan	1041006.51	729891.14	672161.24	370876.33	174575.89	70014.67	56694.35
重　庆 Chongqing	624443.59	433464.47	403313.47	242151.51	94648.46	41775.22	24738.28
四　川 Sichuan	2200444.42	1563121.42	1430268.91	839426.73	338027.15	143924.74	108890.29
贵　州 Guizhou	3782509.78	2716237.98	2490867.91	1327270.97	667327.04	262869.39	233400.51
云　南 Yunnan	5259688.47	3786363.34	3524598.51	1851858.60	994893.94	400515.09	277330.88
西　藏 Xizang	1338123.69	812510.49	737654.73	419102.73	197212.80	72215.72	49123.48
陕　西 Shaanxi	2062175.89	1347721.41	1239459.45	724953.57	291345.69	146374.11	76786.08
甘　肃 Gansu	1507950.03	1009742.35	944526.64	613183.61	133411.50	124442.97	73488.56
青　海 Qinghai	837681.84	575601.28	529655.35	335197.53	97500.38	59597.98	37359.46
宁　夏 Ningxia	664741.78	447841.67	400596.14	241460.15	84732.29	49650.98	24752.72
新　疆 Xinjiang	4871620.83	3481378.93	3180877.87	1648820.69	1099221.75	304055.88	128779.55

校舍情况(乡村)
Buildings (Rural Area)

单位：平方米
unit：m^2

综合活动室 Multi-functional Room	行政办公用房 Administrative	办公室 Office	保健观察室 Health Observation Room	其他 Others	生活用房 Residential and Welfare	厨房 Kitchen	其他 Others	其他用房 for Other Purposes
4597069.92	**7161207.84**	**3984586.96**	**1651180.59**	**1525440.29**	**8398016.01**	**4365768.92**	**4032247.09**	**6977024.73**
32502.32	55771.69	28783.41	7019.66	19968.62	100905.31	29965.69	70939.62	6618.81
20950.33	36024.09	17353.80	8989.63	9680.66	42023.12	20744.70	21278.42	41270.55
265324.96	473961.63	229426.37	166721.50	77813.76	428106.88	217962.16	210144.72	438459.21
54717.27	176046.92	109151.59	33597.55	33297.78	156681.33	70830.55	85850.78	183000.98
58008.00	81304.41	44917.45	16154.21	20232.75	115426.76	55351.18	60075.58	116116.72
45801.00	78710.74	37957.64	17327.94	23425.16	114655.87	49514.13	65141.74	0.00
15920.69	30500.07	17062.68	7620.62	5816.77	26273.57	14146.92	12126.65	38502.36
24268.48	44747.47	25223.04	11395.37	8129.06	61160.45	29618.06	31542.39	56837.25
26388.66	14978.52	5780.78	1837.68	7360.06	14151.74	7259.37	6892.37	9728.77
126915.95	162657.81	81165.91	37498.03	43993.87	192301.86	103732.60	88569.26	208190.26
194183.32	176081.07	80774.50	25975.95	69330.62	232466.61	104408.89	128057.72	312217.31
251524.43	364450.19	209799.02	85403.96	69247.21	360461.25	210279.92	150181.33	306463.43
153449.73	186274.20	105329.05	31919.76	49025.39	237866.68	108992.71	128873.97	359640.94
295564.11	335063.12	185022.51	66620.50	83420.11	367048.72	171845.71	195203.01	201180.83
405478.30	626589.53	336413.73	151416.30	138759.50	592402.85	313403.64	278999.21	738040.06
439475.29	878747.88	523466.54	198985.36	156295.98	813905.40	496147.85	317757.55	678617.20
118611.10	210198.90	104535.93	46243.04	59419.93	237740.96	141352.14	96388.82	210032.56
156613.86	320586.29	188129.24	80118.71	52338.34	377207.53	205307.17	171900.36	321661.87
337154.54	361815.96	204770.62	83540.24	73505.10	481679.31	240922.93	240756.38	465265.05
224323.32	274441.25	156566.48	71293.11	46581.66	407223.49	267563.67	139659.82	309250.64
57729.90	82755.90	44773.10	16531.39	21451.41	114663.86	60204.43	54459.43	113695.61
30151.00	53160.20	33222.16	10490.08	9447.96	73217.99	37592.79	35625.20	64600.93
132852.51	192544.44	111555.55	49035.08	31953.81	270363.47	137400.76	132962.71	174415.09
225370.07	346607.42	195603.87	74267.68	76735.87	416278.22	241802.59	174475.63	303386.16
261764.83	428456.92	237785.59	108788.74	81882.59	702143.80	388040.35	314103.45	342724.41
74855.76	126871.98	82607.88	24663.67	19600.43	294560.13	103336.45	191223.68	104181.09
108261.96	257434.61	148893.57	45173.05	63367.99	224609.19	111242.77	113366.42	232410.68
65215.71	220695.21	155358.46	33108.54	32228.21	131443.47	52924.56	78518.91	146069.00
45945.93	73381.76	50767.40	10259.39	12354.97	137186.44	54663.05	82523.39	51512.36
47245.53	61200.07	32918.49	11772.81	16508.77	73502.87	37903.99	35598.88	82197.17
300501.06	429147.59	199470.60	117411.04	112265.95	600356.88	281307.19	319049.69	360737.43

幼儿园资产情况(总计)

Condition of Fixed Assets and Teaching Resources in Kindergarten (Total)

类别 Item	占地面积(平方米) Areas Occupied (m^2)	#绿化用地面积 of Which: Green Areas	#室外游戏场地 of Which: Outdoor Playground	图书(册) Books and Magazines in Libraries (Volume)
总　计 Total	**779092812.43**	**143412119.30**	**277026097.44**	**572380253**
北　京 Beijing	9213013.87	1683768.01	3370668.94	8836630
天　津 Tianjin	5881044.75	928516.44	2261419.60	4102858
河　北 Hebei	40378594.70	5283079.94	14070281.04	28758841
山　西 Shanxi	16545916.13	2319135.87	5448043.60	10725285
内蒙古 Inner Mongolia	17630528.47	3170255.25	5895423.21	7365938
辽　宁 Liaoning	15615649.91	2365303.32	6076429.78	9997832
吉　林 Jilin	7175924.38	1026241.39	2536528.05	4612447
黑龙江 Heilongjiang	10035031.37	1398954.68	3590585.09	4895013
上　海 Shanghai	10786393.33	3022799.73	3053602.85	7074032
江　苏 Jiangsu	52449881.32	12197217.27	21427508.43	49510602
浙　江 Zhejiang	35030606.02	7812368.81	13534301.86	39621879
安　徽 Anhui	34666876.39	6289353.26	11752577.01	21165820
福　建 Fujian	20585195.28	3882839.26	8234670.50	13850252
江　西 Jiangxi	27546149.82	4837352.81	10287703.69	15907943
山　东 Shandong	71550369.25	13447238.56	25424345.61	54535000
河　南 Henan	60252221.85	9751779.35	19861921.96	36053991
湖　北 Hubei	29164455.35	6139639.37	9258292.05	21688007
湖　南 Hunan	32295222.49	5528581.44	9876222.58	29665098
广　东 Guangdong	60443084.87	11357294.53	24810106.48	63055521
广　西 Guangxi	22979628.21	4027705.18	9041060.55	17140392
海　南 Hainan	6698177.66	1335561.22	2389321.66	5319556
重　庆 Chongqing	11791749.06	1775780.30	4312246.60	10207404
四　川 Sichuan	33028629.86	5751962.20	11786006.76	22718235
贵　州 Guizhou	28147543.26	4626296.10	11320511.59	21201405
云　南 Yunnan	27880632.55	5129927.05	8709367.60	17931486
西　藏 Xizang	5635475.33	821525.00	1188094.13	1363841
陕　西 Shaanxi	24410093.49	3961753.39	8093967.83	22493370
甘　肃 Gansu	15328097.43	2447916.71	5310060.25	10660573
青　海 Qinghai	5508091.16	891010.94	1543642.58	2176048
宁　夏 Ningxia	6189124.88	1113691.00	2298853.02	3631758
新　疆 Xinjiang	34249409.99	9087270.92	10262332.54	6113196

幼儿园资产情况(城区)
Condition of Fixed Assets and Teaching Resources in Kindergarten (Urban Area)

类别 Item	占地面积(平方米) Areas Occupied (m^2)	#绿化用地面积 of Which: Green Areas	#室外游戏场地 of Which: Outdoor Playground	图书(册) Books and Magazines in Libraries (Volume)
总　计 Total	**315622122.41**	**59190257.48**	**118965967.08**	**282488018**
北　京 Beijing	7395141.15	1323121.63	2735382.68	7448358
天　津 Tianjin	4173779.54	683312.45	1611268.28	3386928
河　北 Hebei	10304418.24	1361379.51	3765615.56	8807675
山　西 Shanxi	6278027.77	849330.05	2152000.07	4979048
内蒙古 Inner Mongolia	5436001.36	908832.98	2014611.72	3245676
辽　宁 Liaoning	10120253.90	1565062.84	3866116.91	7138824
吉　林 Jilin	3498793.84	453583.94	1234408.08	2673787
黑龙江 Heilongjiang	4525623.27	659931.01	1627290.21	2757572
上　海 Shanghai	9258521.61	2565515.60	2635511.40	6281534
江　苏 Jiangsu	28714302.54	6842537.15	12138963.07	28499830
浙　江 Zhejiang	21099937.33	4701715.00	8125900.01	25545368
安　徽 Anhui	10231980.39	1970300.21	3784929.30	7360187
福　建 Fujian	9079522.43	1684451.92	3800685.49	7349140
江　西 Jiangxi	8599327.35	1515692.05	3395038.56	5690127
山　东 Shandong	29778549.80	5453333.04	10863013.01	28472864
河　南 Henan	15248653.05	2489873.17	5455155.30	11297112
湖　北 Hubei	13199092.71	2600191.83	4417548.15	10760924
湖　南 Hunan	11301562.73	2021350.62	3624222.74	12207676
广　东 Guangdong	37290882.95	6847622.21	15728873.82	39434836
广　西 Guangxi	7548901.21	1454645.44	3086740.05	5924345
海　南 Hainan	2311390.51	433175.36	859326.56	2268418
重　庆 Chongqing	6931791.62	1041813.16	2576191.34	6447126
四　川 Sichuan	16478947.40	3123335.13	5967782.56	11345065
贵　州 Guizhou	7644338.92	1214097.88	3083779.15	7823630
云　南 Yunnan	6973927.54	1402605.69	2392031.53	5857532
西　藏 Xizang	728541.90	113521.11	193154.75	569688
陕　西 Shaanxi	8850321.38	1479828.01	3189553.47	9686323
甘　肃 Gansu	3526418.82	544129.37	1258206.43	3886351
青　海 Qinghai	1003256.40	145473.30	337489.50	943919
宁　夏 Ningxia	2238049.79	424389.33	904330.78	1915419
新　疆 Xinjiang	5851864.96	1316106.49	2140846.60	2482736

幼儿园资产情况(镇区)
Condition of Fixed Assets and Teaching Resources in Kindergarten (County and Town Area)

类别 Item	占地面积(平方米) Areas Occupied (m^2)	#绿化用地面积 of Which: Green Areas	#室外游戏场地 of Which: Outdoor Playground	图书(册) Books and Magazines in Libraries (Volume)
总　计 Total	**281704419.73**	**50955106.39**	**99039167.57**	**205541365**
北　京 Beijing	902362.53	187395.94	322812.69	820663
天　津 Tianjin	717752.24	103700.96	279211.28	369748
河　北 Hebei	15800271.81	2107227.13	5340175.83	11868741
山　西 Shanxi	6044338.27	862458.48	1990001.81	4186351
内蒙古 Inner Mongolia	7983395.41	1487970.15	2783710.39	3322255
辽　宁 Liaoning	3690165.78	542298.34	1472998.39	2113775
吉　林 Jilin	2785965.67	411551.30	977095.10	1624562
黑龙江 Heilongjiang	3938706.97	514611.23	1481384.28	1776550
上　海 Shanghai	1336261.09	403951.67	362828.81	698898
江　苏 Jiangsu	19658342.67	4476391.34	7728476.94	18041530
浙　江 Zhejiang	10753966.63	2401788.17	4204521.53	11381682
安　徽 Anhui	15628405.72	2809106.73	5203391.00	9765294
福　建 Fujian	8138814.67	1551740.30	3217704.89	5026852
江　西 Jiangxi	12757768.60	2233306.83	4722189.89	7451966
山　东 Shandong	24398604.67	4667560.65	8449223.28	17822323
河　南 Henan	24201602.79	3892956.11	7854577.16	14561865
湖　北 Hubei	11339170.42	2418765.92	3472954.25	8350951
湖　南 Hunan	14557823.29	2436026.59	4402534.69	13206165
广　东 Guangdong	15575285.61	2906288.93	6120440.63	16890269
广　西 Guangxi	9899856.54	1717428.34	3905237.59	8047989
海　南 Hainan	2467976.95	511615.75	905819.36	2090173
重　庆 Chongqing	3807607.78	581930.54	1370571.39	3079938
四　川 Sichuan	13089408.17	2075785.78	4605565.53	9287801
贵　州 Guizhou	12633907.83	2042552.66	5080905.97	9281416
云　南 Yunnan	8529276.39	1620830.04	2714670.89	6006229
西　藏 Xizang	943348.82	135342.55	191327.24	210145
陕　西 Shaanxi	10561309.04	1641865.91	3448909.41	9533723
甘　肃 Gansu	6713091.27	1078788.98	2333297.15	4892505
青　海 Qinghai	1602419.68	218678.58	457667.69	626854
宁　夏 Ningxia	2182675.05	405046.28	816332.86	1233048
新　疆 Xinjiang	9064537.37	2510144.21	2822629.65	1971104

幼儿园资产情况(乡村)

Condition of Fixed Assets and Teaching Resources in Kindergarten (Rural Area)

类别 Item	占地面积(平方米) Areas Occupied (m^2)	#绿化用地面积 of Which: Green Areas	#室外游戏场地 of Which: Outdoor Playground	图书(册) Books and Magazines in Libraries (Volume)
总　计 Total	**181766270.29**	**33266755.43**	**59020962.79**	**84350870**
北　京 Beijing	915510.19	173250.44	312473.57	567609
天　津 Tianjin	989512.97	141503.03	370940.04	346182
河　北 Hebei	14273904.65	1814473.30	4964489.65	8082425
山　西 Shanxi	4223550.09	607347.34	1306041.72	1559886
内蒙古 Inner Mongolia	4211131.70	773452.12	1097101.10	798007
辽　宁 Liaoning	1805230.23	257942.14	737314.48	745233
吉　林 Jilin	891164.87	161106.15	325024.87	314098
黑龙江 Heilongjiang	1570701.13	224412.44	481910.60	360891
上　海 Shanghai	191610.63	53332.46	55262.64	93600
江　苏 Jiangsu	4077236.11	878288.78	1560068.42	2969242
浙　江 Zhejiang	3176702.06	708865.64	1203880.32	2694829
安　徽 Anhui	8806490.28	1509946.32	2764256.71	4040339
福　建 Fujian	3366858.18	646647.04	1216280.12	1474260
江　西 Jiangxi	6189053.87	1088353.93	2170475.24	2765850
山　东 Shandong	17373214.78	3326344.87	6112109.32	8239813
河　南 Henan	20801966.01	3368950.07	6552189.50	10195014
湖　北 Hubei	4626192.22	1120681.62	1367789.65	2576132
湖　南 Hunan	6435836.47	1071204.23	1849465.15	4251257
广　东 Guangdong	7576916.31	1603383.39	2960792.03	6730416
广　西 Guangxi	5530870.46	855631.40	2049082.91	3168058
海　南 Hainan	1918810.20	390770.11	624175.74	960965
重　庆 Chongqing	1052349.66	152036.60	365483.87	680340
四　川 Sichuan	3460274.29	552841.29	1212658.67	2085369
贵　州 Guizhou	7869296.51	1369645.56	3155826.47	4096359
云　南 Yunnan	12377428.62	2106491.32	3602665.18	6067725
西　藏 Xizang	3963584.61	572661.34	803612.14	584008
陕　西 Shaanxi	4998463.07	840059.47	1455504.95	3273324
甘　肃 Gansu	5088587.34	824998.36	1718556.67	1881717
青　海 Qinghai	2902415.08	526859.06	748485.39	605275
宁　夏 Ningxia	1768400.04	284255.39	578189.38	483291
新　疆 Xinjiang	19333007.66	5261020.22	5298856.29	1659356

专门学校基本情况
Basic Statistics of Specialized Schools

单位：人
unit：person

类别 Item	学校数(所) Schools	班数(个) Classes	离校人数 Sclools Leavers	入校人数 No. of Persons Enrolled	在校生数 Enrolment	教职工数 Educational Personnel	#专任教师 of Which: Full-time Teachers
总　计 Total	**150**	**449**	**5753**	**8420**	**9891**	**4532**	**2873**
北　京 Beijing	7	29	199	195	443	279	239
天　津 Tianjin	1	0	0	0	0	32	21
河　北 Hebei	0	0	0	0	0	0	0
山　西 Shanxi	1	8	181	0	401	83	76
内蒙古 Inner Mongolia	0	0	0	0	0	0	0
辽　宁 Liaoning	10	9	43	41	150	239	188
吉　林 Jilin	3	5	17	5	20	42	29
黑龙江 Heilongjiang	1	3	3	10	10	45	19
上　海 Shanghai	10	57	199	224	666	334	269
江　苏 Jiangsu	2	11	92	135	155	69	56
浙　江 Zhejiang	1	25	202	255	459	81	56
安　徽 Anhui	3	1	3	9	6	29	27
福　建 Fujian	0	0	0	0	0	0	0
江　西 Jiangxi	9	33	616	1150	1124	309	158
山　东 Shandong	0	0	0	0	0	0	0
河　南 Henan	3	11	116	156	130	73	67
湖　北 Hubei	1	7	7	23	50	44	39
湖　南 Hunan	5	21	145	235	510	145	90
广　东 Guangdong	20	52	448	912	1177	594	342
广　西 Guangxi	11	16	314	726	469	294	98
海　南 Hainan	3	9	205	283	215	133	45
重　庆 Chongqing	5	10	55	102	85	101	69
四　川 Sichuan	11	29	699	891	711	273	202
贵　州 Guizhou	27	83	1734	2522	2524	753	436
云　南 Yunnan	9	19	311	360	391	136	119
西　藏 Xizang	0	0	0	0	0	0	0
陕　西 Shaanxi	1	2	4	6	8	42	32
甘　肃 Gansu	1	0	0	0	0	8	8
青　海 Qinghai	0	0	0	0	0	0	0
宁　夏 Ningxia	0	0	0	0	0	0	0
新　疆 Xinjiang	5	9	160	180	187	394	188

第二部分
Part Ⅱ

办 学 条 件
PHYSICAL FACILITIES

一、教育经费
Public Expenditure on Education

各类学校教育经费来源
Sources of Educational Funds and Expenditure

学校类别 Type of Schools	合计 Total	国家财政性教育经费 Government Appropriation for Education	#一般公共预算教育经费 Public Expenditure On Education
全国总计 National Total	**613291381.8**	**484729093.8**	**392569626.6**
按学校类别分组 Grouped by Type of Schools			
高等学校 HEIs	163864839.7	101046512.2	77865634.5
普通高等学校 Regular HEIs	161979530.1	100109131.8	77122340.8
成人高等学校 Adult HEIs	1885309.6	937380.5	743293.8
中等职业学校 Secondary Vocational Schools	32409018.1	28431328.9	21819391.9
普通中专 Regular Specialized Secondary Schools	14894093.2	13196313.5	10176053.6
成人中专 Adult Specialized Secondary Schools	955002.2	798764.4	630866.4
职业高中 Vocational High Schools	11828753.8	10684491.9	8016735.8
技工学校 Skilled Workers Schools	4731168.9	3751759.1	2995736.1
中学 Secondary Schools	167381782.1	142583082.5	123009265.1
普通中学 Regular Secondary Schools	167320135.7	142525136.1	122958301.9
普通高中 Regular Senior Secondary Schools	63178385.1	49713256.1	42163649.2
普通初中 Regular Junior Secondary Schools	104141750.6	92811879.9	80794652.8
#农村 Rural	54087427.0	50059194.6	43809833.2
成人中学 Adult Secondary Schools	61646.4	57946.5	50963.1
小学 Primary Schools	161562981.3	147931594.8	128101666.8
普通小学 Regular Primary Schools	161562818.7	147931432.2	128101512.3
#农村 Rural	87059373.5	82486735.1	71362009.9
成人小学 Adult Primary Schools	162.7	162.7	154.5
特殊教育 Special Education	2346859.0	2318200.6	1982817.8
幼儿园 Kindergartens	51382565.7	29821819.1	25569498.3
教育行政单位 Education Administrative Department	4269812.8	4159890.1	3330666.7
教育事业单位 Education Public Institutions	9059226.0	7711864.5	6283636.2
其 它 Others	21014297.2	20724801.1	4607049.3

和支出情况（2022 年）
for Education in Various School（2022）

单位：万元
unit：10,000 yuan

民办学校中举办者投入 School Funding for Private Schools	社会捐赠经费 Donor Funding for the Community	事业收入 Income from Teaching Research and Other Auxiliary Activity		其他教育经费 Other Educational Funds
			学费 Tuition	
1882764.9	**1543121.1**	**108318214.7**	**84516215.7**	**16818187.3**
312357.2	1011278.2	53158710.6	35550136.8	8335981.5
312357.2	1010796.1	52266309.4	34870782.8	8280935.6
0.0	482.1	892401.2	679354.1	55045.9
150244.1	12809.8	3209273.4	2076069.6	605361.7
58890.7	4495.2	1389599.8	858934.8	244794.0
4450.2	1596.6	135534.6	95391.6	14656.3
83598.1	3988.5	889932.6	604896.7	166742.6
3305.1	2729.4	794206.5	516846.6	179168.8
613063.3	228883.8	20738586.7	17905355.3	3218165.8
613063.3	228881.6	20737405.3	17905051.9	3215649.5
401148.4	131549.3	11756202.4	9815070.5	1176228.9
211914.8	97332.3	8981202.9	8089981.4	2039420.6
106060.2	67853.8	2860830.8	2515051.0	993487.5
0.0	2.2	1181.4	303.4	2516.3
210881.1	126457.0	9655441.9	8919990.9	3638606.5
210881.1	126457.0	9655441.9	8919990.9	3638606.5
98499.9	63591.0	2611410.9	2310077.9	1799136.7
0.0	0.0	0.0	0.0	0.0
812.1	2583.1	9637.7	5837.3	15625.6
595407.1	53547.3	20319057.5	20009846.9	592734.7
—	7422.4	11928.4	—	90571.8
—	99698.3	1004961.4	—	242701.9
—	441.2	210617.0	48978.9	78438.0

各地区教育经费来源
Sources of Educational Fund and Expenditure

地区 Region	合计 Total	国家财政性教育经费 Government Appropriation for Education	#一般公共预算教育经费 Public Expenditure On Education
中　央 Central Government	**57787503.4**	**42422444.9**	**16816279.5**
地　方 Local Government	**555503878.4**	**442306648.9**	**375753347.2**
北　京 Beijing	15854348.3	13736713.4	11609959.7
天　津 Tianjin	6565886.8	5392186.6	4748759.0
河　北 Hebei	24395755.2	19640362.0	17546048.8
山　西 Shanxi	12125465.1	10101086.7	8558450.0
内蒙古 Inner Mongolia	9230537.4	8286825.5	6742091.2
辽　宁 Liaoning	11674506.2	9225508.8	7431780.2
吉　林 Jilin	7484068.0	6031448.3	4973523.9
黑龙江 Heilongjiang	8806509.6	7386672.7	6146836.6
上　海 Shanghai	16916927.4	13919603.1	10930909.2
江　苏 Jiangsu	38820348.8	30682348.3	25443278.4
浙　江 Zhejiang	34440065.7	26041785.7	21825483.8
安　徽 Anhui	20532087.2	16580172.8	14200714.0
福　建 Fujian	17625676.5	14198648.7	11967707.0
江　西 Jiangxi	18915970.7	14987655.6	13171483.7
山　东 Shandong	37144368.5	29500836.1	25969680.9
河　南 Henan	29695708.3	22412359.7	18456526.0
湖　北 Hubei	19405533.9	14726548.4	12797954.2
湖　南 Hunan	22100518.8	16530548.8	15302895.7
广　东 Guangdong	61902002.5	45712766.9	38631326.9
广　西 Guangxi	17038771.6	13618238.0	11411905.1
海　南 Hainan	4833661.6	3862257.1	3062852.6
重　庆 Chongqing	13146996.0	10589501.6	8276631.0
四　川 Sichuan	28294458.9	21693844.1	18562581.9
贵　州 Guizhou	15801330.0	13268794.1	11528125.0
云　南 Yunnan	17068501.3	14383782.4	11587533.9
西　藏 Xizang	3643258.6	3611420.9	3166655.6
陕　西 Shaanxi	14954384.1	11569592.0	10523390.4
甘　肃 Gansu	9055894.9	8192054.1	6984296.1
青　海 Qinghai	3085234.5	2901472.8	2309227.8
宁　夏 Ningxia	3332219.6	2792247.0	2136159.4
新　疆 Xinjiang	11612882.3	10729366.8	9748579.3

和支出情况(2022 年)
for Education by Region (2022)

单位：万元
unit：(10,000 yuan)

民办学校中举办者投入 School Funding for Private Schools	社会捐赠经费 Donor Funding for the Community	事业收入 Income from Teaching Research and Other Auxiliary Activity	学费 Tuition	其他教育经费 Other Educational Funds
0. 0	**622611. 2**	**11684143. 8**	**4073421. 5**	**3058303. 5**
1882764. 9	**920509. 8**	**96634070. 9**	**80442794. 2**	**13759883. 9**
9661. 9	5577. 5	1966233. 7	1636322. 0	136161. 8
31158. 8	5087. 0	998910. 1	837760. 1	138544. 3
58757. 5	103610. 9	4346160. 9	3710469. 7	246864. 0
25473. 1	10271. 3	1861447. 7	1466243. 5	127186. 3
34322. 3	10875. 0	795200. 1	680318. 1	103314. 4
9533. 4	5333. 0	2264765. 6	1833489. 9	169365. 4
11284. 4	4452. 2	1221906. 5	1050907. 7	214976. 6
6059. 4	2585. 3	1197877. 2	1023664. 2	213314. 9
2562. 1	9463. 9	2654224. 7	2222668. 9	331073. 6
100756. 9	166701. 7	6328517. 5	5239337. 0	1542024. 4
163149. 9	70269. 5	6772035. 1	5374691. 7	1392825. 5
59545. 2	5990. 1	3368366. 5	2779776. 9	518012. 6
29330. 0	93644. 0	2932710. 9	2469079. 8	371343. 0
166328. 6	15714. 2	2948209. 1	2368778. 1	798063. 3
153759. 6	49844. 0	6711253. 8	5658242. 5	728675. 0
238422. 4	36165. 4	6518768. 4	5472555. 3	489992. 4
69890. 6	27649. 5	4087444. 3	3422774. 3	494001. 2
58039. 1	21579. 6	4481740. 4	3695088. 1	1008610. 8
259330. 9	121422. 9	14994002. 9	13168894. 2	814478. 9
38289. 6	7626. 8	2968766. 0	2366761. 8	405851. 3
15985. 8	296. 7	891659. 1	730854. 9	63462. 9
33244. 7	11111. 3	2129341. 0	1687112. 0	383797. 4
169136. 2	42067. 0	5300668. 8	4382116. 2	1088742. 7
48201. 3	7652. 7	2001255. 3	1672598. 6	475426. 6
51251. 1	38465. 8	2313365. 8	1950326. 2	281636. 1
0. 0	920. 2	25877. 9	12439. 6	5039. 6
19057. 3	17635. 2	2914113. 2	2215711. 9	433986. 4
8030. 6	9886. 5	750612. 7	622800. 9	95311. 0
2042. 1	7750. 6	129139. 1	94632. 7	44830. 0
3008. 3	2502. 0	338950. 9	275925. 0	195511. 4
7151. 8	8357. 9	420545. 7	320452. 4	447460. 1

二、教育基本建设投资
Capital Construction Investment in the Educational Sector

教育基本建设
Data on the Completion of Capital Construction

学校类别 Type of School	投资合计 Total Investment Completed in the Current year (in 10 Thousand Yuan)	本年完成投资按 Investment by Source of			
		国家预算内 Budgetary Allocation			
		计 Subtotal	中央 Central	省级 Local	计 Subtotal
总　计 Total	**68266241**	**45406395**	**8821151**	**36585244**	**19835884**
高等教育学校 Higher Education Schools	23002557	9972132	2455300	7516832	12065459
中等职业学校 Secondary Vocational Schools	5048323	3608467	697060	2911407	1245436
普通中学 Regular Secondary Schools	22752603	17449131	2640712	14808419	4176815
职业初中 Vocational Junior Secondary Schools	0	0	0	0	0
小学 Primary Schools	12173711	10516026	2000653	8515373	1264833
特殊教育学校 Special Education Schools	152337	147156	24628	122528	3247
幼儿园 Kindergartens	5136709	3713484	1002800	2710684	1080095

投资完成情况(总计)

Investment in the Educational Sector(Regional Aggregates)

资金来源分(万元) Fund (in 10 Thousand Yuan)			本年竣工建筑面积(平方米) Building Floor Area Completed (in m^2)			
自筹资金 Self-raised Fund		其他 Other Sources				
其中 of Which:						
学校自筹 Raised by School	个人捐资 Individual Donations		合计 Total	教学及辅助用房 Buildings for Instruction and Ancillary Uses	行政办公用房 Administrative	其他用房 for Other Purposes
19621471	**214413**	**3023962**	**207427796**	**119040460**	**8213357**	**80173979**
12049082	16377	964966	55201448	27343129	1761184	26097135
1236939	8497	194421	17483027	9012459	733872	7736696
4098572	78243	1126658	77846674	42674597	3273843	31898234
0	0	0	0	0	0	0
1245394	19439	392852	39327505	26701047	1661360	10965098
3247	0	1935	615698	394216	31169	190313
988237	91858	343130	16953444	12915012	751929	3286503

教育基本建设
Data on the Completion of Capital Construction

学校类别 Type of School	投资合计 Total Investment Completed in the Current year (in 10 Thousand Yuan)	本年完成投资按 Investment by Source of			
		国家预算内 Budgetary Allocation			
		计 Subtotal	中央 Central	省级 Local	计 Subtotal
总　计 Total	**68266241**	**45406395**	**8821151**	**36585244**	**19835884**
北　京 Beijing	1291192	678838	309586	369252	569643
天　津 Tianjin	572931	399683	46404	353279	152690
河　北 Hebei	2483488	1640489	316728	1323761	797304
山　西 Shanxi	998631	806323	122260	684063	174625
内蒙古 Inner Mongolia	861754	781081	161092	619989	66597
辽　宁 Liaoning	738129	389533	168501	221032	305909
吉　林 Jilin	617335	332305	143877	188428	191414
黑龙江 Heilongjiang	336544	279276	159033	120243	54150
上　海 Shanghai	1402644	1039543	146288	893255	297221
江　苏 Jiangsu	5430801	4319835	75271	4244564	1030490
浙　江 Zhejiang	6249678	5153419	143727	5009692	975136
安　徽 Anhui	2894636	2117315	464160	1653155	746594
福　建 Fujian	2042701	1269062	169884	1099178	677925
江　西 Jiangxi	3132908	1772602	295631	1476971	1112565
山　东 Shandong	4800855	2236319	246206	1990113	2063134
河　南 henan	3249690	1915608	424993	1490615	1224210
湖　北 Hubei	2844267	1716578	450327	1266252	1007244
湖　南 Hunan	3700822	1928570	467710	1460860	1528759
广　东 Guangdong	6234284	4047817	128247	3919570	2079143
广　西 Guangxi	2158562	1173123	510363	662760	915542
海　南 Hainan	880067	727132	143454	583678	129985
重　庆 Chongqing	2199580	1107637	162498	945139	907993
四　川 Sichuan	4111453	2851391	694784	2156608	1078736
贵　州 guizhou	1494734	1335663	538788	796875	153858
云　南 Yunnan	1856280	1114305	496815	617490	495118
西　藏 Xizang	238704	225034	158642	66392	396
陕　西 Shaanxi	2055242	1335357	443212	892145	674847
甘　肃 Gansu	1145784	881839	406691	475148	233491
青　海 Qinghai	292566	264407	147580	116826	22497
宁　夏 Ningxia	340360	275010	121085	153925	60760
新　疆 Xinjiang	1609620	1291304	557317	733987	107910

投资完成情况
Investment in the Educational Sector

资金来源分(万元) Fund (in 10 Thousand Yuan)			本年竣工建筑面积(平方米) Building Floor Area Completed (in m^2)			
自筹资金 Self-raised Fund		其他 Other Sources				
其中 of Which:						
学校自筹 Raised by School	个人捐资 Individual Donations		合计 Total	教学及辅助用房 Buildings for Instruction and Ancillary Uses	行政办公用房 Administrative	其他用房 Rooms for Other Purposes
19621471	**214413**	**3023962**	**207427796**	**119040460**	**8213357**	**80173979**
569643	0	42710	1273510	904812	56123	312575
152670	20	20558	885904	550797	47225	287882
792947	4357	45695	8636625	5038726	313612	3284287
172836	1789	17684	3489075	1965308	186819	1336948
65681	916	14076	4131524	2625855	159264	1346405
299468	6441	42687	3572071	2263280	107936	1200855
191414	0	93616	2061465	1341593	100266	619606
53738	412	3118	2079096	1439481	80002	559613
297221	0	65880	2132881	1016415	110780	1005686
1028515	1974	80477	10607167	5817719	641674	4147774
968216	6920	121123	11901379	6425260	591119	4885000
707653	38940	30728	12430455	7146667	511328	4772460
667805	10120	95715	5757416	3436787	210781	2109848
1111036	1529	247742	11684579	7301925	502181	3880473
2026042	37092	501402	12419506	6756120	612412	5050974
1217662	6548	109872	11831278	6347149	584065	4900064
999309	7935	120445	11869278	6732445	413717	4723116
1503627	25132	243493	12108461	6690649	419660	4998152
2042943	36200	107324	17863204	9361683	728766	7772755
910809	4733	69898	8457104	4557187	167022	3732895
129724	261	22950	2558817	1394816	112747	1051254
907200	793	183951	5556125	3139212	250502	2166411
1078436	300	181326	8989891	4558273	346592	4085026
146699	7159	5214	9537449	6567736	213725	2755988
491281	3837	246857	6363163	3733563	150511	2479089
396	0	13274	492412	247472	12059	232881
666466	8381	45039	7968775	5060136	234631	2674008
231665	1827	30454	4229017	2644893	106985	1477139
22491	7	5662	888513	608086	23237	257190
60113	648	4590	1153349	918641	38301	196407
107768	142	210406	4498307	2447774	179315	1871218

第三部分
Part Ⅲ

科学研究活动及其他
SCIENTIFIC RESEARCH ACTIVITIES AND OTHER

一、自然科学与技术
Natural Science and Technology

类别 Item	教学与科研人员 Personnel Engaged in S and T Activities		研究与发展人员 R and D Personnel	
	合计 Total	#科学家和工程师 of Which: Scientists and Engineers	合计 Total	#科学家和工程师 of Which: Scientists and Engineers
总　计 Total	**1541206**	**1533155**	**682644**	**656553**
按学校规格分 Breakdown by category of HEIs				
本科院校 Academic HEIs	1320196	1312848	637425	612441
高职(专科)院校 Vocational HEIs	221010	220307	45219	44112
按学校隶属分 Breakdown by Control				
部委院校 HEIs under Other Central Ministries	50343	49851	31900	30902
教育部直属院校 HEIs under Ministry of Education	328206	326098	176317	164833
地方院校 HEIs under Local Governments	1162657	1157206	474427	460818
按学校类型分 Breakdown by Type of HEIs				
综合大学 Comprehensive Universities	511141	508211	230693	218700
工科院校 Engineering	465798	464163	218814	212729
农林院校 Agriculture	70489	69840	34643	33141
医药院校 Medicine and Pharmacy	372794	370141	142713	137610
师范院校 Teachers Training	78293	78177	40485	39248
其他院校 Others	42691	42623	15296	15125

科技人力情况
Manpower in Regular HEIs

单位：人
Unit: in Person

研究与发展全时人员 R and D FTEs (Full-time Equivalents)		R and D 成果应用及科技服务人员 R and D Personnel		R and D 成果应用及科技服务全时人员 R and D FTEs (Full-time Equivalents)	
合计 Total	#科学家和工程师 of Which: Scientists and Engineers	合计 Total	#科学家和工程师 of Which: Scientists and Engineers	合计 Total	#科学家和工程师 of Which: Scientists and Engineers
409587	**393936**	**99172**	**96040**	**59500**	**57620**
382456	367469	88646	85710	53185	51422
27131	26467	10526	10330	6315	6198
19140	18541	4132	4022	2479	2411
105790	98901	24264	22704	14558	13622
284657	276494	70776	69314	42463	41587
138415	131222	32466	30805	19478	18480
131288	127639	43967	43162	26379	25896
20786	19884	7557	7274	4534	4364
85628	82567	7632	7453	4579	4472
24291	23549	5869	5676	3521	3406
9179	9075	1681	1670	1009	1002

类别 Item	拨　　入 Revenues			
	合计 Total	政府资金 Government Funds	企事业单位委托 Contract Research Fund	其他 Others
总　计 Total	**354807092**	**204791525**	**104863849**	**45151718**
按学校规格分 Breakdown by category of HEIs				
本科院校 Academic HEIs	345508141	201794512	102480987	41232642
高职(专科)院校 Vocational HEIs	9298951	2997013	2382862	3919076
按学校隶属分 Breakdown by Control				
部委院校 HEIs under Other Central Ministries	42176387	27904488	11984200	2287699
教育部直属院校 HEIs under Ministry of Education	151143908	94351079	48862621	7930208
地方院校 HEIs under Local Govermments	161486797	82535958	44017028	34933811
按学校类型分 Breakdown by Type of HEIs				
综合大学 Comprehensive Universities	134391024	81886976	35765227	16738821
工科院校 Engineering	157367695	84774364	58073242	14520089
农林院校 Agriculture	17423322	12099645	3686259	1637418
医药院校 Medicine and Pharmacy	24985956	15525796	3265528	6194632
师范院校 Teachers Training	16988848	8751452	3314413	4922983
其他院校 Others	3650247	1753292	759180	1137775

科技经费情况
in Regular HEIs

单位：千元
Unit: 1000 Yuan

支出 Expenditures				
合计 Total	劳务费 Personnel Costs	业务费 Non-Personnel Expenses	转拨外单位经费 Expenses on Extramural Services	其他 Others
328829115	**80938412**	**151080946**	**26426669**	**70383088**
320124323	78487633	148253229	26266195	67117266
8704792	2450779	2827717	160474	3265822
37512968	6626521	18815926	4696690	7373831
137664019	35591670	62539021	14172335	25360993
153652128	38720221	69725999	7557644	37648264
123716649	33120756	53025398	10094207	27476288
145781553	32795721	71045139	12214780	29725913
16456155	3537028	7789378	2482805	2646944
23033673	6344341	10701365	895788	5092179
16306096	4248912	6869105	650622	4537457
3534989	891654	1650561	88467	904307

普通高等学校研究与
Statistics of R and D Projects and

类别 Item	科技课题 R and Projects			出版科技专著(部) No. of Mono-graphs Published
	课题数(项) No. of projects	投入人数 No. of Input of S and D Manpower	实际支出(千元) Actual Exp. (1,000yuan)	
总　计 Total	**1100205**	**521212**	**187432782**	**6640**
按学校规格分 Breakdown by category of HEIs				
本科院校 Academic HEIs	1042655	484049	184412549	6171
高职(专科)院校 Vocational HEIs	57550	37163	3020233	469
按学校隶属分 Breakdown by Control				
部委院校 HEIs under Other Central Ministries	68477	24021	28164744	331
教育部直属院校 HEIs under Ministry of Education	356880	133721	86897201	1629
地方院校 HEIs under Local Govermments	674848	363470	72370837	4680
按学校类型分 Breakdown by Type of HEIs				
综合大学 Comprehensive Universities	375002	175439	64719381	2091
工科院校 Engineering	439527	175187	94296796	2291
农林院校 Agriculture	70168	28133	10453572	382
医药院校 Medicine and Pharmacy	128936	100231	9769546	1207
师范院校 Teachers Training	64052	30903	6732886	433
其他院校 Others	22520	11319	1460601	236

发展课题、成果情况

Achievements in Regular HEIs

发表学术论文（篇）No. of Papers Published	成果获奖 Achieverment Awards		技术转让 Techonlogical Transfer		知识产权授权数 No. of Awarded	专利出售 Income from License Arrangements	
	合计 Total	#国家奖 of Which: National Awards	合同数 No. of Contracts	收入（千元）Actual Revenues (1,000 yuan)		项数 No. of Items	实现金额（千元）Income (1,000 yuan)
1346012	**4880**	**0**	**38285**	**6531870**	**267202**	**29656**	**3838097**
1293797	4808	0	33099	6333755	244523	25120	3678841
52215	72	0	5186	198115	22679	4536	159256
89319	224	0	903	457578	18305	739	399236
529219	1637	0	5304	2606992	80934	4319	1901111
727474	3019	0	32078	3467300	167963	24598	1537750
486529	1543	0	9721	1853421	89160	8075	1282122
496222	2162	0	22456	3849627	129827	17346	2104014
73239	317	0	1480	275650	14906	1052	94331
206120	516	0	1608	357117	16616	1064	228427
64731	265	0	2296	138858	11509	1505	92433
19171	77	0	724	57197	5184	614	36770

二、社会科学
Social Science

普通高等学校人文、
Professional Manpower in Regular HEIs in the

类别 Item		学校数（所） No. Of HEIs	社科活动人员（人） Personnel Engaged in Social Science Research (person)				
			合计 Total	高 级 Senior	中 级 Middle	初 级 Junior	其他人员 Others
总 计 Total		**2655**	**979162**	**340880**	**451564**	**185885**	**833**
按学校隶属关系分 Breakdown by Control	教育部直属院校 HEIs under Ministry of Education	73	73160	42579	28825	1740	16
	其他部委院校 HEIs under Other Central Ministries	41	21068	9613	9962	1491	2
	地方院校 HEIs under Local Governments	2541	884934	288688	412777	182654	815
按学校规格分 Breakdown by Category of HEIs	本科院校 Regular HEIs	1241	709830	268197	332357	108879	397
	专科院校 Short-cycle HEIs	1414	269332	72683	119207	77006	436
按学校类型分 Breakdown by Type of HEIs	综合大学 Comprehensive Universities	632	272567	97002	123378	51853	334
	理工农医院校 HEIs Science and Technology, Agriculture and Medicine	1259	337783	110009	162019	65534	221
	师范院校 Teachers Training	248	141651	55161	65400	21046	44
	语文院校 Language and Literature	49	25395	9772	11577	4039	7
	财经院校 Finance and Economics	258	124983	40205	55531	29082	165
	政法院校 Political Science and Law	63	19656	7940	9010	2699	7
	体育院校 Physical Culture	34	9272	3441	4353	1472	6
	艺术院校 Art	94	35941	12057	15009	8832	43
	民族院校 Ethnic Nationality	18	11914	5293	5287	1328	6

社会科学人力情况
Fields of the Humanities and Social Science

研究与发展人员(人) R and D Personnel (person)						研究与发展人员(人年) R and D Personnel (man/year)					
合计 Total	高级 Senior	中级 Middle	初级 Junior	其他人员 Others	研究生 Post graduates	合计 Total	高级 Senior	中级 Middle	初级 Junior	其他人员 Others	研究生 Post graduates
830058	**333986**	**320562**	**84987**	**7854**	**82669**	**173105.0**	**76852.6**	**66908.0**	**16233.1**	**1144.2**	**11967.1**
116606	51502	29136	1797	2111	32060	24241.0	13111.0	6013.6	304.9	268.8	4542.7
22674	10477	7473	919	286	3519	5273.7	2634.5	1769.1	211.4	41.6	617.1
690778	272007	283953	82271	5457	47090	143590.3	61107.1	59125.3	15716.8	833.8	6807.3
684311	285262	254144	55678	6560	82667	145056.3	67031.1	54270.9	10845.3	942.3	11966.7
145747	48724	66418	29309	1294	2	28048.7	9821.5	12637.1	5387.8	201.9	0.4
242341	97509	91711	23573	2714	26834	51784.9	23326.6	19537.6	4580.6	403.2	3936.9
253916	97066	104910	27738	1780	22422	52400.6	22033.5	21463.1	5272.2	273.0	3358.8
139846	60815	53565	13451	961	11054	29786.2	13854.7	11437.8	2619.6	146.7	1727.4
27252	12156	9390	2147	185	3374	5366.3	2693.6	1924.9	370.2	26.5	351.1
106433	41304	39764	11760	1519	12086	20997.7	8975.1	7997.4	2196.5	192.9	1635.8
18441	7582	6553	1605	223	2478	3668.6	1690.2	1298.0	304.7	35.7	340.0
7181	2792	2537	648	67	1137	1653.0	761.4	584.9	121.9	12.1	172.7
20926	7815	7645	3242	210	2014	4659.2	1968.3	1744.0	617.1	31.1	298.7
13722	6947	4487	823	195	1270	2788.5	1549.2	920.3	150.3	23.0	145.7

类别 Item		学校数(所) No. of HEIs	拨入 Revenues	科研活动经费 Funds for R and D	科技活动人员工资 Personnel Costs	科研基建费 Capital Constr-uction Funds for R and D	企事业单位委托项目经费 Contract Research Funds Provided by Ent. and Inst.	金融机构贷款 Loans Provided by Financial Inst.	自筹经费 Self-raised Funds
总 计 Total		**2655**	**37943762.93**	**12356616.32**	**7239102.74**	**49557.60**	**10761340.66**	**54843.04**	**7193870.54**
按学校隶属关系分 Breakdown by Control	教育部直属院校 HEIs under Ministry of Education	73	8811901.95	4008849.40	935256.04	4250.00	3021601.90	0.00	664951.44
	其他部委院校 HEIs under Other Central Ministries	41	1274662.26	618912.91	220816.57	0.00	254659.49	3101.00	169067.53
	地方院校 HEIs under Local Govermments	2541	27857198.73	7728854.01	6083030.12	45307.60	7485079.28	51742.04	6359851.58
按学校规格分 Breakdown by Category of HEIs	本科院校 Regular HEIs	1241	35017201.73	11795591.57	6146692.41	24722.66	10286564.70	42599.84	6451353.24
	专科院校 Short-cycle HEIs	1414	2926561.20	561024.75	1092410.33	24834.94	474775.96	12243.20	742517.31
按学校类型分 Breakdown by Type of HEIs	综合大学 Comprehensive Universities	632	13308084.63	4452564.74	2202551.59	19226.94	4012464.61	724.00	2492952.86
	理工农医院校 HEIs Science and Technology, Agriculture and Medicine	1259	9298492.38	2563142.33	2092525.57	1064.00	3112029.20	25441.57	1406196.61
	师范院校 Teachers Training	248	7319270.91	2308069.46	1315639.77	15174.00	1866245.49	23568.04	1766922.93
	语文院校 Language and Literature	49	1251183.21	480087.60	226064.17	0.00	263337.39	3325.50	269237.48
	财经院校 Finance and Economics	258	4046381.96	1452442.34	891854.15	8519.66	893273.72	1783.94	787311.17
	政法院校 Political Science and Law	63	695974.33	301622.01	142976.71	503.00	120677.51	0.00	122944.17
	体育院校 Physical Culture	34	344428.30	200981.25	63858.86	0.00	57955.25	0.00	20566.95
	艺术院校 Art	94	1106360.38	368849.92	183801.67	5070.00	318733.12	0.00	222172.82
	民族院校 Ethnic Nationality	18	573586.82	228856.67	119830.24	0.00	116624.37	0.00	105565.54

研究与发展经费情况
R and D Expenditure in Regular HEIs

单位：千元
unit：1000 yuan

国外资金 Foreign Funds	其他收入 Others Revenues	支出 Expenditures	内部支出 Intramural Expenditures	科研人员费 Personnel Costs	业务费 Non-Personnel Expenses	科研基建费 Capital Construction Funds for R and D	仪器设备费 Instruments and Equipment	图书资料费 Books and Information	间接费 Indirect Cost	#管理费 Management	其他 Others	转拨给外单位经费 Extra-mural Exp.
110558.10	**177873.93**	**36356806.06**	**35881700.59**	**11540171.85**	**17155516.19**	**44553.29**	**1687831.19**	**2324286.23**	**2796908.40**	**668129.00**	**332433.46**	**475105.47**
102255.59	74737.57	8523328.21	8342967.77	1498725.91	4770964.17	3000.00	369173.68	630873.70	966715.06	312193.17	103515.26	180360.44
552.76	7552.00	1198938.61	1190673.26	323752.13	672719.82	0.00	41776.17	51214.38	91330.53	25393.05	9880.23	8265.36
7749.75	95584.36	26634539.24	26348059.57	9717693.81	11711832.20	41553.29	1276881.33	1642198.16	1738862.81	330542.77	219037.97	286479.68
110029.13	159648.18	33558372.32	33101883.69	10117720.24	16264210.37	23160.35	1532594.51	2165064.68	2691343.03	647596.24	307790.52	456488.63
528.97	18225.75	2798433.74	2779816.90	1422451.61	891305.82	21392.94	155236.67	159221.55	105565.37	20532.75	24642.94	18616.84
38925.95	88673.94	12553742.62	12363671.56	3657335.72	6076523.15	19102.94	602357.66	880751.62	1023970.59	268238.39	103629.87	190071.06
49008.93	49084.17	8885811.19	8730881.65	2869453.18	4167730.78	920.00	315890.65	506039.72	780564.65	220185.17	90282.66	154929.54
7813.38	15837.85	7306170.48	7238709.93	2502327.63	3239053.14	12000.00	431025.96	528911.80	442928.00	87198.03	82463.39	67460.56
1065.56	8065.50	1219180.72	1212746.34	344796.94	665929.90	0.00	44827.84	67582.19	86195.36	11911.63	3414.10	6434.38
6559.11	4637.87	3844756.61	3807147.83	1423661.69	1638895.32	7050.35	157747.00	212775.47	326302.21	52101.16	40715.80	37608.78
7077.32	173.60	618360.63	615106.09	205953.07	302759.31	460.00	24253.25	34337.09	40247.18	4785.96	7096.18	3254.55
0.00	1066.00	336720.54	330403.06	105354.87	163583.42	0.00	32906.84	5510.10	22145.92	5792.59	901.92	6317.47
107.86	7625.00	1050423.04	1049133.68	260926.84	647950.50	5020.00	54122.11	43803.80	33577.92	8381.44	3732.51	1289.36
0.00	2710.00	541640.24	533900.46	170361.92	253090.67	0.00	24699.87	44574.43	40976.57	9534.63	197.02	7739.78

普通高等学校人文、社会科学
Basic Statistics of Humunities and Social Sciences

类别 Item		课题数（项）No. of Projects	当年投入人数（人年）Input of Man-year (man/year)	#研究生 of Which: Graduate Students	当年拨入经费（千元）Revenues (1000 yuan)	当年支出经费（千元）Expenditures (1000 yuan)
总　计 Total		**759562**	**173072. 6**	**11967. 1**	**18608281. 8**	**16930254. 8**
按学校隶属关系分 Breakdown by Control	教育部直属院校 HEIs under Ministry of Education	134927	24205. 0	4542. 7	5902767. 7	5510537. 5
	其他部委院校 HEIs under Other Central Ministries	21878	5272. 6	617. 1	630896. 0	545935. 8
	地方院校 HEIs under Local Govermments	602757	143595. 0	6807. 3	12074618. 1	10873781. 5
按学校规格分 Breakdown by Category of HEIs	本科院校 Regular HEIs	639011	145022. 4	11966. 7	17769924. 4	16201404. 9
	专科院校 Short-cycle HEIs	120551	28050. 2	0. 4	838357. 4	728849. 9
按学校类型分 Breakdown by Type of HEIs	综合大学 Comprehensive Universities	241104	51767. 8	3936. 9	6960142. 1	6164427. 3
	理工农医院校 HEIs Science and Technology, Agriculture and Medicine	235575	52396. 8	3358. 8	5140534. 8	4745659. 9
	师范院校 Teachers Training	120339	29773. 2	1727. 4	3067993. 1	2963272. 7
	语文院校 Language and Literature	24013	5365. 7	351. 1	465142. 1	443549. 6
	财经院校 Finance and Economics	84678	21000. 1	1635. 8	1764005. 9	1557574. 0
	政法院校 Political Science and Law	19996	3667. 6	340. 0	327689. 5	283886. 8
	体育院校 Physical Culture	5239	1654. 3	172. 7	135780. 2	132423. 7
	艺术院校 Art	17692	4658. 9	298. 7	490816. 3	421273. 7
	民族院校 Ethnic Nationality	10926	2788. 2	145. 7	256178. 0	218187. 0

研究与发展课题、成果情况
R and D and Achievements in Regular HEIs

出版专著（部）Monographs Published (titles)	发表论文(篇) No. of Papers Published	国内学术刊物 In Domestic Journals	国外学术刊物 In Foreign Journals	港澳台刊物 In Hong Kong and Macao Journals	研究与咨询报告 Research and Consulting Report	#被采纳数 of Which: Accepted Number
18274	**361538**	**323121**	**38019**	**398**	**70169**	**35252**
3987	68253	54115	13945	193	12521	8397
546	9760	8551	1201	8	1585	873
13741	283525	260455	22873	197	56063	25982
16780	289613	252871	36351	391	59397	31235
1494	71925	70250	1668	7	10772	4017
6012	110967	96947	13863	157	22362	12791
4633	106603	97227	9343	33	22671	10051
3344	59163	53603	5473	87	10189	4915
763	12425	9929	2426	70	2638	1275
2035	45194	39355	5811	28	8974	4448
455	8929	8554	361	14	1823	1104
146	2926	2642	284	0	468	93
577	10646	10405	237	4	680	292
309	4685	4459	221	5	364	283

附　　表

Appendixes

（摘自国家统计局《中国统计年鉴 2023》）

Data from “China Statistical Yearbook 2023”

国内生产总值
Gross Domestic Product

本表按当年价格计算　　　　单位：亿元

Data in this table are calculated at current prices.　　　　unit: in 100 million yuan

年份 Year	国民总收入 Gross National Income	国内生产总值 Gross Domestic Product	第一产业 Primary Industry	第二产业 Secondary Industry	第三产业 Tertiary Industry	工业 Industry	建筑业 Construction	人均国内生产总值（元） Per Capita GDP (yuan)
1978	3678.7	3678.7	1018.5	1755.1	905.1	1621.4	138.9	385
1979	4100.5	4100.5	1259.0	1925.3	916.1	1786.5	144.6	423
1980	4586.1	4587.6	1359.5	2204.7	1023.4	2014.8	196.3	468
1981	4933.7	4935.8	1545.7	2269.0	1121.1	2067.7	208.0	497
1982	5380.5	5373.4	1761.7	2397.6	1214.0	2183.0	221.6	533
1983	6043.8	6020.9	1960.9	2663.0	1397.1	2399.0	271.7	588
1984	7314.2	7278.5	2295.6	3124.7	1858.2	2815.8	317.9	702
1985	9123.6	9098.9	2541.7	3886.4	2670.8	3478.2	419.3	866
1986	10375.4	10376.2	2764.1	4515.1	3097.0	4000.7	527.3	973
1987	12166.6	12174.6	3204.5	5273.8	3696.3	4621.1	667.5	1123
1988	15174.4	15180.4	3831.2	6607.2	4742.0	5814.0	811.8	1378
1989	17188.4	17179.7	4228.2	7300.7	5650.8	6525.5	796.1	1536
1990	18923.3	18872.9	5017.2	7744.1	6111.6	6904.5	861.7	1663
1991	22050.3	22005.6	5288.8	9129.6	7587.2	8137.9	1017.7	1912
1992	27208.2	27194.5	5800.3	11725.0	9669.2	10340.2	1417.9	2334
1993	35599.2	35673.2	6887.6	16472.7	12313.0	14248.4	2269.9	3027
1994	48548.2	48637.5	9471.8	22452.5	16713.1	19546.3	2968.8	4081
1995	60356.6	61339.9	12020.5	28676.7	20642.7	25023.2	3733.7	5091
1996	70779.6	71813.6	13878.3	33827.3	24108.0	29528.9	4393.0	5898
1997	78802.9	79715.0	14265.2	37545.0	27904.8	33022.6	4628.3	6481
1998	83817.6	85195.5	14618.7	39017.5	31559.3	34133.9	4993.0	6860
1999	89366.5	90564.4	14549.0	41079.9	34935.5	36014.4	5180.9	7229
2000	99066.1	100280.1	14717.4	45663.7	39899.1	40258.5	5534.0	7942
2001	109276.2	110863.1	15502.5	49659.4	45701.2	43854.3	5945.5	8717
2002	120480.4	121717.4	16190.2	54104.1	51423.1	47774.9	6482.1	9506
2003	136576.3	137422.0	16970.2	62695.8	57756.0	55362.2	7510.8	10666
2004	161415.4	161840.2	20904.3	74285.0	66650.9	65774.9	8720.5	12487
2005	185998.9	187318.9	21806.7	88082.2	77430.0	77958.3	10400.5	14368
2006	219028.5	219438.5	23317.0	104359.2	91762.2	92235.8	12450.1	16738
2007	270704.0	270092.3	27674.1	126630.5	115787.7	111690.8	15348.0	20494
2008	321229.5	319244.6	32464.1	149952.9	136827.5	131724.0	18807.6	24100
2009	347934.9	348517.7	33583.8	160168.8	154765.1	138092.6	22681.5	26180
2010	410354.1	412119.3	38430.8	191626.5	182061.9	165123.1	27259.3	30808
2011	483392.8	487940.2	44781.5	227035.1	216123.6	195139.1	32926.5	36277
2012	537329.0	538580.0	49084.6	244639.1	244856.2	208901.4	36896.1	39771
2013	588141.2	592963.2	53028.1	261951.6	277983.5	222333.2	40896.8	43497
2014	644380.2	643563.1	55626.3	277282.8	310654.0	233197.4	45401.7	46912
2015	685571.2	688858.2	57774.6	281338.9	349744.7	234968.9	47761.3	49922
2016	742694.1	746395.1	60139.2	295427.8	390828.1	245406.4	51498.9	53783
2017	830945.7	832035.9	62099.5	331580.5	438355.9	275119.3	57905.6	59592
2018	915243.5	919281.1	64745.2	364835.2	489700.8	301089.3	65493.0	65534
2019	983751.2	986515.2	70473.6	380670.6	535371.0	311858.7	70648.1	70078
2020	1005451.3	1013567.0	78030.9	383562.4	551973.7	312902.9	72444.7	71828
2021	1141230.8	1149237.0	83216.5	451544.1	614476.4	374545.6	78741.2	81370
2022	1197250.4	1210207.2	88345.1	483164.5	638697.6	401644.3	83383.1	85698

注：1. 数据来源：摘自国家统计局《2023 中国统计年鉴》。

2. 1980 年以后国民总收入（原称国民生产总值）与国内生产总值的差额为国外净要素收入。

Note: 1. Data sources: National Bureau of Statistics《2023 China Statistical Yearbook》.

2. Since 1980, the difference between the Gross Domestic Product and the Gross National Income (formerly, the Gross National Product) is the net factor income from the rest of the world.

分地区国内生产总值(2022年)
Gross Domestic Product by Region (2022)

本表绝对数按当年价格计算,指数按可比价格计算　　单位:亿元

Absolute figures in this table are calculated at current prices while indices are calculated at comparable prices.　　unit: in 100 million yuan

地区 Region	地区生产总值 Gross Regional Product	三次产业增加值 Value-Added by Three Strata of Industry			人均地区生产总值(元) Per Capita Gross Regional Product (yuan)
		第一产业 Primary Industry	第二产业 Secondary Industry	第三产业 Tertiary Industry	
北　京 Beijing	41610.9	111.5	6605.1	34894.3	190313
天　津 Tianjin	16311.3	273.1	6038.9	9999.3	119235
河　北 Hebei	42370.4	4410.3	17050.1	20910.0	56995
山　西 Shanxi	25642.6	1340.4	13840.8	10461.3	73675
内蒙古 Inner Mongolia	23158.6	2653.7	11241.8	9263.1	96474
辽　宁 Liaoning	28975.1	2597.6	11755.8	14621.7	68775
吉　林 Jilin	13070.2	1689.1	4628.3	6752.8	55347
黑龙江 Heilongjiang	15901.0	3609.8	4648.9	7642.2	51096
上　海 Shanghai	44652.8	97.0	11458.4	33097.4	179907
江　苏 Jiangsu	122875.6	4959.4	55888.7	62027.5	144390
浙　江 Zhejiang	77715.4	2324.8	33205.2	42185.4	118496
安　徽 Anhui	45045.0	3513.7	18588.0	22943.3	73603
福　建 Fujian	53109.9	3076.2	25078.2	24955.5	126829
江　西 Jiangxi	32074.7	2451.5	14359.6	15263.7	70923
山　东 Shandong	87435.1	6298.6	35014.2	46122.3	86003
河　南 Henan	61345.1	5817.8	25465.0	30062.2	62106
湖　北 Hubei	53734.9	4986.7	21240.6	27507.6	92059
湖　南 Hunan	48670.4	4602.7	19182.6	24885.1	73598
广　东 Guangdong	129118.6	5340.4	52843.5	70934.7	101905
广　西 Guangxi	26300.9	4269.8	8938.6	13092.5	52164
海　南 Hainan	6818.2	1417.8	1310.9	4089.5	66602
重　庆 Chongqing	29129.0	2012.1	11693.9	15423.1	90663
四　川 Sichuan	56749.8	5964.3	21157.1	29628.4	67777
贵　州 Guizhou	20164.6	2861.2	7113.0	10190.4	52321
云　南 Yunnan	28954.2	4012.2	10471.2	14470.8	61716
西　藏 Xizang	2132.6	180.2	804.7	1147.8	58438
陕　西 Shaanxi	32772.7	2575.3	15933.1	14264.2	82864
甘　肃 Gansu	11201.6	1515.3	3945.0	5741.2	44968
青　海 Qinghai	3610.1	380.2	1585.7	1644.2	60724
宁　夏 Ningxia	5069.6	407.5	2449.1	2213.0	69781
新　疆 Xinjiang	17741.3	2509.3	7271.1	7961.0	68552

数据来源:摘自国家统计局《2023中国统计年鉴》。

Data sources: National Bureau of Statistics《2023 China Statistical Yearbook》.

一般公共预算收支总额及增长速度

General Public Budget Revenue and Expenditures and Their Increase Rate

年　份 Year	一般公共预算收入（亿元） General Public Budget Revenue（100 million yuan）	一般公共预算支出（亿元） General Public Budget Expenditures（100 million yuan）	增长速度 Increase Rate（%）	
			一般公共预算收入 General Public Budget Revenue	一般公共预算支出 General Public Budget Expenditures
1978	1132. 26	1122. 09	29. 5	33. 0
1979	1146. 38	1281. 79	1. 2	14. 2
1980	1159. 93	1228. 83	1. 2	-4. 1
1981	1175. 79	1138. 41	1. 4	-7. 5
1982	1212. 33	1229. 98	3. 1	8. 0
1983	1366. 95	1409. 52	12. 8	14. 6
1984	1642. 86	1701. 02	20. 2	20. 7
1985	2004. 82	2004. 25	22. 0	17. 8
1986	2122. 01	2204. 91	5. 8	10. 0
1987	2199. 35	2262. 18	3. 6	2. 6
1988	2357. 24	2491. 21	7. 2	10. 1
1989	2664. 90	2823. 78	13. 1	13. 3
1990	2937. 10	3083. 59	10. 2	9. 2
1991	3149. 48	3386. 62	7. 2	9. 8
1992	3483. 37	3742. 20	10. 6	10. 5
1993	4348. 95	4642. 30	24. 8	24. 1
1994	5218. 10	5792. 62	20. 0	24. 8
1995	6242. 20	6823. 72	19. 6	17. 8
1996	7407. 99	7937. 55	18. 7	16. 3
1997	8651. 14	9233. 56	16. 8	16. 3
1998	9875. 95	10798. 18	14. 2	16. 9
1999	11444. 08	13187. 67	15. 9	22. 1
2000	13395. 23	15886. 50	17. 0	20. 5
2001	16386. 04	18902. 58	22. 3	19. 0
2002	18903. 64	22053. 15	15. 4	16. 7
2003	21715. 25	24649. 95	14. 9	11. 8
2004	26396. 47	28486. 89	21. 6	15. 6
2005	31649. 29	33930. 28	19. 9	19. 1
2006	38760. 20	40422. 73	22. 5	19. 1
2007	51321. 78	49781. 35	32. 4	23. 2
2008	61330. 35	62592. 66	19. 5	25. 7
2009	68518. 30	76299. 93	11. 7	21. 9
2010	83101. 51	89874. 16	21. 3	17. 8
2011	103874. 43	109247. 79	25. 0	21. 6
2012	117253. 52	125952. 97	12. 9	15. 3
2013	129209. 64	140212. 10	10. 2	11. 3
2014	140370. 03	151785. 56	8. 6	8. 3
2015	152269. 23	175877. 77	5. 8	13. 2
2016	159604. 97	187755. 21	4. 5	6. 3
2017	172592. 77	203085. 49	7. 4	7. 6
2018	183359. 84	220904. 13	6. 2	8. 7
2019	190390. 08	238858. 37	3. 8	8. 1
2020	182913. 88	245679. 03	-3. 9	2. 9
2021	202554. 64	245673. 00	10. 7	0. 0
2022	203649. 29	260552. 12	0. 5	6. 1

数据来源：摘自国家统计局《2023 中国统计年鉴》。

Data sources：National Bureau of Statistics《2023 China Statistical Yearbook》.

一般公共预算收支总额

General Public Budget Revenue and Expenditure of Central and Local Governments

单位：亿元

unit：in 100 million yuan

年 份 Year	一般公共预算收入(亿元) General Public Budget Revenue (100 million yuan)			一般公共预算支出(亿元) General Public Budget Expenditures (100 million yuan)		
	合 计 Total	中 央 Central Government	地 方 Local Government	合 计 Total	中 央 Central Government	地 方 Local Government
1978	1132.26	175.77	956.49	1122.09	532.12	589.97
1979	1146.38	231.34	915.04	1281.79	655.08	626.71
1980	1159.93	284.45	875.48	1228.83	666.81	562.02
1981	1175.79	311.07	864.72	1138.41	625.65	512.76
1982	1212.33	346.84	865.49	1229.98	651.81	578.17
1983	1366.95	490.01	876.94	1409.52	759.60	649.92
1984	1642.86	665.47	977.39	1701.02	893.33	807.69
1985	2004.82	769.63	1235.19	2004.25	795.25	1209.00
1986	2122.01	778.42	1343.59	2204.91	836.36	1368.55
1987	2199.35	736.29	1463.06	2262.18	845.63	1416.55
1988	2357.24	774.76	1582.48	2491.21	845.04	1646.17
1989	2664.90	822.52	1842.38	2823.78	888.77	1935.01
1990	2937.10	992.42	1944.68	3083.59	1004.47	2079.12
1991	3149.48	938.25	2211.23	3386.62	1090.81	2295.81
1992	3483.37	979.51	2503.86	3742.20	1170.44	2571.76
1993	4348.95	957.51	3391.44	4642.30	1312.06	3330.24
1994	5218.10	2906.50	2311.60	5792.62	1754.43	4038.19
1995	6242.20	3256.62	2985.58	6823.72	1995.39	4828.33
1996	7407.99	3661.07	3746.92	7937.55	2151.27	5786.28
1997	8651.14	4226.92	4424.22	9233.56	2532.50	6701.06
1998	9875.95	4892.00	4983.95	10798.18	3125.60	7672.58
1999	11444.08	5849.21	5594.87	13187.67	4152.33	9035.34
2000	13395.23	6989.17	6406.06	15886.50	5519.85	10366.65
2001	16386.04	8582.74	7803.30	18902.58	5768.02	13134.56
2002	18903.64	10388.64	8515.00	22053.15	6771.70	15281.45
2003	21715.25	11865.27	9849.98	24649.95	7420.10	17229.85
2004	26396.47	14503.10	11893.37	28486.89	7894.08	20592.81
2005	31649.29	16548.53	15100.76	33930.28	8775.97	25154.31
2006	38760.20	20456.62	18303.58	40422.73	9991.40	30431.33
2007	51321.78	27749.16	23572.62	49781.35	11442.06	38339.29
2008	61330.35	32680.56	28649.79	62592.66	13344.17	49248.49
2009	68518.30	35915.71	32602.59	76299.93	15255.79	61044.14
2010	83101.51	42488.47	40613.04	89874.16	15989.73	73884.43
2011	103874.43	51327.32	52547.11	109247.79	16514.11	92733.68
2012	117253.52	56175.23	61078.29	125952.97	18764.63	107188.34
2013	129209.64	60198.48	69011.16	140212.10	20471.76	119740.34
2014	140370.03	64493.45	75876.58	151785.56	22570.07	129215.49
2015	152269.23	69267.19	83002.04	175877.77	25542.15	150335.62
2016	159604.97	72365.62	87239.35	187755.21	27403.85	160351.36
2017	172592.77	81123.36	91469.41	203085.49	29857.15	173228.34
2018	183359.84	85456.46	97903.38	220904.13	32707.81	188196.32
2019	190390.08	89309.47	101080.61	238858.37	35115.15	203743.22
2020	182913.88	82770.72	100143.16	245679.03	35095.57	210583.46
2021	202554.64	91470.41	111084.23	245673.00	35049.96	210623.04
2022	203649.29	94887.14	108762.15	260552.12	35570.83	224981.29

数据来源：摘自国家统计局《2023 中国统计年鉴》。

Data sources：National Bureau of Statistics《2023 China Statistical Yearbook》.

人口数及构成

Population and Its Composition

单位：万人

unit：in 10 thousand persons

年 份 Year	年底总人口 Total Population (year-end)	按性别分 By Sex				按城乡分 By Residence			
		男 Male		女 Female		城镇 Urban		乡村 Rural	
		人口数 Population	比重(%) Proportion	人口数 Population	比重(%) Proportion	人口数 Population	比重(%) Proportion	人口数 Population	比重(%) Proportion
1978	96259	49567	51.49	46692	48.51	17245	17.92	79014	82.08
1979	97542	50192	51.46	47350	48.54	18495	18.96	79047	81.04
1980	98705	50785	51.45	47920	48.55	19140	19.39	79565	80.61
1981	100072	51519	51.48	48553	48.52	20171	20.16	79901	79.84
1982	101654	52352	51.50	49302	48.50	21480	21.13	80174	78.87
1983	103008	53152	51.60	49856	48.40	22274	21.62	80734	78.38
1984	104357	53848	51.60	50509	48.40	24017	23.01	80340	76.99
1985	105851	54725	51.70	51126	48.30	25094	23.71	80757	76.29
1986	107507	55581	51.70	51926	48.30	26366	24.52	81141	75.48
1987	109300	56290	51.50	53010	48.50	27674	25.32	81626	74.68
1988	111026	57201	51.52	53825	48.48	28661	25.81	82365	74.19
1989	112704	58099	51.55	54605	48.45	29540	26.21	83164	73.79
1990	114333	58904	51.52	55429	48.48	30195	26.41	84138	73.59
1991	115823	59466	51.34	56357	48.66	31203	26.94	84620	73.06
1992	117171	59811	51.05	57360	48.95	32175	27.46	84996	72.54
1993	118517	60472	51.02	58045	48.98	33173	27.99	85344	72.01
1994	119850	61246	51.10	58604	48.90	34169	28.51	85681	71.49
1995	121121	61808	51.03	59313	48.97	35174	29.04	85947	70.96
1996	122389	62200	50.82	60189	49.18	37304	30.48	85085	69.52
1997	123626	63131	51.07	60495	48.93	39449	31.91	84177	68.09
1998	124761	63940	51.25	60821	48.75	41608	33.35	83153	66.65
1999	125786	64692	51.43	61094	48.57	43748	34.78	82038	65.22
2000	126743	65437	51.63	61306	48.37	45906	36.22	80837	63.78
2001	127627	65672	51.46	61955	48.54	48064	37.66	79563	62.34
2002	128453	66115	51.47	62338	48.53	50212	39.09	78241	60.91
2003	129227	66556	51.50	62671	48.50	52376	40.53	76851	59.47
2004	129988	66976	51.52	63012	48.48	54283	41.76	75705	58.24
2005	130756	67375	51.53	63381	48.47	56212	42.99	74544	57.01
2006	131448	67728	51.52	63720	48.48	58288	44.34	73160	55.66
2007	132129	68048	51.50	64081	48.50	60633	45.89	71496	54.11
2008	132802	68357	51.47	64445	48.53	62403	46.99	70399	53.01
2009	133450	68647	51.44	64803	48.56	64512	48.34	68938	51.66
2010	134091	68748	51.27	65343	48.73	66978	49.95	67113	50.05
2011	134916	69161	51.26	65755	48.74	69927	51.83	64989	48.17
2012	135922	69660	51.25	66262	48.75	72175	53.10	63747	46.90
2013	136726	70063	51.24	66663	48.76	74502	54.49	62224	45.51
2014	137646	70522	51.23	67124	48.77	76738	55.75	60908	44.25
2015	138326	70857	51.22	67469	48.78	79302	57.33	59024	42.67
2016	139232	71307	51.21	67925	48.79	81924	58.84	57308	41.16
2017	140011	71650	51.17	68361	48.83	84343	60.24	55668	39.76
2018	140541	71864	51.13	68677	48.87	86433	61.50	54108	38.50
2019	141008	72039	51.09	68969	48.91	88426	62.71	52582	37.29
2020	141212	72357	51.24	68855	48.76	90220	63.89	50992	36.11
2021	141260	72311	51.19	68949	48.81	91425	64.72	49835	35.28
2022	141175	72206	51.15	68969	48.85	92071	65.22	49104	34.78

注：1. 1981年及以前数据为户籍统计数；1982、1990、2000、2010、2020年数据为当年人口普查数据推算数；其余年份数据为年度人口抽样调查推算数据（下相关表同）。

2. 总人口和城镇人口中包括中国人民解放军现役军人，按城乡分人口中现役军人计入城镇人口。

Note：Urban Population include the military personnel of Chinese People's Liberation Army.

分地区按性别分的15岁及以上文盲人口（2022年）
Illterate Population Aged 15 and Over by Sex and Region(2022)

本表是2022年全国人口变动情况抽样调查样本数据,抽样比为1.023‰。

地　区 Region	15岁及以上人口(人) Population Aged 15 and Over			文盲人口(人) Illiterate			文盲人口占15岁及以上人口比重 Percentage to total Population Aged 15 and Over (%)		
	合计 Total	男 Male	女 Female	合计 Total	男 Male	女 Female	合计 Total	男 Male	女 Female
总　计 Total	**1199109**	**607967**	**591141**	**40704**	**9614**	**31089**	**3.39**	**1.58**	**5.26**
北　京 Beijing	19672	10012	9660	166	33	133	0.84	0.33	1.37
天　津 Tianjin	12150	6203	5947	201	50	151	1.65	0.80	2.54
河　北 Hebei	61888	30347	31541	1349	345	1004	2.18	1.14	3.18
山　西 Shanxi	30159	15378	14780	522	168	354	1.73	1.09	2.39
内蒙古 Inner Mongolia	21326	10848	10478	799	209	590	3.75	1.93	5.63
辽　宁 Liaoning	38513	18882	19631	575	194	381	1.49	1.03	1.94
吉　林 Jilin	21454	10670	10784	390	111	279	1.82	1.04	2.59
黑龙江 Heilongjiang	28803	14352	14452	714	203	511	2.48	1.42	3.54
上　海 Shanghai	22870	11860	11010	379	70	309	1.66	0.59	2.81
江　苏 Jiangsu	74878	37713	37165	2087	397	1690	2.79	1.05	4.55
浙　江 Zhejiang	58643	30576	28068	2174	468	1706	3.71	1.53	6.08
安　徽 Anhui	51457	25969	25488	2597	578	2019	5.05	2.23	7.92
福　建 Fujian	35016	17936	17080	1017	149	868	2.90	0.83	5.08
江　西 Jiangxi	37169	18955	18215	881	149	732	2.37	0.79	4.02
山　东 Shandong	85511	42791	42720	3661	808	2852	4.28	1.89	6.68
河　南 Henan	79598	39369	40230	2545	652	1892	3.20	1.66	4.70
湖　北 Hubei	50647	25863	24784	1528	256	1272	3.02	0.99	5.13
湖　南 Hunan	55363	28072	27292	1332	282	1049	2.41	1.00	3.85
广　东 Guangdong	105701	55538	50163	2316	399	1917	2.19	0.72	3.82
广　西 Guangxi	40242	20640	19602	1189	229	960	2.96	1.11	4.90
海　南 Hainan	8518	4496	4022	312	69	242	3.66	1.54	6.03
重　庆 Chongqing	28119	14127	13992	618	138	480	2.20	0.98	3.43
四　川 Sichuan	72865	36570	36295	3129	709	2420	4.29	1.94	6.67
贵　州 Guizhou	30387	15335	15053	2425	547	1878	7.98	3.57	12.48
云　南 Yunnan	39055	20062	18993	2173	602	1571	5.56	3.00	8.27
西　藏 Xizang	2807	1480	1327	970	414	556	34.55	27.95	41.91
陕　西 Shaanxi	33712	17112	16600	1130	297	833	3.35	1.73	5.02
甘　肃 Gansu	20752	10481	10271	1878	540	1337	9.05	5.15	13.02
青　海 Qinghai	4857	2428	2430	471	149	321	9.69	6.14	13.23
宁　夏 Ningxia	5999	3045	2954	357	96	261	5.96	3.16	8.84
新　疆 Xinjiang	20974	10858	10116	820	301	520	3.91	2.77	5.14

注：本表"文盲人口"指15岁及15岁以上不识字及识字很少人口。

Note: Illiterate population in this table refers to the population aged 15 and over, who are unable or have difficulty in reading.

分地区按性别和

Population by Sex, Educational

本表是 2022 年全国人口变动情况抽样调查样本数据,抽样比为 1.023‰。

地区 Region	6 岁及 6 岁以上人口 Population Aged 6 and Over			未上过学 Illterate			小　学 Primary School			初　中 Lower Secondary School		
	合计 Total	男 Male	女 Female	合计 Total	男 Male	女 Female	合计 Total	男 Male	女 Female	合计 Total	男 Male	女 Female
全　国 National Total	**1363035**	**695142**	**667894**	**51393**	**14948**	**36444**	**355354**	**167013**	**188341**	**467993**	**252064**	**215929**
北　京 Beijing	21297	10868	10429	282	89	194	2309	1085	1224	4388	2309	2079
天　津 Tianjin	13355	6841	6514	239	72	167	2143	1013	1131	4205	2234	1971
河　北 Hebei	71816	35581	36235	2021	683	1338	17913	8307	9606	28340	14791	13550
山　西 Shanxi	33750	17224	16526	669	252	417	6689	3027	3662	13456	7145	6311
内蒙古 Inner Mongolia	23479	11971	11508	923	273	650	5734	2675	3059	8040	4374	3666
辽　宁 Liaoning	41501	20438	21063	759	305	456	8414	3863	4552	17255	8771	8484
吉　林 Jilin	23244	11605	11640	500	169	330	5842	2736	3106	8571	4486	4085
黑龙江 Heilongjiang	30891	15438	15454	923	307	617	6974	3268	3705	12786	6601	6184
上　海 Shanghai	24462	12681	11781	500	135	366	3072	1397	1675	6753	3648	3105
江　苏 Jiangsu	83346	42217	41129	2691	677	2014	19111	8463	10648	27197	14235	12962
浙　江 Zhejiang	64140	33505	30635	2807	667	2140	17649	8576	9073	20132	11431	8700
安　徽 Anhui	58982	30044	28939	3212	807	2406	16688	7796	8891	20156	10869	9287
福　建 Fujian	40294	20808	19487	1576	382	1194	12104	5514	6590	12965	7410	5555
江　西 Jiangxi	43582	22440	21142	1235	318	917	12604	5706	6898	15471	8346	7125
山　东 Shandong	97404	49290	48114	4637	1267	3370	24906	11416	13491	34790	18816	15973
河　南 Henan	94897	47526	47371	3439	1114	2326	24386	11563	12823	35982	18611	17371
湖　北 Hubei	56808	29199	27609	2092	528	1564	14329	6623	7705	20101	10821	9280
湖　南 Hunan	63926	32652	31274	1593	445	1147	16707	7877	8831	21922	11625	10296
广　东 Guangdong	121049	63757	57292	3063	902	2161	27011	12542	14469	41354	22775	18579
广　西 Guangxi	48016	24806	23210	1526	485	1041	14164	6697	7466	18150	10198	7952
海　南 Hainan	9819	5211	4608	303	81	222	1968	930	1039	4042	2208	1834
重　庆 Chongqing	31320	15781	15540	871	278	593	9273	4340	4933	9326	4888	4438
四　川 Sichuan	81480	41047	40433	4046	1080	2967	26636	12859	13777	25050	13467	11583
贵　州 Guizhou	36184	18433	17751	2657	671	1985	12469	6177	6292	11828	6687	5141
云　南 Yunnan	44805	23046	21759	2364	705	1658	17016	8397	8619	13785	7891	5893
西　藏 Xizang	3384	1771	1613	971	418	554	1125	622	502	559	332	228
陕　西 Shaanxi	38161	19468	18693	1438	456	983	9090	4333	4757	12853	6888	5965
甘　肃 Gansu	23823	12078	11745	2209	681	1528	7564	3628	3936	6827	3803	3025
青　海 Qinghai	5658	2836	2822	666	254	412	1921	953	968	1351	755	596
宁　夏 Ningxia	6921	3528	3393	420	125	296	1959	925	1033	2184	1230	953
新　疆 Xinjiang	25240	13054	12186	758	325	433	7585	3705	3880	8173	4417	3756

数据来源:摘自国家统计局《2023 中国统计年鉴》。
Data sources:National Bureau of Statistics《2023 China Statistical Yearbook》.

受教育程度分的人口(2022)
Level and Region(2022)

单位：人
unit：person

高 中 Senior Secondary School			大学专科 College Students			大学本科 Undergraduates			研究生 Postgraduates		
合计 Total	男 Male	女 Female	合计 Total	男 Male	女 Female	合计 Total	男 Male	女 Female	合计 Total	男 Male	女 Female
222881	**123426**	**99455**	**133949**	**70295**	**63655**	**118553**	**60673**	**57881**	**12912**	**6724**	**6187**
3600	1835	1765	3303	1711	1592	5498	2792	2706	1918	1048	870
2385	1241	1143	1785	958	828	2316	1172	1144	282	151	131
11997	6308	5688	5888	2841	3046	5192	2419	2773	467	233	233
6008	3258	2750	3590	1832	1758	3126	1621	1505	212	88	125
3739	1989	1749	2643	1497	1147	2271	1104	1167	127	58	70
6147	3109	3038	4441	2195	2247	4131	2040	2091	352	157	196
3875	1986	1888	1882	999	884	2370	1126	1244	205	103	102
4851	2526	2325	2631	1340	1290	2559	1325	1234	168	70	98
4572	2482	2090	3246	1781	1465	4997	2564	2433	1320	674	647
14614	8278	6336	9714	5241	4473	8920	4649	4271	1099	675	424
9779	5484	4295	6655	3463	3192	6461	3544	2918	656	340	316
8718	4985	3733	5448	2874	2574	4421	2536	1885	340	177	163
6160	3542	2618	3876	2048	1828	3334	1753	1581	279	158	120
7204	4325	2880	4303	2373	1930	2496	1261	1235	269	112	158
14922	8492	6430	9165	4615	4550	8197	4317	3880	787	367	420
16748	9122	7626	8478	4400	4077	5479	2571	2908	385	146	239
10075	5674	4401	5383	2912	2471	4263	2274	1989	565	367	198
12658	6865	5793	6343	3462	2881	4360	2196	2164	344	182	161
24112	14043	10069	13283	6985	6298	11182	5891	5291	1043	619	425
7294	4120	3174	3879	1929	1951	2814	1305	1509	188	71	117
1750	1033	716	939	535	404	761	393	369	55	31	24
5184	2825	2359	3952	2091	1861	2520	1255	1265	194	104	90
11951	6441	5510	6934	3743	3191	6307	3162	3145	557	295	262
4035	2255	1780	2502	1291	1211	2582	1307	1276	110	45	65
5281	2802	2479	3236	1764	1472	2956	1427	1530	167	59	109
223	124	99	200	107	92	296	161	135	9	6	3
6153	3306	2847	4154	2082	2072	4008	2144	1864	464	259	205
3328	1913	1416	2017	1058	959	1674	923	751	203	74	130
653	349	304	485	265	220	538	248	291	43	12	31
1002	560	442	719	379	340	605	294	311	33	15	17
3861	2151	1710	2875	1523	1351	1920	902	1018	69	31	38